컴퓨터활용능력
2급 필기+실기 단기완성

2024 시나공

길벗알앤디 지음

길벗

지은이 **길벗알앤디**

강윤석, 김용갑, 김우경, 김종일

IT 서적을 기획하고 집필하는 출판 기획 전문 집단으로, 2003년부터 길벗출판사의 IT 수험서인 〈시험에 나오는 것만 공부한다!〉 시리즈를 기획부터 집필 및 편집까지 총괄하고 있다.

30여 년간 자격증 취득에 관한 교육, 연구, 집필에 몰두해 온 강윤석 실장을 중심으로 IT 자격증 시험의 분야별 전문가들이 모여 국내 IT 수험서의 수준을 한 단계 높이기 위한 다양한 연구와 집필 활동에 전념하고 있다.

컴퓨터활용능력 2급 필기+실기 – 시나공 시리즈 ㉛

All-in-one for Intermediate Computer Proficiency Certificate

초판 발행 · 2024년 3월 18일
초판 2쇄 발행 · 2024년 7월 22일

발행인 · 이종원
발행처 · (주)도서출판 길벗
출판사 등록일 · 1990년 12월 24일
주소 · 서울시 마포구 월드컵로 10길 56(서교동)
주문 전화 · 02)332-0931   팩스 · 02)323-0586
홈페이지 · www.gilbut.co.kr   이메일 · gilbut@gilbut.co.kr

기획 및 책임 편집 · 강윤석(kys@gilbut.co.kr), 김미정(kongkong@gilbut.co.kr), 임은정(eunjeong@gilbut.co.kr), 정혜린(sunriin@gilbut.co.kr)
디자인 · 강은경, 윤석남   제작 · 이준호, 손일순, 이진혁   마케팅 · 조승모, 유영은
영업관리 · 김명자   독자지원 · 윤정아

편집진행 및 교정 · 길벗알앤디(강윤석 · 김용갑 · 김우경 · 김종일)   일러스트 · 윤석남
전산편집 · 예다움   CTP 출력 및 인쇄 · 정민   제본 · 정민

ISBN 979-11-407-0886-4 13000

(길벗 도서번호 030918)

가격 28,000원

독자의 1초까지 아껴주는 정성 길벗출판사

(주)도서출판 길벗 | IT교육서, IT단행본, 경제경영서, 어학&실용서, 인문교양서, 자녀교육서 www.gilbut.co.kr
길벗스쿨 | 국어학습, 수학학습, 어린이교양, 주니어 어학학습, 학습단행본 www.gilbutschool.co.kr

인스타그램 · @study_with_sinagong

짜잔~ 'Quick & Easy 단기완성' 시리즈를 소개합니다~

요즘같이 힘든 시대에 자격증 취득에까지 돈과 시간을 낭비하면 되겠습니까?
꼭 취득해야 할 자격증이라면 쉽고 빠르게 취득하는 게 좋지 않겠습니까?
시나공 퀵이지(Quick & Easy) 단기완성을 기획하면서 딱 두 가지만 생각했습니다.

시나공 퀵앤이지(Quick & Easy) 단기완성, 줄여서 '퀵이지 단기완성!'은 시나공 자격증 수험서로 공부하면 빠르고 쉽게 취득한다는 의미를 담고 있습니다.

Quick, 빠르게 합격하자!

▸ 이론상 중요할지라도 시험 문제와 거리가 있는 내용, 출제 비중이 낮은 내용은 과감하게 제외하였습니다.
▸ 중요한 내용을 먼저 확인한 후 필요한 내용을 빠르게 학습할 수 있도록 구성했습니다.

Easy, 쉽게 공부하자!

▸ 소설책을 읽듯이 술술 넘어갈 수 있도록 쉽게, 그래도 어려운 부분은 예제를 통해 충분히 이해할 수 있도록 자세하게 설명했습니다.
▸ 이해가 어려운 수험생을 위해 핵심 단위로 동영상 강의를 붙였습니다.

"컴퓨터활용능력 2급" 자격증, 꼭 취득하여 여러분의 즐거운 인생살이에 조금이라도 보탬이 되었으면 하는 간절함이 있습니다.

2024년 이른 봄
강윤석

목차 | 필기

목차 | 실기

서비스 하나

시나공 홈페이지
시험 정보 제공!

IT 자격증 시험, 혼자 공부하기 막막하다고요? 시나공 홈페이지에서 대한민국 최대, 50만 회원들과 함께 공부하세요.

지금 sinagong.co.kr에 접속하세요!

시나공 홈페이지에서는 최신기출문제와 해설, 선배들의 합격 수기와 합격 전략, 책 내용에 대한 문의 및 관련 자료 등 IT 자격증 시험을 위한 모든 정보를 제공합니다.

서비스 둘

수험생 지원센터
무엇이든 물어보세요!

공부하다 답답하거나 궁금한 내용이 있으면, 시나공 홈페이지 '묻고 답하기' 게시판에 질문을 올리세요. 길벗알앤디의 전문가들이 빠짐없이 답변해 드립니다.

서비스 셋

합격을 위한
학습 자료

시나공 홈페이지 회원으로 가입하면 시험 준비에 필요한 학습 자료를 내려받을 수 있습니다.

- **기출문제** : 최근에 출제된 기출문제를 제공합니다. 최신기출문제로 현장 감각을 키우세요.

서비스 넷

실기 시험 대비
온라인 특강 서비스

(주)도서출판 길벗에서는 실기 시험 준비를 위한 온라인 특강을 제공하고 있습니다. 다음과 같은 방법으로 이용하세요.

실기 특강 온라인 강좌는 이렇게 이용하세요!

1. 시나공 홈페이지(sinagong.co.kr)에 접속하여 로그인 하세요!
2. 상단 메뉴 중 [동영상 강좌] → [실기특강(무료)]을 클릭하세요!
3. 실기 특강 목록에서 원하는 강좌를 클릭하여 시청하세요.

서비스 다섯

시나공 만의
동영상 강좌

독학이 가능한 친절한 교재가 있어도 준비할 시간이 부족하다면?

길벗출판사의 '동영상 강좌(유료)' 이용 안내

1. 시나공 홈페이지(sinagong.co.kr)에 접속하여 로그인 하세요.
2. 상단 메뉴 중 [동영상 강좌]를 클릭하세요.
3. '유료 강좌' 카테고리에서 원하는 강좌를 선택하고 [수강 신청하기]를 클릭하세요.
4. 우측 상단의 [마이길벗] → [나의 동영상 강좌]로 이동하여 강좌를 수강하세요.
※ 기타 동영상 이용 문의 : 독자지원(02-332-0931)

시나공 홈페이지 회원 가입 방법

1. 시나공 홈페이지(sinagong.co.kr)에 접속하여 우측 상단의 〈회원가입〉을 클릭하고 〈이메일 주소로 회원가입〉을 클릭합니다.
   ※ 회원가입은 소셜 계정으로도 가입할 수 있습니다.
2. 가입 약관 동의를 선택한 후 〈동의〉를 클릭합니다.
3. 회원 정보를 입력한 후 〈이메일 인증〉을 클릭합니다.
4. 회원 가입 시 입력한 이메일 계정으로 인증 메일이 발송됩니다. 수신한 인증 메일을 열어 이메일 계정을 인증하면 회원가입이 완료됩니다.

시험에 나오는 것만 골라 볼 수 있다!
핵심요약 & 대표기출문제

기출문제 유형을 핵심의 틀 안에 담아 두어 출제 유형 파악이 용이합니다. 뿐만 아니라
이론은 각 핵심에서 짧게 공부하고, 장마다 대표기출문제로 바로 확인할 수 있어 학습이
지루하지 않습니다.

핵심

시험에 꼭 나오는 내용만 엄선하여 문제가
출제될 수 있는 최소 단위로 정리해 두었
습니다. 꼼꼼히 읽어서 이해할 건 이해하고
외울 것은 외우세요.

토막 강의

혼자 공부하다가 어려운 부분이 나와도 고
민하지 말고 동영상 강의를 이용하세요!

방법1 스마트폰으로 QR코드를 스캔하
세요.

방법2 시나공 홈페이지의 [동영상 강좌]
→ [토막강의(무료)]에서 QR코드
번호를 입력하세요.

방법3 유튜브 검색 창에 "시나공"+QR코
드 번호를 입력하세요.
예 시나공1360001

출제 연도

해당 문제가 출제된 년, 회차를 나타냅니
다. 횟수가 많을수록 자주 나오는, 기본에
충실한 문제겠죠?

1과목
컴퓨터 일반

핵심요약 & 대표기출문제

1장 | 한글 Windows 10의 기본

핵심

▣ 1360001
16.2, 11.3, 11.2, 08.4, 08.2, 07.3, 07.2, 07.1, 05.4, 05.3, 04.4, 04.1, 03.3, …

01 한글 Windows 10의 특징

- 그래픽 사용자 인터페이스(GUI) 사용 : 키보드로 명령어를 직접 입력하
지 않고, 아이콘이나 메뉴를 마우스로 선택하여 모든 작업을 수행하
는 사용자 작업 환경
- 선점형 멀티태스킹(Preemptive Multi-tasking) : 운영체제가 각 작업의
CPU 이용 시간을 제어하여 앱 실행중 문제가 발생하면 해당 앱을 강
제 종료시키고, 모든 시스템 자원을 반환하는 멀티태스킹 운영 방식
- 플러그 앤 플레이(PnP; Plug & Play) : 컴퓨터 시스템에 하드웨어를 설
치했을 때, 해당 하드웨어를 사용하는 데 필요한 시스템 환경을 운영
체제가 자동으로 구성해 주는 것
- OLE(Object Linking and Embedding) : 다른 앱에서 작성된 문자
나 그림 등의 개체(Object)를 현재 작성중인 문서에 자유롭게 연결
(Linking)하거나 삽입(Embedding)하여 편집할 수 있게 하는 기능
- 64비트 데이터 처리 : 완전한 64비트로 데이터를 처리하므로 더 많은
양의 데이터를 빠르게 처리할 수 있으며, 사용자가 좀 더 빠르고 효
율적인 시스템을 구축할 수 있게 한다.

▣ 1360003
23.상시, 22.상시, 21.상시, 20.상시, 20.2, 19.상시, 19.1, 18.1, 15.2, 14.1, 13.3, …

02 바로 가기 키

키	기능
F2	폴더 및 파일의 이름을 변경함
F3	파일 탐색기에서 '검색 상자'를 선택함
F4	파일 탐색기에서 '주소 표시줄' 목록을 표시함
F5	최신 정보로 고침
F6	창이나 바탕 화면의 요소를 순서대로 전환함
F10	현재 실행중인 앱의 메뉴 모음을 활성화함
Alt + →, ←	현재 실행중인 화면의 다음 화면이나 이전 화면으로 이동함
Alt + Esc	현재 실행중인 앱을 순서대로 전환함
Alt + Tab	· 현재 실행중인 앱들의 목록을 화면 중앙에 나타냄 · Alt 를 누른 상태에서 Tab 을 이용하여 이동할 작업 창을 선택함
Alt + Enter	선택한 항목의 속성 대화상자를 실행함
Alt + Spacebar	활성창의 바로 가기 메뉴를 표시함
Alt + F4	· 실행중인 창(Window)이나 앱을 종료함 · 실행중인 앱이 없으면 'Windows 종료' 창을 나타냄
Alt + PrtSc	현재 작업중인 활성 창을 클립보드로 복사함
Alt + F8	로그인 화면에서 암호를 입력할 때 '●' 기호 대신 입력한 내용을 확인할 수 있음
Ctrl + A	폴더 및 파일을 모두 선택함

키	기능
Ctrl + 마우스 스크롤	바탕 화면의 아이콘 크기를 변경함
Shift + Delete	폴더나 파일을 휴지통을 거치지 않고 바로 삭제함
Shift + F10	바로 가기 메뉴를 표시함
⊞	⊞(시작)을 클릭하거나 Ctrl + Esc 를 누른 것처럼 [시작] 메뉴를 표시함
⊞ + D	열려 있는 모든 창과 대화상자를 최소화(바탕 화면 표시)하거나 이전 크기로 나타냄
⊞ + E	'파일 탐색기'를 실행함
⊞ + F	'피드백 허브' 앱을 실행함
⊞ + L	컴퓨터를 잠그거나 사용자를 전환함
⊞ + M/ ⊞ + Shift + M	열려 있는 모든 창을 최소화/이전 크기로 나타냄
⊞ + R	'실행' 창을 나타냄
⊞ + U	[설정]의 '접근성' 창을 나타냄
⊞ + T	작업 표시줄의 앱을 차례로 선택함
⊞ + A	알림 센터를 표시함
⊞ + B	알림 영역으로 포커스를 옮김
⊞ + Alt + D	알림 영역에 날짜 및 시간을 표시하거나 숨김
⊞ + I	'설정' 창을 화면에 나타냄
⊞ + S	'검색 상자'로 포커스를 옮김
⊞ + Ctrl + D	가상 데스크톱을 추가함
⊞ + Ctrl + F4	사용 중인 가상 데스크톱을 삭제함
⊞ + Home	선택된 창을 제외한 모든 창을 최소화/이전 크기로 나타냄
⊞ + ↑/↓/←/→	선택된 창 최대화/화면 왼쪽으로 최대화/화면 오른쪽으로 최대화/창 최소화(창 최대화일 때는 이전 크기로) 함
⊞ + Ctrl + F	'컴퓨터 찾기' 대화상자를 나타냄
⊞ + Tab	'작업 보기'를 실행함
⊞ + Pause/Break	[설정] → [시스템] → [정보] 창을 나타냄

▣ 1360004
22.상시, 21.상시, 20.상시, 20.1, 18.2, 17.2, 15.1, 13.3, 11.2, 10.3, 09.1, …

03 바로 가기 아이콘(단축 아이콘)

- 자주 사용하는 문서나 앱을 빠르게 실행시키기 위한 아이콘으로, 원
본 파일의 위치 정보를 가지고 있다.
- 바로 가기 아이콘을 실행시키면 바로 가기 아이콘과 연결된 원본 파
일이 실행된다.
- 폴더나 파일, 디스크 드라이브, 다른 컴퓨터, 프린터 등 모든 개체에
대해 바로 가기 아이콘을 작성할 수 있다.
- 바로 가기 아이콘은 왼쪽 아랫부분에 화살표 표시가 있어 일반 아이
콘과 구별된다.

14 핵심요약

초단타 합격 전략을 아시나요?

최신기출문제

기출문제를 확실하게 이해하세요! 시나공 문제집에 들어 있는 기출문제는 실력 테스트용이 아닙니다. 짧은 시간 안에 시험에 나왔던 내용을 파악하고, 나올 내용을 공부하는 초단타 합격 전략 문제입니다.

1장 대표기출문제

1. Plug and Play 기능에 대해 올바르게 설명한 것은?

16.2, 11.3, 08.4, 07.2, 05.4, 04.4, 03.3, 01.1, 00.3, 00.1

① 새로운 장치를 설정하면 자동적으로 감지하여 적절한 조치를 취하여 사용자가 쉽게 새로운 부품이나 주변 장치를 설치할 수 있도록 지원하는 기능이다.
② 새로운 장치를 설정한 후 수동적으로 Setting만 시켜주면 사용자가 쉽게 사용할 수 있도록 하는 기능이다.
③ 윈도우에서 여러 개의 작업을 동시에 수행할 수 있게 지원하는 기능이다.
④ 기존의 도스 시스템보다 수행 속도를 저해시키는 윈도우의 앱 수행 방식이다.

Plug and Play 기능은 컴퓨터 시스템에 하드웨어를 설치했을 때, 해당 하드웨어

5. 다음 중 한글 Windows 10 [작업 표시줄]의 바로 가기 메뉴에 있는 [도구 모음]에서 선택할 수 없는 것은?

22.상시, 13.1, 09.4

① 바탕 화면
② 링크
③ 새 도구 모음
④ 알림 영역

'작업 표시줄'의 바로 가기 메뉴에 있는 [도구 모음]에서는 링크, 바탕 화면, 새 도구 모음을 선택할 수 있습니다.

6. 다음 중 한글 Windows 10의 작업 표시줄 설정에 대한 설명으

대표기출문제
이론에 충실한 대표기출문제, 이론 학습을 마쳤다면 이 문제들을 재미있게 풀 수 있습니다. 이론이 어떻게 문제로 출제되는지 확인할 수 있을 뿐만 아니라 공부했던 내용을 문제로 다시 확인하니 머리에 쏙쏙 들어옵니다.

해설
명쾌한 해설로 여러분의 궁금증을 속 시원히 해결해 드립니다. 틀린 문제는 왜 틀렸는지 확실히 이해하고 넘어가세요.

01회   2023년 상시01 컴퓨터활용능력 2급 필기

1과목   컴퓨터 일반

01 다음 중 인터넷을 이용한 전자우편에 관한 설명으로 옳지 않

05 다음 중 Windows 10의 [설정] → [앱]에서 설정할 수 없는 기능은?

① 선택적 기능을 설치하거나 제거할 수 있다.
② 시작 프로그램을 확인할 수 있다.
③ 업데이트 현황을 확인하거나 설정할 수 있다.

정답 1.③   2.③   3.② 4.② 5.③ 6.③ 7.③ 8.③

최신기출문제 10회
실제 시험을 치르는 기분으로 혼자 풀어 보고 정답을 확인하세요. 문제를 풀어보고 해설을 읽어 보면 무엇을 공부해야 할지 탁! 감이 잡힙니다.

정답
기출문제에 대한 답을 바로 표시해서 초단기 합격 전략으로 공부하는 수험생의 편의를 최대한 배려했습니다.

01회   2023년 상시01 기출문제 해설

01 • 메일을 보낼 때(송신) 사용하는 프로토콜은 SMTP이고, 메일을 받을 때(수신) 사용되는 프로토콜은 POP3입니다.
• MIME는 웹 브라우저가 지원하지 않는 각종 멀티미디어 파일의 내용을 확인하고 실행시켜 주는 프로토콜입니다.

02 • 바이트는 문자를 표현하는 최소 단위입니다.
• 컴퓨터에서 각종 명령을 처리하는 기본 단위는 워드(Word)입니다.

03 아날로그 신호를 일정한 간격으로 측정하여 그 값을 디지털화시키는 작업은 샘플링입니다.

04 • UNIX는 운영체제(OS)의 한 종류입니다.
• SPSS와 LISP는 프로그래밍 언어 중 문제 중심 언어에 속하며,

• Alt + Enter : 선택된 항목의 속성 대화상자를 나타냄
• Alt + F4 : 실행중인 창이나 앱을 종료함

18 보기의 연산 속도 단위를 빠른 것부터 차례대로 나열하면, 피코 초 (ps, 10^{-12}) > 나노 초(ns, 10^{-9}) > 마이크로 초(μs, 10^{-6}) > 밀리 초 (ms, 10^{-3})입니다.

19 문제에 제시된 내용은 채널(Channel)에 대한 설명입니다.

20 네트워크 프린터를 선택한 경우에는 연결할 프린터의 포트가 자동으로 지정됩니다.

21 남부의 금액을 구하는 방법으로 옳은 것은 ①번입니다.
• [D5] 셀의 수식 'D$3*D4'중 [D3] 셀의 행 번호에만 절대 참조($)가 지정되어 있으므로 이를 복사하여 [D7:F7] 영역을 블록으로

최신기출문제 해설
정확한 해설로 여러분의 궁금증을 속 시원히 해결해 드립니다. 틀린 문제는 또 틀릴 수 있으니 꼭 체크를 해두었다가 시험 직전에 다시 한번 보세요.

컴퓨터활용능력 시험, 이것이 궁금하다!

 컴퓨터활용능력 자격증 취득 시 독학사 취득을 위한 학점 인정이 가능하다고 하던데, 학점 인정 현황은 어떻게 되나요?

종목	학 점
정보처리기사	20
정보처리산업기사	16
사무자동화산업기사	16
컴퓨터활용능력 1급	14
컴퓨터활용능력 2급	6
워드프로세서	4

※ 자세한 내용은 평생교육진흥원 학점은행 홈페이지(https://cb.or.kr)를 참고하세요.

Q 시험 접수를 취소하고 환불받을 수 있나요? 받을 수 있다면 환불 방법을 알려주세요.

A 네, 가능합니다. 대한상공회의소 자격평가사업단 홈페이지의 상단 메뉴에서 [개별접수] → [수험료환불]을 클릭하여 신청하면 됩니다. 하지만 환불 신청 기간 및 사유에 따라 환불 비율에 차이가 있습니다.

상시 시험	
접수일 ~ 시험일 4일 전	100% 반환
시험일 3일 전 ~ 시험일	반환 불가

Q 필기 시험에 합격하면 2년 동안 필기 시험이 면제된다고 하던데, 필기 시험에 언제 합격했는지 기억이 나지 않을 경우 실기 시험 유효 기간이 지났는지 어떻게 확인해야 하나요?

A 대한상공회의소 자격평가사업단 홈페이지에 로그인한 후 [마이페이지] 코너에서 확인할 수 있습니다.

Q 컴퓨터활용능력 2급 필기 응시 수수료와 실기 응시 수수료는 얼마인가요?

A 급수에 관계없이 필기는 20,500원이고, 실기는 25,000원입니다.

Q 필기 시험 볼 때 입실 시간이 지나서 시험장에 도착할 경우 시험 응시가 가능한가요?

A 입실 시간이 지나면 시험장에 입실할 수 없습니다. 반드시 입실 시간에 맞춰 입실하세요.

Q 필기 시험 볼 때 가져갈 준비물로는 어떤 것들이 있나요?

A 수검표, 신분증(주민등록증, 운전면허증 등)을 지참해야 합니다.
※ 신분증을 지참하지 않으면 시험에 응시할 수 없으니 반드시 신분증을 지참하세요.

Q 자격증 분실 시 재발급 받으려면 어떻게 해야 하나요?

A 처음 자격증 신청할 때와 동일하게 인터넷으로 신청하면 됩니다.

Q 컴퓨터활용능력 1급 필기 시험에 합격하면 2급은 필기 시험 없이 실기 시험에 바로 응시할 수 있나요?

A 네, 그렇습니다. 1급 필기 시험에 합격하면 1, 2급 실기 시험에 모두 응시할 수 있습니다.

Q 신분증을 분실하였을 경우에는 어떻게 해야 하나요?

A 신분증을 분실했을 경우 동사무소에서 임시 주민등록증을 발급 받아 오거나 교육행정정보시스템(www.neis.go.kr)에서 재학증명서를 발부해 오면 됩니다. 그 외에 운전면허증, 학생증(초 · 중 · 고등학생 한정), 사진이 나와 있는 여권, 국가기술자격증이 있어도 됩니다.

Q 필기 시험에 합격한 후 바로 실기 시험에 접수할 수 있나요?

A 네, 가능합니다. license.korcham.net에서 접수하면 됩니다.

Q 시험 장소를 변경할 수 있나요?

A 네, 대한상공회의소 자격평가사업단 홈페이지에서 [개별접수] → [접수내역변경]을 선택하여 변경할 수 있습니다.

Q 실기 시험 합격 여부를 확인하기 전에 다시 실기 시험에 접수하여 응시할 수 있나요?

A 네, 실기 시험은 같은 날 같은 급수만 아니면, 합격 발표 전까지 계속 접수 및 응시가 가능합니다. 그러나 합격한 이후에 접수한 시험은 모두 무효가 되며 접수한 시험에 대해서는 취소 및 환불이 되지 않으니 주의하기 바랍니다.

Q 필기 시험과 실기 시험의 합격 기준은 어떻게 되나요?

A

필기 시험

등급	시험 과목	제한시간	출제형태	합격기준
1급	• 컴퓨터 일반 • 스프레드시트 일반 • 데이터베이스 일반	60분	객관식 60문항	과목당 40점 이상 평균 60점 이상
2급	• 컴퓨터 일반 • 스프레드시트 일반	40분	객관식 40문항	

실기 시험

등급	시험 과목	제한시간	출제형태	합격기준
1급	• 스프레드시트 실무 • 데이터베이스 실무	90분	컴퓨터 작업형	70점 이상 (1급은 매 과목 70점 이상)
2급	• 스프레드시트 실무	40분		

핵심요약

1과목 · **컴퓨터 일반**

2과목 · **스프레드시트 일반**

▶1360001

01 한글 Windows 10의 특징

16.2, 11.3, 11.2, 08.4, 08.2, 07.3, 07.2, 07.1, 05.4, 05.3, 04.4, 04.1, 03.3, …

- 그래픽 사용자 인터페이스(GUI) 사용 : 키보드로 명령어를 직접 입력하지 않고, 아이콘이나 메뉴를 마우스로 선택하여 모든 작업을 수행하는 사용자 작업 환경
- 선점형 멀티태스킹(Preemptive Multi-tasking) : 운영체제가 각 작업의 CPU 이용 시간을 제어하여 앱 실행중 문제가 발생하면 해당 앱을 강제 종료시키고, 모든 시스템 자원을 반환하는 멀티태스킹 운영 방식
- 플러그 앤 플레이(PnP; Plug & Play) : 컴퓨터 시스템에 하드웨어를 설치했을 때, 해당 하드웨어를 사용하는 데 필요한 시스템 환경을 운영체제가 자동으로 구성해 주는 것
- OLE(Object Linking and Embedding) : 다른 앱에서 작성된 문자나 그림 등의 개체(Object)를 현재 작성중인 문서에 자유롭게 연결(Linking)하거나 삽입(Embedding)하여 편집할 수 있게 하는 기능
- 64비트 데이터 처리 : 완전한 64비트로 데이터를 처리하므로 더 많은 양의 데이터를 빠르게 처리할 수 있으며, 사용자가 좀 더 빠르고 효율적인 시스템을 구축할 수 있게 한다.

▶1360003

02 바로 가기 키

23.상시, 22.상시, 21.상시, 20.상시, 20.2, 19.상시, 19.1, 18.1, 15.2, 14.1, 13.3, …

키	기능
F2	폴더 및 파일의 이름을 변경함
F3	파일 탐색기에서 '검색 상자'를 선택함
F4	파일 탐색기에서 '주소 표시줄' 목록을 표시함
F5	최신 정보로 고침
F6	창이나 바탕 화면의 요소들을 순서대로 전환함
F10	현재 실행중인 앱의 메뉴 모음을 활성화함
Alt + →, ←	현재 실행중인 화면의 다음 화면이나 이전 화면으로 이동함
Alt + Esc	현재 실행중인 앱들을 순서대로 전환함
Alt + Tab	• 현재 실행중인 앱들의 목록을 화면 중앙에 나타냄 • Alt를 누른 상태에서 Tab을 이용하여 이동할 작업 창을 선택함
Alt + Enter	선택된 항목의 속성 대화상자를 실행함
Alt + Spacebar	활성창의 바로 가기 메뉴를 표시함
Alt + F4	• 실행중인 창(Window)이나 앱을 종료함 • 실행중인 앱이 없으면 'Windows 종료' 창을 나타냄
Alt + Print Screen	현재 작업중인 활성 창을 클립보드로 복사함
Alt + F8	로그인 화면에서 암호를 입력할 때 '●' 기호 대신 입력한 내용을 확인할 수 있음
Ctrl + A	폴더 및 파일을 모두 선택함

키	기능
Ctrl + Esc	⊞(시작)을 클릭한 것처럼 [시작] 메뉴를 표시함
Ctrl + Shift + Esc	'작업 관리자' 대화상자를 실행하여 문제가 있는 앱을 강제로 종료함
Ctrl + 마우스 스크롤	바탕 화면의 아이콘 크기를 변경함
Shift + Delete	폴더나 파일을 휴지통을 거치지 않고 바로 삭제함
Shift + F10	바로 가기 메뉴를 표시함
⊞	⊞(시작)을 클릭하거나 Ctrl+Esc를 누른 것처럼 [시작] 메뉴를 표시함
⊞ + D	열려 있는 모든 창과 대화상자를 최소화(바탕 화면 표시)하거나 이전 크기로 나타냄
⊞ + E	'파일 탐색기'를 실행함
⊞ + F	'피드백 허브' 앱을 실행함
⊞ + L	컴퓨터를 잠그거나 사용자를 전환함
⊞ + M / ⊞ + Shift + M	열려 있는 모든 창을 최소화/이전 크기로 나타냄
⊞ + R	'실행' 창을 나타냄
⊞ + U	[설정]의 '접근성' 창을 나타냄
⊞ + T	작업 표시줄의 앱을 차례로 선택함
⊞ + A	알림 센터를 표시함
⊞ + B	알림 영역으로 포커스를 옮김
⊞ + Alt + D	알림 영역에 날짜 및 시간을 표시하거나 숨김
⊞ + I	'설정' 창을 화면에 나타냄
⊞ + S	'검색 상자'로 포커스를 옮김
⊞ + Ctrl + D	가상 데스크톱을 추가함
⊞ + Ctrl + F4	사용 중인 가상 데스크톱을 삭제함
⊞ + Home	선택된 창을 제외한 모든 창을 최소화/이전 크기로 나타냄
⊞ + ↑/←/→/↓	선택된 창 최대화/화면 왼쪽으로 최대화/화면 오른쪽으로 최대화/창 최소화(창 최대화일 때는 이전 크기로) 함
⊞ + Ctrl + F	'컴퓨터 찾기' 대화상자를 나타냄
⊞ + Tab	'작업 보기'를 실행함
⊞ + Pause/Break	[설정] → [시스템] → [정보] 창을 나타냄

▶1360004

03 바로 가기 아이콘(단축 아이콘)

22.상시, 21.상시, 20.상시, 20.1, 18.2, 17.2, 15.1, 12.3, 11.2, 10.3, 09.1, …

- 자주 사용하는 문서나 앱을 빠르게 실행시키기 위한 아이콘으로, 원본 파일의 위치 정보를 가지고 있다.
- 바로 가기 아이콘을 실행시키면 바로 가기 아이콘과 연결된 원본 파일이 실행된다.
- 폴더나 파일, 디스크 드라이브, 다른 컴퓨터, 프린터 등 모든 개체에 대해 바로 가기 아이콘을 작성할 수 있다.
- 바로 가기 아이콘은 왼쪽 아랫부분에 화살표 표시가 있어 일반 아이콘과 구별된다.
- 바로 가기 아이콘의 확장자는 LNK이며, 컴퓨터에 여러 개 존재할 수 있다.
- 하나의 원본 파일에 대해 여러 개의 바로 가기 아이콘을 만들 수 있으며, 이름을 변경할 수도 있다.
- 바로 가기 아이콘은 원본 파일이 있는 위치와 관계없이 만들 수 있다.
- 바로 가기 아이콘을 삭제/이동하더라도 원본 파일은 삭제/이동되지 않는다.
- 원본 파일을 삭제하면 해당 파일의 바로 가기 아이콘은 실행되지 않는다.
- 바로 가기 아이콘 만들기

바로 가기 메뉴 이용	• 개체를 선택한 후 바로 가기 메뉴에서 [바로 가기 만들기] 또는 [보내기] → [바탕 화면에 바로 가기 만들기] 선택 • 바탕 화면의 바로 가기 메뉴에서 [새로 만들기] → [바로 가기]를 선택하여 실행 파일을 찾아 생성함
오른쪽 버튼으로 끌기	마우스 오른쪽 버튼으로 개체를 선택한 후 원하는 위치로 끌어 놓으면 바로 가기 메뉴가 표시되는데, 이 메뉴 중 [여기에 바로 가기 만들기]를 선택
Ctrl + Shift + 드래그	개체를 선택한 후 Ctrl + Shift를 누른 채 원하는 위치로 끌어다 놓음
복사 – 붙여넣기	바로 가기 아이콘을 복사(Ctrl + C)하여 다른 위치에 붙여넣음(Ctrl + V)

▶1360005

04 작업 표시줄

23.상시, 22.상시, 21.상시, 20.2, 18.2, 17.2, 16.2, 16.1, 14.1, 13.1, 11.3, 11.2, …

- 작업 표시줄은 현재 실행되고 있는 앱 단추와 앱을 빠르게 실행하기 위해 등록한 고정 앱 단추 등이 표시되는 곳으로서, 기본적으로 바탕 화면의 맨 아래쪽에 있다.
- 작업 표시줄의 위치를 변경할 수 있다.
- 작업 표시줄의 크기를 화면의 1/2까지 늘릴 수 있다.
- '작업 표시줄 잠금'을 지정하면 작업 표시줄의 크기나 위치 등을 변경할 수 없다.
- 작업 표시줄을 자동으로 숨길 것인지의 여부를 선택할 수 있다.
- 작업 표시줄의 단추를 그룹으로 표시할 수 있다.
- **작업 표시줄 바로 가기 메뉴의 주요 항목** : 계단식 창 배열, 창 가로 정렬 보기, 모든 작업 표시줄 잠금

- 작업 표시줄 도구 모음
  - 링크 : 자주 사용하는 문서나 앱, 웹 페이지(URL)의 바로 가기 아이콘을 추가하여 해당 문서, 앱을 바로 실행하거나 웹 페이지로 이동할 수 있음
  - 바탕 화면 : 바탕 화면 아이콘인 내 PC, 휴지통, 문서, 제어판, 네트워크와 바탕 화면에 추가된 모든 폴더와 아이콘 등을 표시함
  - 새 도구 모음 : 사용자가 임의로 새로운 도구 모음을 만들어 표시할 때 사용함

▶4200581

05 시작 메뉴의 '사용자 계정'

23.상시

- 현재 사용중인 사용자 계정이 표시된다.
- 사용자 계정을 클릭하면 '계정 설정 변경', '잠금', '로그아웃' 메뉴, 다른 사용자의 계정이 표시된다.
- 다른 사용자의 계정을 클릭하면 현재 로그인한 계정이 실행중인 앱을 종료하지 않고 선택한 다른 사용자의 계정으로 전환된다.

▶1300703

06 시작 메뉴의 '점프 목록' 설정

22.상시

- 점프 목록은 파일, 폴더, 웹 사이트 등 최근에 사용했던 문서나 작업을 빠르고 간편하게 이용할 수 있도록 프로그램별로 구성한 목록이다.
- 표시된 항목 위로 마우스 포인터를 가져가면 항목 오른쪽에 '이 목록에 고정(🖈)' 아이콘이 표시되며, 이 아이콘을 클릭하면 점프 목록 상단에 고정된다.
- 점프 목록에 고정된 항목을 해제하려면 항목 위로 마우스 포인터를 가져가면 표시되는 '이 목록에서 제거(📌)' 아이콘을 클릭한다.

▶1360009

07 파일 탐색기의 기능과 구조

17.2, 14.3, 12.3, 10.1, 07.2, 05.4, 05.1, 03.4

- 컴퓨터에 설치된 디스크 드라이브, 제어판, 앱 파일 및 폴더 등을 관리할 수 있는 곳으로, 파일이나 폴더, 디스크 드라이브에 관련된 모든 작업을 수행할 수 있다.
- 파일 탐색기는 컴퓨터의 파일과 폴더를 계층(트리) 구조로 표시한다.
- 파일 탐색기는 크게 탐색 창과 파일 영역으로 나누어져 있다.
- 탐색 창에는 컴퓨터에 존재하는 모든 폴더가 표시되고, 파일 영역에는 탐색 창에서 선택한 폴더의 내용(하위 폴더, 파일)이 표시된다.

- › 폴더 : 폴더 내에 또 다른 폴더, 즉 하위 폴더가 있음을 의미하며, ▷ 부분을 클릭하면 하위 폴더가 표시되고, ▽로 변경됨
- ⌄ 폴더 : 하위 폴더까지 표시된 상태임을 의미하며, ▽ 부분을 클릭하면 하위 폴더가 숨겨지고 ▷로 변경됨
- 숫자 키패드의 ✱ : 선택된 폴더의 모든 하위 폴더가 표시됨
- 왼쪽 방향키(←) : 선택된 폴더가 열려 있을 때는 닫고, 닫혀 있으면 상위 폴더가 선택됨
- Backspace : 선택된 폴더의 상위 폴더가 선택됨
- 영문자 : 해당 영문자로 시작하는 폴더나 파일 중 첫 번째 항목으로 이동됨
- 리본 메뉴는 파일 탐색기에서 제공하는 다양한 기능들이 용도에 맞게 탭으로 분류되어 있는 곳으로, 각 탭은 기능별로 묶여 표시되어 있다.

▶1360010
08 폴더 옵션
23.상시, 22.상시, 21.상시, 14.3, 12.1, 11.2, 10.3, 09.3, 09.2, 09.1, 08.2, …

- 실행 방법

  방법1 파일 탐색기에서 [파일] → [폴더 및 검색 옵션 변경] 또는 [파일] → [옵션] 선택

  방법2 파일 탐색기에서 리본 메뉴의 [보기] → [▦(옵션)] 클릭

  방법3 파일 탐색기에서 리본 메뉴의 [보기] → [옵션] → [폴더 및 검색 옵션 변경] 선택

- '폴더 옵션' 대화상자의 탭별 기능

일반	• 파일 탐색기가 열렸을 때의 기본 위치를 '즐겨찾기'나 '내 PC' 중에서 선택할 수 있음 • 새로 여는 폴더의 내용을 같은 창에서 열리거나 다른 창에 열리도록 지정할 수 있음 • 웹을 사용하는 것처럼 바탕 화면이나 파일 탐색기에서도 파일을 한 번 클릭하면 실행되도록 설정할 수 있음 • 즐겨찾기에서 최근에 사용된 파일이나 폴더의 표시 여부를 지정함 • 파일 탐색기의 즐겨찾기에 표시된 최근에 사용한 파일 목록을 지울 수 있음
보기	• 탐색 창에 모든 폴더의 표시 여부를 지정함 • 메뉴 모음의 항상 표시 여부를 지정함 • 숨김 파일이나 폴더의 표시 여부를 지정함 • 알려진 파일 형식의 파일 확장명 표시 여부를 지정함 • 보호된 운영체제 파일의 숨김 여부를 지정함 • 폴더 팁에 파일 크기 정보 표시 여부를 지정함
검색	• 폴더에서 시스템 파일을 검색할 때 색인을 사용할지 여부를 지정함 • 색인되지 않은 위치 검색 시 포함할 대상을 지정함

▶1300903
09 디스크 포맷
23.상시, 22.상시, 19.상시, 19.1, 16.3, 12.1, 05.3

- 디스크를 초기화(트랙과 섹터 형성)하여 사용 가능한 상태로 만들어 주는 작업이다.
- 옵션의 종류 : 용량, 파일 시스템, 할당 단위 크기, 볼륨 레이블, 포맷 옵션
- 빠른 포맷 : 사용하던 디스크를 포맷할 때 사용하는 옵션으로, 디스크의 불량 섹터는 검출하지 않고 디스크의 모든 파일을 삭제함

▶1360011
10 파일 / 폴더 속성
22.상시, 21.상시, 19.1, 09.4, 08.1, 07.1, 05.3, 05.1, 03.1

- 파일/폴더의 속성을 이용하여 파일/폴더의 기본 정보를 확인하거나 특성 및 공유 여부를 설정할 수 있다.
- 파일/폴더 속성의 탭별 기능

파일	일반	• 파일 이름 및 파일 형식, 연결 프로그램, 저장 위치, 크기, 디스크 할당 크기, 만든 날짜, 수정한 날짜, 액세스한 날짜 등이 표시됨 • 읽을 수만 있게 하는 '읽기 전용', 화면에서 숨기는 '숨김'과 같은 파일의 특성을 설정할 수 있음
	보안	사용자별 사용 권한을 설정함
	자세히	파일에 제목, 주제, 태그, 만든이 등의 속성을 확인하거나 제거할 수 있음
	이전 버전	이전 버전은 Windows에서 복원 지점이나 백업으로 만들어진 파일 및 폴더의 복사본으로, 실수로 수정 또는 삭제되거나 손상된 파일 및 폴더를 복원할 수 있음
폴더	일반	폴더의 이름, 종류, 저장 위치, 크기, 디스크 할당 크기, 폴더 안에 들어 있는 하위 폴더 및 파일의 수, 만든 날짜가 표시되고, 특성(읽기 전용, 숨김)을 설정할 수 있음
	공유	폴더 공유를 위한 공유 설정 및 옵션을 설정할 수 있음
	사용자 지정	폴더의 유형, 폴더에 표시할 사진, 폴더의 아이콘 모양을 변경할 수 있음

※ '폴더 속성'의 '보안'과 '이전 버전' 탭은 '파일 속성'의 탭과 동일함

▶3301403
11 파일 탐색기와 작업 표시줄의 '검색 상자'의 차이점
23.상시

	파일 탐색기의 '검색 상자'	작업 표시줄의 '검색 상자'
실행	F3 또는 Ctrl + F 누름	⊞ + S
검색 항목	파일, 폴더	모두, 앱, 문서, 웹, 동영상, 사람, 사진, 설정, 음악, 전자 메일, 폴더
검색 위치	지정 가능	컴퓨터 전체와 웹
검색 필터	사용 가능	사용 못함
검색 결과	검색어에 노란색 표시	범주별로 그룹화 되어 표시

1360012

12 파일과 폴더 - 선택 / 복사 / 이동

23.상시, 22.상시, 21.상시, 20.2, 18.상시, 15.1, 12.2, 05.2, 05.1, 04.1

파일/폴더 선택

하나의 항목 선택	항목을 마우스 왼쪽 버튼으로 클릭함
연속적인 항목 선택	• 선택할 항목의 범위를 마우스로 드래그함 • 첫 항목을 클릭한 후 Shift를 누른 상태에서 마지막 항목을 클릭함
비연속적인 항목 선택	Ctrl을 누른 상태에서 선택할 항목을 차례로 클릭함
모든 항목 선택	• 리본 메뉴의 [홈] → [선택] → [모두 선택]을 클릭함 • Ctrl + A를 누름
선택 영역 반전	리본 메뉴의 [홈] → [선택] → [선택 영역 반전]을 선택하여 현재 선택된 항목을 해제하고 나머지 항목을 선택함

파일/폴더 복사 및 이동

	복사	이동
같은 드라이브	Ctrl을 누른 상태에서 마우스로 드래그 앤 드롭	마우스로 드래그 앤 드롭
다른 드라이브	마우스로 드래그 앤 드롭	Shift를 누른 상태에서 마우스로 드래그 앤 드롭

1360013

13 클립보드

21.상시, 20.상시, 18.상시, 13.2, 09.2, 09.1, 08.2, 03.2, 01.2, 00.3

- 데이터를 일시적으로 보관해 두는 임시 저장 공간으로, 서로 다른 앱 간에 데이터를 쉽게 전달할 수 있다.
- 클립보드의 내용은 한글 Windows 10에 설치된 모든 앱에서 여러 번 사용이 가능하지만, 가장 최근에 저장된 것 하나만 기억한다.
- 복사(Ctrl + C)하기, 잘라내기(Ctrl + X), 붙여넣기(Ctrl + V)할 때 사용된다.
- 시스템을 재시작하면 클립보드에 저장된 데이터는 지워진다.
- 화면 전체 내용을 클립보드에 복사하는 키는 PrintScreen, 현재 사용중인 활성창만을 클립보드에 복사하는 키는 Alt + PrintScreen이다.

1360014

14 휴지통

23.상시, 22.상시, 21.상시, 20.상시, 20.2, 19.2, 18.상시, 14.3, 14.2, 14.1, …

- 삭제된 파일이나 폴더가 임시 보관되는 장소로, 필요 시 복원이 가능하다.
- 크기는 기본적으로 드라이브 용량의 5%~10% 범위 내에서 시스템이 자동으로 설정되지만 사용자가 원하는 크기를 MB 단위로 지정할 수 있다.
- 디스크 드라이브마다 한 개씩 만들 수 있으며, 크기를 다르게 설정할 수 있다.
- 휴지통 아이콘을 통하여 휴지통이 비워진 경우와 차 있는 경우를 구분할 수 있다.
- 휴지통에는 삭제된 파일뿐만 아니라 삭제된 시간, 날짜, 파일의 경로 등에 대한 정보도 저장된다.
- 휴지통의 용량을 초과하면 가장 오래 전에 삭제된 파일부터 자동으로 지워진다.
- 삭제된 파일이나 폴더는 복원하기 전까지 사용할 수 없다.
- 휴지통에 보관되지 않는 경우
  - 플로피디스크, USB 메모리, DOS 모드, 네트워크 드라이브에서 삭제된 항목
  - Shift + Delete를 사용하여 삭제한 항목
  - 휴지통 속성 창에서 '파일을 휴지통에 버리지 않고 삭제할 때 바로 제거'를 선택한 경우
  - 휴지통 속성 창에서 최대 크기를 0MB로 지정한 경우
  - 같은 이름의 항목을 복사/이동 작업으로 덮어쓴 경우

1301301

15 메모장

23.상시, 22.상시, 21.상시, 19.1, 14.3, 12.1, 09.2, 07.4, 07.2, 07.1, 05.1, …

- 메모장은 특별한 서식이 필요 없는 간단한 텍스트 파일을 작성할 수 있는 문서 작성 앱이다.
- 메모장은 텍스트(.TXT) 형식의 문서만을 열거나 저장할 수 있다.
- 메모장에서는 그림, 차트 등의 OLE 개체를 삽입할 수 없다.
- 문서 전체에 대해서는 글꼴의 종류, 속성, 크기를 변경할 수 있으나 지정할 수 있는 속성의 종류는 다양하지 않다.
- 문서의 첫 행 왼쪽에 .LOG를 입력하면 문서를 열 때마다 현재의 시간과 날짜가 문서의 맨 마지막 줄에 자동으로 표시된다.
- 커서 위치에 시간과 날짜 표시
  - 방법 1 : [편집] → [시간/날짜] 선택
  - 방법 2 : F5 누름
- 메모장에서 제공하는 주요 기능 : 찾기, 바꾸기, 페이지 설정, 자동 줄 바꿈, 글꼴 등

1. Plug and Play 기능에 대해 올바르게 설명한 것은?

16.2, 11.3, 08.4, 07.2, 05.4, 04.4, 03.3, 01.1, 00.3, 00.1

① 새로운 장치를 설정하면 자동적으로 감지하여 적절한 조치를 취하여 사용자가 쉽게 새로운 부품이나 주변 장치를 설치할 수 있도록 지원하는 기능이다.

② 새로운 장치를 설정한 후 수동적으로 Setting만 시켜주면 사용자가 쉽게 사용할 수 있도록 하는 기능이다.

③ 윈도우에서 여러 개의 작업을 동시에 수행할 수 있게 지원하는 기능이다.

④ 기존의 도스 시스템보다 수행 속도를 저해시키는 윈도우의 앱 수행 방식이다.

> Plug and Play 기능은 컴퓨터 시스템에 하드웨어를 설치했을 때, 해당 하드웨어를 사용하는 데 필요한 시스템 환경을 운영체제가 자동으로 구성해 주는 것을 말합니다.

2. 다음 중 한글 Windows 10에서 실행중인 프로그램 사이의 작업 전환을 위한 바로 가기 키는?

23.상시, 22.상시, 18.1, 07.2, 03.2

① Alt + Enter
② Alt + F4
③ Alt + Tab
④ Alt + Delete

> Alt + Enter 는 선택된 항목의 속성 대화상자를 실행, Alt + F4 는 실행중인 창이나 앱 종료, Alt + Tab 은 작업 창을 전환하는 바로 가기 키입니다.

3. 다음 중 Windows에서 Winkey(⊞)와 함께 사용하는 바로 가기 키에 대한 설명으로 틀린 것은?

23.상시, 22.상시, 21.상시

① ⊞ + I : '설정' 창을 표시함
② ⊞ + D : 모든 창을 최소화함
③ ⊞ + L : 컴퓨터를 잠금
④ ⊞ + E : '실행' 창을 표시함

> ⊞ + E 는 파일 탐색기를 실행하는 바로 가기 키입니다. '실행' 창을 표시하는 바로 가기 키는 ⊞ + R 입니다.

4. 다음 중 Windows에서 바로 가기 아이콘에 대한 설명으로 옳지 않은 것은?

22.상시, 21.상시, 18.2

① 원본 파일이 있는 위치와 관계없이 만들 수 있다.

② 하나의 원본 파일에 대하여 여러 개의 바로 가기 아이콘을 만들 수 없다.

③ 바로 가기 아이콘의 확장자는 LNK이다.

④ 원본 파일을 삭제하면 바로 가기 아이콘을 실행할 수 없다.

> 하나의 원본 파일에 대하여 여러 개의 바로 가기 아이콘을 만들 수 있습니다.

5. 다음 중 한글 Windows 10 [작업 표시줄]의 바로 가기 메뉴에 있는 [도구 모음]에서 선택할 수 없는 것은?

22.상시, 13.1, 09.4

① 바탕 화면
② 링크
③ 새 도구 모음
④ 알림 영역

> '작업 표시줄'의 바로 가기 메뉴에 있는 [도구 모음]에서는 링크, 바탕 화면, 새 도구 모음을 선택할 수 있습니다.

6. 다음 중 한글 Windows 10의 작업 표시줄 설정에 대한 설명으로 옳지 않은 것은?

23.상시

① 자주 사용하는 앱을 작업 표시줄에 표시할 수 있다.

② 데스크톱 모드에서 작업 표시줄 자동 숨기기를 설정할 수 있다.

③ 화면에서 작업 표시줄의 위치를 왼쪽, 위쪽, 오른쪽, 아래쪽 중에서 설정할 수 있다.

④ 작업 표시줄이 꽉 차면 같은 앱은 그룹으로 묶어서 하나의 단추로 표시되도록 할 수 있다.

> • 작업 표시줄 설정에 자주 사용하는 앱을 작업 표시줄에 표시하는 옵션은 없습니다.
> • 작업 표시줄에 앱을 추가하려면 앱을 드래그하여 작업 표시줄에 놓거나, [시작] 메뉴에 등록된 앱의 바로 가기 메뉴에서 [자세히] → [작업 표시줄에 고정]을 선택해야 합니다.

7. 하나의 컴퓨터에서 A 사용자가 여러 개의 프로그램을 실행시킨 상태에서 잠시 B 사용자가 사용할 수 있도록 하는 방법으로 옳은 것은? (단, 해당 컴퓨터에 사용자 A와 사용자 B의 계정은 모두 등록되어 있다.)

23.상시

① 로그오프를 수행한다.

② 사용자 전환을 수행한다.

③ 시스템을 다시 시작한다.

④ 전원을 종료한 후 재부팅 한다.

> [시작] 메뉴에서 사용자 계정을 클릭한 후 등록된 다른 사용자를 선택하면 기존 사용자가 실행 중인 프로그램이 종료되지 않고 대기 상태에서 다른 사용자로 전환됩니다.

8. 다음 중 Windows 10 작업 표시줄의 점프 목록 사용에 대한 설명으로 옳지 않은 것은? 　22.상시

① 프로그램의 점프 목록을 보려면 작업 표시줄의 프로그램 아이콘을 마우스 오른쪽 단추로 클릭한다.

② 점프 목록에서 항목을 열려면 프로그램의 점프 목록에서 해당 항목을 클릭한다.

③ 점프 목록에 항목을 고정하려면 프로그램의 점프 목록에서 항목을 가리킨 다음 압정 아이콘을 클릭한다.

④ 점프 목록에서 항목을 제거하려면 프로그램의 점프 목록에서 항목을 가리킨 다음 Delete 를 누른다.

> 점프 목록에 고정된 항목을 해제하려면 항목 위로 마우스 포인터를 가져가면 표시되는 '이 목록에서 제거( )' 아이콘을 클릭하면 됩니다.

9. 다음 중 한글 Windows 10의 [파일 탐색기]에 대한 기능과 구조에 대한 설명으로 옳지 않은 것은? 　17.2, 14.3

① 컴퓨터에 설치된 디스크 드라이브, 파일 및 폴더 등을 관리하는 기능을 가진다.

② 폴더와 파일을 계층 구조로 표시하며, 폴더 앞의 오른쪽 화살표 기호는 하위 폴더가 있음을 의미한다.

③ 현재 폴더에서 상위 폴더로 이동하려면 바로 가기 키인 Home 을 누른다.

④ 세부 정보 창, 미리 보기 창, 탐색 창 등의 표시 여부를 선택할 수 있다.

> 파일 탐색기의 현재 폴더에서 상위 폴더로 이동하는 바로 가기 키는 Backspace 입니다.

10. 다음 중 한글 Windows 10의 [폴더 옵션]에서 설정할 수 있는 작업에 해당되지 않는 것은? 　22.상시, 21.상시, 14.3

① 숨김 파일 및 폴더를 표시할 수 있다.

② 색인된 위치에서는 파일 이름 뿐만 아니라 내용도 검색하도록 설정할 수 있다.

③ 숨긴 파일 및 폴더의 숨김 속성을 일괄 해제할 수 있다.

④ 파일이나 폴더를 한 번 클릭해서 열 것인지, 두 번 클릭해서 열 것인지를 설정할 수 있다.

> 폴더 옵션의 '숨김 파일, 폴더 및 드라이브 표시'는 단순히 숨김 속성이 지정된 폴더/파일을 보이도록 하는 것 뿐입니다. 숨김 폴더/파일의 숨김 속성을 해제하려면 해당 폴더/파일의 속성 대화상자에서 '숨김'의 체크 표시를 해제해야 합니다.

11. 다음 중 한글 Windows 10에서 하드디스크를 포맷하기 위한 [포맷] 창에서 설정 가능한 항목으로 옳지 않은 것은? 　23.상시, 22.상시, 19.1, 12.1

① 볼륨 레이블 입력

② 파티션 제거

③ 파일 시스템 선택

④ 빠른 포맷 선택

> '포맷' 대화상자에서 '파티션 제거'는 설정할 수 없습니다.

12. 다음 중 폴더의 [속성] 창에 대한 설명으로 옳지 않은 것은? 　22.상시, 21.상시

① 폴더의 저장 위치를 변경할 수 있다.

② 폴더가 포함하고 있는 하위 폴더 및 파일의 개수를 알 수 있다.

③ 폴더에 '읽기 전용' 속성을 설정하거나 해제할 수 있다.

④ 해당 폴더의 만든 날짜를 알 수 있다.

> 폴더의 [속성] 창에서는 폴더의 저장 위치를 확인할 수는 있지만 변경할 수는 없습니다.

13. 다음 중 한글 Windows 10에서 작업 표시줄의 [검색 상자]에 대한 설명으로 옳지 않은 것은? 　23.상시

① 검색 항목은 모두, 앱, 문서, 웹, 동영상, 설정, 전자 메일, 폴더 등이다.

② 작업 표시줄의 바로 가기 메뉴에서 [검색]을 선택하여 검색 상자를 표시하거나 숨길 수 있다.

③ 검색된 앱을 선택하여 바로 실행할 수 있다.

④ ▦ + F 를 누르면 검색 상자로 포커스가 옮겨진다.

> ▦ + F 를 누르면 피드백 허브 앱이 실행됩니다. 작업 표시줄의 '검색 상자'로 이동하는 바로 가기 키는 ▦ + S 입니다.

14. 다음 중 파일이나 폴더를 복사하거나 이동하는 방법으로 옳지 않은 것은? 　23.상시, 22.상시, 21.상시, 20.2

① 폴더를 마우스로 선택한 후 동일한 드라이브의 다른 폴더로 끌어서 놓으면 이동이 된다.

② USB에 저장되어 있는 파일을 마우스로 선택한 후 바탕 화면으로 끌어서 놓으면 복사가 된다.

③ 파일을 마우스로 선택한 후 Ctrl 을 누른 채 같은 드라이브의 다른 폴더로 끌어서 놓으면 복사가 된다.

④ 폴더를 마우스로 선택한 후 Alt 를 누른 채 같은 드라이브의 다른 폴더로 끌어서 놓으면 이동이 된다.

> 폴더를 마우스로 선택한 후 Alt 를 누른 채 같은 드라이브의 다른 폴더로 끌어서 놓으면 폴더의 바로 가기 아이콘이 생성됩니다.

15. 다음 중 한글 Windows 10의 클립보드에 대한 설명으로 가장 옳지 않은 것은? 21.상시, 18.상시, 08.2, 03.2, 00.3

① 클립보드는 Windows뿐만 아니라 설치된 모든 앱에서 공동으로 이용한다.

② 화면 전체 내용을 그대로 클립보드에 복사하는 키는 `Print Screen` 이다.

③ 현재 사용중인 활성창의 내용을 클립보드에 복사하는 키는 `Ctrl` + `Print Screen` 이다.

④ 클립보드의 내용은 시스템을 재부팅하면 모두 삭제된다.

> 활성창의 내용을 클립보드에 복사하려면 `Alt` + `Print Screen`을 눌러야 합니다.

16. 다음 중 파일 삭제 시 파일이 [휴지통]에 임시 보관되어 복원이 가능한 경우는? 23.상시, 21.상시, 20.2, 14.3

① 바탕 화면에 있는 파일을 [휴지통]으로 드래그 앤 드롭하여 삭제한 경우

② USB 메모리에 저장되어 있는 파일을 `Delete`로 삭제한 경우

③ 네트워크 드라이브의 파일을 바로 가기 메뉴의 [삭제]를 클릭하여 삭제한 경우

④ [휴지통]의 크기를 0%로 설정한 후 파일 탐색기 안의 파일을 삭제한 경우

> ②, ③, ④번의 경우 삭제된 파일이 휴지통에 보관되지 않으므로 복원할 수 없습니다.

17. 다음 중 한글 Windows 10의 [메모장]에 대한 설명으로 옳지 않은 것은? 22.상시, 21.상시, 19.1, 14.3, 09.2, 07.4

① 작성한 문서를 저장할 때 확장자는 기본적으로 .txt가 부여된다.

② 특정한 문자열을 찾을 수 있는 찾기 기능이 있다.

③ 그림, 차트 등의 OLE 개체를 삽입할 수 있다.

④ 현재 시간을 삽입하는 기능이 있다.

> 메모장에는 그림, 차트 등의 OLE 개체를 삽입할 수 없습니다.

01 [설정] 창의 '시스템'

23.상시, 22.상시, 21.상시, 20.1, 16.1, 14.3, 09.3, 08.4, 08.1, 03.4, 01.1

디스플레이	• 화면에 표시되는 텍스트나 앱, 아이콘 등의 크기를 변경함 • 디스플레이 장치의 해상도를 변경함 • 높은 화면 해상도에서는 텍스트와 이미지가 더 선명하지만 크기는 더 작게 표시됨 • 해상도를 변경하면 해당 컴퓨터에 로그인한 모든 사용자에게 변경 내용이 적용됨 • 하나의 컴퓨터에 두 개 이상의 모니터를 연결하면, 여러 디스플레이 옵션이 활성화됨 • 디스플레이 장치의 화면 방향을 가로, 세로 등으로 변경함
소리	소리와 관련된 출력 및 입력 장치의 선택과 설정, 볼륨 조정, 마이크 테스트 등을 수행할 때 사용함
정보	• 시스템에 연결된 하드웨어 및 Windows 사양 등을 확인하거나 컴퓨터(PC) 이름을 변경함 • 장치 사양 : 디바이스(컴퓨터) 이름, 프로세서(CPU) 종류, 메모리(RAM) 크기, 장치 ID, 제품 ID, 시스템 종류, 펜 및 터치 등 • Windows 사양 : 에디션, 버전, 설치 날짜, OS 빌드 등

> **잠깐만요** 다중 디스플레이
> • 하나의 컴퓨터에 두 개 이상의 모니터를 연결하는 것을 의미합니다.
> • 각 모니터마다 해상도와 방향을 다르게 설정할 수 있고, 원하는 모니터를 주 모니터로 설정할 수 있습니다.

02 [설정] → [개인 설정]

23.상시, 22.상시, 21.상시, 18.상시, 14.1, 13.3, 13.1, 12.2, 12.1, 11.3, 10.3, 10.1, …

배경	• 바탕 화면의 배경이 표시되는 방식을 지정함 　– 배경 표시 방식 : 사진, 단색, 슬라이드 쇼 • Windows에서 제공하는 이미지나 GIF, BMP, JPEG, PNG 등의 확장자를 가진 사용자 이미지 중에서 원하는 그림 파일을 선택하여 지정함 • 바탕 화면에 놓일 배경 그림의 맞춤 방식을 지정함 　– 맞춤 방식 : 채우기, 맞춤, 확대, 바둑판식 배열, 가운데, 스팬
잠금 화면	• 잠금 화면에 표시할 앱이나 배경을 지정함 • 잠금 화면에 알림을 표시할 앱을 선택함 • 화면 시간 제한 설정 : 정해진 시간 동안 컴퓨터를 사용하지 않으면 화면을 끄거나 절전 모드로 변경되게 설정하는 창으로 이동함 • 화면 보호기 설정 : 정해진 시간 동안 모니터에 전달되는 정보에 변화가 없을 때 화면 보호기가 작동되게 설정하는 '화면 보호기 설정' 창이 실행됨 　– 화면 보호기는 마우스를 움직이거나 키보드에서 임의의 키를 누르면 해제됨 　– 대기 시간(화면 보호기가 작동되는 시간)과 다시 시작할 때 로그온 화면 표시 여부를 지정할 수 있음 　– 전원 관리 : 에너지 절약을 위한 전원 관리를 효율적으로 설정할 수 있는 [제어판] → [전원 옵션] 창을 표시함
테마	테마는 컴퓨터의 배경 그림, 색, 소리, 마우스 커서 등 Windows를 구성하는 여러 요소를 하나의 그룹으로 묶어 놓은 것으로, 다른 테마로 변경할 수 있음
색	창 테두리 및 제목 표시줄, 시작 단추, 작업 표시줄에 대한 색과 테마 컬러를 변경할 수 있음

03 [설정] → [앱]

23.상시, 22.상시, 21.상시, 18.1, 17.2, 16.1, 15.2, 14.1, 13.3, 12.2, 12.1, 10.3, …

앱 및 기능	• 컴퓨터에 설치된 앱을 수정하거나 제거함 • 설치할 앱을 가져올 위치를 지정함 • 선택적 기능 : 언어 팩, 필기 인식 등 Windows에서 제공하는 기능을 선택하여 추가로 설치 및 제거할 수 있음 • 앱 실행 별칭 : 동일한 이름으로 여러 개의 앱이 설치되어 있을 경우 '명령 프롬프트' 창에서 해당 앱을 실행하는데 사용할 이름을 선택함
시작 프로그램	로그인할 때 자동으로 실행될 앱을 설정함

> **잠깐만요** 연결 프로그램
> • 특정 데이터 파일(문서, 그림, 사운드 등)을 열 때 자동으로 실행되는 앱을 말하며, 파일의 확장자에 의해 연결 프로그램이 결정됩니다.
> • 파일을 실행했을 때 연결 프로그램을 선택할 수 있는 대화상자가 나타나면 현재 연결된 앱이 없다는 의미입니다.
> • 현재 연결 프로그램이 지정되어 있지 않은 파일을 열기 위해서는 파일을 더블클릭한 후 연결 프로그램을 선택할 수 있는 대화상자에서 사용할 앱을 지정합니다.
> • 일반적으로 앱을 설치하면 해당 앱에서 사용하는 파일은 자동으로 연결 프로그램이 설정됩니다.
> • 확장자가 다른 여러 개의 파일을 하나의 앱에 연결하여 사용할 수 있으며, 기본적으로 여러 가지 확장자를 사용할 수 있는 앱도 있습니다(예 그림 보기에 많이 사용하는 알씨).

04 [설정] → [접근성]

23.상시, 20.2, 17.1, 16.2, 15.2, 14.2, 08.2, 07.3, 06.4, 05.2, 04.3, 04.1, …

• 신체에 장애가 있거나 컴퓨터에 익숙하지 않은 사람들이 컴퓨터를 편리하고 쉽게 사용할 수 있도록 키보드, 소리, 마우스 등의 설정을 변경할 때 사용한다.

• 고대비 : 고유색을 사용하여 색상 대비를 강하게 함으로써 텍스트와 앱이 보다 뚜렷하게 표시되도록 지정함

• 내레이터 : 내레이터가 화면에 나타나는 모든 텍스트를 소리 내어 읽어주도록 지정함

• 마우스 포인터 : 마우스 포인터의 크기 및 색을 변경함

• 텍스트 커서 : 텍스트 커서 표시기의 사용 여부를 지정하거나 텍스트 커서의 모양을 변경함

• 돋보기
　– 화면 전체 또는 원하는 영역을 확대할 수 있도록 설정한다.
　– ▨ + ＋/－를 이용하여 100%~1600%까지 확대 또는 축소할 수 있다.
　– Windows 로그인 전·후에 자동으로 돋보기가 시작되도록 설정할 수 있다.

- **키보드** : 화상 키보드, 고정 키, 토글 키, 필터 키의 사용 여부를 지정함
  - 화상 키보드 : 마우스 등의 포인팅 장치로 문자를 입력할 수 있도록 지정함
  - 고정 키 : 동시에 두 개 이상의 키를 누르기 힘든 경우를 위한 것으로, 특정키에 대해 키를 누르고 손을 떼도 다음 키를 누를 때까지 눌러진 상태로 고정되도록 설정함
  - 토글 키 : CapsLock, NumLock, Scroll Lock을 누를 때 신호음이 나도록 설정함
  - 필터 키 : 실수로 키를 누르고 있는 동안 반복 입력되는 것을 방지하기 위한 것으로, 반복 입력을 무시하거나 반복 입력 속도를 느리게 설정함
- **마우스** : 키보드 오른쪽의 숫자 키패드를 사용하여 화면의 마우스를 이동할 수 있도록 지정하는 마우스 키의 사용 여부를 지정함

06 23.상시, 22.상시, 21.상시

[설정] → [업데이트 및 보안]

Windows 업데이트	• Windows의 업데이트 현황을 확인하거나 직접 업데이트할 때 사용함 • 업데이트 표시가 된 항목을 직접 업데이트 할 수 있음
Windows 보안	• 바이러스와 같은 위협 요소로부터 컴퓨터를 보호하기 위한 방화벽이나 백신 등을 설정함 • 방화벽 및 네트워크 보호 : Windows Defender 방화벽을 설정 및 해제하거나 네트워크 및 인터넷 연결에 발생하는 상황을 모니터링함 　– 방화벽을 통해 통신이 허용되는 앱을 설정함으로써, 외부의 불법적인 해킹 같은 위협 요소로부터 컴퓨터를 보호함 　– 방화벽이 새 앱을 차단할 때 알림을 표시하도록 설정함 • 가족 옵션 : 자녀를 보호하기 위해 유해 사이트를 차단하거나 게임 시간 등을 제한할 수 있음

잠깐만요 Windows Defender 방화벽

사용자의 컴퓨터를 무단으로 접근하려는 위협 요소로부터 컴퓨터를 보호하는 방어막을 제공하는 앱입니다.

---

05 20.상시, 20.1, 19.2, 17.2, 17.1, 16.1, 14.2, 13.2, 10.2, 09.4, 07.2

[설정] → [계정]

- 여러 사용자가 한 대의 컴퓨터를 공유하는 경우 사용자별로 바탕 화면, 시작 메뉴, 메일 계정 등을 서로 다르게 설정하여 사용할 수 있도록 하는 기능이다.
- 로그인된 사용자의 이름, 계정 유형, 사진 등을 확인할 수 있다.
- 로그인 옵션을 설정할 수 있다.
- 가족과 다른 사용자를 구분하여 새로운 계정을 추가할 수 있다.
- 계정을 삭제할 수 있다.
- 계정의 유형을 변경할 수 있다.

관리자 계정	• 제한 없이 컴퓨터 설정을 변경할 수 있음 • 사용자 계정을 추가, 삭제, 변경할 수 있고 액세스 권한을 가짐
표준 사용자 계정	• 할 수 없는 것 　– 앱, 하드웨어 등을 설치 　– 중요한 파일을 삭제 　– 계정 이름 및 계정 유형 변경 • 할 수 있는 것 　– 이미 설치된 앱의 실행 　– 테마, 바탕 화면 설정 　– 자신의 계정에 대한 암호 설정

잠깐만요 사용자 계정 컨트롤

유해한 프로그램이나 불법 사용자가 컴퓨터 설정을 임의로 변경하려는 경우 이를 사용자에게 알려 컴퓨터를 제어할 수 있도록 도와주는 기능입니다.

---

07 23.상시

[설정] → [장치] → [마우스]

- 오른손잡이/왼손잡이에 맞게 마우스 단추의 기능을 설정한다.
- 마우스 커서의 속도를 설정한다.
- 휠을 한 번 돌리면 여러 줄(1~100) 또는 한 화면이 스크롤 되도록 설정한다.
- 활성창/비활성창 구분 없이 마우스 포인터가 가리키는 창이 스크롤 되도록 설정할 수 있다.
- '추가 마우스 옵션'을 클릭하면 실행되는 '마우스 속성' 대화상자에서 세부 기능을 설정할 수 있다.

---

08 23.상시, 19.상시, 15.3, 15.2, 11.2, 09.1, 06.3

장치 관리자

- 컴퓨터에 설치되어 있는 하드웨어의 종류 및 작동 여부를 확인하고 하드웨어를 제거하거나 속성을 변경한다.
- 아래 화살표가 표시된 장치는 사용되지 않음을 나타낸다.
- 물음표가 표시된 장치는 알 수 없는 장치(미설치된 장치)를 나타낸다.
- 느낌표가 표시된 장치는 정상적으로 동작하지 않는 장치를 나타낸다.
- 각 장치의 속성을 이용하여 장치의 드라이버 파일이나 IRQ, DMA, I/O 주소, 메모리 주소 등을 확인하고 변경한다.
- 실행
  - **방법1** [⊞(시작)] → [Windows 시스템] → [제어판] → [장치 관리자] 클릭
  - **방법2** [⊞(시작)]의 바로 가기 메뉴에서 [장치 관리자] 선택

1360025
23.상시, 22.상시, 21.상시, 19.1, 18.상시, 14.1, 13.2, 11.2, 11.1, 09.3, 08.3, …

09 프린터

- 한글 Windows 10에서는 대부분의 프린터를 지원하므로 프린터를 컴퓨터에 연결하면 자동으로 설치된다.
- 프린터는 [⊞(시작)] → [⚙(설정)] → [장치] → [프린터 및 스캐너]에서 [프린터 또는 스캐너 추가]를 클릭하여 설치한다.
- 여러 개의 프린터를 한 대의 컴퓨터에 설치할 수 있고, 한 개의 프린터를 네트워크로 공유하여 여러 대의 컴퓨터에 설치할 수 있다.
- 프린터 설치 시 연결할 프린터의 포트는 자동으로 지정된다.
- 프린터마다 개별적으로 이름을 붙여 설치할 수 있고, 이미 설치한 프린터를 다른 이름으로 다시 설치할 수도 있다.
- 네트워크 프린터를 설치하면, 다른 컴퓨터에 연결된 프린터를 내 컴퓨터에 연결된 프린터처럼 사용할 수 있다.
- 네트워크 프린터를 사용할 때는 프린터의 공유 이름과 프린터가 연결되어 있는 컴퓨터의 이름을 알아야 한다.
- 로컬 프린터 : 컴퓨터에 직접 연결되어 있는 프린터
- 네트워크 프린터 : 다른 컴퓨터에 연결되어 있는 프린터

1360026
21.상시, 18.상시, 16.3, 15.2, 13.3, 11.2, 08.2, 07.1, 06.4, 03.3, 02.2, 00.3

10 기본 프린터

- 인쇄 명령 수행 시 특정 프린터를 지정하지 않을 경우 자동으로 인쇄 작업이 전달되는 프린터이다.
- 기본 프린터는 하나만 지정할 수 있다.
- 프린터 이름 아래에 '기본값'이라고 표시되어 있다.
- 현재 기본 프린터를 해제하려면 다른 프린터를 기본 프린터로 설정하면 된다.
- 네트워크 프린터나 추가 설치된 프린터도 기본 프린터로 설정할 수 있다.
- 기본 프린터 설정
  - **방법1** [⚙(설정)] → [장치] → [프린터 및 스캐너]에서 기본 프린터로 사용할 프린터를 선택하고 〈관리〉 클릭 → 디바이스 관리에서 〈기본값으로 설정〉 클릭
  - **방법2** [제어판]의 '장치 및 프린터' 창에서 기본 프린터로 사용할 프린터를 클릭한 후 바로 가기 메뉴에서 [기본 프린터로 설정] 선택

1360028
23.상시, 22.상시, 21.상시, 19.상시, 16.3, 15.1, 13.2, 13.1, 12.3, 09.4, 07.2, …

11 인쇄 작업

- 문서를 인쇄하는 동안 작업 표시줄에 프린터 아이콘이 표시되며, 아이콘은 인쇄가 끝나면 없어진다.
- 인쇄 중일 때 [⚙(설정)] → [장치] → [프린터 및 스캐너]에서 인쇄되는 프린터를 선택한 후 〈대기열 열기〉를 클릭하거나 작업 표시줄의 프린터 아이콘을 더블클릭하면 프린터 대화상자('인쇄 관리자' 창)가 열린다.
- 인쇄 관리자 창에는 문서 이름, 상태, 소유자, 페이지 수, 크기, 포트 등이 표시된다.
- 인쇄 작업이 시작된 문서도 중간에 강제로 종료시키거나 잠시 중지시켰다가 다시 인쇄할 수 있다.
- 인쇄 대기중인 문서를 삭제하거나, 출력 대기 순서를 임의로 조정할 수 있다.
- 인쇄 대기중인 문서를 다른 프린터로 전송할 수 있지만 인쇄중인 문서(일시 중지 포함)나 오류가 발생한 문서는 다른 프린터로 전송할 수 없다.
- 프린터 대화상자의 [프린터] → [모든 문서 취소]를 선택하면, 스풀러에 저장된 모든 인쇄 작업이 삭제된다.
- 프린터 대화상자의 [문서] → [취소]를 선택하면, 인쇄 중인 문서의 인쇄 작업이 취소된다.
- 프린터 대화상자의 [문서] → [일시 중지]를 선택하면, 해당 문서의 인쇄 작업을 일시 중지시킨다.

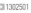
1302501
23.상시, 21.상시, 20.1, 19.2, 18.상시, 18.1, 16.1, 15.3, 15.1, 13.3, 11.3, 04.3, 00.2

12 드라이브 조각 모음 및 최적화

- 드라이브의 접근 속도를 향상시키기 위해 드라이브를 최적화하는 기능이다.
- 드라이브 미디어 유형이 HDD(Hard Disk Drive)인 경우 단편화(Fragmentation)로 인해 여기저기 분산되어 저장된 파일들을 연속된 공간으로 최적화시킨다.
- 드라이브 미디어 유형이 SSD(Solid State Drive)인 경우 트림(Trim) 기능을 이용하여 최적화시킨다.
- 드라이브에 대한 접근 속도를 향상시키기 위한 것으로, 드라이브의 용량 증가와는 관계가 없다.
- '드라이브 조각 모음 및 최적화'를 수행하면 드라이브 공간의 최적화가 이루어져 접근 속도와 안정성이 향상된다.
- 드라이브 조각 모음 및 최적화가 불가능한 경우
  - NTFS, FAT, FAT32 이외의 파일 시스템으로 포맷된 경우
  - CD/DVD-ROM 드라이브
  - 네트워크 드라이브
  - Windows가 지원하지 않는 형식으로 압축된 드라이브

13 작업 관리자

22.상시, 21.상시, 20.상시, 19.1, 13.2, 09.1

- 컴퓨터에서 현재 실행중인 앱과 프로세스에 대한 정보를 제공하고 응답하지 않는 앱을 종료할 때 사용한다.
- '작업 관리자' 대화상자의 탭별 기능

프로세스	현재 실행 중인 앱과 프로세스의 상태를 확인하고, 응답하지 않는 앱이나 프로세스를 종료할 수 있음
성능	CPU, 메모리, 디스크, 이더넷(네트워크), GPU의 자원 사용 현황을 그래프로 표시함
앱 기록	특정 날짜 이후의 앱별 리소스 사용량을 표시함
시작프로그램	Windows가 시작될 때 자동으로 실행되는 앱의 사용 여부를 지정함
사용자	• 현재 컴퓨터에 로그인되어 있는 모든 사용자를 보여줌 • 특정 사용자에게 메시지를 보내거나 강제로 로그아웃 시킬 수 있음
세부 정보	• 현재 실행 중인 프로세스에 대해 CPU 및 메모리 사용에 대한 자세한 정보를 표시함 • 현재 실행 중인 프로세스를 선택하여 종료할 수 있음
서비스	시스템의 서비스 항목을 확인하고 실행 여부를 지정함

14 TCP/IP의 구성 요소

20.2, 17.1, 12.2, 10.3, 10.2, 09.3, 09.1, 08.4, 04.3, 04.1, 03.3, 01.1, 00.3

TCP/IP 구성 요소 중에서 수동으로 IP를 설정할 경우 인터넷 접속을 위해 반드시 지정해야 하는 구성 요소는 다음과 같다.

- IPv4 : IPv4 주소, 서브넷 마스크, 기본 게이트웨이, DNS 서버 주소
- IPv6 : IPv6 주소, 서브넷 접두사 길이, 기본 게이트웨이, DNS 서버 주소

IP 주소	• 인터넷에 연결된 호스트 컴퓨터의 유일한 주소로 네트워크 주소와 호스트 주소로 구성되어 있음 • IPv4 주소는 32비트 주소를 8비트씩 마침표(.)로 구분함 • IPv6 주소는 128비트 주소를 16비트씩 콜론(:)으로 구분함
서브넷 접두사 길이	IPv6 주소의 네트워크 주소와 호스트 주소를 구별하기 위하여 IPv6 수신인에게 허용하는 서브넷 마스크 부분의 길이를 비트로 표현한 것
서브넷 마스크	• IPv4 주소의 네트워크 주소와 호스트 주소를 구별하기 위하여 IPv4 수신인에게 허용하는 32비트 주소 • IPv4 주소와 결합하여 사용자 컴퓨터가 속한 네트워크를 나타냄
게이트웨이	• 다른 네트워크와의 데이터 교환을 위한 출입구 역할을 하는 장치로, LAN에서 다른 네트워크에 데이터를 보내거나 받아들이는 역할을 하는 장치를 지정함 • 네트워크 사이에서 IP 패킷을 라우팅하거나 전달할 수 있는 여러 개의 실제 TCP/IP 네트워크에 연결된 장치임 • 서로 다른 전송 프로토콜이나 IPX 및 IP와 같은 데이터 형식 간의 변환을 담당함
DNS 서버 주소	DNS 서버는 문자 형태로 된 도메인 네임을 숫자로 된 IP 주소로 변환해 주는 서버이며, DNS 서버 주소에는 이 서버가 있는 곳의 IP 주소를 지정함

> **잠깐만요** DHCP 서버
> 가입자 컴퓨터가 동적인 IP 주소를 할당받을 수 있도록 해주는 서버입니다.

15 네트워크 관련 DOS 명령어

22.상시, 21.상시, 18.상시, 18.2, 17.1, 14.1, 13.2, 09.2, 09.1, 08.4, 07.4, …

Ping

- 원격 컴퓨터가 현재 네트워크에 연결되어 정상적으로 작동하고 있는지 알아보는 서비스이다.
- 특정 컴퓨터에 ping 명령을 실행하면 해당 컴퓨터의 이름과 IP 주소, 전송 신호의 손실률 및 응답 시간 등이 표시된다.
- '명령 프롬프트' 창에 ping 211.11.14.177이나 ping sinagong.co.kr 형식으로 입력한다.

Ipconfig

'명령 프롬프트' 창에 ipconfig를 입력하면 현재 컴퓨터의 물리적(MAC) 주소, IP 주소, 서브넷 마스크, 게이트웨이 등을 표시해 준다.

> **잠깐만요** '명령 프롬프트' 창
> • '명령 프롬프트' 창은 [⊞(시작)] → [Windows 시스템] → [명령 프롬프트]를 선택하거나 '실행(⊞+R)' 창에 cmd를 입력한 후 〈확인〉을 클릭하면 실행됩니다.
> • 명령 프롬프트(도스 창) 상태에서 EXIT를 입력한 후 Enter를 누르면 윈도우로 복귀합니다.

1. 다음 중 한글 Windows 10의 [설정] → [시스템] → [디스플레이]에서 해상도 조정 설정에 대한 설명으로 옳지 않은 것은?

23.상시, 22.상시, 14.3

① 높은 화면 해상도에서는 텍스트와 이미지가 더 선명하지만 크기는 더 작게 표시된다.

② 해상도를 변경하면 해당 컴퓨터에 로그인한 모든 사용자에게 변경 내용이 적용된다.

③ 여러 디스플레이 옵션은 Windows에서 둘 이상의 모니터가 PC에 연결되어 있음을 인식할 때만 나타난다.

④ 두 대의 모니터가 연결된 경우 좌측 모니터가 주 모니터로 설정되므로 해상도가 높은 모니터를 반드시 좌측에 배치해야 한다.

> 주 모니터는 [⚙(설정)] → [시스템] → [디스플레이]에서 자유롭게 변경할 수 있으므로 모니터의 배치를 변경할 필요는 없습니다.

2. 다음 중 한글 Windows 10의 [설정] → [시스템] → [소리]에서 수행할 수 있는 작업이 아닌 것은?

23.상시, 22.상시

① 출력 장치를 선택할 수 있다.

② 입력 장치를 선택할 수 있다.

③ 마스터 볼륨을 조절할 수 있다.

④ 내레이터를 설정할 수 있다.

> [⚙(설정)] → [시스템] → [소리]에서는 내레이터를 설정할 수 없습니다. 내레이터는 [⚙(설정)] → [접근성] → [내레이터]에서 설정합니다.

3. 다음은 [설정] → [개인 설정]에 관한 설명이다. 다음 중 옳지 않은 것은?

23.상시, 22.상시, 07.2, 06.3, 05.2

① 바탕 화면의 배경을 사용자가 임의로 바꿀 수 있게 지원한다.

② 시스템을 켜둔 채 정해진 시간 동안 마우스나 키보드를 사용하지 않으면 모니터를 보호하기 위해 화면 보호기를 작동할지 여부를 설정한다.

③ 창의 색상과 구성 요소의 색상을 설정한다.

④ 모니터의 해상도 및 방향을 설정한다.

> 모니터의 해상도와 방향은 [⚙(설정)] → [시스템] → [디스플레이]에서 설정할 수 있습니다.

4. 다음 중 Windows의 [설정] → [앱]에서 설정할 수 없는 기능은?

23.상시, 21.상시

① 선택적 기능을 설치하거나 제거할 수 있다.

② 시작 프로그램을 확인할 수 있다.

③ 업데이트 현황을 확인하거나 설정할 수 있다.

④ 설치된 앱을 변경하거나 제거할 수 있다.

> Windows 10의 업데이트 현황의 확인 및 설정은 [설정] → [업데이트 및 보안]에서 수행할 수 있습니다.

5. 다음 중 Windows 10의 연결 프로그램에 대한 설명으로 옳지 않은 것은?

23.상시, 22.상시, 21.상시, 13.3, 08.3, 04.3

① 파일 탐색기에서 특정한 파일을 더블클릭했을 때 실행될 앱을 설정하는 것이다.

② 확장자가 .txt나 .hwp인 파일은 반드시 서로 다른 연결 프로그램이 지정되어야 한다.

③ 동일한 확장자를 가진 다른 파일을 열 때 항상 같은 앱을 사용하도록 연결 프로그램을 설정할 수 있다.

④ 일반적으로 앱을 설치하면 해당 앱에서 사용하는 파일은 연결 프로그램이 자동으로 설정된다.

> 확장자가 다른 파일을 같은 앱에 연결하여 사용할 수도 있고, 여러 가지 확장자를 사용할 수 있는 앱도 있습니다.

6. 다음 중 한글 Windows 10의 [설정] → [접근성]에서 설정할 수 없는 기능은?

23.상시, 20.2

① 다중 디스플레이를 설정하여 두 대의 모니터에 화면을 확장하여 표시할 수 있다.

② 돋보기를 사용하여 화면에서 원하는 영역을 확대하여 크게 표시할 수 있다.

③ 내레이터를 사용하여 화면의 모든 텍스트를 소리내어 읽어 주도록 설정할 수 있다.

④ 키보드가 없어도 입력 가능한 화상 키보드를 표시할 수 있다.

> 다중 디스플레이는 [⚙(설정)] → [시스템] → [디스플레이]에서 설정할 수 있습니다.

7. 다음 중 한글 Windows 10의 사용자 계정을 통해 사용할 수 있는 기능으로 옳지 않은 것은?

20.상시, 20.1

① 관리자 계정의 사용자는 다른 계정의 컴퓨터 사용 시간을 제어할 수 있다.

② 관리자 계정의 사용자는 제한 없이 컴퓨터 설정을 변경할 수 있다.

③ 표준 사용자 계정의 사용자는 컴퓨터 보안에 영향을 주는 설정을 변경할 수 있다.

④ 표준 사용자 계정의 사용자는 컴퓨터에 설치된 대부분의 앱을 사용할 수 있다.

> 컴퓨터 보안에 영향을 주는 설정 변경은 관리자 계정에서만 가능합니다.

8. 다음 중 한글 Windows 10에서 외부로부터의 불법적인 해킹 등의 위협 요소로부터 컴퓨터를 보호하는 역할을 하는 것은 무엇인가?   23.상시, 22.상시, 21.상시

① Windows Update   ② Windows Defender 방화벽
③ BitLocker   ④ Malware

> 외부로부터의 불법적인 해킹 등의 위협 요소로부터 컴퓨터를 보호하는 역할을 하는 것은 Windows Defender 방화벽입니다.

9. 다음 중 [설정] → [장치] → [마우스]에서 설정할 수 있는 기능으로 옳지 않은 것은?   23.상시

① 왼손잡이와 오른손잡이의 마우스 단추 기능을 설정할 수 있다.
② 활성창/비활성 창 구분 없이 마우스 포인터가 가리키는 창이 스크롤 되도록 설정할 수 있다.
③ 휠을 한 번 돌리면 여러 줄(10~50) 또는 한 화면이 스크롤되도록 설정할 수 있다.
④ 마우스 커서의 속도를 설정할 수 있다.

> 휠을 한 번 돌리면 1~100줄, 또는 한 화면이 스크롤되도록 설정할 수 있습니다.

10. 다음 중 한글 Windows 10에서 사용자 컴퓨터에 설치된 하드웨어의 종류 및 작동 여부를 확인하거나 하드웨어 제거를 수행할 수 있는 항목은?   23.상시, 15.3

① [제어판] → [시스템]
② [제어판] → [관리 도구]
③ [제어판] → [프로그램 및 기능]
④ [제어판] → [장치 관리자]

> 사용자 컴퓨터에 설치된 하드웨어의 종류 및 작동 여부를 확인하거나 하드웨어 제거를 수행할 수 있는 항목은 [제어판] → [장치 관리자]입니다.

11. 다음 중 한글 Windows 10에서 프린터 설치에 관한 설명으로 옳지 않은 것은?   23.상시, 22.상시, 21.상시, 19.1

① 네트워크 프린터를 선택한 경우에는 연결할 프린터의 포트를 지정한다.
② [설정] → [장치] → [프린터 및 스캐너]에서 '프린터 또는 스캐너 추가'를 클릭하여 프린터를 추가한다.
③ 설치할 프린터 유형은 로컬 프린터와 Bluetooth, 무선 또는 네트워크 검색 가능 프린터 등에서 하나를 선택할 수 있다.
④ 컴퓨터에 설치된 여러 대의 프린터 중에 현재 설치 중인 프린터를 기본 프린터로 설정할 것인지 선택한다.

> 네트워크 프린터를 선택한 경우에도 연결할 프린터의 포트가 자동으로 지정됩니다.

12. 한글 Windows 10의 기본 프린터에 대한 설명으로 가장 옳지 않은 것은?   18.상시, 15.2, 11.2, 08.2, 07.1, 03.3, 02.2, 00.3

① 특정한 프린터를 설정하지 않을 경우 자동으로 인쇄 작업을 처리하는 프린터이다.
② 기본 프린터는 한 대만 지정할 수 있다.
③ 기본 프린터에는 프린터 이름 아래에 '기본값'이라고 표시된다.
④ 네트워크 프린터는 기본 프린터로 설정할 수 없다.

> 네트워크 프린터도 기본 프린터로 설정할 수 있습니다.

13. 다음 중 한글 Windows 10의 인쇄 기능에 대한 설명으로 옳지 않은 것은?   23.상시, 22.상시, 21.상시, 19.상시, 16.3

① 기본 프린터란 인쇄 시 특정 프린터를 지정하지 않아도 자동으로 인쇄되는 프린터를 말한다.
② 프린터 속성 창에서 공급 용지의 종류, 공유, 포트 등을 설정할 수 있다.
③ 인쇄 대기 중인 작업은 취소시킬 수 있다.
④ 인쇄 중인 작업은 취소할 수는 없으나 잠시 중단시킬 수 있다.

> 인쇄 대기중인 문서뿐만 아니라 인쇄 중인 문서도 취소(삭제)할 수 있습니다.

14. 다음 중 한글 Windows 10의 드라이브 조각 모음 및 최적화 기능에 관한 설명으로 옳지 않은 것은?   23.상시, 21.상시, 19.2

① 하드디스크에 단편화되어 조각난 파일들을 모아준다.
② USB 플래시 드라이브와 같은 이동식 저장장치도 드라이브 조각 모음을 수행할 수 있다.
③ 수행 후에는 디스크 공간의 최적화가 이루어져 디스크의 용량이 증가한다.
④ 일정을 구성하여 드라이브 조각 모음 및 최적화를 예약 실행할 수 있다.

> '드라이브 조각 모음 및 최적화'는 디스크의 접근 속도를 향상시키기 위한 것으로, 디스크의 용량 증가와는 관계가 없습니다.

15. 다음 중 한글 Windows 10의 '작업 관리자' 대화상자에서 수행할 수 있는 작업으로 옳지 않은 것은? 22.상시, 21.상시

① 컴퓨터를 이용하는 사용자 계정의 추가와 삭제를 수행할 수 있다.

② 현재 실행 중인 앱을 강제로 종료시킬 수 있다.

③ 시스템의 CPU 사용 내용이나 할당된 메모리의 크기를 파악할 수 있다.

④ 현재 네트워크 상태를 보고 네트워크 처리량을 확인할 수 있다.

[작업 관리자] 창에서는 사용자 계정을 추가하거나 삭제할 수 없습니다. 사용자 계정의 추가 및 삭제는 [◙(설정)] → [계정]을 이용해야 합니다.

16. 다음 중 인터넷을 수동으로 연결하기 위하여 지정해야 할 TCP/IP 구성 요소로 옳지 않은 것은? 20.2, 12.2, 10.3, 09.3

① IP 주소

② 서브넷 마스크

③ 어댑터 주소

④ DNS 서버 주소

인터넷을 수동으로 연결하기 위하여 지정해야 할 TCP/IP의 구성 요소에는 IP 주소, 서브넷 마스크, 게이트웨이, DNS 서버 주소 등이 있습니다.

17. 다음 중 인터넷 서비스에서 PING(Packet InterNet Groper)의 기능에 관한 설명으로 옳은 것은? 22.상시, 18.2, 14.1, 09.1, 07.4, 01.3

① 인터넷 상에서 채팅을 할 수 있도록 하는 기능이다.

② 인터넷 속도가 느릴 경우에는 어느 구간에서 정체가 있는가를 알기 위하여 인터넷 서버까지의 경로를 추적하는 기능이다.

③ 원격 컴퓨터가 현재 인터넷에 연결되어 정상적으로 네트워크가 작동하고 있는지 파악할 수 있는 서비스이다.

④ 여러 지역에 분산되어 있는 데이터베이스로부터 정보를 검색할 수 있게 하는 서비스이다.

PING은 원격 컴퓨터가 현재 네트워크에 연결되어 정상적으로 작동하고 있는지 알아보는 서비스입니다.

18. 다음 중 한글 Windows 10에서 '명령 프롬프트' 창을 표시하기 위해 '실행' 창에 입력해야 하는 것은? 22.상시, 21.상시

① cmd

② command

③ ping

④ tracert

한글 Windows 10에서 '명령 프롬프트' 창을 표시하려면, '실행' 창에 cmd를 입력해야 합니다.

1303102

01 휴대용 컴퓨터

23.상시, 20.2, 17.1, 15.3, 08.4

가볍고 크기가 작아 휴대가 가능한 개인용(Personal) 컴퓨터를 말한다.

- 태블릿PC(Tablet PC) : 노트북의 기능에 PDA의 휴대성을 더한 컴퓨터로, 키보드 대신 터치스크린이나 스타일러스 펜을 입력 장치로 사용함
- PDA(Personal Digital Assistant) : 팜톱 컴퓨터의 일종으로 전자수첩 기능, 이동통신 기능, 비서 기능, 개인정보 관리 기능 등을 가진 컴퓨터로 크기가 작아 펜이나 터치 스크린을 입력 방식으로 사용함
- 웨어러블 컴퓨터(Wearable Computer)
  - 의류, 시계, 안경 등의 형태로 사람이 몸에 착용하고 다닐 수 있는 컴퓨터이다.
  - 소형화 및 경량화, 음성과 동작 인식 등 다양한 기술이 적용되어 장소에 구애받지 않고 컴퓨터를 활용할 수 있다.

1360038

02 컴퓨터의 분류 – 데이터 취급(형태)

23.상시, 22.상시, 21.상시, 18.상시, 18.2, 17.1, 15.3, 14.2, 14.1, 12.2, 10.3, …

- 디지털 컴퓨터 : 문자나 숫자화된 비연속적인 데이터(디지털형)를 처리하는 컴퓨터로, 사회 각 분야에서 일반적으로 사용하는 컴퓨터
- 아날로그 컴퓨터 : 온도, 전류, 속도 등과 같이 연속적으로 변화하는 데이터(아날로그형)를 처리하기 위한 특수 목적용 컴퓨터
- 하이브리드 컴퓨터 : 디지털 컴퓨터와 아날로그 컴퓨터의 장점을 혼합하여 만든 컴퓨터
- 디지털 컴퓨터와 아날로그 컴퓨터의 비교

항목	디지털 컴퓨터	아날로그 컴퓨터
입력 형태	숫자, 문자	전류, 전압, 온도
출력 형태	숫자, 문자	곡선, 그래프
연산 형식	산술·논리 연산	미·적분 연산
연산 속도	느림	빠름
구성 회로	논리 회로	증폭 회로
프로그래밍	필요	불필요
정밀도	필요한 한도까지	제한적임
기억 기능	있음	없음
적용성	범용	특수 목적용

1360039

03 자료 구성의 단위

23.상시, 21.상시, 19.2, 18.2, 16.3, 16.2, 13.1, 12.3, 12.2, 12.1, 10.3, 08.2, …

비트(Bit)	• 자료(정보) 표현의 최소 단위임 • 두 가지 상태(0과 1)를 표시하는 2진수 1자리임
니블(Nibble)	• 4개의 비트(Bit)가 모여 1개의 니블(Nibble)을 구성함 • 4비트로 구성되며 16진수 1자리를 표현하기에 적합함
바이트(Byte)	• 문자를 표현하는 최소 단위로, 8개의 비트(Bit)가 모여 1Byte를 구성함 • 1Byte는 256(2^8)가지의 정보를 표현할 수 있음
워드(Word)	• CPU가 한 번에 처리할 수 있는 명령 단위 • 반워드(Half Word) : 2Byte • 전워드(Full Word) : 4Byte • 더블워드(Double Word) : 8Byte
필드(Field)	• 파일 구성의 최소 단위, 의미 있는 정보를 표현하는 최소 단위 • 자료 처리의 최소 단위이며, 여러 개의 필드가 모여 레코드가 됨
레코드(Record)	하나 이상의 관련된 필드가 모여서 구성됨(논리 레코드)
블록(Block)	하나 이상의 논리 레코드가 모여서 구성됨
파일(File)	프로그램 구성의 기본 단위로, 여러 레코드가 모여서 구성됨
데이터베이스(Database)	여러 개의 관련된 파일(File)의 집합

3303702

04 문자 표현 코드

23.상시, 22.상시, 21.상시, 19.2, 19.1, 18.상시, 18.1, 17.2, 15.2, 15.1, 14.3, …

BCD 코드 (2진화 10진)	• 하나의 문자를 2개의 Zone 비트와 4개의 Digit 비트로 표현함 • 2^6 = 64가지의 문자를 표현할 수 있음 • 영문 소문자를 표현하지 못함
ASCII 코드 (미국 표준)	• 하나의 문자를 3개의 Zone 비트와 4개의 Digit 비트로 표현하며, 영문 대·소문자, 숫자, 문장 부호, 미국 영어에 사용되는 특수 제어 문자를 나타냄 • 2^7 = 128가지의 문자를 표현할 수 있음 • 7비트 코드이지만 실제로는 패리티 비트를 포함하여 8비트로 사용됨 • 데이터 통신 또는 PC의 문자 표현 등에 사용됨 • 확장 ASCII 코드 : ASCII에 1bit를 추가한 코드로 특수 기호, 외래어 문자, 그래픽 기호 등 128개의 문자를 더 표현할 수 있음
EBCDIC 코드 (확장 2진화 10진)	• BCD 코드를 확장한 것으로 하나의 문자를 4개의 Zone 비트와 4개의 Digit 비트로 표현함 • 2^8 = 256가지의 문자를 표현할 수 있음 • 대형 컴퓨터에서 사용함
KS X 1005-1 (유니코드)	• 전 세계의 모든 문자를 2바이트로 표현할 수 있는 국제 표준 코드로, 정보 처리 및 정보 교환용으로 사용 • 데이터의 교환을 원활하게 하기 위하여 문자 1개에 부여된 값을 16비트(2바이트)로 통일

1. 다음 중 소형화, 경량화를 비롯해 음성과 동작인식 등 다양한 기술이 적용되어 장소에 구애받지 않고 컴퓨터를 활용할 수 있도록 몸에 착용하는 컴퓨터를 의미하는 것은? 23.상시, 20.2, 17.1

① 웨어러블 컴퓨터

② 마이크로 컴퓨터

③ 인공지능 컴퓨터

④ 서버 컴퓨터

> 다양한 기술이 적용되어 장소에 구애받지 않고 컴퓨터를 활용할 수 있도록 몸에 착용하는 컴퓨터는 웨어러블 컴퓨터입니다.

2. 다음 중 디지털 컴퓨터와 아날로그 컴퓨터의 차이점에 관한 설명으로 옳은 것은? 23.상시, 22.상시, 21.상시, 17.1

① 디지털 컴퓨터는 전류, 전압, 온도 등 다양한 입력 값을 처리하며, 아날로그 컴퓨터는 숫자 데이터만을 처리한다.

② 디지털 컴퓨터는 증폭 회로로 구성되며, 아날로그 컴퓨터는 논리 회로로 구성된다.

③ 아날로그 컴퓨터는 미분이나 적분 연산을 주로 하며, 디지털 컴퓨터는 산술이나 논리 연산을 주로 한다.

④ 아날로그 컴퓨터는 범용이며, 디지털 컴퓨터는 특수 목적용으로 많이 사용된다.

> ① 디지털 컴퓨터는 숫자, 문자 데이터를 처리하며, 아날로그 컴퓨터는 전류, 전압, 온도 등 다양한 입력 값을 처리합니다.
> ② 디지털 컴퓨터는 논리 회로로 구성되며, 아날로그 컴퓨터는 증폭 회로로 구성됩니다.
> ④ 아날로그 컴퓨터는 특수 목적용이며, 디지털 컴퓨터는 범용으로 많이 사용됩니다.

3. 다음 중 자료의 구성 단위에 대한 설명으로 옳지 않은 것은? 23.상시, 21.상시, 19.2, 16.3, 16.2, 01.3

① 워드(Word)는 명령 처리 단위이며, 전워드(Full Word)는 8Byte이다.

② 필드(Field)는 파일 구성의 최소 단위이다.

③ 니블(Nibble)은 4개의 비트로 16가지를 표현할 수 있다.

④ 여러 개의 파일이 모여 데이터베이스가 된다.

> 전워드(Full Word)는 4Byte입니다. 8Byte의 크기를 갖는 워드는 더블워드(Double Word)입니다.

4. 다음 중 컴퓨터에서 문자 데이터를 표현하는 방법으로 옳지 않은 것은? 23.상시, 22.상시, 21.상시, 19.1

① EBCDIC

② Unicode

③ ASCII

④ Hamming Code

> 해밍 코드(Hamming Code)는 에러 검출 및 교정이 가능한 코드로, 문자 데이터를 표현하기 위해 사용하는 코드는 아닙니다.

01 중앙처리장치[CPU]
1360041
22.상시, 21.상시, 18.1, 17.1, 16.3, 14.2, 13.3, 13.1, 11.3, 08.1, 05.3, 05.2, …

- 사람의 두뇌와 같이 컴퓨터 시스템에 부착된 모든 장치의 동작을 제어하고, 명령을 실행하는 장치이다.
- 중앙처리장치는 제어장치(Control Unit) · 연산장치(ALU; Arithmetic & Logic Unit) · 레지스터(Register)로 구성된다.
- 레지스터(Register)
  - CPU(중앙처리장치) 내부에서 처리할 명령어나 연산의 중간 결과 값 등을 일시적으로 기억하는 소량의 임시 기억장소이다.
  - 레지스터는 플립플롭(Flip-Flop)이나 래치(Latch)들을 연결하여 만든다.
  - 레지스터는 메모리 중에서 속도가 가장 빠르다.
- 중앙처리장치(CPU)의 성능을 나타내는 단위

MIPS	1초당 명령 실행 수 ÷ 1백만
FLOPS	1초당 부동 소수점 연산 횟수
클럭 속도(Hz)	CPU 동작 클럭 주파수로, 1Hz는 1초에 1번 주기가 반복됨

- 중앙처리장치(CPU)의 성능에 영향을 미치는 요인 : 클럭 주파수, 캐시 메모리, 워드(명령어)의 크기, FSB(시스템 버스) 등

02 제어장치
1360042
21.상시, 18.2, 15.3, 15.1, 12.1, 10.3, 09.4, 08.3, 08.2, 04.4, 99.2

- 입 · 출력, 저장, 연산장치 등 컴퓨터의 모든 동작을 지시하고 제어하는 장치이다.
- 주기억장치에서 읽어 들인 명령어를 해독하여 해당하는 장치에게 제어 신호를 보내 정확하게 수행하도록 지시한다.
- 제어장치에서 사용하는 레지스터와 회로

프로그램 카운터 (PC; Program Counter)	다음에 실행할 명령어의 번지를 기억하는 레지스터
명령 레지스터 (IR; Instruction Register)	현재 실행중인 명령의 내용을 기억하는 레지스터
명령 해독기(Decoder)	명령 레지스터에 있는 명령어를 해독하는 회로
부호기(Encoder)	해독된 명령에 따라 각 장치로 보낼 제어 신호를 생성하는 회로
메모리 주소 레지스터(MAR)	기억장치를 출입하는 데이터의 번지를 기억하는 레지스터
메모리 버퍼 레지스터(MBR)	기억장치를 출입하는 데이터를 잠시 기억하는 레지스터

잠깐만요 제어장치의 명령 실행 순서(기계 사이클)
호출 → 해독 → 실행 → 저장

03 연산장치[ALU]
1360043
23.상시, 21.상시, 20.상시, 16.2, 15.2, 14.1, 12.3, 11.1, 09.2, 09.1, 06.3, 05.3, …

- 제어장치의 명령에 따라 실제로 연산을 수행하는 장치이다.
- 연산장치가 수행하는 연산에는 산술 연산, 논리 연산, 관계 연산, 이동 등이 있다.
- 연산장치에서 사용하는 레지스터와 회로

가산기(Adder)	2진수의 덧셈을 수행하는 회로
보수기(Complementor)	뺄셈의 수행을 위해 입력된 값을 보수로 변환하는 회로
누산기(AC; Accumulator)	연산된 결과를 일시적으로 저장하는 레지스터
데이터 레지스터(Data Register)	연산에 사용될 데이터를 기억하는 레지스터
상태 레지스터(Status Register)	연산중에 발생하는 여러 가지 상태값을 기억하는 레지스터(부호, 오버플로, 언더플로, 자리올림, 인터럽트 등)
인덱스 레지스터(Index Register)	주소 변경을 위해 사용되는 레지스터

04 주기억장치
1360044
23.상시, 17.2, 16.1, 11.2, 09.4, 06.3, 06.2, 05.3, 05.2, 03.3, 02.3

- 주기억장치는 CPU가 직접 접근하여 데이터를 처리할 수 있는 기억 장치로, 현재 수행되는 프로그램과 데이터를 저장하고 있다.
- ROM : 비휘발성 메모리로, 입 · 출력 시스템, 글자 폰트, 자가 진단 프로그램 등을 저장함. 읽기는 가능하나 쓰기는 불가능함
- RAM : 휘발성 메모리로, 사용중인 프로그램이나 데이터를 저장함. 자유롭게 읽고 쓰기 가능
- 주기억장치의 단점
  - 접근 속도가 빠르지만 가격이 비싸고 저장 용량이 적다.
  - 대부분 전원 공급이 중단되면 기억된 내용이 모두 지워지는 휘발성 메모리이므로, 작업한 문서를 오랜 기간 보관할 수 없다.

05 기타 메모리
1360045
23.상시, 22.상시, 21.상시, 20.상시, 20.2, 20.1, 19.상시, 19.2, 19.1, 17.2, 16.2, …

- 플래시 메모리(Flash Memory)
  - EEPROM의 일종인 비휘발성 메모리로, 하드디스크에 비해 전력 소모가 적다.
  - 블록 단위로 데이터를 전송한다.
  - 전송 속도가 빨라서, 개인용 정보 단말기, 스마트폰, 디지털 카메라 등에 주로 사용한다.

- 캐시 메모리(Cache Memory) : CPU와 주기억장치 사이에서 컴퓨터의 처리 속도를 향상시키기 위한 것으로, SRAM을 사용함
- 가상 메모리(Virtual Memory) : 보조기억장치의 일부를 주기억장치처럼 사용하는 메모리 기법으로, 전원이 꺼지면 데이터가 소실됨
- 버퍼 메모리(Buffer Memory) : 두 장치 간에 데이터를 주고 받을 때 속도 차이를 해결하기 위한 저장 공간
- 연상(연관) 메모리(Associative Memory) : 기억장치에 저장된 정보에 접근할 때 주소 대신 기억된 내용의 일부를 이용하여 직접 접근하는 장치로, 정보 검색이 신속하고, 캐시 메모리나 가상 메모리 관리 기법에서 사용하는 매핑 테이블에 사용됨

06 보조기억장치

23.상시, 22.상시, 21.상시, 20.상시, 19.상시, 19.1, 17.1, 16.2, 14.3, 14.1, 13.1, …

- 보조기억장치는 주기억장치에 비해 속도는 느리지만 전원이 차단되어도 내용이 유지되고, 저장 용량이 크다.
- 하드디스크(Hard Disk) : 자성 물질을 입힌 금속 원판을 여러 장 겹쳐서 만든 기억매체로, 개인용 컴퓨터에서 보조기억장치로 널리 사용됨
- SSD(Solid State Drive)
  - 디스크 드라이브(HDD)와 비슷하게 동작하면서 HDD와는 달리 기계적 장치가 없는 반도체를 이용하여 정보를 저장하는 보조기억장치로, 고속으로 데이터를 입·출력할 수 있다.
  - 기계적 지연이나 에러의 확률 및 발열·소음과 전력 소모가 적으며, 소형화, 경량화 할 수 있다.
- DVD : 4.7~17GB의 대용량 저장이 가능한 차세대 기억 매체로, 뛰어난 화질과 음질의 멀티미디어 데이터를 저장할 수 있음
- Blu-Ray : 고선명(HD) 비디오를 위한 디지털 데이터를 저장할 수 있도록 만든 저장매체로, 25GB 이상 저장할 수 있음

07 기억장치 관련 단위

23.상시, 22.상시, 21.상시, 20.상시, 19.상시, 18.2, 18.1, 16.1, 15.2, 15.1, 14.2, …

- 기억 용량 단위

단위	Byte	KB	MB	GR	TR	PB	EB
저장 용량	8Bit	1024Byte	1024KB	1024MB	1024GB	1024TB	1024PB

작음 ◀━━━━━━━━━━━━━━━━━━━━━━━━━━━▶ 큼

- 처리 속도 단위

단위	ms	μs	ns	ps	fs	as
처리 속도	10^{-3}	10^{-6}	10^{-9}	10^{-12}	10^{-15}	10^{-18}

느림 ◀━━━━━━━━━━━━━━━━━━━━━━━━━▶ 빠름

- 기억장치 접근 속도 비교(빠름 〉느림)

레지스터 〉주기억장치(캐시(SRAM) 〉DRAM 〉ROM) 〉보조기억장치(하드디스크 〉Zip Disk 〉CD-ROM 〉플로피디스크 〉자기 테이프)

08 표시장치 관련 용어

20.1, 13.3, 13.2, 07.1, 06.2, 04.1, 03.1, 01.3, 01.2, 00.1

픽셀(Pixel, 화소)	• 모니터 화면을 구성하는 가장 작은 단위 • 화면 해상도가 1,024×7680이라고 하면, 가로 1,024개, 세로 768개의 픽셀로 화면을 표시한다는 뜻임
해상도(Resolution)	모니터 등의 출력장치가 내용을 얼마나 선명하게 표현할 수 있느냐를 나타내는 단위로, 픽셀(Pixel)의 수가 많을수록 선명함
재생률(Refresh Rate)	픽셀들이 밝게 빛나는 것을 유지하도록 하기 위한 1초당 재충전 횟수
점 간격(Dot Pitch)	픽셀들 사이의 공간을 나타내는 것으로 간격이 가까울수록 해상도가 높음

09 레이저 프린터

22.상시, 21.상시, 20.2

- 회전하는 둥근 막대(드럼)에 레이저 빛을 이용해 인쇄할 문자나 그림 모양으로 토너(Toner) 가루를 묻힌 뒤 종이에 인쇄하는 방식으로, 복사기와 같은 원리이다.
- 인쇄 소음이 적고 인쇄 속도가 빠르다.
- 인쇄 속도의 단위는 PPM(Page Per Minute)을 사용한다.

10 채널

23.상시, 22.상시, 21.상시, 02.2, 01.3, 01.1

- 주변장치에 대한 제어 권한을 CPU로부터 넘겨받아 CPU 대신 입·출력을 관리한다.
- 채널은 중앙처리장치와 입·출력장치 사이의 속도 차이로 인한 문제점을 해결하기 위해 사용된다.
- 채널은 입·출력 작업이 끝나면 CPU에게 인터럽트 신호를 보낸다.
- 채널에는 셀렉터(Selector), 멀티플렉서(Multiplexer), 블록 멀티플렉서(Block Multiplexer) 등이 있다.

11 포트

23.상시, 22.상시, 21.상시, 20.2, 20.1, 16.3, 14.1, 12.1

USB 포트 (범용 직렬 버스)	• 기존의 직렬, 병렬, PS/2 포트를 통합한 직렬 포트의 일종 • 주변장치를 최대 127개까지 연결할 수 있음 • 핫 플러그 인(Hot Plug-In)과 플러그 앤 플레이(Plug and Play)를 지원함 • 연결 단자 색상 : USB 2.0 이하(검정색 또는 흰색), USB 3.0(파란색), USB 3.1(하늘색 또는 빨간색)
HDMI	• 영상과 음향 신호를 압축하지 않고 통합하여 전송하는 고선명 멀티미디어 인터페이스 • S-비디오, 컴포지트 등의 아날로그 케이블보다 고품질의 음향 및 영상을 전송함
블루투스 (Bluetooth)	• 근거리 무선 통신을 가능하게 해주는 통신 방식 • 핸드폰, PDA, 노트북과 같은 휴대 가능한 장치들 간의 양방향 정보 전송이 가능함

12 펌웨어

23.상시, 22.상시, 16.2, 11.2

▶ 3304602

- 하드웨어의 동작을 지시하는 소프트웨어이지만 하드웨어적으로 구성되어 하드웨어의 일부분으로도 볼 수 있는 제품이다.
- 주로 ROM에 반영구적으로 저장되어 하드웨어를 제어(관리)하는 역할을 수행한다.
- 읽기/쓰기가 가능한 플래시 롬(Flash ROM)에 저장되기 때문에 내용을 쉽게 변경하거나 추가 · 삭제할 수 있다.
- 펌웨어로 만들어져 있는 프로그램을 마이크로프로그램이라고 한다.

- 하드웨어 업그레이드
  - 하드웨어를 업그레이드할 때는 가격과 성능을 면밀히 검토해 보고 어떤 이득이 있는지 파악한 뒤, 적절한 장치를 선택하는 것이 중요하다.
  - 업그레이드 시 고려할 사항

수치가 클수록 좋은 것	수치가 작을수록 좋은 것
• CPU 클럭 속도 : MHz 또는 GHz • 모뎀의 전송 속도 : bps 또는 cps • DVD-ROM 드라이브 전송 속도 : 배속 • 하드디스크 용량 : GB • 하드디스크 회전 수 : RPM • 하드디스크 전송 속도 : MB/s	• RAM 접근 속도 : ns

13 시스템 관리

23.상시, 22.상시, 21.상시, 17.1, 16.2, 11.3, 05.1, 04.1, 03.1, 01.2

▶ 1360052

- 컴퓨터는 평평하고 흔들림이 없는 곳에 설치하는 것이 바람직하다.
- 컴퓨터를 이동하거나 부품을 교체할 때는 반드시 전원을 끄고 작업한다.
- 직사광선을 피하고 습기가 적으며 통풍이 잘되고 먼지 발생이 적은 곳에 설치한다.
- 먼지가 많은 환경의 경우 메인보드 내에 먼지가 쌓이지 않도록 주의하고, 자주 확인하여 청소한다.
- 주기적으로 디스크 정리, 디스크 검사, 드라이브 조각 모음 및 최적화를 수행하여 저장 매체(하드디스크 등)를 최적화한다.
- 중요한 데이터는 사용하지 않는 별도의 저장 매체에 주기적으로 백업한다.
- 저장 매체의 주변에 자성이 강한 물체를 두지 않도록 주의한다.
- 시스템에 문제가 발생하면 [🔧(설정)] → [업데이트 및 보안] → [복구]를 통해 문제를 해결한다.

15 파티션

22.상시, 21.상시, 12.2, 11.3, 11.1, 08.1, 07.4, 05.1, 04.2

▶ 3304902

- 하나의 물리적인 하드디스크를 여러 개의 논리적인 영역으로 나누는 작업으로, 기본 파티션과 확장 파티션이 있다.
- **목적** : 특정 데이터만 별도로 보관할 드라이브를 확보하거나 하나의 하드디스크에 서로 다른 운영체제를 설치하기 위함
- 운영체제에서는 파티션이 하나의 드라이브로 인식된다.
- 하나의 파티션에는 한 가지의 파일 시스템만 사용할 수 있으며, 파티션을 설정한 후 데이터 저장을 위해서는 포맷 과정을 거쳐야 한다.
- **파티션 설정** : [⊞(시작)] → [Windows 관리 도구] → [컴퓨터 관리] → [저장소] → [디스크 관리] 이용

14 업그레이드

19.2, 18.1, 13.1, 08.1

▶ 4204181

- 컴퓨터의 하드웨어나 소프트웨어를 일부 교체하거나 추가하여 컴퓨터 시스템의 성능을 향상시키는 작업으로 하드웨어 업그레이드와 소프트웨어 업그레이드로 나눈다.
- **소프트웨어 업그레이드** : 기존 소프트웨어의 버그를 수정하거나 새로운 기능을 추가한 새 버전의 소프트웨어를 구입 또는 통신망에서 다운받아 시스템에 설치하는 것을 말함
  - 예 Windows 7 → Windows 10, 흔글 2010 → 흔글 2020, MS-오피스 2016 → MS-오피스 2021

16 하드디스크 용량 문제 해결

22.상시, 21.상시, 18.상시, 18.2, 12.2, 11.2, 10.2, 08.1, 07.3, 05.4, 03.3, 02.1

▶ 1360055

- 자주 사용하지 않는 파일을 백업한 다음 하드디스크에서 삭제한다.
- 사용하지 않는 Windows 기능이나 불필요한 프로그램을 제거한다.
- 휴지통에 있는 파일을 삭제한다.
- 디스크 정리를 수행하여 휴지통 파일, 임시 인터넷 파일, 다운로드한 프로그램 파일 등의 불필요한 파일들을 삭제한다.
- 웹 브라우저에서 사용한 캐시 폴더의 내용을 삭제한다.
- 확장명이 .bak(백업 파일) 또는 .tmp(임시 파일)인 파일을 삭제한다.

1. 다음 중 컴퓨터의 CPU에 있는 레지스터(Register)에 관한 설명으로 옳지 않은 것은? 21.상시, 17.1, 16.3, 11.3, 08.1

① CPU 내에서 자료를 일시적으로 저장하는 저장장치이다.

② 주기억장치보다 저장 용량이 적고 속도가 느리다.

③ ALU(산술/논리장치)에서 연산된 자료를 일시적으로 저장한다.

④ 레지스터에는 명령 레지스터, 주소 레지스터, 프로그램 카운터 등 여러 유형의 레지스터가 있다.

> 레지스터는 주기억장치보다 저장 용량은 적지만 속도는 빠릅니다.

2. 다음 중 제어장치(Control Unit)의 구성 요소가 아닌 것은? 12.1, 10.3, 08.2, 04.4

① 가산기(Adder)

② 프로그램 카운터(Program Counter)

③ 부호기(Encoder)

④ 명령 레지스터(Instruction Register)

> 가산기는 2진수의 덧셈을 수행하는 회로로, 연산장치에서 사용됩니다.

3. 다음 중 컴퓨터의 연산장치에 있는 누산기(Accumulator)에 관한 설명으로 옳은 것은? 23.상시, 21.상시, 16.2, 14.1, 12.3

① 연산 결과를 일시적으로 기억하는 장치이다.

② 명령의 순서를 기억하는 장치이다.

③ 명령어를 기억하는 장치이다.

④ 명령을 해독하는 장치이다.

> 누산기(Accumulator)는 연산 결과를 일시적으로 기억하는 장치입니다.

4. 다음 중 주기억장치에 대한 설명으로 가장 옳지 않은 것은? 23.상시, 06.2, 05.3

① 주기억장치는 비휘발성 메모리로 대용량의 데이터와 프로그램을 영구적으로 보관하는데 사용된다.

② ROM에는 주로 기본 입/출력 시스템(BIOS), 글자 폰트, 자가 진단 프로그램(POST) 등이 저장되어 있다.

③ 주기억장치는 CPU가 직접 접근하여 데이터를 처리할 수 있는 기억장치로 현재 수행되는 프로그램과 데이터를 저장하고 있다.

④ RAM(Random Access Memory)은 자유롭게 읽기/쓰기가 가능한 기억장치이다.

> 주기억장치의 종류에는 ROM과 RAM이 있는데 이 중 ROM은 비휘발성 메모리, RAM은 휘발성 메모리입니다. 또한 주기억장치는 용량이 적기 때문에 대량의 데이터를 장기간 보관하기 위해서는 보조기억장치를 사용해야 합니다.

5. 다음 중 컴퓨터에서 사용하는 캐시 메모리에 관한 설명으로 옳은 것은? 23.상시, 20.2, 14.2, 10.3, 05.4, 01.3

① 보조기억장치의 일부를 주기억장치처럼 사용하는 메모리이다.

② 기억된 정보의 내용 일부를 이용하여 주기억장치에 접근하는 장치이다.

③ EEPROM의 일종으로 비휘발성 메모리이다.

④ 중앙처리장치(CPU)와 주기억장치 사이에 위치하여 컴퓨터 처리 속도를 향상시키는 메모리이다.

> ①번은 가상 메모리(Virtual Memory), ②번은 연상(연관) 메모리(Associative Memory), ③번은 플래시 메모리(Flash Memory)에 대한 설명입니다.

6. 다음 중 플래시 메모리(Flash Memory)에 관한 설명으로 옳지 않은 것은? 23.상시, 22.상시, 21.상시, 19.2, 17.2, 16.1, 14.1, 13.3, 10.1, 03.4

① 정보의 입출력이 자유롭고, 전송 속도가 빠르다.

② 비휘발성 기억장치이다.

③ 트랙 단위로 저장된다.

④ 전력 소모가 적다.

> 플래시 메모리는 트랙 단위가 아닌 블록 단위로 저장됩니다.

7. 다음 중 컴퓨터에서 사용하는 일반 하드디스크에 비하여 속도가 빠르고 기계적 지연이나 에러의 확률 및 발열소음이 적으며, 소형화, 경량화할 수 있는 하드디스크 대체 저장 장치로 옳은 것은? 23.상시, 22.상시, 21.상시, 19.상시, 16.2, 14.1, 13.1

① DVD

② HDD

③ SSD

④ ZIP

> 문제에 제시된 내용은 SSD(Solid State Drive)에 대한 설명입니다.

8. 다음 중 컴퓨터의 연산 속도 단위로 가장 빠른 것은? 23.상시, 21.상시, 20.상시, 19.상시, 18.1, 16.1, 14.2, 05.2, 02.3, 01.1

① 1ms

② $1\mu s$

③ 1ns

④ 1ps

> 보기의 연산 속도 단위를 빠른 것부터 차례로 나열하면, 피코 초(ps, 10^{-12}) 〉 나노초(ns, 10^{-9}) 〉 마이크로 초(μs, 10^{-6}) 〉 밀리 초(ms, 10^{-3})입니다.

9. 다음 중 기억장치의 기억 용량 단위로 가장 큰 것은? 23.상시, 22.상시, 21.상시

① 1TB

② 1KB

③ 1GB

④ 1MB

> 기억 용량의 단위를 작은 것부터 큰 것까지 차례대로 나열하면 'Byte 〈 KB 〈 MB 〈 GB 〈 TB 〈 PB 〈 EB' 순입니다.

10. 다음 중 컴퓨터 출력장치인 모니터에 관한 용어의 설명으로 가장 거리가 먼 것은? 20.1, 13.3, 07.1, 04.1, 01.3, 00.1

① 픽셀(Pixel) : 화면을 이루는 최소의 단위로서 그림의 화소라는 뜻을 의미하며 픽셀 수가 많을수록 해상도가 높아진다.

② 재생률(Refresh Rate) : 픽셀들이 밝게 빛나는 것을 유지하도록 하기 위한 1초당 재충전 횟수를 의미한다.

③ 점 간격(Dot Pitch) : 픽셀들 사이의 공간을 나타내는 것으로 간격이 가까울수록 영상은 선명하다.

④ 해상도(Resolution) : 모니터 화면의 명확성을 나타내는 것으로, 1인치(inch) 사각형에 픽셀의 수가 많을 수록 표시할 수 있는 색상의 수가 증가한다.

> 해상도는 모니터 등 출력장치의 선명도(명확성)를 나타내는 단위로서 픽셀의 수가 많다고 해서 표시할 수 있는 색상의 수가 증가하는 것은 아닙니다.

11. 다음 중 컴퓨터에서 사용하는 레이저 프린터에 관한 설명으로 옳지 않은 것은? 22.상시, 21.상시, 20.2

① 회전하는 드럼에 토너를 묻혀서 인쇄하는 방식이다.

② 비충격식이라 비교적 인쇄 소음이 적고 인쇄 속도가 빠르다.

③ 인쇄 방식에는 드럼식, 체인식, 밴드식 등이 있다.

④ 인쇄 해상도가 높으며 복사기와 같은 원리를 사용한다.

> 드럼식, 체인식, 밴드식은 라인 프린터의 인쇄 방식입니다.

12. 다음 중 컴퓨터 시스템에서 사용하는 채널(Channel)에 관한 설명으로 옳지 않은 것은? 23.상시, 22.상시, 21.상시

① 주변장치에 대한 제어 권한을 CPU로 부터 넘겨받아 CPU 대신 입출력을 관리한다.

② 입출력 작업이 끝나면 CPU에게 인터럽트 신호를 보낸다.

③ CPU와 주기억장치의 속도 차이를 해결하기 위하여 사용된다.

④ 채널에는 셀렉터(Selector), 멀티플렉서(Multiplexer), 블록 멀티플렉서(Block Multiplexer) 등이 있다.

> 채널은 CPU와 입·출력장치 사이의 속도 차이를 해결하기 위해 사용됩니다. CPU와 주기억장치의 속도 차이를 해결하기 위해 사용되는 것은 캐시 메모리입니다.

13. USB 포트에 대한 설명으로 옳지 않은 것은? 23.상시, 22.상시, 21.상시, 12.1

① 주변장치를 127개까지 연결할 수 있다.

② 컴퓨터의 전원이 켜진 상태에서도 장치를 연결하거나 제거할 수 있다.

③ 기존의 직렬, 병렬, PS/2 포트 등을 하나의 포트로 대체하기 위한 범용 직렬 버스이다.

④ 한번에 8비트의 데이터가 동시에 전송되는 방식을 사용한다.

> USB 포트는 최대 5Gps 이상의 데이터 전송 속도를 지원하지만 직렬 포트로서 한 번에 1비트씩 데이터를 전송합니다. 한 번에 8비트의 데이터를 동시에 전송하는 것은 병렬 포트입니다.

14. 다음 중 컴퓨터의 롬(ROM)에 기록되어 하드웨어를 제어하며, 하드웨어의 성능 향상을 위해 업그레이드 할 수 있는 마이크로프로그램의 집합을 의미하는 것은? 23.상시, 22.상시, 21.상시, 16.2, 11.2

① 프리웨어(Freeware)

② 셰어웨어(Shareware)

③ 미들웨어(Middleware)

④ 펌웨어(Firmware)

> 롬(ROM)에 기록되어 하드웨어를 제어하는 마이크로프로그램의 집합을 펌웨어(Firmware)라고 합니다.

15. 다음 중 컴퓨터를 관리하는 효율적인 방법으로 옳지 않은 것은? 23.상시, 22.상시, 21.상시

① 컴퓨터를 이동하거나 부품을 교체할 경우에는 전원을 끄고 작업하는 것이 바람직하다.

② 시스템에 문제가 발생하면 시스템을 재부팅하고 하드디스크의 모든 파티션을 제거한다.

③ 정기적으로 최신 바이러스 백신 프로그램을 사용하여 바이러스 감염을 방지하며, 중요한 데이터는 백업하여 둔다.

④ 가급적 불필요한 프로그램은 설치하지 않도록 하며, 정기적으로 시스템을 점검한다.

> 하드디스크의 모든 파티션을 제거하면 하드디스크에 저장된 내용도 모두 삭제되므로 시스템에 문제가 발생하면 [⊞(시작)] → [⚙(설정)] → [업데이트 및 보안] → [복구]를 통해 문제를 해결하는 것이 좋습니다.

16. 다음 중 컴퓨터의 하드웨어를 업그레이드할 때 수치가 작을수록 좋은 항목은? 19.2, 18.1

① CPU 클럭 속도

② 하드디스크 용량

③ RAM 접근 속도

④ 모뎀 전송 속도

> 하드웨어를 업그레이드할 때 수치가 작을수록 좋은 항목은 RAM 접근 속도입니다.

17. 다음 중 컴퓨터에서 사용하는 하드디스크의 파티션에 대한 설명으로 옳지 않은 것은? 22.상시, 21.상시, 12.2, 11.3, 11.1

① 하나의 물리적인 하드디스크를 여러 개의 파티션으로 나눌 수 있다.

② 파티션을 나눈 후에 하드디스크를 사용하기 위해서는 포맷을 해야 한다.

③ 하나의 하드디스크 내의 모든 파티션에는 동일한 운영체제만 설치할 수 있다.

④ 하나의 파티션에는 한 가지 파일 시스템만을 설치할 수 있다.

> 하나의 하드디스크 내 각각의 파티션에는 서로 다른 운영체제를 설치할 수 있습니다.

18. 다음 중 하드디스크 용량이 부족할 경우의 해결 방법으로 옳지 않은 것은? 22.상시, 21.상시

① USB 파일 정리

② 휴지통 파일 정리

③ 디스크 정리 수행

④ Windows 기능 제거

> USB 파일을 정리한다고 해서 하드디스크의 용량이 증가하지는 않습니다. 하드디스크의 파일을 USB로 백업한 후 하드디스크의 파일을 삭제해야 하드디스크의 용량이 증가됩니다.

01 사용권에 따른 소프트웨어 분류

23.상시, 22.상시, 21.상시, 20.상시, 20.2, 20.1, 19.상시, 18.2, 17.2, 16.3, 16.1, …

- **상용 소프트웨어** : 정식으로 대가를 지불하고 사용해야 하는 것
- **셰어웨어(Shareware)** : 기능 혹은 사용 기간에 제한을 두어 배포하는 것으로, 정식 프로그램의 구입을 유도하기 위해 배포하는 버전
- **트라이얼(Trial) 버전** : 셰어웨어와 마찬가지로 제품을 구매하기 전에 해당 프로그램을 미리 사용해 볼 수 있도록 제작한 것으로, 셰어웨어는 일부 기능을 제외한 대부분의 기능을 사용할 수 있는 반면 트라이얼 버전은 일부 기본적인 기능만 사용할 수 있다는 것이 다름
- **프리웨어(Freeware)** : 무료로 사용 또는 배포가 가능한 프로그램
- **공개 소프트웨어(Open Source Software)** : 개발자가 소스를 공개한 소프트웨어로, 누구나 자유롭게 사용하고 수정 및 재배포할 수 있음
- **데모(Demo) 버전** : 정식 프로그램의 기능을 홍보하기 위해 사용 기간이나 기능을 제한하여 배포하는 프로그램
- **알파(Alpha) 버전** : 베타테스트를 하기 전, 제작 회사 내에서 테스트할 목적으로 제작하는 프로그램
- **베타(Beta) 버전** : 정식 프로그램을 출시하기 전, 테스트를 목적으로 일반인에게 공개하는 프로그램
- **패치(Patch) 버전** : 이미 제작하여 배포된 프로그램의 오류 수정이나 성능 향상을 위해 프로그램의 일부 파일을 변경해 주는 프로그램
- **번들(Bundle)** : 하드웨어나 소프트웨어를 구매했을 때 무료로 제공하는 프로그램

- 운영체제는 크게 제어 프로그램과 처리 프로그램으로 나뉜다.
  - 제어 프로그램 : 감시 프로그램, 작업 관리 프로그램, 데이터 관리 프로그램
  - 처리 프로그램 : 언어 번역 프로그램, 서비스 프로그램, 문제 프로그램

03 유틸리티 프로그램

23.상시, 22.상시, 21.상시, 19.2, 16.2

- 컴퓨터 동작에 필수적이지는 않지만, 컴퓨터 시스템에 있는 기존 프로그램을 지원하거나 기능을 향상 또는 확장하기 위해 사용하는 소프트웨어를 의미한다.
- 유틸리티 프로그램은 서비스 프로그램, 유틸리티 루틴이라고도 한다.
- 컴퓨터 하드웨어, 운영체제, 응용 소프트웨어를 관리하는 데 도움을 주도록 설계되었다.
- Windows에서 제공하는 유틸리티 프로그램에는 메모장, 그림판, 계산기 등이 있다.

02 운영체제의 개요

23.상시, 22.상시, 20.1, 19.상시, 19.2, 18.2, 17.1, 16.3, 12.1

- 사용자의 편의를 도모하는 동시에 시스템의 생산성을 높이기 위한 프로그램의 모임으로 사용자와 컴퓨터 사이에서 중계자 역할을 한다 (Man-Machine Interface).
- 운영체제의 목적은 응답시간(Turnaround Time) 단축, 처리능력(Throughput) 증대, 신뢰도(Reliability) 향상, 사용 가능도(Availability) 증대에 있다.
- 운영체제는 컴퓨터가 동작하는 동안 주기억장치에 위치한다.
- **주요 기능**
  - 프로세스, 기억장치, 주변장치, 파일 및 정보 등의 자원을 관리한다.
  - 자원을 효율적으로 관리하기 위해 자원의 스케줄링 기능을 제공한다.
  - 사용자와 시스템 간의 편리한 인터페이스를 제공한다.
  - 데이터를 관리하고, 데이터 및 자원의 공유 기능을 제공한다.

04 운영체제의 운용 방식

22.상시, 19.2, 18.상시, 13.1, 11.1

- **일괄 처리 시스템** : 처리할 데이터를 일정량 또는 일정 기간 모았다가 한꺼번에 처리하는 방식으로, 온라인 일괄 처리 시스템과 오프라인 일괄 처리 시스템이 있음
- **실시간 처리 시스템** : 처리할 데이터가 생겨날 때마다 바로 처리하는 방식으로, 일반적으로 온라인 실시간 시스템을 의미함
- **분산 처리 시스템** : 지역적으로 분산된 여러 대의 컴퓨터를 연결하여 작업을 분담하여 처리하는 방식
- **임베디드 시스템** : 마이크로프로세서에 특정 기능을 수행하는 응용 프로그램을 탑재하여 컴퓨터의 기능을 수행하는 것으로, 컴퓨터의 하드웨어와 소프트웨어가 조합된 전자 제어 시스템

잠깐만요 운영체제 운영 기법의 발달 과정
일괄 처리 시스템 → 다중 프로그래밍 시스템/다중 처리 시스템/시분할 시스템/실시간 처리 시스템 → 다중 모드 → 분산 처리 시스템

05 프로그래밍 언어

문제 중심 언어	• 처리 방법이나 절차보다는 해결하려는 문제에 중심을 두고 프로그램할 수 있는 언어로서, 비절차적이며 대화식으로 구성됨 • 인공지능, 모의실험 등에 사용됨 • 종류 : LISP, GPSS, SPSS, SAS, COGO 등
절차 중심 언어	• 정해진 문법에 맞게 일련의 처리 절차를 순서대로 기술해 나가는 언어임 • 종류 : C, COBOL, ALGOL, FORTRAN, PASCAL 등
객체 지향 프로그래밍 언어	• 동작보다는 객체, 논리보다는 자료를 바탕으로 구성된 프로그래밍 언어임 • 특징 : 상속성, 캡슐화, 추상화, 다형성, 오버로딩 등 • 종류 : Smalltalk, C++, C#, JAVA 등

06 웹 프로그래밍 언어

HTML5	• 웹 표준 기관인 W3C에서 제안한 HTML의 최신 규격으로, HTML에 비디오, 오디오 등 다양한 부가 기능을 포함시킴 • 최신 멀티미디어 콘텐츠를 액티브X 없이 브라우저에서 쉽게 볼 수 있음
DHTML	이전 버전의 HTML에 비해 애니메이션이 강화되고 사용자와의 상호 작용에 좀더 민감한 동적인 웹 페이지를 만들 수 있게 해주는 HTML임
SGML	텍스트, 이미지, 오디오 및 비디오 등을 포함하는 멀티미디어 전자 문서들을 다른 기종의 시스템들과 정보의 손실 없이 효율적으로 전송, 저장 및 자동 처리하기 위한 언어임
XML	• '확장성 생성 언어'라는 뜻으로, 기존 HTML의 단점을 보완하여 웹에서 구조화된 폭넓고 다양한 문서를 상호 교환할 수 있도록 설계된 언어 • 사용자가 HTML에 새로운 태그(Tag)를 정의할 수 있는 기능이 추가되었음
VRML	'가상현실 모델링 언어'라는 뜻으로, 웹에서 3차원 가상공간을 표현하고 조작할 수 있게 하는 언어
ASP	서버측에서 동적으로 수행되는 페이지를 만들기 위한 언어로, 마이크로소프트 사에서 제작하였으며, Windows 계열에서만 수행 가능함
JSP	• 자바로 만들어진 서버 스크립트로, 다양한 운영체제에서 사용 가능하며, 데이터베이스와 연결하기 쉽고, 시스템을 효율적으로 사용할 수 있음 • Linux, Unix, Windows 등의 다양한 운영체제에서 사용할 수 있음
JAVA	웹 상에서 멀티미디어 데이터를 효율적으로 처리할 수 있는 객체 지향 언어로, 네트워크 환경에서 분산 작업이 가능하도록 설계된 프로그래밍 언어임
PHP	• 라스무스 러돌프에 의해 개발된 언어로, 초기에는 아주 간단한 유틸리티들로만 구성되어 개인용 홈페이지 제작 도구로 사용되었으나, PHP 4.0 버전 이후 각광받는 웹 스크립트 언어로 자리하고 있음 • Linux, Unix, Windows 등의 다양한 운영체제에서 사용할 수 있음

1. 다음 중 아래의 ㉠, ㉡, ㉢에 해당하는 소프트웨어의 종류를 올바르게 짝지어 나열한 것은? 　23.상시, 22.상시, 18.2, 15.3

> 홍길동은 어떤 프로그램이 좋은지 알아보기 위해 (㉠) 누구나 임의의 용도로 사용할 수 있는 프로그램과 (㉡) 주로 일정 기간 동안 일부 기능을 제한한 상태로 사용하는 프로그램을 먼저 사용해 보고, 가장 적합한 (㉢) 프로그램을 구입하여 사용하려고 한다.

① ㉠ 프리웨어, ㉡ 셰어웨어, ㉢ 상용 소프트웨어
② ㉠ 셰어웨어, ㉡ 프리웨어, ㉢ 상용 소프트웨어
③ ㉠ 상용 소프트웨어, ㉡ 셰어웨어, ㉢ 프리웨어
④ ㉠ 셰어웨어, ㉡ 상용 소프트웨어, ㉢ 프리웨어

> 누구나 임의의 용도로 사용할 수 있는 프로그램은 프리웨어, 일정 기간 동안 일부 기능을 제한한 상태로 사용하는 프로그램은 셰어웨어, 정식으로 대가를 지불하고 사용해야 하는 프로그램은 상용 소프트웨어입니다.

2. 다음 중 운영체제에 대한 설명으로 옳지 않은 것은? 　23.상시, 20.1

① 운영체제는 제어 프로그램, 감시 프로그램, 응용 프로그램으로 구성된다.
② 자원의 효율적인 관리를 위해 자원의 스케줄링을 제공한다.
③ 시스템과 사용자간의 편리한 인터페이스를 제공한다.
④ 데이터 및 자원 공유 기능을 제공한다.

> 운영체제는 제어 프로그램과 처리 프로그램으로 구성되어 있습니다.

3. 다음 중 유틸리티 프로그램에 대한 설명으로 적절하지 않은 것은? 　23.상시, 22.상시, 21.상시, 19.2, 16.2

① 다수의 작업이나 목적에 대하여 적용되는 편리한 서비스 프로그램이나 루틴을 말한다.
② 컴퓨터의 동작에 필수적이고, 컴퓨터를 이용하는 주목적에 대한 일부 특정 작업을 수행하는 소프트웨어들을 가리킨다.
③ 컴퓨터 하드웨어, 운영체제, 응용 소프트웨어를 관리하는 데 도움을 주도록 설계된 프로그램을 의미한다.
④ Windows에서 제공하는 유틸리티 프로그램으로는 메모장, 그림판, 계산기 등을 예로 들 수 있다.

> 유틸리티 프로그램은 컴퓨터 동작에 필수적이지는 않지만, 컴퓨터를 이용하는 주 목적에 대한 특정 작업을 수행하는 소프트웨어들을 가리킵니다.

4. 다음 중 운영체제의 운용 방식으로 옳지 않은 것은? 　22.상시, 13.1

① 일괄 처리는 컴퓨터에 입력하는 데이터를 일정량 모았다가 한꺼번에 처리하는 시스템으로, 오프라인으로만 사용한다.
② 시분할 시스템은 한 대의 시스템을 여러 사용자가 동시에 사용하는 시스템이다.

③ 실시간 처리 시스템은 처리할 데이터가 생겨날 때마다 바로 처리하는 시스템이다.
④ 분산 처리 시스템은 지역적으로 분산된 여러 대의 컴퓨터를 연결하여 작업을 분담하여 처리하는 시스템이다.

> 일괄 처리 시스템은 오프라인뿐만 아니라 온라인에서도 흔히 사용됩니다.

5. 다음 중 추상화, 캡슐화, 상속성, 다형성 등의 특징을 지니고 있으며, 크고 복잡한 프로그램 구축이 어려운 절차형 언어의 문제점을 해결하기 위해 개발된 프로그래밍 기법은? 　23.상시, 21.상시, 19.1, 17.2

① 구조적 프로그래밍
② 객체지향 프로그래밍
③ 하향식 프로그래밍
④ 비주얼 프로그래밍

> 추상화, 캡슐화, 상속성, 다형성 등의 특징을 지니는 프로그래밍 기법은 객체지향 프로그래밍입니다.

6. 다음 중 차세대 웹 표준으로, 텍스트와 하이퍼링크를 이용한 문서 작성 중심으로 구성된 기존 표준에 비디오, 오디오 등의 다양한 부가기능을 추가하여 최신 멀티미디어 콘텐츠를 ActiveX 없이도 웹 서비스로 제공할 수 있는 언어는? 　23.상시, 20.2, 16.1

① XML　　　　　　　　② VRML
③ HTML5　　　　　　　④ JSP

> 차세대 웹 표준으로, 다양한 부가기능을 추가하여 최신 멀티미디어 콘텐츠를 ActiveX 없이도 웹 서비스로 제공할 수 있는 언어는 HTML5입니다.

7. 다음 중 웹 프로그래밍 언어에 대한 설명으로 옳지 않은 것은? 　23.상시

① ASP는 Windows 계열에서만 사용 있지만 JSP와 PHP는 다양한 운영체제에서 사용할 수 있다.
② XML은 HTML의 단점을 보완하여 웹에서 구조화된 폭넓고 다양한 문서들을 상호 교환할 수 있도록 설계된 언어이다.
③ SGML은 멀티미디어 전자 문서들을 다른 기종의 시스템들과 효율적으로 전송, 저장 및 자동 처리하기 위한 언어이다.
④ DHTML은 가상현실 모델링 언어라는 뜻으로, 웹에서 3차원 가상공간을 표현하고 조작할 수 있게 하는 언어이다.

> ④번은 VRML에 대한 설명입니다. DHTML은 HTML에 비해 애니메이션이 강화되고 사용자와의 상호작용에 좀 더 민감한 동적인 웹 페이지를 만들 수 있는 언어입니다.

핵심요약 & 대표기출문제

6장 | 인터넷 활용

 1304803

01 정보 전송 방식
20.2, 19.2, 06.1, 05.1, 04.3

단향 방식(Simplex)	한쪽은 수신만, 다른 한쪽은 송신만 가능한 방식 (예 TV, 라디오)
반이중 방식 (Half-Duplex)	양쪽 모두 송·수신이 가능하지만 동시에는 불가능한 방식 (예 무전기)
전이중 방식 (Full-Duplex)	양쪽 모두 동시에 송·수신이 가능한 방식 (예 전화)

 1304804

02 네트워크 운영 방식
22.상시, 21.상시, 16.1, 09.2, 07.4, 04.1, 03.1, 01.3, 01.1

중앙 집중식	작업에 필요한 모든 처리를 담당하는 중앙 컴퓨터와 데이터의 입·출력 기능을 담당하는 단말기로 구성되며, 메인 프레임에서 사용함
클라이언트/ 서버 방식	정보를 제공하는 서버와 정보를 요구하는 클라이언트로 구성되며, 서버와 클라이언트 모두 독자적인 처리 능력이 있어 분산 처리 환경에 적합함
동배간 처리 방식 (피어 투 피어)	• 모든 컴퓨터를 동등하게 연결하는 방식으로, 시스템에 소속된 컴퓨터들은 어느 것이든 서버가 될 수 있으며, 동시에 클라이언트도 될 수 있음 • 워크스테이션 혹은 개인용 컴퓨터를 단말기로 사용하는 작은 규모의 네트워크 구성에 많이 사용됨 • 고속 LAN을 기반으로 함

 1360063

03 통신망의 종류
23.상시, 21.상시, 17.2, 17.1, 15.2, 14.3, 14.2, 14.1, 10.3, 05.3, 02.2, 02.1

• LAN
  – 자원 공유를 목적으로 전송 거리가 짧은 학교, 연구소, 병원 등의 구내에서 사용하는 통신망이다.
  – 전송 거리가 짧아 고속 전송이 가능하며, 에러 발생률이 낮다.
  – 프린터, 보조기억장치 등 주변장치들을 쉽게 공유할 수 있다.
  – 전이중 방식으로 데이터를 송·수신한다.

잠깐만요 무선 랜(WLAN)
무선접속장치(AP; Access Point)가 설치된 곳을 중심으로 일정 거리 안에서 초고속 인터넷을 사용할 수 있는 근거리 통신망(LAN)으로, 무선 랜(WLAN) 시스템을 구성하기 위한 주요 구성 요소에는 무선 랜카드, 무선접속장치(AP), 안테나(Antenna) 등이 있습니다.

• MAN
  – LAN과 WAN의 중간 형태로, LAN의 기능을 충분히 수용하면서 도시 전역 또는 도시와 도시 등 넓은 지역을 연결하는 통신망이다.
  – LAN과 마찬가지로 높은 데이터 전송률을 가지고 있다.
• WAN : MAN보다 넓은 범위인 국가와 국가 혹은 대륙과 대륙을 하나로 연결하는 통신망으로 에러 발생률이 높음
• VAN : 기간 통신 사업자로부터 통신 회선을 빌려 기존의 정보에 새로운 가치를 더해 다수의 이용자에게 판매하는 통신망
• B-ISDN
  – 광대역 네트워크에서 데이터, 음성, 고해상도의 동영상 등 다양한 서비스를 디지털 통신망을 이용해 제공하는 고속 통신망이다.
  – 비동기식 전달 방식(ATM)을 사용하여 150~600Mbps의 초고속 대용량 데이터를 디지털로 전송할 수 있다.
  ※ bps : 'bit per second'의 약자로 초당 전송되는 비트 수
• ATM : 비동기적 전송 모드로, 음성, 동화상, 텍스트와 같은 여러 형식의 정보를 고정된 크기로 작게 나누어 빠르게 전송하는 B-ISDN의 핵심 기술

 1360064

04 네트워크 관련 장비
23.상시, 22.상시, 21.상시, 20.상시, 20.2, 19.상시, 18.2, 17.2, 16.2, 16.1, …

네트워크 인터페이스 카드(NIC)	• 컴퓨터와 컴퓨터 또는 컴퓨터와 네트워크를 연결하는 장치 • 정보 전송 시 정보가 케이블을 통해 전송될 수 있도록 정보 형태를 변경함 • 이더넷 카드(LAN 카드) 혹은 네트워크 어댑터라고 함
허브(Hub)	• 네트워크를 구성할 때 한꺼번에 여러 대의 컴퓨터를 연결하는 장치로, 각 회선을 통합적으로 관리함 • 더미 허브 : 네트워크에 흐르는 모든 데이터를 단순히 연결하는 기능만을 제공하며, 네트워크에 연결된 각 노드를 물리적인 성형 구조로 연결함 • 스위칭 허브 : 네트워크상에 흐르는 데이터의 유무 및 흐름을 제어하여 각각의 노드가 허브의 최대 대역폭을 사용할 수 있는 지능형 허브로, 더미 허브보다 안정적이고 속도가 빠름
리피터 (Repeater)	거리가 멀어질수록 감쇠하는 디지털 신호의 장거리 전송을 위해서 수신한 신호를 재생시키거나 출력 전압을 높여 전송하는 장치
브리지 (Bridge)	단순 신호 증폭뿐만 아니라 네트워크 분할을 통해 트래픽을 감소시키며, 같은 프로토콜을 사용하는 여러 다른 네트워크를 연결할 때 사용함
라우터 (Router)	• 인터넷에 접속할 때 반드시 필요한 장비로, 최적의 경로를 설정하여 전송함 • 각 데이터들이 효율적인 속도로 전송될 수 있도록 데이터의 흐름을 제어함
게이트웨이 (Gateway)	주로 LAN에서 다른 네트워크에 데이터를 보내거나 다른 네트워크로부터 데이터를 받아들이는 출입구 역할을 함

05 인터넷 관련 용어

23.상시, 20.1, 19.2, 16.2, 10.3, 06.4, 06.1, 03.3, 02.2, 00.1

- **인트라넷(Intranet)** : 인터넷의 기술을 기업 내 정보 시스템에 적용한 것으로, 전자우편 시스템, 전자결재 시스템 등을 인터넷 환경으로 통합하여 사용하는 것을 말함
- **엑스트라넷(Extranet)** : 기업과 기업 간에 인트라넷을 서로 연결하여 납품업체나 고객업체 등 자기 회사와 관련 있는 기업체와의 원활한 통신을 위해 인트라넷의 이용 범위를 확대한 것임
- **IPTV(Internet Protocol TeleVision)**
  - 초고속 광대역 네트워크를 통해 디지털 채널 방송과 양방향 서비스를 제공한다.
  - 시간에 구애받지 않고 동영상 콘텐츠를 이용할 수 있다.
  - 인터넷 검색을 통해 다양한 정보를 찾아볼 수 있다.

06 IP 주소

23.상시, 22.상시, 21.상시, 20.상시, 19.1, 18.상시, 17.1, 16.3, 15.3, 14.2, 12.1, …

- 인터넷에 연결된 모든 컴퓨터의 자원을 구분하기 위한 인터넷 주소이다.
- 인터넷에 연결된 전 세계의 모든 IT 기기는 IP 주소가 중복되지 않아야 한다.
- **IPv4**
  - 숫자로 8비트씩 4부분, 총 32비트로 구성되어 있다.
  - 각 부분은 10진수로 0~255까지 3자리의 숫자로 표현한다.
  - 네트워크 부분의 길이에 따라 다음과 같이 A 클래스에서 E 클래스까지 총 5단계로 구성되어 있다.

Class A	국가나 대형 통신망에 사용(16,777,214개의 호스트)
Class B	중대형 통신망에 사용(65,534개의 호스트)
Class C	소규모 통신망에 사용(254개의 호스트)
Class D	멀티캐스트용으로 사용
Class E	실험용으로 사용

- **IPv6**
  - 현재 사용하고 있는 IP 주소 체계인 IPv4의 주소 부족 문제를 해결하기 위해 개발되었다.
  - 16비트씩 8부분, 총 128비트로 구성되어 있다.
  - 각 부분은 16진수로 표현하고, 콜론(:)으로 구분한다.
  - IPv4와의 호환성 및 주소의 확장성, 융통성, 연동성이 뛰어나다.
  - 주소의 각 부분이 0으로 연속된 경우 0을 생략하여 '::'와 같이 표시하고, 주소의 한 부분이 0으로 연속된 경우 0을 생략하고 ':'만 표시한다.
  - IPv6의 주소는 유니캐스트, 애니캐스트, 멀티캐스트 3종류의 형태로 분류한다.

07 도메인 네임

23.상시, 22.상시, 21.상시, 17.2, 15.3, 15.1, 12.2, 12.1, 09.2, 09.1, 08.3, 08.2, …

- 숫자로 된 IP 주소를 사람이 이해하기 쉬운 문자 형태로 표현한 것으로 중복되지 않는다.
- 호스트 컴퓨터 이름, 소속 기관 이름, 소속 기관의 종류, 소속 국가명 순으로 구성되며, 왼쪽에서 오른쪽으로 갈수록 상위 도메인을 의미한다.
- 도메인 네임은 보통 영문과 숫자, 하이픈(-)을 섞어서 만들며, 단어와 단어 사이는 마침표(.)로 구분한다.
- 도메인 네임은 전 세계에서 중복되지 않는 고유한 주소로 사용된다.
- 전 세계의 도메인 네임을 총괄하고 있는 곳은 ICANN(Internet Corporation for Assigned Named and Number)이며, 우리나라는 KISA(Korea Internet & Security Agency)에서 관리한다.
- **DNS(Domain Name System)** : 문자로 된 도메인 네임을 숫자로 된 IP 주소로 바꿔주는 시스템

08 URL(Uniform Resource Locater)

21.상시, 20.1, 15.2, 13.1, 04.1, 03.2, 02.3, 01.2

- 인터넷상에 존재하는 각종 자원이 있는 위치를 나타내는 표준 주소 체계이다.
- **형식**

> 프로토콜://호스트(서버) 주소 [: 포트 번호][/파일 경로]

  - **프로토콜** : 인터넷 서비스의 종류로 http(WWW), ftp(FTP), telnet(TELNET), news(USENET), mailto(e-mail) 등을 기입함
  - **://** : 프로토콜과 나머지 URL을 분리하는 표준 기호
  - **호스트(서버) 주소** : 검색할 정보가 위치한 서버의 호스트 주소
  - **포트 번호** : TCP 접속에 사용되는 포트 번호
  - **파일 경로** : 서비스에 접속한 후 실제 정보가 있는 경로

09 OSI 7계층

20.1, 15.3, 15.1, 14.3

- 기종이 서로 다른 컴퓨터 간의 정보 교환을 원활히 하기 위해 국제표준화기구(ISO; International Standards Organization)에서 제정했다.
- 네트워크를 이루고 있는 구성 요소들을 계층적 방법으로 나누고 각 계층의 표준을 정한 것이다.
- 물리(Physical) 계층, 데이터 링크(Data Link) 계층, 네트워크(Network) 계층, 전송(Transport) 계층, 세션(Session) 계층, 표현(Presentation) 계층, 응용(Application) 계층까지 모두 7개의 계층(Layer)으로 되어 있다.

10 전자우편

- 인터넷을 통해 다른 사람과 편지뿐만 아니라 그림, 동영상 등 다양한 형식의 데이터를 주고받을 수 있도록 해주는 서비스이다.
- 전자우편은 보내는 즉시 수신자에게 도착하므로 빠른 의견 교환이 가능하고, 한 사람이 동시에 여러 사람에게 동일한 전자우편을 보낼 수 있다.
- 수신자가 인터넷에 접속되어 있지 않더라도 메일이 발송되어 메일 서버에 저장되며, 수신자가 언제라도 인터넷에 접속하여 메일을 확인할 수 있다.
- 기본적으로 7비트의 ASCII 문자를 사용하여 메시지를 전달한다.
- 주소 형식 : ID@호스트 주소(예 admin@gilbut.co.kr)
- 전자우편에 사용되는 프로토콜

SMTP	사용자의 컴퓨터에서 작성한 메일을 다른 사람의 계정이 있는 곳으로 전송하는 프로토콜
POP3	메일 서버에 도착한 E-mail을 사용자가 컴퓨터로 가져올 수 있도록 메일 서버에서 제공하는 프로토콜
MIME	웹 브라우저가 지원하지 않는 각종 멀티미디어 파일의 내용을 확인하고 실행시켜 주는 프로토콜
IMAP	로컬 서버에서 프로그램을 이용하여 전자우편을 액세스하기 위한 표준 프로토콜로, 사용자는 메일 서버에 도착한 편지의 제목과 송신자를 확인하고 메일을 실제로 다운로드할 것인지를 결정할 수 있음

- 스팸 메일 : 통신이나 인터넷을 통해 불특정 다수에게 원하지도, 요청하지도 않은 메일을 대량으로 보내는 광고성 메일로, 정크 메일(Junk Mail) 또는 벌크 메일(Bulk Mail)이라고도 함

11 기타 인터넷 서비스

WWW	• 텍스트, 그림, 동영상, 음성 등 인터넷에 존재하는 다양한 정보를 거미줄처럼 연결해 놓은 종합 정보 서비스로, HTTP 프로토콜을 사용하는 하이퍼텍스트 기반으로 되어 있음 ※ HTTP : 하이퍼텍스트 문서를 전송하기 위해 사용하는 프로토콜
FTP	• 컴퓨터와 컴퓨터 또는 컴퓨터와 인터넷 사이에서 파일을 주고받을 수 있도록 하는 원격 파일 전송 프로토콜 • 파일의 전송(업로드), 수신(다운로드), 삭제, 이름 변경 등의 작업을 할 수 있음 • FTP 서버에 있는 프로그램은 다운로드한 후에만 실행이 가능함 • 데이터 전송을 위하여 Binary 모드와 ASCII 모드를 제공함
텔넷(Telnet)	멀리 떨어져 있는 컴퓨터에 접속하여 자신의 컴퓨터처럼 사용할 수 있도록 해주는 서비스

12 웹 브라우저 관련 용어

- 웹 브라우저
  - 웹 서버와 HTTP 프로토콜로 통신하여 사용자가 요구한 홈페이지에 접근하여 웹 문서를 사용자에게 보여주는 프로그램이다.
  - 플러그 인 프로그램을 설치하여 동영상이나 소리 등의 다양한 멀티미디어 데이터를 처리할 수 있다.
  - 웹 브라우저로 전자우편을 보내거나 FTP 서버에 접속할 수 있다.
  - 웹 브라우저를 이용하여 웹 페이지를 사용자 컴퓨터에 저장하거나 인쇄할 수 있다.
  - 웹 브라우저를 처음 실행시킨 후부터 종료 전까지 사용자가 방문했던 웹 사이트 주소들을 순서대로 보관할 수 있다.
  - 웹 브라우저를 이용하여 자주 방문하는 웹 사이트 주소를 관리할 수 있다.
  - 웹 브라우저를 이용하여 HTML 문서를 편집할 수 있다.
  - 종류 : 크롬(Chrome), 마이크로소프트 엣지(Egde), 파이어 폭스(Firefox) 등
- 플러그인(Plug-IN) : 웹 브라우저의 기능을 확장하기 위해 설치하는 프로그램으로 인터넷에서 오디오 듣기, 비디오 보기, 애니메이션 보기 등이 가능하도록 하는 것
- 쿠키(Cookie) : 인터넷 사용자의 특정 웹 사이트에 대한 접속 정보를 저장하고 있는 작은 파일로, 쿠키를 이용하면 인터넷 접속 시 매번 아이디와 비밀번호를 넣지 않고 자동으로 접속할 수 있음
- 포털 사이트(Portal Site) : 사용자들이 웹에 접속할 때 제일 먼저 방문하거나 가장 많이 머무르는 사이트로, 전자우편, 뉴스, 쇼핑, 게시판 등 다양한 서비스를 통합하여 제공하는 사이트
- 미러 사이트(Mirror Site) : 인터넷상에서 특정 사이트로 동시에 많은 이용자들이 접속하는 것을 방지하기 위하여 같은 내용을 복사해 놓은 사이트

13 ICT 신기술 관련 용어

- 클라우드 컴퓨팅(Cloud Computing)

  - 하드웨어 · 소프트웨어 등의 컴퓨팅 자원을 자신이 필요한 만큼 빌려 쓰고 이에 대한 사용요금을 지불하는 방식의 컴퓨팅 서비스이다.

  - 서로 다른 물리적인 위치에 존재하는 컴퓨팅 자원을 가상화 기술로 통합하고 인터넷상의 서버를 통하여 데이터 저장, 네트워크, 콘텐츠 사용 등의 서비스를 한 번에 사용할 수 있다.

- 와이파이(WiFi; Wireless-Fidelity)

  - Wireless Fidelity의 약어로, 2.4GHz대를 사용하는 무선 랜(WLAN) 규격(IEEE 802.11b)에서 정한 제반 규정에 적합한 제품에 주어지는 인증 마크이다.

  - 유선 랜을 무선화한 것으로 사용 거리에 제한이 있다.

- NFC(Near Field Communication)

  - 10cm 이내의 가까운 거리에서 무선으로 데이터를 전송하는 무선 태그 기술이다.

  - 13.56MHz의 주파수 대역을 사용하여 전자태그(RFID)에 기록된 정보를 단말기 등에 전송한다.

- 유비쿼터스 컴퓨팅(Ubiquitous Computing)

  - 언제 어디서나 어떤 기기를 통해서도 컴퓨팅이 가능한 환경이다.

  - 초소형 칩을 모든 사물에 내장시켜 네트워크로 연결하므로 사물끼리 통신이 가능한 환경이다.

  - 관련 기술

RFID	사물에 전자 태그를 부착하고 무선 통신을 이용하여 사물의 정보 및 주변 정보를 감지하는 센서 기술
USN	모든 사물에 부착된 RFID 태그 또는 센서를 통해 탐지된 사물의 인식 정보는 물론 주변의 온도, 습도, 위치정보, 압력, 오염 및 균열 정도 등과 같은 환경 정보를 네트워크와 연결하여 실시간으로 수집하고 관리하는 네트워크 시스템

- 사물 인터넷(IoT; Internet of Things)

  - 세상에 존재하는 모든 사물을 네트워크로 연결해 인간과 사물, 사물과 사물 간 언제 어디서나 서로 소통할 수 있게 하는 새로운 정보 통신 환경이다.

  - 인터넷을 기반으로 하므로 통신 비용이 추가될 수 있다.

  - 기존의 정보 보안 기술을 적용하기 어려워 해킹 등의 외부 위협에 대한 보안이 취약하다.

1. 다음 중 라디오와 같이 한쪽은 송신만, 다른 한쪽은 수신만 가능한 정보 전송 방식은?   20.2

① 단방향 통신   ② 반이중 통신
③ 전이중 통신   ④ 양방향 통신

한쪽은 송신만, 다른 한쪽은 수신만 가능한 정보 전송 방식은 단방향 통신입니다.

2. 다음의 보기가 의미하는 분산 시스템 모델로 옳은 것은?   22.상시, 21.상시, 09.2

- 시스템에 소속된 컴퓨터들은 누구든지 서버가 될 수 있으며, 클라이언트도 될 수 있다.
- 워크스테이션 혹인 개인용 컴퓨터를 단말기로 사용한다.
- 고속 LAN을 기반으로 한다.

① 주/종속 시스템(Master/Slave System)
② 동배간 처리 시스템(Peer to Peer System)
③ 호스트 기반(Host Based) 시스템
④ 클라이언트/서버 시스템(Client/Server System)

지문에 제시된 내용은 동배간 처리 시스템(Peer to Peer System)의 특징입니다.

3. 다음 중 근거리 통신망(LAN)에 관한 설명으로 옳지 않은 것은?   23.상시, 21.상시, 17.2

① 비교적 전송 거리가 짧아 에러 발생률이 낮다.
② 반이중 방식의 통신을 한다.
③ 자원 공유를 목적으로 컴퓨터들을 상호 연결한다.
④ 프린터, 보조기억장치 등 주변장치들을 쉽게 공유할 수 있다.

근거리 통신망(LAN)은 전이중 방식의 통신을 합니다.

4. 다음 중 초고속 인터넷을 이용하여 동영상 콘텐츠, 정보 서비스 등 기본 텔레비전 기능에 인터넷 검색이 가능하게 한 서비스는?   23.상시, 19.2

① VoIP   ② IPTV
③ IPv6   ④ TCP/IP

기본 텔레비전 기능에 인터넷 검색이 가능하게 한 서비스는 IPTV입니다.

5. 다음 중 정보통신에서 네트워크 관련 장비에 대한 설명으로 옳지 않은 것은?   23.상시, 21.상시, 18.2, 16.2

① 라우터(Router) : 네트워크를 구성하기 위해 반드시 필요한 장비로 정보 전송을 위한 최적의 경로를 찾아 통신망에 연결하는 장치
② 허브(Hub) : 네트워크를 구성할 때 여러 대의 컴퓨터를 연결하고, 각 회선들을 통합 관리하는 장치
③ 브리지(Bridge) : 네트워크를 구성할 때 디지털 신호를 아날로그 신호로 변환하여 전송하고 다시 수신된 신호를 원래대로 변환하기 위한 전송 장치
④ 게이트웨이(Gateway) : 한 네트워크에서 다른 네트워크로 들어가는 입구 역할을 하는 장치로 근거리통신망(LAN)과 같은 하나의 네트워크를 다른 네트워크와 연결할 때 사용되는 장치

③번은 모뎀(MODEM)에 대한 설명입니다. 브리지(Bridge)는 서로 독립적으로 동작하면서 같은 프로토콜을 사용하는 두 LAN을 연결하는 네트워크 장치입니다.

6. 다음 중 인터넷 주소 체계인 IPv6에 대한 설명으로 옳은 것은?   23.상시, 22.상시, 21.상시, 20.상시, 14.2, 09.4

① 주소는 8비트씩 16개 부분으로 총 128비트로 구성되어 있다.
② 주소를 네트워크 부분의 길이에 따라 A클래스에서 E클래스까지 총 5단계로 구분한다.
③ IPv4와의 호환성은 낮으나 IPv4에 비해 품질 보장은 용이하다.
④ 주소의 한 부분이 0으로만 연속되는 경우 연속된 0은 ':'으로 생략하여 표시할 수 있다.

① IPv6은 16비트씩 8부분으로 총 128비트로 구성되어 있습니다.
② IPv6는 유니캐스트, 애니캐스트, 멀티캐스트 3종류의 형태로 구분합니다.
　②번은 IPv4에 대한 설명입니다.
③ IPv6은 IPv4와의 호환성 및 주소의 확장성, 융통성, 연동성이 뛰어납니다.

7. 다음 중 인터넷에서 사용하는 도메인 네임에 대한 설명으로 옳지 않은 것은?   23.상시, 21.상시, 12.1

① 숫자로 구성된 IP 주소를 사람들이 기억하고 이해하기 쉽도록 문자열로 만든 주소이다.
② 우리나라에서 도메인 네임을 관리하는 기관은 KISA이다.
③ 인터넷의 모든 도메인 네임은 전 세계적으로 유일하게 존재해야 한다.
④ 도메인 네임을 사용자가 컴퓨터에서 임의로 설정하여 사용할 수 있다.

도메인 네임은 전 세계를 통틀어 중복되지 않는 고유한 주소로, 사용자가 임의로 설정할 수 없습니다.

8. 다음 중 인터넷의 표준 주소 체계인 URL(Uniform Resource Locator)의 형식으로 옳은 것은?   21.상시, 20.1

① 프로토콜://호스트 서버 주소[:포트번호][/파일 경로]
② 프로토콜://호스트 서버 주소[/파일 경로][:포트번호]
③ 호스트 서버 주소://프로토콜[/파일 경로][:포트번호]
④ 호스트 서버 주소://프로토콜[:포트번호][/파일 경로]

> 인터넷의 표준 주소 체계인 URL(Uniform Resource Locator)의 형식 '프로토콜://호스트 서버 주소[:포트번호][/파일 경로]'입니다.

9. 다음 중 이기종 단말 간 통신과 호환성 등 모든 네트워크상의 원활한 통신을 위해 최소한의 네트워크 구조를 제공하는 모델로, 네트워크 프로토콜 디자인과 통신을 여러 계층으로 나누어 정의한 통신 규약 명칭은?   20.1, 15.1

① ISO 7 계층
② Network 7 계층
③ TCP/IP 7 계층
④ OSI 7 계층

> 네트워크 프로토콜 디자인과 통신을 여러 계층으로 나누어 정의한 통신 규약 명칭은 OSI 7계층입니다.

10. 다음 중 한글 Windows에서 전자우편에 관한 설명으로 옳지 않은 것은?   23.상시, 22.상시, 21.상시, 13.1, 10.3, 06.3, 02.3

① 인터넷에 접속하여 사용자끼리 서로 편지를 주고 받는 서비스를 말한다.
② 일반적으로 편지를 받을 때는 SMTP 서버를 이용하고, 편지를 보낼 때는 POP 서버를 이용한다.
③ 전자우편 주소는 '사용자 ID@호스트 주소'의 형식으로 이루어진다.
④ MIME은 웹 브라우저가 지원하지 않는 각종 멀티미디어 파일의 내용을 확인하고 실행시켜 주는 프로토콜이다.

> 편지를 받을 때는 POP3 서버, 편지를 보낼 때는 SMTP 서버를 이용합니다.

11. 다음 중 인터넷에서 웹 서버와 사용자의 인터넷 브라우저 사이에 하이퍼텍스트 문서를 전송하기 위해 사용되는 통신 규약은?   23.상시, 22.상시, 21.상시, 20.2, 19.1, 16.2

① TCP
② HTTP
③ FTP
④ SMTP

> 하이퍼텍스트 문서를 전송하기 위해 사용되는 통신 규약은 HTTP입니다.

12. 다음 중 웹 브라우저의 기능에 관한 설명으로 옳지 않은 것은?   23.상시, 22.상시, 21.상시, 19.2

① '설정'에서 멀티미디어 편집기를 선택할 수 있다.
② 전자우편을 보내거나 FTP 서버에 접속할 수 있다.
③ 웹 페이지를 사용자 컴퓨터에 저장하거나 인쇄할 수 있다.
④ 자주 방문하는 웹 사이트 주소를 관리할 수 있다.

> '설정'에 멀티미디어 편집기를 선택할 수 있는 메뉴는 없습니다.

13. 다음 중 사용자의 기본 설정을 사이트가 인식하도록 하거나, 사용자가 웹 사이트로 이동할 때마다 로그인해야 하는 번거로움을 생략할 수 있도록 사용자 환경을 향상시키는 것은?   23.상시, 22.상시, 21.상시, 16.1, 14.3

① 쿠키(Cookie)
② 즐겨찾기(Favorites)
③ 웹 서비스(Web Service)
④ 히스토리(History)

> 인터넷 접속 시 매번 아이디와 비밀번호를 넣지 않고 자동으로 접속할 수 있도록 하는 것은 쿠키(Cookie)입니다.

14. 다음 중 통신 기술의 이용 현황을 올바르게 설명한 것은?   23.상시

① NFC – 노트북을 핫스팟을 이용하여 연결한다.
② BlueTooth – 출 · 퇴근을 태그를 이용하여 관리한다.
③ WiFi – 헤드폰과 핸드폰을 연결한다.
④ RFID – 도서관에서 도서 대출/반납 시 태그를 이용하여 도서의 출납을 실시간으로 확인한다.

> ① NFC는 RFID 기술의 일종으로 태그를 사용하여 도서 대출 및 반납, 출입 통제, 모바일 결제 등에 활용됩니다.
> ② BlueTooth는 근거리 무선 통신 기술로, 핸드폰, 헤드폰, 노트북과 같은 휴대 가능한 장치들 간의 양방향 정보 전송을 지원합니다.
> ③ WiFi는 무선 인터넷을 지원하는 무선랜 기술을 의미합니다. 무선 인터넷을 사용하는 모든 전자기기를 지원하며 중계역할을 수행하는 핫스팟의 원천 기술이기도 합니다.

15. 다음 중 모든 사물을 네트워크로 연결하여 인간과 사물, 사물과 사물간에 언제 어디서나 서로 소통할 수 있게 하는 새로운 정보 통신 환경을 의미하는 것은?   23.상시, 22.상시, 20.상시, 18.1

① 클라우드 컴퓨팅(Cloud Computing)
② RSS(Rich Site Summary)
③ IoT(Internet of Things)
④ 빅 데이터(Big Data)

> 모든 사물을 네트워크로 연결하여 서로 소통할 수 있게 하는 새로운 정보 통신 환경은 IoT(사물 인터넷)입니다.

핵심

 1305501

01 멀티미디어의 개요

23.상시, 22.상시, 18.상시, 18.1, 16.3, 15.3, 15.2, 14.2, 08.1, 07.1, 05.3

- Multi(다중)와 Media(매체)의 합성어로 텍스트, 그래픽, 사운드 등의 매체를 디지털로 통합하여 전달한다.
- 초고속 통신망 기술이 발달되어 대용량의 멀티미디어 정보를 통신망을 통해 전송할 수 있다.
- 멀티미디어 데이터는 다양한 하드웨어와 소프트웨어 환경에서 생성, 처리, 전송, 이용되므로 상호 호환되기 위한 표준이 필요하다.
- 가상현실, 전자출판, 화상회의, 방송, 교육, 의료 등 사회 전 분야에서 활용되고 있다.

 1305502

02 멀티미디어의 특징

23.상시, 22.상시, 20.1, 18.상시, 18.1, 16.3, 15.3, 14.1, 12.2, 12.1, 11.2, 11.1, …

- 디지털화(Digitalization) : 다양한 아날로그 데이터를 디지털 데이터로 변환하여 통합 처리함
- 쌍방향성(Interactive) : 정보 제공자의 선택에 의해 일방적으로 데이터가 전달되는 것이 아니라 정보 제공자와 사용자 간의 의견을 통한 상호 작용에 의해 데이터가 전달됨
- 비선형성(Non-Linear) : 데이터가 일정한 방향으로 순차적으로 처리되는 것이 아니라 사용자의 선택에 따라 다양한 방향으로 처리됨
- 정보의 통합성(Integration) : 텍스트, 그래픽, 사운드, 동영상, 애니메이션 등의 여러 미디어를 통합하여 처리함

 1305504

03 하이퍼텍스트와 하이퍼미디어

23.상시, 21.상시, 13.1, 07.3, 05.4, 05.2, 00.3, 00.2, 00.1

- 하이퍼텍스트(Hypertext) : 문서와 문서가 하이퍼링크로 연결되어 있는 것으로, 문서 내의 특정 문자를 선택하면 그와 연결된 문서로 이동하는 문서 형식
- 하이퍼미디어(Hypermedia) : 하이퍼텍스트와 멀티미디어를 합한 개념으로, 문자뿐만 아니라 그래픽, 사운드, 동영상의 정보를 연결해 놓은 미디어 형식
- 하이퍼링크(Hyperlink) : 웹상에서 정보를 효과적으로 나타내기 위해 문서와 문서를 연결하여 관련된 정보를 쉽게 찾아 볼 수 있도록 하는 기능

 1360080

04 그래픽 기법

23.상시, 22.상시, 21.상시, 20.2, 19.2, 18.상시, 18.1, 16.3, 16.1, 15.3, 09.4, 03.3

디더링 (Dithering)	제한된 색상을 조합하여 복잡한 색이나 새로운 색을 만드는 작업
렌더링 (Rendering)	3차원 애니메이션을 만드는 과정 중의 하나로 물체의 모형에 명암과 색상을 입혀 사실감을 더해 주는 작업
모델링 (Modeling)	렌더링을 하기 전에 수행되는 작업으로, 어떠한 방법으로 렌더링할 것인지를 정함
모핑 (Morphing)	2개의 이미지를 부드럽게 연결하여 변환·통합하는 것으로, 컴퓨터 그래픽, 영화 등에서 많이 응용하고 있음
필터링 (Filtering)	이미 작성된 그림을 필터 기능을 이용하여 여러 가지 형태의 새로운 이미지로 바꿔주는 작업
리터칭 (Retouching)	기존의 이미지를 다른 형태로 새롭게 변형·수정하는 작업
인터레이싱 (Interlacing)	그림 파일을 표시하는 데 있어서 이미지의 대략적인 모습을 먼저 보여준 다음 점차 자세한 모습을 보여주는 기법
메조틴트 (Mezzotint)	무수히 많은 점과 선으로 이미지를 만드는 것
클레이메이션 (Claymation)	점토, 찰흙 등의 점성이 있는 소재를 이용하여 인형을 만들고, 소재의 점성을 이용하여 조금씩 변형된 형태를 만들어서 촬영하는 형식의 애니메이션 기법
솔러리제이션 (Solarization)	필름을 일시적으로 빛에 노출시켜 반전된 것처럼 표현하는 것
안티앨리어싱 (Anti-Aliasing)	픽셀(Pixel) 단위로 표현하는 비트맵 이미지에서 본래의 매끄러운 직선이 거칠게 표시되는 계단 현상, 즉 앨리어싱(Aliasing)을 보정하기 위해 가장자리의 픽셀들을 주변 색상과 혼합한 중간 색상을 넣어 외형을 부드럽게 만드는 기법
셀 애니메이션 (Cel Animation)	종이에 그린 그림을 셀룰로이드라는 투명한 플라스틱이나 필름 위에 그대로 옮긴 뒤 채색하고 촬영하는 기법
키 프레임 애니메이션 (Key-frame Animation)	핵심이 되는 두 프레임(Key-frame)을 선정한 후 중간 프레임을 자동적으로 생성하여 애니메이션을 만드는 기법

1305801

05 그래픽 데이터의 표현 방식

23.상시, 21.상시, 20.상시, 19.1, 18.2, 18.1, 14.3, 11.2, 10.3, 10.2, 09.3, 04.2, …

비트맵 (Bitmap)	• 점(Pixel, 화소)으로 이미지를 표현하는 방식으로, 래스터 이미지라고도 함 • 이미지를 확대하면 테두리가 거칠게 표현(계단 현상)됨 • 다양한 색상을 사용하여 사실적인 이미지를 표현할 수 있음 • 파일 형식에는 BMP, TIF, GIF, JPEG, PCX, PNG 등이 있음
벡터 (Vector)	• 점과 점을 연결하는 직선이나 곡선을 이용하여 이미지를 표현하는 방식으로, 이미지를 확대해도 테두리가 거칠어지지 않고, 매끄럽게 표현됨 • 파일 형식에는 DXF, AI, CDR, WMF 등이 있음
3D 그래픽	입체감이 있는 이미지

잠깐만요 한 픽셀의 색 표현 수

n비트 일 때 2^n 가지 색 표현

06 그래픽 파일 형식

23.상시, 22.상시, 21.상시, 20.2, 16.2, 16.1, 15.1, 14.1, 12.1, 10.2, 10.1, 09.3, …

BMP	Windows 표준 비트맵 파일 형식으로 고해상도의 이미지를 표현할 수 있지만 압축을 하지 않으므로 파일의 크기가 큼
GIF	• 인터넷 표준 그래픽 형식으로, 8비트 컬러를 사용하여 256(2^8)가지로 색 표현이 제한되었으나, 애니메이션 표현이 가능함 • 무손실 압축 기법을 사용하므로 여러 번 압축해도 화질의 손상이 없음 • 선명한 화질을 제공하며, 배경을 투명하게 처리할 수 있음
JPEG /JPG	• 사진과 같은 선명한 정지 영상을 표현하기 위한 국제 표준 압축 방식으로 손실 압축 기법과 무손실 압축 기법을 사용함 • 24비트 트루 컬러를 사용하여 16,777,215(2^{24})가지의 색을 표현할 수 있음 • 파일 크기가 작아 전송 시간을 단축할 수 있어 주로 인터넷에서 그림 전송에 사용함 • 고주파 성분(문자, 선, 격자 등)이 많은 이미지의 변환에서는 GIF, PNG 보다 품질이 나쁨
PNG	• 웹에서 최상의 이미지를 표현하기 위해 제정한 그래픽 형식 • GIF 포맷의 문제점을 개선하기 위해 고안된 것으로 무손실 압축 기법을 사용함 • GIF를 대체하여 인터넷에서 사용할 수 있지만 애니메이션은 표현할 수 없음 • 트루 컬러를 지원하며, 투명색을 표현할 수 있음

07 오디오 데이터

20.1, 19.상시, 16.1, 14.3, 13.2, 12.2, 08.1, 07.2, 07.1, 06.1, 04.3, 04.1, 03.3, …

WAVE	• 아날로그 형태의 소리를 디지털 형태로 변형하는 샘플링 과정을 통하여 작성된 데이터 • 실제 소리가 저장되어 있으므로 재생은 쉽지만 용량이 큼
MIDI	• 전자악기 간의 디지털 신호에 의한 통신이나 컴퓨터와 전자악기 간의 통신 규약 • 음성이나 효과음의 저장이 불가능하고, 연주 정보만 저장되어 있으므로 크기가 작음 • 시퀀싱 작업을 통해 작성되며, 16개 이상의 악기를 동시에 연주할 수 있음 • 음높이, 음길이, 세기 등 다양한 음악 기호가 정의되어 있음
MP3	• 고음질 오디오 압축의 표준 형식 • MP3는 MPEG에서 규정한 MPEG-1의 압축 기술을 이용하여, 음반 CD 수준의 음질을 유지하면서 용량을 1/12 크기로까지 압축할 수 있음

08 오디오 데이터 관련 용어

23.상시, 22.상시, 21.상시, 17.1, 11.3

• 샘플링(Sampling)
  – 음성, 영상 등의 아날로그 신호를 일정 시간 간격으로 검출하는 단계이다.
  – 아날로그 신호를 디지털 신호로 변환하는 과정 중 한 단계이다.
• 시퀀싱(Sequencing)
  – 컴퓨터를 이용하여 음악을 제작, 녹음, 편집하는 것을 의미한다.
  – 시퀀싱 작업에 필요한 소프트웨어를 시퀀서라고 하며, 이를 통해 해당 음에 대한 악기를 지정하고, 음표 등을 입력할 수 있다.
• PCM(Pulse Code Modulation) : 아날로그 데이터를 디지털 데이터로 변경하는 것을 디지털화라고 하며, 가장 대표적인 디지털화 방법임

09 비디오 데이터

23.상시, 22.상시, 21.상시, 19.1, 16.2, 15.1, 13.2, 12.3, 11.1, 10.2, 09.2, 09.1, …

AVI	Windows의 표준 동영상 파일 형식으로, Windows에서 기본적으로 지원하므로 별도의 하드웨어 장치 없이 재생할 수 있음
퀵 타임 MOV	Apple 사가 개발한 동영상 압축 기술로, JPEG의 압축 방식을 사용함
MPEG	동영상 전문가 그룹에서 제정한 동영상 압축 기술에 대한 국제 표준 규격
ASF	인터넷을 통해 오디오, 비디오 및 생방송 수신 등을 지원하는 마이크로소프트 사의 통합 멀티미디어 형식으로, 스트리밍을 위한 표준 기술 규격
DivX	• 동영상 압축 고화질 파일 형식으로, 비표준 동영상 파일 형식 • MPEG-4와 MP3를 재조합한 것으로, 이 형식의 동영상을 보려면 소프트웨어와 코덱이 필요함

잠깐만요 스트리밍(Streaming) 기술
• 웹에서 오디오, 비디오 등의 멀티미디어 데이터를 다운로드하면서 동시에 실시간적으로 재생해 주는 기술을 말합니다.
• 스트리밍 전송이 가능한 파일 형식 : ASF, WMV, RAM 등

10 멀티미디어 활용

23.상시, 22.상시, 21.상시, 19.상시, 18.2, 17.2, 15.2, 15.1, 14.2, 13.3, 08.3

• 가상현실(VR; Virtual Reality) : 다양한 장치를 통해 컴퓨터가 만들어낸 가상세계에서 여러 다른 경험을 체험할 수 있도록 한 모든 기술을 말함
• 증강현실(AR; Augmented Reality) : 실제 촬영한 화면에 가상의 정보를 부가하여 보여주는 기술임
• 혼합현실(MR; Mixed Reality) : 가상현실과 현실 세계를 합쳐, 현실의 물리적인 객체와 가상의 객체가 상호 작용할 수 있는 환경을 구현하는 기술임
• 메타버스(Metaverse)
  – 가공(Meta)과 현실 세계(Universe)의 합성어로, 현실 세계와 같은 사회·경제·문화 활동이 이뤄지는 3차원 가상 세계를 가리킨다.
  – 1992년 미국 SF 작가 닐 스티븐슨의 소설 '스노 크래시'에 처음 등장하였다.
• 교육(CAI; Computer Aided Instruction) : 컴퓨터를 수업 매체로 활용하여 학습자에게 필요한 지식, 정보, 기술, 태도 등을 가르치는 것을 말함
• 홀로그램(Hologram) : 기록 매체에 레이저와 같이 간섭성이 있는 광원을 이용하여 간섭 패턴을 기록한 결과물임

1. 다음 중 멀티미디어에 관련된 설명으로 옳지 않은 것은?

23.상시, 22.상시, 14.2, 08.1

① 다중(Multi)과 매체(Media)의 합성어로 그래픽, 이미지, 텍스트, 오디오, 비디오 등의 매체들이 통합된 것을 의미한다.

② 멀티미디어는 매체 정보를 디지털화하고, 대용량으로 생성되므로 이를 저장할 수 있는 저장장치를 사용해야 한다.

③ 대용량의 멀티미디어 정보를 효율적으로 저장하기 위해 다양한 압축 기술이 개발되었으나 아직 동영상 압축 기술의 개발은 미비하다.

④ 초고속 통신망의 기술이 발달되어 대용량의 멀티미디어 정보를 통신망을 통해 전송할 수 있다.

> 대용량의 멀티미디어 정보를 효율적으로 저장하기 위해 MPEG과 같은 동영상 압축 기술이 개발되었습니다.

2. 다음 중 멀티미디어의 특징에 대한 설명으로 옳지 않은 것은?

23.상시, 22.상시, 20.1

① 다양한 아날로그 데이터를 디지털 데이터로 변환하여 통합 처리한다.

② 정보 제공자와 사용자 간의 상호 작용에 의해 데이터가 전달된다.

③ 미디어별 파일 형식이 획일화되어 멀티미디어의 제작이 용이해진다.

④ 텍스트, 그래픽, 사운드, 동영상 등의 여러 미디어를 통합 처리한다.

> 멀티미디어는 그래픽, 비디오, 오디오 등 각 미디어별로 다양한 파일 형식이 있어 용도에 맞는 멀티미디어의 제작이 용이합니다.

3. 다음 중 하이퍼텍스트(Hypertext)에 대한 설명으로 옳지 않은 것은?

23.상시, 21.상시

① 하이퍼텍스트는 텍스트가 링크로 연결되어 있는 문서이다.

② 동영상, 그래픽 등의 정보를 연결해 놓은 멀티미디어 형식이다.

③ 사용자가 하이퍼링크(Hyperlink)를 클릭함으로써 원하는 데이터를 찾을 수 있다.

④ 하이퍼텍스트는 사용자의 의도에 따라 문서를 읽는 순서가 결정되는 비선형 구조이다.

> 동영상, 그래픽 등의 정보를 연결해 놓은 멀티미디어 형식은 하이퍼미디어(Hypermedia)입니다.

4. 다음 중 아래에서 설명하는 그래픽 기법은?

23.상시, 21.상시, 18.1

> 컴퓨터 프로그램을 이용하여 3차원 애니메이션을 만드는 과정으로 사물 모형에 명암과 색상을 추가하여 사실감을 더해주는 작업이다.

① 안티앨리어싱(Anti-Aliasing)

② 렌더링(Rendering)

③ 인터레이싱(Interlacing)

④ 메조틴트(Mezzotint)

> 지문에 제시된 내용은 렌더링(Rendering)의 특징입니다.

5. 다음 중 그래픽 데이터의 표현에서 벡터(Vector) 방식에 관한 설명으로 옳은 것은?

23.상시, 18.2

① 점과 점을 연결하는 직선 또는 곡선을 이용하여 이미지를 표현한다.

② 이미지를 확대하면 테두리에 계단 현상과 같은 앨리어싱이 발생한다.

③ 래스터 방식이라고도 하며 화면 표시 속도가 빠르다.

④ 많은 픽셀로 정교하고 다양한 색상을 표시할 수 있다.

> ②~④번은 비트맵(Bitmap) 방식에 대한 설명입니다.

6. 다음 중 컴퓨터에서 사용하는 소리 파일인 웨이브(wave) 파일에 관한 설명으로 옳지 않은 것은?

20.1, 19.상시, 14.3

① 파일의 확장자는 .wav 이다.

② 녹음 조건에 따라 파일의 크기가 가변적이다.

③ Windows Media Player로 파일을 재생할 수 있다.

④ 음높이, 음길이, 세기 등 다양한 음악 기호가 정의되어 있다.

> ④번의 내용은 MIDI에 대한 설명입니다.

7. 다음 중 멀티미디어 파일 형식 중에서 형식이 다른 것은?

23.상시, 21.상시, 15.1, 04.2

① jpg   ② png

③ wmv   ④ gif

> ①, ②, ④번은 그래픽 파일 형식이고, ③번은 동영상 파일 형식입니다.

8. 다음 중 연속적 소리 신호인 아날로그 신호를 일정한 간격으로 측정하여 그 값을 디지털화시키는 작업으로 옳은 것은?

23.상시, 11.3

① 시퀀싱   ② 샘플링

③ 멀티플렉싱   ④ 디더링

> 연속적 소리 신호인 아날로그 신호를 일정한 간격으로 측정하여 그 값을 디지털화시키는 작업은 샘플링입니다.

9. 다음 중 멀티미디어와 관련하여 동영상 전문가 그룹에 의해서 제안된 비디오 또는 오디오 압축에 관한 일련의 표준으로 옳은 것은?

23.상시, 22.상시, 21.상시, 19.1

① XML   ② SVG

③ JPEG   ④ MPEG

> 동영상 전문가 그룹에 의해서 제안된 비디오 또는 오디오 압축에 관한 표준은 MPEG입니다.

10. 다음 중 실감미디어에 대한 설명으로 옳지 않은 것은? 23.상시

① 홀로그램 – 기록 매체에 레이저와 같이 간섭성이 있는 광원을 이용하여 간섭 패턴을 기록한 결과물로, 광원을 이용하여 재생하면 3차원 영상으로 표현된다.

② 증강현실 – 가상 세계에서 일상 생활이나 경제적 활동이 가능하며, 사용자를 대신하는 캐릭터에서 가상 세계에서의 사회적 책임과 의무를 요구하고 있다.

③ 가상현실 – 다양한 장치를 통해 컴퓨터가 만들어낸 가상세계에서 여러 다른 경험을 체험할 수 있도록 한 모든 기술을 말한다.

④ 혼합현실 – 가상현실과 현실 세계를 합쳐, 현실의 물리적인 객체와 가상의 객체가 상호작용할 수 있는 환경을 구현하는 기술이다.

> ②번은 메타버스(Metaverse)에 대한 설명입니다. 증강현실은 실제 촬영한 화면에 가상의 정보를 부가하여 보여주는 기술을 의미합니다.

1과목 컴퓨터 일반

 핵심

8장 | 컴퓨터 시스템 보호

 1306101

01 정보 사회의 개요

22.상시, 19.2, 05.4, 99.1

- 정보의 축적과 활용이 확대되고 처리하고자 하는 정보의 종류와 양이 증가하였다.
- 사회의 변화 속도가 빨라졌다.
- 사이버 공간상의 새로운 인간 관계와 문화가 형성되었다.
- 정보 사회에서는 대중화 현상이 약화되고, 개성과 자유를 중요시하게 되었다.
- 정보 사회에서는 통신 기술의 발달로 시간과 공간의 제약에서 벗어나게 되었다.

1360085

02 컴퓨터 범죄

23.상시, 22.상시, 21.상시, 19.1, 18.1, 17.2, 14.1, 13.3, 13.2, 12.2, 10.3, 08.3, …

컴퓨터 범죄란 컴퓨터 및 통신 기술을 이용하여 저지르는 불법적 · 비윤리적 범죄를 총칭한다.

유형	• 소프트웨어, 웹 콘텐츠, 전자문서의 도난 및 불법 복사 • 타인의 하드웨어나 기억 매체에 기록된 자료를 소거하거나 교란시키는 행위 • 컴퓨터를 이용한 금품 횡령 또는 사기 판매 • 컴퓨터 시스템 해킹으로 인한 중요 정보의 위 · 변조, 삭제, 유출 • 전산망을 이용한 개인 신용 정보 유출 • 음란물의 유통 및 사이트 운영 • 컴퓨터 바이러스 제작 및 유포 • 다른 사람의 ID와 비밀번호의 불법 사용 및 유출
예방 및 대책	• 정보 누출이나 해킹 방지를 위해 방화벽 체제를 정비하고 보안 관련 프로그램의 보급 및 정기적인 보안 교육 실시 • 보호 패스워드를 시스템에 도입하고, 수시로 변경함 – 패스워드를 만들 때는 알파벳과 숫자, 특수문자 등을 섞어서 복잡하게 만드는 것이 바람직함 • 백신 프로그램을 설치하고 자동 업데이트 기능을 설정하거나 수시로 업데이트함 • 인터넷을 통해 다운로드한 프로그램은 백신으로 진단한 후 사용 • 의심이 가는 메일이나 호기심을 자극하는 표현이 담긴 메일은 열어보지 않음

1360086

03 컴퓨터 바이러스

23.상시, 22.상시, 21.상시, 20.2, 18.2, 17.1, 16.2, 15.2, 11.3, 11.1, 10.2, 09.3, …

- 바이러스는 컴퓨터의 정상적인 작동을 방해하기 위해 운영체제나 저장된 데이터에 손상을 입히는 프로그램이다.
- 바이러스의 기능적 특징에는 복제 기능, 은폐 기능, 파괴 기능 등이 있다.
- 바이러스는 보통 소프트웨어 형태로 감염되지만 하드웨어의 성능에도 영향을 미칠 수 있다.
- 바이러스 감염 경로와 예방법
  - 인터넷을 이용해 다운로드한 파일이나 외부에서 복사해 온 파일은 반드시 바이러스 검사를 수행한 후 사용한다.
  - 네트워크를 통해 감염될 수 있으므로 공유 폴더의 속성은 읽기 전용으로 지정한다.
  - 전자우편을 통해 감염될 수 있으므로 발신자가 불분명한 전자우편은 열어보지 않고 삭제하거나 바이러스 검사를 수행한 후 열어본다.
  - 외부의 불법적인 침입을 막을 수 있는 방화벽을 설정하여 사용한다.
  - 가장 최신 버전의 백신 프로그램을 사용하여 주기적으로 바이러스 검사를 수행한다.
- 매크로 바이러스
  - 주로 MS-Office에서 사용하는 매크로 기능을 이용하여 다른 파일을 감염시키는 바이러스이다.
  - 종류 : 멜리사, Laroux 등

1306403

04 보안 위협의 유형

23.상시, 22.상시, 20.2, 20.1, 16.1, 15.3, 05.4, 04.3

가로막기(Interruption, 흐름 차단)	데이터의 정상적인 전달을 가로막아서 흐름을 방해하는 행위로, 가용성을 저해함
가로채기(Interception)	송신된 데이터가 수신지까지 가는 도중에 몰래 보거나 도청하여 정보를 유출하는 행위로, 기밀성을 저해함
수정/변조(Modification)	전송된 데이터를 원래의 데이터가 아닌 다른 내용으로 바꾸는 행위로, 무결성을 저해함
위조(Fabrication)	마치 다른 송신자로부터 데이터가 송신된 것처럼 꾸미는 행위로, 무결성을 저해함

05 위협의 구체적인 형태

웜(Worm)	네트워크를 통해 연속적으로 자신을 복제하여 시스템의 부하를 높여 결국 시스템을 다운시키는 바이러스의 일종
트로이 목마 (Trojan Horse)	정상적인 기능을 하는 프로그램으로 가장하여 프로그램 내에 숨어 있다가 해당 프로그램이 동작할 때 활성화되어 부작용을 일으키는 것
백도어(Back Door, Trap Door)	서비스 기술자나 유지 보수 프로그래머들의 액세스 편의를 위해 만든 보안이 제거된 비밀 통로를 이르는 말로, 시스템에 무단 접근하기 위한 일종의 비상구로 사용함
스푸핑(Spoofing)	눈속임(Spoof)에서 파생된 것으로, 검증된 사람이 네트워크를 통해 데이터를 보낸 것처럼 데이터를 변조(위조)하여 접속을 시도하는 침입 형태
스니핑(Sniffing)	네트워크 주변을 지나다니는 패킷을 엿보면서 계정과 패스워드를 알아내는 행위
분산 서비스 거부 공격(DDoS; Distribute Denial of Service)	여러 대의 장비를 이용하여 대량의 데이터를 특정한 서버에 집중적으로 전송하므로써 서버의 정상적인 기능을 방해하는 행위
피싱(Phishing)	개인정보(Private Data)와 낚시(Fishing)의 합성어로, 금융기관을 가장한 이메일을 발송한 후 메일에 있는 인터넷 주소를 클릭하면 허위 은행 사이트로 유도하여 개인 금융 정보를 빼내는 행위
키로거(Key Logger)	키 입력 캐치 프로그램을 이용하여 키보드를 통해 입력하는 ID나 암호 등의 개인 정보를 빼내어 악용하는 기법
랜섬웨어 (Ransomware)	• 인터넷 사용자의 컴퓨터에 잠입해 내부 문서나 파일 등을 암호화해 확장자를 변경시킨 후 사용자가 열지 못하게 하는 프로그램임 • 암호 해독용 프로그램의 전달을 조건으로 사용자에게 돈을 요구하기도 함
허니팟 (Honeypot)	• 비정상적인 접근을 탐지하기 위해 설치해 둔 시스템임 • 침입자를 속여 실제 공격을 당하는 것처럼 보여줌으로써 추적 및 공격기법에 대한 정보를 수집함
스파이웨어(Spyware)	적절한 사용자 동의 없이 사용자 정보를 수집하는 프로그램, 또는 적절한 사용자 동의 없이 설치되어 사용을 불편하게 하거나 사생활을 침해하는 프로그램
혹스(Hoax)	실제로는 악성코드로 행동하지 않으면서 겉으로는 악성코드인 것처럼 가장하여 행동하는 소프트웨어
피기배킹 (Piggybacking)	정당한 사용자가 정상적으로 시스템을 종료하지 않고 자리를 떠났을 때 비인가된 사용자가 바로 그 자리에서 계속 작업을 수행하여 불법적 접근을 행하는 범죄 행위

1. 다음 중 정보 사회의 특징으로 적절하지 않은 것은? 22.상시

① 정보처리 기술의 발달로 사회의 변화 속도가 빨라졌다.

② 사이버 공간 상에 새로운 인간관계와 문화가 형성되었다.

③ 통신 기술의 발달로 시간과 공간의 제약에서 벗어나게 되었다.

④ 컴퓨터를 통한 정보 처리 기술의 발달로 인해 정보의 양이 감소하였다.

정보 사회에서는 컴퓨터를 통한 정보 처리 기술의 발달로 정보의 양이 폭발적으로 증가하게 되었습니다.

2. 다음 중 컴퓨터 범죄와 거리가 먼 것은?
23.상시, 22.상시, 21.상시, 13.3, 08.3

① 전자문서의 불법 복사

② 전산망을 이용한 개인 정보 유출

③ 컴퓨터 시스템 해킹을 통한 중요 정보의 위조 또는 변조

④ 인터넷 쇼핑몰 상품 가격 비교표 작성

인터넷 쇼핑몰 상품 가격 비교표 작성은 컴퓨터 범죄가 아닙니다.

3. 다음 중 컴퓨터 범죄 예방과 대책에 관한 설명으로 옳지 않은 것은?
22.상시, 21.상시, 19.1, 17.2

① 해킹 여부를 정기적으로 검사한다.

② 의심이 가는 이메일은 열어서 내용을 확인하고 삭제한다.

③ 백신 프로그램을 설치하고 자동 업데이트 기능을 설정한다.

④ 회원 가입한 사이트의 패스워드를 주기적으로 변경한다.

의심이 가는 이메일은 열어보지 않고 바로 삭제하거나 바이러스 검사를 수행한 후 열어봅니다.

4. 다음 중 컴퓨터 사용 시 발생할 수 있는 바이러스 감염에 대한 예방법으로 적절하지 않은 것은?
23.상시, 18.2, 09.3

① 방화벽을 설정하여 사용한다.

② 의심이 가는 메일은 열지 않고 삭제한다.

③ 백신 프로그램을 최신 버전으로 업데이트하여 실행한다.

④ 정기적으로 Windows 10의 [디스크 정리]를 실행한다.

디스크 정리는 디스크의 여유 공간을 확보하기 위해 필요 없는 파일을 삭제하는 기능으로 바이러스 예방과는 관계가 없습니다.

5. 다음 중 컴퓨터 바이러스의 예방법으로 적절하지 않은 것은?
23.상시, 22.상시, 21.상시, 20.2, 15.2, 10.2

① 최신 버전의 백신 프로그램을 사용한다.

② 다운로드 받은 파일은 사용하기 전에 바이러스 검사 후 사용한다.

③ 전자우편에 첨부된 파일은 파일명을 다른 이름으로 저장하여 사용한다.

④ 네트워크 공유 폴더에 있는 파일을 사용하기 전에 바이러스 검사 후 사용한다.

전자우편에 첨부된 파일은 바이러스 검사를 수행한 후 저장하여 사용해야 합니다.

6. 다음 중 정보 보안을 위협하는 유형에서 가로채기에 해당하는 것은?
23.상시, 22.상시, 20.2, 05.4

① 데이터의 전달을 가로막아 수신자측으로 정보가 전달되는 것을 방해하는 행위

② 전송되는 데이터를 전송 도중에 도청 및 몰래 보는 행위

③ 전송된 원래의 데이터를 다른 내용으로 수정하여 변조하는 행위

④ 다른 송신자로부터 데이터가 송신된 것처럼 꾸미는 행위

①번은 가로막기(Interruption, 흐름차단), ③번은 수정(Modification), ④번은 위조(Fabrication)에 해당합니다.

7. 다음 중 정보 보안을 위협하는 형태에 대한 설명으로 옳은 것은?
23.상시, 17.2

① 스니핑(Sniffing) : 검증된 사람이 네트워크를 통해 데이터를 보낸 것처럼 데이터를 변조하여 접속을 시도한다.

② 피싱(Phishing) : 적절한 사용자 동의 없이 사용자 정보를 수집하는 프로그램을 설치하여 사생활을 침해한다.

③ 스푸핑(Spoofing) : 실제로는 악성 코드로 행동하지 않으면서 겉으로는 악성 코드인 것처럼 가장한다.

④ 키로거(Key Logger) : 키보드 상의 키 입력 캐치 프로그램을 이용하여 개인 정보를 빼낸다.

①번은 스푸핑(Spoofing), ②번의 스파이웨어(Spyware), ③번은 혹스(Hoax)에 대한 설명입니다.

8. 해커를 유인하기 위해 의도적으로 취약한 서버를 만들어 이를 모니터링하는 시스템으로 공격자의 공격 경로와 공격 수법을 알아내기 위한 목적으로 사용하는 것은?
23.상시

① VPN(Virtual Private Network)

② 허니팟(Honeypot)

③ 침입 탐지 시스템(IDS)

④ 방화벽(Firewall)

공격자의 공격 경로와 공격 수법을 알아내기 위한 목적으로 사용하는 것은 허니팟(Honeypot)입니다.

1360090

01 데이터 입력
23.상시, 22.상시, 21.상시, 20.1, 19.2, 17.2, 17.1, 12.3, 12.1, 08.1, 05.2, 02.1, …

- 셀 안에서 줄을 바꿔 계속 입력하려면 Alt + Enter를 누른다.
- 여러 셀에 동일한 내용을 입력하려면 해당 셀을 범위로 지정한 후 데이터를 입력하고 Ctrl + Enter를 누른다.
- 범위를 지정하고 Enter를 누르면 지정한 범위 안에서만 셀 포인터가 이동한다.
- 셀을 선택하고 Alt + ↓를 누르면 같은 열에 입력된 문자열 목록이 표시된다.
- 셀 내용 자동 완성
  - 데이터 입력 중 처음 몇 자가 같은 열에 이미 입력된 내용과 동일하면 자동으로 나머지 내용이 채워진다.
  - 문자 데이터에만 적용되고, 숫자, 날짜, 시간 형식의 데이터에는 적용되지 않는다.
- 데이터 입력 도중 입력을 취소하려면 Esc나 Ctrl + Z를 누른다.

1360091

02 문자 데이터
23.상시, 20.상시, 20.2, 12.1, 10.3, 10.1, 09.4, 09.1, 08.3, 07.1, 05.4, 05.2, …

- 문자 데이터는 한글, 영문, 특수문자, 문자와 숫자가 혼합된 데이터이다.
- 기본적으로 셀의 왼쪽으로 정렬된다.
- 숫자 데이터 앞에 문자 접두어(')를 입력하면 문자 데이터로 인식된다.
- 입력 데이터가 셀의 너비보다 긴 경우 오른쪽 셀이 비어 있으면 연속해서 표시하고 오른쪽 셀에 데이터가 있으면 셀의 너비만큼만 표시한다.

1360092

03 숫자 데이터
23.상시, 21.상시, 12.2, 08.4, 07.3, 05.1, 04.2, 04.1, 03.4, 99.2

- 0~9까지의 숫자, +, −, 소수점(.), 쉼표(,), 통화(₩, $) 기호, 백분율(%) 기호, 지수(E, e) 기호 등을 사용하여 입력한 데이터이다.
- 기본적으로 셀의 오른쪽으로 정렬된다.
- 데이터 중간에 공백이나 특수 문자가 있으면 문자로 인식된다.
- 숫자를 큰따옴표(" ")로 묶어서 수식에 입력하면 텍스트로 인식되지만, 연산을 하면 수치 데이터로 계산된다(예 "1" + "3" = 4).
- 음수는 숫자 앞에 − 기호를 붙이거나, 괄호( )로 묶어 표현한다.
- 분수는 0을 입력하고, 한 칸 띄운 다음 입력한다(예 0 1/2).
- 셀의 너비보다 긴 경우 지수 형식으로 표시된다.

1360093

04 날짜 / 시간 데이터
23.상시, 22.상시, 21.상시, 19.1, 17.2, 10.1, 04.2, 03.4, 01.3, 00.2, 00.1

- 날짜 및 시간 데이터는 수치 데이터이므로 셀의 오른쪽을 기준으로 정렬된다.
- 날짜는 일련번호로 저장되고, 시간은 하루에 대한 비율로 계산되어 소수로 저장된다.

날짜 데이터

- 하이픈(−)이나 슬래시(/)를 이용하여 년, 월, 일을 구분한다.
- 날짜의 연도를 입력할 때 00~29 사이의 숫자를 입력하면 2000~2029년, 30~99 사이의 숫자를 입력하면 1930~1999년 사이의 연도가 된다.
- 오늘 날짜 입력 : Ctrl + ;

시간 데이터

- 콜론(:)을 이용하여 시, 분, 초를 구분한다.
- 시간은 기본적으로 24시간제로 표시되며, 12시간제로 표시할 때는 시간 뒤에 한 칸 띄우고 AM이나 PM을 입력한다.
- 시간 데이터는 밤 12시(자정)를 0.0으로 시작하여 6시는 0.25, 12시(정오)는 0.5로 저장된다.
- 현재 시간 입력 : Ctrl + Shift + ;

4206581

05 한자 · 특수문자 입력
23.상시, 22.상시

한자	• 한자로 변환할 한글을 입력한 후 [한자]를 눌러 해당 셀 바로 아래에 한자 목록 상자가 나타나면 한글 음에 해당하는 한자를 마우스로 선택하여 입력함 • 두 글자 이상의 단어를 한자로 변환할 때는 단어를 입력하고, 커서를 단어 앞이나 뒤에 놓은 다음 [한자]를 눌러 나타나는 '한글/한자 변환' 대화상자를 이용하면 편리함
특수문자	한글 입력 상태에서 한글 자음(ㄱ, ㄴ, ㄷ, …)을 입력하고, [한자]를 눌러 해당 셀 바로 아래에 특수문자 목록 상자가 나타나면 원하는 특수문자를 마우스로 선택하여 입력함

4206503

06 노트

23.상시, 22.상시, 21.상시, 20.상시, 16.1, 15.3, 14.1, 13.1, 11.2, 10.2, 08.2, …

- 셀에 입력된 데이터에 대한 보충 설명을 하는 곳이다.
- 셀에 입력된 데이터를 지워도 노트는 삭제되지 않는다.
- 시트에 삽입된 노트를 시트에 표시된 대로 인쇄하거나 시트 끝에 모아서 인쇄할 수 있다.
- 노트의 위치를 자유롭게 이동하거나 노트가 항상 표시되도록 지정할 수 있다.
- 셀에 입력된 데이터를 정렬하면 노트도 함께 이동되지만 피벗 테이블에 삽입된 노트는 이동되지 않는다.
- 바로 가기 키 : Shift + F2

❶ 방향	자동 채우기를 실행할 방향을 지정함(행 : 가로, 열 : 세로)
❷ 유형	자동 채우기를 실행할 데이터의 종류를 지정함 • 선형 : 단계 값만큼 더하여 입력함 • 급수 : 단계 값만큼 곱하여 입력함 • 날짜 : 날짜 단위에서 지정한 값만큼 증가하여 입력함 • 자동 채우기 : 채우기 핸들로 자동 채우기를 수행한 것과 같은 결과를 표시함
❸ 추세	범위의 첫 번째와 두 번째 셀의 차이만큼 선형 추세 또는 급수 추세로 입력함
❹ 단계 값	연속 데이터의 증가 또는 감소할 값을 지정함
❺ 종료 값	연속 데이터가 끝나는 값을 지정함

4206681

07 채우기 핸들을 이용한 연속 데이터 입력

22.상시, 21.상시, 20.2, 19.2, 19.1, 18.1, 17.2, 17.1, 16.3, 16.2, 15.2, 15.1, 14.2, …

숫자 데이터	• 한 셀 : 드래그할 경우 동일한 데이터가 복사, Ctrl을 누르고 드래그하면 값이 1씩 증가하며 입력됨 • 두 셀 : 드래그할 경우 첫 셀과 두 번째 셀의 차이만큼 증가/감소하고, Ctrl을 누른 채 드래그하면 두 개의 값이 반복하여 복사됨
문자 데이터	• 한 셀 : 동일한 데이터가 복사됨 • 두 셀 : 두 개의 문자가 반복하여 입력됨
혼합 데이터	• 한 셀 : 가장 오른쪽에 있는 숫자는 1씩 증가, 나머지는 그대로 입력됨 • 두 셀 : 숫자 데이터는 차이만큼 증가/감소하고 문자는 그대로 입력됨 • Ctrl을 누른 채 드래그하면 복사됨
날짜 데이터	• 한 셀 : 1일 단위로 증가함 • 두 셀 : 두 셀의 차이만큼 년, 월, 일 단위로 증가함 • Ctrl을 누른 채 드래그하면 복사됨
사용자 지정 목록	• 사용자 지정 목록에 등록된 데이터 중 하나를 입력하고 드래그하면 사용자 지정 목록에 등록된 순서대로 반복되어 입력됨 • [파일] → [옵션] → '고급'의 '일반'에서 [사용자 지정 목록 편집]을 이용하여 등록함

4206682

08 '연속 데이터' 대화상자

23.상시, 14.3, 14.2, 11.1, 08.3

실행 [홈] → [편집] → [채우기] → [계열] 선택

1360096

09 데이터 유효성 검사

19.상시, 19.2, 17.2, 17.1, 16.1, 15.3, 15.1, 13.3, 11.3

- 데이터를 정확하게 입력할 수 있도록 도와주는 기능이다.
- 데이터가 입력된 셀에도 유효성 검사를 적용할 수 있다.
- [데이터] → [데이터 도구] → [데이터 유효성 검사] → [잘못된 데이터]를 선택하면 유효성 검사에 위배되는 데이터에 빨강색 원이 표시된다.

실행 [데이터] → [데이터 도구] → [(데이터 유효성 검사)] 클릭

❶ 설정	제한 대상, 제한 방법, 최소값, 최대값 등을 이용해 유효성 조건을 지정함 • 제한 대상 : 정수, 소수점, 목록, 날짜, 시간 등 • 제한 방법 : 제외 범위, =, ⟨⟩, ⟩, ⟨ ⟩=, ⟨=
❷ 설명 메시지	유효성 검사를 지정한 셀을 선택하면 표시할 메시지를 지정함
❸ 오류 메시지	유효성 검사에 위배되는 데이터를 입력하면 표시할 오류 메시지를 지정함 • 오류 스타일 : 경고(⚠), 중지(❌), 정보(ⓘ)
❹ IME 모드	유효성 검사가 지정된 셀의 데이터 입력 모드(한글/영문 등)를 지정함
❺ 모두 지우기	설정된 유효성 검사를 해제함

> **잠깐만요** 제한 대상의 '목록'
> • 엑셀에 지정된 내용을 선택할 수 있도록 표시하는 목록으로, 새로운 내용을 입력할 수는 없습니다.
> • 워크시트에 입력된 데이터를 범위로 지정하거나 사용할 항목을 쉼표(,)로 구분하여 목록의 원본을 만들어 사용할 수 있습니다.
> • 목록의 원본으로 정의된 이름을 사용하려면 =이름과 같이 입력하면 됩니다.
> • 목록의 너비는 데이터 유효성 검사 설정이 적용된 셀의 너비에 의해 결정됩니다.

▶1360098

10 데이터 수정 / 삭제
22.상시, 20.1, 14.2, 13.3, 11.2, 07.2, 00.3, 00.1, 99.2, 99.1

전체 수정	• 데이터가 있는 셀에 새로운 데이터를 입력하고 Enter를 누름 • 여러 데이터 동시 수정 : 수정할 여러 개의 셀을 선택하고, 새로운 내용을 입력한 후 Ctrl + Enter를 누름
부분 수정	• 마우스로 더블클릭하여 수정함 • F2를 누른 다음 수정함 • 수식 입력줄을 클릭하여 수정함
삭제	• 삭제할 셀을 선택한 후 Delete를 누름 • 삭제할 셀의 바로 가기 메뉴에서 [내용 지우기]를 선택함 ※ Delete를 누르거나 [내용 지우기]를 선택하면 셀에 입력된 데이터만 삭제되고 셀에 설정된 서식이나 메모, 노트 등은 삭제되지 않음 • [홈] → [편집] → [지우기]에서 [모두 지우기] 또는 [내용 지우기]를 선택함

▶1360099

11 찾기
23.상시, 22.상시, 21.상시, 19.2, 18.2, 18.1, 16.3, 14.3, 14.2, 13.1, 11.2, 10.3, …

• 워크시트에 입력되어 있는 데이터 중에서 특정 내용을 찾는 기능으로 숫자, 특수문자, 수식, 메모, 서식 등도 찾을 수 있다.
• 워크시트 전체를 대상으로 찾거나, 범위를 지정하여 찾을 수 있다.
• 데이터를 뒤에서부터 앞으로, 즉 역순으로 검색하려면 Shift를 누른 상태에서 〈다음 찾기〉를 클릭한다.

• '찾기 및 바꾸기' 대화상자(Ctrl + F)

❶ 찾을 내용	• 찾고자 하는 내용을 입력함 • '?, *' 등의 만능문자(와일드 카드)나 특수문자(+, −, #, $ 등)를 사용할 수 있음
❷ 서식	특정 서식이 지정된 데이터를 찾음
❸ 범위	찾을 범위로, 시트나 통합 문서를 지정함
❹ 검색	찾을 방향으로, 행이나 열을 지정함
❺ 찾는 위치	찾을 정보가 들어 있는 워크시트의 요소로, 수식이나 값, 슬라이드 노트, 메모를 지정함
❻ 대/소문자 구분	대문자와 소문자를 구분하여 찾음
❼ 전체 셀 내용 일치	찾을 내용과 완전히 일치하는 셀만을 찾음
❽ 전자/반자 구분	전자(2Byte 문자)와 반자(1Byte 문자)를 구분하여 찾음

• 만능 문자(?, *) 자체를 찾으려면 ~* 또는 ~?와 같이 만능 문자 앞에 ~ 기호를 입력하면 된다.

> **잠깐만요** 만능 문자(와일드 카드, *, ?)
> • 모든 문자를 대신하여 사용하는 문자로, *는 문자의 모든 자리를 대신하고, ?는 문자의 한 자리만 대신합니다.
> • a* : a로 시작하는 모든 문자
> • ?a : 두 번째 글자가 a인 문자
> • ??a : 세 번째 글자가 a인 문자

▶1360100

12 셀 포인터 이동
23.상시, 19.2, 16.1, 11.3, 08.3, 04.3, 01.3, 01.2, 00.2

Shift + Tab, Tab	좌 · 우로 이동
Shift + Enter, Enter	상 · 하로 이동
Home	해당 행의 A열로 이동
Ctrl + Home	A1 셀로 이동
Ctrl + End	데이터 범위의 맨 오른쪽 아래의 셀로 이동
Ctrl + PgUp, Ctrl + PgDn	현재 시트의 앞, 뒤 시트로 이동
F5, Ctrl + G	이동하고자 하는 셀 주소를 직접 입력하여 이동
Enter	• 기본적으로 위에서 아래로, 왼쪽에서 오른쪽으로 이동함 • [파일]→[옵션]→[고급]→[편집 옵션]에서 이동 방향을 지정할 수 있음

13 [파일] → [옵션]의 주요 탭

21.상시, 19.1, 11.3, 10.3, 09.4, 06.2, 06.1, 03.3, 01.3, 99.3

'언어 교정' 탭

자동 고침 옵션	• 오타, 대문자 오류 등의 입력 실수를 자동으로 고치도록 설정함 • 사용자가 특정 단어를 입력하면 자동으로 다른 단어나 기호로 변경되도록 지정할 수 있음 에 (tel) → ☎, (ks) → ㉿

'저장' 탭

자동 복구 정보 저장 간격	• 작업 중인 파일을 일정 시간마다 저장함으로써 엑셀이나 시스템에 예상하지 못한 문제가 발생했을 때 작업 중인 파일을 보존함 • 저장 간격을 1분에서 120분까지 지정할 수 있음

'고급' 탭

〈Enter〉 키를 누른 후 다음 셀로 이동	Enter를 누를 때 셀 포인터의 이동 방향을 아래쪽, 위쪽, 오른쪽, 왼쪽으로 지정함
소수점 자동 삽입	• 입력한 숫자 데이터의 소수점 위치를 '소수점 위치'에 입력된 숫자 만큼 이동하여 설정함 • '소수점 위치'에 입력한 숫자가 양수이면 소수점 이하(오른쪽)의 자릿수를 늘리고, 음수이면 소수점 이상(왼쪽)의 자릿수를 늘림
셀 내용을 자동 완성	셀에 입력한 처음 몇 자가 같은 열에 입력된 항목과 일치하면 자동으로 나머지 문자가 채워지도록 설정함
행 및 열 머리글 표시	행 및 열 머리글의 표시 여부를 지정함
계산 결과 대신 수식을 셀에 표시	셀에 수식의 결과 값 대신 입력한 수식의 표시 여부를 지정함
눈금선 표시	눈금선의 표시 여부를 지정함

14 선택하여 붙여넣기

23.상시, 21.상시, 18.2, 16.2, 15.3, 14.3, 00.3

• 셀 전체를 붙여넣기하지 않고 메모, 노트, 수식, 값 등 셀에서 필요한 특정 내용만을 복사할 때 사용하는 기능이다.

• 선택하여 붙여넣기는 잘라내기한 경우에는 사용할 수 없고, 복사한 경우에만 사용할 수 있다.

---

❶ 모두	원본 데이터를 그대로 복사(일반 붙여넣기와 동일)
❷ 수식	수식만 복사함
❸ 값	화면에 표시된 값만 복사함
❹ 서식	셀 서식만 복사함
❺ 주석 및 메모	메모나 노트만 복사함
❻ 유효성 검사	유효성 검사 내용만 복사함
❼ 원본 테마 사용	테마를 복사함
❽ 테두리만 제외	테두리만 제외하고 모두 복사함
❾ 열 너비	열 너비만 복사함
❿ 수식 및 숫자 서식	수식과 숫자 서식만 복사함
⓫ 값 및 숫자 서식	수식이 아닌 수식의 결과와 숫자에 적용된 서식만 복사함
⓬ 연산	복사한 데이터와 붙여넣기할 위치에 있는 데이터를 지정한 연산자로 계산함(더하기, 빼기, 곱하기, 나누기)
⓭ 내용 있는 셀만 붙여넣기	데이터가 있는 셀만 복사함
⓮ 행/열 바꿈	행과 열의 위치를 서로 바꿈
⓯ 연결하여 붙여넣기	복사한 원본 셀과 붙여넣기한 셀을 서로 연결하여 원본 셀의 데이터가 수정되면 붙여넣기한 셀도 자동으로 수정됨

15 행 / 열 크기 변경과 숨기기

23.상시, 21.상시, 12.3, 10.1, 03.2, 00.3, 99.1

행 높이 변경	• 행 높이는 해당 행의 글꼴 크기 중 가장 큰 것에 맞추어 자동으로 조절됨 • 메뉴 이용 : 높이를 변경할 행을 선택한 다음 [홈] → [셀] → [서식] → [행 높이]를 선택한 후 변경할 값을 입력하고 〈확인〉을 클릭함 • 마우스 이용 : 높이를 변경할 행의 아래쪽 행 머리글 경계선에 마우스 포인터를 위치시킨 후 드래그하여 행 높이를 조절함 • 셀을 선택한 후 [홈] → [셀] → [서식] → [행 높이 자동 맞춤]을 실행하면 현재 행에서 가장 큰 문자 크기에 맞추어 행의 높이가 자동으로 조절됨
열 너비 변경	• 여러 개의 열을 선택하고, 너비를 조절하면 모두 동일한 너비로 조절됨 • 메뉴 이용 : 너비를 변경할 열을 선택하고 [홈] → [셀] → [서식] → [열 너비]를 선택한 후 변경할 값을 입력하고 〈확인〉을 클릭함 • 마우스 이용 : 너비를 변경할 열의 오른쪽 열 머리글 경계선을 마우스로 드래그함 • 셀을 선택한 후 [홈] → [셀] → [서식] → [열 너비 자동 맞춤]을 실행하면 현재 선택한 셀에 입력된 문자의 길이에 맞추어 열의 너비가 자동으로 조절됨 • 열 머리글 경계선을 더블클릭하면 해당 열에 입력된 데이터 중 가장 긴 데이터에 맞게 열의 너비가 자동으로 조절됨
행/열 숨기기	• 행/열 숨기기 : 행이나 열을 선택한 후 [홈] → [셀] → [서식] → [숨기기 및 숨기기 취소] → [행 숨기기/열 숨기기]를 선택함 • 행/열 숨기기 취소 : 숨겨진 행이나 열이 포함되도록 범위를 지정한 후 [홈] → [셀] → [서식] → [숨기기 및 숨기기 취소] → [행 숨기기 취소/열 숨기기 취소]를 선택함 • 숨겨진 행이나 열이 포함되도록 범위를 지정한 후 행 높이나 열 너비를 조절하면 숨겨진 행이나 열이 화면에 표시됨

16 워크시트 편집

23.상시, 22.상시, 21.상시, 20.상시, 20.2, 18.2, 15.3, 15.2, 13.3, 13.2, 11.2, …

워크시트 선택	• 연속적인 여러 개의 시트 선택 : 첫 번째 시트를 클릭하고 Shift를 누른 채 마지막 시트를 클릭함 • 비연속적인 여러 개의 시트 선택 : 첫 번째 시트를 클릭하고 Ctrl을 누른 채 원하는 시트를 차례로 클릭함 • 모든 시트 선택 : 시트 탭의 바로 가기 메뉴에서 [모든 시트 선택]을 선택함 • 여러 개의 시트를 선택하고, 데이터를 입력하면 선택한 모든 시트에 동일한 데이터가 입력됨 • 여러 개의 시트가 선택된 그룹 상태를 해제하려면 시트 탭의 바로 가기 메뉴에서 [시트 그룹 해제]를 선택하거나 임의의 시트를 클릭함 • 여러 개의 시트가 선택된 그룹 상태에서 시트 이동/복사를 수행하면 그룹으로 지정한 시트가 모두 이동/복사됨
워크시트 삽입	• 삽입된 시트는 활성 시트의 왼쪽에 삽입되고, 시트 이름은 'Sheet' 뒤에 2, 3, … 등으로 일련번호가 붙음 • 바로 가기 키 : Shift + F11
워크시트 삭제	• 삭제된 시트는 되살릴 수 없으므로 신중하게 수행해야 함 • 여러 개의 시트를 선택하여 한꺼번에 삭제할 수 있음
워크시트 이동/복사	• 복사나 이동할 시트를 선택하고 [홈] → [셀] → [서식] → [시트 이동/복사]를 선택함 • 이동할 시트를 선택한 후 드래그하면 이동됨 • 복사할 시트를 선택한 후 Ctrl을 누른 채 드래그하면 복사됨

18 사용자 지정 서식

23.상시, 22.상시, 21.상시, 20.2, 19.상시, 19.2, 19.1, 18.2, 17.1, 16.2, 14.2, …

조건 지정	• 양수, 음수, 0값, 텍스트 순으로 한 번에 네 가지의 표시 형식을 지정할 수 있으며, 각 구역은 세미콜론(;)으로 구분함
	• 조건이 없을 때는 '양수, 음수, 0, 텍스트' 순으로 표시 형식이 지정되지만, 조건이 있을 때는 조건이 지정된 순으로 표시 형식을 나타냄
	• 조건이나 글꼴색을 지정할 때는 대괄호([ ]) 안에 입력함
	• 조건이 없을 때 : #,### ; [빨강](#,###) ; 0.00 ; @"님"
	          양수 음수 0 값 텍스트
	• 조건이 있을 때 : [>0](#,###) ; [<0][빨강](#,###) ; 0.00
	       조건1 조건2 두 조건을 만족하지 않을 경우
	• 셀에 입력한 자료를 숨길 때는 서식 코드 없이 ;;;만 입력함

숫자 서식 코드	• # : 유효한 자릿수만 표시하고, 유효하지 않은 0은 표시하지 않음 • 0 : 유효하지 않은 자릿수를 0으로 표시함 • ? : 유효하지 않은 자릿수에 0대신 공백을 입력하고, 소수점을 기준으로 정렬함 • , : 천 단위 구분 기호를 표시하며, 표시 형식 맨 끝에 콤마를 표시하면 3자리씩 생략함 • % : 숫자에 100을 곱한 다음 %를 붙임
문자 서식 코드	• @ : 문자 데이터의 표시 위치 지정 • * : * 기호 다음에 있는 특정 문자를 셀의 너비만큼 반복하여 채움
날짜 서식 코드	• yy : 연도 중 뒤의 두 자리만 표시 • yyyy : 연도를 네 자리로 표시 • m : 월을 1~12로 표시 • mm : 월을 01~12로 표시 • mmm : 월을 Jan~Dec로 표시 • mmmm : 월을 January~December로 표시 • d : 일을 1~31로 표시 • dd : 일을 01~31로 표시 • ddd : 요일을 Sun~Sat로 표시 • dddd : 요일을 Sunday~Saturday로 표시

17 보호

23.상시, 21.상시, 20.2, 20.1, 17.2, 15.1, 10.1, 09.3, 06.1, 03.4, 03.3

시트 보호	• 특정 워크시트에 입력된 데이터나 차트 등을 변경할 수 없도록 보호하는 것으로, 보호된 시트에서는 기본적으로 셀을 선택하는 것만 가능함
	• 통합 문서 중 특정 시트만을 보호하는 것으로, 나머지 시트는 변경이 가능함
	• 셀/행/열의 서식, 행/열 삽입, 하이퍼링크, 자동 필터, 피벗 테이블 등 특정 항목을 제외하고 시트 보호를 지정할 수 있음
	• 시트 보호가 설정된 상태에서 데이터를 입력하거나 수정하면 경고 메시지가 나타남
	• 암호를 지정할 수 있음(선택 사항)
	• 차트 시트에서 [시트 보호]를 실행하면 차트에 대한 보호를 설정할 수 있음
	  – 내용 : 차트의 데이터 계열, 축, 범례 등을 변경할 수 없게 보호함
	  – 개체 : 도형, 텍스트 상자, 컨트롤 등 그래픽 개체를 변경할 수 없게 보호함
	• '셀 서식' 대화상자의 '보호' 탭에서 '잠금'이 해제된 셀은 보호되지 않음
	실행 [검토] → [보호] → [시트 보호] 클릭

통합 문서 보호	• 통합 문서의 시트 삭제, 이동, 숨기기, 이름 바꾸기 등을 할 수 없도록 보호함 • 통합 문서를 보호해도 '시트 보호'가 설정되지 않았으면 데이터를 입력, 수정, 삭제하거나 피벗 테이블 보고서, 부분합과 같은 데이터 분석 작업을 할 수 있음 • 암호를 지정할 수 있음 실행 [검토] → [보호] → [통합 문서 보호] 클릭

19 셀 서식 – 맞춤

20.1, 11.1, 04.3, 03.2, 03.1, 01.3, 01.2, 99.2

가로	기본적으로 문자는 왼쪽, 숫자는 오른쪽, 논리와 오류값은 가운데로 정렬됨
자동 줄 바꿈	데이터의 길이가 긴 경우 열의 너비에 맞게 줄을 나누어 한 셀에 여러 줄의 내용을 표시함
셀에 맞춤	• 데이터의 길이가 열의 너비보다 긴 경우 글자 크기를 자동으로 줄여 한 셀에 표시함 • 열의 너비를 조절하면 열의 너비에 따라 글자 크기가 자동으로 조절됨
셀 병합	• 여러 개의 셀을 하나의 셀로 합침 • 데이터가 들어 있는 셀들을 병합하면 첫 행 왼쪽 셀의 내용만 남고, 모두 삭제됨
방향	데이터에 회전 각도를 지정하여 기울기를 설정함

20 조건부 서식

- 규칙(조건)에 만족하는 셀에만 셀 서식을 적용한다.
- 조건부 서식의 규칙을 수식으로 입력할 경우 수식 앞에 반드시 등호 (=)를 입력해야 한다.
- 셀의 값이 변경되어 규칙을 만족하지 않으면 적용된 서식이 해제된다.
- 조건부 서식은 기존의 셀 서식에 우선하여 적용된다.
- 규칙별로 다른 서식을 적용할 수 있다.
- 둘 이상의 조건부 서식이 참일 경우 두 규칙에 지정된 서식이 모두 적용되지만, 서식이 충돌할 경우 우선 순위가 높은 규칙의 서식이 적용된다.
- 규칙에 맞는 데이터가 있는 행 전체에 서식을 지정할 때는 수식 입력 시 열이 름 앞에 $를, 열 전체에 서식을 지정할 때는 행 번호 앞에 $ 를 붙인다.
- 고유 또는 중복 값, 상위 또는 하위 값, 평균보다 크거나 작은 값 등의 규칙을 지정하여 규칙에 맞는 자료에 대해서만 서식을 지정할 수 있다.
- 조건부 서식의 서식 스타일 : 데이터 막대, 색조, 아이콘 집합

  실행 [홈] → [스타일] → [조건부 서식] → [새 규칙] 선택

- 조건부 서식 규칙 관리자
  - 지정된 조건부 서식을 확인하거나 수정, 삭제, 추가할 수 있고, 규칙의 우선 순위를 변경할 수 있다.
  - **실행** [홈] → [스타일] → [조건부 서식] → [규칙 관리] 선택

1. 다음 중 데이터 입력에 대한 설명으로 옳지 않은 것은?

22.상시, 21.상시, 17.2

① 데이터를 입력하는 도중에 입력을 취소하려면 [Esc]를 누른다.

② 셀 안에서 줄을 바꾸어 데이터를 입력하려면 [Alt] + [Enter]를 누른다.

③ 텍스트, 텍스트/숫자 조합, 날짜, 시간 데이터는 셀에 입력하는 처음 몇 자가 해당 열의 기존 내용과 일치하면 자동으로 입력된다.

④ 여러 셀에 동일한 데이터를 입력하려면 해당 셀을 범위로 지정하여 데이터를 입력한 후 [Ctrl] + [Enter]를 누른다.

> 텍스트와 텍스트/숫자 조합 데이터는 셀에 입력하는 처음 몇 자가 해당 열의 기존 내용과 일치하면 자동으로 입력되지만 숫자, 날짜, 시간 데이터는 자동으로 입력되지 않습니다.

2. 다음 중 아래 워크시트에서 [A2:A4] 영역의 문자열을 [A5] 셀에 목록으로 표시하여 입력하기 위한 키 조작으로 옳은 것은?

21.상시

	A	B	C
1	과목	성적	
2	컴퓨터	90	
3	전자	85	
4	프로그램	70	
5			
6	전자		
7	컴퓨터 프로그램		
8			

① [Ctrl] + [↓]   ② [Alt] + [↓]

③ [Shift] + [↓]   ④ [Tab] + [↓]

> 셀을 선택하고 [Alt] + [↓]를 누르면 같은 열에 입력된 문자열 목록이 표시됩니다.

3. 다음 중 새 워크시트에서 보기의 내용을 그대로 입력하였을 때, 입력한 내용이 텍스트로 인식되지 않는 것은?

23.상시, 20.2, 10.1, …

① 01:02AM   ② 0 1/4

③ '1234   ④ 1월30일

> 0을 입력하고, 한 칸 띄운 다음에 1/4를 입력하면 분수 1/4로 입력됩니다.

4. 다음 중 워크시트의 데이터 입력에 관한 설명으로 옳지 않은 것은?

12.2, 07.3

① 문자열 데이터는 셀의 왼쪽에 정렬한다.

② 수치 데이터는 셀의 오른쪽에 정렬되며 공백과 '&' 특수 문자를 사용할 수 있다.

③ 기본적으로 수식 데이터는 워크시트 상에 수식 결과 값이 표시된다.

④ 특수문자 입력은 한글 자음(ㄱ, ㄴ, ㄷ 등)을 입력한 후 [한자]를 눌러 나타나는 목록상자에서 원하는 문자를 선택한다.

> 수치 데이터 중간에 공백이나 특수 문자 등을 입력하면 문자 데이터로 인식하여 셀의 왼쪽에 정렬됩니다.

5. 다음 중 날짜 및 시간 데이터에 관한 설명으로 옳지 않은 것은?

23.상시, 22.상시, 21.상시, 19.1

① 날짜 데이터를 입력할 때 년도와 월만 입력하면 일자는 자동으로 해당 월의 1일로 입력된다.

② 셀에 '4/9'을 입력하고 [Enter]를 누르면 셀에는 '04월 09일'로 표시된다.

③ 날짜 및 시간 데이터의 텍스트 맞춤은 기본 왼쪽 맞춤으로 표시된다.

④ [Ctrl] + [;]을 누르면 시스템의 오늘 날짜, [Ctrl] + [Shift] + [;]을 누르면 현재 시간이 입력된다.

> 날짜 및 시간 데이터는 기본적으로 오른쪽 맞춤으로 표시됩니다.

6. 다음 중 한자와 특수문자 입력에 대한 설명으로 옳지 않은 것은?

23.상시, 22.상시

① 한자로 변환할 한글을 입력한 후 [한자]를 누른다.

② 두 글자 이상의 단어를 한자로 변환할 때는 단어를 입력하고, 커서를 단어 앞이나 뒤에 놓은 다음 [한자]를 누른다.

③ 특수문자는 한글 입력 상태에서 한글 자음을 입력하고 [한자]를 누른다.

④ 특수문자는 한글 입력 상태에서 한글 모음을 입력하고 [한자]를 누른다.

> 특수문자는 한글 자음을 입력하고 [한자]를 눌러 입력합니다.

7. 다음 중 노트에 대한 설명으로 옳지 않은 것은?

23.상시

① 노트를 삽입하려면 [Shift] + [F2]를 누른다.

② 셀에 입력된 데이터를 지워도 노트는 삭제되지 않는다.

③ 노트가 삽입된 셀을 정렬하면 노트는 고정되어 이동되지 않는다.

④ 노트는 셀에 입력된 데이터에 대한 보충 설명을 하는 곳이다.

> 노트가 삽입된 셀을 정렬하면 노트도 함께 이동되지만 피벗 테이블에 삽입된 노트는 이동되지 않습니다.

8. 다음 중 아래 워크시트의 [A1] 셀에서 10.1을 입력한 후 [Ctrl]을 누르고 자동 채우기 핸들을 아래로 드래그한 경우 [A4] 셀에 입력되는 값은?

22.상시

① 10.1
② 10.4
③ 13.1
④ 13.4

[Ctrl]을 누른 채 숫자가 들어 있는 셀의 채우기 핸들을 드래그하면 값이 1씩 증가하며 입력됩니다.

	A
1	10.1
2	11.1
3	12.1
4	13.1

9. 다음 중 채우기 핸들에 대한 설명으로 옳은 것은?

22.상시, 21.상시, 19.1

① 문자와 숫자가 혼합된 셀의 채우기 핸들을 [Ctrl]을 누른 채 드래그하면 동일한 내용으로 복사된다.

② 숫자가 입력된 첫 번째 셀과 두 번째 셀을 범위로 설정한 후 채우기 핸들을 드래그하면 두 번째 셀의 값이 복사된다.

③ 숫자가 입력된 셀에서 [Ctrl]을 누른 채 채우기 핸들을 오른쪽으로 드래그하면 숫자가 1씩 감소한다.

④ 사용자 지정 목록에 지정된 목록 데이터의 첫 번째 항목을 입력하고 [Ctrl]을 누른 채 채우기 핸들을 드래그하면 목록 데이터가 입력된다.

② 숫자가 입력된 첫 번째 셀과 두 번째 셀을 범위로 설정한 후 채우기 핸들을 드래그하면 첫 번째 셀과 두 번째 셀의 값 차이만큼 값이 증가하거나 감소합니다.
③ 숫자가 입력된 셀에서 [Ctrl]을 누른 채 채우기 핸들을 오른쪽으로 드래그하면 숫자가 1씩 증가합니다.
④ 사용자 지정 목록에 정의된 목록 데이터의 첫 번째 항목을 입력하고 [Ctrl]을 누른 채 채우기 핸들을 드래그하면 입력한 내용이 복사됩니다. 목록 데이터를 입력하려면 아무것도 누르지 않은 채 채우기 핸들을 드래그해야 합니다.

10. [A1] 셀에서 '연속 데이터' 대화상자의 설정 값을 다음과 같이 지정했을 때의 결과로 옳은 것은?

23.상시

① C1 → 4
② C1 → 5
③ A3 → 4
④ A3 → 5

• 방향이 '행'이므로 오른쪽으로 값이 입력됩니다.
• 유형이 '급수'이므로 '단계 값'만큼 값이 곱해지며 입력됩니다.
• '단계 값'이 2이므로 2씩 곱해지며 입력됩니다. 즉 [A1] 셀부터 오른쪽으로 차례대로 1, 2, 4, 8, 16, …이 입력됩니다.
• 종료 값이 100이므로 채워지는 값은 100을 넘을 수 없습니다.

	A	B	C	D	E	F	G
1	1	2	4	8	16	32	64

11. 다음 중 데이터 유효성 검사에서 유효성 조건의 제한 대상으로 '목록'을 설정하였을 때의 설명으로 옳지 않은 것은?

19.상시, 17.1, 15.3, 13.3, 11.3

① 목록의 원본으로 정의된 이름의 범위를 사용하려면 등호(=)와 범위의 이름을 입력한다.

② 유효하지 않은 데이터를 입력할 때 표시할 메시지 창의 내용은 [오류 메시지] 탭에서 설정한다.

③ 드롭다운 목록의 너비는 데이터 유효성 설정이 있는 셀의 너비에 의해 결정된다.

④ 목록 값을 입력하여 원본을 설정하려면 값을 세미콜론(;)으로 구분하여 입력한다.

유효성 조건에서 '원본'에 데이터를 직접 입력하려면 항목을 쉼표(,)로 구분하여 입력해야 합니다.

12. 아래 시트에서 [C2:C5] 영역을 선택하고 선택된 셀들의 내용을 모두 지우려고 할 경우 다음 중 결과가 다르게 나타나는 것은?

20.1, 13.3, 00.1, 99.2, 99.1

	A	B	C	D	E
1	성명	출석	과제	실기	총점
2	박경수	20	20	55	95
3	이정수	15	10	60	85
4	경동식	20	14	50	84
5	김미경	5	11	45	61

① 키보드의 [Backspace]를 누른다.
② 마우스의 오른쪽 버튼을 눌러서 나온 바로 가기 메뉴에서 [내용 지우기]를 선택한다.
③ [홈] → [편집] → [지우기] 메뉴에서 [내용 지우기]를 선택한다.
④ 키보드의 [Delete]를 누른다.

[Backspace]를 누르면 현재의 셀 포인터 [C2] 셀의 데이터만 삭제됩니다.

13. 다음 중 데이터가 입력된 셀에서 Delete를 눌렀을 때의 상황에 대한 설명으로 옳지 않은 것은? 22.상시, 14.2, 07.2

① 셀에 설정된 메모는 지워지지 않는다.

② 셀에 설정된 내용과 서식이 함께 지워진다.

③ [홈] → [편집] → [지우기] → [내용 지우기]를 실행한 것과 동일한 결과가 발생한다.

④ 바로 가기 메뉴에서 [내용 지우기]를 실행한 것과 동일한 결과가 발생한다.

> 데이터가 입력된 셀에서 Delete를 누르면 셀에 입력된 내용은 지워지지만 셀에 지정된 서식은 지워지지 않습니다.

14. 다음 중 [찾기 및 바꾸기] 대화상자의 각 항목에 대한 설명으로 옳지 않은 것은? 22.상시, 21.상시, 18.1, 14.3

① 찾을 내용 : 검색할 내용을 입력할 곳으로 와일드 카드 문자를 검색 문자열에 사용할 수 있다.

② 서식 : 숫자 셀을 제외한 특정 서식이 있는 텍스트 셀을 찾을 수 있다.

③ 범위 : 현재 워크시트에서만 검색하는 '시트'와 현재 통합 문서의 모든 시트를 검색하는 '통합 문서' 중 선택할 수 있다.

④ 모두 찾기 : 검색 조건에 맞는 모든 항목이 나열된다.

> 특정 서식이 지정된 문자열이나 숫자를 찾을 수 있습니다.

15. [홈] → [편집] → [찾기 및 선택] → [찾기]를 선택하여 표시된 대화상자의 찾을 내용에 다음과 같이 입력하였을 경우 검색되는 대상에 대한 설명으로 옳은 것은? 23.상시

삼?주식회사

① [전체 셀 내용 일치]를 설정하면 '삼'으로 시작하고 '주식회사'로 끝나는 6글자를 찾는다.

② '삼'으로 시작하고 '주식회사'로 끝나는 모든 글자를 찾는다.

③ '삼'로 시작하는 모든 데이터를 찾는다.

④ '주식회사'로 끝나는 모든 데이터를 찾는다.

> '?'는 문자의 한 자리만을 대신할 수 있는 만능 문자이므로, '전체 셀 내용 일치'를 선택하고 찾을 내용을 '삼?주식회사'로 지정하여 찾기를 수행하면 '삼'으로 시작하여 '주식회사'로 끝나는 여섯 자리 문자를 찾습니다.
> ② '삼'으로 시작하고 '주식회사'로 끝나는 모든 데이터 : 삼*주식회사
> ③ '삼'으로 시작하는 모든 데이터 : 삼*
> ④ '주식회사'로 끝나는 모든 데이터 : *주식회사

16. 아래 워크시트에서의 작업에 대한 설명으로 옳지 않은 것은? 23.상시

① [B2] 셀에 데이터를 입력하고 Shift + Enter를 누르면 셀 포인터가 [B3] 셀로 이동된다.

② [B2] 셀에서 Enter를 5번 누르면 셀 포인터가 [C2] 셀로 이동된다.

③ [B2] 셀에 데이터를 입력하고 Ctrl + Enter를 누르면 [B2:C6] 영역에 동일한 데이터가 입력된다.

④ [B2] 셀에 데이터를 입력하고 Alt + Enter를 누르면 셀 안에서 줄 나누기가 수행된다.

> • [B2] 셀에 데이터를 입력하고 Shift + Enter를 누르면 셀 포인터가 [C6] 셀로 이동됩니다.
> • [B2] 셀에 데이터를 입력하고 [B3] 셀로 이동하려면 Enter를 누르면 됩니다.

17. 다음 중 아래 그림과 같이 소수점 자동 삽입의 소수점 위치를 3으로 설정한 상태에서 숫자 5를 입력하였을 때 화면에 표시되는 결과로 옳은 것은? 19.1

① 0.005　　　　② 3

③ 5　　　　　　④ 5.000

> 'Excel 옵션' 대화상자의 '고급' 탭에 있는 '소수점 자동 삽입'을 이용하여 소수점 위치를 양수로 입력하면 소수점 이하(오른쪽)의 자릿수를 늘리고, 음수로 입력하면 소수점 이상(왼쪽)의 자릿수를 늘립니다. 소수점 위치를 '3'으로 설정하면 소수점 이하의 자릿수를 3자리 늘리므로 5를 입력하면 0.005로 입력됩니다.

18. 워크시트에 "(tel)"을 입력하면 자동으로 "☎"로 변경되어 입력되도록 하는 기능은? 21.상시

① 자동 완성 기능　　　② 자동 고침 기능

③ 맞춤법 검사 기능　　　④ 자동 교정 기능

> (tel)을 입력하면 자동으로 ☎로 변경되도록 하는 기능은 자동 고침 기능입니다.

19. "=A1"이 입력되어 있는 [A2] 셀을 복사한 후 [A3] 셀에 다음과 같이 선택하여 붙여넣기를 수행할 경우 [A3] 셀에 표시되는 값은?

23.상시, 21.상시

① 0 　　② 200 　　③ 100 　　④ 150

'선택하여 붙여넣기' 대화상자에서 붙여넣기를 '모두', 연산을 '없음'으로 지정하면 데이터를 단순히 복사하여 붙여넣기 한 것과 동일합니다. =A1이 입력된 [A2] 셀을 복사한 후 그림과 같이 붙여넣기 하면 [A3] 셀에는 =A2가 입력되고 화면에는 100이 표시됩니다.

20. '행/열 숨기기' 기능에 대한 설명으로 잘못된 것은? 　23.상시

① 숨겨진 행이나 열이 포함되도록 범위를 지정한 후 행 높이나 열 너비를 조절해도 숨겨진 행이나 열은 화면에 표시되지 않는다.

② [A1] 셀의 행이 숨겨진 경우 이름 상자에 'A1'을 입력하고 Enter를 누른 후 [홈] → [셀] → [서식] → [숨기기 및 숨기기 취소] → [행 숨기기 취소]를 선택하면 [A1] 셀이 화면에 표시된다.

③ 숨겨진 행이나 열은 인쇄 시 출력되지 않는다.

④ 숨겨진 열이나 행은 정렬 시 이동되지 않는다.

숨겨진 행이나 열이 포함되도록 범위를 지정한 후 행 높이나 열 너비를 조절하면 숨겨진 행이나 열이 화면에 표시됩니다.

21. 다음 중 워크시트 작업 및 관리에 대한 설명으로 옳지 않은 것은? 　23.상시, 21.상시

① 시트 삭제 작업은 실행을 취소할 수 없다.

② 열 너비를 기본값으로 되돌리려면 열 머리글 경계선을 마우스로 더블클릭한다.

③ 그룹화 된 시트에서 데이터 입력 및 편집 등의 작업을 실행하면 그룹 내 시트에 동일한 작업이 실행된다.

④ 연속된 시트의 선택은 Shift를 사용하면 편리하다.

열 머리글 경계선을 더블클릭하면 기본값이 아닌 해당 열에 입력된 데이터 중 가장 긴 데이터에 맞추어 자동으로 너비가 변경됩니다.

22. 다음 중 워크시트 작업 및 관리에 대한 설명으로 옳지 않은 것은? 　23.상시, 22.상시, 21.상시, 13.3

① 시트 삭제 작업은 실행을 취소할 수 없다.

② Shift + F10을 누르면 현재 시트의 뒤에 새 워크시트가 삽입된다.

③ 그룹화 된 시트에서 데이터 입력 및 편집 등의 작업을 실행하면 그룹 내 시트에 동일한 작업이 실행된다.

④ 연속된 시트의 선택은 Shift를 사용하면 편리하다.

새 워크시트를 삽입하는 바로 가기 키는 Shift + F11이고, Shift + F11을 누르면 현재 시트의 앞에 새 워크시트가 삽입됩니다.

23. 다음 중 [시트 보호] 기능에 대한 설명으로 옳지 않은 것은? 　21.상시, 20.2

① 새 워크시트의 모든 셀은 기본적으로 '잠금' 속성이 설정되어 있다.

② 워크시트에 있는 셀을 보호하기 위해서는 먼저 셀의 '잠금' 속성을 해제해야 한다.

③ 시트 보호를 설정하면 셀에 데이터를 입력하거나 수정하려고 했을 때 경고 메시지가 나타난다.

④ 셀의 '잠금' 속성과 '숨김' 속성은 시트를 보호하기 전까지는 아무런 효과를 내지 못한다.

워크시트에 있는 셀을 보호하려면 셀에 '잠금'이 설정되어 있는 상태에서 [검토] → [보호] → [시트 보호]를 클릭해야 합니다. '잠금'은 기본 설정값이므로 '셀 서식' 대화상자의 '보호' 탭에서 확인만 하면 됩니다.

24. 다음 중 2234543 숫자에 아래와 같이 '사용자 지정' 표시 형식을 설정하였을 경우의 결과로 옳지 않은 것은? 　23.상시, 22.상시, 19.상시, 19.1, 13.3, 13.2, 13.1, 10.2, 08.2, 07.2, 05.4, 05.1, 03.4, …

① 형식 : #,##0.00　　　　결과 : 2,234,543.00

② 형식 : 0.00　　　　　　결과 : 2234543.00

③ 형식 : #,###,"천원"　　결과 : 2,234천원

④ 형식 : #%　　　　　　　결과 : 223454300%

쉼표(,)가 서식의 맨 뒤에 입력되어 있을 때는 천 단위가 생략되므로, 2234543을 입력한 후 표시 형식으로 #,###,"천원"을 지정하면 반올림되어 2,235천원으로 표시됩니다.

25. 다음 중 입력 데이터에 주어진 표시 형식으로 지정한 경우 그 결과가 옳지 않은 것은? 23.상시, 20.2

	입력 데이터	표시 형식	표시 결과
①	7.5	#.00	7.50
②	44.398	???.???	044.398
③	12,200,000	#,##0,	12,200
④	상공상사	@ "귀중"	상공상사 귀중

> 44.398을 입력한 후 표시 형식을 ???.???으로 지정하면 ' 44.398'로 표시됩니다.

26. 다음 중 원본 데이터를 지정된 서식으로 설정하였을 때, 결과가 옳지 않은 것은? 21.상시, 16.2, 14.1

① 원본 데이터 : 5054.2, 서식 : ###
　→ 결과 데이터 : 5054
② 원본 데이터 : 대한민국, 서식 : @"화이팅"
　→ 결과 데이터 : 대한민국화이팅
③ 원본 데이터 : 15:30:22, 서식 : hh:mm:ss AM/PM
　→ 결과 데이터 : 3:30:22 PM
④ 원본 데이터 : 2023-02-01, 서식 : yyyy-mm-ddd
　→ 결과 데이터 : 2023-02-Fri

> 15:30:22를 입력한 후 표시 형식을 hh:mm:ss AM/PM으로 지정하면 03:30:22 PM으로 표시됩니다.

27. 다음 중 [셀 서식] 대화상자에서 [맞춤] 탭의 기능으로 옳지 않은 것은? 20.1

① '셀 병합'은 선택 영역에서 데이터 값이 여러 개인 경우 마지막 셀의 내용만 남기고 모두 지운다.
② '셀에 맞춤'은 입력 데이터의 길이가 셀의 너비보다 긴 경우 글자 크기를 자동으로 줄인다.
③ '방향'은 데이터를 세로 방향으로 설정하거나 가로의 회전 각도를 지정하여 방향을 설정한다.
④ '자동 줄 바꿈'은 텍스트의 길이가 셀의 너비보다 긴 경우 자동으로 줄을 나누어 표시한다.

> '셀 병합'은 선택 영역에서 데이터 값이 여러 개인 경우 첫 번째 셀의 내용만 남기고 모두 지웁니다.

28. 조건부 서식에 대한 설명으로 틀린 것은? 23.상시, 21.상시, 13.3, 12.3

① 조건에 맞지 않을 경우에 대한 서식도 함께 지정할 수 있다.
② 조건부 서식은 기존의 셀 서식에 우선하여 적용된다.
③ 조건을 수식으로 입력할 경우 수식 앞에 등호(=)를 반드시 입력해야 한다.
④ 조건부 서식에 의해 서식이 설정된 셀에서 값이 변경되어 조건에 만족하지 않을 경우 적용된 서식은 바로 해제된다.

> 조건부 서식에서 규칙별로 다른 서식은 지정할 수 있지만 조건에 맞지 않을 경우에 대한 서식은 지정할 수 없습니다.

29. 다음 중 조건부 서식을 이용하여 [A2:C5] 영역에 EXCEL과 ACCESS 점수의 합계가 170 이하인 행 전체에 셀 배경색을 지정하기 위한 수식으로 옳은 것은? 22.상시, 17.2

◢	A	B	C
1	이름	EXCEL	ACCESS
2	김경희	75	73
3	원은형	89	88
4	나도향	65	68
5	최은심	98	96
6			

① =B$2+C$2<=170
② =$B2+$C2<=170
③ =$B$2+$C$2<=170
④ =B2+C2<=170

> 조건부 서식의 규칙으로 셀 주소를 이용해 규칙에 맞는 행 전체에 서식이 적용되도록 수식을 작성할 경우 열 문자에만 절대 주소 표시($)를 해야 합니다.

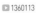
1360111

23.상시, 22.상시, 21.상시, 20.상시, 18.2, 18.1, 17.2, 16.2, 15.2, 14.3, 14.1, …

01 오류 메시지

오류	발생 원인
#####	셀에 셀 너비보다 큰 수치데이터나 음수의 날짜나 시간이 있을 때
#DIV/0!	• 피제수가 빈 셀이나 0이 있는 셀을 참조할 때 • 피연산자가 빈 셀이면 0으로 간주됨
#N/A	함수나 수식에 사용할 수 없는 값을 지정했을 때
#NAME?	인식할 수 없는 텍스트를 수식에 사용했을 때
#NULL!	교차하지 않는 두 영역의 교점을 지정하였을 때
#NUM!	표현할 수 있는 숫자의 범위를 벗어났을 때
#REF!	셀 참조가 유효하지 않을 때
#VALUE!	• 잘못된 인수나 피연산자를 사용할 때 • 수식 자동 고침 기능으로 수식을 고칠 수 없을 때

1360112

23.상시, 22.상시, 21.상시, 20.상시, 20.2, 19.상시, 16.2, 15.3, 14.1, 13.1, 12.3, …

02 셀 참조

상대 참조	• 셀 참조시 기본적으로 지정되는 방식 • 수식을 입력한 셀의 위치가 변동되면 참조가 상대적으로 변경됨 • 표기 예 A1
절대 참조	• 수식을 입력한 셀의 위치와 관계없이 고정된 주소로, 참조가 변경되지 않음 • 표기 예 $A$1
혼합 참조	• 열 고정 혼합 참조 : 열만 절대 참조가 적용됨($A1) • 행 고정 혼합 참조 : 행만 절대 참조가 적용됨(A$1)
다른 워크시트의 셀 참조	• 시트 이름과 셀 주소 사이를 느낌표(!)로 구분 • 표기 예 =Sheet!A5 • 시트 이름에 한글, 영문 외의 다른 문자가 있을 경우 작은따옴표(' ')로 묶음
다른 통합 문서의 셀 참조	• 통합 문서의 이름을 대괄호([ ])로 묶음 • 표기 예 =[매출현황]Sheet4!B6 • 경로명은 작은따옴표(' ')로 묶음

1360113

23.상시, 22.상시, 21.상시, 19.2, 19.1, 18.2, 17.2, 16.3, 16.2, 15.3, 15.1, 14.3, …

03 이름 정의

• 자주 사용하는 셀이나 셀 범위에 이름을 지정하는 것으로, 수식이나 함수에서 주소 대신 이름을 참조하여 사용한다.

• 정의된 이름을 사용하여 수식이나 함수에서 참조 범위를 쉽게 지정할 수 있으며, 함수나 수식의 의미를 좀더 명확히 할 수 있다.

• 정의된 이름은 참조 시 절대 참조 방식으로 사용된다.

• 수식에 이미 입력된 셀 참조(주소)를 이름으로 정의할 수 있다.

• 첫 문자는 반드시 문자(영문, 한글)나 밑줄(_) 또는 역슬래시(\)로 시작해야 한다.

• 이름에 공백을 사용할 수 없다.

• 대·소문자는 구분하지 않으며 최대 255자까지 지정할 수 있다.

• 같은 통합 문서 내에서 동일한 이름을 중복하여 사용할 수 없다.

• 이름을 셀 주소 형식으로 지정할 수 없다.

3360113

23.상시, 22.상시, 21.상시, 20.상시, 20.1, 19.상시, 19.1, 18.상시, 18.2, 18.1, …

04 통계 함수

AVERAGE(인수1, 인수2, …)	인수들의 평균을 반환함
AVERAGEA(인수1, 인수2, …)	• 인수들의 평균을 반환함 • AVERAGE와 다른 점은 숫자가 아닌 셀도 인수로 사용함
AVERAGEIF(조건이 적용될 범위, 조건, 평균을 구할 범위)	'조건이 적용될 범위'에서 '조건'에 맞는 셀을 찾아 '평균을 구할 범위' 중 같은 행에 있는 값들의 평균값을 반환함
AVERAGEIFS(평균을 구할 범위, 조건1이 적용될 범위, 조건1, 조건2가 적용될 범위, 조건2, …)	여러 개의 조건이 적용될 범위에서 여러 개의 조건에 맞는 셀을 찾아 '평균을 구할 범위' 중 같은 행에 있는 값들의 평균값을 반환함
MAX(인수1, 인수2, …)	인수들 중에서 가장 큰 값을 반환함
MAXA(인수1, 인수2, …)	• 인수 중에서 가장 큰 값을 반환함 • MAX와 다른 점은 숫자는 물론 빈 셀, 논리값, 숫자로 표시된 텍스트 등도 인수로 사용함
MIN(인수1, 인수2, …)	인수들 중에서 가장 작은 값을 반환함
MINA(인수1, 인수2, …)	• 인수 중에서 가장 작은 값을 반환함 • MIN과 다른 점은 숫자는 물론 빈 셀, 논리값, 숫자로 표시된 텍스트 등도 인수로 사용함
COUNT(인수1, 인수2, …)	인수들 중에서 숫자가 있는 셀의 개수를 반환함
COUNTA(인수1, 인수2, …)	인수들 중에서 자료가 입력되어 있는 셀의 개수를 반환함
COUNTBLANK(범위)	범위 중 자료가 없는 셀의 개수를 반환함
COUNTIF(범위, 조건)	지정된 범위에서 조건에 맞는 셀의 개수를 반환함

COUNTIFS(조건1이 적용될 범위, 조건1, 조건2가 적용될 범위, 조건2, …)	여러 개의 조건이 적용될 범위에서 여러 개의 조건에 맞는 셀을 찾아 개수를 반환함
LARGE(범위, n번째)	범위 중 n번째로 큰 값을 반환함
SMALL(범위, n번째)	범위 중 n번째로 작은 값을 반환함
RANK.EQ(인수, 범위, 논리 값)	• 지정된 범위 안에서 인수의 순위를 반환하는데, 동일한 값들은 동일하지 않을 경우 나올 수 있는 순위들 중 가장 높은 순위를 동일하게 반환함 • 옵션 − 0 또는 생략 : 내림차순을 기준으로 순위 부여 − 0 이외의 값 : 오름차순을 기준으로 순위 부여
VAR.S(인수1, 인수2, …)	인수로 주어진 숫자들의 표본 분산값을 반환함
STDEV.S(인수1, 인수2, …)	인수로 주어진 숫자들의 표본 표준편차값을 반환함
MEDIAN(인수1, 인수2, …)	인수들의 중간값을 반환함
MODE.SNGL(인수1, 인수2, …)	인수 중 가장 빈도수가 높은 값을 반환함

3360114

23.상시, 22.상시, 21.상시, 20.상시, 20.2, 19.상시, 19.1, 18.상시, 18.2, 17.2, …

05 수학 / 삼각 함수

SUM(인수1, 인수2, …)	인수들의 합계를 반환함
SUMIF(조건이 적용될 범위, 조건, 합계를 구할 범위)	조건에 맞는 셀을 찾아 합계를 반환함
SUMIFS(합계를 구할 범위, 조건1이 적용될 범위, 조건1, 조건2가 적용될 범위, 조건2, …)	여러 개의 조건이 적용될 범위에서 여러 개의 조건에 맞는 셀을 찾아 '합계를 구할 범위' 중 같은 행에 있는 값들의 합계값을 반환함
ROUND(인수, 반올림 자릿수)	인수에 대하여 지정한 '반올림 자릿수'로 반올림함
ROUNDUP(인수, 올림 자릿수)	인수에 대하여 지정한 '올림 자릿수'로 올림함
ROUNDDOWN(인수, 내림 자릿수)	인수에 대하여 지정한 '내림 자릿수'로 내림함
ABS(인수)	인수의 절대값을 반환함
INT(인수)	인수보다 크지 않은 정수값을 반환함
RAND( )	0과 1 사이의 난수를 반환함
RANDBETWEEN(인수1, 인수2)	지정한 두 수 사이의 난수를 반환함
MOD(인수1, 인수2)	인수1을 인수2로 나눈 나머지값을 반환함
FACT(인수)	인수의 계승 값을 반환함
SQRT(인수)	• 인수의 양의 제곱근을 반환함 • 인수가 음수면 에러가 발생함
POWER(인수, 제곱값)	인수를 '제곱값'만큼 거듭 곱한 값을 반환함
TRUNC(인수, 자릿수)	인수에 대해 자릿수 미만의 수치를 버린 값을 반환함
PI( )	수치 상수 파이(π)를 15자리까지를 계산함
EXP(인수)	e를 인수만큼 거듭제곱한 값을 반환함

• ROUND, ROUNDUP, ROUNDDOWN 함수의 자릿수

3	8	6	4	.	5	5	8	8
−3자리	−2자리	−1자리	0자리		1자리	2자리	3자리	4자리

3360115

23.상시, 22.상시, 21.상시, 20.상시, 20.1, 19.상시, 18.상시, 17.2, 17.1, 16.1, …

06 텍스트 함수

LEFT(텍스트, 개수)	텍스트의 왼쪽부터 지정한 개수만큼 반환함
MID(텍스트, 시작 위치, 개수)	텍스트의 시작 위치부터 지정한 개수만큼 반환함
RIGHT(텍스트, 개수)	텍스트의 오른쪽부터 지정한 개수만큼 반환함
LEN(텍스트)	텍스트의 길이(개수)를 반환함
REPT(텍스트, 개수)	텍스트를 개수만큼 반복하여 반환함
LOWER(텍스트)	텍스트를 모두 소문자로 변환하여 반환함
UPPER(텍스트)	텍스트를 모두 대문자로 변환하여 반환함
PROPER(텍스트)	텍스트의 첫 문자만 대문자로 변환하여 반환함
TRIM(텍스트)	텍스트의 양쪽 공백을 제거함
FIND(찾을 텍스트, 문자열, 시작 위치)	• 문자열의 시작 위치에서부터 찾을 텍스트를 찾아 그 위치 값을 반환함 • 문자를 모두 한 글자로 계산함 • 대/소문자를 구분하며, 와일드카드(*, ?) 문자를 사용할 수 없음
SEARCH(찾을 텍스트, 문자열, 시작 위치)	• 문자열의 시작 위치에서부터 찾을 텍스트를 찾아 그 위치 값을 반환함 • 문자를 모두 한 글자로 계산함 • 대/소문자를 구분할 수 없고, 와일드카드(*, ?) 문자를 사용할 수 있음

3360116

23.상시, 21.상시, 19.1, 17.2, 16.2, 15.1, 12.1, 11.1, 10.3, 10.1, 08.1, 06.3, 06.1, …

07 날짜 / 시간 함수

YEAR(날짜)	날짜에서 연도만 추출하여 반환함
MONTH(날짜)	날짜에서 월만 추출하여 반환함
DAY(날짜)	날짜에서 일만 추출하여 반환함
WEEKDAY(날짜, 옵션)	• 날짜에 해당하는 요일번호를 반환함 • 옵션 − 1 또는 생략 : 1(일요일) ~ 7(토요일) − 2 : 1(월요일) ~ 7(일요일) − 3 : 0(월요일) ~ 6(일요일)
DAYS(마지막 날짜, 시작 날짜)	마지막 날짜에서 시작 날짜를 뺀 일 수를 계산하여 반환함
DATE(년, 월, 일)	년, 월, 일에 대한 날짜의 일련번호 반환함
TODAY( )	현재 날짜를 반환함
EDATE(시작 날짜, 월수)	• 시작 날짜에서 월수를 더한 날짜를 반환함 • 월수 − 양수 : 이후 날짜를 대상으로 구함 − 음수 : 이전 날짜를 대상으로 구함
EOMONTH(날짜, 월수)	• 지정한 날짜를 기준으로 몇 개월 이전 또는 이후 달의 마지막 날짜를 반환함 • 월수 − 양수 : 이후 날짜를 대상으로 구함 − 음수 : 이전 날짜를 대상으로 구함

WORKDAY(시작날짜, 일수, 휴일날짜)	시작날짜에 주말과 휴일날짜를 제외하고 일수만큼 지난 날짜를 반환함
HOUR(시간)	시간에서 시만 추출하여 반환함
MINUTE(시간)	시간에서 분만 추출하여 반환함
SECOND(시간)	시간에서 초만 추출하여 반환함
TIME(시, 분, 초)	시, 분, 초에 대한 시간의 일련번호를 반환함
NOW( )	현재 날짜와 시간을 반환함

- CHOOSE(인수, 첫 번째, 두 번째, …) : 인수가 1이면 1번째, 인수가 2이면 2번째, … 인수가 n이면 n번째를 반환함
- INDEX(범위, 행 번호, 열 번호) : 지정된 범위에서 행 번호와 열 번호의 위치에 있는 데이터를 반환함
- MATCH(찾을값, 범위, 옵션) : 범위에서 찾을값과 같은 데이터를 찾아 옵션을 적용하여 그 위치를 일련번호로 반환함

잠깐만요 MATCH 옵션
- −1 : 찾을값보다 크거나 같은 값 중 가장 작은 값(내림차순 정렬)
- 0 : 찾을값과 정확하게 일치하는 값
- 1 : 찾을값보다 작거나 같은 값 중에서 가장 큰 값(오름차순 정렬)

- COLUMN(셀) : 주어진 셀의 열 번호를 반환함
- COLUMNS(셀 범위) : 주어진 셀 범위의 열 개수를 반환함
- ROW(셀) : 주어진 셀의 행 번호를 반환함
- ROWS(셀 범위) : 주어진 셀 범위의 행 개수를 반환함

23.상시, 20.상시, 20.2, 20.1, 19.1, 15.2, 14.3, 14.2, 13.1, 12.3, 12.2, 11.3, 11.2,

08 논리 함수

IF(조건, 인수1, 인수2)	조건을 비교하여 '참'이면 인수1, '거짓'이면 인수2를 반환함
IFS(조건1, 인수1, 조건2, 인수2, …)	조건1이 '참'이면 인수1을, 조건2가 '참'이면 인수2를, … 조건n이 '참'이면 인수n을 반환함
IFERROR(인수, 오류 시 표시할 값)	인수로 지정한 수식이나 셀에서 오류가 발생하면 '오류 시 표시할 값'을 반환하고, 그렇지 않으면 결과값을 반환함
SWITCH(변환할 값, 인수1, 결과1, 인수2, 결과2, …, 일치하는 인수가 없을 때 결과)	'변환할 값'이 인수1이면 결과1을, 인수2이면 결과2를, … 변환할 값과 일치하는 인수가 없을 경우 '일치하는 인수가 없을 때 결과'를 반환함
NOT(인수)	인수의 반대 논리값을 반환함
AND(인수1, 인수2, …)	주어진 인수가 모두 참이면 참을 반환함
OR(인수1, 인수2, …)	인수 중 하나라도 참이면 참을 반환함

23.상시, 21.상시, 20.2, 19.1, 18.1, 16.3, 15.3, 15.2, 13.1, 12.2, 12.1, 11.3, 10.3, …

10 데이터베이스 함수

- DSUM(데이터 범위, 필드 번호, 조건) : 해당 데이터 범위에서 조건에 맞는 자료를 대상으로 지정된 필드 번호에서 합계값을 반환함
- DAVERAGE(데이터 범위, 필드 번호, 조건) : 해당 데이터 범위에서 조건에 맞는 자료를 대상으로 지정된 필드 번호에서 평균값을 반환함
- DCOUNT(데이터 범위, 필드 번호, 조건) : 해당 데이터 범위에서 조건에 맞는 자료를 대상으로 지정된 필드 번호에서 숫자가 있는 셀의 개수를 반환함
- DCOUNTA(데이터 범위, 필드 번호, 조건) : 해당 데이터 범위에서 조건에 맞는 자료를 대상으로 지정된 필드 번호에서 자료가 있는 셀의 개수를 반환함
- DMAX(데이터 범위, 필드 번호, 조건) : 해당 데이터 범위에서 조건에 맞는 자료를 대상으로 지정된 필드 번호에서 가장 큰 값을 반환함
- DMIN(데이터 범위, 필드 번호, 조건) : 해당 데이터 범위에서 조건에 맞는 자료를 대상으로 지정된 필드 번호에서 가장 작은 값을 반환함

23.상시, 22.상시, 21.상시, 20.상시, 20.2, 20.1, 19.상시, 19.2, 18.상시, 18.1, …

09 찾기 / 참조 함수

- VLOOKUP(찾을값, 범위, 열 번호, 옵션) : 범위의 첫 번째 열에서 옵션에 맞게 찾을값과 같은 데이터를 찾은 후 찾을값이 있는 행에서 지정된 열 번호 위치에 있는 값을 반환함
- HLOOKUP(찾을값, 범위, 행 번호, 옵션) : 범위의 첫 번째 행에서 옵션에 맞게 찾을값과 같은 데이터를 찾은 후 찾을값이 있는 열에서 지정된 행 번호 위치에 있는 값을 반환함

잠깐만요 VLOOKUP과 HLOOKUP 옵션
- TRUE 또는 생략 : 기준값보다 크지 않은 값 중에서 가장 근접한 값을 찾음
- FALSE : 기준값과 정확히 일치하는 값을 찾음

2장 대표기출문제

1. 다음 중 =SUM(A3:A9) 수식이 =SUM(A3A9)와 같이 범위 참조의 콜론(:)이 생략된 경우 나타나는 오류 메시지로 옳은 것은?

22.상시, 21.상시, 16.2, 14.1, 13.2

① #N/A ② #NULL!
③ #REF! ④ #NAME?

인식할 수 없는 텍스트를 수식에 사용했을 때는 #NAME? 오류가 표시됩니다.

2. 다음 중 입력한 수식에서 발생한 오류 메시지와 그 발생 원인으로 옳지 않은 것은?

23.상시, 21.상시, 18.2, 13.1, 01.3, 00.1

① #VALUE! : 잘못된 인수나 피연산자를 사용했을 때

② #DIV/0! : 특정 값(셀)을 0 또는 빈 셀로 나누었을 때

③ #NAME? : 함수 이름을 잘못 입력하거나 인식할 수 없는 텍스트를 수식에 사용했을 때

④ #REF! : 숫자 인수가 필요한 함수에 다른 인수를 지정했을 때

#REF!는 셀 참조가 유효하지 않을 때 발생하는 오류 메시지입니다.

3. "2020년 매출 실적" 파일의 "상품 재고" 시트 [B2] 셀을 참조하려고 한다. 다음 중 옳은 것은?

23.상시

① "2020년 매출 실적"상품 재고!B2

② '[2020년 매출 실적]상품 재고'!B2

③ [2020년 매출 실적]상품 재고/B2

④ "2020년 매출 실적!상품 재고"B2

다른 통합 문서(파일)에 있는 셀의 데이터를 참조할 경우 통합 문서 이름은 대괄호([ ])로, 통합 문서 이름과 시트명은 작은따옴표(' ')로 묶어주고, 시트 이름과 셀 주소는 느낌표(!)로 구분합니다.

4. 북부/남부의 제품 판매 현황에서 금액은 단가×수량으로 산출한 것이다. 다음 중 남부의 금액[D7:F7]을 구하는 방법으로 옳은 것은 무엇인가? (단, 북부의 금액[D5:F5]은 [D5] 셀의 수식(=D$3*D4)을 [F5] 셀까지 채우기 핸들을 드래그하여 구한 것이다.)

23.상시, 22.상시

	A	B	C	D	E	F
1			북부/남부 제품 판매 현황			
2				OLED TV	냉장고	세탁기
3		단가		1,500,000	1,200,000	800,000
4	북부	수량		5	15	8
5		금액		7,500,000	18,000,000	6,400,000
6	남부	수량		10	8	12
7		금액				

① [D5] 셀을 복사하여 [D7:F7] 영역에 붙여넣기 한다.

② [D7] 셀에 '=D$3*D4'를 입력한 후 채우기 핸들을 [F7] 셀까지 드래그한다.

③ [D5] 셀을 복사하여 [D7:F7] 영역에 '값'으로 붙여넣기 한다.

④ [D7:F7] 영역을 선택한 상태에서 '=D$3*D4'를 입력한다.

[D5] 셀을 [D7:F7] 영역에 복사하면 다음과 같이 복사됩니다.
• [D7] : =D$3*D6
• [E7] : =E$3*E6
• [F7] : =F$3*F6
[D3] 셀의 행 번호에만 절대 참조($)가 지정되어 있으므로 [D3] 셀의 행 번호만 3으로 고정되고 나머지는 변경됩니다.

5. 다음 중 셀 범위를 선택한 후 그 범위에 이름을 정의하여 사용하는 것에 대한 설명으로 옳지 않은 것은?

23.상시, 21.상시, 19.2, 19.1, …

① 이름은 기본적으로 상대 참조를 사용한다.

② 이름에는 공백이 없어야 한다.

③ 이름은 대소문자를 구별하지 않는다.

④ 정의된 이름은 다른 시트에서도 사용할 수 있다.

이름은 기본적으로 절대 참조를 사용합니다.

6. 다음 중 아래 그림과 같이 [A2:D5] 영역을 선택하여 이름을 정의한 경우에 대한 설명으로 옳지 않은 것은?

23.상시, 16.3, 14.3

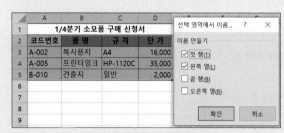

① [B3:B5] 영역을 선택하면 워크시트의 이름 상자에 '품_명'이라고 표시된다.

② [A3:A5] 영역을 선택하면 워크시트의 이름 상자에 '코드번호'라고 표시된다.

③ [B3:D3] 영역을 선택하면 워크시트의 이름 상자에 'A_002'라고 표시된다.

④ 정의된 이름은 모든 시트에서 사용할 수 있으며, 이름 정의 후 참조 대상을 편집할 수도 있다.

• [B3:D5] 영역을 선택해야 이름 상자에 '코드번호'라고 표시됩니다.
• '선택 영역에서 이름 만들기' 대화상자에서 '첫 행'과 '왼쪽 열'을 선택하고 실행했을 때 정의된 이름은 다음과 같습니다.

	A	B	C	D
1		1/4분기 소모품 구매 신청서		
2	코드번호	품 명	규 격	단 가
3	A-002	복사용지	A4	16,000
4	A-005	프린터잉크	HP-1120C	35,000
5	B-010	견출지	일반	2,000

번호	이름	셀 범위
①	코드번호	B3:D5
②	품_명	B3:B5
③	규_격	C3:C5
④	단_가	D3:D5
⑤	A_002	B3:D3
⑥	A_005	B4:D4
⑦	B_010	B5:D5

7. 아래 워크시트에서 평균에 대한 내림차순 순위를 구하고자 한다. [E2] 셀에 함수식을 입력한 후 채우기 핸들을 이용하여 [E3:E6] 영역에 복사하려고 할 때, 입력해야 할 함수식으로 옳은 것은?   23.상시, 22.상시, 21.상시, 13.3, 12.3, 07.4, 07.3

	A	B	C	D	E
1	이름	국어	수학	평균	순위
2	구연	100	94	97	
3	진아	99	88	93.5	
4	원빈	65	66	65.5	
5	이리	80	83	81.5	
6	은비	75	77	76	

① =RANK.EQ(D2, $D2:$D6, 0)

② =RANK.EQ(D2, $D2:$D6, 1)

③ =RANK.EQ(D2, D$2:D$6, 0)

④ =RANK.EQ(D2, D$2:D$6, 1)

> • [D2:D6] 영역은 비교 대상이므로 행 방향으로 채우기 핸들을 드래그하여도 변하지 않도록 [$D$2:$D$6] 또는 [D$2:D$6] 형태로 입력해야 합니다.
> • 옵션 0은 순위를 내림차순으로 구하기 위해 지정한 것으로, 생략할 수 있습니다.

8. 다음 중 [A8] 셀에 아래 함수식을 입력했을 때 나타나는 결과로 옳은 것은?   22.상시, 19.1

=COUNTBLANK(A1:A7) + COUNT(A1:A7)

	A
1	민영호
2	
3	이민정
4	노치국
5	6
6	2019-09-09
7	
8	

① 4   ② 5

③ 6   ④ 7

> =COUNTBLANK(A1:A7) + COUNT(A1:A7)
>   ❶   ❷
>   ❸
> ❶ COUNTBLANK(A1:A7) : COUNTBLANK(인수1, 인수2) 함수는 인수 중 비어 있는 셀의 개수를 구하므로 2를 반환합니다.
> ❷ COUNT(A1:A7) : COUNT(인수1, 인수2, …) 함수는 인수 중 숫자가 들어 있는 셀의 개수를 구하므로 2를 반환합니다.
> ❸ ❶ + ❷ : 2+2 = 4입니다.

9. 다음 중 [C10] 셀에 판매량이 판매량 평균 이상인 지점의 개수를 구하는 수식으로 올바른 것은?   22.상시, 21.상시

	A	B	C
1	지점	대표자	판매량
2	마포	고아라	125
3	서대문	나영희	85
4	을지로	박철수	94
5	강남	안도혜	108
6	강서	최순이	75
7	강북	최하늘	12
8	강동	김수창	98
9			
10	판매량 평균 이상		4

① =COUNTIF(C2:C8, ">="&AVERAGE($C$2:$C$8))

② =COUNTIF(">="&AVERAGE($C$2:$C$8))

③ =COUNTIF(C2:C8, ">=AVERAGE($C$2:$C$8)")

④ =COUNTIF(">="&AVERAGE($C$2:$C$8), C2:C8)

> =COUNTIF(C2:C8, ">="&AVERAGE($C$2:$C$8))
>   ❶
>   ❷
> ❶ AVERAGE($C$2:$C$8) : [C2:C8] 영역의 평균을 구하면 결과는 85.28입니다.
> ❷ =COUNTIF(C2:C8,">="&❶) → =COUNTIF(C2:C8, ">="&85.28) : [C2:C8] 영역에서 85.28보다 크거나 같은 값의 개수를 구하면 결과는 4입니다.
> ※ &는 두 문자열을 연결하여 하나의 문자열로 만드는 연산자입니다.
> ※ ③번 수식이 틀린 이유 : ">=AVERAGE($C$2:$C$8)"과 같이 AVERAGE 함수를 큰따옴표(" ") 안에 입력하면 함수가 아닌 단순 텍스트로 인식하므로 올바른 결과가 나오지 않습니다. 함수를 이용하여 조건을 지정할 때는 반드시 ">="&AVERAGE($C$2:$C$8)과 같이 입력해야 합니다.

10. 다음 중 수식의 실행 결과가 옳지 않은 것은?   23.상시, 18.2, 16.2, 14.3, 11.1

① =MOD(13, -3) ⇒ -2

② =POWER(3, 2) ⇒ 9

③ =INT(-7.4) ⇒ -7

④ =TRUNC(-8.6) ⇒ -8

> ① =MOD(13, -3) : MOD(인수1, 인수2) 함수는 인수1을 인수2로 나눈 나머지를 구하므로 -2를 반환합니다.
> ② =POWER(3, 2) : POWER(인수, 제곱값) 함수는 인수의 거듭 제곱값을 구하므로 9(3^3)를 반환합니다.
> ③ =INT(-7.4) : INT(인수) 함수는 인수보다 크지 않은 정수를 구하므로 -8을 반환합니다.
> ④ =TRUNC(-8.6) : TRUNC(인수, 자릿수) 함수는 지정한 자릿수 미만을 버리므로 -8을 반환합니다.

11. 아래 워크시트에서 '부서'가 "기획부"이고 '경력여부'가 "신입"인 직원들의 면접 점수 합계를 구하고자 할 때 [D11] 셀에 입력할 수식으로 옳은 것은? 23.상시

	A	B	C	D
1				
2	사번	부서	경력여부	면접
3	K-0001	기획부	경력	85
4	K-0002	인사부	신입	79
5	K-0003	기획부	경력	93
6	K-0004	인사부	신입	82
7	K-0005	기획부	경력	84
8	K-0006	경리부	신입	78
9	K-0007	기획부	신입	90
10	K-0008	경리부	경력	88
11	기획부 신입 면접 점수 합계			

① =SUMIF(B3:B10, "기획부", C3:C10, "신입", D3:D10)

② =SUMIFS(D3:D10, B3:B10, "기획부", C3:C10, "신입")

③ =SUMIF(B3:B10, C3:C10, "기획부", "신입", D3:D10)

④ =SUMIFS(B3:B10, "기획부", C3:C10, "신입", D3:D10)

> SUMIFS(합계를 구할 범위, 조건1이 적용될 범위, 조건1, 조건2가 적용될 범위, 조건2, …)는 여러 조건에 맞는 셀들의 합계를 구하는 함수입니다.
> - **합계를 구할 범위** : 면접의 합계를 구해야 하므로 면접 점수가 있는 [D3:D10] 영역을 입력합니다.
> - **조건1이 적용될 범위** : 첫 번째 조건의 대상이 되는 부서가 있는 [B3:B10] 영역을 입력합니다.
> - **조건1** : 부서에서 기획부를 찾아야 하므로 "기획부"를 입력합니다.
> - **조건2가 적용될 범위** : 두 번째 조건의 대상이 되는 경력여부가 있는 [C3:C10] 영역을 입력합니다.
> - **조건2** : 경력여부에서 신입을 찾아야 하므로 "신입"을 입력합니다.

---

12. 다음 수식의 결과가 나머지와 다른 것은? 22.상시, 21.상시, 00.2

① =LEFT(123.654, 6)

② =ROUND(123.654, 2)

③ =ROUNDUP(123.654, 2)

④ =ROUNDDOWN(123.654, 2)

> ① =LEFT(123.654, 6) : 123.654에서 왼쪽부터 6글자를 표시하면 123.65입니다.
> ② =ROUND(123.654, 2) : 123.654를 소수점 이하 셋째 자리에서 반올림하여 둘째 자리까지 표시하면 123.65입니다.
> ③ =ROUNDUP(123.654, 2) : 123.654를 소수점 이하 셋째 자리에서 올림하여 둘째 자리까지 표시하면 123.66입니다.
> ④ =ROUNDDOWN(123.654, 2) : 123.654를 소수점 이하 셋째 자리에서 내림하여 둘째 자리까지 표시하면 123.65입니다.

---

13. 다음 중 함수의 결과가 잘못된 것은? 22.상시

① =ROUND(12.34, 1) → 12.4

② =LEFT("KOREA", 2) → KO

③ =MID("대한상공회의소", 3, 2) → 상공

④ =TRUNC(-8.6) → -8

> ① =ROUND(12.34, 1) : 소수점 이하 둘째 자리에서 반올림하여 첫째 자리까지인 12.3을 반환합니다.
> ② =LEFT("KOREA", 2) : "KOREA"에서 왼쪽부터 2글자인 "KO"를 반환합니다.
> ③ =MID("대한상공회의소", 3, 2) : "대한상공회의소"에서 3번째에서 2문자인 "상공"을 반환합니다.
> ④ =TRUNC(-8.6) : 소수점 이하를 버리고 정수인 -8을 반환합니다.

---

14. 다음 중 아래 워크시트의 [A2] 셀에 수식을 작성하는 경우 수식의 결과가 다른 하나는? 21.상시, 18.상시, 17.2

	A
1	대한상공대학교
2	

① =MID(A1, SEARCH("대", A1)+2, 5)

② =RIGHT(A1, LEN(A1)-2)

③ =RIGHT(A1, FIND("대", A1)+5)

④ =MID(A1, FIND("대", A1)+2, 5)

> ① =MID(A1, <u>SEARCH("대", A1)</u>+2, 5)
>   ❶
>   ❷
> - ❶ SEARCH("대", A1) : SEARCH(텍스트1, 텍스트2) 함수는 대/소문자 구분없이 텍스트2에서 텍스트1을 찾아 위치를 표시하므로, [A1] 셀에서 "대"를 찾으면 결과는 1입니다.
> - ❷ =MID(A1, ❶+2, 5) → =MID(A1, 1+2, 5) : MID(텍스트, 시작 위치, 개수) 함수는 텍스트의 시작 위치부터 지정한 개수만큼 표시하므로, [A1] 셀에서 3번째 글자부터 5글자를 표시하면 결과는 "상공대학교"입니다.
> ② =RIGHT(A1, <u>LEN(A1)</u>-2)
>   ❶
>   ❷
> - ❶ LEN(A1) : LEN(텍스트) 함수는 문자의 개수를 구하므로, [A1] 셀의 문자 수를 표시하면 결과는 7입니다.
> - ❷ =RIGHT(A1, ❶-2) → =RIGHT(A1, 7-2) : RIGHT(텍스트, 개수) 함수는 텍스트의 오른쪽부터 지정한 개수만큼 표시하므로, [A1] 셀에서 오른쪽부터 5글자를 표시하면 결과는 "상공대학교"입니다.
> ③ =RIGHT(A1, <u>FIND("대", A1)</u>+5)
>   ❶
>   ❷
> - ❶ FIND("대", A1) : FIND(텍스트1, 텍스트2) 함수는 대/소문자를 구분하여 텍스트2에서 텍스트1을 찾아 위치를 표시하므로, [A1] 셀에서 "대"를 찾으면 결과는 1입니다.
> - ❷ =RIGHT(A1, ❶+5) → =RIGHT(A1, 1+5) : RIGHT(텍스트, 개수) 함수는 텍스트의 오른쪽부터 지정한 개수만큼 표시하므로, [A1] 셀에서 오른쪽부터 6글자를 표시하면 결과는 "한상공대학교"입니다.
> ④ =MID(A1, <u>FIND("대", A1)</u>+2, 5)
>   ❶
> - ❶ FIND("대", A1) : 결과는 1입니다.
> - ❷ =MID(A1, ❶+2, 5) → =MID(A1, 1+2, 5) : [A1] 셀에서 3번째 글자부터 5글자를 표시하면 결과는 "상공대학교"입니다.

15. 다음 중 시스템의 현재 날짜에서 년도를 구하는 수식으로 옳은 것은?

23.상시, 21.상시, 19.1

① =DAYS(YEAR( ))

② =DAY(YEAR( ))

③ =YEAR(TODAY( ))

④ =YEAR(DATE( ))

> 시스템의 현재 날짜를 나타내는 함수는 TODAY( )이고, 날짜에서 연도만 추출하는 함수는 YEAR( )이므로 시스템의 현재 날짜에서 년도를 구하는 수식은 =YEAR(TODAY( ))입니다.

16. 다음 중 각 수식에 대한 결과가 옳지 않은 것은?

16.2, 15.1

① =MONTH(EDATE("2015-3-20", 2)) → 5

② =EDATE("2015-3-20", 3) → 2015-06-20

③ =EOMONTH("2015-3-20", 2) → 2015-05-20

④ =EDATE("2015-3-20", -3) → 2014-12-20

> ① =MONTH(EDATE("2015-3-20", 2))
>   ❶
>   ❷
>
> ❶ EDATE("2015-3-20", 2) : EDATE(날짜, 월수) 함수는 지정한 날짜를 기준으로 몇 개월 이전 또는 이후 날짜를 구하므로 2015-3-20의 2개월 이후는 2015-5-20입니다.
> ❷ =MONTH(❶) → =MONTH("2015-5-20") : MONTH(날짜) 함수는 날짜에서 월만 표시하므로, 2015-5-20에서 월만 추출하면 5입니다.
> ② =EDATE("2015-3-20", 3) : EDATE(날짜, 월수) 함수는 지정한 날짜를 기준으로 몇 개월 이전 또는 이후 날짜를 구하므로 2015-3-20의 3개월 이후는 2015-6-20입니다.
> ③ =EOMONTH("2015-3-20", 2) : EOMONTH(날짜, 월수) 함수는 지정한 날짜를 기준으로 몇 개월 이전 또는 이후 달의 마지막 날짜를 구하므로, 2015-3-20의 2개월 이후 달 마지막 날짜는 2015-05-31입니다.
> ④ =EDATE("2015-3-20", -3) : EDATE(날짜, 월수) 함수에서 월수가 음수이면 이전 날짜를 구하므로 2015-3-20의 3개월 전은 2014-12-20입니다.

17. '성적1' 필드와 '성적2' 필드의 값이 모두 90 이상이면 '진급여부' 필드에 "진급"을, 둘 중 하나만 90 이상이면 "대기", 나머지는 공백으로 표시하는 수식으로 옳은 것은?

23.상시

	A	B	C	D
1	이름	성적1	성적2	진급여부
2	보라미	94	95	
3	미라미	80	97	
4	김은혜	85	82	
5	박한솔	90	83	

① =IF(COUNTIFS(B2:C2, ">=90")=1, "진급", IF(COUNTIFS(B2:C2, ">=90")=2, "대기", ""))

② =IF(COUNTIF(B2:C2, ">=90")=2, "진급", IF(COUNTIF(B2:C2, ">=90")=1, "대기", ""))

③ =IF(COUNTIFS(">=90", B2:C2)>=1, "진급", IF(COUNTIFS(">=90", B2:C2)=1, "대기", ""))

④ =IF(COUNTIF(B2:C2, ">=90")>=1, "진급", IF(COUNTIF(B2:C2, ">=90")=1, "대기", ""))

> =IF(COUNTIF(B2:C2, ">=90")=2, "진급", IF(COUNTIF(B2:C2, ">=90")=1, "대기", ""))
>   ❶   ❷   ❸
>
> • ❶의 조건에 따라 [B2:C2] 영역에서 90 이상인 셀이 2개이면 ❷("진급")을 반환하고, 아니면 ❸을 수행합니다.
> • ❸ : [B2:C2] 영역에서 90 이상인 셀이 1개이면 "대기"를, 아니면 공백을 반환합니다.

18. 다음 중 아래 워크시트에서 '직무'가 90 이상이거나, '국사'와 '상식'이 모두 80 이상이면 '평가'에 "통과"를 표시하고 그렇지 않으면 공백을 표시하는 [E2] 셀의 함수식으로 옳은 것은?

20.1

	A	B	C	D	E
1	이름	직무	국사	상식	평가
2	이몽룡	87	92	84	
3	성춘향	91	86	77	
4	조방자	78	80	75	

① =IF(AND(B2>=90, OR(C2>=80, D2>=80)), "통과", "")

② =IF(OR(AND(B2>=90, C2>=80), D2>=80)), "통과", "")

③ =IF(OR(B2>=90, AND(C2>=80, D2>=80)), "통과", "")

④ =IF(AND(OR(B2>=90, C2>=80), D2>=80)), "통과", "")

> ① =IF(AND(B2>=90, OR(C2>=80, D2>=80)), "통과", "")
>   ❶
>   ❷
>   ❸
>
> ❶ OR(C2>=80, D2>=80) : 국사(C2)가 80 이상이거나 상식(D2)이 80 이상이면, 즉 두 조건 중 하나라도 참이면 "TRUE", 그렇지 않으면 "FALSE"를 반환합니다. 둘 다 참이므로 "TRUE"를 반환합니다.
> ❷ AND(B2>=90, ❶) → AND(B2>=90, TRUE) : 직무(B2)가 90 이상이면 두 조건이 모두 참이 되어 "TRUE"를 반환하는데, 직무가 87이므로 거짓이 되어 "FALSE"를 반환합니다.
> ❸ =IF(FALSE, "통과", "") : 조건이 "FALSE"이므로 공백을 반환합니다.
> ※ 국사와 상식 점수가 모두 80 이상이므로 "통과"가 반환되어야 하는데 공백이 반환되므로 잘못된 수식입니다.
> ② =IF(OR(AND(B2>=90, C2>=80), D2>=80)), "통과", "") : 직무(B2)가 90 이상이고 국사(C2)가 80 이상이거나, 상식(D2)이 80 이상이면 "통과", 그렇지 않으면 공백 표시
> ③ =IF(OR(B2>=90, AND(C2>=80, D2>=80)), "통과", "") : 직무(B2)가 90 이상이거나, 국사(C2)와 상식(D2)이 80 이상이면 "통과", 그렇지 않으면 공백 표시
> ④ =IF(AND(OR(B2>=90, C2>=80), D2>=80)), "통과", "") : 직무(B2)가 90 이상이거나 국사(C2)가 80 이상이고, 상식(D2)이 80 이상이면 "통과", 그렇지 않으면 공백 표시

19. 아래 워크시트에서 [B2:D6] 영역을 참조하여 [C8] 셀에 표시된 바코드에 대한 단가를 [C9] 셀에 표시하였다. 다음 중 [C9] 셀의 수식으로 옳은 것은? 22.상시, 21.상시, 20.1, 19.상시, 18.1, 17.1, 16.3, 15.2, …

	A	B	C	D
1		바코드	상품명	단가
2		351	CD	1,000
3		352	칫솔	1,500
4		353	치약	2,500
5		354	종이쪽	800
6		355	케이스	1,100
7				
8		바코드	352	
9		단가	1,500	

① =VLOOKUP(C8, $B$2:$D$6, 3, 0)

② =HLOOKUP(C8, $B$2:$D$6, 3, 0)

③ =VLOOKUP($B$1:$D$6, C8, 3, 1)

④ =HLOOKUP($B$1:$D$6, C8, 3, 1)

> 바코드의 단가는 범위의 첫 열에서 바코드를 찾은 후 해당 행에서 바코드에 대한 단가를 반환해야 하므로 데이터 범위의 첫 열에서 자료를 찾는 VLOOKUP 함수를 사용해야 합니다. VLOOKUP은 'VLOOKUP(찾을값, 범위, 열 번호, 옵션)'과 같이 인수를 지정하므로 [C9] 셀에 입력된 수식은 '=VLOOKUP(C8, $B$2:$D$6, 3, 0)'입니다.

20. 아래 워크시트에서 합계에 대한 순위를 구하여 1위는 '대상', 2위는 '금상', 3위는 '은상', 4위는 '동상', 나머지는 공백으로 표시하려고 할 때, [E2] 셀에 입력해야 할 함수식으로 옳은 것은? 23.상시

	A	B	C	D	E
1	성명	이론	실기	합계	수상
2	이신호	47	45	92	은상
3	최준호	38	47	85	동상
4	김봉선	46	48	94	금상
5	이영주	40	42	82	
6	이지연	49	48	97	대상
7	백인호	37	43	80	

① =CHOOSE(RANK.EQ(D2, $D$2:$D$7), "대상", "금상", "은상", "동상", "", "")

② =CHOOSE(RANK.EQ(D2, $D$2:$D$7), "대상", "금상", "은상", "동상")

③ =CHOOSE(RANK.EQ($D$2:$D$7, D2), "대상", "금상", "은상", "동상", "", "")

④ =CHOOSE(RANK.EQ($D$2:$D$7, D2), "대상", "금상", "은상", "동상")

> =CHOOSE(RANK.EQ(D2, $D$2:$D$7), "대상", "금상", "은상", "동상", "", "")
> 　　　　　　　❶
> 　　　　　❷
>
> ❶ RANK.EQ(D2, $D$2:$D$7) : RANK.EQ(인수, 범위, 옵션) 함수는 지정된 '범위'에서 '인수'의 순위를 반환하므로 [$D$2:$D$7] 영역에서 내림차순(옵션 0)을 기준으로 [D2] 셀의 순위를 반환합니다.
> ❷ CHOOSE(❶, "대상", "금상", "은상", "동상", "", "") : CHOOSE(인수, 첫 번째, 두 번째, …) 함수는 인수가 1이면 1번째, 인수가 2이면 2번째를 반환하므로 ❶의 결과가 1이면 "대상", 2이면 "금상", 3이면 "은상", 4이면 "동상", 5와 6이면 공백을 반환합니다.

21. 다음 중 아래 워크시트에서 '부산' 대리점의 판매수량 합계를 [D11] 셀에 구하기 위한 수식으로 옳지 않은 것은? 21.상시, 19.1

	A	B	C	D
1	대리점	단가	공급단가	판매수량
2	부산	500	450	120
3	인천	500	420	150
4	부산	500	450	170
5	서울	500	410	250
6	광주	500	440	300
7	이천	500	420	260
8	광주	500	440	310
9	부산	500	450	290
10				
11	부산 판매수량 합계			

① =SUM(D2, D4, D9)

② =SUMIF(A2:A9, "부산", D2:D9)

③ =DSUM(A1:D9, D1, A2)

④ =SUMIF(A2:D9, A2, D2:D9)

> DSUM(범위, 열 번호, 조건) 함수에서 조건을 지정할 때는 반드시 열 이름표를 함께 입력해야 하므로 ③번 수식은 =DSUM(A1:D9, D1, A1:A2)로 작성해야 합니다.
> ① =SUM(D2, D4, D9) : [D2], [D4], [D9] 셀의 합계를 구합니다.
> ② =SUMIF(A2:A9, "부산", D2:D9) : [A2:A9] 영역에서 '부산'을 찾은 후 [D2:D9] 영역에서 같은 행에 있는 값의 합계를 구합니다.
> ③ =DSUM(A1:D9, D1, A1:A2) : [A1:D9] 영역에서 대리점이 '부산'인 데이터의 판매수량(D1) 합계를 구합니다.
> ④ =SUMIF(A2:D9, A2, D2:D9) : [A2:A9] 영역에서 [A2] 셀(부산)을 찾은 후 [D2:D9] 영역에서 같은 행에 있는 값의 합계를 구합니다.
> ※ SUMIF 함수에서 조건이 적용될 범위를 여러 열로 지정하면 첫 번째 열에 조건을 적용합니다.

22. 아래 워크시트에서 '소속'이 "영업1부"이고 '성별'이 "남자"인 직원들의 수를 구하고자 할 때 [C11] 셀에 입력할 수식으로 옳은 것은? 23.상시

	A	B	C
1			
2	성명	소속	성별
3	이봉안	영업1부	남자
4	최복선	영업2부	여자
5	김지복	영업3부	남자
6	김창희	영업1부	남자
7	김귀완	영업2부	남자
8	지옥선	영업3부	여자
9	송명자	영업1부	여자
10	김태영	영업2부	여자
11	영업1부 남자수		

① =DCOUNT(A2:C10, A2, B2:C3)

② =DCOUNTA(A2:C10, A2, B2:C3)

③ =COUNTIF(A2:C10, A2, B2:C3)

④ =COUNTFIS(A2:C10, A2, B2:C3)

> 문제의 조건은 2개이고, 숫자가 아닌 자료의 개수를 구해야 하므로 DCOUNTA 또는 COUNTIFS 함수를 사용해야 하는데, ④번은 COUNTIFS(조건1이 적용될 범위, 조건1, 조건2가 적용될 범위, 조건2, …) 함수의 인수가 잘못 지정되어 오류가 표시됩니다.

01 차트의 개요

22.상시, 21.상시, 20.1, 19.상시, 19.2, 16.3, 16.2, 15.3, 12.3, 12.1, 10.3, 09.1, …

- 차트를 이용하면 데이터의 추세나 유형 등을 쉽게 이해할 수 있을 뿐만 아니라, 많은 양의 데이터를 간결하게 요약할 수도 있다.
- 차트를 작성하기 위해서는 반드시 원본 데이터가 있어야 한다.
- 원본 데이터가 바뀌면 차트의 모양도 바뀐다.
- 차트는 2차원과 3차원 차트로 구분된다.
- 차트만 별도로 표시하는 차트(Chart) 시트를 만들 수 있다.
- 기본적으로 만들어지는 차트는 묶은 세로 막대형이지만 다른 차트로 변경할 수 있다.
- 데이터를 범위로 지정한 후 F11을 누르면 별도의 차트 시트에 기본 차트가 작성되고, Alt + F1을 누르면 데이터가 있는 워크시트에 기본 차트가 작성된다.
- 기본적으로 숨겨진 행이나 열에 있는 데이터는 차트에 표시되지 않으며, 빈 셀이 있는 경우 빈 셀만큼 데이터 요소 사이의 간격이 벌어져 표시된다.
- 사용자가 만든 차트를 차트 서식 파일로 등록하면 '차트 삽입' 대화상자의 [모든 차트] 탭 중 [서식 파일]에 표시된다.

눈금선	가로 축과 세로 축의 눈금을 그림 영역으로 연장한 선으로, 주 눈금선과 보조 눈금선을 설정할 수 있음
세로(값) 축	데이터 계열의 값을 포함하는 숫자로, 데이터 계열의 값을 가늠할 수 있음
가로(항목) 축	차트를 구성하는 데이터 항목을 표시함
데이터 계열	실질적인 값을 표시하기 위한 선이나 막대로, 각 계열마다 다른 색이나 무늬를 가짐
데이터 레이블	데이터 계열의 값이나 계열 이름, 항목 이름 등을 표시함
데이터 요소	• 데이터 계열의 값을 그림으로 나타냄 • 데이터 계열을 구성하는 하나하나의 항목
범례	데이터 계열을 구분하는 표시와 데이터 계열의 이름을 표시함
데이터 테이블	차트에 사용된 원본 데이터를 표시함
추세선	특정한 데이터 계열의 변화 추세를 파악하기 위해 표시하는 선

02 차트의 구성 요소

23.상시, 22.상시, 21.상시, 20.상시, 20.2, 20.1, 19.상시, 19.2, 19.1, 18.상시, …

차트 영역	차트 전체를 의미하며, 바탕에 그림이나 배경 무늬를 삽입할 수 있음
그림 영역	가로 축과 세로 축으로 둘러싸인 영역으로, 그림이나 배경 무늬를 삽입할 수 있음
차트 제목	• 차트의 제목을 표시함 • 워크시트의 셀과 차트의 제목을 연결하여 셀의 내용을 차트 제목으로 표시할 수 있음

03 차트 편집 1

23.상시, 22.상시, 21.상시, 20.1, 19.상시, 19.1, 18.2, 17.1, 16.2, 16.1, 15.3, 14.3, …

- 차트 종류 변경 : [차트 디자인] → [종류] → [차트 종류 변경]을 클릭하여 변경함
- 원본 데이터 변경 : [차트 디자인] → [데이터] → [데이터 선택]을 클릭한 후 '데이터 원본 선택' 대화상자에서 지정함
- 행/열 전환 : [차트 디자인] → [데이터] → [행/열 전환]을 클릭하여 '범례 항목(계열)'과 '가로(항목) 축 레이블'을 서로 바꿈
- 차트 위치 변경 : [차트 디자인] → [위치] → [차트 이동]을 클릭하여 이동하거나 마우스로 드래그하여 이동함
- 셀에 맞춰 차트 크기 조절 : Alt를 누른 상태에서 차트 영역을 마우스로 드래그
- 데이터 추가 : 기존 데이터의 변경이 아닌 새로운 데이터를 차트에 추가하려면 추가할 데이터 범위를 복사(Ctrl + C)하여 차트 영역을 선택한 후 붙여넣기(Ctrl + V)함
- 추세선 추가
  - 특정한 데이터 계열에 대한 변화 추이를 파악하기 위해 표시하는 선
  - [차트 디자인] → [차트 레이아웃] → [차트 요소 추가] → [추세선]에서 추세선 종류를 선택함
  - 3차원, 방사형, 원형, 도넛형, 표면형 차트에는 추세선을 추가할 수 없음
  - 추세선에 사용된 수식을 추세선과 함께 차트에 표시할 수 있음
- 3차원 회전 : 차트의 바로 가기 메뉴에서 [3차원 회전]을 선택하여 3차원 차트의 높이와 원근감, X · Y 축의 회전 각도 등을 변경함

- 데이터 레이블 추가 : [차트 디자인] → [차트 레이아웃] → [차트 요소 추가] → [데이터 레이블]에서 표시할 위치 선택
- 범례 위치 변경 : 차트를 선택한 후 [차트 디자인] → [차트 레이아웃] → [차트 요소 추가] → [범례]에서 위치를 선택함

※ '차트 디자인' 메뉴를 이용하여 범례의 위치를 변경하면 그림 영역의 크기가 자동으로 조정되지만 마우스로 드래그 하여 이동하면 아무런 변화가 없음

▶ 1360123

04 23.상시, 22.상시, 21.상시, 20.2, 19.상시, 19.2, 19.1, 18.2, 17.2, 17.1, 16.3, …
차트 편집 2

- 차트 제목 서식 변경 : 차트 제목을 더블클릭한 후 '차트 제목 서식' 창에서 변경함
- 축 서식 변경 : 세로(값) 축의 단위를 변경하기 위해 세로(값) 축을 더블클릭한 후 '축 서식' 창에서 변경함
- 눈금선 서식 변경 : 눈금선을 더블클릭한 후 '눈금선 서식' 창에서 변경함
- 데이터 계열 순서 변경 : 차트 영역의 바로 가기 메뉴에서 [데이터 선택]을 선택한 후 '데이터 원본 선택' 대화상자에서 변경함
- 그림 영역 서식 변경 : 그림 영역을 더블클릭한 후 '그림 영역 서식' 창에서 변경함
- 데이터 표식 항목의 간격 너비 및 계열 겹치기 변경
  - 데이터 계열을 더블클릭한 후 '데이터 계열 서식' 창의 [계열 옵션] → [📊(계열 옵션)] → [계열 옵션]에서 변경함
  - 계열 겹치기
    ▶ 데이터 계열의 항목들이 겹치도록 지정하는 것
    ▶ -100% ~ 100% 사이의 값을 지정함
    ▶ 양수로 지정하면 데이터 계열이 겹쳐져 표시되고, 음수로 지정하면 데이터 계열 사이가 벌어져 표시됨
  - 간격 너비
    ▶ 막대와 막대 사이의 간격을 지정하는 것
    ▶ 0% ~ 500% 사이의 값을 지정함
    ▶ 수치가 클수록 막대와 막대 사이의 간격은 넓어지고 막대의 너비는 줄어듦
- 데이터 계열을 곡선으로 변경 : 데이터 계열을 더블클릭한 후 '데이터 계열 서식' 창의 [계열 옵션] → [🎨(채우기 및 선)] → [선] → [선]에서 '완만한 선'을 선택함
- 범례 서식 변경 : 범례를 더블클릭한 후 '범례 서식' 창에서 변경함
- 차트 서식 기본값으로 되돌리기 : 기본값으로 되돌릴 요소를 선택한 후 [서식] → [현재 선택 영역] → [스타일에 맞게 다시 설정] 클릭

▶ 1360124

05 23.상시, 22.상시, 21.상시, 19.상시, 19.2, 19.1, 18.상시, 18.2, 18.1, 16.3, 16.2, …
용도별 차트의 종류

세로 막대형	• 각 항목 간의 값을 막대의 길이로 비교 · 분석함 • 가로(항목) 축은 수평, 세로(값) 축은 수직으로 나타냄
가로 막대형	• 각 항목 간의 값을 막대의 길이로 비교 · 분석함 • 가로(항목) 축은 수직, 세로(값) 축은 수평으로 나타냄
꺾은선형	일정 기간의 데이터 변화 추이를 확인하는 데 적합함
원형	• 전체 항목의 합에 대한 각 항목의 비율을 나타냄 • 중요한 요소를 강조할 때 사용함 • 항상 한 개의 데이터 계열만 사용하므로 축이 없음
분산형	• XY 좌표로 이루어진 한 계열로 두 개의 숫자 그룹을 나타냄 • 데이터의 불규칙한 간격이나 묶음을 보여줌 • 주로 과학 · 공학용 데이터 분석에 사용됨
거품형	• 계열 간의 항목 비교에 사용함 • 분산형 차트의 한 종류로 데이터 계열값이 세 개인 경우에 사용함 • Z축에 해당하는 값(세 번째 변수값)을 작성하지 않고, 거품의 크기로 표시함
영역형	• 시간에 따른 각 값의 변화량을 비교할 때 사용함 • 전체 영역과 특정 값의 영역을 비교해 전체와 부분 간의 관계를 나타낼 수 있음
도넛형	• 전체에 대한 각 부분의 관계를 비율로 나타내어 각 부분을 비교할 때 사용함 • 원형 차트와는 달리 여러 개의 데이터 계열을 갖음
방사형	• 많은 데이터 계열의 집합적인 값을 나타낼 때 사용함 • 각 계열은 가운데에서 뻗어 나오는 값 축을 갖음
표면형	두 개의 데이터 집합에서 최적의 조합을 찾을 때 사용함
주식형	주식의 거래량과 같은 주가의 흐름을 파악하고자 할 때 사용함
트리맵	• 계층 간의 상대적 크기를 비교할 때 사용함 • 계층 간의 비율을 사각형으로 표시함 • 색과 근접성을 기준으로 각 계층을 분류함
이중 축	• 2개 이상의 데이터 계열을 가진 차트에서 또 하나의 값 축을 추가하여 이중으로 값을 표시하는 차트 • 특정 데이터 계열의 값이 다른 데이터 계열의 값과 현저하게 차이가 나거나, 종류가 다른 2개 이상의 데이터 계열을 가진 차트에 효율적으로 사용됨
혼합형 (콤보)	• 두 개 이상의 데이터 계열을 가진 차트에서 특정 데이터 계열을 강조하기 위해 해당 데이터 계열을 다른 차트로 표시하는 것 • 3차원, 주식형, 거품형, 표면형, 트리맵 차트는 혼합형 차트로 만들 수 없음

3장 대표기출문제

1. 다음 중 차트에 대한 설명으로 옳지 않은 것은?

22.상시, 21.상시, 16.3

① 기본적으로 워크시트의 행과 열에서 숨겨진 데이터는 차트에 표시되지 않으며 빈 셀은 간격으로 표시된다.
② 표에서 특정 셀 한 개를 선택하여 차트를 생성하면 해당 셀을 직접 둘러싸는 표의 데이터 영역이 모두 차트에 표시된다.
③ 차트를 만들 데이터를 선택한 후 Alt + F1 을 누르면 별도의 차트 시트가 생성된다.
④ 차트에 두 개 이상의 차트 종류를 사용하여 혼합형 차트를 만들 수도 있다.

> 차트를 만들 데이터를 선택한 후 Alt + F1 을 누르면 데이터가 있는 워크시트에 기본 차트(묶은 세로 막대형)가 작성됩니다. 별도의 차트 시트를 생성하려면 차트를 만들 데이터를 선택한 후 F11 을 누릅니다.

2. 다음 그림의 차트에 설정된 구성 요소는?

22.상시, 21.상시

① 범례
② 차트 제목
③ 데이터 레이블
④ 데이터 테이블

> 나머지 보기로 제시된 구성 요소를 차트에 표시하면 다음과 같습니다.

3. 다음 중 아래 차트에 대한 설명으로 옳지 않은 것은?

23.상시

① 차트 위쪽에 차트 제목이 표시되어 있다.
② 세로(값) 축 제목이 가로 방향으로 표시되어 있다.
③ 차트 아래쪽에 범례 표지가 없는 데이터 테이블이 표시되어 있다.
④ 데이터 레이블의 위치가 바깥쪽 끝으로 설정되어 있다.

> 차트 아래쪽에는 범례 표지가 포함되어 있는 데이터 테이블이 표시되어 있습니다.

4. 다음 차트에 대한 설명으로 옳지 않은 것은?

23.상시, 22.상시

① '계열 겹치기' 값이 음수로 지정되었다.
② 국어 계열에 대해서만 데이터 레이블이 표시되었다.
③ 범례는 아래쪽으로 지정되었다.
④ '행/열 전환'을 수행하면 세로 축과 가로 축이 서로 변경된다.

> '행/열 전환'을 수행하면 다음과 같이 가로(항목) 축의 데이터 계열과 범례 항목(계열)이 서로 변경됩니다.

5. 다음 중 차트 작업 중 추세선에 대한 설명으로 옳지 않은 것은?   20.1, 17.1, 14.2, 09.2, 07.2, 06.2, 04.3

① 추세선은 데이터의 추세를 그래픽으로 표시하고 예측문제를 분석하는 데 사용된다.

② 누적되지 않은 2차원 영역형, 가로 막대형, 세로 막대형, 꺾은선형, 주식형, 분산형, 거품형 차트 등의 데이터 계열에는 추세선을 추가할 수 있다.

③ 3차원, 방사형, 원형, 표면형, 도넛형 차트에는 한 가지 계열에 대해서만 추세선을 추가할 수 있다.

④ 추세선에 사용된 수식을 추세선과 함께 나타나게 할 수 있다.

> 3차원, 방사형, 원형, 표면형, 도넛형 차트에는 추세선을 추가할 수 없습니다.

6. 다음 중 범례에 대한 설명으로 옳지 않은 것은?   23.상시, 19.1, 14.3, 12.2

① 차트에 범례가 표시되어 있으면 워크시트에서 상응하는 데이터를 편집하여 개별 범례 항목을 수정할 수 있다.

② 차트에서 범례 또는 범례 항목을 클릭한 다음 Delete 를 누르면 범례를 쉽게 제거할 수 있다.

③ 범례는 기본적으로 차트와 겹치지 않게 표시된다.

④ 마우스로 범례를 이동하거나 크기를 변경하는 경우에 그림 영역의 크기나 위치는 자동으로 조정된다.

> 마우스를 이용하여 범례의 위치를 변경하면 다른 영역에는 아무런 영향을 미치지 않습니다.

7. 다음 중 아래 차트에 대한 설명으로 옳은 것은?   21.상시, 19.1

① 세로(값) 축의 축 서식에서 '기본 단위' 간격을 95로 설정하였다.

② 데이터 계열 서식의 '계열 겹치기' 값을 0보다 작은 음수 값으로 설정하였다.

③ '영어'의 데이터 레이블은 안쪽 끝에 표시되고 있다.

④ 가로(항목) 축의 주 눈금선과 보조 눈금선이 함께 표시되고 있다.

> ① 세로(값) 축의 축 서식에서 기본 단위 간격을 5, 최대값을 95로 설정하였습니다.
> ③ '영어'의 데이터 레이블은 바깥쪽 끝에 표시되어 있습니다.
> ④ 가로(항목) 축에는 주 눈금선만 표시되어 있습니다.

8. 아래 그림을 [데이터 계열 서식] 메뉴를 이용하여 수정하고자 할 때, 다음 중 설명이 옳지 않은 것은?   21.상시, 12.3, 12.2, 11.2

① [계열 겹치기]는 −100%에서 100%까지 조절할 수 있다.

② [간격 너비]는 0%에서 500%까지이다.

③ [요소마다 다른 색 사용]에 체크 표시를 하면 막대의 색깔이 각각 달라진다.

④ [간격 너비]의 숫자를 늘리면 각 막대의 너비가 커진다.

> 데이터 계열 서식에서 [간격 너비]는 막대와 막대 사이의 간격을 말하는 것으로, [간격 너비]의 숫자를 늘리면 막대와 막대 사이의 간격은 넓어지는 반면 막대의 너비는 줄어듭니다.

[간격 너비]를 150%로 지정한 경우

[간격 너비]를 300%로 지정한 경우

9. 다음과 같이 수량과 실적에 따른 점유율을 확인하는데 가장 알맞은 차트는 무엇인가?   23.상시, 22.상시, 21.상시

◢	A	B	C	D
1	순번	수량	실적	점유율
2	1	35	3,500,000	17%
3	2	40	4,000,000	19%
4	3	42	4,200,000	20%
5	4	58	5,800,000	28%
6	5	33	3,300,000	16%

① 도넛형   ② 분산형

③ 거품형   ④ 영역형

> 수량, 실적, 점유율과 같이 데이터 계열 값이 세 개인 경우에 사용되는 차트는 거품형입니다.

10. 다음 중 각 차트에 대한 설명으로 옳지 않은 것은?

21.상시, 19.2, 06.2

① 꺾은선형 차트 : 일정 간격에 따라 데이터의 추세를 나타내기에 적합하다.

② 원형 차트 : 전체에 대한 각 부분의 관계를 보여주며, 여러 데이터 계열이 각각의 고리로 표시된다.

③ 방사형 차트 : 각 데이터 요소의 중간 지점에 대한 값의 변화를 보여주며, 여러 데이터 계열의 집계 값을 비교하기에도 용이하다.

④ 분산형 차트 : 여러 데이터 계열에 있는 숫자 값 사이의 관계를 보여주거나 두 개의 숫자 그룹을 xy 좌표로 이루어진 하나의 계열로 표시한다.

> 원형 차트는 전체 항목의 합에 대한 각 항목의 비율을 나타내는 차트로, 한 개의 데이터 계열만 사용합니다. 여러 데이터 계열이 각각의 고리로 표시된 것은 도넛형 차트입니다.

11. 다음 중 차트에 대한 설명으로 옳지 않은 것은?

23.상시, 19.2, 18.1, 15.2, 14.1

① 표면형 차트 : 두 개의 데이터 집합에서 최적의 조합을 찾을 때 사용한다.

② 방사형 차트 : 분산형 차트의 한 종류로 데이터 계열 간의 항목 비교에 사용된다.

③ 분산형 차트 : 데이터의 불규칙한 간격이나 묶음을 보여주는 것으로 주로 과학이나 공학용 데이터 분석에 사용된다.

④ 이중 축 차트 : 특정 데이터 계열의 값이 다른 데이터 계열의 값과 현저하게 차이가 날 경우나 두 가지 이상의 데이터 계열을 가진 차트에 사용한다.

> 방사형 차트는 많은 데이터 계열의 집합적인 값을 나타낼 때 사용합니다. ②번은 거품형 차트의 설명입니다.

01 틀 고정 / 창 나누기

23.상시, 21.상시, 20.상시, 20.1, 19.상시, 19.1, 18.상시, 18.2, 17.1, 16.3, 16.2, …

틀 고정	• 데이터의 양이 많은 경우, 열이나 행을 고정시켜 셀 포인터의 이동과 상관없이 특정 영역을 항상 표시하기 위해 사용함 • 화면에 표시되는 틀 고정 형태는 인쇄 시 적용되지 않음 • 틀 고정을 수행하면 셀 포인터의 왼쪽과 위쪽으로 고정선이 표시됨 • 틀 고정선의 위치를 마우스로 조정할 수 없음 • 첫 행이나 첫 열을 고정하려면 셀 포인트의 위치에 상관 없이 [보기] → [창] → [틀 고정] → [첫 행 고정]/[첫 열 고정]을 선택함
창 나누기	• 데이터의 양이 많아 필요한 데이터를 한 화면으로 보기 어려운 경우, 창 나누기를 이용하면 서로 떨어져 있는 데이터를 한 화면에 표시할 수 있음 • 창 나누기를 수행하면 셀 포인터의 왼쪽과 위쪽으로 창 구분선이 표시됨 • 하나의 시트를 2개 혹은 4개의 영역으로 나뉨 • 셀 포인터의 위치에 따라 수직, 수평, 수직 · 수평 분할이 가능함 • 창 나누기 구분선의 위치를 마우스로 이동시킬 수 있음 • 마우스로 더블클릭하면 창 나누기 구분선이 제거됨 • 창 나누기 구분선은 인쇄 시 적용되지 않음

시트	• 눈금선 인쇄 여부, 메모, 노트 등의 인쇄 여부 및 위치 지정, 행/열 머리글 인쇄 여부 지정 • 인쇄 영역 : 특정 부분만 인쇄할 경우 범위를 지정하며, 숨겨진 열이나 행은 인쇄되지 않음 • 인쇄 제목 : 모든 페이지마다 제목으로 반복 인쇄할 행이나 열 지정 　예 1~4행 반복 : 인쇄 제목의 반복할 행에 $1:$4로 지정 　예 A~B열 반복 : 인쇄 제목의 반복할 열을 $A:$B로 지정 • 주석 및 메모 : 시트에 포함된 메모와 노트의 인쇄 여부 및 인쇄 위치를 지정함 • 셀 오류 표시 : 오류의 표시 방법을 지정함 • 간단하게 인쇄 : 워크시트에 입력된 차트, 도형, 그림, 워드아트, 괘선 등 모든 그래픽 요소를 제외하고 텍스트만 빠르게 인쇄함

02 '페이지 설정' 대화상자

23.상시, 22.상시, 21.상시, 20.상시, 20.2, 20.1, 19.상시, 19.2, 19.1, 18.1, 17.2, …

실행 [페이지 레이아웃] → [페이지 설정의 🖰] 클릭

탭	설 명
페이지	• 용지 방향(가로, 세로), 용지 크기, 인쇄 품질(해상도 지정), 시작 페이지 번호 등을 설정함 • 배율 　– 확대/축소 배율 : 워크시트 표준 크기의 10~400%까지 확대/축소하여 인쇄함 　– 자동 맞춤 : 데이터 양에 관계없이 지정된 페이지 수에 맞게 인쇄되도록 자동으로 축소/확대 배율이 조정됨
여백	• 인쇄 용지의 상 · 하 · 좌 · 우 여백 및 머리글/바닥글의 여백을 조정함 • 페이지 가운데 맞춤 : 데이터가 페이지의 수직/수평 가운데에 출력되도록 설정함
머리글/바닥글	• 문서 제목, 페이지 번호, 사용자 이름, 작성 날짜 등 페이지마다 고정적으로 표시되는 머리글이나 바닥글을 입력함 • 짝수와 홀수 페이지를 다르게 지정 : 짝수와 홀수 페이지의 머리글/바닥글 내용을 다르게 지정함 • 첫 페이지를 다르게 지정 : 첫 페이지의 머리글/바닥글 내용을 다른 페이지와 다르게 지정함 • 문서에 맞게 배율 조정 : 머리글/바닥글 내용을 출력되는 워크시트의 실제 크기의 백분율에 따라 확대 · 축소함 • 페이지 여백에 맞추기 : 머리글/바닥글의 여백을 워크시트의 왼쪽/오른쪽 여백에 맞춰 머리글/바닥글을 표시하기에 충분한 여백을 확보함 • 머리글/바닥글 편집 도구 모음 　📄 : 텍스트 서식　📄 : 페이지 번호 삽입　📄 : 전체 페이지 수 삽입 　📅 : 날짜 삽입　🕐 : 시간 삽입　📁 : 파일 경로 삽입 　📄 : 파일 이름 삽입　📄 : 시트 이름 삽입　🖼 : 그림 삽입 　🖼 : 그림 서식 • 도구 모음을 이용하지 않고 &를 사용하여 원하는 머리글/바닥글 항목을 직접 입력할 수 있음 • 머리글/바닥글 영역에 앰퍼샌드(&)를 표시하려면 앰퍼샌드(&)를 두 번 입력함

03 페이지 나누기

23.상시, 22.상시, 21.상시, 20.2, 20.1, 18.2, 16.2, 15.1, 14.3

작성한 문서를 페이지 단위로 나누어 인쇄하기 위해 페이지를 나누는 기능이다.

자동 페이지 나누기	• 인쇄할 데이터가 많아 한 페이지가 넘어가면 자동으로 페이지 구분선이 삽입됨 • 페이지 구분선은 용지 크기, 여백 설정, 설정한 배율 옵션을 기준으로 설정됨
수동 페이지 나누기	• [페이지 레이아웃] → [페이지 설정] → [나누기] → [페이지 나누기 삽입]을 선택함 • 사용자가 강제로 페이지를 나누는 것으로, 셀 포인터의 위치를 기준으로 왼쪽과 위쪽에 페이지 구분선이 삽입됨 • 페이지 나누기가 설정된 셀을 선택하고, [페이지 레이아웃] → [페이지 설정] → [나누기] → [페이지 나누기 제거]를 선택하면 삽입된 페이지 구분선이 제거됨 • 행 높이나 열 너비가 변경되면 '자동 페이지 나누기'로 삽입된 구분선은 자동으로 조절되지만 '수동 페이지 나누기'로 삽입된 구분선은 원래대로 유지됨

04 페이지 나누기 미리 보기

- 작성한 문서가 출력될 때의 페이지 경계선을 한눈에 볼 수 있는 기능으로, 페이지 구분선, 인쇄 영역, 페이지 번호 등이 표시된다.

- **실행** [보기] → [통합 문서 보기] → [페이지 나누기 미리 보기] 클릭

- '페이지 나누기 미리 보기' 상태에서는 데이터 입력뿐만 아니라 차트나 그림 등의 개체도 삽입할 수 있다.

- 마우스로 페이지 구분선을 드래그하여 위치를 변경할 수 있으며, 페이지 구분 선을 상·하·좌·우의 맨 끝으로 끌고가면 페이지 구분선이 제거된다.

- '페이지 나누기 미리 보기' 상태에서 자동으로 표시된 페이지 구분선은 점선, 수동으로 삽입한 페이지 구분선은 실선으로 표시된다.

- '페이지 나누기 미리 보기' 상태에서 자동으로 표시된 페이지 구분선을 이동시키면, 수동 페이지 구분선으로 변경되어 실선으로 표시된다.

- 설정된 모든 페이지 나누기 해제 : 바로 가기 메뉴의 [페이지 나누기 모두 원래대로] 선택

05 인쇄

- 프린터 종류, 인쇄 대상(선택 영역 인쇄, 활성 시트 인쇄, 전체 통합 문서 인쇄), 인쇄 매수 등을 설정할 수 있다.

- 파일로 인쇄할 경우 확장자 *.prn인 파일로 저장된다.

- 인쇄 미리 보기
  - 인쇄하기 전 머리글, 바닥글 등을 미리 화면으로 확인하는 기능이다.
  - 실행 방법 : [파일] → [인쇄]를 선택하거나 Ctrl + F2 누름
  - 차트를 선택한 후 [파일] → [인쇄]를 실행하면 차트만 미리 볼 수 있다.
  - ▥(여백 표시) : 마우스를 이용하여 여백의 크기나 열 너비를 조정할 수 있음
  - ✛(페이지 확대/축소) : 전체 페이지가 고정된 비율로 확대/축소됨
  - 인쇄 미리 보기 화면을 종료하려면 Esc를 누른다.

- 차트를 선택한 상태에서 인쇄하면 워크시트의 내용은 인쇄되지 않고 차트만 인쇄된다.

- 인쇄 영역에 포함된 도형을 제외하고 인쇄할 수 있다.

  방법 도형의 바로 가기 메뉴에서 [도형 서식]이나 [크기 및 속성]을 선택한 후 '도형 서식' 창의 [도형 옵션] → [▦(크기 및 속성)] → [속성]에서 '개체 인쇄' 옵션의 선택을 해제함

- 워크시트에 포함된 차트, 그림, 셀 눈금선 등을 제외하고 인쇄하려면 '페이지 설정' 대화상자의 '시트' 탭에서 '간단하게 인쇄'를 선택한 후 인쇄하면 된다.

1. 다음은 '창 나누기'와 '틀 고정'에 대한 설명이다. 잘못된 것은?

23.상시, 02.1

① 창 구분선을 마우스로 드래그하여 위치를 이동할 수 있다.
② 창 나누기는 워크시트를 여러 개의 창으로 분리하는 기능으로 최대 4개로 분할할 수 있다.
③ 틀 고정을 마우스로 끌어서 위치를 변경할 수 있다.
④ 메뉴 [창] → [틀 고정]을 선택하면 현재 셀 포인터의 왼쪽, 위쪽에 틀 고정선이 나타난다.

틀 고정선의 위치는 마우스로 조정할 수 없습니다.

2. 다음 중 틀 고정 및 창 나누기에 대한 설명으로 옳지 않은 것은?

23.상시, 17.1

① 화면에 나타나는 창 나누기 형태는 인쇄 시 적용되지 않는다.
② 창 나누기를 수행하면 셀 포인트의 오른쪽과 아래쪽으로 창 구분선이 표시된다.
③ 창 나누기는 셀 포인트의 위치에 따라 수직, 수평, 수직 · 수평 분할이 가능하다.
④ 첫 행을 고정하려면 셀 포인트의 위치에 상관 없이 [틀 고정] → [첫 행 고정]을 선택한다.

창 나누기를 수행하면 셀 포인터의 왼쪽과 위쪽을 기준으로 창 구분선이 표시됩니다.

3. 다음 중 [페이지 설정] 대화상자의 [시트] 탭에 대한 설명으로 옳지 않은 것은?

23.상시

① 눈금선을 체크하면 셀 눈금선이 인쇄되지 않는다.
② 인쇄 제목을 이용하면 모든 페이지에 반복 인쇄할 영역을 지정할 수 있다.
③ 워크시트의 행/열 머리글이 인쇄되도록 설정할 수 있다.
④ '간단하게 인쇄'를 체크하면 도형 등의 그래픽 요소가 인쇄되지 않는다.

눈금선을 체크하면 셀 눈금선이 인쇄됩니다.

4. 다음 중 [페이지 설정] 대화상자의 [머리글/바닥글] 탭에 대한 설명으로 옳지 않은 것은?

22.상시, 21.상시, 17.2

① 홀수 페이지의 머리글 및 바닥글을 짝수 페이지와 다르게 지정하려면 '짝수와 홀수 페이지를 다르게 지정'을 선택한다.
② 인쇄되는 첫 번째 페이지에서 머리글과 바닥글을 표시하지 않으려면 '첫 페이지를 다르게 지정'을 선택한 후 머리글과 바닥글 편집에서 첫 페이지 머리글과 첫 페이지 바닥글에 아무것도 설정하지 않는다.
③ 인쇄될 워크시트를 워크시트의 실제 크기의 백분율에 따라 확대 · 축소하려면 '문서에 맞게 배율 조정'을 선택한다.
④ 머리글 또는 바닥글을 표시하기에 충분한 머리글 또는 바닥글 여백을 확보하려면 '페이지 여백에 맞추기'를 선택한다.

인쇄될 워크시트가 아닌 머리글/바닥글의 내용을 워크시트의 실제 크기의 백분율에 따라 확대 · 축소할 때 '문서에 맞게 배율 조정'을 선택합니다.

5. 다음 중 [페이지 설정] 대화상자의 [시트] 탭에 대한 설명으로 옳지 않은 것은?

22.상시, 21.상시

① 셀에 삽입된 메모를 시트 끝에 인쇄되도록 설정할 수 있다.
② 셀 구분선이나 그림 개체 등은 제외하고 셀에 입력된 데이터만 인쇄되도록 설정할 수 있다.
③ 워크시트의 행/열 머리글과 눈금선이 인쇄되도록 설정할 수 있다.
④ 용지 여백과 용지 크기를 설정할 수 있다.

용지 여백은 '여백' 탭에서, 용지 크기는 '페이지' 탭에서 설정할 수 있습니다.

6. 다음 중 페이지 나누기에 대한 설명으로 옳지 않은 것은?

22.상시, 21.상시, 20.1

① 페이지 나누기는 워크시트를 인쇄할 수 있도록 페이지 단위로 나누는 구분선이다.
② [페이지 나누기 미리 보기] 상태에서 마우스로 페이지 나누기 구분선을 클릭하여 끌면 페이지를 나눌 위치를 조정할 수 있다.
③ 행 높이와 열 너비를 변경해도 자동 페이지 나누기 구분선의 위치는 변경되지 않는다.
④ [페이지 나누기 미리 보기] 상태에서 파선은 자동 페이지 나누기를 나타내고 실선은 사용자 지정 페이지 나누기를 나타낸다.

행 높이와 열 너비를 변경하면 자동 페이지 나누기는 영향을 받아 자동으로 변경되고, 수동 페이지 나누기는 영향을 받지 않고 원래대로 유지됩니다.

7. 다음 중 '페이지 나누기'에 대한 설명으로 옳지 않은 것은?

22.상시, 21.상시, 20.2

① [페이지 나누기 미리 보기]에서 행 높이와 열 너비를 변경하면 '자동 페이지 나누기'의 위치도 변경된다.

② [페이지 나누기 미리 보기]에서 수동으로 삽입된 페이지 나누기는 점선으로 표시된다.

③ 수동으로 삽입한 페이지 나누기를 제거하려면 페이지 나누기 선 아래 셀의 바로 가기 메뉴에서 [페이지 나누기 제거]를 선택한다.

④ 용지 크기, 여백 설정, 배율 옵션 등에 따라 자동 페이지 나누기가 삽입된다.

'페이지 나누기 미리 보기' 상태에서 자동으로 표시된 페이지 구분선은 점선, 수동으로 삽입한 페이지 구분선은 실선으로 표시됩니다.

8. 다음 중 '페이지 나누기' 기능에 관한 설명으로 옳지 않은 것은?

23.상시, 22.상시, 21.상시, 16.2

① '페이지 나누기 미리 보기' 상태에서는 데이터의 입력이나 편집을 할 수 없다.

② 페이지 구분선을 마우스로 드래그 하여 구분선의 위치를 변경할 수 있다.

③ 수동으로 삽입된 페이지 나누기는 실선으로 표시되고 자동으로 추가된 페이지 나누기는 파선으로 표시된다.

④ 인쇄할 데이터가 많아 한 페이지가 넘어가면 자동으로 페이지 구분선이 삽입된다.

[페이지 나누기 미리 보기] 상태에서는 데이터 입력이나 편집뿐만 아니라 차트나 그림 등의 개체도 삽입할 수 있습니다.

9. 다음 중 [인쇄 미리 보기 및 인쇄]에 대한 설명으로 옳지 않은 것은?

23.상시, 22.상시

① 인쇄 미리 보기 화면을 종료하려면 Esc를 누르거나 왼쪽 상단의 圖를 클릭한다.

② 차트를 선택한 후 [파일] → [인쇄]를 실행하면 선택한 차트만 미리 볼 수 있다.

③ 오른쪽 아래의 '페이지 확대/축소(圖)'를 클릭하면 화면에는 적용되지만 실제 인쇄 시에는 적용되지 않는다.

④ 오른쪽 아래의 '여백 표시(圖)'를 클릭하면 '페이지 설정' 대화상자의 '여백' 탭이 표시된다.

[인쇄 미리 보기 및 인쇄] 화면의 오른쪽 아래에 있는 '여백 표시(圖)'를 클릭하면 미리 보기 화면에 여백이 표시될 뿐 '페이지 설정' 대화상자는 표시되지 않습니다.

10. 다음 중 인쇄에 대한 설명으로 옳은 것은?

22.상시, 21.상시, 15.3

① 기본적으로 워크시트에서 숨기기를 실행한 영역도 인쇄된다.

② 인쇄 영역에 포함된 도형들을 함께 인쇄하려면 [파일] → [인쇄]에서 '개체 인쇄'를 선택하여 인쇄한다.

③ 워크시트에 삽입된 차트만 인쇄하려면 차트가 선택된 상태에서 인쇄 명령을 실행한다.

④ 여러 시트를 한 번에 인쇄하려면 [파일] → [인쇄]에서 '여러 시트 인쇄'를 선택하여 인쇄한다.

① 기본적으로 워크시트에서 숨기기를 실행한 영역은 인쇄되지 않습니다.
② 인쇄 영역에 포함된 도형들을 함께 인쇄하려면 '도형 서식' 창의 [도형 옵션] → [圖(크기 및 속성)] → [속성]에서 '개체 인쇄'를 선택한 후 인쇄해야 합니다.
④ 여러 시트를 한 번에 인쇄하려면 인쇄할 시트를 모두 선택한 후 [파일] → [인쇄]에서 '활성 시트 인쇄'를 선택한 후 인쇄해야 합니다.

01 정렬

23.상시, 22.상시, 21.상시, 20.상시, 19.상시, 19.2, 19.1, 18.상시, 18.1, 16.3, …

- 정렬 기준은 최대 64개까지 지정할 수 있으며, 기본적으로 행 단위로 정렬된다.
- 정렬 방식에는 오름차순, 내림차순, 사용자 지정 목록이 있으며, 셀 값에 따라 정렬이 수행된다.
- 셀 값, 셀 색, 글꼴 색 등을 기준으로 정렬할 수 있다.
- 정렬 기준을 '셀 값'으로 지정하면 오름차순이나 내림차순으로 정렬하지만 '셀 색', '글꼴 색', '조건부 서식 아이콘'으로 지정하면 지정한 색이나 아이콘을 목록의 위나 아래에 표시한다.
- 원칙적으로 숨겨진 행/열에 있는 데이터는 정렬에 포함되지 않는다.
- 데이터 목록에 병합된 셀이 포함되어 있을 경우에는 정렬할 수 없다.
- 영문자 대·소문자를 구분하여 정렬할 수 있는 기능을 제공하며, 오름차순으로 정렬하면 소문자가 우선순위를 갖는다.
- 오름차순은 '숫자 〉 문자 〉 논리값 〉 오류값 〉 빈 셀' 순이고, 내림차순은 '오류값 〉 논리값 〉 문자 〉 숫자 〉 빈 셀' 순이다.
- '정렬' 대화상자 : 정렬 기준, 정렬 방식(오름차순, 내림차순, 사용자 지정 목록), 데이터 범위의 첫 행이 머리글인지 여부, 정렬 옵션 등을 지정함
- '정렬 옵션' 대화상자 : 대·소문자 구분 여부 지정, 정렬할 방향 지정 (위쪽에서 아래쪽, 왼쪽에서 오른쪽)
- 사용자 지정 정렬
  - 사용자가 '사용자 지정 목록'에 등록한 목록을 기준으로 정렬하는 기능이다.
  - '정렬 기준'이 '셀 값'일 때만 사용 가능하다.
  - '정렬' 대화상자의 '정렬'에서 '사용자 지정 목록'을 선택하여 정렬 순서를 추가하거나 삭제할 수 있다.

02 자동 필터

23.상시, 22.상시, 21.상시, 16.2, 15.2, 15.1, 13.3, 12.3, 09.4, 09.1, 07.2, 04.1, …

- 단순한 비교 조건을 사용하여 간단한 데이터 추출 작업에 사용되는 필터이다.
- 자동 필터 목록 단추를 이용하여 쉽고 빠르게 필터 조건을 설정할 수 있다.
- 자동 필터를 사용하려면 데이터 목록에 반드시 필드명(열 이름표)이 있어야 한다.
- 자동 필터는 영문 대·소문자를 구분할 수 없다.
- 필터링된 데이터 그대로 복사, 찾기, 편집, 인쇄 등의 작업을 수행할 수 있다.
- 자동 필터를 적용하면 지정한 조건에 맞지 않는 행은 숨겨진다.
- 두 개 이상의 필드(열)에 조건이 설정된 경우 AND 조건으로 결합된다.

- 필터를 이용하여 추출한 데이터는 원본 목록(데이터 목록) 상에 레코드(행) 단위로 표시된다.

 [데이터] → [정렬 및 필터] → [필터] 클릭

03 고급 필터

23.상시, 22.상시, 21.상시, 20.상시, 20.2, 20.1, 19.상시, 19.2, 18.2, 17.2, 17.1, …

- 기본 조건 지정 방법
  - 조건을 지정할 범위의 첫 행에는 원본 데이터 목록의 필드명을 입력하고, 그 아래 행에 조건을 입력한다.
  - 조건을 지정할 때 '?, *' 등의 만능 문자(와일드 카드)도 사용할 수 있다.

AND 조건	• 지정한 모든 조건을 만족하는 데이터만 출력됨 • 조건을 모두 같은 행에 입력해야 함
OR 조건	• 지정한 조건 중 하나의 조건이라도 만족하는 경우 데이터가 출력됨 • 조건을 모두 다른 행에 입력해야 함
AND와 OR의 결합 조건	AND와 OR 조건이 결합된 형태의 조건 지정 방식

- 고급 조건 지정 방법
  - 함수나 식의 계산값을 고급 필터의 찾을 조건으로 지정하는 방식이다.
  - 조건 지정 범위의 첫 행에 입력하는 조건 필드명은 원본 데이터의 필드명과 다른 필드명을 입력하거나 생략해야 한다.
  - 함수나 식을 사용하여 조건을 입력하면 셀에는 비교되는 현재 대상의 값에 따라 TRUE나 FALSE가 표시된다.

04 텍스트 나누기

23.상시, 22.상시, 19.1, 17.1, 14.3, 13.2, 11.2, 07.3, 06.4, 06.3, 06.1, 05.3, …

- 워크시트의 한 열에 입력되어 있는 데이터를 구분 기호나 일정한 너비로 분리하여 워크시트의 각 셀에 입력하는 기능이다.
- 데이터를 블록으로 지정한 후 [데이터] → [데이터 도구] → [텍스트 나누기]를 클릭한 후 '텍스트 마법사'를 이용하여 텍스트를 나눈다.
- 텍스트 마법사 실행 순서

1단계	텍스트를 열로 나눌 방법 선택(구분 기호로 분리됨, 너비가 일정함)
2단계	• 구분 기호로 구분된 데이터 - 탭, 세미콜론, 쉼표, 공백 등의 구분 기호가 제공되며, 사용자가 구분 기호를 정의할 수 있음 ※ 구분 기호는 두 가지 이상을 지정할 수 있음 - 두 가지 이상의 문자 구분 기호를 선택할 수 있음 • 너비가 일정한 데이터 - 열 구분선을 삽입하거나 삭제할 수 있음
3단계	데이터 서식 지정

5장 대표기출문제

1. 다음 중 정렬에 대한 설명으로 옳은 것은? 22.상시, 19.2

① 최대 24개의 열을 기준으로 정렬할 수 있다.

② 글꼴 색을 기준으로 정렬할 수 있다.

③ 정렬 대상 범위에 병합된 셀이 포함되어 있어도 정렬할 수 있다.

④ 숨겨진 행은 정렬 결과에 포함되나 숨겨진 열은 정렬 결과에 포함되지 않는다.

> ① 정렬 기준은 최대 64개의 열을 지정할 수 있습니다.
> ③ 정렬 대상 범위에 병합된 셀이 포함되어 있을 경우에는 정렬할 수 없습니다.
> ④ 원칙적으로 숨겨진 행이나 열에 있는 데이터는 정렬에 포함되지 않습니다.

2. 아래 워크시트에서 [A]열을 오름차순 정렬할 경우 올바르게 정렬된 것은? 23.상시, 22.상시

① 　②

③ 　④

> 오름차순은 '숫자 〉 문자(특수문자 〉 영문 〉 한글) 〉 논리값 〉 오류값 〉 빈 셀' 순으로 정렬됩니다.

3. 다음 중 데이터 관리 기능인 자동 필터에 대한 설명으로 옳지 않은 것은? 22.상시, 21.상시

① 자동 필터는 데이터 영역에 표시되는 목록 단추를 이용하여 쉽고 빠르게 데이터를 추출할 수 있다.

② 필터는 필요한 데이터 추출을 위해 조건을 만족하지 않는 데이터를 잠시 숨기는 것이므로 목록 자체의 내용은 변경되지 않는다.

③ 자동 필터를 사용하여 추출한 데이터는 레코드(행) 단위로 표시된다.

④ 여러 필드를 대상으로 조건을 지정할 수 없다.

> 자동 필터는 여러 필드를 대상으로 조건을 지정할 수 있으며, 지정된 모든 조건을 만족하는 데이터가 표시됩니다.

4. 다음 중 자동 필터에 대한 설명으로 옳지 않은 것은? 23.상시

① 자동 필터에서 여러 필드에 조건을 지정하는 경우 각 조건들은 AND 조건으로 설정된다.

② 정렬 시 영문 대·소문자를 구분한다.

③ 자동 필터된 데이터만 선택하여 복사할 수 있다.

④ 필터링된 데이터 그대로 찾기, 편집, 인쇄 등의 작업을 수행할 수 있다.

> 자동 필터는 영문 대·소문자를 구분하지 못합니다.

5. 아래 시트에서 고급 필터를 그림과 같이 실행하였다. 다음 중 고급 필터의 실행 결과로 옳은 것은? 22.상시, 13.1

① 　②

③ 　④

> '동일한 레코드는 하나만' 옵션을 지정하면 동일한 레코드가 있을 경우 하나만 표시합니다. 또한 실행 결과는 데이터 영역의 레코드 정렬 순서대로 표시됩니다.
> ※ 고급 필터의 결과로 특정 필드만 추출하려면 결과를 표시할 위치에 추출할 필드명을 미리 입력한 후 '고급 필터' 대화상자의 복사 위치에 입력한 필드명을 범위로 지정하면 됩니다. 이 문제의 경우 [A12] 셀에 '학과명'을 입력한 후 복사 위치를 [A12] 셀로 지정하였기 때문에 고급 필터의 결과로 '학과명'만 추출됩니다.

6. 다음 중 직급이 "사원"이고 급여가 2,500,000 이상이거나 1,500,000 이하인 직원의 데이터를 조회하기 위한 고급 필터의 조건으로 옳은 것은? 23.상시

①

직급	급여
사원	>=2500000
	<=1500000

②

직급	급여
사원	>=2500000
사원	<=1500000

③

직급	급여
	>=2500000
사원	<=1500000

④

직급	급여	급여
사원	>=2500000	<=1500000

> • 고급 필터의 조건을 지정할 때는 조건을 지정할 범위의 첫 행에는 원본 데이터 목록의 필드명을 입력하고, 그 아래 행에 조건을 입력합니다.
> • 조건을 같은 행에 입력하면 AND 조건, 다른 행에 입력하면 OR 조건으로 연결됩니다.

7. 다음 중 [텍스트 나누기] 기능에 대한 설명으로 옳지 않은 것은? 23.상시, 22.상시

① 한 셀에 입력되어 있는 데이터를 여러 셀로 분리시킬 수 있다.

② 텍스트 나누기 수행 시 데이터 형식의 변환 및 셀 서식 변경이 가능하다.

③ 열의 데이터 서식을 '일반'으로 지정하면 숫자 값은 숫자로, 날짜 값은 날짜로, 모든 나머지 값은 텍스트로 변환된다.

④ 탭, 세미콜론, 쉼표, 공백 등의 구분 기호가 기본으로 제공되며, 사용자가 원하는 한 가지만 선택할 수 있다.

> '텍스트 마법사 2단계'에서 두 가지 이상의 구분 기호를 선택하여 텍스트 나누기를 수행할 수 있습니다.

1360133

01 부분합

23.상시, 22.상시, 21.상시, 20.상시, 20.2, 20.1, 19.상시, 19.1, 18.상시, 18.1, …

- 많은 양의 데이터 목록을 그룹별로 분류하고, 각 그룹별로 계산을 수행하는 데이터 분석 도구이다.
- 부분합을 작성하려면 기준이 되는 필드가 반드시 오름차순이나 내림차순으로 정렬되어 있어야 한다.
- 작성된 부분합에는 자동으로 개요가 설정되며, 개요 기호를 이용하여 하위 목록 데이터들의 표시 여부를 지정할 수 있다.
- 두 개 이상의 함수를 이용하여 부분합을 작성하려면 함수 종류만큼 반복해서 부분합을 실행해야 한다.
- 사용할 수 있는 함수 : 합계, 개수, 평균, 최대, 최소, 곱, 숫자 개수, 표준 편차, 표본 표준 편차, 표본 분산, 분산
- 중첩 부분합을 작성하려면 중첩할 부분합 그룹의 기준 필드들이 정렬(2차 정렬 기준)되어야 하고, '부분합' 대화상자에서 반드시 '새로운 값으로 대치'를 해제해야 한다.

실행 [데이터] → [개요] → [부분합] 클릭

- '부분합' 대화상자 옵션

그룹화할 항목	값을 구하는 기준이 되는 항목을 선택함
사용할 함수	사용할 함수를 선택함
부분합 계산 항목	함수를 적용할 필드를 선택함
새로운 값으로 대치	이미 작성된 부분합을 지우고, 새 부분합으로 변경할 경우 선택함
그룹 사이에서 페이지 나누기	부분합을 구한 뒤 각 그룹 다음에 페이지 나누기를 자동으로 삽입함
데이터 아래에 요약 표시	선택하면 각 그룹의 아래쪽에 부분합 결과를 표시하고, 선택하지 않으면 그룹의 위쪽에 부분합 결과를 표시함
모두 제거	부분합을 해제하고, 원래 데이터 목록을 표시함

1360135
4210281

02 피벗 테이블

23.상시, 22.상시, 21.상시, 20.상시, 19.상시, 19.2, 18.상시, 18.2, 18.1, 16.2, …

- 많은 양의 데이터를 한눈에 쉽게 파악할 수 있도록 요약·분석해서 보여주는 도구이다.
- 엑셀 목록, 데이터베이스, 외부 데이터, 다른 피벗 테이블 등의 데이터를 사용할 수 있다.
- 각 필드에 다양한 조건을 지정할 수 있으며, 일정한 그룹별로 데이터 집계가 가능하다.
- 문자, 숫자, 날짜, 시간 등 모든 필드에 대해 그룹 지정이 가능하다.
- 피벗 테이블은 현재 작업중인 워크시트나 새로운 워크시트에 작성할 수 있다.
- 원본 데이터가 변경되면 [모두 새로 고침] 기능을 이용하여 피벗 테이블의 데이터도 변경할 수 있다.

- 피벗 테이블을 작성한 후에 사용자가 새로운 수식을 추가하여 표시할 수 있으며, 필터, 행, 열 영역에 배치된 항목을 자유롭게 이동시킬 수 있다.
- 값 영역에 표시된 데이터는 삭제하거나 수정할 수 없다.

실행 [삽입] → [표] → [피벗 테이블] 클릭

- 피벗 테이블의 구성 요소

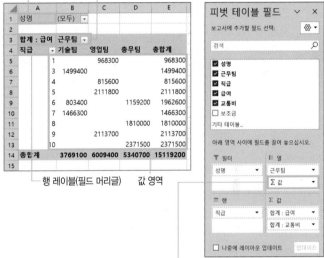

값 필드 : 값 영역에 두 개 이상의 필드를 지정하면 자동으로 표시됨

3311602

03 피벗 차트 보고서

23.상시, 21.상시, 18.상시, 18.2, 18.1, 16.2, 15.1, 13.3, 11.1, 09.2, 08.2

- 피벗 테이블의 데이터를 이용하여 작성한 차트이다.
- 피벗 테이블에서 항목이나 필드에 변화를 주면 피벗 차트도 변경된다.
- 피벗 차트는 피벗 테이블을 작성할 때 함께 작성하거나, 이미 작성된 피벗 테이블을 이용하여 작성한다.
- 피벗 차트는 피벗 테이블을 사용하므로 피벗 테이블을 만들지 않고 피벗 차트를 작성할 수 없다.
- 피벗 차트를 추가하면 피벗 테이블이 있는 워크시트에 삽입된다.
- 피벗 테이블을 삭제하면 피벗 차트가 일반 차트로 변경되지만, 피벗 차트를 삭제해도 피벗 테이블에는 아무 변화가 없다.

1360135

04 목표값 찾기

23.상시, 22.상시, 21.상시, 20.2, 18.2, 18.1, 17.2, 16.3, 13.2, 12.3, 11.3, 11.2, …

- 수식에서 원하는 결과(목표)값은 알고 있지만 그 결과값을 계산하기 위해 필요한 입력값을 모를 경우 사용하는 도구이다.
- 주어진 결과값에 대해 하나의 입력값만 변경할 수 있다.
- 결과값은 입력값을 참조하는 수식으로 작성되어야 한다.

- 찾는 값(목표값)에는 셀 주소를 입력할 수 없으므로 사용자가 원하는 데이터를 직접 입력해야 한다.

  실행 [데이터] → [예측] → [가상 분석] → [목표값 찾기] 선택

- '목표값 찾기' 대화상자

수식 셀	결과값이 표시되는 셀 주소로, 해당 셀에는 반드시 수식이 있어야 함
찾는 값	목표로 하는 값을 직접 입력해야 함
값을 바꿀 셀	목표값을 만들기 위해 변경될 값이 들어 있는 셀 주소

- 데이터 표의 결과는 일부분만 수정 또는 삭제할 수 없다.

  실행 [데이터] → [예측] → [가상 분석] → [데이터 표] 선택

- '데이터 테이블' 대화상자

❶ 행 입력 셀 : 변화되는 값이 행에 있을 때 변화되는 셀의 주소를 지정함

❷ 열 입력 셀 : 변화되는 값이 열에 있을 때 변화되는 셀의 주소를 지정함

05 시나리오

23.상시, 22.상시, 21.상시, 20.1, 19.1, 18.2, 17.1, 14.2, 14.1, 13.2, 13.1, 12.3, …

- 다양한 상황과 변수에 따른 여러 가지 결과값의 변화를 가상의 상황을 통해 예측하여 분석하는 도구이다.
- 결과 셀은 반드시 변경 셀을 참조하는 수식으로 입력되어야 한다.
- 시나리오의 결과는 요약 보고서나 피벗 테이블 보고서로 작성할 수 있다.
- '시나리오 관리자' 대화상자에서 시나리오를 삭제해도 이미 작성된 시나리오 요약 보고서는 삭제되지 않고, 반대로 시나리오 요약 보고서를 삭제해도 시나리오는 삭제되지 않는다.
- 시나리오가 작성된 원본 데이터를 변경해도 이미 작성된 시나리오 요약 보고서에는 반영되지 않는다.
- 이자율, 손익 분기점, 주가 분석 등에 많이 사용된다.
- 하나의 시나리오에는 최대 32개의 변경 셀을 지정할 수 있다.
- 시나리오 이름은 사용자가 직접 입력해야 하며, 설명은 반드시 입력할 필요는 없다.
- 시나리오 병합을 통하여 다른 통합 문서나 워크시트에 저장된 시나리오를 가져올 수 있다.
- '변경 셀'과 '결과 셀'에 이름을 지정한 후 시나리오 요약 보고서를 작성하면 셀 주소 대신 지정한 이름이 표시된다.

  실행 [데이터] → [예측] → [가상 분석] → [시나리오 관리자] 선택

06 데이터 표

23.상시, 21.상시, 17.2, 16.1, 15.3, 12.1, 08.3, 07.1

- 특정 값의 변화에 따른 결과 값의 변화 과정을 표의 형태로 표시해 주는 도구이다.
- 데이터 표는 지정하는 값의 수에 따라 단일 표와 이중 표로 구분한다.
- 데이터 표의 결과 값은 반드시 변화하는 특정 값을 포함한 수식으로 작성되어야 한다.
- 데이터 표 기능을 이용하여 계산된 결과는 참조하고 있는 셀의 데이터가 수정되면 자동으로 갱신된다.

07 데이터 통합

23.상시, 22.상시, 21.상시, 20.2, 20.1, 19.상시, 16.1, 14.1, 09.3, 07.3, 07.2, …

- 비슷한 형식의 여러 데이터를 하나의 표로 통합·요약하여 표시해주는 도구이다.
- 사용할 데이터의 형태가 다르더라도 같은 이름표를 사용하면 항목을 기준으로 통합할 수 있다.
- 사용할 수 있는 함수 : 합계, 개수, 평균, 최대, 최소, 곱, 숫자 개수, 표준 편차, 표본 표준 편차, 표본 분산, 분산
- 통합할 여러 데이터의 순서와 위치가 동일할 경우 위치를 기준으로 통합할 수 있다.
- 여러 시트에 입력되어 있는 데이터 및 다른 통합 문서에 입력되어 있는 데이터도 통합할 수 있다.
- 데이터 통합의 결과는 데이터 통합을 실행한 위치의 셀에 표시된다.

  실행 [데이터] → [데이터 도구] → [통합] 클릭

- '통합' 대화상자

❶ 함수	사용할 함수를 선택함
❷ 참조	통합할 데이터 범위를 지정함
❸ 추가	참조에서 지정한 데이터 범위를 추가함
❹ 삭제	'모든 참조 영역'에 추가된 범위 중 선택하여 삭제함
❺ 첫 행	참조된 데이터 범위의 첫 행을 통합된 데이터의 첫 행(열 이름)으로 사용함
❻ 왼쪽 열	참조된 데이터 범위의 왼쪽 열을 통합된 데이터의 첫 열(행 이름)로 사용함
❼ 원본 데이터에 연결	• 원본 데이터가 변경될 경우 통합된 데이터에도 반영되는 것 • 통합할 데이터가 있는 워크시트와 결과가 작성될 워크시트가 서로 다른 경우에만 적용됨

1. 다음 중 이미 부분합이 계산되어 있는 상태에서 새로운 부분합을 추가하고자 할 때 수행해야 할 작업으로 옳은 것은?

22.상시, 21.상시, 19.1, 00.3

① [모두 제거] 단추를 클릭
② '새로운 값으로 대치' 설정을 해제
③ '그룹 사이에서 페이지 나누기'를 설정
④ '데이터 아래에 요약 표시' 설정을 해제

> 이미 부분합이 계산되어 있는 상태에서 새로운 부분합을 추가할 때는 '새로운 값으로 대치' 설정을 해제해야 합니다.

2. 다음 중 부분합에 대한 설명으로 옳지 않은 것은?

23.상시, 22.상시, 21.상시, 20.2

① 부분합을 실행하면 각 부분합에 대한 정보 행을 표시하고 숨길 수 있도록 목록에 개요가 자동으로 설정된다.
② 부분합은 한 번에 한 개의 함수만 계산할 수 있으므로 두 개 이상의 함수를 이용하려면 함수의 개수만큼 부분합을 중첩해서 삽입해야 한다.
③ '새로운 값으로 대치'를 선택하면 이전의 부분합의 결과는 제거되고 새로운 부분합의 결과로 변경한다.
④ 그룹화할 항목으로 선택된 필드는 자동으로 오름차순 정렬하여 부분합이 계산된다.

> 부분합을 작성하려면 먼저 그룹화할 항목을 기준으로 반드시 오름차순이나 내림차순으로 정렬한 후 부분합을 실행해야 합니다.

3. 상품 가격이 2,500원짜리 물건에 대하여 총 판매액이 1,500,000원이 되게 하기 위해서는 판매수량이 얼마나 되어야 하는지 알아보기 위해 사용되는 유용한 기능은?

23.상시, 21.상시, 16.3, 10.3, 08.2, 06.3, 05.2, 02.1, 00.2

① 피벗 테이블　　　　② 목표값 찾기
③ 시나리오　　　　　④ 레코드 관리

> 목표값 찾기는 수식에서 원하는 결과 값(총 판매액 1,500,000)은 알고 있지만 그 결과값을 계산하기 위해 필요한 입력값(판매수량)을 모를 경우 사용하는 도구입니다.

4. 다음 중 피벗 테이블에 대한 설명으로 옳지 않은 것은?

23.상시, 22.상시, 16.2, 13.3, 13.1, 09.4, 09.3, 08.2, 07.4, 05.3, 03.2, 01.2, 00.1

① 원본 데이터가 변경되면 피벗 테이블의 데이터도 자동으로 변경된다.
② 외부 데이터를 대상으로 피벗 테이블을 작성할 수 있다.
③ 피벗 테이블을 작성한 후에 사용자가 새로운 수식을 추가하여 표시할 수 있다.
④ 많의 양의 자료를 분석하여 다양한 형태로 요약하여 보여주는 기능이다.

> 원본 데이터가 변경된 경우 [데이터] → [연결] → [모두 새로 고침(🔃)]을 눌러 주어야만 피벗 테이블의 데이터도 변경됩니다.

5. 다음 중 피벗 테이블에 대한 설명으로 옳지 않은 것은?

23.상시, 21.상시, 18.2

① 원본의 자료가 변경되면 [모두 새로 고침] 기능을 이용하여 일괄 피벗 테이블에 반영할 수 있다.
② 작성된 피벗 테이블을 삭제하는 경우 함께 작성한 피벗 차트는 자동으로 삭제된다.
③ 피벗 테이블을 삭제하려면 피벗 테이블 전체를 범위로 지정한 후 Delete 를 누른다.
④ 피벗 테이블의 삽입 위치는 새 워크시트뿐만 아니라 기존 워크시트에서 시작 위치를 선택할 수도 있다.

> 피벗 테이블과 피벗 차트를 함께 만든 후 피벗 테이블을 삭제하면 피벗 차트는 일반 차트로 변경됩니다.

6. 다음 중 시나리오에 관한 설명으로 옳지 않은 것은?

23.상시, 21.상시, 18.2, 14.1

① 하나의 시나리오에 최대 32개까지 변경 셀을 지정할 수 있다.
② 시나리오의 결과는 요약 보고서나 피벗 테이블 보고서로 작성할 수 있다.
③ 시나리오 병합을 통하여 다른 통합 문서나 다른 워크시트에 저장된 시나리오를 가져올 수 있다.
④ 시나리오는 입력된 자료들을 그룹별로 분류하고 해당 그룹별로 특정한 계산을 수행하는 기능이다.

> 시나리오는 다양한 상황과 변수에 따른 여러 가지 결과값의 변화를 가상의 상황을 통해 예측하여 분석하는 도구입니다. ④번은 부분합에 대한 설명입니다.

7. 다음 중 아래 그림과 같이 목표값 찾기를 설정했을 때, 이에 대한 의미로 옳은 것은? 23.상시, 22.상시, 20.2, 18.2

	A	B	C	D	E
1			제품별 판매현황		
2					
3	품목	노트북	프린터	스캐너	평균
4	판매량	60	35	15	36.67

목표값 찾기 ? ✕
수식 셀(E): $E$4
찾는 값(V): 40
값을 바꿀 셀(C): $B$4
확인 취소

① 평균이 40이 되려면 노트북 판매량이 얼마가 되어야 하는가?

② 노트북 판매량이 40이 되려면 평균이 얼마가 되어야 하는가?

③ 노트북 판매량을 40으로 변경하였을 때 평균은 얼마가 되어야 하는가?

④ 평균이 40이 되려면 노트북을 제외한 나머지 제품의 판매량이 얼마가 되어야 하는가?

> 문제에 제시된 목표값 찾기 대화상자는 평균(E4)이 40이 되려면 노트북(B4)의 판매량이 얼마가 되어야 하는지를 찾기 위한 설정입니다.

8. 다음 중 아래 그림의 시나리오 요약 보고서에 대한 설명으로 옳지 않은 것은? 22.상시, 21.상시, 20.1

	A	B	C	D	E	F
1						
2		시나리오 요약				
3				현재 값:	경기 호황	경기 불황
5		변경 셀:				
6			노트북	60	80	50
7			프린터	35	70	25
8			스캐너	15	50	10
9		결과 셀:				
10			평균	36.67	66.67	28.33
11		참고: 현재 값 열은 시나리오 요약 보고서가 작성될 때의				
12		변경 셀 값을 나타냅니다. 각 시나리오의 변경 셀들은				
13		회색으로 표시됩니다.				

① 노트북, 프린터, 스캐너 값의 변화에 따른 평균 값을 확인할 수 있다.

② '경기 호황'과 '경기 불황' 시나리오에 대한 시나리오 요약 보고서이다.

③ 시나리오의 값을 변경하면 해당 변경 내용이 기존 요약 보고서에 자동으로 다시 계산되어 표시된다.

④ 시나리오 요약 보고서를 실행하기 전에 변경 셀과 결과 셀에 대해 이름을 정의하였다.

> 워크시트에서 시나리오에 반영된 셀의 값을 변경해도 이미 작성된 시나리오 요약 보고서에는 반영되지 않습니다.

9. 다음 중 [통합] 데이터 도구에 대한 설명으로 옳지 않은 것은? 23.상시, 22.상시, 21.상시, 20.2

통합 ? ✕
함수(F):
합계
참조(R):
  찾아보기(B)...
모든 참조 영역(E):
  추가(A)
  삭제(D)
사용할 레이블
☑ 첫 행(T)
☑ 왼쪽 열(L) ☑ 원본 데이터에 연결(S)
확인 닫기

① '모든 참조 영역'에 다른 통합 문서의 워크시트를 추가하여 통합할 수 있다.

② '사용할 레이블'을 모두 선택한 경우 각 참조 영역에 결과 표의 레이블과 일치하지 않은 레이블이 있으면 통합 결과 표에 별도의 행이나 열이 만들어진다.

③ 지정한 영역에 계산될 요약 함수는 '함수'에서 선택하며, 요약 함수로는 합계, 개수, 평균, 최대, 최소 등이 있다.

④ '원본 데이터에 연결' 확인란을 선택하여 통합한 경우 통합에 참조된 영역에서의 행 또는 열이 변경될 때 통합된 데이터 결과도 자동으로 업데이트 된다.

> 아래 [그림1]의 상반기 판매현황과 하반기 판매현황을 [그림2]와 같이 다른 시트에 통합할 때, '원본 데이터에 연결' 확인란을 선택한 경우 [그림1]의 [B3:C6], [F3:G6] 영역의 데이터가 변경되면 [그림2]의 통합 결과(C5:D14)가 자동으로 업데이트되지만 행과 열(A3:A6, E3:E6, B2:C2, F2:G2)이 변경되면 자동으로 업데이트 되지 않습니다.
>
> [그림1]
>
> | | A | B | C | D | E | F | G |
> |---|---|---|---|---|---|---|---|
> | 1 | 상반기 판매현황 | | | | 하반기 판매현황 | | |
> | 2 | 품목 | 판매량 | 판매액 | | 품목 | 판매량 | 판매액 |
> | 3 | 냉장고 | 15 | 14,250 | | 비디오 | 10 | 10,080 |
> | 4 | 오디오 | 10 | 14,000 | | 카메라 | 35 | 11,900 |
> | 5 | 비디오 | 15 | 14,250 | | 냉장고 | 15 | 14,250 |
> | 6 | 카메라 | 14 | 4,760 | | 오디오 | 20 | 28,000 |
>
> 이 부분이 변경될 경우 자동으로 업데이트됩니다.
>
> [그림2]
>
> | 1 2 | | A | B | C | D |
> |---|---|---|---|---|---|
> | | 1 | 한해 판매현황 | | | |
> | | 2 | 품목 | | 판매량 | 판매액 |
> | + | 5 | 냉장고 | | 30 | 28,500 |
> | + | 8 | 오디오 | | 30 | 42,000 |
> | + | 11 | 비디오 | | 33 | 24,330 |
> | + | 14 | 카메라 | | 49 | 16,660 |

10. 다음 중 가상 분석 도구인 [데이터 표]에 대한 설명으로 옳지 않은 것은?

23.상시, 21.상시, 17.2

① 테스트할 변수의 수에 따라 변수가 한 개이거나 두 개인 데이터 표를 만들 수 있다.

② 데이터 표를 이용하여 입력된 데이터는 부분적으로 수정 또는 삭제할 수 있다.

③ 워크시트가 다시 계산될 때마다 데이터 표도 변경 여부에 관계없이 다시 계산된다.

④ 데이터 표의 결과값은 반드시 변화하는 변수를 포함한 수식으로 작성해야 한다.

데이터 표의 결과값은 일부분만 수정 또는 삭제할 수 없습니다.

11. 다음 중 데이터 통합에 관한 설명으로 옳지 않은 것은?

23.상시, 22.상시, 21.상시, 20.1, 16.1, 14.1

① 데이터 통합은 위치를 기준으로 통합할 수도 있고, 영역의 이름을 정의하여 통합할 수도 있다.

② '원본 데이터에 연결' 기능은 통합할 데이터가 있는 워크시트와 통합 결과가 작성될 워크시트가 같은 통합 문서에 있는 경우에만 적용할 수 있다.

③ 다른 원본 영역의 레이블과 일치하지 않는 레이블이 있는 경우에 통합하면 별도의 행이나 열이 만들어진다.

④ 여러 시트에 있는 데이터나 다른 통합 문서에 입력되어 있는 데이터를 통합할 수 있다.

통합할 데이터가 있는 워크시트와 통합 결과가 작성될 워크시트가 서로 다르면 '원본 데이터 연결'을 적용할 수 있으므로, 서로 다른 통합 문서에 있는 워크시트의 경우에도 '원본 데이터에 연결'을 적용할 수 있습니다.

01 매크로

23.상시, 22.상시, 20.상시, 19.2, 18.상시, 15.3, 15.2, 13.3, 13.2, 13.1, 11.1, …

- 엑셀에서 사용되는 다양한 명령들을 일련의 순서대로 기록해 두었다가 필요할 때 실행하면 기록해 둔 처리 과정이 순서대로 수행되도록 하는 기능이다.
- 키보드나 마우스로 매크로를 작성했더라도 VBA 언어로 된 코드가 자동으로 생성되고, VBA문을 이용하여 직접 코드를 작성할 수도 있다.
- Visual Basic Editor 실행 방법
  - 방법1 [개발 도구] → [코드] → [Visual Basic] 클릭
  - 방법2 Alt + F11 누름
- 특정 셀이나 범위를 참조할 때는 절대 주소나 상대 주소 모두 가능하다.
- 매크로를 기록, 실행, 편집 등의 작업을 할 수 있는 '개발 도구' 탭을 표시하려면 [파일] → [옵션] → '리본 사용자 지정' 탭에서 '개발 도구' 탭의 체크 표시를 지정한다.
- 매크로 기록 중에 선택된 셀 주소는 기본적으로 절대 참조로 기록되지만 [개발 도구] → [코드] → [상대 참조로 기록]을 선택하여 상대 참조로 변경하여 기록할 수 있다.
- 매크로를 상대 참조로 기록하면 매크로를 실행할 때 셀 포인터의 위치에 따라 매크로가 적용되는 위치가 달라진다.
- 예 [A1] 셀이 선택된 상태에서 [A2:A5] 영역에 배경색을 '노랑색'으로 지정하는 매크로를 작성한 경우 [C1] 셀을 선택하고 매크로를 실행하면 [A1] 셀에서 [C1] 셀, 즉 오른쪽으로 두 칸 이동한 [C2:C5] 영역에 배경색이 '노랑색'으로 지정됨

02 '매크로 기록' 대화상자

23.상시, 22.상시, 21.상시, 20.상시, 20.2, 20.1, 19.상시, 19.1, 18.상시, …

매크로 이름 지정하기

- '매크로1, 매크로2, …' 등과 같이 자동으로 부여되는 이름을 지우고 사용자가 임의로 지정할 수 있다.
- 이름 지정 시 첫 글자는 반드시 문자로 지정해야 하고, 두 번째 글자부터 문자, 숫자, 밑줄 문자(_) 등을 사용할 수 있다.
- / ? ' ' . – ※ 등과 같은 문자와 공백은 매크로 이름으로 사용할 수 없다.
- 하나의 통합 문서에는 동일한 이름의 매크로를 작성할 수 없다.
- 매크로 이름은 대·소문자를 구분하지 않는다.
- 지정된 매크로의 이름을 변경할 수 있다.

바로 가기 키 지정하기

- 영문자만 사용할 수 있으며, 지정하지 않아도 매크로를 기록할 수 있다.
- 기본적으로 Ctrl과 조합하여 사용하고, 대문자로 지정하면 Shift가 자동으로 덧붙여 지정된다.
- 매크로에 지정된 바로 가기 키가 엑셀의 바로 가기 키보다 우선한다.
- 지정된 바로 가기 키를 수정할 수 있다.

매크로가 저장되는 위치 지정하기

개인용 매크로 통합 문서	• PERSONAL.XLSB는 개인용 매크로 통합 문서로, 이 문서에 저장된 매크로는 모든 통합 문서에서 실행할 수 있음 • 엑셀이 시작될 때 XLSTART 폴더에 있는 모든 문서가 한꺼번에 열리는데, 개인용 매크로 통합 문서는 이 XLSTART 폴더에 있음
새 통합 문서	새 통합 문서를 열어 매크로를 기록하고 적용함
현재 통합 문서	현재 작업중인 통합 문서에 매크로를 기록하고 적용함

설명

- 해당 매크로에 대한 간략한 설명으로, 사용자가 임의로 지정할 수 있다.
- Visual Basic Editor에서 보면 작은따옴표(')로 시작한다.

03 매크로 실행

23.상시, 22.상시, 21.상시, 18.2, 17.2, 14.3, 13.3, 10.2, 09.1, 08.2, 08.1, 07.4, …

- 다음과 같이 실행한 후 '매크로' 대화상자에서 실행할 매크로 이름을 선택한 후 〈실행〉을 클릭한다.

  방법1 [보기] → [매크로] → [매크로(📽)] 클릭

  방법2 [개발 도구] → [코드] → [매크로] 클릭

  방법3 Alt + F8 을 누름

- 매크로를 기록할 때 지정한 바로 가기 키를 눌러 실행한다.
- 텍스트 상자, 워드아트, 도형을 이용하여 그린 개체에 매크로를 연결하여 실행한다.
- 양식 컨트롤의 매크로 실행 버튼에 매크로를 연결하여 실행한다.
- 빠른 실행 도구 모음에 매크로 아이콘을 추가한 후 이 아이콘을 클릭하여 실행한다.
- Visual Basic Editor에서 F5 를 눌러 나타나는 '매크로' 대화상자에서 실행할 매크로 이름을 선택한 후 〈실행〉을 클릭한다.
- 매크로 실행 도중 매크로를 중지시키려면 Esc 를 누른다.

> **잠깐만요** 매크로 보안 설정
> - 알림이 없는 매크로 사용 안 함
> - 알림이 포함된 VBA 매크로 사용 안 함
> - 디지털 서명된 매크로를 제외하고 VBA 매크로 사용 안 함
> - VBA 매크로 사용(권장 안 함, 위험한 코드가 시행될 수 있음)

04 '매크로' 대화상자

23.상시, 22.상시, 21.상시, 20.1, 18.1, 16.2, 15.3, 13.1, 10.3, 05.3, 05.2, 01.1

- **실행** : 선택한 매크로를 실행함
- **한 단계씩 코드 실행** : 선택한 매크로를 한 줄씩 실행함(디버깅 용도)
- **편집** : Visual Basic Editor를 이용해 선택한 매크로의 이름이나 키, 명령들을 편집함
- **만들기** : Visual Basic Editor를 이용해 매크로를 작성함
- **삭제** : 선택한 매크로를 삭제함
- **옵션** : 선택한 매크로의 바로 가기 키나 설명을 변경함

1. 다음 중 매크로에 관한 설명으로 옳지 않은 것은?

22.상시, 20.상시, 15.2, 13.2, 11.1

① 서로 다른 매크로에 동일한 이름을 부여할 수 없다.

② 매크로는 반복적인 작업을 자동화하여 복잡한 작업을 단순한 명령으로 실행할 수 있도록 한다.

③ 사용자의 마우스 동작은 그대로 기록되지만, 키보드 동작은 그대로 기록되지 않는다.

④ 현재 셀의 위치를 기준으로 실행되게 하려면 상대 셀 참조를 사용하여 매크로를 기록하면 된다.

> 매크로 기록 시 사용자의 마우스 동작은 물론 키보드 작업도 모두 기록됩니다.

2. 다음 중 매크로에 관한 설명으로 옳지 않은 것은?

23.상시, 22.상시, 19.2

① 같은 통합 문서 내에서 시트가 다르면 동일한 매크로 이름으로 기록할 수 있다.

② [매크로 기록] 대화상자에서 바로 가기 키 지정 시 영문 대문자를 사용하면 Shift가 자동으로 덧붙는다.

③ 엑셀을 실행할 때마다 매크로를 사용할 수 있게 하려면 [매크로 기록] 대화상자에서 매크로 저장 위치를 '개인용 매크로 통합 문서'로 선택한다.

④ 통합 문서를 열 때 어떤 상황에서 어떤 매크로를 실행할지 매크로 보안 설정을 변경하여 제어할 수 있다.

> 하나의 통합 문서에는 동일한 이름의 매크로를 작성할 수 없습니다.

3. 다음 중 매크로의 바로 가기 키에 대한 설명으로 옳지 않은 것은?

22.상시, 20.2, 16.3, 07.2

① 매크로 생성 시 설정한 바로 가기 키는 [매크로] 대화상자의 [옵션]에서 변경할 수 있다.

② 기본적으로 바로 가기 키는 Ctrl과 조합하여 사용하지만 대문자로 지정하면 Shift가 자동으로 덧붙는다.

③ 바로 가기 키의 조합 문자는 영문자만 가능하고, 바로 가기 키를 설정하지 않아도 매크로를 생성할 수 있다.

④ 엑셀에서 기본적으로 지정되어 있는 바로 가기 키는 매크로의 바로 가기 키로 지정할 수 없다.

> 엑셀에서 기본적으로 지정되어 있는 바로 가기 키도 매크로의 바로 가기 키로 지정할 수 있습니다.

4. 다음의 '매크로 기록' 대화상자에 대한 설명으로 옳지 않은 것은?

23.상시

① 설명은 작성하지 않아도 매크로를 기록할 수 있다.

② 매크로 이름에 공백이 포함되면 매크로를 기록할 수 없다.

③ Ctrl + P 또는 Shift + P를 눌러 매크로를 실행할 수 있다.

④ 다른 통합 문서에서도 이 매크로를 실행할 수 있다.

> 그림의 매크로를 바로 가기 키로 실행하기 위해서는 Ctrl + Shift + P를 눌러야 합니다.

5. 매크로의 실행 방법에 관한 설명 중 틀린 것은?

23.상시, 21.상시, 18.2, 14.3, 10.2, 09.1, 07.4, 05.4, 03.3, 01.2

① 빠른 실행 도구 모음에 추가한 매크로 아이콘으로 실행할 수 있다.

② 양식 컨트롤에서 버튼을 만든 다음 해당 버튼을 클릭하여 실행되도록 할 수 있다.

③ 바로 가기 키를 이용해서 매크로를 실행할 수 있다.

④ 실행하려는 셀을 선택한 후 마우스 오른쪽 버튼 메뉴를 이용해 실행할 수 있다.

> 셀에서 마우스 오른쪽 버튼을 눌러 매크로를 연결하는 기능은 제공되지 않습니다.

6. 다음 중 [매크로] 대화상자에 대한 설명으로 옳지 않은 것은?

23.상시, 21.상시, 20.1, 18.1, 13.1, 05.2

① 매크로 이름을 선택한 후 [실행] 단추를 클릭하면 매크로가 실행된다.

② [한 단계씩 코드 실행] 단추를 클릭하면 Visual Basic Editor에서 매크로 실행 과정을 단계별로 확인할 수 있다.

③ [만들기] 단추를 클릭하면 빠른 실행 도구 모음에 매크로 실행 명령을 추가할 수 있다.

④ [옵션] 단추를 클릭하면 매크로 바로 가기 키를 수정할 수 있다.

> '매크로' 대화상자의 [만들기] 단추를 클릭하면 Visual Basic Editor를 이용해 매크로를 작성할 수 있습니다.

최신기출문제

1과목 컴퓨터 일반

01 다음 중 인터넷을 이용한 전자우편에 관한 설명으로 옳지 않은 것은?

① 인터넷에 접속하여 사용자들끼리 서로 편지를 주고받을 수 있는 서비스를 말한다.

② 전자우편 주소는 '사용자ID@호스트' 주소의 형식으로 이루어진다.

③ 일반적으로 SMTP는 메일을 수신하는 용도로, MIME는 송신하는 용도로 사용되는 프로토콜이다.

④ POP3를 이용하면 전자메일 클라이언트를 통해 전자 메일을 받아 볼 수 있다.

02 다음 중 컴퓨터에서 사용되는 바이트(Byte)에 대한 설명으로 옳지 않은 것은?

① 1바이트는 8비트로 구성된다.

② 일반적으로 영문자나 숫자는 1Byte로 한 글자를 표현하고, 한글 및 한자는 2Byte로 한 글자를 표현한다.

③ 1바이트는 컴퓨터에서 각종 명령을 처리하는 기본 단위이다.

④ 1바이트로는 256가지의 정보를 표현할 수 있다.

03 다음 중 연속적 소리 신호인 아날로그 신호를 일정한 간격으로 측정하여 그 값을 디지털화시키는 작업으로 옳은 것은?

① 시퀀싱   ② 샘플링

③ 멀티플렉싱   ④ 디더링

04 다음 중 프로그래밍 언어가 아닌 것은?

① SPSS   ② UNIX

③ LISP   ④ COBOL

05 다음 중 Windows 10의 [설정] → [앱]에서 설정할 수 없는 기능은?

① 선택적 기능을 설치하거나 제거할 수 있다.

② 시작 프로그램을 확인할 수 있다.

③ 업데이트 현황을 확인하거나 설정할 수 있다.

④ 설치된 앱을 변경하거나 제거할 수 있다.

06 다음 중 정보 통신 장비와 관련하여 리피터(Repeater)에 관한 설명으로 옳은 것은?

① 적절한 전송 경로를 선택하여 데이터를 전달하는 장비이다.

② 프로토콜이 다른 네트워크를 결합하는 장비이다.

③ 감쇠된 전송 신호를 증폭하여 다음 구간으로 전달하는 장비이다.

④ 같은 프로토콜을 사용하는 독립적인 2개의 근거리 통신망에 상호 접속하는 장비이다.

07 다음 중 컴퓨터에서 사용하는 일반 하드디스크에 비하여 속도가 빠르고 기계적 지연이나 에러의 확률 및 발열 소음이 적으며, 소형화, 경량화할 수 있는 하드디스크 대체 저장장치는?

① DVD   ② HDD

③ SSD   ④ ZIP

08 다음 중 Windows 10의 [설정] → [개인 설정]에 관한 설명으로 옳지 않은 것은?

① 화면 보호기를 설정할 수 있다.

② 원하는 사진으로 배경 화면을 설정할 수 있다.

③ 알림을 받거나 받지 않을 시간을 제어할 수 있다.

④ 테마를 설정할 수 있다.

09 다음 중 한글 Windows 10의 [설정] → [시스템] → [소리]에서 수행할 수 있는 작업이 아닌 것은?

① 소리 출력 장치를 선택할 수 있다.

② 소리 입력 장치를 선택할 수 있다.

③ 마스터 볼륨을 조정할 수 있다.

④ 내레이터를 설정할 수 있다.

10 다음 중 정보 보안을 위협하는 형태에 대한 설명으로 옳은 것은?

① 스니핑(Sniffing) : 검증된 사람이 네트워크를 통해 데이터를 보낸 것처럼 데이터를 변조하여 접속을 시도한다.

② 피싱(Phishing) : 적절한 사용자 동의 없이 사용자 정보를 수집하는 프로그램을 설치하여 사생활을 침해한다.

③ 스푸핑(Spoofing) : 실제로는 악성 코드로 행동하지 않으면서 겉으로는 악성 코드인 것처럼 가장한다.

④ 키로거(Key Logger) : 키보드 상의 키 입력 캐치 프로그램을 이용하여 개인 정보를 빼낸다.

11 다음 중 IPv6 주소체계에 대한 설명으로 옳지 않은 것은?

① 총 128 비트로 구성되어 있다.

② 각 부분은 세미콜론으로 구분한다.

③ 각 부분은 16 진수로 표현한다.

④ 8개 부분으로 구성되어 있다.

12 다음 중 컴퓨터 소프트웨어 배포와 관련하여 셰어웨어(Shareware)에 관한 설명으로 옳은 것은?

① 정상 대가를 지불하고 사용하는 소프트웨어이다.

② 특정 기능이나 사용 기간에 제한을 두고 무료로 배포하는 소프트웨어이다.

③ 개발자가 소스를 공개한 소프트웨어이다.

④ 배포 이전의 테스트 버전의 소프트웨어이다.

13 다음 중 플래시 메모리(Flash Memory)에 관한 설명으로 옳지 않은 것은?

① 정보의 입출력이 자유롭고, 전송 속도가 빠르다.

② 비휘발성 기억장치이다.

③ 트랙 단위로 저장된다.

④ 전력 소모가 적다.

14 다음 중 컴퓨터 범죄에 해당하지 않는 것은?

① 전자문서의 불법 복사

② 전산망을 이용한 개인 정보 유출

③ 컴퓨터 시스템 해킹을 통한 중요 정보의 위조 또는 변조

④ 인터넷 쇼핑몰 상품 가격 비교표 작성

15 다음 중 하이퍼텍스트(Hypertext)에 대한 설명으로 옳지 않은 것은?

① 하이퍼텍스트는 텍스트가 링크로 연결되어 있는 문서이다.

② 동영상, 그래픽 등의 정보를 연결해 놓은 멀티미디어 형식이다.

③ 사용자가 하이퍼링크(Hyperlink)를 클릭함으로써 원하는 데이터를 찾을 수 있다.

④ 하이퍼텍스트는 사용자의 의도에 따라 문서를 읽는 순서가 결정되는 비선형 구조이다.

16 다음 중 멀티미디어 파일 형식 중에서 형식이 다른 것은?

① jpg　　　　　　　　② png

③ wmv　　　　　　　　④ gif

17 다음 중 Windows 10에서 실행중인 프로그램 사이의 작업 전환을 위한 바로 가기 키는?

① Alt + Enter　　　　② Alt + F4

③ Alt + Tab　　　　　④ Alt + Delete

18 다음 중 컴퓨터의 연산 속도 단위로 가장 빠른 것은?

① 1ms ② 1μs

③ 1ns ④ 1ps

19 입·출력 장치나 보조기억장치와 같은 주변장치에 데이터를 보내거나 가져오는 작업을 담당하는 장치로 주변 장치와 주기억장치 사이에 데이터를 전송하는 제어 기능을 가진 장치는?

① 모뎀(Modem) ② 채널(Channel)

③ 캐시(Cache) ④ 버퍼(Buffer)

20 다음 중 한글 Windows 10에서 프린터 설치에 관한 설명으로 옳지 않은 것은?

① 네트워크 프린터를 선택한 경우에는 연결할 프린터의 포트를 지정한다.

② [설정] → [장치] → [프린터 및 스캐너]에서 '프린터 또는 스캐너 추가'를 클릭하여 프린터를 추가한다.

③ 설치할 프린터 유형은 로컬 프린터와 Bluetooth, 무선 또는 네트워크 검색 가능 프린터 등에서 하나를 선택할 수 있다.

④ 컴퓨터에 설치된 여러 대의 프린터 중에 현재 설치 중인 프린터를 기본 프린터로 설정할 것인지 선택한다.

2과목 ▶ 스프레드시트 일반

21 북부/남부의 제품 판매 현황에서 금액은 단가×수량으로 산출한 것이다. 다음 중 남부의 금액[D7:F7]을 구하는 방법으로 옳은 것은 무엇인가? (단, 북부의 금액[D5:F5]은 [D5] 셀의 수식(=D$3*D4)을 [F5] 셀까지 채우기 핸들을 드래그하여 구한 것이다.)

A	B	C	D	E	F
1			북부/남부 제품 판매 현황		
2			OLED TV	냉장고	세탁기
3		단가	1,500,000	1,200,000	800,000
4	북부	수량	5	15	8
5		금액	7,500,000	18,000,000	6,400,000
6	남부	수량	10	8	12
7		금액			

① [D5] 셀을 복사하여 [D7:F7] 영역에 붙여넣기 한다.

② [D7] 셀에 '=D$3*D4'를 입력한 후 채우기 핸들을 [F7] 셀까지 드래그한다.

③ [D5] 셀을 복사하여 [D7:F7] 영역에 '값'으로 붙여넣기 한다.

④ [D7:F7] 영역을 선택한 상태에서 '=D$3*D4'를 입력한다.

22 다음 중 아래 그림과 같이 목표값 찾기를 설정했을 때, 이에 대한 의미로 옳은 것은?

① 평균이 40이 되려면 노트북 판매량이 얼마가 되어야 하는가?

② 노트북 판매량이 40이 되려면 평균이 얼마가 되어야 하는가?

③ 노트북 판매량을 40으로 변경하였을 때 평균은 얼마가 되어야 하는가?

④ 평균이 40이 되려면 노트북을 제외한 나머지 제품의 판매량이 얼마가 되어야 하는가?

23 엑셀에서 사용하는 바로 가기 키와 동일한 키로 매크로의 바로 가기 키를 설정한 후 해당 바로 가기 키를 눌렀을 때의 상황으로 옳은 것은?

① 오류 메시지가 표시된 대화상자가 나타난다.

② 엑셀의 바로 가기 키가 동작한다.

③ 매크로의 바로 가기 키가 동작한다.

④ 아무런 동작도 수행되지 않는다.

24 셀에 데이터를 입력하던 중 Alt + Enter를 누르면 어떻게 되는가?

① 다음 입력할 셀로 이동된다.

② 데이터가 삭제된다.

③ 같은 셀 내에서 줄 바꿈이 된다.

④ 아무 일도 일어나지 않는다.

25 다음 중 학점[B3:B10]을 이용하여 [E3:E7] 영역에 학점별 학생 수를 표시하고자 할 때, [E3] 셀에 입력해야 할 수식으로 옳은 것은?

A	B	C	D	E
엑셀 성적 분포				
이름	학점		학점	학생수
김현미	A		A	1
조미림	B		B	4
심기훈	F		C	1
박원석	C		D	0
이영준	B		F	2
최세종	F			
김수현	B			
이미도	B			

① =COUNTIF(D3, B3:B10)

② =COUNTIF($D3, $B$3:$B$10)

③ =COUNTIF($B$3:$B$10, D3)

④ =COUNTIF($B$3:$B$10, D$3)

26 다음 차트에 대한 설명으로 옳지 않은 것은?

① '계열 겹치기' 값이 음수로 지정되었다.

② 국어 계열에 대해서만 데이터 레이블이 표시되었다.

③ 범례는 아래쪽으로 지정되었다.

④ '행/열 전환'을 수행하면 세로(값) 축과 가로(항목) 축이 서로 변경된다.

27 다음 중 아래의 워크시트를 참조하여 작성한 수식 '=INDEX(B2:D9, 2, 3)'의 결과는?

A	B	C	D
코드	정가	판매수량	판매가격
L-001	25,400	503	12,776,000
D-001	23,200	1,000	23,200,000
D-002	19,500	805	15,698,000
C-001	28,000	3,500	98,000,000
C-002	20,000	6,000	96,000,000
L-002	24,000	750	18,000,000
L-003	26,500	935	24,778,000
D-003	22,000	850	18,700,000

① 19,500 ② 23,200,000

③ 1,000 ④ 805

28 다음 중 피벗 테이블에 대한 설명으로 옳지 않은 것은?

① 원본 데이터가 변경되면 피벗 테이블의 데이터도 자동으로 변경된다.

② 외부 데이터를 대상으로 피벗 테이블을 작성할 수 있다.

③ 피벗 테이블을 작성한 후에 사용자가 새로운 수식을 추가하여 표시할 수 있다.

④ 많의 양의 자료를 분석하여 다양한 형태로 요약하여 보여주는 기능이다.

29 다음 중 아래의 워크시트를 참조하여 작성한 수식 '=VLOOKUP(B3, $B$2:$D$5, 3, FALSE)'의 결과는?

A	B	C	D
사원번호	생년월일	급여	전화번호
K-0001	1985-05-21	2500000	1234-5678
K-0002	1975-01-29	3500000	2345-6789
K-0003	1976-05-18	3000000	3456-7890
K-0004	1987-12-24	2000000	4567-8901

① 1975-01-29 ② 35000000

③ 2345-6789 ④ K-0002

30 다음 중 콤보 형태로 표현할 수 있는 차트 묶음이 아닌 것은?

① 표면형, 세로 막대형

② 가로 막대형, 원형

③ 원형, 도넛형

④ 꺾은선형, 가로 막대형

31 '행/열 숨기기' 기능에 대한 설명으로 잘못된 것은?

① 숨겨진 행이나 열이 포함되도록 범위를 지정한 후 행 높이나 열 너비를 조절해도 숨겨진 행이나 열은 화면에 표시되지 않는다.

② [A1] 셀의 행이 숨겨진 경우 이름 상자에 'A1'을 입력하고 Enter 를 누른 후 [홈] → [셀] → [서식] → [숨기기 및 숨기기 취소] → [행 숨기기 취소]를 선택하면 [A1] 셀이 화면에 표시된다.

③ 숨겨진 행이나 열은 인쇄 시 출력되지 않는다.

④ 숨겨진 열이나 행은 정렬 시 이동되지 않는다.

32 도넛형 차트의 도넛 구멍 크기를 줄이는 방법으로 옳은 것은?

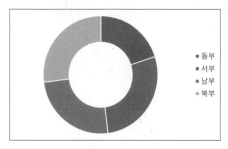

① 그림 영역 서식의 '테두리 옵션'에서 조절한다.
② 데이터 계열 서식의 '계열 옵션'에서 조절한다.
③ 차트 영역 서식의 '테두리 옵션'에서 조절한다.
④ 범례 서식의 '계열 옵션'에서 조절한다.

33 다음 중 [매크로] 대화상자에 대한 설명으로 옳지 않은 것은?

① 매크로 이름을 선택한 후 [실행] 단추를 클릭하면 매크로가 실행된다.
② [한 단계씩 코드 실행] 단추를 클릭하면 Visual Basic Editor에서 매크로 실행과정을 단계별로 확인할 수 있다.
③ [만들기] 단추를 클릭하면 빠른 실행 도구 모음에 매크로 실행 명령을 추가할 수 있다.
④ [옵션] 단추를 클릭하면 매크로 바로 가기 키를 수정할 수 있다.

34 다음 중 [페이지 설정] 대화상자의 [시트] 탭에 대한 설명으로 옳지 않은 것은?

① [행/열 머리글]을 선택하면 틀 고정으로 지정된 영역의 왼쪽 열과 위쪽 행이 페이지마다 반복하여 인쇄된다.
② 모든 페이지에 반복 인쇄할 인쇄 제목을 지정할 수 있다.
③ 메모 인쇄 위치를 '시트 끝'으로 지정하면 가장 마지막 시트 끝에 모아서 인쇄된다.
④ 시트에 표시된 셀 눈금선의 인쇄 여부를 지정할 수 있다.

35 다음 중 데이터 통합에 대한 설명으로 옳지 않은 것은?

① 참조 영역은 최대 3개까지만 추가가 가능하다.
② 지정한 영역에 계산될 요약 함수는 '함수'에서 선택하며, 요약 함수로는 합계, 개수, 평균, 최대, 최소 등이 있다.
③ 통합할 여러 데이터의 순서와 위치가 동일할 경우 위치를 기준으로 통합할 수 있다.
④ 사용할 데이터의 형태가 다르더라도 같은 이름표를 사용하면 항목을 기준으로 통합할 수 있다.

36 다음 중 사용자 지정 목록에 대한 설명으로 옳지 않은 것은?

① 정렬 기준이 셀 색, 조건부 서식 아이콘, 글꼴 색인 경우 사용자 지정 목록을 적용할 수 있다.
② 사용자 지정 목록을 만들면 다른 통합 문서에서 사용할 수 있도록 컴퓨터 레지스트리에 추가된다.
③ 엑셀에서 기본적으로 제공되는 목록은 수정하여 사용할 수 없다.
④ 사용자 지정 목록에는 텍스트 또는 텍스트와 숫자의 조합 등이 포함될 수 있다.

37 아래 그림과 같이 '총점' 필드를 이용하여 순위[E2:E4]를 계산하였다. 다음 중 [E4] 셀의 수식으로 옳은 것은?

	A	B	C	D	E
1	이름	평가자1	평가자2	총점	순위
2	최선길	85	75	160	3
3	이미경	80	82	162	2
4	김예중	95	88	183	1

① =RANK.EQ($D$4, $D$2:$D$4)
② =RANK.EQ($D$2:$D$4, D4)
③ =RANK.EQ(D4, D2:D4)
④ =RANK.EQ(D4, $D$2:$D$4)

38 다음 수치에 각종 사용자 지정 형식을 지정하였다. 틀리게 짝 지어진 것은?

> −1,234,567

① 0.00% → −123456700.00%
② #,##0, → −1,234
③ 0 → −1234567
④ #.## → −1234567.

39 다음 중 [페이지 설정] 대화상자를 이용한 머리글/바닥글 편집에 대한 설명으로 옳지 않은 것은?

① 서식을 지정할 텍스트를 블록 설정하고 단추를 클릭하여 글꼴 서식을 지정할 수 있다.

② 그림이 있는 구역에 커서를 넣고 ⬛ 단추를 클릭하여 그림 서식을 지정할 수 있다.

③ 페이지 번호를 '– 1 –'처럼 표시하려면 '– &[페이지 번호] –'를 입력한다.

④ 머리글 또는 바닥글 내용에 '&' 문자를 포함시키려면 '^&'를 사용해야 한다.

40 [홈] → [편집] → [찾기 및 선택] → [찾기]를 선택하여 표시된 대화상자의 찾을 내용에 다음과 같이 입력하였을 경우 검색되는 대상에 대한 설명으로 옳은 것은?

> 삼?주식회사

① [전체 셀 내용 일치]를 설정하면 '삼'으로 시작하고 '주식회사'로 끝나는 6글자를 찾는다.

② '삼'으로 시작하고 '주식회사'로 끝나는 모든 글자를 찾는다.

③ '삼'으로 시작하는 모든 데이터를 찾는다.

④ '주식회사'로 끝나는 모든 데이터를 찾는다.

1과목 컴퓨터 일반

01 다음 중 컴퓨터 바이러스의 예방법으로 가장 거리가 먼 것은?

① 최신 버전의 백신 프로그램을 사용한다.

② 다운로드 받은 파일은 작업에 사용하기 전에 바이러스 검사 후 사용한다.

③ 전자우편에 첨부된 파일은 열어서 확인한 후 사용한다.

④ 네트워크 공유 폴더에 있는 파일은 읽기 전용으로 지정한다.

02 다음 중 컴퓨터에서 사용하는 캐시 메모리에 관한 설명으로 옳은 것은?

① 보조기억장치의 일부를 주기억장치처럼 사용하는 메모리이다.

② 기억된 정보의 내용 일부를 이용하여 주기억장치에 접근하는 장치이다.

③ EEPROM의 일종으로 비휘발성 메모리이다.

④ 중앙처리장치(CPU)와 주기억장치 사이에 위치하여 컴퓨터 처리 속도를 향상시키는 메모리이다.

03 다음 중 인터넷 웹 브라우저에 대한 설명으로 가장 적절하지 않은 것은?

① 자주 방문하는 웹 사이트 주소를 관리할 수 있다.

② 웹 페이지를 사용자 컴퓨터에 저장하거나 인쇄할 수 있다.

③ 플러그 인 프로그램을 설치하여 동영상이나 소리 등의 다양한 멀티미디어 데이터를 처리하거나 편집할 수 있다.

④ '설정'에서 멀티미디어 편집기를 선택할 수 있다.

04 다음 중 컴퓨터를 관리하는 효율적인 방법으로 옳지 않은 것은?

① 컴퓨터를 이동하거나 부품을 교체할 경우에는 전원을 끄고 작업하는 것이 바람직하다.

② 시스템에 문제가 발생하면 시스템을 재부팅하고 하드디스크의 모든 파티션을 제거한다.

③ 정기적으로 최신 바이러스 백신 프로그램을 사용하여 바이러스 감염을 방지하며, 중요한 데이터는 백업하여 둔다.

④ 가급적 불필요한 프로그램은 설치하지 않도록 하며, 정기적으로 시스템을 점검한다.

05 해커를 유인하기 위해 의도적으로 취약한 서버를 만들어 이를 모니터링하는 시스템으로 공격자의 공격 경로와 공격 수법을 알아내기 위한 목적으로 사용하는 것은?

① VPN(Virtual Private Network)

② 허니팟(Honeypot)

③ 침입 탐지 시스템(IDS)

④ 방화벽(Firewall)

06 다음 중 초고속 인터넷을 이용하여 동영상 콘텐츠, 정보 서비스 등 기본 텔레비전 기능에 인터넷 검색이 가능하게 한 서비스는?

① VoIP   ② IPTV

③ IPv6   ④ TCP/IP

07 다음 중 플래시 메모리에 대한 설명으로 옳은 것은?

① 중앙처리장치와 주기억장치 사이에 위치하여 컴퓨터의 처리 속도를 향상시키는 역할을 한다.

② 보조기억장치의 일부를 주기억장치처럼 사용하는 메모리 관리 기법으로 주기억장치보다 큰 프로그램을 불러와 실행해야 할 때 유용하다

③ 주기억장치에 저장된 정보에 접근할 때 주소 대신 기억된 정보의 내용의 일부를 이용하여 직접 접근하는 장치이다.

④ 전기적인 방법으로 수정이 가능한 EEPROM을 개선한 메모리 칩으로, MP3 플레이어, 휴대전화, 디지털 카메라 등에 널리 사용된다.

08 다음 중 유틸리티 프로그램에 대한 설명으로 적절하지 않은 것은?

① 다수의 작업이나 목적에 대하여 적용되는 편리한 서비스 프로그램이나 루틴을 말한다.

② 컴퓨터의 동작에 필수적이고, 컴퓨터를 이용하는 주목적에 대한 일부 특정 작업을 수행하는 소프트웨어들을 가리킨다.

③ 컴퓨터 하드웨어, 운영체제, 응용 소프트웨어를 관리하는 데 도움을 주도록 설계된 프로그램을 의미한다.

④ Windows에서 제공하는 유틸리티 프로그램으로는 메모장, 그림판, 계산기 등을 예로 들 수 있다.

09 다음 중 인터넷에서 사용하는 도메인 네임에 대한 설명으로 옳지 않은 것은?

① 숫자로 구성된 IP 주소를 사람들이 기억하고 이해하기 쉽도록 문자열로 만든 주소이다.

② 우리나라에서 도메인 네임을 관리하는 기관은 KISA이다.

③ 인터넷의 모든 도메인 네임은 전 세계적으로 유일하게 존재해야 한다.

④ 도메인 네임을 사용자가 컴퓨터에서 임의로 설정하여 사용할 수 있다.

10 다음 중 한글 Windows 10의 [설정] → [시스템] → [정보]를 선택했을 때 확인할 수 있는 정보에 해당하지 않는 것은?

① 설치된 Windows 운영체제의 버전

② CPU의 종류와 설치된 메모리의 용량

③ Windows의 설치 날짜

④ 컴퓨터 이름과 현재 로그인한 사용자 계정

11 다음 중 한글 Windows 10에서 작업 표시줄의 [검색 상자]에 대한 설명으로 옳지 않은 것은?

① 검색 항목은 모두, 앱, 문서, 웹, 동영상, 설정, 전자 메일, 폴더 등이다.

② 작업 표시줄의 바로 가기 메뉴에서 [검색]을 선택하여 검색 상자를 표시하거나 숨길 수 있다.

③ 검색된 앱을 선택하여 바로 실행할 수 있다.

④ ⊞+F를 누르면 검색 상자로 포커스가 옮겨진다.

12 다음 중 한글 Windows 10에서 프린터 설치에 관한 설명으로 옳지 않은 것은?

① 설치할 프린터 유형은 로컬 프린터와 Bluetooth, 무선 또는 네트워크 검색 가능 프린터 등에서 하나를 선택할 수 있다.

② 표준 사용자 계정으로는 네트워크 프린터를 설치할 수 없고 로컬 프린터만 설치할 수 있다.

③ 컴퓨터에 설치된 여러 대의 프린터 중에 현재 설치 중인 프린터를 기본 프린터로 설정할 것인지 선택한다.

④ [설정] → [장치] → [프린터 및 스캐너]에서 '프린터 또는 스캐너 추가'를 클릭하여 프린터를 추가한다.

13 다음 중 한글 Windows 10의 [설정] → [시스템] → [디스플레이]에서 해상도 조정 설정에 대한 설명으로 옳지 않은 것은?

① 높은 화면 해상도에서는 텍스트와 이미지가 더 선명하지만 크기는 더 작게 표시된다.

② 해상도를 변경하면 해당 컴퓨터에 로그인한 모든 사용자에게 변경 내용이 적용된다.

③ 여러 디스플레이 옵션은 Windows에서 둘 이상의 모니터가 PC에 연결되어 있음을 인식할 때만 나타난다.

④ 두 대의 모니터가 연결된 경우 좌측 모니터가 주 모니터로 설정되므로 해상도가 높은 모니터를 반드시 좌측에 배치해야 한다.

14 다음 중 자료의 구성 단위에 대한 설명으로 옳지 않은 것은?

① 워드(Word)는 명령 처리 단위이며, 전워드(Full Word)는 8Byte이다.

② 필드(Field)는 파일 구성의 최소 단위이다.

③ 니블(Nibble)은 4개의 비트로 16가지를 표현할 수 있다.

④ 여러 개의 파일이 모여 데이터베이스가 된다.

15 다음 중 추상화, 캡슐화, 상속성, 다형성 등의 특징을 지니고 있으며, 크고 복잡한 프로그램 구축이 어려운 절차형 언어의 문제점을 해결하기 위해 개발된 프로그래밍 기법은?

① 구조적 프로그래밍

② 객체지향 프로그래밍

③ 하향식 프로그래밍

④ 비주얼 프로그래밍

16 다음 중 네트워크 장비인 브리지(Bridge)에 대한 설명으로 옳지 않은 것은?

① 서로 독립적으로 동작하면서 같은 프로토콜을 사용하는 두 LAN을 연결하는 네트워크 장치이다.

② IP 주소를 이용한 최적의 경로를 설정하여 전송한다.

③ 네트워크 분할을 통해 트래픽을 감소시키는 역할을 수행한다.

④ OSI 7계층 중 데이터 링크 계층의 장비이다.

17 다음 중 차세대 웹 표준으로 텍스트와 하이퍼링크를 이용한 문서 작성 중심으로 구성된 기존 표준에 비디오, 오디오 등의 다양한 부가기능을 추가하여 최신 멀티미디어 콘텐츠를 ActiveX 없이도 웹 서비스로 제공할 수 있는 언어는?

① XML
② VRML
③ HTML5
④ JSP

18 다음 중 컴퓨터의 연산장치에 있는 누산기(Accumulator)에 관한 설명으로 옳은 것은?

① 연산 결과를 일시적으로 기억하는 장치이다.

② 명령의 순서를 기억하는 장치이다.

③ 명령어를 기억하는 장치이다.

④ 명령을 해독하는 장치이다.

19 다음 중 인터넷 주소 체계인 IPv6에 대한 설명으로 옳은 것은?

① 주소는 8비트씩 16개 부분으로 총 128비트로 구성되어 있다.

② 주소를 네트워크 부분의 길이에 따라 A클래스에서 E클래스까지 총 5단계로 구분한다.

③ IPv4와의 호환성은 낮으나 IPv4에 비해 품질 보장은 용이하다.

④ 주소의 한 부분이 0으로만 연속되는 경우 연속된 0은 '::'으로 생략하여 표시할 수 있다.

20 다음 중 버전에 따른 소프트웨어에 대한 설명으로 옳지 않은 것은?

① 트라이얼 버전(Trial Version)은 특정한 하드웨어나 소프트웨어를 구매하였을 때 무료로 주는 프로그램이다.

② 베타 버전(Beta Version)은 소프트웨어의 정식 발표 전 테스트를 위하여 사용자들에게 무료로 배포하는 시험용 프로그램이다.

③ 데모 버전(Demo Version)은 정식 프로그램을 홍보하기 위해 사용기간이나 기능을 제한하여 배포하는 프로그램이다.

④ 패치 버전(Patch Version)은 이미 제작하여 배포된 프로그램의 오류 수정이나 성능 향상을 위해 프로그램의 일부 파일을 변경해 주는 프로그램이다.

2과목 스프레드시트 일반

21 아래 그림은 '총점' 필드를 이용하여 [E2] 셀에 순위를 계산한 후 채우기 핸들을 [E4] 셀까지 드래그한 결과이다. 다음 중 [E2] 셀의 수식으로 옳은 것은? (단 순위는 낮은 총점을 1위로 한다.)

	A	B	C	D	E
1	이름	A	B	총점	순위
2	김길순	85	75	160	1
3	박용섭	80	82	162	2
4	최순일	95	88	183	3

① =RANK.EQ(D2, D2:D4, 1)

② =RANK.EQ(D2, $D$2:$D$4, 1)

③ =RANK.EQ(D2, D2:D4, 0)

④ =RANK.EQ(D2, $D$2:$D$4, 0)

22 아래 그림의 시나리오 요약 보고서에 대한 설명으로 옳지 않은 것은?

① 추가된 시나리오의 이름은 '현재 값', '보통', '우수'이다.

② 결과 셀은 "매출액"으로 이름이 정의되어 있다.

③ 결과 셀에는 [C4] 셀과 [C5] 셀을 참조하는 수식이 입력되어 있다.

④ 시나리오 요약 보고서가 있는 위 그림의 시트를 삭제해도 작성된 시나리오는 삭제되지 않는다.

23 다음 중 노트에 대한 설명으로 옳지 않은 것은?

① 노트를 삽입하려면 Shift + F2 를 누른다.

② 셀에 입력된 데이터를 지워도 노트는 삭제되지 않는다.

③ 노트가 삽입된 셀을 정렬하면 노트는 고정되어 이동되지 않는다.

④ 노트는 셀에 입력된 데이터에 대한 보충 설명을 하는 곳이다.

24 다음 중 조건부 서식에 대한 설명으로 옳지 않은 것은?

① 조건부 서식에서 사용하는 수식은 등호(=)로 시작해야 한다.

② 규칙에 맞는 셀 범위는 해당 규칙에 따라 서식이 지정되고 규칙에 맞지 않는 셀 범위는 서식이 지정되지 않는다.

③ 조건부 서식이 적용된 후 셀 값이 바뀌어 규칙과 일치하지 않아도 셀 서식 설정은 해제되지 않는다.

④ 고유 또는 중복 값에 대해서만 서식을 지정할 수도 있다.

25 다음 중 데이터 통합에 관한 설명으로 옳지 않은 것은?

① 통합은 비슷한 형식의 여러 데이터를 하나의 표로 통합, 요약해 주는 도구이다.

② 통합할 데이터가 있는 워크시트와 통합 결과가 작성될 워크시트가 같은 경우 '원본 데이터에 연결' 기능을 적용할 수 있다.

③ 사용할 데이터의 형태가 다르더라도 같은 이름표를 사용하면 통합할 수 있다.

④ 다른 원본 영역의 레이블과 일치하지 않는 레이블이 있는 경우에 통합하면 별도의 행이나 열이 만들어진다.

26 다음 중 수식에 잘못된 인수나 피연산자를 사용할 때 표시되는 오류 메시지로 옳은 것은?

① #DIV/0!   ② #NUM!

③ #NAME?   ④ #VALUE!

27 다음 표에서 "중학생"의 봉사시간 평균을 구하려고 한다. 다음 중 옳은 함수식은?

	A	B	C	D	E	F
1	순번	날짜	성별	구분	접수	봉사시간
2	1	2022-10-03	여	중학생	단체	5
3	2	2022-10-10	남	고등학생	개인	8
4	3	2022-10-05	남	성인	개인	10
5	4	2022-10-02	여	중학생	단체	5
6	5	2022-10-12	남	중학생	단체	20
7	6	2022-10-08	남	고등학생	개인	19
8	7	2022-10-01	남	성인	단체	15
9	8	2022-10-09	여	성인	단체	35
10	9	2022-10-13	여	고등학생	단체	8
11	10	2022-10-15	남	고등학생	개인	10

① =AVERAGEIF(F2:F11, D2, D2:D11)

② =DAVERAGE(A2:F11, 6, D2:D11)

③ =AVERAGEIFS(F2:F11, D2:D11, D2)

④ =DAVERAGE(A2:F11, D2, D2:D11)

28 다음 중 자동 필터에 대한 설명으로 옳지 않은 것은?

① 자동 필터에서 여러 필드에 조건을 지정하는 경우 각 조건들은 AND 조건으로 설정된다.

② 정렬 시 영문 대·소문자를 구분한다.

③ 자동 필터된 데이터만 선택하여 복사할 수 있다.

④ 필터링된 데이터 그대로 복사, 찾기, 편집, 인쇄 등의 작업을 수행할 수 있다.

29 다음 중 '지점'이 서울이면서 급여가 2,500,000원 이상이거나, 급여가 3,500,000 이하인 직원의 데이터를 조회하기 위한 고급 필터의 조건으로 옳은 것은?

①

지점	급여
서울	>=2,500,000
	<=3,500,000

②

지점	급여
서울	>2,500,000
	<3,500,000

③

지점	급여
	>=2,500,000
서울	<=3,500,000

④

지점	급여
	>2,500,000
서울	<3,500,000

30 다음 중 매크로에 관한 설명으로 옳지 않은 것은?

① 같은 통합 문서 내에서 시트가 다르면 동일한 매크로 이름으로 기록할 수 있다.

② [매크로 기록] 대화상자에서 바로 가기 키 지정 시 영문 대문자를 사용하면 Shift가 자동으로 덧붙는다.

③ 엑셀을 실행할 때마다 매크로를 사용할 수 있게 하려면 [매크로 기록] 대화상자에서 매크로 저장 위치를 '개인용 매크로 통합 문서'로 선택한다.

④ 통합 문서를 열 때 어떤 상황에서 어떤 매크로를 실행할지 매크로 보안 설정을 변경하여 제어할 수 있다.

31 다음 중 작성된 매크로를 실행하는 방법으로 옳지 않은 것은?

① 매크로를 지정한 도형을 클릭하여 실행한다.

② '매크로' 대화상자에서 매크로를 선택하여 실행한다.

③ 매크로를 기록할 때 지정한 바로 가기 키를 이용하여 실행한다.

④ 매크로를 지정한 워크시트의 셀 자체를 클릭하여 실행한다.

32 다음 중 차트의 범례 설정에 대한 설명으로 옳지 않은 것은?

① 범례 위치는 [범례 서식] 대화상자나 [레이아웃] 탭 [레이블] 그룹에서 쉽게 변경할 수 있다.

② 차트에서 범례 또는 범례 항목을 클릭한 후 Delete를 누르면 범례를 쉽게 제거할 수 있다.

③ 기본적으로 범례의 위치는 차트의 다른 구성 요소와 겹치지 않게 표시된다.

④ 마우스로 범례를 이동하거나 크기를 변경하면 그림 영역의 크기 및 위치는 자동으로 조정된다.

33 데이터를 계층 구조로 하여 다른 범주 수준을 비교할 수 있도록 간단히 도식화하여 표현한 차트로, 색과 근접성을 기준으로 범주를 표시하며 다른 차트 유형으로 표시하기 어려운 많은 양의 데이터를 쉽게 표시할 수 있는 차트는?

① 히스토그램   ② 콤보

③ 폭포   ④ 트리맵

34 다음 중 [페이지 설정] 대화상자에서 실행 가능한 작업이 아닌 것은?

① [페이지] 탭에서 '자동 맞춤' 옵션을 이용하여 한 장에 모아서 인쇄할 수 있다.

② [여백] 탭에서 '페이지 나누기' 옵션을 이용하여 새 페이지가 시작되는 위치를 설정할 수 있다.

③ [머리글/바닥글] 탭에서 머리말과 꼬리말이 짝수와 홀수 페이지에 다르게 표시되도록 설정할 수 있다.

④ [시트] 탭에서 '간단하게 인쇄' 옵션을 이용하여 워크시트에 삽입된 차트나 일러스트레이션 개체 등이 인쇄되지 않도록 설정할 수 있다.

35 다음 중 작업 시트의 인쇄와 관련해서 옳지 않은 것은?

① 행 머리글을 함께 인쇄할 수 있다.

② 페이지마다 인쇄 부수를 다르게 설정할 수 있다.

③ 인쇄 페이지마다 똑같은 열 또는 행을 인쇄할 수 있다.

④ 셀 구분선을 함께 인쇄할 수 있다.

36 다음 차트에 대한 설명으로 옳지 않은 것은?

① 데이터 레이블로 값이 표시되어 있다.

② 두 개의 차트 종류가 혼합되어 있으며, 값 축이 두 개로 설정된 이중 축 혼합형 차트이다.

③ 막대 그래프 계열 옵션의 계열 겹치기는 '0%'로 설정되었다.

④ 기본 가로(항목) 축 제목이 표시되어 있지 않은 차트이다.

해설은 154쪽을 참고하세요.

37 다음 중 입력 데이터에 주어진 표시 형식으로 지정한 경우 그 결과가 옳지 않은 것은?

	표시 형식	입력 데이터	표시 결과
①	?.?	123.45	123.45
②	#,	2501	3
③	00-00	1001	10-01
④	#"명"	0	명

38 '학부'를 기준으로 정렬된 아래 워크시트에서 '이름'을 기준으로 정렬해도 '번호'가 그대로 유지되도록 입력하려고 한다. '번호'에 입력할 함수식으로 옳은 것은?

	A	B	C
1	번호	이름	학부
2	1	한고은	국어국문과
3	2	김종숙	스포츠지도학과
4	3	차형섭	식품영양학과
5	4	김은수	신학과
6	5	황재윤	실용음악과
7	6	이선미	체육학과
8	7	홍진영	컴퓨터공학과

① =COLUMN( ) − 1
② =COLUMNS( ) − 1
③ =ROW( ) − 1
④ =ROWS( ) − 1

39 "=A1"이 입력되어 있는 [A2] 셀을 복사한 후 [A3] 셀에 다음과 같이 선택하여 붙여넣기를 수행할 경우 [A3] 셀에 표시되는 값은?

	A	B	C	D
1	100			
2	=A1			
3	150			

선택하여 붙여넣기
붙여넣기
● 모두(A)
○ 수식(F)
○ 값(V)
○ 서식(T)
○ 주석 및 메모(C)
○ 유효성 검사(N)
연산
● 없음(O)
○ 더하기(D)
○ 빼기(S)

① 0 　　② 200
③ 100 　　④ 150

40 다음 중 아래와 같은 피벗 테이블을 작성하기 위한 작업으로 옳지 않은 것은?

	L	M	N	O	P
2					
3	직업	(모두)			
4					
5			열 레이블		
6	행 레이블		생명	연금	종신
7		1월			
8	합계 : 월납입액			32,000	115,000
9	합계 : 만기보장금액			1,153,600	3,671,950
10		2월			
11	합계 : 월납입액		150,000		101,000
12	합계 : 만기보장금액		3,708,000		1,792,200
13		3월			
14	합계 : 월납입액		32,000	100,000	
15	합계 : 만기보장금액		758,080	1,236,000	
16	전체 합계 : 월납입액		182,000	132,000	216,000
17	전체 합계 : 만기보장금액		4,466,080	2,389,600	5,464,150

① 피벗 테이블 보고서를 넣을 위치로 기존 워크시트의 [M3] 셀을 선택하였다.
② '직업' 필드를 필터 영역에 설정하였다.
③ 총합계는 열의 총합계만 표시되도록 설정하였다.
④ 행 레이블의 필드에 그룹화를 설정하였다.

1과목 컴퓨터 일반

01 다음 중 컴퓨터 바이러스에 대한 설명으로 가장 적절하지 않은 것은?

① 사용자가 인지하지 못한 사이 자가복제를 통해 다른 정상적인 프로그램을 감염시켜 해당 프로그램이나 다른 데이터 파일 등을 파괴한다.

② 보통 소프트웨어 형태로 감염되나 메일이나 첨부 파일은 감염의 확률이 매우 적다.

③ 인터넷의 공개 자료실에 있는 파일을 다운로드하여 설치할 때 감염될 수 있다.

④ 온라인 채팅이나 인스턴트 메신저 프로그램을 통해서 전파되기도 한다.

02 다음 중 운영체제에 대한 설명으로 옳지 않은 것은?

① 운영체제는 제어 프로그램, 감시 프로그램, 응용 프로그램으로 구성된다.

② 자원의 효율적인 관리를 위해 자원의 스케줄링을 제공한다.

③ 시스템과 사용자간의 편리한 인터페이스를 제공한다.

④ 데이터 및 자원 공유 기능을 제공한다.

03 다음 중 인터넷에서 웹 서버와 사용자의 인터넷 브라우저 사이에 하이퍼텍스트 문서를 전송하기 위해 사용되는 통신 규약은?

① TCP
② HTTP
③ FTP
④ SMTP

04 다음 중 웹 프로그래밍 언어에 대한 설명으로 옳지 않은 것은?

① ASP는 Windows 계열에서만 사용할 있지만 JSP와 PHP는 다양한 운영체제에서 사용할 수 있다.

② XML은 HTML의 단점을 보완하여 웹에서 구조화된 폭넓고 다양한 문서들을 상호 교환할 수 있도록 설계된 언어이다.

③ SGML은 멀티미디어 전자 문서들을 다른 기종의 시스템들과 효율적으로 전송, 저장 및 자동 처리하기 위한 언어이다.

④ DHTML은 가상현실 모델링 언어라는 뜻으로, 웹에서 3차원 가상공간을 표현하고 조작할 수 있게 하는 언어이다.

05 다음 중 한글 Windows 10에서 하드디스크를 포맷하기 위한 [포맷] 창에서 설정 가능한 항목으로 옳지 않은 것은?

① 볼륨 레이블 입력

② 파티션 제거

③ 파일 시스템 선택

④ 빠른 포맷 선택

06 다음 중 사용자의 기본 설정을 사이트가 인식하도록 하거나, 사용자가 웹 사이트로 이동할 때마다 로그인해야 하는 번거로움을 생략할 수 있도록 사용자 환경을 향상시키는 것은?

① 쿠키(Cookie)

② 즐겨찾기(Favorites)

③ 웹 서비스(Web Service)

④ 히스토리(History)

07 다음 중 멀티미디어와 관련하여 동영상 전문가 그룹에 의해서 제안된 비디오 또는 오디오 압축에 관한 일련의 표준으로 옳은 것은?

① XML
② SVG
③ JPEG
④ MPEG

08 다음 중 컴퓨터에서 문자 데이터를 표현하는 방법으로 옳지 않은 것은?

① EBCDIC
② Unicode
③ ASCII
④ Hamming Code

09 다음 중 주기억장치에 대한 설명으로 가장 옳지 않은 것은?

① 주기억장치는 비휘발성 메모리로 대용량의 데이터와 프로그램을 영구적으로 보관하는데 사용된다.

② ROM에는 주로 기본 입/출력 시스템(BIOS), 글자 폰트, 자가진단 프로그램(POST) 등이 저장되어 있다.

③ 주기억장치는 CPU가 직접 접근하여 데이터를 처리할 수 있는 기억장치로 현재 수행되는 프로그램과 데이터를 저장하고 있다.

④ RAM(Random Access Memory)은 자유롭게 읽기/쓰기가 가능한 기억장치이다.

10 다음 중 Windows에서 Winkey(⊞)와 함께 사용하는 바로 가기 키에 대한 설명으로 틀린 것은?

① ⊞+Ⅰ : '설정' 창을 표시함

② ⊞+D : 모든 창을 최소화함

③ ⊞+L : 컴퓨터를 잠금

④ ⊞+E : '검색 상자' 창을 표시함

11 다음 중 랜섬웨어에 대한 설명으로 옳지 않은 것은?

① 최근에 사용하던 파일들이 갑자기 보이지 않는다.

② 시스템 복원이 불가능하고 금전을 요구하는 문구가 화면에 표시된다.

③ 파일의 확장자가 변경된다.

④ 개인 파일이 암호화 된다.

12 다음 중 컴퓨터를 이용한 가상 현실(Virtual Reality)에 관한 설명으로 옳은 것은?

① 고화질 영상을 제작하여 텔레비전에 나타내는 기술이다.

② 고도의 컴퓨터 그래픽 기술과 3차원 기법을 통하여 현실의 세계처럼 구현하는 기술이다.

③ 여러 영상을 통합하여 2차원 그래픽으로 표현하는 기술이다.

④ 복잡한 데이터를 단순화시켜 컴퓨터 화면에 나타내는 기술이다.

13 다음 중 디지털 컴퓨터와 아날로그 컴퓨터의 차이점에 관한 설명으로 옳은 것은?

① 디지털 컴퓨터는 전류, 전압, 온도 등 다양한 입력 값을 처리하며, 아날로그 컴퓨터는 숫자 데이터만을 처리한다.

② 디지털 컴퓨터는 증폭 회로로 구성되며, 아날로그 컴퓨터는 논리 회로로 구성된다.

③ 아날로그 컴퓨터는 미분이나 적분 연산을 주로 하며, 디지털 컴퓨터는 산술이나 논리 연산을 주로 한다.

④ 아날로그 컴퓨터는 범용이며, 디지털 컴퓨터는 특수 목적용으로 많이 사용된다.

14 다음 중 [설정] → [마우스]에서 설정할 수 있는 기능으로 옳지 않은 것은?

① 왼손잡이와 오른손잡이의 마우스 단추 기능을 설정할 수 있다.

② 활성창/비활성창 구분 없이 마우스 포인터가 가리키는 창이 스크롤 되도록 설정할 수 있다.

③ 휠을 한 번 돌리면 여러 줄(10~50) 또는 한 화면이 스크롤 되도록 설정할 수 있다.

④ 마우스 커서의 속도를 설정할 수 있다.

15 다음 중 멀티미디어에 관련된 설명으로 옳지 않은 것은?

① 다중(Multi)과 매체(Media)의 합성어로 그래픽, 이미지, 텍스트, 오디오, 비디오 등의 매체들이 통합된 것을 의미한다.

② 멀티미디어는 매체 정보를 디지털화하고, 대용량으로 생성되므로 이를 저장할 수 있는 저장장치를 사용해야 한다.

③ 대용량의 멀티미디어 정보를 효율적으로 저장하기 위해 다양한 압축 기술이 개발되었으나 아직 동영상 압축 기술의 개발은 미비하다.

④ 초고속 통신망의 기술이 발달되어 대용량의 멀티미디어 정보를 통신망을 통해 전송할 수 있다.

16 다음 중 컴퓨터에서 사용하는 USB 장치에 관한 설명으로 옳지 않은 것은?

① 주변장치를 127개까지 연결할 수 있다.

② 컴퓨터의 전원이 켜진 상태에서도 장치를 연결하거나 제거할 수 있다.

③ 기존의 직렬, 병렬, PS/2 포트 등을 하나의 포트로 대체하기 위한 범용 직렬 버스이다.

④ 한번에 8비트의 데이터가 동시에 전송되는 방식을 사용한다.

17 다음 중 정보통신에서 네트워크 관련 장비에 대한 설명으로 옳지 않은 것은?

① 라우터(Router) : 네트워크를 구성하기 위해 반드시 필요한 장비로 정보 전송을 위한 최적의 경로를 찾아 통신망에 연결하는 장치

② 허브(Hub) : 네트워크를 구성할 때 여러 대의 컴퓨터를 연결하고, 각 회선들을 통합 관리하는 장치

③ 브리지(Bridge) : 네트워크를 구성할 때 디지털 신호를 아날로그 신호로 변환하여 전송하고 다시 수신된 신호를 원래대로 변환하기 위한 전송 장치

④ 게이트웨이(Gateway) : 한 네트워크에서 다른 네트워크로 들어가는 입구 역할을 하는 장치로 근거리통신망(LAN)과 같은 하나의 네트워크를 다른 네트워크와 연결할 때 사용되는 장치

18 다음 중 Windows의 [설정] → [앱]에서 설정할 수 없는 기능은?

① 선택적 기능을 설치하거나 제거할 수 있다.

② 시작 프로그램을 확인할 수 있다.

③ 업데이트 현황을 확인하거나 설정할 수 있다.

④ 설치된 앱을 변경하거나 제거할 수 있다.

19 다음 중 파일 삭제 시 파일이 [휴지통]에 임시 보관되어 복원이 가능한 경우는?

① 바탕 화면에 있는 파일을 [휴지통]으로 드래그 앤 드롭하여 삭제한 경우

② USB 메모리에 저장되어 있는 파일을 Delete로 삭제한 경우

③ 네트워크 드라이브의 파일을 바로 가기 메뉴의 [삭제]를 클릭하여 삭제한 경우

④ [휴지통]의 크기를 0%로 설정한 후 파일 탐색기 안의 파일을 삭제한 경우

20 다음 중 한글 Windows 10에서 외부로부터의 불법적인 해킹 등의 위협 요소로부터 컴퓨터를 보호하는 역할을 하는 것은 무엇인가?

① Windows Update

② Windows Defender 방화벽

③ BitLocker

④ Malware

21 다음 중 '페이지 나누기 미리 보기'에 대한 설명으로 옳지 않은 것은?

① [페이지 나누기 미리 보기] 상태에서 파선은 자동 페이지 나누기를 나타내고 실선은 사용자 지정 페이지 나누기를 나타낸다.

② [페이지 나누기 미리 보기] 상태에서는 셀에 내용을 입력하거나 편집할 수 없다.

③ [페이지 나누기 미리 보기] 상태에서 마우스로 페이지 나누기 구분선을 클릭하여 끌면 페이지를 나눌 위치를 조정할 수 있다.

④ 페이지 나누기는 워크시트를 인쇄할 수 있도록 페이지 단위로 나누는 구분선이다.

22 아래 워크시트에서 합계에 대한 순위를 구하여 1위는 '대상', 2위는 '금상', 3위는 '은상', 4위는 '동상', 나머지는 공백으로 표시하려고 할 때, [E2] 셀에 입력해야 할 함수식으로 옳은 것은?

	A	B	C	D	E
1	성명	이론	실기	합계	수상
2	이신호	47	45	92	은상
3	최준호	38	47	85	동상
4	김봉선	46	48	94	금상
5	이영주	40	42	82	
6	이지연	49	48	97	대상
7	백인호	37	43	80	

① =CHOOSE(RANK.EQ(D2, $D$2:$D$7), "대상", "금상", "은상", "동상", "", "")

② =CHOOSE(RANK.EQ(D2, $D$2:$D$7), "대상", "금상", "은상", "동상")

③ =CHOOSE(RANK.EQ($D$2:$D$7, D2), "대상", "금상", "은상", "동상", "", "")

④ =CHOOSE(RANK.EQ($D$2:$D$7, D2), "대상", "금상", "은상", "동상")

23 아래 워크시트에서 [A3:C6] 영역을 원형 차트로 만든 후 데이터 레이블 표시 내용으로 '항목 이름', '값'을 선택했을 때의 결과로 옳은 것은?

	A	B	C
3	분류	매출	비율
4	가정용품	532,000	29%
5	청소용품	845,000	45%
6	위생용품	485,000	26%
7			

해설은 156쪽을 참고하세요.

① ② ③ ④

28 아래 워크시트에서 [C3] 셀에 =LEFT(B3, 2)를 입력하고 [C6] 셀까지 채우기 핸들을 드래그한 후 [C7] 셀에 =SUM(C3:C6)을 입력한 결과로 옳은 것은?

	A	B	C
1			
2	품목	개수	판매
3	A4용지	25개	25
4	볼펜	32개	32
5	포스트잇	23개	23
6	노트	25개	25
7	합계		

① 0
② #VALUE
③ 105
④ #N/A

24 조건부 서식에 대한 설명으로 틀린 것은?

① 조건에 맞지 않을 경우에 대한 서식도 함께 지정할 수 있다.

② 조건부 서식은 기존의 셀 서식에 우선하여 적용된다.

③ 조건을 수식으로 입력할 경우 수식 앞에 등호(=)를 반드시 입력해야 한다.

④ 조건부 서식에 의해 서식이 설정된 셀에서 값이 변경되어 조건에 만족하지 않을 경우 적용된 서식은 바로 해제된다.

29 다음 중 매크로 작성 시 [매크로 기록] 대화상자에서 선택할 수 있는 매크로의 저장 위치로 옳지 않은 것은?

① 새 통합 문서

② 개인용 매크로 통합 문서

③ 현재 통합 문서

④ 현재 열려있는 통합문서

30 다음 중 가상 분석 도구인 [데이터 표]에 대한 설명으로 옳지 않은 것은?

① 테스트할 변수의 수에 따라 변수가 한 개이거나 두 개인 데이터 표를 만들 수 있다.

② 데이터 표를 이용하여 입력된 데이터는 부분적으로 수정 또는 삭제할 수 있다.

③ 워크시트가 다시 계산될 때마다 데이터 표도 변경 여부에 관계없이 다시 계산된다.

④ 데이터 표의 결과값은 반드시 변화하는 변수를 포함한 수식으로 작성해야 한다.

25 매크로 실행을 위한 바로 가기 키를 X로 지정하기 위해 사용되는 키가 아닌 것은?

① Alt
② Ctrl
③ Shift
④ X

26 다음 중 하나의 계열만 표시할 수 있는 차트는?

① 세로 막대형
② 원형
③ 방사형
④ 영역형

31 아래 워크시트에서 [A]열을 오름차순 정렬할 경우 올바르게 정렬된 것은?

	A
1	A
2	FALSE
3	1
4	0
5	TRUE

①
	A
1	A
2	0
3	1
4	FALSE
5	TRUE

②
	A
1	0
2	1
3	A
4	FALSE
5	TRUE

③
	A
1	FALSE
2	TRUE
3	A
4	0
5	1

④
	A
1	FALSE
2	TRUE
3	0
4	1
5	A

27 다음 중 머리글 또는 바닥글에 인쇄할 '현재 페이지 번호'를 표시하려고 할 때 사용하는 것으로 옳은 것은?

①
②
③
④

32 아래 워크시트에서 '소속'이 "영업1부"이고 '성별'이 "남자"인 직원들의 수를 구하고자 할 때 [C11] 셀에 입력할 수식으로 옳은 것은?

	A	B	C
1			
2	성명	소속	성별
3	이봉안	영업1부	남자
4	최복선	영업2부	여자
5	김지복	영업3부	남자
6	김창희	영업1부	남자
7	김귀완	영업2부	남자
8	지옥선	영업3부	여자
9	송명자	영업1부	여자
10	김태영	영업2부	여자
11	영업1부 남자수		

① =DCOUNT(A2:C10, A2, B2:C3)

② =DCOUNTA(A2:C10, A2, B2:C3)

③ =COUNTIF(A2:C10, A2, B2:C3)

④ =COUNTFIS(A2:C10, A2, B2:C3)

33 다음 중 시스템의 현재 날짜에서 년도를 구하는 수식으로 가장 올바른 것은?

① =YEAR(DAYS( ))

② =YEAR(DAY( ))

③ =YEAR(TODAY( ))

④ =YEAR(DATE( ))

34 [A1] 셀에서 '연속 데이터' 대화상자의 설정 값을 다음과 같이 지정했을 때의 결과로 옳은 것은?

	A	B	C	D	E
1	1				

연속 데이터

방향: ● 행(R) ○ 열(C)
유형: ○ 선형(L) ● 급수(G) ○ 날짜(D) ○ 자동 채우기(F)
날짜 단위: ● 일(A) ○ 평일(W) ○ 월(M) ○ 년(Y)
□ 추세(T)
단계 값(S): 2   종료 값(O): 100

① C1 → 4

② C1 → 5

③ A3 → 4

④ A3 → 5

35 아래 워크시트에서 시급(D2)을 적용하여 아르바이트 급여를 계산하려고 한다. [D5] 셀에 수식을 입력하고 [E9] 셀까지 채우기 핸들을 이용해 복사하려고 할 때 [D5] 셀에 입력될 수식으로 옳지 않은 것은?

	A	B	C	D
1		아르바이트 급여 정산		
2			시급	11,000
3				
4		성명	시간	급여
5		최명희	45	
6		이인호	32	
7		김수영	55	
8		김명일	53	
9		최재균	48	
10				

① =$D$2*C5

② =D$2*$C5

③ =$D2*C5

④ =$D$2*$C5

36 다음 중 [페이지 설정] 대화상자에서 워크시트에 포함된 노트의 인쇄 여부 및 인쇄 위치를 지정하기 위해 선택해야 할 탭은?

① [페이지] 탭

② [여백] 탭

③ [머리글/바닥글] 탭

④ [시트] 탭

37 상품 가격이 2,500원짜리인 물건에 대하여 총 판매액이 1,500,000원이 되게 하기 위해서는 판매수량이 얼마나 되어야 하는지 알아보기 위해 사용되는 유용한 기능은?

① 피벗 테이블

② 고급 필터

③ 목표값 찾기

④ 시나리오

38 다음 중 시나리오에 관한 설명으로 옳지 않은 것은?

① 하나의 시나리오에 변경 셀을 최대 32개까지 지정할 수 있다.

② 요약 보고서나 피벗 테이블 보고서로 시나리오 결과를 작성할 수 있다.

③ 시나리오 병합을 통하여 다른 통합 문서나 다른 워크시트에 저장된 시나리오를 가져올 수 있다.

④ 입력된 자료들을 그룹별로 분류하고, 해당 그룹별로 원하는 함수를 이용한 계산 결과를 볼 수 있다.

39 다음 중 참조의 대상 범위로 사용하는 이름에 대한 설명으로 옳은 것은?

① 이름 정의 시 첫 글자는 반드시 숫자로 시작해야 한다.

② 하나의 통합 문서 내에서 시트가 다르면 동일한 이름을 지정할 수 있다.

③ 이름 정의 시 영문자는 대소문자를 구분하므로 주의하여야 한다.

④ 이름은 기본적으로 절대 참조로 대상 범위를 참조한다.

40 다음 중 워크시트 작업 및 관리에 대한 설명으로 옳지 않은 것은?

① 시트 삭제 작업은 실행을 취소할 수 없다.

② 열 너비를 기본값으로 되돌리려면 열 머리글 경계선을 마우스로 더블클릭한다.

③ 그룹화된 시트에서 데이터 입력 및 편집 등의 작업을 실행하면 그룹 내 시트에 동일한 작업이 실행된다.

④ 연속된 시트의 선택은 Shift 를 사용하면 편리하다.

1과목 컴퓨터 일반

01 다음 중 컴퓨터에서 사용하는 캐시(Cache) 메모리에 대한 설명으로 옳은 것은?

① 중앙처리장치와 주기억장치 사이에서 컴퓨터의 처리 속도를 향상시키는 역할을 한다.

② 주기억장치와 하드디스크의 속도 차이를 극복하기 위하여 사용한다.

③ 주기억장치보다 큰 프로그램을 불러와 실행할 때 유용하다.

④ 캐시 메모리는 접근 속도가 빠른 동적 램(DRAM)을 사용한다.

02 다음 중 한글 Windows 10의 작업 표시줄 설정에 대한 설명으로 옳지 않은 것은?

① 자주 사용하는 앱을 작업 표시줄에 표시할 수 있다.

② 데스크톱 모드에서 작업 표시줄 자동 숨기기를 설정할 수 있다.

③ 화면에서 작업 표시줄의 위치를 왼쪽, 위쪽, 오른쪽, 아래쪽 중에서 설정할 수 있다.

④ 작업 표시줄이 꽉 차면 같은 앱은 그룹으로 묶어서 하나의 단추로 표시되도록 할 수 있다.

03 다음 중 파일이나 폴더를 복사하거나 이동하는 방법으로 옳지 않은 것은?

① 폴더를 마우스로 선택한 후 동일한 드라이브의 다른 폴더로 끌어서 놓으면 이동이 된다.

② USB에 저장되어 있는 파일을 마우스로 선택한 후 바탕 화면으로 끌어서 놓으면 복사가 된다.

③ 파일을 마우스로 선택한 후 Ctrl을 누른 채 같은 드라이브의 다른 폴더로 끌어서 놓으면 복사가 된다.

④ 폴더를 마우스로 선택한 후 Alt를 누른 채 같은 드라이브의 다른 폴더로 끌어서 놓으면 이동이 된다.

04 다음 중 웹 브라우저의 기능에 관한 설명으로 옳지 않은 것은?

① 웹 페이지를 사용자 컴퓨터에 저장하거나 인쇄할 수 있다.

② HTML 문서나 PDF 문서를 확인할 수 있다.

③ 자주 방문하는 웹 사이트 주소를 관리할 수 있다.

④ 방문한 웹 사이트를 편집할 수 있다.

05 다음 중 한글 Windows 10에서 사용자 컴퓨터에 설치된 하드웨어의 종류 및 작동 여부를 확인하거나 하드웨어 제거를 수행할 수 있는 항목은?

① [제어판] → [시스템]

② [제어판] → [관리 도구]

③ [제어판] → [프로그램 및 기능]

④ [제어판] → [장치 관리자]

06 하나의 컴퓨터에서 A 사용자가 여러 개의 프로그램을 실행시킨 상태에서 잠시 B 사용자가 사용할 수 있도록 하는 방법으로 옳은 것은? (단, 해당 컴퓨터에 사용자 A와 사용자 B의 계정은 모두 등록되어 있다.)

① 로그오프를 수행한다.

② 사용자 전환을 수행한다.

③ 시스템을 다시 시작한다.

④ 전원을 종료한 후 재부팅 한다.

07 다음 중 한글 Windows 10의 인쇄 기능에 대한 설명으로 옳은 것은?

① 기본 프린터를 2대 이상 지정할 수 있다.

② 프린터 속성 창에서 공급 용지의 종류, 공유, 포트 등을 설정할 수 있다.

③ 인쇄 대기 중인 작업은 취소시킬 수 없다.

④ 인쇄 중인 작업은 취소할 수는 없으나 잠시 중단시킬 수 있다.

08 다음 중 컴퓨터 사용 시 발생할 수 있는 바이러스 감염에 대한 예방법으로 적절하지 않은 것은?

① 방화벽을 설정하여 사용한다.

② 의심이 가는 메일은 열지 않고 삭제한다.

③ 백신 프로그램을 최신 버전으로 업데이트하여 실행한다.

④ 정기적으로 Windows 10의 [디스크 정리]를 실행한다.

09 다음 중 컴퓨터의 롬(ROM)에 기록되어 하드웨어를 제어하며, 하드웨어의 성능 향상을 위해 업그레이드 할 수 있는 마이크로프로그램의 집합을 의미하는 것은?

① 프리웨어(Freeware)

② 셰어웨어(Shareware)

③ 미들웨어(Middleware)

④ 펌웨어(Firmware)

10 다음 중 컴퓨터 시스템에서 사용하는 채널(Channel)에 관한 설명으로 옳은 것은?

① CPU와 주기억장치의 속도 차이를 해결하기 위해 사용한다.

② CPU와 입출력장치 사이의 속도 차이로 인한 문제를 해결하기 위해 사용한다.

③ CPU의 참여 없이 입·출력장치와 메모리가 직접 데이터를 주고받기 위해 사용한다.

④ PC의 전원이 켜져 있는 상태에서도 장치의 설치/제거가 가능하도록 지원한다.

11 다음 중 인터넷을 이용한 전자우편에 관한 설명으로 옳지 않은 것은?

① 인터넷에 접속하여 사용자들끼리 서로 편지를 주고받을 수 있는 서비스를 말한다.

② 전자우편 주소는 '사용자ID@호스트' 주소의 형식으로 이루어진다.

③ 일반적으로 SMTP는 메일을 수신하는 용도로, MIME는 송신하는 용도로 사용되는 프로토콜이다.

④ POP3를 이용하면 전자메일 클라이언트를 통해 전자 메일에 대해 받아 볼 수 있다.

12 다음 중 통신 기술의 이용 현황을 올바르게 설명한 것은?

① NFC – 노트북을 핫스팟을 이용하여 연결한다.

② BlueTooth – 출·퇴근을 태그를 이용하여 관리한다.

③ WiFi – 헤드폰과 핸드폰을 연결한다.

④ RFID – 도서관에서 도서 대출/반납 시 태그를 이용하여 도서의 출납을 실시간으로 확인한다.

13 다음 중 그래픽 데이터의 표현에서 벡터(Vector) 방식에 관한 설명으로 옳은 것은?

① 점과 점을 연결하는 직선 또는 곡선을 이용하여 이미지를 표현한다.

② 이미지를 확대하면 테두리에 계단 현상과 같은 앨리어싱이 발생한다.

③ 래스터 방식이라고도 하며 화면 표시 속도가 빠르다.

④ 많은 픽셀로 정교하고 다양한 색상을 표시할 수 있다.

14 다음 중 정보 통신을 위한 디지털 방식의 통신 선로에서 전송 신호를 증폭하거나 재생하고 전달하는 중계 장치로 옳은 것은?

① 게이트웨이(Gateway)

② 모뎀(Modem)

③ 리피터(Repeater)

④ 라우터(Router)

15 다음 중 기억장치의 기억 용량 단위로 가장 큰 것은?

① 1TB   ② 1EB

③ 1GB   ④ 1MB

16 다음 중 모든 사물을 네트워크로 연결하여 인간과 사물, 사물과 사물간에 언제 어디서나 서로 소통할 수 있게 하는 새로운 정보 통신 환경을 의미하는 것은?

① 클라우드 컴퓨팅(Cloud Computing)

② RSS(Rich Site Summary)

③ IoT(Internet of Things)

④ 빅 데이터(Big Data)

17 다음 중 감염대상을 갖고 있지는 않으나 연속으로 자신을 복제하여 시스템의 부하를 높이는 악성 프로그램은?

① 웜(Worm)

② 해킹(Hacking)

③ 스푸핑(Spoofing)

④ 스파이웨어(Spyware)

18 다음 중 한글 Windows 10의 [설정] → [시스템] → [소리]에서 수행할 수 있는 작업이 아닌 것은?

① 출력 장치를 선택할 수 있다.

② 입력 장치를 선택할 수 있다.

③ 마스터 볼륨을 조절할 수 있다.

④ 내레이터를 설정할 수 있다.

19 다음은 [설정] → [개인 설정]에 관한 설명이다. 다음 중 옳지 않은 것은?

① 바탕 화면의 배경을 사용자가 임의로 바꿀 수 있게 지원한다.

② 시스템을 켜둔 채 정해진 시간 동안 마우스나 키보드를 사용하지 않으면 모니터를 보호하기 위해 화면 보호기를 작동할지 여부를 설정한다.

③ 창의 색상과 구성 요소의 색상을 설정한다.

④ 모니터의 해상도 및 방향을 설정한다.

20 다음 중 Windows의 연결 프로그램에 대한 설명으로 옳지 않은 것은?

① 파일 탐색기에서 특정한 파일을 더블클릭했을 때 실행될 앱을 설정하는 것이다.

② 확장자가 .txt나 .hwp인 파일은 반드시 서로 다른 연결 프로그램이 지정되어야 한다.

③ 동일한 확장자를 가진 다른 파일을 열 때 항상 같은 앱을 사용하도록 연결 프로그램을 설정할 수 있다.

④ 일반적으로 앱을 설치하면 해당 앱에서 사용하는 파일은 연결 프로그램이 자동으로 설정된다.

2과목 스프레드시트 일반

21 다음에서 설명하고 있는 차트는?

- 많은 데이터 계열의 집합적인 값을 나타낼 때 사용한다.
- 각 계열은 가운데서 뻗어 나오는 값 축을 갖는다.

① 도넛형

② 분산형

③ 방사형

④ 거품형

22 아래 워크시트와 같이 홀수 행 전체에만 서식을 설정하는 조건부 서식을 지정하고자 한다. 다음 중 이를 위해 아래의 [새 서식 규칙] 대화상자에 입력할 수식으로 옳은 것은?

	A	B	C	D
1	이름	국어	영어	합계
2	보라미	83	78	161
3	미라미	43	62	105
4	김은혜	58	70	128
5	박한솔	79	66	145

① =MOD(ROW( ), 2)=1

② =MOD(ROW( ), 2)=0

③ =MOD(COLUMN( ), 2)=1

④ =MOD(COLUMN( ), 2)=0

23 "2020년 매출 실적" 파일의 "상품 재고" 시트 [B2] 셀을 참조하려고 한다. 다음 중 옳은 것은?

① "2020년 매출 실적"상품 재고!B2

② '[2020년 매출 실적]상품 재고'!B2

③ [2020년 매출 실적]상품 재고/B2

④ "2020년 매출 실적!상품 재고"B2

24 다음 중 함수식에 대한 결과가 옳지 않은 것은?

① =MOD(9, 2) → 1

② =COLUMN(C5) → 3

③ =TRUNC(8.73) → 8

④ =POWER(5, 3) → 15

25 다음의 '매크로 기록' 대화상자에 대한 설명으로 옳지 않은 것은?

① 설명은 작성하지 않아도 매크로를 기록할 수 있다.

② 매크로 이름에 공백이 포함되면 매크로를 기록할 수 없다.

③ Ctrl + P 또는 Shift + P를 눌러 매크로를 실행할 수 있다.

④ 다른 통합 문서에서도 이 매크로를 실행할 수 있다.

26 다음 중 입력 데이터에 주어진 표시 형식으로 지정한 경우 그 결과가 옳지 않은 것은?

	표시 형식	입력 데이터	표시 결과
①	@ "귀중"	강광희	강광희 귀중
②	#.00	7.5	7.50
③	#"Kg"	0	0Kg
④	?/?	1.25	5/4

27 다음 중 아래 차트에 대한 설명으로 옳지 않은 것은?

① 차트 위쪽에 차트 제목이 표시되어 있다.

② 세로(값) 축 제목이 가로 방향으로 표시되어 있다.

③ 차트 아래쪽에 범례 표지가 없는 데이터 테이블이 표시되어 있다.

④ 데이터 레이블의 위치가 바깥쪽 끝으로 설정되어 있다.

28 다음 중 매크로의 실행 방법에 관한 설명으로 옳지 않은 것은?

① Visual Basic Editor에서 매크로 코드에 커서가 있는 경우 [표준] 도구 모음의 ▶을 클릭하여 매크로를 실행할 수 있다.

② [개발 도구] → [코드] → [매크로]를 클릭하고 '매크로' 대화상자에서 실행할 매크로를 선택한 후 〈실행〉을 클릭하여 매크로를 실행할 수 있다.

③ [개발 도구] → [컨트롤] → [삽입] → 단추(양식 컨트롤)를 클릭하여 단추를 생성한 후 실행할 매크로를 지정하여 실행할 수 있다.

④ 도형을 삽입한 후 삽입된 도형에 매크로를 지정하여 매크로를 실행할 수 있다.

29 다음과 같이 수량과 실적에 따른 점유율을 확인하는데 가장 알맞은 차트는 무엇인가?

	A	B	C	D
1	순번	수량	실적	점유율
2	1	35	3,500,000	17%
3	2	40	4,000,000	19%
4	3	42	4,200,000	20%
5	4	58	5,800,000	28%
6	5	33	3,300,000	16%

① 도넛형 ② 분산형
③ 거품형 ④ 영역형

30 다음 중 직급이 "사원"이고 급여가 2,500,000 이상이거나 1,500,000 이하인 직원의 데이터를 조회하기 위한 고급 필터의 조건으로 옳은 것은?

①

직급	급여
사원	>=2500000
	<=1500000

②

직급	급여
사원	>=2500000
사원	<=1500000

③

직급	급여
	>=2500000
사원	<=1500000

④

직급	급여	급여
사원	>=2500000	<=1500000

31 다음 중 [텍스트 나누기] 기능에 대한 설명으로 옳지 않은 것은?

① 한 셀에 입력되어 있는 데이터를 여러 셀로 분리시킬 수 있다.

② 텍스트 나누기 수행 시 데이터 형식의 변환 및 셀 서식 변경이 가능하다.

③ 열의 데이터 서식을 '일반'으로 지정하면 숫자 값은 숫자로, 날짜 값은 날짜로, 모든 나머지 값은 텍스트로 변환된다.

④ 구분 기호가 2개 이상인 경우는 텍스트 나누기를 수행할 수 없다.

32 다음 중 아래 그림의 시나리오 요약 보고서에 대한 설명으로 옳지 않은 것은?

시나리오 요약			
	현재 값:	초과	미만
변경 셀:			
달성률	110.00%	150.00%	75.00%
계약금	3,500,000	4,300,000	2,700,000
결과 셀:			
지불금액	5,850,000	8,450,000	4,025,000

① '초과'와 '미만' 시나리오에 대한 시나리오 요약 보고서이다.

② '달성률'과 '계약금'의 변화에 따른 '지불금액'의 값을 확인할 수 있다.

③ '달성률'과 '계약금'이 이름 정의 되었음을 알 수 있다.

④ '지불금액'은 '달성률'과 '계약금'을 참조하는 수식으로 작성되지 않아야 한다.

33 다음 중 틀 고정 및 창 나누기에 대한 설명으로 옳지 않은 것은?

① 창 나누기는 셀 포인트의 위치에 따라 수직, 수평, 수직·수평 분할이 가능하다.

② 화면에 나타나는 창 나누기 형태는 인쇄 시 적용되지 않는다.

③ 창 나누기 구분선을 제거하려면 [보기] → [창] → [숨기기]를 선택한다.

④ 첫 행을 고정하려면 셀 포인트의 위치에 상관 없이 [틀 고정] → [첫 행 고정]을 선택한다.

34 다음 중 참조의 대상 범위로 사용하는 이름 정의 시 이름의 지정 방법에 대한 설명으로 옳지 않은 것은?

① 첫 문자는 반드시 문자나 밑줄(_)로 시작해야 한다.

② 이름에 공백을 포함할 수 없다.

③ 시트가 다르면 동일한 이름을 사용할 수 있다.

④ 대/소문자는 구분하지 않는다.

35 다음 중 [인쇄 미리 보기 및 인쇄]에 대한 설명으로 옳지 않은 것은?

① 인쇄 미리 보기 화면을 종료하려면 Esc를 누르거나 왼쪽 상단의 ⬅를 클릭한다.

② 차트를 선택한 후 [파일] → [인쇄]를 실행하면 선택한 차트만 미리 볼 수 있다.

③ 오른쪽 아래의 '페이지 확대/축소(🔲)'를 클릭하면 화면에는 적용되지만 실제 인쇄 시에는 적용되지 않는다.

④ 오른쪽 아래의 '여백 표시(🔲)'를 클릭하면 '페이지 설정' 대화상자의 '여백' 탭이 표시된다.

36 다음 중 부분합에 대한 설명으로 옳지 않은 것은?

① 부분합을 실행하면 각 부분합에 대한 정보 행을 표시하고 숨길 수 있도록 목록에 개요가 자동으로 설정된다.

② 부분합은 한번에 한 개의 함수만 계산할 수 있으므로 두 개이상의 함수를 이용하려면 함수의 개수만큼 부분합을 중첩해서 삽입해야 한다.

③ '새로운 값으로 대치'를 선택하면 이전의 부분합의 결과는 제거되고 새로운 부분합의 결과로 변경한다.

④ 그룹화할 항목으로 선택된 필드는 자동으로 오름차순 정렬하여 부분합이 계산된다.

37 다음 중 [A4] 셀의 노트가 지워지는 작업에 해당하는 것은?

	A	B	C	D
1		성적 관리		
2	성명	영어	국어	총점
3	배순용	장학생	89	170
4	이길순		98	186
5	하길주	87	88	175
6	이선호	67	78	145
7				

① [A3] 셀의 채우기 핸들을 아래쪽으로 드래그하였다.

② [A4] 셀의 바로 가기 메뉴에서 [메모 표시/숨기기]를 선택하였다.

③ [A4] 셀을 선택하고, [홈] 탭 [편집] 그룹의 [지우기]에서 [모두 지우기]를 선택하였다.

④ [A4] 셀을 선택하고, 키보드의 Backspace를 눌렀다.

38 다음 중 데이터 관리 기능인 자동 필터에 대한 설명으로 옳지 않은 것은?

① 자동 필터는 데이터 영역에 표시되는 목록 단추를 이용하여 쉽고 빠르게 데이터를 추출할 수 있다.

② 필터는 필요한 데이터 추출을 위해 조건을 만족하지 않는 데이터를 잠시 숨기는 것이므로 목록 자체의 내용은 변경되지 않는다.

③ 자동 필터를 사용하여 추출한 데이터는 레코드(행) 단위로 표시된다.

④ 여러 필드를 대상으로 조건을 지정할 수 없다.

39 아래 워크시트에서 '부서'가 "기획부"이고 '경력여부'가 "신입"인 직원들의 면접 점수 합계를 구하고자 할 때 [D11] 셀에 입력할 수식으로 옳은 것은?

	A	B	C	D
1				
2	사번	부서	경력여부	면접
3	K-0001	기획부	경력	85
4	K-0002	인사부	신입	79
5	K-0003	기획부	경력	93
6	K-0004	인사부	신입	82
7	K-0005	기획부	경력	84
8	K-0006	경리부	신입	78
9	K-0007	기획부	신입	90
10	K-0008	경리부	경력	88
11	기획부 신입 면접 점수 합계			

① =SUMIF(B3:B10, "기획부", C3:C10, "신입", D3:D10)

② =SUMIFS(D3:D10, B3:B10, "기획부", C3:C10, "신입")

③ =SUMIF(B3:B10, C3:C10, "기획부", "신입", D3:D10)

④ =SUMIFS(B3:B10, "기획부", C3:C10, "신입", D3:D10)

해설은 158쪽을 참고하세요.

40 다음 중 워크시트 사용 방법에 대한 설명으로 옳은 것은?

① 숫자는 기본적으로 오른쪽으로 정렬되지만 문자로 취급하도록 하려면 숫자 앞에 "를 입력한다.

② 시트를 삭제한 경우 Ctrl + Z를 누르면 복원할 수 있다.

③ Alt + Enter를 누르면 셀 안에서 줄 바꿈이 수행된다.

④ Ctrl + Shift + ;를 누르면 시스템의 오늘 날짜가 입력된다.

1과목 컴퓨터 일반

01 다음 중 소형화, 경량화를 비롯해 음성과 동작 인식 등 다양한 기술이 적용되어 장소에 구애받지 않고 컴퓨터를 활용할 수 있도록 몸에 착용하는 컴퓨터를 의미하는 것은?

① 웨어러블 컴퓨터
② 마이크로 컴퓨터
③ 인공지능 컴퓨터
④ 서버 컴퓨터

02 다음 중 정보통신에서 네트워크 관련 장비에 대한 설명으로 옳지 않은 것은?

① 라우터(Router) : 네트워크를 구성하기 위해 반드시 필요한 장비로 정보 전송을 위한 최적의 경로를 찾아 통신망에 연결하는 장치
② 허브(Hub) : 네트워크를 구성할 때 여러 대의 컴퓨터를 연결하고, 각 회선들을 통합 관리하는 장치
③ 브리지(Bridge) : 네트워크를 구성할 때 디지털 신호를 아날로그 신호로 변환하여 전송하고 다시 수신된 신호를 원래대로 변환하기 위한 전송 장치
④ 게이트웨이(Gateway) : 한 네트워크에서 다른 네트워크로 들어가는 입구 역할을 하는 장치로 근거리통신망(LAN)과 같은 하나의 네트워크를 다른 네트워크와 연결할 때 사용되는 장치

03 다음 중 네트워크 구성 형태에 관한 설명으로 옳지 않은 것은?

① 망(Mesh)형은 응답 시간이 빠르고 노드의 연결성이 우수하다.
② 성형(중앙 집중형)은 통신망의 처리 능력 및 신뢰성이 중앙 노드의 제어장치에 좌우된다.
③ 버스(Bus)형은 기밀 보장이 우수하고 회선 길이의 제한이 없다.
④ 링(Ring)형은 통신회선 중 어느 하나라도 고장나면 전체 통신망에 영향을 미친다.

04 다음 중 실감미디어에 대한 설명으로 옳지 않은 것은?

① 홀로그램 - 기록 매체에 레이저와 같이 간섭성이 있는 광원을 이용하여 간섭 패턴을 기록한 결과물로, 광원을 이용하여 재생하면 3차원 영상으로 표현된다.
② 증강현실 - 가상 세계에서 일상 생활이나 경제적 활동이 가능하며, 사용자를 대신하는 캐릭터에서 가상 세계에서의 사회적 책임과 의무를 요구하고 있다.
③ 가상현실 - 다양한 장치를 통해 컴퓨터가 만들어낸 가상세계에서 여러 다른 경험을 체험할 수 있도록 한 모든 기술을 말한다.
④ 혼합현실 - 가상현실과 현실 세계를 합쳐, 현실의 물리적인 객체와 가상의 객체가 상호 작용할 수 있는 환경을 구현하는 기술이다.

05 다음 중 전자우편과 관련하여 스팸(SPAM)에 관한 설명으로 옳은 것은?

① 바이러스를 유포시키는 행위이다.
② 수신인이 원하지 않는 메시지나 정보를 일방적으로 보내는 행위이다.
③ 다른 사용자의 개인 정보를 허락없이 가져가는 행위이다.
④ 고의로 컴퓨터 파일상의 데이터를 파괴시키는 행위이다.

06 다음 중 컴퓨터 바이러스의 예방법으로 가장 거리가 먼 것은?

① 최신 버전의 백신 프로그램을 사용한다.
② 전자우편에 첨부된 파일은 다른 이름으로 저장한 후 확인한다.
③ 네트워크 공유 폴더에 있는 파일은 읽기 전용으로 지정한다.
④ 다운로드 받은 파일은 작업에 사용하기 전에 바이러스 검사 후 사용한다.

07 다음 중 한글 Windows 10에 포함되어 있는 백신 앱으로, 스파이웨어 및 그 밖의 원치 않는 소프트웨어로부터 컴퓨터를 보호할 수 있는 것은?

① Windows Defender 방화벽
② BitLocker
③ Archive
④ Malware

08 다음 중 한글 Windows 10의 [폴더 옵션] 창에서 설정할 수 있는 것으로 옳지 않은 것은?

① 숨김 속성이 설정된 파일의 표시 여부를 설정할 수 있다.

② 아이콘을 한 번 클릭해서 실행할지 두 번 클릭해서 실행할지 를 선택할 수 있다.

③ 보호된 운영체제 파일을 숨길 수 있다.

④ 파일 형식을 확인하거나 새로운 파일 형식을 등록할 수 있다.

09 다음 중 한글 Windows 10의 [메모장]에 대한 설명으로 옳지 않은 것은?

① F5를 눌러 시간과 날짜를 입력할 수 있다.

② 문단 정렬과 문단 여백을 설정할 수 있다.

③ 자동 줄 바꿈 기능을 사용할 수 있다.

④ 머리글과 바닥글을 설정할 수 있다.

10 다음 중 멀티미디어의 특징에 대한 설명으로 옳지 않은 것은?

① 다양한 아날로그 데이터를 디지털 데이터로 변환하여 통합 처리한다.

② 정보 제공자와 사용자 간의 상호 작용에 의해 데이터가 전달 된다.

③ 미디어별 파일 형식이 획일화되어 멀티미디어의 제작이 용이 해진다.

④ 텍스트, 그래픽, 사운드, 동영상 등의 여러 미디어를 통합 처리한다.

11 다음 중 컴퓨터에서 문자 데이터를 표현하는 방법으로 옳지 않은 것은?

① EBCDIC

② Unicode

③ ASCII

④ Hamming Code

12 다음 중 아래의 ㉠, ㉡, ㉢에 해당하는 소프트웨어의 종류를 올바르게 짝지어 나열한 것은?

> 홍길동은 어떤 프로그램이 좋은지 알아보기 위해 ㉠ 누구나 임의의 용도로 사용할 수 있는 프로그램과 ㉡ 주로 일정 기간 동안 일부 기능을 제한한 상태로 사용하는 프로그램을 먼저 사용해 보고, 가장 적합한 ㉢ 프로그램을 구입하여 사용하려고 한다.

① ㉠ 프리웨어, ㉡ 셰어웨어, ㉢ 상용 소프트웨어

② ㉠ 셰어웨어, ㉡ 프리웨어, ㉢ 상용 소프트웨어

③ ㉠ 상용 소프트웨어, ㉡ 셰어웨어, ㉢ 프리웨어

④ ㉠ 셰어웨어, ㉡ 상용 소프트웨어, ㉢ 프리웨어

13 다음 중 전자우편에서 사용하는 POP3 프로토콜에 관한 설명으로 옳은 것은?

① 이메일을 전송할 때 필요로 하는 프로토콜이다.

② 원격 서버에 접속하여 이메일을 사용자 컴퓨터로 가져오기 위한 프로토콜이다.

③ 멀티미디어 이메일을 주고 받기 위한 프로토콜이다.

④ 이메일의 회신과 전체 회신을 가능하게 하는 프로토콜이다.

14 다음 중 주기억장치에 대한 설명으로 가장 옳지 않은 것은?

① 주기억장치는 비휘발성 메모리로 대용량의 데이터와 프로그램을 영구적으로 보관하는데 사용된다.

② ROM에는 주로 기본 입/출력 시스템(BIOS), 글자 폰트, 자가 진단 프로그램(POST) 등이 저장되어 있다.

③ 주기억장치는 CPU가 직접 접근하여 데이터를 처리할 수 있는 기억장치로 현재 수행되는 프로그램과 데이터를 저장하고 있다.

④ RAM(Random Access Memory)은 DRAM과 SRAM으로 구분된다.

15 다음 중 한글 Windows 10의 [설정] → [접근성]에서 설정할 수 없는 기능은?

① 다중 디스플레이를 설정하여 두 대의 모니터에 화면을 확장하여 표시할 수 있다.

② 돋보기를 사용하여 화면에서 원하는 영역을 확대하여 크게 표시할 수 있다.

③ 내레이터를 사용하여 화면의 모든 텍스트를 소리내어 읽어 주도록 설정할 수 있다.

④ 키보드가 없어도 입력 가능한 화상 키보드를 표시할 수 있다.

16 다음 중 한글 Windows 10에서 '컴퓨터 이름'을 변경하는 방법으로 옳은 것은?

① [제어판] – [장치 관리자]에서 '시스템 설정'을 더블클릭

② [제어판] – [사용자 계정]에서 '계정 관리'를 더블클릭

③ [제어판] – [시스템 및 보안] – [시스템]을 클릭

④ [제어판] – [시스템 및 보안] – [관리 도구]를 클릭

17 다음 중 정보 보안을 위협하는 유형에서 가로채기에 해당하는 것은?

① 데이터의 전달을 가로막아 수신자측으로 정보가 전달되는 것을 방해하는 행위

② 전송되는 데이터를 전송 도중에 도청 및 몰래 보는 행위

③ 전송된 원래의 데이터를 다른 내용으로 수정하여 변조하는 행위

④ 다른 송신자로부터 데이터가 송신된 것처럼 꾸미는 행위

18 다음 중 아래에서 설명하는 그래픽 기법은?

> 컴퓨터 프로그램을 이용하여 3차원 애니메이션을 만드는 과정으로 사물 모형에 명암과 색상을 추가하여 사실감을 더해주는 작업이다.

① 안티앨리어싱(Anti-Aliasing)

② 렌더링(Rendering)

③ 인터레이싱(Interlacing)

④ 메조틴트(Mezzotint)

19 다음 중 한글 Windows 10의 드라이브 조각 모음 및 최적화 기능에 관한 설명으로 옳지 않은 것은?

① 하드디스크에 단편화되어 조각난 파일들을 모아준다.

② USB 플래시 드라이브와 같은 이동식 저장장치도 드라이브 조각 모음을 수행할 수 있다.

③ 수행 후에는 디스크 공간의 최적화가 이루어져 디스크의 용량이 증가한다.

④ 일정을 구성하여 드라이브 조각 모음 및 최적화를 예약 실행할 수 있다.

20 다음 중 근거리 통신망(LAN)에 관한 설명으로 옳지 않은 것은?

① 비교적 전송 거리가 짧아 에러 발생률이 낮다.

② 반이중 방식의 통신을 한다.

③ 자원 공유를 목적으로 컴퓨터들을 상호 연결한다.

④ 프린터, 보조기억장치 등 주변장치들을 쉽게 공유할 수 있다.

2과목 스프레드시트 일반

21 다음과 같이 [B3:J11] 영역에 구구단을 입력하기 위해 [B3] 셀에 입력될 수식으로 올바른 것은?

	A	B	C	D	E	F	G	H	I	J
1	구구단									
2		1	2	3	4	5	6	7	8	9
3	1	1	2	3	4	5	6	7	8	9
4	2	2	4	6	8	10	12	14	16	18
5	3	3	6	9	12	15	18	21	24	27
6	4	4	8	12	16	20	24	28	32	36
7	5	5	10	15	20	25	30	35	40	45
8	6	6	12	18	24	30	36	42	48	54
9	7	7	14	21	28	35	42	49	56	63
10	8	8	16	24	32	40	48	56	64	72
11	9	9	18	27	36	45	54	63	72	81

① =$A$3*$B$2

② =$A3*B$2

③ =A3*B2

④ =A$3*$B2

22 다음 중 새 워크시트에서 보기의 내용을 그대로 입력하였을 때, 입력한 내용이 텍스트로 인식되지 않는 것은?

① 01:02AM

② 0 1/4

③ '1234

④ 1월30일

23 다음의 [매크로 기록] 대화상자에 대한 설명으로 옳지 않은 것은?

① 다른 통합 문서에서도 매크로가 실행된다.

② Ctrl + Shift + P를 누르면 '평균 계산' 매크로가 실행된다.

③ Visual Basic Editor에 'sub 평균( )'으로 코드가 작성된다.

④ 설명에 작성한 내용은 코드에 주석으로 삽입된다.

24 다음 중 수식의 실행 결과가 옳은 것은?

① =MOD(−7, 4) ⇒ −3

② =POWER(2, 3) ⇒ 9

③ =INT(−7.4) ⇒ −8

④ =TRUNC(−8.6) ⇒ −7

25 아래 워크시트에서 '생일' 필드와 같이 표시되도록 하는 사용자 지정 서식으로 올바른 것은?

	A	B	C	D
1				
2	학번	성명	학과	생일
3	A-2001	고아라	경영	2003-04-03 (목)
4	A-2002	나영희	경제	2004-01-02 (금)
5	A-2003	박철수	전산	2002-07-22 (월)
6	A-2004	안도해	전산	2003-09-24 (수)
7	A-2005	최순이	컴공	2002-12-16 (월)

① yyyy−mm−dd (aaaa)

② yyyy−mm−dd (dddd)

③ yyyy−mm−dd (aaa)

④ yyyy−mm−dd (ddd)

26 다음 중 아래 워크시트의 부분합 실행 결과에 대한 설명으로 옳지 않은 것은?

	A	B	C
1	지점	부서	수시고과
4		개발팀 요약	30
7		디자인팀 요약	27
10		지원팀 요약	35
11	본사 최대		19
13		개발팀 요약	13
16		디자인팀 요약	29
18		지원팀 요약	14
19	지사 최대		15
20		총합계	148
21	전체 최대값		19

① 개요 기호 3번이 클릭된 상태이다.

② 합계를 먼저 계산한 후 최대를 계산하였다.

③ '정렬' 대화상자에서 첫 번째 기준을 '지점'으로 두 번째 기준을 '부서'로 하여 정렬을 수행하였다.

④ 각 그룹의 아래쪽에 부분합 결과가 표시되어 있다.

27 다음은 '창 나누기'와 '틀 고정'에 대한 설명이다. 잘못된 것은?

① 창 구분선을 마우스로 드래그하여 위치를 이동할 수 있다.

② 창 나누기는 워크시트를 여러 개의 창으로 분리하는 기능으로 최대 4개로 분할할 수 있다.

③ 틀 고정을 마우스로 끌어서 위치를 변경할 수 있다.

④ 메뉴 [창]−[틀 고정]을 선택하면 현재 셀 포인터의 왼쪽, 위쪽에 틀 고정선이 나타난다.

28 다음 중 [페이지 설정] 대화상자의 [시트] 탭에 대한 설명으로 옳지 않은 것은?

① 눈금선을 체크하면 셀 눈금선이 인쇄되지 않는다.

② 인쇄 제목을 이용하면 모든 페이지에 반복 인쇄할 영역을 지정할 수 있다.

③ 워크시트의 행/열 머리글이 인쇄되도록 설정할 수 있다.

④ '간단하게 인쇄'를 체크하면 도형 등의 그래픽 요소가 인쇄되지 않는다.

29 다음 중 [시나리오 추가] 대화상자에 대한 설명으로 옳지 않은 것은?

① [데이터] → [예측] → [가상 분석] → [시나리오 관리자] 대화상자에서 [추가] 단추를 클릭하면 표시되는 대화상자이다.

② 변경 셀을 미리 선택한 후 [시나리오 추가] 대화상자를 열면 셀 주소가 자동으로 입력된다.

③ '설명'은 시나리오에 대한 추가적인 설명으로 반드시 입력할 필요는 없다.

④ 시트 보호가 지정된 경우 시나리오가 표시되지 않도록 하려면 '변경 금지'를 선택한다.

30 '성적1' 필드와 '성적2' 필드의 값이 모두 90 이상이면 '진급여부' 필드에 "진급"을, 둘 중 하나만 90 이상이면 "대기", 나머지는 공백으로 표시하는 수식으로 옳은 것은?

A	B	C	D
이름	성적1	성적2	진급여부
보라미	94	95	
미라미	80	97	
김은혜	85	82	
박한솔	90	83	

① =IF(COUNTIFS(B2:C2, ">=90")=1, "진급", IF(COUNTIFS((B2:C2, ">=90")=2, "대기", "")))

② =IF(COUNTIF(B2:C2, ">=90")=2, "진급", IF(COUNTIF(B2:C2, ">=90")=1, "대기", ""))

③ =IF(COUNTIFS(">=90", B2:C2))=1, "진급", IF(COUNTIFS((">=90", B2:C2)=1, "대기", ""))

④ =IF(COUNTIF(B2:C2, ">=90")>=1, "진급", IF(COUNTIF(B2:C2, ">=90")=1, "대기", ""))

31 아래 시트에서 고급 필터를 실행했을 때 그 결과가 다른 것은?

	A	B	C	D
1				
2	등급	주소지	이름	성별
3	프리미엄	서울	김용갑	남
4	골드	서울	김종일	남
5	일반	경기	김우경	여
6	골드	인천	최재균	남
7	일반	부산	박진호	남
8	프리미엄	인천	이재성	남
9	프리미엄	서울	최복선	여
10	일반	대구	마정희	여
11				
12			이름	
13			김*	
14	등급			

①

②

③

④

32 다음 중 [매크로] 대화상자에 대한 설명으로 옳지 않은 것은?

① 매크로 이름을 선택한 후 [실행] 단추를 클릭하면 매크로가 실행된다.

② [한 단계씩 코드 실행] 단추를 클릭하면 Visual Basic Editor에서 매크로 실행 과정을 단계별로 확인할 수 있다.

③ [만들기] 단추를 클릭하면 빠른 실행 도구 모음에 매크로 실행 명령을 추가할 수 있다.

④ [옵션] 단추를 클릭하면 매크로 바로 가기 키를 수정할 수 있다.

33 아래 워크시트에서의 작업에 대한 설명으로 옳지 않은 것은?

	A	B	C	D
1				
2				
3				
4				
5				
6				
7				
8				
9				

① [B2] 셀에 데이터를 입력하고 Shift + Enter를 누르면 셀 포인터가 [B3] 셀로 이동된다.

② [B2] 셀에서 Enter를 5번 누르면 셀 포인터가 [C2] 셀로 이동된다.

③ [B2] 셀에 데이터를 입력하고 Ctrl + Enter를 누르면 [B2:C6] 영역에 동일한 데이터가 입력된다.

④ [B2] 셀에 데이터를 입력하고 Alt + Enter를 누르면 셀 안에서 줄 나누기가 수행된다.

34 다음 중 조건부 서식에 대한 설명으로 옳지 않은 것은?

① 조건을 수식으로 입력할 경우 수식 앞에 등호(=)를 반드시 입력해야 한다.

② 두 개의 조건을 만족하는 경우 우선순위가 높은 것만 적용된다.

③ 아이콘 집합을 이용하면 조건 없이 셀의 값에 따라 다양한 모양의 아이콘을 표시할 수 있다.

④ 조건부 서식에 의해 서식이 설정된 셀에서 값이 변경되어 조건에 만족하지 않을 경우 적용된 서식은 바로 해제된다.

35 다음 중 피벗 테이블에 대한 설명으로 옳지 않은 것은?

① 값 영역의 특정 항목을 마우스로 더블클릭하면 해당 데이터에 대한 세부적인 데이터가 새로운 시트에 표시된다.

② 데이터 그룹 수준을 확장하거나 축소해서 요약 정보만 표시할 수도 있고 요약된 내용의 세부 데이터를 표시할 수도 있다.

③ 행을 열로 또는 열을 행으로 이동하여 원본 데이터를 다양한 방식으로 요약하여 표시할 수 있다.

④ 피벗 테이블과 피벗 차트를 함께 만든 후에 피벗 테이블을 삭제하면 피벗 차트도 자동으로 삭제된다.

36 다음 중 차트에 대한 설명으로 옳지 않은 것은?

① 표면형 차트는 두 개의 데이터 집합에서 최적의 조합을 찾을 때 사용한다.

② 방사형 차트는 분산형 차트의 한 종류로 데이터 계열 간의 항목 비교에 사용된다.

③ 분산형 차트는 데이터의 불규칙한 간격이나 묶음을 보여주는 것으로 주로 과학이나 공학용 데이터 분석에 사용된다.

④ 이중 축 차트는 특정 데이터 계열의 값이 다른 데이터 계열의 값과 현저하게 차이가 나거나 데이터의 단위가 다른 경우 주로 사용한다.

37 다음이 설명하는 차트는 무엇인가?

> • 전체 항목의 합에 대한 각 항목의 비율을 나타내는 차트로, 중요한 요소를 강조할 때 사용한다.
> • 항상 한 개의 데이터 계열만 사용하므로 축이 없다.

① 세로 막대형 차트 ② 도넛형 차트

③ 원형 차트 ④ 분산형 차트

38 다음 중 인쇄 작업을 위한 페이지 설정 사항에 대한 설명으로 옳지 않은 것은?

① 인쇄할 페이지 순서를 위해서 행 우선/열 우선을 지정하여 인쇄할 수 있다.

② 워크시트에 노트가 삽입되어 있으면 인쇄를 할 때 기본적으로 노트가 같이 인쇄된다.

③ 각 페이지에 제목으로 반복되는 행이 있으면 인쇄 제목을 설정할 수 있다.

④ 인쇄를 하기 전에 미리 보기를 실행하여 여백을 확인할 수 있다.

39 다음 중 입력한 수식에서 발생한 오류 메시지와 그 발생 원인으로 옳지 않은 것은?

① #VALUE! : 잘못된 인수나 피연산자를 사용했을 때

② #DIV/0! : 특정 값(셀)을 0 또는 빈 셀로 나누었을 때

③ #NAME? : 함수 이름을 잘못 입력하거나 인식할 수 없는 텍스트를 수식에 사용했을 때

④ #REF! : 숫자 인수가 필요한 함수에 다른 인수를 지정했을 때

40 다음 중 한자와 특수문자 입력에 대한 설명으로 옳지 않은 것은?

① 한자로 변환할 한글을 입력한 후 [한자]를 누른다.

② 두 글자 이상의 단어를 한자로 변환할 때는 단어를 입력하고, 커서를 단어 앞이나 뒤에 놓은 다음 [한자]를 누른다.

③ 한글 입력 상태에서 한글 자음을 입력하고 [한자]를 누른다.

④ 한글 입력 상태에서 한글 모음을 입력하고 [한자]를 누른다.

1과목 컴퓨터 일반

01 다음 중 한글 Windows 10에서 '명령 프롬프트' 창을 표시하기 위해 '실행' 창에 입력해야 하는 것은?

① cmd
② command
③ ping
④ tracert

02 핸드폰, PDA, 노트북과 같은 휴대 가능한 장치들 간의 근거리 무선 통신을 가능하게 해주는 통신 방식은?

① WiFi
② BlueTooth
③ LAN
④ VAN

03 다음 중 Windows 10의 연결 프로그램에 대한 설명으로 옳지 않은 것은?

① 파일 탐색기에서 특정한 파일을 더블클릭했을 때 실행될 앱을 설정하는 것이다.
② 확장자가 .txt나 .hwp인 파일은 반드시 서로 다른 연결 프로그램이 지정되어야 한다.
③ 동일한 확장자를 가진 다른 파일을 열 때 항상 같은 앱을 사용하도록 연결 프로그램을 설정할 수 있다.
④ 일반적으로 앱을 설치하면 해당 앱에서 사용하는 파일은 연결 프로그램이 자동으로 설정된다.

04 다음 중 한글 Windows 10에서 외부로부터의 불법적인 해킹 등 위협 요소로부터 컴퓨터를 보호하는 역할을 하는 것은 무엇인가?

① Windows Update
② Windows Defender 방화벽
③ BitLocker
④ Malware

05 다음 중 플래시 메모리(Flash Memory)에 관한 설명으로 옳지 않은 것은?

① 정보의 입출력이 자유롭고, 전송 속도가 빠르다.
② 비휘발성 기억장치이다.
③ 트랙 단위로 저장된다.
④ 전력 소모가 적다.

06 다음 중 폴더의 [속성] 창에 대한 설명으로 옳지 않은 것은?

① 폴더의 저장 위치를 변경할 수 있다.
② 폴더가 포함하고 있는 하위 폴더 및 파일의 개수를 알 수 있다.
③ 폴더에 '읽기 전용' 속성을 설정하거나 해제할 수 있다.
④ 해당 폴더의 만든 날짜를 알 수 있다.

07 다음 중 네트워크 주변을 지나다니는 패킷을 엿보면서 계정(ID)과 비밀번호를 알아내는 보안 위협 행위는?

① 스니핑(Sniffing)
② 스푸핑(Spoofing)
③ 백도어(Back Door)
④ 키로거(Key Logger)

08 다음 중 Windows 10 작업 표시줄의 점프 목록 사용에 대한 설명으로 옳지 않은 것은?

① 프로그램의 점프 목록을 보려면 작업 표시줄의 프로그램 아이콘을 마우스 오른쪽 단추로 클릭한다.
② 점프 목록에서 항목을 열려면 프로그램의 점프 목록에서 해당 항목을 클릭한다.
③ 점프 목록에 항목을 고정하려면 프로그램의 점프 목록에서 항목을 가리킨 다음 압정 아이콘을 클릭한다.
④ 점프 목록에서 항목을 제거하려면 프로그램의 점프 목록에서 항목을 가리킨 다음 Delete 를 누른다.

09 다음 중 사물 인터넷(IoT)에 대한 설명으로 옳지 않은 것은?

① IoT 구성품 가운데 디바이스는 빅데이터를 수집하며, 클라우드와 AI는 수집된 빅데이터를 저장하고 분석한다.

② IoT는 인터넷 기반으로 다양한 사물, 사람, 공간을 긴밀하게 연결하고 상황을 분석, 예측, 판단해서 지능화된 서비스를 자율 제공하는 제반 인프라 및 융복합 기술이다.

③ 현재는 사물을 단순히 연결시켜 주는 단계에서 수집된 데이터를 분석해 스스로 사물에 의사결정을 내리는 단계로 발전하고 있다.

④ IoT 네트워크를 이용할 경우 통신 비용이 절감되는 효과가 있으며, 정보 보안 기술의 적용이 용이해진다.

10 바탕 화면에 있는 아이콘의 바로 가기 메뉴를 선택하여 수행할 수 없는 작업은?

① 아이콘의 바로 가기 만들기

② 아이콘 삭제하기

③ 아이콘 이름 바꾸기

④ 아이콘의 정렬 기준 변경하기

11 다음 중 프로그램이 실행될 때 발생하는 메인 메모리 부족 문제를 보완하기 위해 하드디스크의 일부를 메인 메모리처럼 사용하게 하는 메모리 관리 기법을 의미하는 것은?

① 캐시 메모리

② 디스크 캐시

③ 연관 메모리

④ 가상 메모리

12 다음 중 컴퓨터에서 사용하는 유니코드(Unicode)에 관한 설명으로 옳은 것은?

① 표현 가능한 문자수는 최대 256자이다.

② 문자를 2Byte로 표현한다.

③ 영문자를 7bit, 한글이나 한자를 16bit로 처리한다.

④ 한글은 KS 완성형으로 표현한다.

13 다음 중 유틸리티 프로그램에 대한 설명으로 적절하지 않은 것은?

① 다수의 작업이나 목적에 대하여 적용되는 편리한 서비스 프로그램이나 루틴을 말한다.

② 컴퓨터의 동작에 필수적이고, 컴퓨터를 이용하는 주목적에 대한 일부 특정 작업을 수행하는 소프트웨어들을 가리킨다.

③ 컴퓨터 하드웨어, 운영체제, 응용 소프트웨어를 관리하는 데 도움을 주도록 설계된 프로그램을 의미한다.

④ Windows에서 제공하는 유틸리티 프로그램으로는 메모장, 그림판, 계산기 등을 예로 들 수 있다.

14 다음 중 인터넷 주소 체계에 대한 설명으로 옳지 않은 것은?

① 인터넷 연결을 위해서는 IP 주소 또는 도메인 네임 중 하나를 배정받아야 하며, 인터넷에 연결된 컴퓨터의 고유 주소는 도메인 네임으로 이는 IP 주소와 동일하다.

② 국제 인터넷 주소 관리기구는 ICANN이며, 한국에서는 한국인터넷진흥원(KISA)에서 관리하고 있다.

③ 현재는 인터넷 주소 체계인 IPv4 주소와 IPv6 주소가 함께 사용되고 있으며, IPv6 주소가 점차 확대되고 있다.

④ IPv6는 IPv4와의 호환성이 뛰어나고, 128비트의 주소를 사용하여 주소 부족 문제 및 보안문제를 해결할 수 있다.

15 WWW(World Wide Web)에 대한 설명으로 잘못된 것은?

① 멀티미디어 형식의 정보를 제공한다.

② HTTP 프로토콜을 사용하는 하이퍼텍스트 기반으로 되어 있다.

③ 웹 페이지는 서버에서 정보를 제공하고 클라이언트에서 웹 브라우저를 통해 정보를 검색하고 제공받는다.

④ HTML은 웹 페이지와 웹 브라우저 사이에서 하이퍼텍스트 문서를 전송하기 위해 사용하는 프로토콜이다.

16 다음 중 컴퓨터 범죄에 해당하지 않는 것은?

① 전자문서의 불법 복사

② 전산망을 이용한 개인 정보 유출

③ 컴퓨터 시스템 해킹을 통한 중요 정보의 위조 또는 변조

④ 인터넷 쇼핑몰 상품 가격 비교표 작성

17 다음 중 디지털 컴퓨터와 아날로그 컴퓨터의 차이점에 관한 설명으로 옳은 것은?

① 디지털 컴퓨터는 전류, 전압, 온도 등 다양한 입력 값을 처리하며, 아날로그 컴퓨터는 숫자 데이터만을 처리한다.

② 디지털 컴퓨터는 증폭 회로로 구성되며, 아날로그 컴퓨터는 논리 회로로 구성된다.

③ 아날로그 컴퓨터는 미분이나 적분 연산을 주로 하며, 디지털 컴퓨터는 산술이나 논리 연산을 주로 한다.

④ 아날로그 컴퓨터는 범용이며, 디지털 컴퓨터는 특수 목적용으로 많이 사용된다.

18 다음 중 오디오 데이터와 관련된 용어에 해당하지 않는 것은?

① 시퀀싱(Sequencing)

② 인터레이싱(Interlacing)

③ PCM(Pulse Code Modulation)

④ 샘플링(Sampling)

19 다음 중 애니메이션에서의 모핑(Morphing) 기법에 대한 설명으로 옳은 것은?

① 종이에 그린 그림을 셀룰로이드에 그대로 옮긴 뒤 채색하고 촬영하는 기법이다.

② 2개의 이미지나 3차원 모델 간에 부드럽게 연결하여 서서히 변하는 모습을 보여주는 기법이다.

③ 키 프레임을 이용하여 애니메이션을 만드는 기법이다.

④ 점토를 사용하여 애니메이션을 만드는 기법이다.

20 다음 중 컴퓨터를 관리하는 효율적인 방법으로 옳지 않은 것은?

① 컴퓨터를 이동하거나 부품을 교체할 경우에는 전원을 끄고 작업하는 것이 바람직하다.

② 시스템에 문제가 발생하면 시스템을 재부팅하고 하드디스크의 모든 파티션을 제거한다.

③ 정기적으로 최신 바이러스 백신 프로그램을 사용하여 바이러스 감염을 방지하며, 중요한 데이터는 백업하여 둔다.

④ 가급적 불필요한 프로그램은 설치하지 않도록 하며, 정기적으로 시스템을 점검한다.

2과목 스프레드시트 일반

21 다음 중 채우기 핸들에 대한 설명으로 옳은 것은?

① 문자와 숫자가 혼합된 셀의 채우기 핸들을 Ctrl을 누른 채 드래그하면 동일한 내용으로 복사된다.

② 숫자가 입력된 첫 번째 셀과 두 번째 셀을 범위로 설정한 후 채우기 핸들을 드래그하면 두 번째 셀의 값이 복사된다.

③ 숫자가 입력된 셀에서 Ctrl을 누른 채 채우기 핸들을 오른쪽으로 드래그하면 숫자가 1씩 감소한다.

④ 사용자 지정 목록에 지정된 목록 데이터의 첫 번째 항목을 입력하고 Ctrl을 누른 채 채우기 핸들을 드래그하면 목록 데이터가 입력된다.

22 다음 중 페이지 나누기에 대한 설명으로 옳지 않은 것은?

① 페이지 나누기는 워크시트를 인쇄할 수 있도록 페이지 단위로 나누는 구분선이다.

② [페이지 나누기 미리 보기] 상태에서 마우스로 페이지 나누기 구분선을 클릭하여 끌면 페이지를 나눌 위치를 조정할 수 있다.

③ 행 높이와 열 너비를 변경해도 자동 페이지 나누기 구분선의 위치는 변경되지 않는다.

④ [페이지 나누기 미리 보기] 상태에서 파선은 자동 페이지 나누기를 나타내고 실선은 사용자 지정 페이지 나누기를 나타낸다.

23 아래 워크시트는 수량과 상품코드별 단가를 이용하여 금액을 산출한 것이다. 다음 중 [D2] 셀에 사용된 수식으로 옳은 것은? (단, 금액 = 수량 × 단가)

	A	B	C	D
1	매장명	상품코드	수량	금액
2	강북	AA-10	15	45,000
3	강남	BB-20	25	125,000
4	강서	AA-10	30	90,000
5	강동	CC-30	35	245,000
6				
7		상품코드	단가	
8		AA-10	3000	
9		CC-30	7000	
10		BB-20	5000	

① =C2 * VLOOKUP(B2, $B$8:$C$10, 2)

② =C2 * VLOOKUP($B$8:$C$10, 2, B2, FALSE)

③ =C2 * VLOOKUP(B2, $B$8:$C$10, 2, FALSE)

④ =C2 * VLOOKUP($B$8:$C$10, 2, B2)

24 다음 중 데이터 입력에 대한 설명으로 옳지 않은 것은?

① 데이터를 입력하는 도중에 입력을 취소하려면 Esc를 누른다.

② 셀 안에서 줄을 바꾸어 데이터를 입력하려면 Alt + Enter를 누른다.

③ 텍스트, 텍스트/숫자 조합, 날짜, 시간 데이터는 셀에 입력하는 처음 몇 자가 해당 열의 기존 내용과 일치하면 자동으로 입력된다.

④ 여러 셀에 동일한 데이터를 입력하려면 해당 셀을 범위로 지정하여 데이터를 입력한 후 Ctrl + Enter를 누른다.

25 아래 워크시트에서 평균에 대한 내림차순 순위를 구하고자 한다. [E2] 셀에 함수식을 입력한 후 채우기 핸들을 이용하여 [E3:E6] 영역에 복사하려고 할 때, 입력해야 할 함수식으로 옳은 것은?

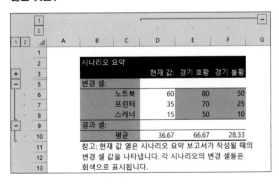

	A	B	C	D	E
1	이름	국어	수학	평균	순위
2	구연	100	94	97	
3	진아	99	88	93.5	
4	원빈	65	66	65.5	
5	이리	80	83	81.5	
6	은비	75	77	76	

① =RANK.EQ(D2, $D2:$D6, 0)

② =RANK.EQ(D2, $D2:$D6, 1)

③ =RANK.EQ(D2, D$2:D$6, 0)

④ =RANK.EQ(D2, D$2:D$6, 1)

26 다음 중 아래 그림의 시나리오 요약 보고서에 대한 설명으로 옳지 않은 것은?

① 노트북, 프린터, 스캐너 값의 변화에 따른 평균 값을 확인할 수 있다.

② '경기 호황'과 '경기 불황' 시나리오에 대한 시나리오 요약 보고서이다.

③ 시나리오의 값을 변경하면 해당 변경 내용이 기존 요약 보고서에 자동으로 다시 계산되어 표시된다.

④ 시나리오 요약 보고서를 실행하기 전에 변경 셀과 결과 셀에 대해 이름을 정의하였다.

27 다음 중 부분합에 대한 설명으로 옳지 않은 것은?

① 부분합을 실행하면 각 부분합에 대한 정보 행을 표시하고 숨길 수 있도록 목록에 개요가 자동으로 설정된다.

② 부분합은 한번에 한 개의 함수만 계산할 수 있으므로 두 개 이상의 함수를 이용하려면 함수의 개수만큼 부분합을 중첩해서 삽입해야 한다.

③ '새로운 값으로 대치'를 선택하면 이전의 부분합의 결과는 제거되고 새로운 부분합의 결과로 변경한다.

④ 그룹화할 항목으로 선택된 필드는 자동으로 오름차순 정렬하여 부분합이 계산된다.

28 다음 중 [통합] 데이터 도구에 대한 설명으로 옳지 않은 것은?

① '모든 참조 영역'에 다른 통합 문서의 워크시트를 추가하여 통합할 수 있다.

② '사용할 레이블'을 모두 선택한 경우 각 참조 영역에 결과 표의 레이블과 일치하지 않은 레이블이 있으면 통합 결과 표에 별도의 행이나 열이 만들어진다.

③ 지정한 영역에 계산될 요약 함수는 '함수'에서 선택하며, 요약 함수로는 합계, 개수, 평균, 최대, 최소 등이 있다.

④ '원본 데이터에 연결' 확인란을 선택하여 통합한 경우 통합에 참조된 영역에서의 행 또는 열이 변경될 때 통합된 데이터 결과도 자동으로 업데이트 된다.

29 고급 필터에서 다음과 같은 조건을 적용하였을 때 선택되는 데이터로 올바른 것은?

	A	B	C
1	제품명	금액	수량
2	냉장고	<650000	
3			>5

① 제품명이 냉장고이고 금액이 650000 미만인 제품과 수량이 6 이상인 제품

② 금액이 650000 미만이고 수량이 5 이상인 제품

③ 제품명이 냉장고이거나 금액이 650000 미만인 제품이면서 수량은 6 이상인 제품

④ 수량은 5 이상이며 제품명이 냉장고이거나 금액이 650000 이상인 제품

30 다음과 같이 수량과 실적에 따른 점유율을 확인하는데 가장 알맞은 차트는 무엇인가?

	A	B	C	D
1	순번	수량	실적	점유율
2	1	35	3,500,000	17%
3	2	40	4,000,000	19%
4	3	42	4,200,000	20%
5	4	58	5,800,000	28%
6	5	33	3,300,000	16%

① 도넛형   ② 분산형

③ 거품형   ④ 영역형

31 다음 그림의 차트에 설정된 구성 요소는?

① 범례   ② 차트 제목

③ 데이터 레이블   ④ 데이터 테이블

32 다음 중 [페이지 설정] 대화상자의 [시트] 탭에 대한 설명으로 옳지 않은 것은?

① 셀에 삽입된 노트를 시트 끝에 인쇄되도록 설정할 수 있다.

② 셀 구분선이나 그림 개체 등은 제외하고 셀에 입력된 데이터만 인쇄되도록 설정할 수 있다.

③ 워크시트의 행/열 머리글과 눈금선이 인쇄되도록 설정할 수 있다.

④ 용지 여백과 용지 크기를 설정할 수 있다.

33 다음 중 찾기 및 바꾸기에 대한 설명으로 옳지 않은 것은?

① 찾을 내용에 물음표(?)를 사용하면 찾고자 하는 단어의 길이를 제한할 수 있고, 별표(*)를 사용하면 단어의 길이에 상관없이 모든 단어를 검색할 수 있다.

② 서식을 사용하면 서식 조건에 맞는 셀을 검색할 수 있다.

③ 범위 항목에서 현재 워크시트에서만 검색하려면 '시트'를 선택하고 현재 통합 문서의 모든 시트를 검색하려면 '통합 문서'를 선택한다.

④ 찾는 위치 항목에서 '수식'으로 입력하면 수식이 계산된 결과에서 찾을 문자열을 검색한다.

34 [D1] 셀에 입력된 수식 '=A$1+$B1'을 복사하여 [D3] 셀에 붙여넣을 경우 결과로 옳은 것은?

	A	B	C	D
1	80	60	70	
2	70	90	75	
3	85	70	75	
4	75	77	85	

① 140   ② 170

③ 150   ④ 157

35 다음 수식의 결과가 나머지와 다른 것은?

① =LEFT(123.654, 6)

② =ROUND(123.654, 2)

③ =ROUNDUP(123.654, 2)

④ =ROUNDDOWN(123.654, 2)

36 다음 중 선택 가능한 매크로 보안 설정으로 옳지 않은 것은?

① 알림이 없는 매크로 사용 안 함

② 알림이 포함된 VBA 매크로 사용 안 함

③ 디지털 서명된 매크로를 제외하고 VBA 매크로 사용 안 함

④ VBA 매크로 사용(권장)

37 다음 중 매크로 기록에 관한 설명으로 옳지 않은 것은?

① 바로 가기 키는 소문자, 대문자를 모두 사용할 수 있다.

② 매크로 이름에는 공백 문자는 사용할 수 없다.

③ 바로 가기 키는 Ctrl과 함께 사용한다.

④ 매크로 이름의 첫 글자는 문자나 숫자를 사용한다.

38 다음 중 하나의 계열만 표시할 수 있는 차트는?

① 세로 막대형   ② 원형

③ 방사형   ④ 영역

39 다음 중 '셀 항목 자동 완성' 기능에 대한 설명으로 옳지 않은 것은?

① 숫자 또는 날짜만으로 구성된 내용에는 적용되지 않는다.

② [파일] → [옵션] → [고급] 탭의 '편집 옵션' 항목에서 '셀 내용을 자동 완성'이 설정되어 있어야 실행된다.

③ 나머지 글자가 자동으로 채워진 항목을 그대로 입력하려면 Enter를 입력한다.

④ 한글이나 영어로만 구성된 항목에 적용되는 기능이다.

40 조건부 서식에 대한 설명으로 틀린 것은?

① 조건에 맞지 않을 경우에 대한 서식도 함께 지정할 수 있다.

② 조건부 서식은 기존의 셀 서식에 우선하여 적용된다.

③ 조건을 수식으로 입력할 경우 수식 앞에 등호(=)를 반드시 입력해야 한다.

④ 조건부 서식에 의해 서식이 설정된 셀에서 값이 변경되어 조건에 만족하지 않을 경우 적용된 서식은 바로 해제된다.

1과목 컴퓨터 일반

01 다음 중 Windows에서 Winkey(⊞)와 함께 사용하는 바로 가기 키에 대한 설명으로 틀린 것은?

① ⊞+Ⅰ : '설정' 창을 표시함
② ⊞+D : 모든 창을 최소화함
③ ⊞+L : 컴퓨터를 잠금
④ ⊞+E : '실행' 창을 표시함

02 다음 중 인터넷 주소 체계인 IPv6에 대한 설명으로 옳지 않은 것은?

① 주소는 16비트씩 8개 부분으로 총 128비트로 구성되어 있다.
② IPv6의 주소는 유니캐스트, 애니캐스트, 멀티캐스트 3종류의 형태로 분류한다.
③ IPv4와의 호환성은 낮으나 IPv4에 비해 품질 보장은 용이하다.
④ 주소에 0이 연속되는 경우 0을 생략하고 ':' 형태로 표시할 수 있다.

03 다음 중 한글 Windows 10의 [메모장]에 대한 설명으로 옳지 않은 것은?

① 작성한 문서를 저장할 때 확장자는 기본적으로 .txt가 부여된다.
② 그림, 차트 등의 OLE 개체를 삽입할 수 있다.
③ 현재 시간/날짜를 삽입하는 기능이 있다.
④ 특정한 문자열을 찾을 수 있는 찾기 기능이 있다.

04 다음 중 한글 Windows 10에서 하드디스크를 포맷하기 위한 [포맷] 창에서 설정 가능한 항목으로 옳지 않은 것은?

① 볼륨 레이블 입력
② 파티션 제거
③ 파일 시스템 선택
④ 빠른 포맷 선택

05 다음 중 컴퓨터에서 문자 데이터를 표현하는 방법으로 옳지 않은 것은?

① EBCDIC
② Unicode
③ ASCII
④ Hamming Code

06 다음 중 컴퓨터에서 사용하는 일반 하드디스크에 비하여 속도가 빠르고 기계적 지연이나 에러의 확률 및 발열 소음이 적으며, 소형화, 경량화할 수 있는 하드디스크 대체 저장장치는?

① DVD
② HDD
③ SSD
④ ZIP

07 다음 중 프로그램이 실행될 때 발생하는 메인 메모리 부족 문제를 보완하기 위해 하드디스크의 일부를 메인 메모리처럼 사용하게 하는 메모리 관리 기법을 의미하는 것은?

① 캐시 메모리
② 디스크 캐시
③ 연관 메모리
④ 가상 메모리

08 다음 중 멀티미디어와 관련하여 동영상 전문가 그룹에 의해서 제안된 비디오 또는 오디오 압축에 관한 일련의 표준으로 옳은 것은?

① XML
② SVG
③ JPEG
④ MPEG

09 다음 중 컴퓨터 바이러스의 예방법으로 가장 거리가 먼 것은?

① 최신 버전의 백신 프로그램을 사용한다.
② 다운로드 받은 파일은 작업에 사용하기 전에 바이러스 검사 후 사용한다.
③ 전자우편에 첨부된 파일은 열어서 확인한 후 사용한다.
④ 네트워크 공유 폴더에 있는 파일은 읽기 전용으로 지정한다.

해설은 163쪽을 참고하세요.

10 다음 중 컴퓨터를 이용한 가상 현실(Virtual Reality)에 관한 설명으로 옳은 것은?

① 고화질 영상을 제작하여 텔레비전에 나타내는 기술이다.

② 고도의 컴퓨터 그래픽 기술과 3차원 기법을 통하여 현실의 세계처럼 구현하는 기술이다.

③ 여러 영상을 통합하여 2차원 그래픽으로 표현하는 기술이다.

④ 복잡한 데이터를 단순화시켜 컴퓨터 화면에 나타내는 기술이다.

11 USB 포트에 대한 설명으로 옳지 않은 것은?

① 주변장치를 127개까지 연결할 수 있다.

② 컴퓨터의 전원이 켜진 상태에서도 장치를 연결하거나 제거할 수 있다.

③ 기존의 직렬, 병렬, PS/2 포트 등을 하나의 포트로 대체하기 위한 범용 직렬 버스이다.

④ 한번에 8비트의 데이터가 동시에 전송되는 방식을 사용한다.

12 다음 중 인터넷에서 웹 서버와 사용자의 인터넷 브라우저 사이에 하이퍼텍스트 문서를 전송하기 위해 사용되는 통신 규약은?

① TCP
② HTTP
③ FTP
④ SMTP

13 다음 중 사용자의 기본 설정을 사이트가 인식하도록 하거나, 사용자가 웹 사이트로 이동할 때마다 로그인해야 하는 번거로움을 생략할 수 있도록 사용자 환경을 향상시키는 것은?

① 쿠키(Cookie)

② 즐겨찾기(Favorites)

③ 웹 서비스(Web Service)

④ 히스토리(History)

14 다음 중 컴퓨터 범죄 예방에 대한 설명으로 옳지 않은 것은?

① 해킹 방지를 위해 패스워드는 가급적 변경하지 않는다.

② 정보 누출이나 해킹 방지를 위해 방화벽 체제를 정비한다.

③ 암호는 가급적이면 알파벳과 숫자, 특수문자 등을 섞어서 만든다.

④ 지속적인 해킹 감시 및 접근 통제 도구를 개발한다.

15 다음 중 멀티미디어의 특징에 대한 설명으로 옳지 않은 것은?

① 다양한 아날로그 데이터를 디지털 데이터로 변환하여 통합 처리한다.

② 정보 제공자와 사용자 간의 상호 작용에 의해 데이터가 전달된다.

③ 미디어별 파일 형식이 획일화되어 멀티미디어의 제작이 용이해진다.

④ 텍스트, 그래픽, 사운드, 동영상 등의 여러 미디어를 통합 처리한다.

16 다음 중 인터넷 홈페이지 제작 언어로 옳지 않은 것은?

① DHTML
② ASP
③ JAVA
④ AIDA

17 다음 중 컴퓨터에서 사용하는 하드디스크의 파티션에 대한 설명으로 옳지 않은 것은?

① 하나의 물리적인 하드디스크를 여러 개의 파티션으로 나눌 수 있다.

② 파티션을 나눈 후에 하드디스크를 사용하기 위해서는 포맷을 해야 한다.

③ 하나의 하드디스크 내의 모든 파티션에는 동일한 운영체제만 설치할 수 있다.

④ 하나의 파티션에는 한 가지 파일 시스템만 설치할 수 있다.

18 다음 중 한글 Windows 10에서 프린터 설치에 관한 설명으로 옳지 않은 것은?

① 네트워크 프린터를 선택한 경우에는 연결할 프린터의 포트를 지정한다.

② [설정] → [장치] → [프린터 및 스캐너]에서 '프린터 또는 스캐너 추가'를 클릭하여 프린터를 추가한다.

③ 설치할 프린터 유형은 로컬 프린터와 Bluetooth, 무선 또는 네트워크 검색 가능 프린터 등에서 하나를 선택할 수 있다.

④ 컴퓨터에 설치된 여러 대의 프린터 중에 현재 설치 중인 프린터를 기본 프린터로 설정할 것인지 선택한다.

19 다음의 보기가 의미하는 분산 시스템 모델로 옳은 것은?

> • 시스템에 소속된 컴퓨터들은 누구든지 서버가 될 수 있으며, 클라이언트도 될 수 있다.
> • 워크스테이션 혹인 개인용 컴퓨터를 단말기로 사용한다.
> • 고속 LAN을 기반으로 한다.

① 주/종속 시스템(Master/Slave System)

② 동배간 처리 시스템(Peer to Peer System)

③ 호스트 기반(Host Based) 시스템

④ 클라이언트/서버 시스템(Client/Server System)

20 네트워크 구성 시 반드시 필요한 장비로 정보 전송을 위한 최적의 경로를 찾아 통신망에 연결하는 장치는?

① 리피터   ② 게이트웨이

③ 라우터   ④ 브리지

2과목   스프레드시트 일반

21 다음 중 데이터 입력에 대한 설명으로 옳지 않은 것은?

① 데이터를 입력하는 도중에 입력을 취소하려면 Esc를 누른다.

② 셀 안에서 줄을 바꾸어 데이터를 입력하려면 Alt + Enter를 누른다.

③ 텍스트, 텍스트/숫자 조합, 날짜, 시간 데이터는 셀에 입력하는 처음 몇 자가 해당 열의 기존 내용과 일치하면 자동으로 입력된다.

④ 여러 셀에 동일한 데이터를 입력하려면 해당 셀을 범위로 지정하여 데이터를 입력한 후 Ctrl + Enter를 누른다.

22 다음 중 노트에 관한 설명으로 옳지 않은 것은?

① 노트를 삭제하려면 노트가 삽입된 셀을 선택한 후 [검토] 탭 [노트] 그룹의 [삭제]를 선택한다.

② [서식 지우기] 기능을 이용하여 셀의 서식을 지우면 설정된 노트도 함께 삭제된다.

③ 노트가 삽입된 셀을 이동하면 노트의 위치도 셀과 함께 변경된다.

④ 작성된 노트의 내용을 수정하려면 노트가 삽입된 셀의 바로 가기 메뉴에서 [노트 편집]을 선택한다.

23 다음 중 조건부 서식을 이용하여 [A2:C5] 영역에 EXCEL과 ACCESS 점수의 합계가 170 이하인 행 전체에 셀 배경색을 지정하기 위한 수식으로 옳은 것은?

	A	B	C
1	이름	EXCEL	ACCESS
2	김경희	75	73
3	원은형	89	88
4	나도향	65	68
5	최은심	98	96

① =B$2+C$2<=170   ② =$B2+$C2<=170

③ =$B$2+$C$2<=170   ④ =B2+C2<=170

24 아래 그림과 같이 '기록(초)' 필드를 이용하여 순위[C2:C5]를 계산하였다. 다음 중 [C2] 셀의 수식으로 옳은 것은?

	A	B	C
1	선수명	기록(초)	순위
2	홍길동	12	3
3	이기자	15	4
4	금나래	10	1
5	나도국	11	2

① =RANK.EQ(B1, $C$2:$C$5)

② =RANK.EQ(B2, $A$2:$A$5)

③ =RANK.EQ(B2, $B$2:$B$5, 1)

④ =RANK.EQ(B2, $B$2:$B$5, 0)

25 다음 중 차트에 대한 설명으로 옳지 않은 것은?

① 기본적으로 워크시트의 행과 열에서 숨겨진 데이터는 차트에 표시되지 않으며 빈 셀은 간격으로 표시된다.

② 표에서 특정 셀 한 개를 선택하여 차트를 생성하면 해당 셀을 직접 둘러싸는 표의 데이터 영역이 모두 차트에 표시된다.

③ 차트를 만들 데이터를 선택한 후 Alt + F1을 누르면 별도의 차트 시트가 생성된다.

④ 차트에 두 개 이상의 차트 종류를 사용하여 혼합형 차트를 만들 수도 있다.

26 다음 중 항목 레이블이 월, 분기, 연도와 같이 일정한 간격의 값을 나타내는 경우에 적합한 차트로 일정 간격에 따라 데이터의 추세를 표시하는 데 유용한 것은?

① 분산형 차트   ② 원형 차트

③ 꺾은선형 차트   ④ 방사형 차트

해설은 164쪽을 참고하세요.

27 워크시트 출력 시 머리글 또는 바닥글에 페이지 번호가 포함되어 있는 경우, 시작 페이지 번호를 100으로 저장하려고 한다. 다음 중 설명이 옳은 것은?

① [페이지 설정] → [머리글/바닥글] → [바닥글 편집] → [시작 페이지 번호]에 표시될 페이지 번호 1000을 입력한다.

② [페이지 설정] → [페이지] → [자동 맞춤] → [용지 번호]에 표시될 페이지 번호 100을 입력한다.

③ [페이지 설정] → [페이지] → [시작 페이지 번호]에 표시될 페이지 번호 100을 입력한다.

④ [페이지 설정] → [설정] → [페이지 번호]에 표시될 페이지 번호 100을 입력한다.

28 아래 시트에서 고급 필터를 그림과 같이 실행하였다. 다음 중 고급 필터의 실행 결과로 옳은 것은?

	A	B	C
1	학과명	성명	TOEIC
2	경영학과	김영민	790
3	영어영문학과	박찬진	940
4	컴퓨터학과	최우석	860
5	물리학과	황종규	750
6	영어영문학과	서진동	880
7	건축학과	강석우	900
8	기계공학과	한경수	740
9	컴퓨터학과	최미진	990
10	경영학과	김경호	880
11			
12	학과명		
13			

고급 필터
결과
○ 현재 위치에 필터(F)
● 다른 장소에 복사(O)
목록 범위(L): $A$1:$C$10
조건 범위(C):
복사 위치(T): $A$12
☑ 동일한 레코드는 하나만(R)
[확인] [취소]

①
12	학과명
13	경영학과
14	영어영문학과
15	컴퓨터학과

②
12	학과명
13	경영학과
14	영어영문학과
15	컴퓨터학과
16	물리학과
17	건축학과
18	기계공학과

③
12	학과명
13	물리학과
14	영어영문학과
15	건축학과
16	기계공학과
17	컴퓨터학과
18	경영학과

④
12	학과명
13	경영학과
14	영어영문학과
15	컴퓨터학과
16	물리학과
17	영어영문학과
18	건축학과
19	기계공학과
20	컴퓨터학과
21	경영학과

29 다음 중 이미 부분합이 계산되어 있는 상태에서 새로운 부분합을 추가하고자 할 때 수행해야 할 작업으로 옳은 것은?

① [모두 제거] 단추를 클릭

② '새로운 값으로 대치' 설정을 해제

③ '그룹 사이에 페이지 나누기'를 설정

④ '데이터 아래에 요약 표시' 설정을 해제

30 다음 중 매크로의 바로 가기 키에 대한 설명으로 옳지 않은 것은?

① 매크로 생성 시 설정한 바로 가기 키는 [매크로] 대화상자의 [옵션]에서 변경할 수 있다.

② 기본적으로 바로 가기 키는 Ctrl과 조합하여 사용하지만 대문자로 지정하면 Shift가 자동으로 덧붙는다.

③ 바로 가기 키의 조합 문자는 영문자만 가능하고, 바로 가기 키를 설정하지 않아도 매크로를 생성할 수 있다.

④ 엑셀에서 기본적으로 지정되어 있는 바로 가기 키는 매크로의 바로 가기 키로 지정할 수 없다.

31 다음 중 매크로에 관한 설명으로 옳지 않은 것은?

① 서로 다른 매크로에 동일한 이름을 부여할 수 없다.

② 매크로는 반복적인 작업을 자동화하여 복잡한 작업을 단순한 명령으로 실행할 수 있도록 한다.

③ 매크로 기록 시 사용자의 마우스 동작은 기록되지만 키보드 작업은 기록되지 않는다.

④ 현재 셀의 위치를 기준으로 매크로가 실행되도록 하려면 '상대 참조로 기록'을 설정한 후 매크로를 기록한다.

32 다음 시트에서 [A1] 셀에 있는 텍스트를 쉼표(,)를 기준으로 [A1:D1] 영역에 분리하여 표시하려고 할 때 사용할 적합한 기능은?

A1		× ✓ fx	서울,1,국어,2008

	A	B	C	D	E
1	서울,1,국어,2008				
2					

① 레코드 관리

② 텍스트 나누기

③ 유효성 검사

④ 자동 개요

33 다음 중 아래 그림의 표에서 조건 범위로 [A9:B11] 영역을 선택하여 고급 필터를 실행한 결과의 레코드 수는 얼마인가?

	A	B	C	D
1	성명	이론	실기	합계
2	김진아	47	45	92
3	이은경	38	47	85
4	장영주	46	48	94
5	김시내	35	30	65
6	홍길동	49	48	97
7	박승수	37	43	80
8				
9	합계	합계		
10	<96	>90		
11		<70		

① 0   ② 3

③ 4   ④ 6

34 다음 중 '페이지 나누기' 기능에 관한 설명으로 옳지 않은 것은?

① '페이지 나누기 미리 보기' 상태에서는 데이터의 입력이나 편집을 할 수 없다.

② 페이지 구분선을 마우스로 드래그 하여 구분선의 위치를 변경할 수 있다.

③ 수동으로 삽입된 페이지 나누기는 실선으로 표시되고 자동으로 추가된 페이지 나누기는 파선으로 표시된다.

④ 인쇄할 데이터가 많아 한 페이지가 넘어가면 자동으로 페이지 구분선이 삽입된다.

35 다음 중 한자와 특수문자 입력에 대한 설명으로 옳지 않은 것은?

① 한자로 변환할 한글을 입력한 후 한자를 누른다.

② 두 글자 이상의 단어를 한자로 변환할 때는 단어를 입력하고, 커서를 단어 앞이나 뒤에 놓은 다음 한자를 누른다.

③ 한글 입력 상태에서 한글 자음을 입력하고 한자를 누른다.

④ 한글 입력 상태에서 한글 모음을 입력하고 한자를 누른다.

36 다음 중 데이터 통합에 관한 설명으로 옳지 않은 것은?

① 데이터 통합은 위치를 기준으로 통합할 수도 있고, 영역의 이름을 정의하여 통합할 수도 있다.

② '원본 데이터에 연결' 기능은 통합할 데이터가 있는 워크시트와 통합 결과가 작성될 워크시트가 같은 통합 문서에 있는 경우에만 적용할 수 있다.

③ 다른 원본 영역의 레이블과 일치하지 않는 레이블이 있는 경우에 통합하면 별도의 행이나 열이 만들어진다.

④ 여러 시트에 있는 데이터나 다른 통합 문서에 입력되어 있는 데이터를 통합할 수 있다.

37 다음 중 정렬에 대한 설명으로 옳은 것은?

① 최대 24개의 열을 기준으로 정렬할 수 있다.

② 글꼴 색을 기준으로 정렬할 수 있다.

③ 정렬 대상 범위에 병합된 셀이 포함되어 있어도 정렬할 수 있다.

④ 숨겨진 행은 정렬 결과에 포함되나 숨겨진 열은 정렬 결과에 포함되지 않는다.

38 다음 중 [찾기 및 바꾸기] 대화상자의 각 항목에 대한 설명으로 옳지 않은 것은?

① 찾을 내용 : 검색할 내용을 입력할 곳으로 와일드 카드 문자를 검색 문자열에 사용할 수 있다.

② 서식 : 숫자 셀을 제외한 특정 서식이 있는 텍스트 셀을 찾을 수 있다.

③ 범위 : 현재 워크시트에서만 검색하는 '시트'와 현재 통합 문서의 모든 시트를 검색하는 '통합 문서' 중 선택할 수 있다.

④ 모두 찾기 : 검색 조건에 맞는 모든 항목이 나열된다.

39 다음 중 [페이지 설정] 대화상자의 [머리글/바닥글] 탭에 대한 설명으로 옳지 않은 것은?

① 홀수 페이지의 머리글 및 바닥글을 짝수 페이지와 다르게 지정하려면 '짝수와 홀수 페이지를 다르게 지정'을 선택한다.

② 인쇄되는 첫 번째 페이지에서 머리글과 바닥글을 표시하지 않으려면 '첫 페이지를 다르게 지정'을 선택한 후 머리글과 바닥글 편집에서 첫 페이지 머리글과 첫 페이지 바닥글에 아무 것도 설정하지 않는다.

③ 인쇄될 워크시트를 워크시트의 실제 크기의 백분율에 따라 확대·축소하려면 '문서에 맞게 배율 조정'을 선택한다.

④ 머리글 또는 바닥글을 표시하기에 충분한 머리글 또는 바닥글 여백을 확보하려면 '페이지 여백에 맞추기'를 선택한다.

40 다음 중 [C10] 셀에 판매량이 판매량 평균 이상인 지점의 개수를 구하는 수식으로 올바른 것은?

	A	B	C
1	지점	대표자	판매량
2	마포	고아라	125
3	서대문	나영희	85
4	을지로	박철수	94
5	강남	안도혜	108
6	강서	최순이	75
7	강북	최하늘	12
8	강동	김수창	98
9			
10	판매량 평균 이상		4

① =COUNTIF(C2:C8, ">="&AVERAGE($C$2:$C$8))

② =COUNTIF(">="&AVERAGE($C$2:$C$8))

③ =COUNTIF(C2:C8, ">=AVERAGE($C$2:$C$8)")

④ =COUNTIF(">="&AVERAGE($C$2:$C$8), C2:C8)

1과목 · 컴퓨터 일반

01 다음 중 한글 Windows 10에서 작업 표시줄의 바로 가기 메뉴에서 설정할 수 있는 항목으로 옳지 않은 것은?

① 계단식 창 배열

② 창 가로 정렬 보기

③ 모든 작업 표시줄 잠금

④ 아이콘 자동 정렬

02 다음 중 한글 Windows 10의 [폴더 옵션]에서 설정할 수 있는 작업에 해당되지 않는 것은?

① 숨김 파일 및 폴더를 표시할 수 있다.

② 색인된 위치에서는 파일 이름 뿐만 아니라 내용도 검색하도록 설정할 수 있다.

③ 숨긴 파일 및 폴더의 숨김 속성을 일괄 해제할 수 있다.

④ 파일이나 폴더를 한 번 클릭해서 열 것인지, 두 번 클릭해서 열 것인지를 설정할 수 있다.

03 다음 중 파일이나 폴더를 복사하거나 이동하는 방법으로 옳지 않은 것은?

① 폴더를 마우스로 선택한 후 동일한 드라이브의 다른 폴더로 끌어서 놓으면 이동이 된다.

② USB에 저장되어 있는 파일을 마우스로 선택한 후 바탕 화면으로 끌어서 놓으면 복사가 된다.

③ 파일을 마우스로 선택한 후 [Ctrl]을 누른 채 같은 드라이브의 다른 폴더로 끌어서 놓으면 복사가 된다.

④ 폴더를 마우스로 선택한 후 [Alt]를 누른 채 같은 드라이브의 다른 폴더로 끌어서 놓으면 이동이 된다.

04 다음 중 한글 Windows 10의 인쇄 기능에 대한 설명으로 옳지 않은 것은?

① 기본 프린터란 인쇄 시 특정 프린터를 지정하지 않아도 자동으로 인쇄되는 프린터를 말한다.

② 프린터 속성 창에서 공급용지의 종류, 공유, 포트 등을 설정할 수 있다.

③ 인쇄 대기 중인 작업은 취소시킬 수 있다.

④ 인쇄 중인 작업은 취소할 수는 없으나 잠시 중단시킬 수 있다.

05 다음 중 기억장치의 기억 용량 단위로 가장 큰 것은?

① 1TB

② 1KB

③ 1GB

④ 1MB

06 다음 중 컴퓨터의 기억장치에 관한 설명으로 옳은 것은?

① 캐시 메모리 : CPU와 주기억장치 사이에서 컴퓨터의 처리 속도를 향상시키기 위한 것

② 가상 메모리 : 주기억장치에 저장된 정보에 접근할 때 주소 대신 기억된 정보의 내용의 일부를 이용하여 직접 접근하는 장치

③ 연관 메모리 : 보조기억장치의 일부를 주기억장치처럼 사용하는 메모리 관리 기법

④ 버퍼 메모리 : EEPROM의 일종으로, 전력 소모가 적고, 데이터 전송 속도가 빠른 비휘발성 메모리

07 다음 중 컴퓨터의 롬(ROM)에 기록되어 하드웨어를 제어하며, 하드웨어의 성능 향상을 위해 업그레이드 할 수 있는 마이크로프로그램의 집합을 의미하는 것은?

① 프리웨어(Freeware)

② 셰어웨어(Shareware)

③ 미들웨어(Middleware)

④ 펌웨어(Firmware)

해설은 165쪽을 참고하세요.

08 다음 중 컴퓨터 시스템에서 사용하는 채널(Channel)에 관한 설명으로 옳지 않은 것은?

① 주변장치에 대한 제어 권한을 CPU로 부터 넘겨받아 CPU 대신 입출력을 관리한다.

② 입출력 작업이 끝나면 CPU에게 인터럽트 신호를 보낸다.

③ CPU와 주기억장치의 속도 차이를 해결하기 위하여 사용된다.

④ 채널에는 셀렉터(Selector), 멀티플랙서(Multiplexer), 블록 멀티플랙서(Block Multiplexer) 등이 있다.

09 다음 중 하드디스크 용량이 부족할 경우의 해결 방법으로 옳지 않은 것은?

① USB 파일 정리　　② 휴지통 파일 정리
③ 디스크 정리 수행　　④ Windows 기능 제거

10 다음 중 데이터가 발생되는 즉시 처리되어 결과를 바로 확인할 수 있는 시스템으로, 은행이나 여행사의 좌석 예약 조회 서비스 등에 이용되는 것은?

① 실시간 처리 시스템
② 일괄 처리 시스템
③ 분산 처리 시스템
④ 시분할 시스템

11 다음 중 웹 브라우저의 기능에 관한 설명으로 옳지 않은 것은?

① '설정'에서 멀티미디어 편집기를 선택할 수 있다.
② 전자우편을 보내거나 FTP 서버에 접속할 수 있다.
③ 웹 페이지를 사용자 컴퓨터에 저장하거나 인쇄할 수 있다.
④ 자주 방문하는 웹 사이트 주소를 관리할 수 있다.

12 다음의 장치 중에서 자료가 전송될 최적의 길을 찾아주는 역할을 하며, 네트워크 내의 정보가 다른 네트워크에서도 충분히 읽히도록 해주는 장치는?

① 반복기(Repeater)　　② 허브(Hub)
③ 라우터(Router)　　④ LAN 카드

13 다음 중 모든 사물을 네트워크로 연결하여 인간과 사물, 사물과 사물간에 언제 어디서나 서로 소통할 수 있게 하는 새로운 정보 통신 환경을 의미하는 것은?

① 클라우드 컴퓨팅(Cloud Computing)
② RSS(Rich Site Summary)
③ IoT(Internet of Things)
④ 빅 데이터(Big Data)

14 다음 중 이미지의 가장자리가 톱니 모양으로 표현되는 계단 현상을 없애기 위하여 경계선을 부드럽게 해주는 필터링 기술은?

① 디더링(Dithering)
② 안티앨리어싱(Antialiasing)
③ 렌더링(Rendering)
④ 모핑(Morphing)

15 다음 중 그래픽 데이터 형식에 관한 설명으로 옳지 않은 것은?

① BMP : Windows 운영체제의 표준 비트맵 파일 형식으로 압축하여 저장하므로 파일의 크기가 작은 편이다.

② GIF : 인터넷 표준 그래픽 형식으로 8비트 컬러를 사용하여 최대 256 색상까지만 표현할 수 있으며, 애니메이션 표현이 가능하다.

③ JPEG : 사진과 같은 선명한 정지 영상 압축 기술에 대한 국제 표준으로 주로 인터넷에서 그림 전송에 사용된다.

④ PNG : 트루 컬러의 지원과 투명색 지정이 가능하다.

16 다음 중 한글 Windows 10의 '작업 관리자' 대화상자에서 수행할 수 있는 작업으로 옳지 않은 것은?

① 컴퓨터를 이용하는 사용자 계정의 추가와 삭제를 수행할 수 있다.

② 현재 실행 중인 앱을 강제로 종료시킬 수 있다.

③ 시스템의 CPU 사용 내용이나 할당된 메모리의 크기를 파악할 수 있다.

④ 현재 네트워크 상태를 보고 네트워크 처리량을 확인할 수 있다.

17 다음 중 컴퓨터 범죄 예방과 대책에 관한 설명으로 옳지 않은 것은?

① 해킹 여부를 정기적으로 검사한다.

② 의심이 가는 이메일은 열어서 내용을 확인하고 삭제한다.

③ 백신 프로그램을 설치하고 자동 업데이트 기능을 설정한다.

④ 회원 가입한 사이트의 패스워드를 주기적으로 변경한다.

18 다음 중 컴퓨터에서 사용하는 하드디스크의 파티션에 대한 설명으로 옳지 않은 것은?

① 하나의 물리적인 하드디스크를 여러 개의 파티션으로 나눌 수 있다.

② 파티션을 나눈 후에 하드디스크를 사용하기 위해서는 포맷을 해야 한다.

③ 하나의 하드디스크 내의 모든 파티션에는 동일한 운영체제만 설치할 수 있다.

④ 하나의 파티션에는 한 가지 파일 시스템만을 설치할 수 있다.

19 다음 중 유틸리티 프로그램에 대한 설명으로 적절하지 않은 것은?

① 다수의 작업이나 목적에 대하여 적용되는 편리한 서비스 프로그램이나 루틴을 말한다.

② 컴퓨터의 동작에 필수적이고, 컴퓨터를 이용하는 주목적에 대한 일부 특정 작업을 수행하는 소프트웨어들을 가리킨다.

③ 컴퓨터 하드웨어, 운영체제, 응용 소프트웨어를 관리하는 데 도움을 주도록 설계된 프로그램을 의미한다.

④ Windows에서 제공하는 유틸리티 프로그램으로는 메모장, 그림판, 계산기 등을 예로 들 수 있다.

20 다음 중 운영체제의 운용 방식으로 옳지 않은 것은?

① 일괄 처리는 컴퓨터에 입력하는 데이터를 일정량 모았다가 한꺼번에 처리하는 시스템으로, 오프라인으로만 사용한다.

② 시분할 시스템은 한 대의 시스템을 여러 사용자가 동시에 사용하는 시스템이다.

③ 실시간 처리 시스템은 처리할 데이터가 생겨날 때마다 바로 처리하는 시스템이다.

④ 분산 처리 시스템은 지역적으로 분산된 여러 대의 컴퓨터를 연결하여 작업을 분담하여 처리하는 시스템이다.

2과목 스프레드시트 일반

21 다음 중 차트에 대한 설명으로 옳지 않은 것은?

① 기본적으로 워크시트의 행과 열에서 숨겨진 데이터는 차트에 표시되지 않는다.

② 차트 제목, 가로/세로 축 제목, 범례, 그림 영역 등은 마우스로 드래그하여 이동할 수 있다.

③ Ctrl을 누른 상태에서 차트 크기를 조절하면 차트의 크기가 셀에 맞춰 조절된다.

④ 사용자가 자주 사용하는 차트 종류를 차트 서식 파일로 저장할 수 있다.

22 다음은 자료의 화면 표시 형식을 지정한 것이다. 그 결과가 옳은 것은?

	입력 자료	표시 형식	결과
①	2021-8-1	yyyy.mmm	2021.Aug
②	5	#.#0	5.00
③	1234567	0.0E+00	1.23E+8
④	2234543	#,###,"천원"	2,234천원

23 다음 중 =SUM(A3:A9) 수식이 =SUM(A3A9)와 같이 범위 참조의 콜론(:)이 생략된 경우 나타나는 오류 메시지로 옳은 것은?

① #N/A ② #NULL!

③ #REF! ④ #NAME?

24 다음 중 [A8] 셀에 아래 함수식을 입력했을 때 나타나는 결과로 옳은 것은?

=COUNTBLANK(A1:A7) + COUNT(A1:A7)

	A
1	민영호
2	
3	이민정
4	노치국
5	6
6	2019-09-09
7	
8	

① 4 ② 5

③ 6 ④ 7

25 아래 워크시트에서 [B2:D6] 영역을 참조하여 [C8] 셀에 표시된 바코드에 대한 단가를 [C9] 셀에 표시하였다. 다음 중 [C9] 셀의 수식으로 옳은 것은?

	A	B	C	D
1		바코드	상품명	단가
2		351	CD	1,000
3		352	칫솔	1,500
4		353	치약	2,500
5		354	종이쪽	800
6		355	케이스	1,100
7				
8		바코드	352	
9		단가	1,500	

① =VLOOKUP(C8, $B$2:$D$6, 3, 0)

② =HLOOKUP(C8, $B$2:$D$6, 3, 0)

③ =VLOOKUP($B$1:$D$6, C8, 3, 1)

④ =HLOOKUP($B$1:$D$6, C8, 3, 1)

26 다음 중 아래 워크시트의 [A1] 셀에서 10.1을 입력한 후 Ctrl 을 누르고 자동 채우기 핸들을 아래로 드래그한 경우 [A4] 셀에 입력되는 값은?

① 10.1   ② 10.4

③ 13.1   ④ 13.4

27 다음 중 [페이지 설정] 대화상자의 [머리글/바닥글] 탭에 대한 설명으로 옳지 않은 것은?

① 홀수 페이지의 머리글 및 바닥글을 짝수 페이지와 다르게 지정하려면 '짝수와 홀수 페이지를 다르게 지정'을 선택한다.

② 인쇄되는 첫 번째 페이지에서 머리글과 바닥글을 표시하지 않으려면 '첫 페이지를 다르게 지정'을 선택한 후 머리글과 바닥글 편집에서 첫 페이지 머리글과 첫 페이지 바닥글에 아무것도 설정하지 않는다.

③ 인쇄될 워크시트를 워크시트의 실제 크기의 백분율에 따라 확대 · 축소하려면 '문서에 맞게 배율 조정'을 선택한다.

④ 머리글 또는 바닥글을 표시하기에 충분한 머리글 또는 바닥글 여백을 확보하려면 '페이지 여백에 맞추기'를 선택한다.

28 다음 중 인쇄에 대한 설명으로 옳은 것은?

① 기본적으로 워크시트에서 숨기기를 실행한 영역도 인쇄된다.

② 인쇄 영역에 포함된 도형들을 함께 인쇄하려면 [파일] → [인쇄]에서 '개체 인쇄'를 선택하여 인쇄한다.

③ 워크시트에 삽입된 차트만 인쇄하려면 차트가 선택된 상태에서 인쇄 명령을 실행한다.

④ 여러 시트를 한 번에 인쇄하려면 [파일] → [인쇄]에서 '여러 시트 인쇄'를 선택하여 인쇄한다.

29 [매크로 기록] 대화상자에 대한 설명으로 옳지 않은 것은?

① 매크로 이름에는 공백 문자는 사용할 수 없다.

② 바로 가기 키 조합은 숫자로 지정한다.

③ 매크로 이름에는 +, −, &, ?와 같은 특수문자는 포함될 수 없다.

④ 매크로 이름의 첫 글자는 반드시 문자로 지정해야 합니다.

30 다음 중 정렬에 대한 설명으로 옳은 것은?

① 최대 24개의 열을 기준으로 정렬할 수 있다.

② 글꼴 색을 기준으로 정렬할 수 있다.

③ 정렬 대상 범위에 병합된 셀이 포함되어 있어도 정렬할 수 있다.

④ 숨겨진 행은 정렬 결과에 포함되나 숨겨진 열은 정렬 결과에 포함되지 않는다.

31 다음 중 피벗 테이블에 대한 설명으로 옳지 않은 것은?

① 원본 데이터가 변경되면 피벗 테이블의 데이터도 자동으로 변경된다.

② 외부 데이터를 대상으로 피벗 테이블을 작성할 수 있다.

③ 피벗 테이블을 작성한 후에 사용자가 새로운 수식을 추가하여 표시할 수 있다.

④ 많의 양의 자료를 분석하여 다양한 형태로 요약하여 보여주는 기능이다.

32 다음 중 아래 그림과 같이 목표값 찾기를 설정했을 때, 이에 대한 의미로 옳은 것은?

① 평균이 40이 되려면 노트북 판매량이 얼마가 되어야 하는가?

② 노트북 판매량이 40이 되려면 평균이 얼마가 되어야 하는가?

③ 노트북 판매량을 40으로 변경하였을 때 평균은 얼마가 되어야 하는가?

④ 평균이 40이 되려면 노트북을 제외한 나머지 제품의 판매량이 얼마가 되어야 하는가?

33 다음 중 매크로의 바로 가기 키에 대한 설명으로 옳지 않은 것은?

① 매크로 생성 시 설정한 바로 가기 키는 [매크로] 대화상자의 [옵션]에서 변경할 수 있다.

② 기본적으로 바로 가기 키는 Ctrl과 조합하여 사용하지만 대문자로 지정하면 Shift가 자동으로 덧붙는다.

③ 바로 가기 키의 조합 문자는 영문자만 가능하고, 바로 가기 키를 설정하지 않아도 매크로를 생성할 수 있다.

④ 엑셀에서 기본적으로 지정되어 있는 바로 가기 키는 매크로의 바로 가기 키로 지정할 수 없다.

34 아래 워크시트에서 [A] 열에 [셀 서식] → [표시 형식] → [사용자 지정] 형식을 이용하여 [C] 열과 같이 나타내고자 한다. 다음 중 입력해야 할 사용자 지정 형식으로 옳은 것은?

	A	B	C
1	김철수		김철수님
2	박영희	→	박영희님
3	이영수		이영수님
4	유인나		유인나님

① G/표준님

② @'님'

③ G/표준'님'

④ @님

35 다음 중 아래와 같이 조건을 설정한 고급 필터의 실행 결과에 대한 설명으로 옳은 것은?

소속	근무경력
<>영업팀	>=30

① 소속이 '영업팀'이 아니면서 근무경력이 30년 이상인 사원 정보

② 소속이 '영업팀'이면서 근무경력이 30년 이상인 사원 정보

③ 소속이 '영업팀'이 아니거나 근무경력이 30년 이상인 사원 정보

④ 소속이 '영업팀'이거나 근무경력이 30년 이상인 사원 정보

36 아래 워크시트에서 [A] 열을 오름차순 정렬할 경우 올바르게 정렬된 것은?

	A
1	A
2	FALSE
3	1
4	0
5	TRUE

①

	A
1	A
2	0
3	1
4	FALSE
5	TRUE

②

	A
1		0
2		1
3	A
4	FALSE
5	TRUE

③

	A
1	FALSE
2	TRUE
3	A
4	0
5	1

④

	A
1	FALSE
2	TRUE
3	0
4	1
5	A

37 다음 중 날짜 및 시간 데이터에 관한 설명으로 옳지 않은 것은?

① 날짜를 입력할 때 일을 입력하지 않으면 자동으로 해당 월의 1일로 입력된다.

② 셀에 4/9를 입력하고 Enter를 누르면 셀에 04월 09일로 표시된다.

③ 날짜 및 시간 데이터는 자동으로 오른쪽을 기준으로 정렬된다.

④ Ctrl + ;을 누르면 시스템의 현재 시간, Ctrl + Shift + ;을 누르면 오늘 날짜가 입력된다.

해설은 166쪽을 참고하세요.

38 다음 중 데이터가 입력된 셀에서 Delete를 눌렀을 때의 상황에 대한 설명으로 옳지 않은 것은?

① 셀에 설정된 노트는 지워지지 않는다.

② 셀에 설정된 내용과 서식이 함께 지워진다.

③ [홈] → [편집] → [지우기] → [내용 지우기]를 실행한 것과 동일한 결과가 발생한다.

④ 바로 가기 메뉴에서 [내용 지우기]를 실행한 것과 동일한 결과가 발생한다.

39 다음 중 데이터 통합에 관한 설명으로 옳지 않은 것은?

① 데이터 통합은 위치를 기준으로 통합할 수도 있고, 영역의 이름을 정의하여 통합할 수도 있다.

② '원본 데이터에 연결' 기능은 통합할 데이터가 있는 워크시트와 통합 결과가 작성될 워크시트가 같은 통합 문서에 있는 경우에만 적용할 수 있다.

③ 다른 원본 영역의 레이블과 일치하지 않는 레이블이 있는 경우에 통합하면 별도의 행이나 열이 만들어진다.

④ 여러 시트에 있는 데이터나 다른 통합 문서에 입력되어 있는 데이터를 통합할 수 있다.

40 다음 중 조건부 서식을 이용하여 [A2:C5] 영역에 EXCEL과 ACCESS 점수의 합계가 170 이하인 행 전체에 셀 배경색을 지정하기 위한 수식으로 옳은 것은?

	A	B	C
1	이름	EXCEL	ACCESS
2	김경희	75	73
3	원은형	89	88
4	나도향	65	68
5	최은심	98	96

① =B$2+C$2<=170

② =$B2+$C2<=170

③ =$B$2+$C$2<=170

④ =B2+C2<=17

1과목 컴퓨터 일반

01 다음 중 네트워크 장비인 브리지(Bridge)에 대한 설명으로 옳은 것은?

① 서로 독립적으로 동작하면서 같은 프로토콜을 사용하는 두 LAN을 연결하는 네트워크 장치이다.

② 인터넷에 접속할 때 반드시 필요한 장비로, 가장 최적의 경로를 설정하여 전송하는 장치이다.

③ 주로 LAN에서 다른 네트워크에 데이터를 보내거나 다른 네트워크로부터 데이터를 받아들이는 출입구 역할을 하는 장치이다.

④ 네트워크를 구성할 때 한꺼번에 여러 대의 컴퓨터를 연결하는 장치이다.

02 다음 중 그래픽 데이터 형식에 관한 설명으로 옳지 않은 것은?

① BMP : Windows 운영체제의 표준 비트맵 파일 형식이다.

② PNG : GIF를 대체하여 인터넷에서 사용할 수 있으며, 애니메이션을 표현할 수 있다.

③ WMF : Windows에서 기본으로 사용되는 벡터 파일 형식이다.

④ GIF : 인터넷 표준 그래픽 형식으로, 256가지로 색 표현이 제한되어 있으나, 애니메이션 표현이 가능하다.

03 다음 중 비트맵 이미지를 확대하였을 때 이미지의 경계선이 매끄럽지 않고 계단 형태로 나타나는 현상을 의미하는 용어는?

① 디더링(dithering)
② 앨리어싱(aliasing)
③ 모델링(modeling)
④ 렌더링(rendering)

04 다음 중 컴퓨터 소프트웨어 배포와 관련하여 셰어웨어(Shareware)에 관한 설명으로 옳은 것은?

① 정상 대가를 지불하고 사용하는 소프트웨어이다.

② 특정 기능이나 사용 기간에 제한을 두고 무료로 배포하는 소프트웨어이다.

③ 개발자가 소스를 공개한 소프트웨어이다.

④ 배포 이전의 테스트 버전의 소프트웨어이다.

05 다음 중 전자우편(E-mail)에 대한 설명으로 옳지 않은 것은?

① SMTP는 송신자가 작성한 메일을 수신자의 계정에 전송하는 역할을 담당하는 프로토콜이다.

② 전자우편을 통해 한 사람이 동시에 여러 사람에게 동일한 전자우편을 보낼 수 있다.

③ POP3는 멀티미디어 파일의 내용을 확인하고 실행시켜주는 프로토콜이다.

④ 불특정 다수에게 대량으로 보내는 광고성 메일을 스팸 메일이라 한다.

06 다음 중 컴퓨터에서 사용하는 각 기억장치의 접근 속도가 빠른 것에서 느린 순서로 옳게 나열된 것은?

① CPU의 레지스터 → 캐시 메모리 → 주기억장치 → HDD → ODD

② 캐시 메모리 → CPU의 레지스터 → 주기억장치 → HDD → ODD

③ CPU의 레지스터 → 캐시 메모리 → HDD → ODD → 주기억장치

④ 캐시 메모리 → CPU의 레지스터 → HDD → ODD → 주기억장치

07 다음 중 Windows에서 실행중인 프로그램 사이의 작업 전환을 위한 바로 가기 키는?

① Alt + Enter
② Alt + F4
③ Alt + Tab
④ Alt + Delete

08 다음 중 파일 및 폴더에 대한 설명으로 옳은 것은?

① 파일과 폴더에 대한 바로 가기 아이콘을 바탕 화면에 만들 수 있다.

② 하나의 폴더 내에는 동일한 이름의 파일이나 폴더가 존재할 수 있다.

③ 하위 폴더가 있는 폴더는 삭제할 수 없다.

④ 파일과 폴더의 이름으로 * / ? ₩ : 〈 〉 " | 등의 특수 문자나 공백을 사용할 수 없다.

해설은 167쪽을 참고하세요.

09 다음 중 네트워크와 관련하여 Ping 서비스에 대한 설명으로 옳은 것은?

① 원격으로 다른 컴퓨터를 사용할 수 있는 서비스이다.

② 인터넷이 정상적으로 연결되었는지 확인하는 서비스이다.

③ 인터넷 서버까지의 경로를 추적하는 서비스이다.

④ 특정 시스템을 사용하고 있는 사용자 정보를 알아보는 서비스이다.

10 다음 중 컴퓨터에서 사용하는 레이저 프린터에 관한 설명으로 옳지 않은 것은?

① 회전하는 드럼에 토너를 묻혀서 인쇄하는 방식이다.

② 인쇄 해상도가 높으며 복사기와 같은 원리를 사용한다.

③ 비충격식이라 비교적 인쇄 소음이 적고 인쇄 속도가 빠르다.

④ 인쇄 방식에는 드럼식, 체인식, 밴드식 등이 있다.

11 다음 중 디지털 컴퓨터와 아날로그 컴퓨터의 차이점에 관한 설명으로 옳은 것은?

① 디지털 컴퓨터는 전류, 전압, 온도 등 다양한 입력 값을 처리하며, 아날로그 컴퓨터는 숫자 데이터만을 처리한다.

② 디지털 컴퓨터는 증폭 회로로 구성되며, 아날로그 컴퓨터는 논리 회로로 구성된다.

③ 아날로그 컴퓨터는 미분이나 적분 연산을 주로 하며, 디지털 컴퓨터는 산술이나 논리 연산을 주로 한다.

④ 아날로그 컴퓨터는 범용이며, 디지털 컴퓨터는 특수 목적용으로 많이 사용된다.

12 다음 중 정보 사회의 특징으로 적절하지 않은 것은?

① 정보처리 기술의 발달로 사회의 변화 속도가 빨라졌다.

② 사이버 공간 상에 새로운 인간관계와 문화가 형성되었다.

③ 통신 기술의 발달로 시간과 공간의 제약에서 벗어나게 되었다.

④ 컴퓨터를 통한 정보 처리 기술의 발달로 인해 정보의 양이 감소하였다.

13 다음 중 한글 Windows 10의 [설정] → [시스템] → [디스플레이]에서 해상도 조정 설정에 대한 설명으로 옳지 않은 것은?

① 높은 화면 해상도에서는 텍스트와 이미지가 더 선명하지만 크기는 더 작게 표시된다.

② 해상도를 변경하면 해당 컴퓨터에 로그인한 모든 사용자에게 변경 내용이 적용된다.

③ 여러 디스플레이 옵션은 Windows에서 둘 이상의 모니터가 PC에 연결되어 있음을 인식할 때만 나타난다.

④ 두 대의 모니터가 연결된 경우 좌측 모니터가 주 모니터로 설정되므로 해상도가 높은 모니터를 반드시 좌측에 배치해야 한다.

14 다음 중 한글 Windows 10의 [설정] → [시스템] → [소리]에서 수행할 수 있는 작업이 아닌 것은?

① 출력 장치를 선택할 수 있다.

② 입력 장치를 선택할 수 있다.

③ 마스터 볼륨을 조절할 수 있다.

④ 내레이터를 설정할 수 있다.

15 다음 중 정보 보안을 위협하는 유형에 대한 설명으로 옳지 않은 것은?

① 가로막기는 데이터의 정상적인 전달을 막아 흐름을 방해하는 행위이다.

② 수정은 전송된 데이터가 원래의 데이터가 아닌 다른 내용으로 바꾸는 행위이다.

③ 가로채기는 송신된 데이터가 수신지까지 가는 회선을 절단하는 행위이다.

④ 위조는 다른 송신자로부터 데이터가 송신된 것처럼 꾸미는 행위이다.

16 다음 중 한글 Windows 10에서 [작업 표시줄]의 바로 가기 메뉴에 있는 [도구 모음]에서 선택할 수 없는 것은?

① 바탕 화면 　　　　　 ② 링크

③ 새 도구 모음 　　　　 ④ 알림 영역

17 다음은 [설정] → [개인 설정]에 관한 설명이다. 다음 중 옳지 않은 것은?

① 바탕 화면의 배경을 사용자가 임의로 바꿀 수 있게 지원한다.

② 시스템을 켜둔 채 정해진 시간 동안 마우스나 키보드를 사용하지 않으면 모니터를 보호하기 위해 화면 보호기를 작동할지 여부를 설정한다.

③ 창의 색상과 구성 요소의 색상을 설정한다.

④ 모니터의 해상도 및 방향을 설정한다.

18 다음 중 한글 Windows 10에서 프린터 설치에 관한 설명으로 옳지 않은 것은?

① [설정] → [장치] → [프린터 및 스캐너]에서 '프린터 또는 스캐너 추가'를 클릭하여 프린터를 추가한다.

② 설치할 프린터 유형은 로컬 프린터와 Bluetooth, 무선 또는 네트워크 검색 가능 프린터 등에서 하나를 선택할 수 있다.

③ 네트워크 프린터를 선택한 경우에는 연결할 프린터의 포트를 지정한다.

④ 컴퓨터에 설치된 여러 대의 프린터 중에 현재 설치 중인 프린터를 기본 프린터로 설정할 것인지 선택한다.

19 다음 중 컴퓨터에서 사용되는 바이트(Byte)에 대한 설명으로 옳지 않은 것은?

① 1바이트는 8비트로 구성된다.

② 일반적으로 영문자나 숫자는 1Byte로 한 글자를 표현하고, 한글 및 한자는 2Byte로 한 글자를 표현한다.

③ 1바이트는 컴퓨터에서 각종 명령을 처리하는 기본 단위이다.

④ 1바이트로는 256가지의 정보를 표현할 수 있다.

20 다음 중 웹 프로그래밍 언어에 속하지 않는 것은?

① LISP   ② JSP

③ PHP   ④ ASP

2과목   스프레드시트 일반

21 다음 중 차트에 대한 설명으로 옳지 않은 것은?

① 기본적으로 워크시트의 행과 열에서 숨겨진 데이터는 차트에 표시되지 않으며 빈 셀은 간격으로 표시된다.

② 표에서 특정 셀 한 개를 선택하여 차트를 생성하면 해당 셀을 직접 둘러싸는 표의 데이터 영역이 모두 차트에 표시된다.

③ 차트를 만들 데이터를 선택한 후 Alt + F1 을 누르면 별도의 차트 시트가 생성된다.

④ 차트에 두 개 이상의 차트 종류를 사용하여 혼합형 차트를 만들 수도 있다.

22 다음 중 학점[B3:B10]을 이용하여 [E3:E7] 영역에 학점별 학생 수를 표시하고자 할 때, [E3] 셀에 입력해야 할 수식으로 옳은 것은?

	A	B	C	D	E
1	엑셀 성적 분포				
2	이름	학점		학점	학생수
3	김현미	A		A	1
4	조미림	B		B	4
5	심기훈	F		C	1
6	박원석	C		D	0
7	이영준	B		F	2
8	최세종	F			
9	김수현	B			
10	이미도	B			

① =COUNTIF(D3, B3:B10)

② =COUNTIF($D3, $B$3:$B$10)

③ =COUNTIF($B$3:$B$10, D3)

④ =COUNTIF($B$3:$B$10, D$3)

23 다음 중 매크로 단축키로 옳지 않은 것은?

① Alt + a

② Ctrl + a

③ Ctrl + Shift + a

④ Ctrl + p

24 다음 중 아래의 차트와 같이 데이터를 선으로 표시하여 데이터 계열의 총 값을 비교하고, 상호 관계를 살펴보고자 할 때 사용하는 차트 종류는?

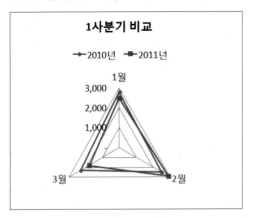

① 도넛형 차트
② 방사형 차트
③ 분산형 차트
④ 주식형 차트

25 다음 중 아래와 같이 조건을 설정한 고급 필터의 실행 결과로 추출되는 행으로 옳은 것은?

	A	B	C	D	E
1	직원 현황				
2	이름	직책	경력	부서	TOEIC
3	김상공	대리	4	마케팅	460
4	이한국	대리	2	관리	450
5	박대한	사원	3	기획	540
6					
7	<조건>	직책	경력	TOEIC	TOEIC
8		대리	>=4		
9				>=500	<700

① 3, 4, 5행
② 3행
③ 3, 5행
④ 4, 5행

26 다음 중 원본 데이터에 사용자 지정 서식을 적용하였을 때의 표시 결과가 옳은 것은?

① 원본 데이터 : 6000000

사용자 지정 서식 : #,###,"백만원"

표시 데이터 : 6백만원

② 원본 데이터 : kim

사용자 지정 서식 : @"daehan.go.kr"

표시 데이터 : kim@daehan.go.kr

③ 원본 데이터 : 2021/03/29

사용자 지정 서식 : dddd, mmm dd yyyy

표시 데이터 : Monday, Mar 29 2021

④ 원본 데이터 : 16:08:15

사용자 지정 서식 : h:m:s AM/PM

표시 데이터 : 4:08:15 PM

27 다음 중 [인쇄 미리 보기 및 인쇄]에 대한 설명으로 옳지 않은 것은?

① 인쇄 미리 보기 화면을 종료하려면 Esc를 누르거나 왼쪽 상단의 ⓒ를 클릭한다.
② 차트를 선택한 후 [파일] → [인쇄]를 실행하면 선택한 차트만 미리 볼 수 있다.
③ 오른쪽 아래의 '페이지 확대/축소(☒)'를 클릭하면 화면에는 적용되지만 실제 인쇄 시에는 적용되지 않는다.
④ 오른쪽 아래의 '여백 표시(▦)'를 클릭하면 '페이지 설정' 대화 상자의 '여백' 탭이 표시된다.

28 다음 중 [텍스트 나누기] 기능에 대한 설명으로 옳지 않은 것은?

① 한 셀에 입력되어 있는 데이터를 여러 셀로 분리시킬 수 있다.
② 텍스트 나누기 수행 시 데이터 형식의 변환 및 셀 서식 변경이 가능하다.
③ 열의 데이터 서식을 '일반'으로 지정하면 숫자 값은 숫자로, 날짜 값은 날짜로, 모든 나머지 값은 텍스트로 변환된다.
④ 탭, 세미콜론, 쉼표, 공백 등의 구분 기호가 기본으로 제공되며, 사용자가 원하는 한 가지만 선택할 수 있다.

29 다음 중 함수의 결과가 잘못된 것은?

① =ROUND(12.34, 1) → 12.4
② =LEFT("KOREA", 2) → KO
③ =MID("대한상공회의소", 3, 2) → 상공
④ =TRUNC(-8.6) → -8

30 다음 차트에 대한 설명으로 옳지 않은 것은?

① '계열 겹치기' 값이 음수로 지정되었다.
② 국어 계열에 대해서만 데이터 레이블이 표시되었다.
③ 범례는 아래쪽으로 지정되었다.
④ '행/열 전환'을 수행하면 세로 축과 가로 축이 서로 변경된다.

31 북부/남부의 제품 판매 현황에서 금액은 단가×수량으로 산출한 것이다. 다음 중 남부의 금액[D7:F7]을 구하는 방법으로 옳은 것은 무엇인가? (단, 북부의 금액[D5:F5]은 [D5] 셀의 수식(=D$3*D4)을 [F5] 셀까지 채우기 핸들을 드래그하여 구한 것이다.)

	A	B	C	D	E	F
1			북부/남부 제품 판매 현황			
2				OLED TV	냉장고	세탁기
3		단가		1,500,000	1,200,000	800,000
4		북부	수량	5	15	8
5			금액	7,500,000	18,000,000	6,400,000
6		남부	수량	10	8	12
7			금액			

① [D5] 셀을 복사하여 [D7:F7] 영역에 붙여넣기 한다.

② [D7] 셀에 '=D$3*D4'를 입력한 후 채우기 핸들을 [F7] 셀까지 드래그한다.

③ [D5] 셀을 복사하여 [D7:F7] 영역에 '값'으로 붙여넣기 한다.

④ [D7:F7] 영역을 선택한 상태에서 '=D$3*D4'를 입력한다.

32 다음 중 아래 그림과 같이 [A2:D5] 영역을 선택하여 이름을 정의한 경우에 대한 설명으로 옳지 않은 것은?

① [B3:B5] 영역을 선택하면 워크시트의 이름 상자에 '품_명'이라고 표시된다.

② [A3:A5] 영역을 선택하면 워크시트의 이름 상자에 '코드번호'라고 표시된다.

③ [B3:D3] 영역을 선택하면 워크시트의 이름 상자에 'A_002'라고 표시된다.

④ 정의된 이름은 모든 시트에서 사용할 수 있으며, 이름 정의 후 참조 대상을 편집할 수도 있다.

33 다음 중 매크로에 관한 설명으로 옳지 않은 것은?

① 매크로 이름의 첫 글자는 반드시 문자로 지정해야 합니다.

② 서로 다른 매크로에 동일한 이름을 부여할 수 없다.

③ 현재 셀의 위치를 기준으로 매크로가 실행되도록 하려면 별도의 추가 설정없이 '매크로 기록'을 클릭한 후 매크로를 기록한다.

④ 매크로 기록 시 사용자의 마우스 동작은 물론 키보드 작업도 모두 기록된다.

34 다음 중 사용자 지정 목록에 대한 설명으로 옳지 않은 것은?

① 정렬 기준이 셀 색, 조건부 서식 아이콘, 글꼴 색인 경우 사용자 지정 목록을 적용할 수 있다.

② 사용자 지정 목록을 만들면 다른 통합 문서에서 사용할 수 있도록 컴퓨터 레지스트리에 추가된다.

③ 엑셀에서 기본적으로 제공되는 목록은 수정하여 사용할 수 없다.

④ 사용자 지정 목록에는 텍스트 또는 텍스트와 숫자의 조합 등이 포함될 수 있다.

35 다음 수식의 결과가 나머지와 다른 것은?

① =LEFT(123.654, 6)

② =ROUND(123.654, 2)

③ =ROUNDUP(123.654, 2)

④ =ROUNDDOWN(123.654, 2)

36 다음 중 데이터 통합에 대한 설명으로 옳지 않은 것은?

① 참조 영역은 최대 3개까지만 추가가 가능하다.

② 지정한 영역에 계산될 요약 함수는 '함수'에서 선택하며, 요약 함수로는 합계, 개수, 평균, 최대, 최소 등이 있다.

③ 통합할 여러 데이터의 순서와 위치가 동일할 경우 위치를 기준으로 통합할 수 있다.

④ 사용할 데이터의 형태가 다르더라도 같은 이름표를 사용하면 항목을 기준으로 통합할 수 있다.

37 다음 중 '페이지 설정' 대화상자에 대한 설명으로 옳지 않은 것은?

① 프린터 목록에서 사용할 프린터를 선택할 수 있다.

② 셀 오류의 표시 여부를 지정할 수 있다.

③ 페이지의 가로·세로 가운데 맞춤으로 인쇄되도록 설정할 수 있다.

④ 셀 구분선이 인쇄되도록 설정할 수 있다.

38 다음 중 [찾기 및 바꾸기] 대화상자의 각 항목에 대한 설명으로 옳지 않은 것은?

① 찾을 내용 : 검색할 내용을 입력할 곳으로 와일드 카드 문자를 검색 문자열에 사용할 수 있다.

② 서식 : 숫자 셀을 제외한 특정 서식이 있는 텍스트 셀을 찾을 수 있다.

③ 범위 : 현재 워크시트에서만 검색하는 '시트'와 현재 통합 문서의 모든 시트를 검색하는 '통합 문서' 중 선택할 수 있다.

④ 모두 찾기 : 검색 조건에 맞는 모든 항목이 나열된다.

39 다음 중 워크시트 작업 및 관리에 대한 설명으로 옳지 않은 것은?

① 시트 삭제 작업은 실행을 취소할 수 없다.

② Shift + F10을 누르면 현재 시트의 뒤에 새 워크시트가 삽입된다.

③ 그룹화 된 시트에서 데이터 입력 및 편집 등의 작업을 실행하면 그룹내 시트에 동일한 작업이 실행된다.

④ 연속된 시트의 선택은 Shift를 사용하면 편리하다.

40 다음 중 날짜 및 시간 데이터에 관한 설명으로 옳지 않은 것은?

① 날짜 데이터를 입력할 때 연도와 월만 입력하면 일자는 자동으로 해당 월의 1일로 입력된다.

② 셀에 '4/9'을 입력하고 Enter를 누르면 셀에는 '04월 09일'로 표시된다.

③ 날짜 및 시간 데이터의 텍스트 맞춤은 기본 왼쪽 맞춤으로 표시된다.

④ Ctrl + ;을 누르면 시스템의 오늘 날짜, Ctrl + Shift + ;을 누르면 현재 시간이 입력된다.

1과목 컴퓨터 일반

01 다음 중 인터넷을 이용한 전자우편에 관한 설명으로 옳지 않은 것은?

① 인터넷에 접속하여 사용자들끼리 서로 편지를 주고받을 수 있는 서비스를 말한다.

② 전자우편 주소는 '사용자ID@호스트' 주소의 형식으로 이루어진다.

③ 일반적으로 SMTP는 메일을 수신하는 용도로, MIME는 송신하는 용도로 사용되는 프로토콜이다.

④ POP3를 이용하면 전자메일 클라이언트를 통해 전자 메일을 받아 볼 수 있다.

02 다음 중 연속적 소리 신호인 아날로그 신호를 일정한 간격으로 측정하여 그 값을 디지털화시키는 작업으로 옳은 것은?

① 시퀀싱   ② 샘플링

③ 멀티플렉싱   ④ 디더링

03 다음 중 Windows 10의 [설정] → [앱]에서 설정할 수 없는 기능은?

① 선택적 기능을 설치하거나 제거할 수 있다.

② 시작 프로그램을 확인할 수 있다.

③ 업데이트 현황을 확인하거나 설정할 수 있다.

④ 설치된 앱을 변경하거나 제거할 수 있다.

04 다음 중 컴퓨터에서 사용하는 일반 하드디스크에 비하여 속도가 빠르고 기계적 지연이나 에러의 확률 및 발열 소음이 적으며, 소형화, 경량화할 수 있는 하드디스크 대체 저장장치는?

① DVD   ② HDD

③ SSD   ④ ZIP

05 다음 중 인터넷에서 사용하는 도메인 네임에 대한 설명으로 옳지 않은 것은?

① 숫자로 구성된 IP 주소를 사람들이 기억하고 이해하기 쉽도록 문자열로 만든 주소이다.

② 우리나라에서 도메인 네임을 관리하는 기관은 KISA이다.

③ 인터넷의 모든 도메인 네임은 전 세계적으로 유일하게 존재해야 한다.

④ 도메인 네임을 사용자가 컴퓨터에서 임의로 설정하여 사용할 수 있다.

06 다음 중 한글 Windows 10의 [설정] → [시스템] → [디스플레이]에서 해상도 조정 설정에 대한 설명으로 옳지 않은 것은?

① 높은 화면 해상도에서는 텍스트와 이미지가 더 선명하지만 크기는 더 작게 표시된다.

② 해상도를 변경하면 해당 컴퓨터에 로그인한 모든 사용자에게 변경 내용이 적용된다.

③ 여러 디스플레이 옵션은 Windows에서 둘 이상의 모니터가 PC에 연결되어 있음을 인식할 때만 나타난다.

④ 두 대의 모니터가 연결된 경우 좌측 모니터가 주 모니터로 설정되므로 해상도가 높은 모니터를 반드시 좌측에 배치해야 한다.

07 다음 중 추상화, 캡슐화, 상속성, 다형성 등의 특징을 지니고 있으며, 크고 복잡한 프로그램 구축이 어려운 절차형 언어의 문제점을 해결하기 위해 개발된 프로그래밍 기법은?

① 구조적 프로그래밍   ② 객체지향 프로그래밍

③ 하향식 프로그래밍   ④ 비주얼 프로그래밍

08 다음 중 차세대 웹 표준으로 텍스트와 하이퍼링크를 이용한 문서 작성 중심으로 구성된 기존 표준에 비디오, 오디오 등의 다양한 부가 기능을 추가하여 최신 멀티미디어 콘텐츠를 ActiveX 없이도 웹 서비스로 제공할 수 있는 언어는?

① XML   ② VRML

③ HTML5   ④ JSP

09 다음 중 정보통신에서 네트워크 관련 장비에 대한 설명으로 옳지 않은 것은?

① 라우터(Router) : 네트워크를 구성하기 위해 반드시 필요한 장비로 정보 전송을 위한 최적의 경로를 찾아 통신망에 연결하는 장치

② 허브(Hub) : 네트워크를 구성할 때 여러 대의 컴퓨터를 연결하고, 각 회선들을 통합 관리하는 장치

③ 브리지(Bridge) : 네트워크를 구성할 때 디지털 신호를 아날로그 신호로 변환하여 전송하고 다시 수신된 신호를 원래대로 변환하기 위한 전송 장치

④ 게이트웨이(Gateway) : 한 네트워크에서 다른 네트워크로 들어가는 입구 역할을 하는 장치로 근거리통신망(LAN)과 같은 하나의 네트워크를 다른 네트워크와 연결할 때 사용되는 장치

10 다음 중 파일 삭제 시 파일이 [휴지통]에 임시 보관되어 복원이 가능한 경우는?

① 바탕 화면에 있는 파일을 [휴지통]으로 드래그 앤 드롭하여 삭제한 경우

② USB 메모리에 저장되어 있는 파일을 Delete 로 삭제한 경우

③ 네트워크 드라이브의 파일을 바로 가기 메뉴의 [삭제]를 클릭하여 삭제한 경우

④ [휴지통]의 크기를 0%로 설정한 후 파일 탐색기 안의 파일을 삭제한 경우

11 다음 중 컴퓨터 바이러스에 대한 설명으로 가장 적절하지 않은 것은?

① 사용자가 인지하지 못한 사이 자가복제를 통해 다른 정상적인 프로그램을 감염시켜 해당 프로그램이나 다른 데이터 파일 등을 파괴한다.

② 보통 소프트웨어 형태로 감염되나 메일이나 첨부 파일은 감염의 확률이 매우 적다.

③ 인터넷의 공개 자료실에 있는 파일을 다운로드하여 설치할 때 감염될 수 있다.

④ 온라인 채팅이나 인스턴트 메신저 프로그램을 통해서 전파되기도 한다.

12 다음 중 한글 Windows 10에서 하드디스크를 포맷하기 위한 [포맷] 창에서 설정 가능한 항목으로 옳지 않은 것은?

① 볼륨 레이블 입력　　　② 파티션 제거
③ 파일 시스템 선택　　　④ 빠른 포맷 선택

13 다음 중 컴퓨터의 롬(ROM)에 기록되어 하드웨어를 제어하며, 하드웨어의 성능 향상을 위해 업그레이드 할 수 있는 마이크로프로그램의 집합을 의미하는 것은?

① 프리웨어(Freeware)　　② 셰어웨어(Shareware)
③ 미들웨어(Middleware)　④ 펌웨어(Firmware)

14 다음 중 유틸리티 프로그램에 대한 설명으로 적절하지 않은 것은?

① 다수의 작업이나 목적에 대하여 적용되는 편리한 서비스 프로그램이나 루틴을 말한다.

② 컴퓨터의 동작에 필수적이고, 컴퓨터를 이용하는 주목적에 대한 일부 특정 작업을 수행하는 소프트웨어들을 가리킨다.

③ 컴퓨터 하드웨어, 운영체제, 응용 소프트웨어를 관리하는 데 도움을 주도록 설계된 프로그램을 의미한다.

④ Windows에서 제공하는 유틸리티 프로그램으로는 메모장, 그림판, 계산기 등을 예로 들 수 있다.

15 다음 중 모든 사물을 네트워크로 연결하여 인간과 사물, 사물과 사물간에 언제 어디서나 서로 소통할 수 있게 하는 새로운 정보 통신 환경을 의미하는 것은?

① 클라우드 컴퓨팅(Cloud Computing)

② RSS(Rich Site Summary)

③ IoT(Internet of Things)

④ 빅 데이터(Big Data)

16 다음 중 한글 Windows 10의 [설정] → [시스템] → [소리]에서 수행할 수 있는 작업이 아닌 것은?

① 출력 장치를 선택할 수 있다.

② 입력 장치를 선택할 수 있다.

③ 마스터 볼륨을 조절할 수 있다.

④ 내레이터를 설정할 수 있다.

17 다음 중 근거리 통신망(LAN)에 관한 설명으로 옳지 않은 것은?

① 비교적 전송 거리가 짧아 에러 발생률이 낮다.

② 반이중 방식의 통신을 한다.

③ 자원 공유를 목적으로 컴퓨터들을 상호 연결한다.

④ 프린터, 보조기억장치 등 주변장치들을 쉽게 공유할 수 있다.

18 다음 중 전자우편과 관련하여 스팸(SPAM)에 관한 설명으로 옳은 것은?

① 바이러스를 유포시키는 행위이다.

② 수신인이 원하지 않는 메시지나 정보를 일방적으로 보내는 행위이다.

③ 다른 사용자의 개인 정보를 허락없이 가져가는 행위이다.

④ 고의로 컴퓨터 파일상의 데이터를 파괴시키는 행위이다.

19 다음 중 컴퓨터에서 문자 데이터를 표현하는 방법으로 옳지 않은 것은?

① EBCDIC

② Unicode

③ ASCII

④ Hamming Code

20 다음 중 아래에서 설명하는 그래픽 기법은?

> 컴퓨터 프로그램을 이용하여 3차원 애니메이션을 만드는 과정으로 사물 모형에 명암과 색상을 추가하여 사실감을 더해주는 작업이다.

① 안티앨리어싱(Anti-Aliasing)

② 렌더링(Rendering)

③ 인터레이싱(Interlacing)

④ 메조틴트(Mezzotint)

2과목 스프레드시트 일반

21 셀에 데이터를 입력하던 중 [Alt]+[Enter]를 누르면 어떻게 되는가?

① 다음 입력할 셀로 이동된다.

② 데이터가 삭제된다.

③ 같을 셀 내에서 줄 바꿈이 된다.

④ 아무 일도 일어나지 않는다.

22 다음 중 데이터 통합에 대한 설명으로 옳지 않은 것은?

① 참조 영역은 최대 3개까지만 추가가 가능하다.

② 지정한 영역에 계산될 요약 함수는 '함수'에서 선택하며, 요약 함수로는 합계, 개수, 평균, 최대, 최소 등이 있다.

③ 통합할 여러 데이터의 순서와 위치가 동일할 경우 위치를 기준으로 통합할 수 있다.

④ 사용할 데이터의 형태가 다르더라도 같은 이름표를 사용하면 항목을 기준으로 통합할 수 있다.

23 다음 중 하나의 계열만 표시할 수 있는 차트는?

① 세로 막대형   ② 원형

③ 방사형   ④ 영역형

24 [A1] 셀에서 '연속 데이터' 대화상자의 설정 값을 다음과 같이 지정했을 때의 결과로 옳은 것은?

① C1 → 4   ② C1 → 5

③ A3 → 4   ④ A3 → 5

25 다음 중 아래 차트에 대한 설명으로 옳지 않은 것은?

① 차트 위쪽에 차트 제목이 표시되어 있다.

② 세로(값) 축 제목이 가로 방향으로 표시되어 있다.

③ 차트 아래쪽에 범례 표지가 없는 데이터 테이블이 표시되어 있다.

④ 데이터 레이블의 위치가 바깥쪽 끝으로 설정되어 있다.

26 다음 중 틀 고정 및 창 나누기에 대한 설명으로 옳지 않은 것은?

① 창 나누기는 셀 포인트의 위치에 따라 수직, 수평, 수직·수평 분할이 가능하다.

② 화면에 나타나는 창 나누기 형태는 인쇄 시 적용되지 않는다.

③ 창 나누기 구분선을 제거하려면 [보기] → [창] → [숨기기]를 선택한다.

④ 첫 행을 고정하려면 셀 포인트의 위치에 상관 없이 [틀 고정] → [첫 행 고정]을 선택한다.

27 다음 중 조건부 서식에 대한 설명으로 옳지 않은 것은?

① 조건부 서식에서 사용하는 수식은 등호(=)로 시작해야 한다.

② 규칙에 맞는 셀 범위는 해당 규칙에 따라 서식이 지정되고 규칙에 맞지 않는 셀 범위는 서식이 지정되지 않는다.

③ 조건부 서식이 적용된 후 셀 값이 바뀌어 규칙과 일치하지 않아도 셀 서식 설정은 해제되지 않는다.

④ 고유 또는 중복 값에 대해서만 서식을 지정할 수도 있다.

28 다음 중 매크로에 관한 설명으로 옳지 않은 것은?

① 같은 통합 문서 내에서 시트가 다르면 동일한 매크로 이름으로 기록할 수 있다.

② [매크로 기록] 대화상자에서 바로 가기 키 지정 시 영문 대문자를 사용하면 Shift가 자동으로 덧붙는다.

③ 엑셀을 실행할 때마다 매크로를 사용할 수 있게 하려면 [매크로 기록] 대화상자에서 매크로 저장 위치를 '개인용 매크로 통합 문서'로 선택한다.

④ 통합 문서를 열 때 어떤 상황에서 어떤 매크로를 실행할지 매크로 보안 설정을 변경하여 제어할 수 있다.

29 다음 중 수식의 실행 결과가 옳은 것은?

① =MOD(-7, 4) ⇒ -3

② =POWER(2, 3) ⇒ 9

③ =INT(-7.4) ⇒ -8

④ =TRUNC(-8.6) ⇒ -7

30 다음 중 피벗 테이블에 대한 설명으로 옳지 않은 것은?

① 값 영역의 특정 항목을 마우스로 더블클릭하면 해당 데이터에 대한 세부적인 데이터가 새로운 시트에 표시된다.

② 데이터 그룹 수준을 확장하거나 축소해서 요약 정보만 표시할 수도 있고 요약된 내용의 세부 데이터를 표시할 수도 있다.

③ 행을 열로 또는 열을 행으로 이동하여 원본 데이터를 다양한 방식으로 요약하여 표시할 수 있다.

④ 피벗 테이블과 피벗 차트를 함께 만든 후에 피벗 테이블을 삭제하면 피벗 차트도 자동으로 삭제된다.

31 고급 필터에서 다음과 같은 조건을 적용하였을 때 선택되는 데이터로 올바른 것은?

	A	B	C
1	제품명	금액	수량
2	냉장고	<650000	
3			>5

① 제품명이 냉장고이고 금액이 650000 미만인 제품과 수량이 6 이상인 제품

② 금액이 650000 미만이고 수량이 5 이상인 제품

③ 제품명이 냉장고이거나 금액이 650000 미만인 제품이면서 수량은 6 이상인 제품

④ 수량은 5 이상이며 제품명이 냉장고이거나 금액이 650000 이상인 제품

32 다음 중 페이지 나누기에 대한 설명으로 옳지 않은 것은?

① 페이지 나누기는 워크시트를 인쇄할 수 있도록 페이지 단위로 나누는 구분선이다.

② [페이지 나누기 미리 보기] 상태에서 마우스로 페이지 나누기 구분선을 클릭하여 끌면 페이지를 나눌 위치를 조정할 수 있다.

③ 행 높이와 열 너비를 변경해도 자동 페이지 나누기 구분선의 위치는 변경되지 않는다.

④ [페이지 나누기 미리 보기] 상태에서 파선은 자동 페이지 나누기를 나타내고 실선은 사용자 지정 페이지 나누기를 나타낸다.

33 다음 중 [C10] 셀에 판매량이 판매량 평균 이상인 지점의 개수를 구하는 수식으로 올바른 것은?

	A	B	C
1	지점	대표자	판매량
2	마포	고아라	125
3	서대문	나영희	85
4	을지로	박철수	94
5	강남	안도혜	108
6	강서	최순이	75
7	강북	최하늘	12
8	강동	김수창	98
9			
10	판매량 평균 이상		4

① =COUNTIF(C2:C8, ">="&AVERAGE($C$2:$C$8))

② =COUNTIF(">="&AVERAGE($C$2:$C$8))

③ =COUNTIF(C2:C8, ">=AVERAGE($C$2:$C$8)")

④ =COUNTIF(">="&AVERAGE($C$2:$C$8), C2:C8)

34 다음 중 매크로의 바로 가기 키에 대한 설명으로 옳지 않은 것은?

① 매크로 생성 시 설정한 바로 가기 키는 [매크로] 대화상자의 [옵션]에서 변경할 수 있다.

② 기본적으로 바로 가기 키는 Ctrl과 조합하여 사용하지만 대문자로 지정하면 Shift가 자동으로 덧붙는다.

③ 바로 가기 키의 조합 문자는 영문자만 가능하고, 바로 가기 키를 설정하지 않아도 매크로를 생성할 수 있다.

④ 엑셀에서 기본적으로 지정되어 있는 바로 가기 키는 매크로의 바로 가기 키로 지정할 수 없다.

35 다음 중 정렬에 대한 설명으로 옳은 것은?

① 최대 24개의 열을 기준으로 정렬할 수 있다.

② 글꼴 색을 기준으로 정렬할 수 있다.

③ 정렬 대상 범위에 병합된 셀이 포함되어 있어도 정렬할 수 있다.

④ 숨겨진 행은 정렬 결과에 포함되나 숨겨진 열은 정렬 결과에 포함되지 않는다.

36 다음은 자료의 화면 표시 형식을 지정한 것이다. 그 결과가 옳은 것은?

입력 자료	표시 형식	결과
① 2021-8-1	yyyy.mmm	2021.Aug
② 5	#.#0	5.00
③ 1234567	0.0E+00	1.23E+8
④ 2234543	#,###,"천원"	2,234천원

37 다음 중 '페이지 설정' 대화상자에 대한 설명으로 옳지 않은 것은?

① 프린터 목록에서 사용할 프린터를 선택할 수 있다.

② 셀 오류의 표시 여부를 지정할 수 있다.

③ 페이지의 가로·세로 가운데 맞춤으로 인쇄되도록 설정할 수 있다.

④ 셀 구분선이 인쇄되도록 설정할 수 있다.

38 북부/남부의 제품 판매 현황에서 금액은 단가×수량으로 산출한 것이다. 다음 중 남부의 금액[D7:F7]을 구하는 방법으로 옳은 것은 무엇인가? (단, 북부의 금액[D5:F5]은 [D5] 셀의 수식(=D3*D4)을 [F5] 셀까지 채우기 핸들을 드래그하여 구한 것이다.)

			OLED TV	냉장고	세탁기
	단가		1,500,000	1,200,000	800,000
북부	수량		5	15	8
	금액		7,500,000	18,000,000	6,400,000
남부	수량		10	8	12
	금액				

① [D5] 셀을 복사하여 [D7:F7] 영역에 붙여넣기 한다.

② [D7] 셀에 '=D$3*D4'를 입력한 후 채우기 핸들을 [F7] 셀까지 드래그한다.

③ [D5] 셀을 복사하여 [D7:F7] 영역에 '값'으로 붙여넣기 한다.

④ [D7:F7] 영역을 선택한 상태에서 '=D$3*D4'를 입력한다.

39 다음 중 [부분합] 대화상자의 각 항목 설정에 대한 설명으로 옳지 않은 것은?

① '그룹화할 항목'에서 선택할 필드를 기준으로 미리 오름차순 또는 내림차순으로 정렬한 후 부분합을 실행해야 한다.

② 부분합 실행 전 상태로 되돌리려면 부분합 대화상자의 [모두 제거] 단추를 클릭한다.

③ 세부 정보가 있는 행 아래에 요약 행을 지정하려면 '데이터 아래에 요약 표시'를 선택하여 체크 표시한다.

④ 이미 작성된 부분합을 유지하면서 부분합 계산 항목을 추가할 경우에는 '새로운 값으로 대치'를 선택하여 체크한다.

40 다음 중 수식에 잘못된 인수나 피연산자를 사용할 때 표시되는 오류 메시지로 옳은 것은?

① #DIV/0! ② #NUM!

③ #NAME? ④ #VALUE!

정답 및 해설

01 • 메일을 보낼 때(송신) 사용하는 프로토콜은 SMTP이고, 메일을 받을 때(수신) 사용되는 프로토콜은 POP3입니다.
• MIME는 웹 브라우저가 지원하지 않는 각종 멀티미디어 파일의 내용을 확인하고 실행시켜 주는 프로토콜입니다.

02 • 바이트는 문자를 표현하는 최소 단위입니다.
• 컴퓨터에서 각종 명령을 처리하는 기본 단위는 워드(Word)입니다.

03 아날로그 신호를 일정한 간격으로 측정하여 그 값을 디지털화시키는 작업은 샘플링입니다.

04 • UNIX는 운영체제(OS)의 한 종류입니다.
• SPSS와 LISP는 프로그래밍 언어 중 문제 중심 언어에 속하며, COBOL은 절차 중심 언어에 속합니다.

05 Windows 10의 업데이트 현황의 확인 및 설정은 [⚙(설정)] → [업데이트 및 보안]에서 수행할 수 있습니다.

06 리피터(Repeater)에 대한 설명으로 옳은 것은 ③번입니다.
• ①번은 라우터(Router), ②번은 게이트웨이(Gateway), ④번은 브리지(Bridge)에 대한 설명입니다.

07 문제에 제시된 내용은 SSD(Solid State Drive)에 대한 설명입니다.

08 알림을 받거나 받지 않을 시간을 제어하려면 [⚙(설정)] → [시스템] → [알림 및 작업]에서 '집중 지원 설정'을 클릭해야 합니다.

09 내레이터는 [⚙(설정)] → [접근성] → [내레이터]에서 설정할 수 있습니다.

10 키로거(Key Logger)는 키보드 상의 키 입력 캐치 프로그램을 이용하여 개인 정보를 빼내는 행위입니다.
① 스니핑(Sniffing)은 네트워크 주변을 지나다니는 패킷을 엿보면서 계정과 패스워드를 알아내는 행위입니다. ①번의 내용은 스푸핑(Spoofing)에 대한 설명입니다.
② 피싱(Phishing)은 개인정보(Private Data)와 낚시(Fishing)의 합성어로, 유명 기업이나 금융기관을 사칭한 가짜 웹 사이트나 이메일 등으로 개인의 금융정보와 비밀번호를 입력하도록 유도하여 예금 인출 및 다른 범죄에 이용하는 행위입니다. ②번의 내용은 스파이웨어(Spyware)에 대한 설명입니다.
③번의 내용은 혹스(Hoax)에 대한 설명입니다.

11 IPv6 주소의 각 부분은 콜론(:)으로 구분합니다.

12 셰어웨어에 대한 설명으로 옳은 것은 ②번입니다.
• ①번은 상용 소프트웨어, ③번은 공개 소프트웨어, ④번은 알파 또는 베타 버전에 대한 설명입니다.

13 플래시 메모리는 트랙 단위가 아닌 블록 단위로 저장됩니다.

14 • 인터넷 쇼핑몰 상품 가격 비교표 작성 행위는 컴퓨터 범죄에 해당하지 않습니다.
• 컴퓨터 범죄는 컴퓨터 및 통신 기술을 이용하여 저지르는 불법적·비윤리적인 범죄로, ①, ②, ③번이 컴퓨터 범죄에 해당합니다.

15 동영상, 그래픽 등의 정보를 연결해 놓은 멀티미디어 형식은 하이퍼미디어(Hypermedia)입니다.

16 ①, ②, ④번은 그래픽 파일 형식이고, ③번은 동영상 파일 형식입니다.

17 작업 전환을 위한 바로 가기 키는 Alt + Tab 입니다.

• Alt + Enter : 선택된 항목의 속성 대화상자를 나타냄
• Alt + F4 : 실행중인 창이나 앱을 종료함

18 보기의 연산 속도 단위를 빠른 것부터 차례대로 나열하면, 피코 초 (ps, 10^{-12}) 〉 나노 초(ns, 10^{-9}) 〉 마이크로 초(μs, 10^{-6}) 〉 밀리 초 (ms, 10^{-3})입니다.

19 문제에 제시된 내용은 채널(Channel)에 대한 설명입니다.

20 네트워크 프린터를 선택한 경우에는 연결할 프린터의 포트가 자동으로 지정됩니다.

21 남부의 금액을 구하는 방법으로 옳은 것은 ①번입니다.
• [D5] 셀의 수식 'D$3∗D4'중 [D3] 셀의 행 번호에만 절대 참조($)가 지정되어 있으므로, 이를 복사하여 [D7:F7] 영역을 블록으로 지정한 후 붙여넣기하면 [D3] 셀의 열 문자와 [D4] 셀의 열 문자, 행 번호가 다음과 같이 변경되어 입력됩니다.
• [D7] : =D$3∗D6, [E7] : =E$3∗E6, [F7] : =F$3∗F6

22 문제에 제시된 목표값 찾기 대화상자는 평균(E4)이 40이 되려면 노트북(B4)의 판매량이 얼마가 되어야 하는지를 찾기 위한 설정입니다.

23 매크로에서 지정한 바로 가기 키와 엑셀의 바로 가기 키가 동일한 경우 매크로에서 지정한 바로 가기 키가 적용됩니다.

24 셀에 데이터를 입력하던 중 Alt + Enter 를 누르면 같을 셀 내에서 줄 바꿈이 수행됩니다.

25 학점별 학생수를 구하는 수식으로 옳은 것은 ③번입니다.
COUNTIF(범위, 조건)는 지정된 '범위'에서 '조건'에 맞는 셀의 개수를 반환하는 함수로, [E3] 셀에 수식을 입력한 후 채우기 핸들을 이용하여 [E7] 셀까지 수식을 입력하려면 '범위'는 절대 참조($B$3:$B$10)로 지정해야 하고, '조건'은 상대 참조(D3)로 지정해야 합니다.

26 '행/열 전환'을 수행하면 다음과 같이 가로(항목) 축 레이블과 범례 항목(계열)이 서로 변경됩니다.

27 문제에 제시된 수식의 결과는 23,200,000입니다.
• INDEX(범위, 행 번호, 열 번호) 함수는 지정된 '범위'에서 '행 번호'와 '열 번호'의 위치에 있는 데이터를 반환합니다.
• =INDEX(B2:D9, 2, 3) : [B2:D9] 영역에서 2행, 3열에 있는 [D3] 셀의 값인 23,200,000을 반환합니다.

28 • 피벗 테이블의 원본 데이터가 변경된 경우 피벗 테이블에 자동으로 반영되지 않습니다.
• 원본 데이터의 변경사항을 피벗 테이블에 반영하려면 [피벗 테이블 분석] → [데이터] → [새로 고침]을 눌러야 합니다.

29 문제에 제시된 수식의 결과는 2345-6789입니다.
• VLOOKUP(찾을값, 범위, 열 번호, 옵션) 함수는 '범위'의 첫 번째 열에서 '옵션'에 맞게 '찾을값'과 같은 데이터를 찾은 후 '찾을값'이 있는 행에서 지정된 '열 번호' 위치에 있는 값을 반환합니다.

• =VLOOKUP(B3, $B$2:$D$5, 3, FALSE) : 찾을값(B3) 값인 '1975-01-29'와 정확히 일치(FALSE)하는 값을 범위(B2:D5)의 첫 번째 열에서 찾은 후 찾은 값이 있는 행의 세 번째 열에 있는 값 '2345-6789'를 반환합니다.

30 표면형은 콤보(혼합) 형태로 차트를 작성할 수 없습니다.

31 숨겨진 행이나 열이 포함되도록 범위를 지정한 후 행 높이나 열 너비를 조절하면 숨겨진 행이나 열이 화면에 표시되고, 행 높이나 열 너비도 동일하게 조절됩니다.

32 도넛형 차트의 도넛 구멍 크기는 데이터 계열을 더블클릭한 후 '데이터 계열 서식' 창의 '계열 옵션'에서 지정할 수 있습니다.

33 '매크로' 대화상자의 [만들기] 단추를 클릭하면 코드를 직접 입력하여 매크로를 작성할 수 있는 Visual Basic Editor 화면이 표시됩니다.

34 '페이지 설정' 대화상자의 '시트' 탭에서 '행/열 머리글'을 선택하면 워크시트의 행/열 머리글이 인쇄됩니다.

35 통합할 참조 영역의 개수는 기본적으로 제한이 없습니다. 다만 시스템의 사용 가능한 메모리에 따라 제한될 수는 있습니다.

36 사용자 지정 목록은 정렬 기준이 '값'일 때만 적용할 수 있습니다.

37 [E4] 셀에 입력할 수식으로 옳은 것은 ④번입니다.

• RANK.EQ(인수, 범위, 옵션)은 지정된 '범위'에서 '인수'의 순위를 반환하는 함수로, [E2] 셀에 =RANK.EQ(D2, $D$2:$D$4)를 입력한 후 채우기 핸들을 [E4] 셀까지 드래그하면 [E4] 셀에는 =RANK.EQ(D4, $D$2:$D$4)가 입력됩니다. 각각의 인수를 살펴보면 다음과 같습니다.

• 인수 : 총점이 있는 D2 셀을 지정합니다.
• 범위 : 전체 총점이 있는 D2:D4 영역을 지정하되, 여러 셀에 결과 값을 구해야 하므로 절대 참조로 지정합니다($D$2:$D$4).
• 옵션 : 총점이 가장 높은 것이 1위이므로 내림차순(0 또는 생략)으로 지정합니다.

38 틀리게 짝지어진 것은 ②번입니다.
• 사용자 지정 형식 맨 끝에 콤마(,)를 표시하면 천 단위 이하를 생략하고, 천 단위 미만의 값은 반올림되어 표시됩니다. 그러므로 형식을 #,##0,으로 지정하면 천 단위 이하가 삭제되면서 백의 자리에서 반올림되어 −1,235로 표시됩니다.

39 머리글 또는 바닥글 내용에 '&' 문자를 포함시키려면 '&&'를 사용해야 합니다.

40 '?'는 문자의 한 자리만을 대신할 수 있는 만능 문자이므로, '전체 셀 내용 일치'를 선택하고 찾을 내용을 '삼?주식회사'로 지정하여 찾기를 수행하면 '삼'으로 시작하여 '주식회사'로 끝나는 여섯 자리 문자를 찾습니다.
※ '전체 셀 내용 일치'는 찾을 데이터와 셀 안의 데이터가 정확히 일치하는 경우에만 찾는 옵션입니다. 예를 들어 '전체 셀 내용 일치'를 선택하면 셀 안의 데이터가 '삼보주식회사', '삼경주식회사' 등의 자료만을 찾지만 '전체 셀 내용 일치'를 선택하지 않으면 셀 안의 데이터가 '김삼보주식회사', '삼경주식회사 귀하' 등도 찾습니다.
② '삼'으로 시작하고 '주식회사'로 끝나는 모든 데이터 : 삼*주식회사
③ '삼'으로 시작하는 모든 데이터 : 삼*
④ '주식회사'로 끝나는 모든 데이터 : *주식회사

02회 2023년 상시02 기출문제 해설

01 전자우편에 첨부된 파일은 바이러스 검사를 수행한 후 저장하여 사용해야 합니다.

02 캐시 메모리에 관한 설명으로 옳은 것은 ④번입니다.
• ①번은 가상 메모리(Virtual Memory), ②번은 연상(연관) 메모리(Associative Memory), ③번은 플래시 메모리(Flash Memory)에 대한 설명입니다.

03 웹 브라우저의 '설정'에 멀티미디어 편집기를 선택할 수 있는 메뉴는 없습니다.

04 하드디스크의 모든 파티션을 제거하면 하드디스크에 저장된 내용도 모두 삭제되므로 [■](시작) → [⚙](설정) → [업데이트 및 보안] → [복구]를 통해 문제를 해결하는 것이 좋습니다.

05 문제에 제시된 내용은 허니팟(Honeypot)에 대한 설명입니다.
• VPN(Virtual Private Network) : 인터넷망(공중망)을 사용하여 사설망을 구축하게 해주는 통신망

• 침입 탐지 시스템(IDS) : 컴퓨터 시스템의 비정상적인 사용, 오용, 남용 등을 실시간으로 탐지하는 시스템
• 방화벽(Firewall) : 보안이 필요한 네트워크의 통로를 단일화하여 관리함으로써 외부의 불법 침입으로부터 내부의 정보 자산을 보호하기 위한 시스템

06 기본 텔레비전 기능에 인터넷 검색이 가능하게 한 서비스는 IPTV입니다.

07 플래시 메모리에 대한 설명으로 옳은 것은 ④번입니다.
• ①번은 캐시 메모리(Cache Memory), ②번은 가상 메모리(Virtual Memory), ③번은 연상(연관) 메모리(Associative Memory)에 대한 설명입니다.

08 유틸리티 프로그램은 컴퓨터 동작에 필수적이지는 않지만, 컴퓨터를 이용하는 주 목적에 대한 특정 작업을 수행하는 소프트웨어들을 가리킵니다.

09 도메인 네임은 전 세계를 통틀어 중복되지 않는 고유한 주소로, 사용자가 임의로 설정할 수 없습니다.

10 현재 로그인한 사용자 계정은 [⚙(설정)] → [계정]에서 확인할 수 있습니다.

11 • ⊞＋F를 누르면 피드백 허브 앱이 실행됩니다.
   • 작업 표시줄의 '검색 상자'로 이동하는 바로 가기 키는 ⊞＋S입니다.

12 • 표준 사용자 계정으로는 로컬과 네트워크에 관계없이 프린터 등의 외부 장치를 설치할 수 없습니다.
   • 프린터 등의 외부 장치는 관리자 계정으로만 설치할 수 있습니다.

13 주 모니터는 [⚙(설정)] → [시스템] → [디스플레이]에서 자유롭게 변경할 수 있으므로 모니터의 배치를 변경할 필요는 없습니다.

14 • 전워드(Full Word)는 4Byte입니다.
   • 8Byte의 크기를 갖는 워드는 더블워드(Double Word)입니다.

15 문제에 제시된 내용은 객체지향 프로그래밍에 대한 설명입니다.
   • 구조적 프로그래밍 : 입력과 출력이 각각 하나씩 이루어진 구조로 GOTO문을 사용하지 않으며, 순서, 선택, 반복의 세 가지 논리 구조를 사용하는 기법
   • 비주얼 프로그래밍 : 기존 문자 방식의 명령어 전달 방식을 기호화된 아이콘의 형태로 바꿔 사용자가 대화형으로 좀 더 쉽게 프로그래밍 할 수 있는 기법

16 IP 주소를 이용한 최적의 경로를 설정하여 전송하는 장비는 라우터(Router)입니다.

17 문제에 제시된 내용은 HTML5에 대한 설명입니다.
   • XML : 확장성 생성 언어라는 뜻으로 기존 HTML의 단점을 보완하여 웹에서 구조화된 폭넓고 다양한 문서들을 상호 교환할 수 있도록 설계된 언어
   • VRML : 가상현실 모델링 언어라는 뜻으로, 웹에서 3차원 가상공간을 표현하고 조작할 수 있게 하는 언어
   • JSP : 자바로 만들어진 서버 스크립트로, LINUX, UNIX, Windows 등 다양한 운영체제에서 사용이 가능함

18 누산기(AC; Accumulator)는 연산 결과를 일시적으로 기억하는 장치입니다.
   • ③번은 명령 레지스터(IR; Instruction Register), ④번은 디코더(Decoder)에 대한 설명입니다.

19 IPv6에서는 주소의 한 부분이 0으로만 연속되는 경우 연속된 0은 '::'으로 생략하여 표시할 수 있습니다.
   ① IPv6은 16비트씩 8부분으로 총 128비트로 구성되어 있습니다.
   ② 주소를 네트워크 부분의 길이에 따라 A클래스에서 E클래스까지 총 5단계로 구분하는 것은 IPv4입니다. IPv6는 유니캐스트, 애니캐스트, 멀티캐스트 3종류의 형태로 구분합니다.
   ③ IPv6은 IPv4와의 호환성 및 주소의 확장성, 융통성, 연동성이 뛰어납니다.

20 • ①번은 번들(Bundle)에 대한 설명입니다.
   • 트라이얼 버전은 셰어웨어와 마찬가지로 제품을 구매하기 전에 해당 프로그램을 미리 사용해 볼 수 있도록 제작한 소프트웨어입니다.

21 총점에 대한 순위를 구하는 수식으로 옳은 것은 ②번입니다.
   • =RANK.EQ(D2, $D$2:$D$4, 1) : RANK.EQ(인수, 범위, 옵션)은 지정된 '범위' 안에서 '인수'의 순위를 반환하는 함수로, 각각의 인수를 살펴보면 다음과 같습니다.
   • 인수 : 총점이 있는 D2 셀을 지정합니다.
   • 범위 : 전체 총점이 있는 D2:D4 영역을 지정하되, 여러 셀에 결과 값을 구해야 하므로 절대 참조로 지정합니다($D$2:$D$4).
   • 옵션 : 총점이 가장 낮은 것이 1위이므로 오름차순(1)으로 지정합니다.

22 • 추가된 시나리오의 이름은 '보통'과 '우수'입니다.
   • '현재 값'은 '변경 셀'로 지정한 셀이나 영역에 대한 필드명으로 항상 '현재 값'으로 표시됩니다.

23 노트가 삽입된 셀을 정렬하면 노트도 함께 이동됩니다.

24 조건부 서식이 적용된 후 셀 값이 바뀌어 규칙과 일치하지 않으면 적용된 서식이 해제됩니다.

25 통합할 데이터가 있는 워크시트와 통합 결과가 작성될 워크시트가 서로 다를 경우에만 '원본 데이터에 연결'을 적용할 수 있습니다.

26 수식에 잘못된 인수나 피연산자를 사용한 경우 #VALUE! 오류 메시지가 표시됩니다.
   • #NUM! : 표현할 수 있는 숫자의 범위를 벗어났을 때
   • #NAME? : 인식할 수 없는 텍스트를 수식에 사용했을 때
   • #VALUE! : 잘못된 인수나 피연산자를 사용할 때, 수식 자동 고침 기능으로 수식을 고칠 수 없을 때

27 "중학생"의 봉사시간 평균을 구하는 옳은 수식은 ③번입니다.
   ① =AVERAGEIF(F2:F11, D2, D2:D11) : AVERAGEIF(조건이 적용될 범위, 조건, 평균을 구할 범위)는 조건에 맞는 셀의 평균을 구하는 함수로, 인수 지정이 잘못되어 '#DIV/0!' 오류가 표시됩니다. 올바르게 수정하면 =AVERAGEIF (D2:D11, D2, F2:F11)입니다.
   ② =DAVERAGE(A2:F11, 6, D2:D11) : DAVERAGE(범위, 열 번호, 조건) 함수는 지정된 범위에서 조건에 맞는 자료를 대상으로 지정된 열의 평균을 계산하는 함수로, 범위와 조건을 지정할 때는 반드시 열 이름표를 함께 지정해야 합니다. 올바르게 수정하면 =DAVERAGE(A1:F11, 6, D1:D2)입니다.
   ③ =AVERAGEIFS(F2:F11, D2:D11, D2) : AVERAGEIFS(평균을 구할 범위, 조건1이 적용될 범위, 조건1, 조건2가 적용될 범위, 조건2, …)는 여러 조건에 맞는 셀의 평균을 구하는 함수로, '구분'이 '중학생'인 '봉사시간'의 평균인 10을 반환합니다.
   ④ =DAVERAGE(A2:F11, D2, D2:D11) : 올바르게 수정하면 =DAVERAGE(A1:F11, F1, D1:D2)입니다.
   ※ 열 번호는 '봉사시간'이 있는 6을 입력하거나 '봉사시간' 필드명이 있는 셀 주소인 'F1'을 입력해도 됩니다.

28 자동 필터는 영문 대 · 소문자를 구분하지 못합니다.

29 • 고급 필터의 조건으로 옳은 것은 ①번입니다.
   • 고급 필터의 조건을 지정할 때는 조건을 지정할 범위의 첫 행에는 원본 데이터 목록의 필드명을 입력하고, 그 아래 행에 조건을 입력합니다.
   • 조건을 같은 행에 입력하면 AND 조건, 다른 행에 입력하면 OR 조건으로 연결됩니다.

30 하나의 통합 문서에는 동일한 이름의 매크로를 작성할 수 없습니다.

31 워크시트의 셀에 매크로를 지정하여 실행할 수 있는 기능은 없습니다.

32 범례를 이동하거나 크기를 변경해도 그림 영역에는 아무런 변화가 없습니다.

33 문제에 제시된 내용은 트리맵 차트에 대한 설명입니다.
- **히스토그램 차트** : 특정 구간에 그룹화된 데이터의 분포를 표시할 때 사용하는 차트
- **폭포 차트** : 데이터의 증감 및 누적 합계를 확인할 때 사용함
- **콤보 차트** : 두 개 이상의 데이터 계열을 가진 차트에서 특정 데이터 계열을 강조하기 위해 해당 데이터 계열을 다른 차트로 표시하는 것

34 '페이지 설정' 대화상자에는 '페이지 나누기'라는 옵션은 없습니다.

35
- 페이지마다 인쇄 부수를 다르게 설정할 수 없습니다.
- 인쇄 시 인쇄 부수를 지정하면 모든 페이지가 동일한 부수로 인쇄됩니다.

36 차트에 데이터 레이블 '값'이 표시되면 다음 그림과 같습니다.

37 ?는 유효하지 않은 자릿수에 0 대신 공백을 표시하는 숫자 서식 코드로, 123.45에 ?.?로 표시 형식을 지정하면 소수점 이하 첫째 자리까지 표시하되, 소수점 이하 둘째 자리에서 반올림하므로 123.5로 표시됩니다.

38
- '번호'는 2행에 1, 3행에 2, 4행에 3과 같이 행 번호에서 1을 뺀 값이 입력되어 있습니다.
- ROW(인수)는 인수의 행 번호를 반환하는 함수인데, ROW( )와 같이 함수에 인수를 지정하지 않으면 ROW( ) 함수가 입력된 행을 의미합니다. 그러므로 '번호'에 =ROW( )-1을 입력하면 데이터 정렬에 상관 없이 항상 행 번호에서 1을 뺀 값이 표시됩니다.

39 '선택하여 붙여넣기' 대화상자에서 붙여넣기를 '모두', 연산을 '없음'으로 지정하면 데이터를 단순히 복사하여 붙여넣기 한 것과 동일하므로 =A1이 입력된 [A2] 셀을 복사한 후 [A3] 셀에 그림과 같이 선택하여 붙여넣기를 수행하면 [A3] 셀에는 =A2가 입력되고 화면에는 100이 표시됩니다.

40 피벗 테이블의 삽입 위치는 필터 영역을 제외한 피벗 테이블의 행과 열이 만나는 가장 왼쪽 위 모서리로 여기서는 [M5] 셀입니다.

	L	M	N
2			
3		직업	(모두) ▼
4			
5			열 레이블 ▼
6		행 레이블 ▼	생명
7		1월	

03회 2023년 상시03 기출문제 해설

01 컴퓨터 바이러스는 보통 소프트웨어 형태로 감염되며, 메일이나 첨부 파일의 경우 감염 확률이 매우 높습니다. 그러므로 발신자가 불분명한 메일이나 첨부 파일은 바이러스 검사를 수행한 후 열어보는 것이 좋습니다.

02 운영체제는 제어 프로그램과 처리 프로그램으로 구성되어 있습니다.

03 웹 서버와 사용자의 인터넷 브라우저 사이에 하이퍼텍스트 문서를 전송하기 위해 사용되는 통신 규약은 HTTP입니다.

04
- ④번은 VRML에 대한 설명입니다.
- DHTML은 HTML에 비해 애니메이션이 강화되고 사용자와의 상호작용에 좀 더 민감한 동적인 웹 페이지를 만들 수 있는 언어입니다.

05
- '포맷' 대화상자에서 '파티션 제거'는 수행할 수 없습니다.
- '포맷' 대화상자에서 설정할 수 있는 항목에는 용량, 파일 시스템, 할당 단위 크기, 볼륨 레이블, 빠른 포맷 등이 있습니다.

06 문제에 제시된 내용은 쿠키(Cookie)에 대한 설명입니다.
- **즐겨찾기(Favorites)** : 자주 방문하는 웹 사이트를 쉽게 찾아갈 수 있도록 해당 웹 사이트 주소를 목록 형태로 저장해 둔 것
- **히스토리(History)** : 웹 브라우저를 처음 실행시킨 후부터 종료할 때까지 사용자가 방문했던 웹사이트 주소들을 순서대로 보관하는 기능

07 문제에 제시된 내용은 MPEG에 대한 설명입니다.
- **XML** : 확장성 생성 언어라는 뜻으로 기존 HTML의 단점을 보완하여 웹에서 구조화된 폭넓고 다양한 문서들을 상호 교환할 수 있도록 설계된 언어
- **JPEG** : 사진과 같은 선명한 정지영상을 표현하기 위한 국제 표준 압축 방식

08 해밍 코드(Hamming Code)는 데이터 전송 시 에러 검출 및 교정을 위해 사용하는 코드로, 문자 데이터를 표현하기 위해 사용하는 코드가 아닙니다.

09
- 주기억장치의 종류에는 ROM과 RAM이 있는데 이 중 ROM은 비휘발성 메모리, RAM은 휘발성 메모리입니다.
- 대용량의 데이터와 프로그램을 영구적으로 보관하는데 사용되는 것은 보조기억장치입니다.

10
- ⊞ + E는 파일 탐색기를 실행하는 바로 가기 키입니다.
- '검색 상자' 창을 표시하는 바로 가기 키는 ⊞ + S입니다.

11 랜섬웨어는 파일은 그대로 있지만 암호화하여 확장자를 변경시킨 후 사용자가 열지 못하게 하여 돈을 요구하는 악성 프로그램입니다.

12 컴퓨터 그래픽 기술과 3차원 기법을 통해 만들어낸 가상 세계에서 여러 다른 경험을 체험할 수 있도록 하는 모든 기술을 가상 현실(Virtual Reality)라고 합니다.

13 디지털 컴퓨터와 아날로그 컴퓨터의 차이점에 대한 옳은 설명은 ③번입니다.
   ① 디지털 컴퓨터는 숫자, 문자 데이터를 처리하며, 아날로그 컴퓨터는 전류, 전압, 온도 등 다양한 입력 값을 처리합니다.
   ② 디지털 컴퓨터는 논리 회로로 구성되며, 아날로그 컴퓨터는 증폭 회로로 구성됩니다.
   ④ 아날로그 컴퓨터는 특수 목적용이며, 디지털 컴퓨터는 범용으로 많이 사용됩니다.

14 휠을 한 번 돌리면 1~100줄, 또는 한 화면이 스크롤되도록 설정할 수 있습니다.

15 대용량의 멀티미디어 정보를 효율적으로 저장하기 위해 MPEG과 같은 동영상 압축 기술이 개발되었습니다.

16 • USB 포트는 직렬 포트로서 한번에 1비트씩 데이터를 전송합니다.
   • 한 번에 8비트의 데이터를 동시에 전송하는 것은 병렬 포트입니다.

17 • ③번은 모뎀(MODEM)에 대한 설명입니다.
   • 브리지(Bridge)는 서로 독립적으로 동작하면서 같은 프로토콜을 사용하는 두 LAN을 연결하는 네트워크 장치입니다.

18 Windows 10의 업데이트 현황은 [설정] → [업데이트 및 보안]에서 확인 및 설정할 수 있습니다.

19 바탕 화면에 있는 파일을 [휴지통]으로 드래그 앤 드롭하여 삭제한 파일은 복원할 수 있습니다.

20 문제에 제시된 내용은 Windows Defender 방화벽에 대한 설명입니다.

21 [페이지 나누기 미리 보기] 상태에서도 셀에 내용을 입력하거나 자유롭게 편집할 수 있습니다.

22 [E2] 셀에 입력해야 할 함수식으로 옳은 것은 ①번입니다.
   =CHOOSE(RANK.EQ(D2, $D$2:$D$7), "대상", "금상", "은상", "동상", "", "")
             ❶
                               ❷

   ❶ RANK.EQ(D2, $D$2:$D$7) : RANK.EQ(인수, 범위, 옵션)은 지정된 '범위'에서 '인수'의 순위를 반환하는 함수이므로 [$D$2:$D$7] 영역에서 내림차순(옵션 0)을 기준으로 [D2] 셀의 순위를 반환합니다.
   ❷ CHOOSE(❶, "대상", "금상", "은상", "동상", "", "") : CHOOSE(인수, 첫 번째, 두 번째, …)는 인수가 1이면 1번째, 인수가 2이면 2번째를 반환하는 함수이므로 값이 1이면 "대상", 2이면 "금상", 3이면 "은상", 4이면 "동상", 5와 6이면 공백을 반환합니다.

23 레이블에 표시할 내용으로 '항목 이름'과 '값'을 선택한 차트는 ①번입니다.
   ② '계열 이름'과 '값' 선택
   ③ '계열 이름'과 '백분율' 선택
   ④ '항목 이름'과 '백분율' 선택

24 조건부 서식의 규칙별로 다른 서식은 지정할 수 있지만 조건에 맞지 않을 경우에 대한 서식은 지정할 수 없습니다.

25 매크로 바로 가기 키는 기본적으로 Ctrl과 조합하여 지정할 수 있고, 대문자 X를 지정해야 하므로 Shift가 자동으로 추가됩니다.

26 항상 한 개의 데이터 계열만 사용하는 차트는 원형 차트입니다.

27 현재 페이지 번호를 삽입하는 편집 도구는 🗐입니다.

• 🗐 : 파일 이름 삽입
• 🗐 : 전체 페이지 수 삽입
• 🕓 : 시간 삽입

28 [C7] 셀에 =SUM(C3:C6)을 입력한 결과는 0입니다.
   • LEFT(텍스트, 개수)는 텍스트의 왼쪽부터 지정한 개수만큼 반환하는 함수로, 결과로 텍스트를 반환하기 때문에 그림의 [C3:C6] 범위의 값은 숫자로 보이지만 실제로는 숫자로 된 텍스트입니다.
   • SUM(인수1, 인수2, …)는 인수의 합을 구하는 함수로, 숫자로 표시된 텍스트는 인식하지 못하므로 0을 반환합니다.

29 '매크로 기록' 대화상자에서 선택할 수 있는 매크로의 저장 위치에는 '새 통합 문서, 개인용 매크로 통합 문서, 현재 통합 문서'가 있습니다.

30 데이터 표를 이용하여 입력된 데이터는 부분적으로 수정 또는 삭제할 수 없습니다.

31 • 오름차순으로 올바르게 정렬된 것은 ②번입니다.
   • 오름차순은 '숫자 〉 문자(특수문자〉영문〉한글) 〉 논리값 〉 오류값 〉 빈 셀' 순으로 정렬됩니다.

32 [C11] 셀에 입력할 수식으로 옳은 것은 ②번입니다.
   • 문제의 조건은 2개이고, 숫자가 아닌 자료의 개수를 구해야 하므로 DCOUNTA 또는 COUNTIFS 함수를 사용해야 하는데, ④번은 COUNTIFS(조건1이 적용될 범위, 조건1, 조건2가 적용될 범위, 조건2, …) 함수의 인수가 잘못 지정되어 오류가 표시됩니다.
   • =DCOUNTA(A2:C10, A2, B2:C3) : DCOUNTA(데이터 범위, 필드 번호, 조건)는 해당 '데이터 범위'에서 '조건'에 맞는 자료를 대상으로 지정된 '필드 번호'에서 자료가 있는 셀의 셀의 개수를 반환하는 함수로, 각각의 인수를 살펴보면 다음과 같습니다.
     – 데이터 범위 : 데이터 범위인 [A2:C10] 영역을 입력합니다.
     – 필드 번호 : 직원의 인원수를 구해야 하므로 성명이 있는 [A2] 셀을 입력합니다.
     – 조건 : '소속'이 "영업1부"이고 '성별'이 "남자"이므로 [B2:C3] 영역을 입력합니다.
     ※ '필드 번호'는 자료가 있는 [A2], [B2], [C2] 열 중 임의의 열을 지정하면 됩니다.

33 시스템의 현재 날짜를 나타내는 함수는 TODAY( )이고, 날짜에서 년도만 추출하는 함수는 YEAR( )이므로 시스템의 현재 날짜에서 년도를 구하는 수식은 =YEAR(TODAY( ))입니다.

34 • 방향이 '행'이므로 오른쪽으로 값이 입력됩니다.
   • 유형이 '급수'이므로 단계 값만큼 값이 곱해지며 입력됩니다.
   • 단계 값이 2이므로 2씩 곱해지며 입력됩니다. 즉 [A1] 셀부터 오른쪽으로 차례대로 1, 2, 4, 8, 16, …이 입력되게 됩니다.
   • 종료 값이 100이므로 채워지는 값은 100을 넘을 수 없습니다.

◢	A	B	C	D	E	F	G
1	1	2	4	8	16	32	64

35 =$D2*C5는 행 방향으로 채우기 핸들을 드래그 할 때 시급의 위치가 변경되어 잘못된 결과가 나타납니다.
   • 시급에 해당하는 [D2] 셀은 모든 셀에 동일하게 계산되어야 하므로 행 방향으로 채우기 핸들을 드래그하여도 변하지 않도록 [D$2] 또는 [$D$2] 형태로 입력해야 합니다.
   • 시간에 해당하는 [C5] 셀은 채우기 핸들을 드래그할 때 열 번호도 함께 변경되어야 하므로 [C5] 또는 [$C5] 형태로 입력해야 합니다.

36 노트의 인쇄 여부 및 인쇄 위치는 '페이지 설정' 대화상자의 '시트'

탭에서 지정할 수 있습니다.

37 목표값 찾기는 수식에서 원하는 결과값(총 판매액 1,500,000)은 알고 있지만 그 결과값을 계산하기 위해 필요한 입력값(판매수량)을 모를 경우 사용하는 도구입니다.

38 ④번은 부분합에 대한 설명입니다.

39 이름은 기본적으로 절대 참조로 대상 범위를 참조합니다.

① 이름 정의 시 첫 글자는 숫자로 지정할 수 없습니다. 반드시 문자(영문, 한글)나 밑줄(_) 또는 역슬래시(\)로 시작해야 합니다.
② 하나의 통합 문서 내에서는 동일한 이름을 지정할 수 없습니다.
③ 이름 정의 시 영문자는 대소문자를 구분하지 않습니다.

40 열 머리글 경계선을 더블클릭하면 해당 열에 입력된 데이터 중 가장 긴 데이터에 맞추어 자동으로 너비가 변경됩니다.

04회 2023년 상시04 기출문제 해설

01 캐시(Cache) 메모리는 중앙처리장치와 주기억장치 사이에서 컴퓨터의 처리 속도를 향상시키는 역할을 수행합니다.
② 캐시 메모리는 중앙처리장치와 주기억장치의 속도 차이를 극복하기 위하여 사용합니다.
③ 주기억장치보다 큰 프로그램을 불러와 실행할 때 유용한 메모리는 가상 메모리입니다.
④ 캐시 메모리는 접근 속도가 빠른 정적 램(SRAM)을 사용합니다.

02 • '작업 표시줄 설정'을 통해 자주 사용하는 앱을 작업 표시줄에 표시할 수 없습니다.
• 작업 표시줄에 앱을 추가하려면 앱을 드래그하여 작업 표시줄에 놓거나, [시작] 메뉴에 등록된 앱의 바로 가기 메뉴에서 [자세히] → [작업 표시줄에 고정]을 선택해야 합니다.

03 • 폴더를 마우스로 선택한 후 Alt 를 누른 채 같은 드라이브의 다른 폴더로 끌어서 놓으면 폴더의 바로 가기 아이콘이 생성됩니다.
• 같은 드라이브 내에서 파일이나 폴더를 이동시키려면 누르는 키 없이 드래그만 하면 됩니다.

04 웹 브라우저로 방문한 웹 사이트를 편집할 수는 없습니다.

05 장치 관리자는 컴퓨터에 설치되어 있는 하드웨어의 종류 및 작동 여부를 확인하고, 하드웨어의 제거나 사용 여부, 업데이트 등의 속성을 변경할 때 사용합니다.

06 [시작] 메뉴에서 사용자 계정을 클릭한 후 등록된 다른 사용자를 선택하면 기존 사용자가 실행 중인 프로그램이 종료되지 않고 대기 상태에서 다른 사용자로 전환됩니다.

07 프린터 속성 창에서 공급 용지의 종류, 공유, 포트 등을 설정할 수 있습니다.
① 기본 프린터는 1대만 지정할 수 있습니다.
③ 인쇄 대기 중인 작업도 취소시킬 수 있습니다.
④ 인쇄 중인 작업도 인쇄를 취소하거나 잠시 중단시킬 수 있습니다.

08 디스크 정리는 디스크의 여유 공간을 확보하기 위해 필요 없는 파일을 삭제하는 기능으로 바이러스 예방과는 관계가 없습니다.

09 문제에 제시된 내용은 펌웨어(Firmware)에 대한 설명입니다.

10 CPU와 입출력장치 사이의 속도 차이로 인한 문제를 해결하기 위해 사용하는 것은 채널(Channel)입니다.
• ①번은 캐시 메모리, ③번은 DMA, ④번은 핫 스와핑 또는 핫 플러그인에 대한 설명입니다.

11 • 메일을 보낼 때(송신) 사용하는 프로토콜은 SMTP이고, 메일을 받을 때(수신) 사용되는 프로토콜은 POP3입니다.
• MIME는 웹 브라우저가 지원하지 않는 각종 멀티미디어 파일의 내용을 확인하고 실행시켜 주는 프로토콜입니다.

12 RFID는 사물에 전자 태그를 부착하여 사물 및 주변 정보를 감지하는 기술로, 도서 대출 및 반납, 출입 통제, 모바일 결제 등에 활용됩니다.
① NFC는 RFID 기술의 일종으로 태그를 사용하여 도서 대출 및 반납, 출입 통제, 모바일 결제 등에 활용됩니다.
② BlueTooth는 근거리 무선 통신 기술로, 핸드폰, 헤드폰, 노트북과 같은 휴대 가능한 장치들 간의 양방향 정보 전송을 지원합니다.
③ WiFi는 무선 인터넷을 지원하는 무선랜 기술을 의미합니다. 무선 인터넷을 사용하는 모든 전자기기를 지원하며 중계역할을 수행하는 핫스팟의 원천 기술이기도 합니다.

13 벡터(Vector) 방식은 점과 점을 연결하는 직선 또는 곡선을 이용하여 이미지를 표현합니다.
• ②, ③, ④번은 비트맵(Bitmap) 방식에 대한 설명입니다.

14 통신 선로에서 전송 신호를 증폭하거나 재생하고 전달하는 중계 장치는 리피터(Repeater)입니다.
• 게이트웨이(Gateway) : 주로 LAN에서 다른 네트워크에 데이터를 보내거나 다른 네트워크로부터 데이터를 받아들이는 출입구 역할을 하는 장치
• 모뎀(Modem) : 디지털 신호를 아날로그 신호로 변환하는 변조 과정과 아날로그 신호를 디지털 신호로 변환하는 복조 과정을 수행하는 신호 변환장치
• 라우터(Router) : 데이터 전송 시 최적의 경로를 설정하여 전송하는 장치

15 • 보기 중 가장 기억 용량 단위가 큰 것은 EB입니다.
• 기억 용량의 단위를 작은 것부터 큰 것까지 차례대로 나열하면 'Byte 〈 KB 〈 MB 〈 GB 〈 TB 〈 PB 〈 EB' 순입니다.

16 문제에 제시된 내용은 사물 인터넷(IoT)에 대한 설명입니다.
• 클라우드 컴퓨팅(Cloud Computing) : 하드웨어·소프트웨어 등의 컴퓨팅 자원을 자신이 필요한 만큼 빌려 쓰고 사용 요금을 지불하는 방식의 컴퓨팅 서비스
• RSS(Rich Site Summary) : 뉴스나 블로그 등과 같이 콘텐츠가 자주 업데이트 되는 사이트들의 정보를 자동적으로 사용자들에게 알려주기 위해 사용하는 웹 서비스 기술

- 빅 데이터(Big Data) : 기존의 관리 방법이나 분석 체계로는 처리하기 어려운 막대한 양의 데이터 집합으로, 스마트 단말의 빠른 확산, 소셜 네트워크 서비스의 활성화, 사물 네트워크의 확대로 데이터 폭발이 더욱 가속화되고 있음

17 자신을 복제하여 시스템에 부하를 주는 악성 프로그램은 웜(Warm)입니다.
- 해킹(Hacking) : 컴퓨터 시스템에 불법적으로 접근, 침투하여 시스템과 데이터를 파괴하는 행위
- 스푸핑(Spoofing) : 다른 사람의 시스템에 침입할 때 침입자의 정보를 속여 역추적을 어렵게 만드는 방법으로 IP 스푸핑, ARP 스푸핑, 이메일 스푸핑, DNS 스푸핑 등이 있음
- 스파이웨어(Spyware) : 적절한 사용자 동의 없이 사용자 정보를 수집하는 프로그램 또는 적절한 사용자 동의 없이 설치되어 불편을 야기하거나 사생활을 침해할 수 있는 프로그램

18 • [⚙(설정)] → [시스템] → [소리]에서는 내레이터를 설정할 수 없습니다.
- 내레이터는 [⚙(설정)] → [접근성] → [내레이터]에서 설정합니다.

19 • [⚙(설정)] → [개인 설정]에서는 모니터의 해상도 및 방향을 설정할 수 없습니다.
- 모니터의 해상도와 방향은 [⚙(설정)] → [시스템] → [디스플레이]에서 설정할 수 있습니다.

20 확장자가 다른 파일을 수동으로 같은 앱에 연결하여 사용할 수도 있고, 여러 가지 확장자를 사용할 수 있는 앱도 있습니다.

21 문제의 지문에 제시된 내용은 방사형 차트에 대한 설명입니다.
- 도넛형 : 전체에 대한 각 부분의 관계를 비율로 나타내어 각 부분을 비교할 때 사용됨
- 분산형 : 데이터 요소 수가 많아 데이터 요소 간의 차이점보다는 큰 데이터 집합 간의 유사점을 표시하기 위해 사용됨
- 거품형 : 분산형 차트의 한 종류로 데이터 계열값이 세 개인 경우에 사용됨

22 '새 서식 규칙' 대화상자에 입력할 수식으로 옳은 것은 ①번입니다.
- MOD(인수1, 인수2)는 '인수1'을 '인수2'로 나눈 나머지를 반환하고, ROW(셀)은 주어진 셀의 행 번호를 반환하는 함수인데, ROW( )와 같이 인수를 지정하지 않으면 수식이 입력된 행을 의미합니다.
- 수식을 =MOD(ROW( ), 2)=1으로 지정하면 행 번호를 2로 나눈 나머지가 1인 경우, 즉 행 번호가 홀수인 행 전체에 서식이 지정됩니다.

23 • 다른 통합 문서(파일)에 있는 셀의 데이터를 참조할 경우 통합 문서의 이름을 대괄호([ ])로 묶어주고, 시트 이름과 셀 주소는 느낌표(!)로 구분합니다.
- 시트 이름에 공백 또는 한글, 영문 외의 다른 문자가 있을 경우에는 작은따옴표(' ')로 묶어줘야 합니다.

24 ④번의 결과는 125입니다.
① =MOD(9, 2) : MOD(인수1, 인수2)는 '인수1'을 '인수2'로 나눈 나머지를 반환하는 함수이므로 9를 2로 나눈 후 나머지인 1을 반환합니다.
② =COLUMN(C5) : COLUMN(셀)은 주어진 '셀'의 열 번호를 반환하는 함수이므로 [C3] 셀의 열 번호인 3을 반환합니다.
③ =TRUNC(8.73) : TRUNC(인수, 자릿수)는 '인수'에 대해 '자릿수' 미만의 수치를 버린 값을 반환하는 함수로, '자릿수'를 생략하면 정수만 표시하므로 8.73에서 소수점 이하를 모두 버린 값인 8을 반환합니다.

④ =POWER(5, 3) : POWER(인수, 제곱값)는 '인수'를 '제곱값'만큼 거듭 곱한 값을 반환하는 함수이므로 5를 3번 곱한 값(5×5×5)인 125를 반환합니다.

25 그림의 매크로를 바로 가기 키로 실행하기 위해서는 Ctrl + Shift + P를 눌러야 합니다.

26 #은 유효한 자릿수만 표시하고 유효하지 않은 0은 표시하지 않으므로, 0을 입력한 후 표시 형식을 #"Kg"로 지정하면 Kg가 표시됩니다.

27 차트 아래쪽에는 범례 표지가 포함되어 있는 데이터 테이블이 표시되어 있습니다.

28 [개발 도구] → [컨트롤] → [삽입] → [양식 컨트롤]의 단추를 생성하면 매크로를 지정하는 대화상자가 자동으로 나타납니다.

29 수량, 실적, 점유율과 같이 데이터 계열 값이 세 개인 경우에 사용되는 차트는 거품형입니다. 문제에 제시된 데이터를 이용하여 거품형 차트를 작성하면 다음과 같습니다.

30 고급 필터의 조건으로 옳은 것은 ②번입니다.
- 고급 필터의 조건을 지정할 때는 조건을 지정할 범위의 첫 행에는 원본 데이터 목록의 필드명을 입력하고, 그 아래 행에 조건을 입력합니다.
- 조건을 같은 행에 입력하면 AND 조건, 다른 행에 입력하면 OR 조건으로 연결됩니다.

31 텍스트 나누기를 실행하면 '텍스트 마법사' 대화상자가 표시되는데, '텍스트 마법사 2단계' 대화상자에서 두 가지 이상의 구분 기호를 선택하여 텍스트 나누기를 수행할 수 있습니다.

32 결과 셀(지불금액)은 변경 셀(달성률, 계약금)을 참조하는 수식으로 작성되어야 합니다.

33 창 나누기 구분선을 제거하려면 [보기] → [창] → [나누기]를 다시 클릭하거나 창 나누기 기준선을 마우스로 더블클릭하면 됩니다.

34 하나의 통합 문서에서는 시트가 달라도 동일한 이름을 사용할 수 없습니다.

35 [인쇄 미리 보기 및 인쇄] 화면의 오른쪽 아래에 있는 '여백 표시(▦)'를 클릭하면 미리 보기 화면에 여백을 표시하는 경계선이 표시되지만 '페이지 설정' 대화상자는 표시되지는 않습니다.

36 부분합을 작성하려면 먼저 그룹화할 항목을 기준으로 반드시 오름 차순이나 내림차순으로 정렬한 후 부분합을 실행해야 합니다.

37 [A4] 셀을 선택하고, [홈] 탭 [편집] 그룹의 [지우기]에서 [모두 지우기]를 선택하면 셀에 입력된 데이터, 서식, 노트 등이 모두 삭제됩니다.
   ① [A3] 셀의 채우기 핸들을 아래쪽으로 드래그하면 [A4] 셀의 노트는 그대로 있는 상태에서 [A3] 셀의 데이터만 복사됩니다.
   ② [A4] 셀의 바로 가기 메뉴에서 [메모 표시/숨기기]를 선택하면 노트가 지워지는게 아니라 화면에서 숨겨지기만 합니다.
   ④ [A4] 셀을 선택하고, 키보드의 Backspace를 누르면 [A4] 셀의 데이터만 삭제됩니다.

38 자동 필터는 여러 필드를 대상으로 조건을 지정할 수 있으며, 지정된 모든 조건을 만족하는 데이터가 표시됩니다.

39 [D11] 셀에 입력할 수식으로 옳은 것은 ②번입니다. SUMIFS(합계를 구할 범위, 조건1이 적용될 범위, 조건1, 조건2가 적용될 범위, 조건2, …)는 여러 개의 조건이 적용될 범위에서 여러 개의 조건에 맞는 셀을 찾아 '합계를 구할 범위' 중 같은 행에 있는 값들의 합계값을 반환하는 함수입니다. 각각의 인수를 살펴보면 다음과 같습니다.

• 합계를 구할 범위 : 면접의 합계를 구해야 하므로 면접 점수가 있는 [D3:D10] 영역을 입력합니다.
• 조건1이 적용될 범위 : 첫 번째 조건의 대상이 되는 부서가 있는 [B3:B10] 영역을 입력합니다.
• 조건1 : 부서에서 기획부를 찾아야 하므로 **"기획부"**를 입력합니다.
• 조건2가 적용될 범위 : 두 번째 조건의 대상이 되는 경력여부가 있는 [C3:C10] 영역을 입력합니다.
• 조건2 : 경력여부에서 신입을 찾아야 하므로 **"신입"**을 입력합니다.

40 워크시트의 사용 방법으로 옳은 것은 ③번입니다.
   ① 숫자를 문자로 취급하기 위해서는 숫자 앞에 '를 입력해야 합니다.
   ② 시트를 삭제한 경우에는 복원할 수 없습니다.
   ④ Ctrl + Shift + ;를 누르면 시스템의 현재 시간이 입력됩니다. 오늘 날짜를 입력하는 바로 가기 키는 Ctrl + ;입니다.

05회 2023년 상시05 기출문제 해설

01 문제에 제시된 내용은 웨어러블 컴퓨터의 개념입니다.

02 • ③번은 모뎀(MODEM)에 대한 설명입니다.
   • 브리지(Bridge)는 서로 독립적으로 동작하면서 같은 프로토콜을 사용하는 두 LAN을 연결하는 네트워크 장치입니다.

03 버스(Bus)형은 한 개의 통신 회선에 여러 대의 단말장치가 연결되어 있는 형태로, 기밀 보장이 어렵고, 회선 길이에 제한이 있습니다.

04 • ②번은 메타버스(Metaverse)에 대한 설명입니다.
   • 증강현실은 실제 촬영한 화면에 가상의 정보를 부가하여 보여주는 기술을 의미합니다.

05 스팸(SPAM)이란 수신인이 원하지 않는 메시지나 정보를 일방적으로 보내는 행위입니다.

06 전자우편에 첨부된 파일은 바이러스 검사를 수행한 후 저장하여 사용해야 합니다.

07 문제에 제시된 내용은 Windows Defender 방화벽에 대한 설명입니다.

08 [폴더 옵션] 창에서는 파일 형식을 확인하거나 새로운 파일 형식을 등록할 수 없습니다.

09 메모장은 문단 정렬 및 문단 여백을 설정할 수 없습니다.

10 멀티미디어는 그래픽, 비디오, 오디오 등 각 미디어별로 다양한 파일 형식이 있어 용도에 맞는 멀티미디어의 제작이 용이합니다.

11 해밍 코드(Hamming Code)는 문자 데이터를 표현하기 위해 사용하는 코드가 아닙니다.

• 해밍코드는 데이터 전송 시 에러 검출 및 교정을 위해 사용하는 코드입니다.

12 누구나 임의의 용도로 사용할 수 있는 프로그램은 **프리웨어**, 일정 기간 동안 일부 기능을 제한한 상태로 사용하는 프로그램은 **셰어웨어**, 정식으로 대가를 지불하고 사용해야 하는 프로그램은 **상용 소프트웨어**입니다.

13 POP3 프로토콜에 관한 설명으로 옳은 것은 ②번입니다.
   • ①번은 SMTP, ③번은 MIME에 대한 설명입니다.

14 주기억장치의 종류에는 ROM과 RAM이 있는데 이 중 ROM은 비휘발성 메모리, RAM은 휘발성 메모리입니다.
   • 대용량의 데이터와 프로그램을 영구적으로 보관하는데 사용되는 것은 보조기억장치입니다.

15 다중 디스플레이는 [⊞(시작)] → [⚙(설정)] → [시스템] → [디스플레이]에서 설정할 수 있습니다.

16 컴퓨터 이름은 [제어판] – [시스템 및 보안] – [시스템] 또는 [설정] – [시스템] – [정보]에서 수정할 수 있습니다.

17 가로채기에 대한 옳은 설명은 ②번입니다.
   • ①번은 가로막기(Interruption, 흐름차단), ③번은 수정(Modification), ④번은 위조(Fabrication)에 해당합니다.

18 문제의 지문으로 제시된 내용은 렌더링(Rendering)의 개념입니다.
   • 안티앨리어싱(Antialiasing) : 2차원 그래픽에서 개체의 경계면 픽셀을 개체의 색상과 배경의 색상을 혼합해서 표현함으로써 경계면을 부드럽게 보이도록 하는 기법

- 인터레이싱(Interlacing) : 그림 파일을 표시하는데 있어서 이미지의 대략적인 모습을 먼저 보여준 다음 점차 자세한 모습을 보여주는 기법
- 메조틴트(Mezzotint) : 무수히 많은 점과 선으로 이미지를 만드는 것

19 '드라이브 조각 모음 및 최적화'는 디스크의 접근 속도를 향상시키기 위한 것으로, 디스크의 용량 증가와는 관계가 없습니다.

20 근거리 통신망(LAN)은 전이중 방식의 통신을 합니다.

21 • 구구단을 입력하기 위해 [B3] 셀에 입력할 수식은=$A3*B$2입니다.
   • [B3] 셀에 수식을 입력한 후 채우기 핸들을 이용하여 [J11] 셀까지 결과를 표시할 때 A열과 2행이 고정되어야 하므로 $A3과 B$2로 지정해야 합니다.

22 0을 입력하고, 한 칸 띄운 다음에 1/4를 입력하면 분수 1/4로 입력됩니다.

23 매크로의 이름은 '평균'이므로 Ctrl + Shift + P를 누르면 '평균' 매크로가 실행됩니다.

24 수식의 수행 결과가 옳은 것은 ③번입니다.
   ① =MOD(-7,4) : MOD(인수1, 인수2)는 '인수1'을 '인수2'로 나눈 나머지를 반환하는 함수이므로 -7을 4로 나눈 후 나머지인 1을 반환합니다.
   ※ 피제수(-7)가 음수이면 제수(4)로부터 채워야할 몫이 있다고 생각하세요. 7을 채우기 위해 4명에게 2개씩 받으면 1이 남으므로 나머지는 1이됩니다.
   ② =POWER(2,3) : POWER(인수, 제곱값)는 '인수'를 '제곱값'만큼 거듭 곱한 값을 반환하는 함수이므로 2를 3번 곱한 값인 8($2 \times 2 \times 2$)을 반환합니다.
   ③ =INT(-7.4) : INT(인수)는 '인수'보다 크지 않은 정수값을 반환하는 함수이므로 -7.4보다 크지 않은 정수인 -8을 반환합니다.
   ④ =TRUNC(-8.6) : TRUNC(인수, 자릿수)는 '인수'에 대해 '자릿수' 미만의 수치를 버린 값을 반환하는 함수로, '자릿수'를 생략하면 정수만 표시하므로 -8.6에서 소수점 이하를 모두 버린 값인 -8을 반환합니다.

25 요일을 '월~일'로 표시하는 날짜 서식 코드는 aaa입니다.
   다른 보기의 서식이 적용된 결과는 다음과 같습니다.
   ① 2003-04-03 (목요일)
   ② 2003-04-03 (Thursday)
   ④ 2003-04-03 (Thu)

26 중첩 부분합을 작성할 경우 먼저 작성한 부분은 아래쪽에, 나중에 작성한 부분합은 위쪽에 표시되므로 문제의 부분합은 최대를 계산한 후 합계(요약)를 계산하였습니다.

27 • 틀 고정선의 위치는 마우스로 조정할 수 없습니다.
   • 틀 고정선을 조정하려면 기존의 틀 고정을 취소한 후 새롭게 틀 고정을 설정해야 합니다.

28 • 눈금선을 체크하면 셀 눈금선이 인쇄됩니다.
   • 셀 눈금선을 인쇄하지 않으려면 눈금선을 체크 해제해야 합니다.

29 • 시트 보호가 지정된 경우 시나리오가 표시되지 않도록 하려면 '숨기기'를 선택해야 합니다.
   • '변경 금지'는 시나리오가 변경되지 않도록 보호하는 옵션입니다.

30 [D2] 셀에 입력될 수식으로 옳은 것은 ②번입니다.

=IF(COUNTIF(B2:C2, ")=90")=2, "진급", IF(COUNTIF(B2:C2, ")=90")=1, "대기", ""))
　　　　❶　　　　　　　❷　　　　　　　❸

❶ [B2:C2] 영역에서 90 이상인 점수가 2개 이상이면 ❷("진급")를 반환하고, 아니면 ❸을 수행합니다.
❸ IF(COUNTIF(B2:C2, ")=90")=1, "대기", " ")) : [B2:C3] 영역에서 90 이상인 점수가 1개이면 "대기"를, 아니면 공백을 반환합니다.
※ [B2:C3] 영역의 값 94, 95가 모두 90 이상이므로 "진급"을 반환합니다.

31 고급 필터의 수행 결과가 다른 것은 ③번으로 ①, ②, ④번의 결과는 다음과 같고, ③번의 결과는 아무것도 추출되지 않습니다.

등급
프리미엄
골드
일반

① [A2:D10] 영역에서 '이름'이 김으로 시작하는 '등급'을 추출하되 동일한 레코드는 하나만 추출합니다.
② [A2:D10] 영역에서 '등급'을 추출되 동일한 레코드는 하나만 추출합니다.
③ [A2:A10] 영역에서 '이름'이 김으로 시작하는 '등급'을 추출하되 동일한 레코드는 하나만 추출합니다. [A2:A10] 영역에는 '이름'이 없으므로 조건에 맞는 레코드가 없어 아무것도 추출되지 않습니다.
④ [A2:A10] 영역에서 '등급'을 추출되 동일한 레코드는 하나만 추출합니다.

32 '매크로' 대화상자의 [만들기] 단추를 클릭하면 코드를 직접 입력하여 매크로를 작성할 수 있는 Visual Basic Editor 화면이 표시됩니다.

33 • [B2] 셀에 데이터를 입력하고 Shift + Enter를 누르면 셀 포인터가 [C6] 셀로 이동됩니다.
   • [B2] 셀에 데이터를 입력하고 [B3] 셀로 이동하려면 Enter를 눌러야 합니다.

34 두 개의 조건을 만족하는 경우 두 규칙에 지정된 서식이 모두 적용되며, 서식이 충돌할 경우에만 우선순위가 높은 규칙의 서식이 적용됩니다.

35 피벗 테이블과 피벗 차트를 함께 만든 후에 피벗 테이블을 삭제하면 피벗 차트는 일반 차트로 변경됩니다.

36 • 방사형 차트는 많은 데이터 계열의 집합적인 값을 나타낼 때 사용됩니다.
   • ②번은 거품형 차트에 대한 설명입니다.

37 문제의 지문에서 설명하고 있는 차트는 원형 차트입니다.
   • 세로 막대형 차트 : 각 항목 간의 값을 막대의 길이로 비교·분석하는데 적합한 차트
   • 도넛형 차트 : 전체에 대한 각 부분의 관계를 비율로 나타내어 각 부분을 비교할 때 사용되는 차트로, 원형 차트와는 달리 여러 개의 데이터 계열을 갖음
   • 분산형 차트 : X·Y 좌표로 이루어진 한 개의 계열로 두 개의 숫자 그룹을 나타내는 차트로, 주로 과학·공학용 데이터 분석에 사용됨

38 • 노트의 인쇄는 기본 설정사항이 아닙니다.
   • 노트를 인쇄하려면 '페이지 설정' 대화상자의 '시트' 탭에서 노트가 인쇄되는 방법을 지정해 주어야 합니다.

39 #REF!는 셀 참조가 유효하지 않을 때 발생하는 오류 메시지입니다.

40 • 한글 모음을 입력한 후 [한자]를 누르면 아무것도 표시되지 않습니다.
 • 한글 자음을 입력한 후 [한자]를 누르면 특수문자 목록 상자가 나타납니다.

06회 2022년 상시01 기출문제 해설

01 '명령 프롬프트' 창은 [⊞(시작)] → [Windows 시스템] → [명령 프롬프트]를 선택하거나 '실행(⊞+®)' 창에 cmd를 입력한 후 〈확인〉을 클릭하면 실행됩니다.
 • Ping : 원격 컴퓨터가 현재 네트워크에 연결되어 정상적으로 작동하고 있는지 알아보는 서비스
 • Tracert : 인터넷 서버까지의 경로를 추적하는 명령어로, IP 주소, 목적지까지 거치는 경로(장비)의 수, 각 구간 데이터 왕복 속도를 확인할 수 있음

02 문제에 제시된 내용은 BlueTooth의 개념입니다.
 • WiFi(Wireless Fidelity) : 2.4GHz대를 사용하는 무선 랜(WLAN) 규격에서 정한 제반 규정에 적합한 제품에 주어지는 인증 마크로, 유선 랜을 무선화 했기 때문에 사용 거리에 제한이 있지만 3G 이동통신에 비해 전송 속도가 빠르고 전송 비용이 저렴함
 • LAN(Local Area Network, 근거리 통신망) : 자원 공유를 목적으로 회사, 학교, 연구소 등의 구내에서 사용하는 통신망
 • VAN(Value Added Network, 부가가치 통신망) : 기간 통신 사업자로부터 통신 회선을 빌려 기존의 정보에 새로운 가치를 더해 다수의 이용자에게 판매하는 통신망

03 확장자가 다른 파일을 수동으로 같은 앱에 연결하여 사용할 수도 있고, 여러 가지 확장자를 사용할 수도 있는 앱도 있습니다.

04 문제에 제시된 내용은 Windows Defender 방화벽에 대한 설명입니다.

05 플래시 메모리는 트랙 단위가 아닌 블록 단위로 저장됩니다.

06 폴더의 [속성] 창에서는 폴더의 저장 위치를 확인할 수는 있지만 변경할 수는 없습니다.

07 문제에 제시된 내용은 스니핑(Sniffing)의 개념입니다.
 • 스푸핑(Spoofing) : 눈속임에서 파생된 것으로, 검증된 사람이 네트워크를 통해 데이터를 보낸 것처럼 데이터를 변조하여 접속을 시도하는 침입 형태
 • 백도어(Back Door) : 인가받은 서비스 기술자나 유지보수 프로그래머들의 액세스 편의를 위해 보안을 제거하여 만든 비밀통로를 이르는 말로, 시스템에 무단 접근하기 위한 일종의 비상구로 사용됨
 • 키로거(Key Logger) : 키보드상의 키 입력 캐치 프로그램을 이용하여 ID나 암호와 같은 개인 정보를 빼내는 기법

08 점프 목록에서 항목을 제거하려면 해당 항목의 바로 가기 메뉴에서 [이 목록에서 제거]를 선택하면 됩니다.

09 IoT는 인터넷을 기반으로 하기 때문에 IoT 네트워크를 이용할 경우 통신 비용이 발생할 수 있습니다. 그리고 IoT는 정보 보안 기술의 적용에 어려움이 있어 보안에 취약합니다.

10 바탕 화면에 있는 아이콘의 정렬 기준은 바탕 화면의 바로 가기 메뉴에서 [정렬 기준]을 이용하여 지정할 수 있습니다.

11 문제에 제시된 내용은 가상 메모리의 개념입니다.
 • 캐시 메모리(Cache Memory) : CPU(중앙처리장치)와 주기억장치 사이에서 컴퓨터의 처리 속도를 향상시키는 역할을 함
 • 연관 메모리(Associative Memory) : 기억장치에 저장된 정보에 접근할 때 주소 대신 기억된 내용의 일부를 이용하여 접근하는 장치로, 정보 검색이 신속함

12 유니코드는 데이터의 교환을 원활하게 하기 위하여 문자 1개에 부여되는 값을 2Byte(16Bit)로 통일한 국제 표준 코드입니다.

13 유틸리티 프로그램은 컴퓨터 동작에 필수적이지는 않지만, 컴퓨터를 이용하는 주 목적에 대한 특정 작업을 수행하는 소프트웨어들을 가리킵니다.

14 • 인터넷 연결을 위해서는 IP 주소를 배정받아야 하며, IP 주소는 인터넷에 연결된 컴퓨터들의 고유 주소입니다.
 • 도메인 네임(Domain Name)은 특정 IP 주소를 사람이 이해하기 쉽게 문자로 표현한 것입니다.

15 • ④번은 HTTP(Hyper Text Transfer Protocol)에 대한 설명입니다.
 • HTML(Hyper Text Markup Language)은 인터넷의 표준 문서인 하이퍼텍스트 문서를 만들기 위해 사용하는 언어입니다.

16 • 인터넷 쇼핑몰 상품 가격 비교표 작성 행위는 컴퓨터 범죄에 해당하지 않습니다.
 • 컴퓨터 범죄는 컴퓨터 및 통신 기술을 이용하여 저지르는 불법적 · 비윤리적인 범죄로, ①, ②, ③번이 컴퓨터 범죄에 해당합니다.

17 디지털 컴퓨터와 아날로그 컴퓨터의 차이점에 대해 올바르게 설명한 것은 ③번입니다.
 ① 디지털 컴퓨터는 숫자, 문자 데이터를 처리하며, 아날로그 컴퓨터는 전류, 전압, 온도 등 다양한 입력 값을 처리합니다.
 ② 디지털 컴퓨터는 논리 회로로 구성되며, 아날로그 컴퓨터는 증폭 회로로 구성됩니다.
 ④ 아날로그 컴퓨터는 특수 목적용이며, 디지털 컴퓨터는 범용으로 많이 사용됩니다.

18 인터레이싱(Interlacing)은 오디오 데이터 관련 용어가 아닙니다. 인터레이싱은 이미지의 대략적인 모습을 먼저 보여준 다음 점차 자세한 모습을 보여주는 그래픽 기법입니다.
 • 시퀀싱(Sequencing) : 컴퓨터를 이용하여 음악을 제작, 녹음, 편집하는 것
 • PCM(Pulse Code Modulation) : 가장 대표적인 디지털화 방법으

로, 아날로그 파형을 작은 시간 폭으로 연속적으로 나누어 각기 직사각형 형태의 크기로 표시한 후 이의 높이를 숫자화 하는 방식
• **샘플링(Sampling)** : 음성·영상 등의 아날로그 신호를 일정 시간 간격으로 검출하는 단계로 아날로그 신호를 디지털 신호로 변환하는 과정

19 모핑(Morphing) 기법에 대해 올바르게 설명한 것은 ②번입니다.
• ①번은 셀 애니메이션, ③번은 키 프레임 애니메이션, ④번은 클레이메이션에 대한 설명입니다.

20 하드디스크의 모든 파티션을 제거하면 하드디스크에 저장된 내용도 모두 삭제되므로 [⊞(시작)] → [⚙(설정)] → [업데이트 및 보안] → [복구]를 통해 문제를 해결하는 것이 좋습니다.

21 채우기 핸들에 대한 설명으로 옳은 것은 ①번입니다.
② 숫자가 입력된 첫 번째 셀과 두 번째 셀을 범위로 설정한 후 채우기 핸들을 드래그하면 첫 번째 셀과 두 번째 셀의 값 차이만큼 값이 증가하거나 감소합니다.
③ 숫자가 입력된 셀에서 [Ctrl]을 누른 채 채우기 핸들을 오른쪽으로 드래그하면 숫자가 1씩 증가합니다.
④ 사용자 지정 목록에 지정된 목록 데이터의 첫 번째 항목을 입력하고 [Ctrl]을 누른 채 채우기 핸들을 드래그하면 입력한 내용이 복사됩니다. 목록 데이터를 입력하려면 아무것도 누르지 않은 채 채우기 핸들을 드래그해야 합니다.

22 행 높이와 열 너비를 변경하면 자동 페이지 나누기는 영향을 받아 자동으로 변경되고, 수동 페이지 나누기는 영향을 받지 않고 원래대로 유지됩니다.

23 [D2] 셀에 사용된 수식으로 옳은 것은 ③번입니다.
• =C2 * VLOOKUP(B2, $B$8:$C$10, 2, FALSE) : VLOOKUP(찾을 값, 범위, 열 번호, 옵션)은 '범위'의 첫 번째 열에서 '옵션'에 맞게 '찾을값'과 같은 데이터를 찾은 후 '찾을값'이 있는 행에서 지정된 '열 번호' 위치에 있는 값을 반환하는 함수로, 각각의 인수를 살펴보면 다음과 같습니다.
• **찾을값** : '상품코드'에 따라 '단가'를 찾아와야 하므로 '상품코드'가 있는 [B2] 셀을 입력합니다.
• **범위** : '상품코드'와 '단가'가 있는 [B8:C10] 영역을 지정하며, [D2] 셀에 수식을 입력한 후 채우기 핸들을 드래그하여 [D3:D5] 영역에도 값을 구해야 하므로 절대 참조($B$8:$C$10)로 지정해야 합니다.
• **열 번호** : '단가'가 범위의 두 번째 열에 있으므로 2를 입력합니다.
• **옵션** : 범위의 첫 번째 열에서 찾을 값인 '상품코드'와 정확히 일치하는 값을 찾아야 하므로, 'FALSE' 또는 0을 입력합니다.

24 텍스트와 텍스트/숫자 조합 데이터는 셀에 입력하는 처음 몇 자가 해당 열의 기존 내용과 일치하면 자동으로 입력되지만 숫자, 날짜, 시간 데이터는 자동으로 입력되지 않습니다.

25 평균에 대한 내림차순 순위를 구하는 수식으로 옳은 것은 ③번입니다.
• =RANK.EQ(D2, D$2:D$6, 0) : RANK.EQ(인수, 범위, 옵션)은 지정된 '범위' 안에서 '인수'의 순위를 반환하는 함수로, 각각의 인수를 살펴보면 다음과 같습니다.
• **인수** : 평균이 있는 D2 셀을 지정합니다.
• **범위** : 전체 평균이 있는 D2:D6 영역을 지정하되, 여러 셀에 결과 값을 구해야 하므로 절대 참조로 지정합니다($D$2:$D$6).
• **옵션** : 내림차순으로 지정해야 하므로 0을 지정하거나 생략합니다.

26 워크시트에서 시나리오에 반영된 셀의 값을 변경해도 이미 작성된 시나리오 요약 보고서에 반영되지는 않습니다.

27 부분합을 작성하려면 먼저 그룹화할 항목을 기준으로 반드시 오름차순이나 내림차순으로 정렬한 후 부분합을 실행해야 합니다.

28 아래 [그림1]의 상반기 판매현황과 하반기 판매현황을 [그림2]와 같이 다른 시트에 통합할 때, '원본 데이터에 연결' 확인란을 선택한 경우 [그림1]의 [B3:C6], [F3:G6] 영역의 데이터가 변경되면 [그림2]의 통합 결과(C5:D14)가 자동으로 업데이트되지만 행과 열(A3:A6, E3:E6, B2:C2, F2:G2)이 변경되면 자동으로 업데이트 되지 않습니다.

[그림1]

	A	B	C	D	E	F	G
1	상반기 판매현황				하반기 판매현황		
2	품목	판매량	판매액		품목	판매량	판매액
3	냉장고	15	14,250		비디오	18	10,080
4	오디오	10	14,000		카메라	35	11,900
5	비디오	15	14,250		냉장고	15	14,250
6	카메라	14	4,760		오디오	20	28,000

[그림2]

	A B	C	D
1	한해 판매현황		
2	품목	판매량	판매액
5	냉장고	30	28,500
8	오디오	30	42,000
11	비디오	33	24,330
14	카메라	49	16,660

29 • 고급 필터에서 OR 조건은 각 조건을 서로 다른 행에 입력하고, AND 조건은 서로 같은 행에 입력합니다.
• 문제의 고급 필터 조건은 '제품명이 냉장고이고 금액이 650000 미만인 제품과 수량이 5보다 큰(6 이상) 제품'입니다.

30 수량, 실적, 점유율과 같이 데이터 계열 값이 세 개인 경우에 사용되는 차트는 거품형입니다. 문제에 제시된 데이터를 이용하여 거품형 차트를 작성하면 다음과 같습니다.

31 그림의 차트에 설정된 구성 요소는 '데이터 레이블'입니다.
• 나머지 보기로 제시된 구성 요소를 차트에 표시하면 다음과 같습니다.

32 용지 여백은 '여백' 탭에서, 용지 크기는 '페이지' 탭에서 설정할 수 있습니다.

33 • 찾는 위치를 '수식'으로 지정하면 수식이 계산된 결과가 아닌 수식에서 해당 찾을 문자를 검색합니다.
   • 수식의 결과값에서 해당 찾을 문자를 검색하려면 찾는 위치를 '값'으로 지정해야 합니다.
   • 예를 들어, =5+3, 5, =2+3을 각각의 셀에 입력하면 화면에 8, 5, 5가 표시됩니다. 이때 찾을 문자열을 5로 지정하고 찾는 위치를 '수식'으로 지정한 다음 검색하면 8(=5+3)과 5가 검색되지만 찾는 위치를 '값'으로 지정하고 검색하면 5와 5(=2+3)가 검색됩니다.

34 [D1] 셀에 입력된 수식 '=A$1+$B1'을 [D3] 셀로 복사하면 수식이 '=A$1+$B3'으로 변경되므로 결과는 150입니다.

35 ③번의 결과는 123.66이고, 나머지의 결과는 123.65입니다.
   ① =LEFT(123.654, 6) : LEFT(텍스트, 개수)는 '텍스트'의 왼쪽부터 지정한 '개수'만큼 반환하는 함수이므로 123.654에서 왼쪽부터 6글자를 추출한 **123.65**를 반환합니다.
   ② =ROUND(123.654, 2) : ROUND(인수, 반올림 자릿수)는 '인수'에 대하여 지정한 '반올림 자릿수'로 반올림하는 함수이므로 123.654를 소수점 이하 둘째 자리로 반올림한 값인 **123.65**를 반환합니다.
   ③ =ROUNDUP(123.654, 2) : ROUNDUP(인수, 올림 자릿수)는 '인수'에 대하여 지정한 '올림 자릿수'로 올림하는 함수이므로 123.654를 소수점 이하 둘째 자리로 올림한 값인 **123.66**을 반환합니다.

④ =ROUNDDOWN(123.654, 2) : ROUNDDOWN(인수, 내림 자릿수)는 '인수'에 대하여 지정한 '내림 자릿수'로 내림하는 함수이므로 123.654를 소수점 이하 둘째 자리로 내림한 값인 **123.65**를 반환합니다.

36 [개발 도구] → [코드] → [매크로 보안]에서 설정할 수 있는 항목은 다음과 같습니다.

> **매크로 설정**
>
> ○ 알림이 없는 매크로 사용 안 함(M)
> ○ 알림이 포함된 VBA 매크로 사용 안 함(A)
> ○ 디지털 서명된 매크로를 제외하고 VBA 매크로 사용 안 함(G)
> ● VBA 매크로 사용(권장 안 함, 위험한 코드가 시행될 수 있음)(N)

37 매크로 이름의 첫 글자는 반드시 문자로 지정해야 합니다.

38 항상 한 개의 데이터 계열만 사용하는 차트는 원형 차트입니다.

39 셀 내용 자동 완성 기능은 한글이나 영어가 포함된 문자열 데이터에 적용됩니다.

40 조건부 서식의 규칙별로 다른 서식은 지정할 수 있지만 조건에 맞지 않을 경우에 대한 서식은 지정할 수 없습니다.

07회 2022년 상시02 기출문제 해설

01 • ⊞+E는 파일 탐색기를 실행하는 바로 가기 키입니다.
   • '실행' 창을 표시하는 바로 가기 키는 ⊞+R입니다.

02 IPv6은 IPv4와의 호환성 및 주소의 확장성, 융통성, 연동성이 뛰어납니다.

03 메모장에서는 그림, 차트 등의 OLE 개체를 삽입할 수 없습니다.

04 • '포맷' 대화상자에서 '파티션 제거'는 수행할 수 없습니다.
   • '포맷' 대화상자에서 설정할 수 있는 항목에는 용량, 파일 시스템, 할당 단위 크기, 볼륨 레이블, 빠른 포맷 등이 있습니다.

05 • 해밍 코드(Hamming Code)는 문자 데이터를 표현하기 위해 사용하는 코드가 아닙니다.
   • 해밍코드는 에러 검출 및 교정이 가능한 코드입니다.

06 문제에 제시된 내용은 SSD(Solid State Drive)에 대한 설명입니다.

07 보조기억장치의 일부를 주기억장치처럼 사용하는 메모리 기법을 가상 메모리라고 합니다.
   • 캐시 메모리(Cache Memory) : CPU(중앙처리장치)와 주기억장치 사이에서 컴퓨터의 처리 속도를 향상시키는 역할을 함
   • 연관 메모리(Associative Memory) : 기억장치에 저장된 정보에 접근할 때 주소 대신 기억된 내용의 일부를 이용하여 접근하는 장치로, 정보 검색이 신속함

08 문제에 제시된 내용은 MPEG의 개념입니다.

09 전자우편에 첨부된 파일은 우선 바이러스 검사를 수행한 후 저장하여 사용해야 합니다.

10 컴퓨터 그래픽 기술과 3차원 기법을 통해 만들어낸 가상 세계에서 여러 다른 경험을 체험할 수 있도록 하는 모든 기술을 가상현실(Virtual Reality)라고 합니다.

11 • USB 포트는 직렬 포트로서 한 번에 1비트씩 데이터를 전송합니다.
   • 한 번에 8비트의 데이터를 동시에 전송하는 것은 병렬 포트입니다.

12 문제에 제시된 내용은 HTTP의 개념입니다.
   • TCP(Transmission Control Protocol) : 메시지를 송·수신자의 주소와 정보로 묶어 패킷 단위로 나누며, 전송 데이터의 흐름을 제어하고, 데이터의 에러 유무를 검사함
   • FTP(File Transfer Protocol) : 컴퓨터와 컴퓨터 또는 컴퓨터와 인터넷 사이에서 파일을 주고받을 수 있도록 하는 원격 파일 전송 프로토콜
   • SMTP(Simple Mail Transfer Protocol) : 사용자의 컴퓨터에서 작성한 메일을 다른 사람의 계정이 있는 곳으로 전송해 주는 역할을 함

13 문제에 제시된 내용은 쿠키(Cookie)에 대한 설명입니다.
- **즐겨찾기(Favorites)** : 자주 방문하는 웹 사이트를 쉽게 찾아갈 수 있도록 해당 웹 사이트 주소를 목록 형태로 저장해 둔 것
- **히스토리(History)** : 웹 브라우저를 처음 실행시킨 후부터 종료할 때까지 사용자가 방문했던 웹사이트 주소들을 순서대로 보관하는 기능

14 패스워드는 해킹 당할 수 있으므로 정기적으로 변경하는 것이 좋습니다.

15 멀티미디어는 그래픽, 비디오, 오디오 등 각 미디어별로 다양한 파일 형식이 있어 용도에 맞는 멀티미디어의 제작이 용이합니다.

16 AIDA는 홈페이지 제작 언어가 아닙니다. AIDA는 CPU, 메인보드, 램, 그래픽 카드, 사운드카드 등 PC에 설치되어 있는 모든 하드웨어 정보를 확인할 때 사용하는 유틸리티 프로그램입니다.
- **DHTML** : 이전 버전의 HTML에 비해 애니메이션이 강화되고 사용자와의 상호 작용에 좀더 민감한 동적인 웹 페이지를 만들 수 있게 해주는 HTML임
- **ASP** : 서버 측에서 동적으로 수행되는 페이지를 만들기 위한 언어로, 마이크로소프트 사에서 개발함
- **JAVA** : 웹 상에서 멀티미디어 데이터를 효율적으로 처리할 수 있는 객체지향 언어로, 네트워크 환경에서 분산 작업이 가능하도록 설계된 프로그래밍 언어

17 각각의 파티션에는 서로 다른 운영체제를 설치할 수 있습니다.

18 네트워크 프린터를 선택한 경우에는 연결할 프린터의 포트가 자동으로 지정됩니다.

19 시스템에 소속된 컴퓨터들은 어느 것이든 서버가 될 수 있으며, 동시에 클라이언트도 될 수 있는 네트워크 운영 방식은 '동배간 처리 방식'입니다.

20 문제에 제시된 내용은 라우터(Rounter)의 기능입니다.
- **리피터** : 디지털 방식의 통신선로에서 전송 신호를 재생시키거나 출력전압을 높여 전송하는 장치
- **게이트웨이** : 주로 LAN에서 프로토콜이 다른 네트워크에 데이터를 보내거나 프로토콜이 다른 네트워크로부터 데이터를 받아들이는 출입구 역할을 함
- **브리지** : 서로 독립적으로 동작하면서 같은 프로토콜을 사용하는 두 LAN(Local Area Network)을 연결하는 네트워크 장치

21 텍스트와 텍스트/숫자 조합 데이터는 셀에 입력하는 처음 몇 자가 해당 열의 기존 내용과 일치하면 자동으로 입력되지만 숫자, 날짜, 시간 데이터는 자동으로 입력되지 않습니다.

22 • [서식 지우기]를 실행하면 셀의 서식만 지워지고 노트는 삭제되지 않습니다.
- 노트를 삭제하려면 노트가 삽입된 셀의 바로 가기 메뉴에서 [메모 삭제]를 선택하거나 [홈] → [편집] → [지우기] → [설명 및 메모 지우기]를 선택해야 합니다.

23 조건부 서식의 규칙으로 셀 주소를 이용해 규칙에 맞는 행 전체에 서식이 적용되도록 수식을 작성할 경우 열 번호에만 절대 주소 표시($)를 해야 합니다.

24 '기록(초)'에 대한 오름차순 순위를 구하려면 [C2] 셀에 **=RANK. EQ(B2, $B$2:$B$5, 1)**을 입력해야 합니다. [B2:B5]는 비교 대상이므

로 행 방향으로 드래그 해도 항상 변하지 않도록 [$B$2:$B$5] 형태로 입력해야 하고, 1은 순위를 오름차순으로 구하기 위해 지정한 것입니다.

25 • 차트를 만들 데이터를 선택한 후 [Alt] + [F1]을 누르면 데이터가 있는 워크시트에 기본 차트(묶은 세로 막대형)가 작성됩니다.
- 별도의 차트 시트를 생성하려면 차트를 만들 데이터를 선택한 후 [F11]을 눌러야 합니다.

26 일정 기간의 데이터 변화 추이를 확인하는 데 적합한 차트는 꺾은 선형 차트입니다.

27 시작 페이지 번호는 [페이지 설정] → [페이지] → [시작 페이지 번호]에서 지정합니다.

28 고급 필터 대화상자에서 '동일한 레코드는 하나만' 옵션을 지정하면 동일한 레코드가 있을 경우 하나만 표시합니다.
※ 고급 필터의 결과로 특정 필드만 추출하려면 결과를 표시할 위치에 추출할 필드명을 미리 입력한 후 '고급 필터' 대화상자의 '복사 위치'에 입력한 필드명을 범위로 지정하면 됩니다. 이 문제의 경우 [A12] 셀에 '학과명'을 입력한 후 복사 위치를 [A12] 셀로 지정하였기 때문에 고급 필터의 결과로 '학과명'만 추출되었습니다.

29 이미 부분합이 계산되어 있는 상태에서 새로운 부분합을 추가할 때는 '새로운 값으로 대치' 설정을 해제해야 합니다.

30 엑셀에서 기본적으로 지정되어 있는 바로 가기 키도 매크로의 바로 가기 키로 지정할 수 있습니다.

31 매크로 기록 시 사용자의 마우스 동작은 물론 키보드 작업도 모두 기록됩니다.

32 텍스트 나누기를 실행하면 텍스트 마법사가 실행이 되는데, 텍스트 마법사 2단계에서 '구분 기호'를 '쉼표'로 선택하면 [A1:D1] 영역에 분리되어 표시됩니다.

33 • 고급 필터의 조건을 지정할 때는 조건을 지정할 범위의 첫 행에는 원본 데이터 목록의 필드명을 입력하고, 그 아래 행에 조건을 입력합니다. 조건을 같은 행에 입력하면 AND 조건, 다른 행에 입력하면 OR 조건으로 연결됩니다.
- 합계가 96 미만 90 초과이거나 합계가 70 미만인 데이터를 추출합니다.

〈고급 필터 실행 결과〉

성명	이론	실기	합계
김진아	47	45	92
장영주	46	48	94
김시내	40	42	65

34 [페이지 나누기 미리 보기] 상태에서는 데이터 입력이나 편집뿐만 아니라 차트나 그림 등의 개체도 삽입할 수 있습니다.

35 • 한글 모음을 입력한 후 [한자]를 누르면 아무것도 표시되지 않습니다.
- 한글 자음을 입력한 후 [한자]를 누르면 특수문자 목록 상자가 나타납니다.

36 통합할 데이터가 있는 워크시트와 통합 결과가 작성될 워크시트가 서로 다를 경우에만 '원본 데이터에 연결'을 적용할 수 있습니다.

37 정렬에 대한 옳은 설명으로 옳은 것은 ②번입니다.
① 정렬 기준은 최대 64개의 열을 지정할 수 있습니다.

③ 정렬 대상 범위에 병합된 셀이 포함되어 있을 경우에는 정렬할 수 없습니다.

④ 원칙적으로 숨겨진 행이나 열에 있는 데이터는 정렬에 포함되지 않습니다.

38 '찾기 및 바꾸기' 대화상자에서 '서식'을 지정하면 특정 서식이 지정된 텍스트나 숫자를 찾을 수 있습니다.

39 인쇄될 워크시트가 아닌 머리글/바닥글의 내용을 워크시트의 실제 크기의 백분율에 따라 확대·축소할 때 '문서에 맞게 배율 조정'을 선택합니다.

40 [C10] 셀에 입력된 수식으로 올바른 것은 ①번입니다.
=COUNTIF(C2:C8, ")="&AVERAGE($C$2:$C$8))
　　　　　　　　　①
　　　　　　②

❶ AVERAGE($C$2:$C$8) : [C2:C8] 영역의 평균인 85.28을 반환합니다.

❷ =COUNTIF(C2:C8, ")="&❶) → =COUNTIF(C2:C8, ")="&85.28) : [C2:C8] 영역에서 85.28보다 크거나 같은 값(125, 94, 108, 98)의 개수인 4를 반환합니다.

※ &는 두 문자열을 연결하여 하나의 문자열로 만드는 연산자입니다.

08회 2022년 상시03 기출문제 해설

01 아이콘 자동 정렬은 바탕 화면의 바로 가기 메뉴 중 [보기]의 하위 메뉴입니다.

02 • 폴더 옵션의 '숨김 파일, 폴더 및 드라이브 표시'는 단순히 숨김 속성이 지정된 폴더/파일을 보이도록 하는 것 뿐입니다.
• 숨김 폴더/파일의 숨김 속성을 해제하려면 해당 폴더/파일의 속성 대화상자에서 '숨김'의 체크를 해제해야 합니다.

03 • 폴더를 마우스로 선택한 후 Alt를 누른 채 같은 드라이브의 다른 폴더로 끌어서 놓으면 폴더의 바로 가기 아이콘이 생성됩니다.
• 같은 드라이브에서 파일이나 폴더를 이동하려면 키를 누르지 않고 끌어서 놓기만 하면 됩니다.

04 인쇄 중인 작업도 인쇄를 취소하거나 잠시 중단시킬 수 있습니다.

05 • 문제의 보기 중 기억 용량 단위가 가장 큰 것은 1TB입니다.
• 기억 용량의 단위를 작은 것부터 큰 것까지 차례대로 나열하면 'Byte 〈 KB 〈 MB 〈 GB 〈 TB 〈 PB 〈 EB' 순입니다.

06 기억장치에 관한 설명으로 옳은 것은 ①번입니다.
• ②번은 연상(연관) 메모리(Associative Memory), ③번은 가상 메모리(Virtual Memory), ④번은 플래시 메모리(Flash Memory)에 대한 설명입니다.

07 문제에 제시된 내용은 펌웨어(Firmware)에 대한 설명입니다.

08 ③번은 캐시 메모리에 대한 설명입니다.

09 • USB 파일을 정리한다고 해서 하드디스크의 용량 부족이 해결되지는 않습니다.
• 하드디스크의 파일을 USB로 백업한 후 하드디스크의 파일을 삭제해야 하드디스크의 용량 부족이 해결됩니다.

10 문제에 제시된 내용은 실시간 처리 시스템에 대한 설명입니다.
• 일괄 처리 시스템(Batch Processing System) : 초기의 컴퓨터 시스템에서 사용된 형태로, 일정량 또는 일정 기간 동안 데이터를 모아서 한꺼번에 처리하는 방식
• 분산 처리 시스템(Distributed Processing System) : 여러 대의 컴퓨터들에 의해 작업들을 나누어 처리하여 그 내용이나 결과를 통신망을 이용하여 상호 교환할 수 있도록 연결되어 있는 시스템

• 시분할 시스템(Time Sharing System) : 여러 명의 사용자가 사용하는 시스템에서 컴퓨터가 사용자들의 프로그램을 번갈아 가며 처리해 줌으로써 각 사용자에게 독립된 컴퓨터를 사용하는 느낌을 주는 것이며, 라운드 로빈 방식이라고도 함

11 '설정'에 멀티미디어 편집기를 선택할 수 있는 메뉴는 없습니다.

12 문제에 제시된 내용은 라우터(Rounter)에 대한 설명입니다.

13 문제에 제시된 내용은 사물 인터넷(IoT)에 대한 설명입니다.
• 클라우드 컴퓨팅(Cloud Computing) : 하드웨어·소프트웨어 등의 컴퓨팅 자원을 자신이 필요한 만큼 빌려 쓰고 사용 요금을 지불하는 방식의 컴퓨팅 서비스
• RSS(Rich Site Summary) : 뉴스나 블로그 등과 같이 콘텐츠가 자주 업데이트 되는 사이트들의 정보를 자동적으로 사용자들에게 알려주기 위해 사용하는 웹 서비스 기술
• 빅 데이터(Big Data) : 기존의 관리 방법이나 분석 체계로는 처리하기 어려운 막대한 양의 데이터 집합으로, 스마트 단말의 빠른 확산, 소셜 네트워크 서비스의 활성화, 사물 네트워크의 확대로 데이터 폭발이 더욱 가속화되고 있음

14 문제에 제시된 내용은 안티앨리어싱(Antialiasing)의 개념입니다.
• 디더링(Dithering) : 제한된 색상을 조합하여 복잡한 색이나 새로운 색을 만드는 작업
• 렌더링(Rendering) : 3차원 애니메이션을 만드는 과정 중의 하나로 물체의 모형에 명암과 색상을 입혀 사실감을 더해 주는 작업
• 모핑(Morphing) : 2개의 이미지를 부드럽게 연결하여 변환·통합하는 것으로, 컴퓨터 그래픽, 영화 등에서 많이 응용하고 있음

15 BMP 파일 형식은 압축을 하지 않으므로 파일의 크기가 큽니다.

16 • [작업 관리자] 창에서는 사용자 계정을 추가하거나 삭제할 수 없습니다.
• 사용자 계정의 추가 및 삭제는 [⚙(설정)] → [계정]을 이용해야 합니다.

17 의심이 가는 이메일은 열어보지 않고 삭제해야 합니다.

18 하나의 하드디스크 내 각각의 파티션에는 서로 다른 운영체제를 설치할 수 있습니다.

19 유틸리티 프로그램은 컴퓨터 동작에 필수적이지는 않지만, 컴퓨터를 이용하는 주 목적에 대한 특정 작업을 수행하는 소프트웨어들을 가리킵니다.

20 일괄 처리 시스템은 오프라인뿐만 아니라 온라인으로도 사용합니다.

21 Ctrl 아닌 Alt를 누른 상태에서 차트 크기를 조절해야 차트의 크기가 셀에 맞춰 조절됩니다.

22 입력 자료에 대한 표시 형식의 적용 결과가 옳은 것은 ①번입니다.
  ① 'mmm'은 월을 Jan~Dec로 표시하므로 2021-8-1을 입력한 후 표시 형식으로 yyyy.mmm을 지정하면 2021.Aug로 표시됩니다.
  ② 5를 입력한 후 #.#0 형식을 적용하면 5.0이 표시됩니다.
  ③ 1234567을 입력한 후 0.0E+00 형식을 적용하면 1.2E+06이 표시됩니다.
  ④ 쉼표(,)가 서식의 맨 뒤에 입력되어 있을 때는 천 단위가 생략되므로, 2234543을 입력한 후 표시 형식으로 #,###,"천원"을 지정하면 반올림되어 2,235천원으로 표시됩니다.

23 인식할 수 없는 텍스트를 수식에 사용했을 때는 #NAME? 오류가 표시됩니다.
  • #N/A : 함수나 수식에 사용할 수 없는 값을 지정했을 때
  • #NULL! : 교차하지 않는 두 영역의 교점을 지정하였을 때
  • #REF! : 셀 참조가 유효하지 않을 때

24 문제에 제시된 수식의 결과는 4입니다.
=COUNTBLANK(A1:A7) + COUNT(A1:A7)
        ❶   ❷
        ❸

  ❶ COUNTBLANK(A1:A7) : COUNTBLANK(인수1, 인수2)는 '인수' 중 비어 있는 셀의 개수를 구하는 함수이므로 2를 반환합니다.
  ❷ COUNT(A1:A7) : COUNT(인수1, 인수2, …)는 '인수' 중 숫자가 들어 있는 셀의 개수를 구하는 함수이므로 2를 반환합니다.
  ❸ = ❶ + ❷ : 2+2는 4입니다.

25 바코드별 단가를 구하기 위해서는 범위의 첫 열에서 바코드를 찾은 후 해당 바코드에 대한 단가를 반환해야 하므로 데이터 범위의 첫 열에서 자료를 찾는 VLOOKUP 함수를 사용합니다. VLOOKUP은 VLOOKUP(찾을값, 범위, 열 번호, 옵션)과 같이 인수를 지정하므로 [C9] 셀에 입력될 수식은 '=VLOOKUP(C8, $B$2:$D$6, 3, 0)' 입니다. 각각의 인수를 살펴보겠습니다.
  • 찾을값 : '바코드'가 있는 [C8] 셀을 입력합니다.
  • 범위 : [B2:D6]을 입력합니다. [C9] 셀 하나에만 값을 구하므로 데이터 범위를 절대 참조로 지정하지 않아도 되지만, 절대 참조로 지정해도 결과값은 동일합니다.
  • 열 번호 : '바코드'를 찾은 후 바코드에 대한 단가가 있는 열의 위치인 3을 입력합니다.
  • 옵션 : '바코드'가 정확히 일치하는 값을 찾아야 하므로, 'FALSE'나 0을 입력합니다.

26 Ctrl을 누른 채 숫자가 들어 있는 셀의 채우기 핸들을 드래그하면 값이 1씩 증가하며 입력됩니다.
〈실행 결과〉

▲	A
1	10.1
2	11.1
3	12.1
4	13.1

27 인쇄될 워크시트가 아닌 머리글/바닥글의 내용을 워크시트의 실제 크기의 백분율에 따라 확대·축소할 때 '문서에 맞게 배율 조정'을 선택해야 합니다.

28 인쇄에 대한 설명으로 옳은 것은 ③번입니다.
  ① 기본적으로 워크시트에서 숨기기를 실행한 영역은 인쇄되지 않습니다.
  ② 인쇄 영역에 포함된 도형들을 함께 인쇄하려면 '도형 서식' 창의 [도형 옵션] → [▣(크기 및 속성)] → [속성]에서 '개체 인쇄'를 선택한 후 인쇄해야 합니다.
  ④ 여러 시트를 한 번에 인쇄하려면 인쇄할 시트를 모두 선택한 후 [파일] → [인쇄]에서 '활성 시트 인쇄'를 선택한 후 인쇄해야 합니다.

29 매크로의 바로 가기 키 조합 문자는 영문자만 가능합니다.

30 정렬에 대한 설명으로 옳은 것은 ②번입니다.
  ① 정렬 기준은 최대 64개의 열을 지정할 수 있습니다.
  ③ 정렬 대상 범위에 병합된 셀이 포함되어 있을 경우에는 정렬할 수 없습니다.
  ④ 원칙적으로 숨겨진 행이나 열에 있는 데이터는 정렬에 포함되지 않습니다.

31 원본 데이터가 변경된 경우 [피벗 테이블 분석] → [데이터] → [새로 고침]을 눌러 주어야만 피벗 테이블의 데이터도 변경됩니다.

32 문제에 제시된 목표값 찾기 대화상자는 평균(E4)이 40이 되려면 노트북(B4)의 판매량이 얼마가 되어야 하는지를 찾기 위한 설정입니다.

33 엑셀에서 기본적으로 지정되어 있는 바로 가기 키도 매크로의 바로 가기 키로 지정할 수 있습니다.

34 이름 뒤에 "님"을 표시하려면 문자 데이터의 표시 위치를 지정하는 서식 코드인 @를 이용하여 @님으로 지정하면 됩니다.

35 • 고급 필터의 실행 결과에 대한 설명으로 옳은 것은 ①번입니다.
  • 고급 필터의 조건이 같은 행에 있으면 AND 조건, 다른 행에 있으면 OR 조건으로 연결됩니다.
    ※ "〈〉"는 같지 않다는 의미입니다.

36 • 오름차순으로 올바르게 정렬된 것은 ②번입니다.
  • 오름차순은 '숫자 〉 문자(특수문자〉영문〉한글) 〉 논리값 〉 오류값 〉 빈 셀' 순으로 정렬됩니다.

37 Ctrl + ;을 누르면 시스템의 오늘 날짜, Ctrl + Shift + ;을 누르면 현재 시간이 입력됩니다.

38 데이터가 입력된 셀에서 Delete를 누르면 셀에 입력된 내용은 지워지나 셀에 지정된 서식은 지워지지 않습니다.

39 통합할 데이터가 있는 워크시트와 통합 결과가 작성될 워크시트가 서로 다를 경우에만 '원본 데이터 연결'을 적용할 수 있습니다.

40 조건부 서식의 규칙으로 셀 주소를 이용해 규칙에 맞는 행 전체에 서식이 적용되도록 수식을 작성할 경우 열 번호에만 절대 주소 표시($)를 해야 합니다.

01 브리지(Bridge)에 대한 설명으로 옳은 것은 ①번입니다.
- ②번은 라우터, ③번은 게이트웨이, ④번은 허브에 대한 설명입니다.

02 PNG는 GIF를 대체하여 인터넷에서 사용할 수 있는 파일 형식이지만 애니메이션은 표현할 수 없습니다.

03 문제에 제시된 내용은 앨리어싱(aliasing)의 개념입니다.
- 디더링(Dithering) : 제한된 색상을 조합하여 복잡한 색이나 새로운 색을 만드는 작업
- 모델링(Modeling) : 렌더링을 하기 전에 수행되는 작업, 어떠한 방법으로 렌더링 할 것인지를 정함
- 렌더링(Rendering) : 3차원 애니메이션을 만드는 과정 중의 하나로 물체의 모형에 명암과 색상을 입혀 사실감을 더해 주는 작업

04 셰어웨어에 대한 설명으로 옳은 것은 ②번입니다.
- ①번은 상용 소프트웨어, ③번은 공개 소프트웨어, ④번은 알파 또는 베타 버전에 대한 설명입니다.

05 ③번은 MIME에 대한 설명입니다.
- POP3는 메일 서버에 도착한 E-mail을 사용자 컴퓨터로 가져올 수 있도록 메일 서버에서 제공하는 프로토콜입니다.

06 • 기억장치의 접근 속도를 빠른 것부터 올바르게 나열된 것은 ①번입니다.
- ODD는 광 디스크 드라이브(Optical Disk Drive)를 가리키는 말로, DVD나 CD 등의 저장장치를 의미합니다.

07 실행중인 프로그램 사이의 작업 전환을 위한 바로 가기 키는 Alt + Tab 입니다.
- Alt + Enter : 선택된 항목의 속성 대화상자를 나타냄
- Alt + F4 : 실행중인 창이나 앱을 종료함

08 파일 및 폴더에 대한 설명으로 옳은 것은 ①번입니다.
- ② 하나의 폴더 내에는 동일한 이름의 파일이나 폴더가 존재할 수 없습니다.
- ③ 하위 폴더가 있는 폴더도 삭제할 수 있습니다.
- ④ 파일이나 폴더의 이름에 공백을 사용할 수 있습니다.

09 Ping 서비스에 대한 설명으로 옳은 것은 ②번입니다.
- ①번은 Telnet, ③번은 Tracert, ④번은 Finger에 대한 설명입니다.

10 드럼식, 체인식, 밴드식은 라인 프린터의 인쇄 방식입니다.

11 디지털 컴퓨터와 아날로그 컴퓨터의 차이점에 관한 설명으로 옳은 것은 ③번입니다.
- ① 디지털 컴퓨터는 숫자, 문자 데이터를 처리하며, 아날로그 컴퓨터는 전류, 전압, 온도 등 다양한 입력 값을 처리합니다.
- ② 디지털 컴퓨터는 논리 회로로 구성되며, 아날로그 컴퓨터는 증폭 회로로 구성됩니다.
- ④ 아날로그 컴퓨터는 특수 목적용이며, 디지털 컴퓨터는 범용으로 많이 사용됩니다.

12 정보 사회에서는 컴퓨터를 통한 정보 처리 기술의 발달로 정보의 양이 폭발적으로 증가하게 되었습니다.

13 주 모니터는 [⚙(설정)] → [시스템] → [디스플레이]에서 자유롭게 변경할 수 있으므로 주모니터 설정 때문에 모니터의 배치를 신경 쓸 필요는 없습니다.

14 • [⚙(설정)] → [시스템] → [소리]에서는 내레이터를 설정할 수 없습니다.
- 내레이터는 [⚙(설정)] → [접근성] → [내레이터]에서 설정합니다.

15 가로채기는 송신된 데이터가 수신지까지 가는 도중에 몰래 보거나 도청하여 정보를 유출하는 행위입니다.

16 • 알림 영역은 작업 표시줄의 바로 가기 메뉴 중 [도구 모음]의 항목이 아닙니다.
- 작업 표시줄의 바로 가기 메뉴 중 [도구 모음]의 항목에는 링크, 바탕 화면, 새 도구 모음이 있습니다.

17 [⚙(설정)] → [개인 설정]에서는 모니터의 해상도 및 방향을 설정할 수 없습니다.
- 모니터의 해상도와 방향은 [⚙(설정)] → [시스템] → [디스플레이]에서 설정할 수 있습니다.

18 네트워크 프린터를 선택한 경우에는 연결할 프린터의 포트가 자동으로 지정됩니다.

19 • 컴퓨터에서 각종 명령을 처리하는 기본 단위는 워드(Word)입니다.
- 바이트는 문자를 표현하는 최소 단위입니다.

20 LISP는 웹 프로그래밍 언어가 아닙니다. LISP는 인공지능 분야에서 사용되는 언어입니다.
- JSP : 자바로 만들어진 서버 스크립트로, 다양한 운영체제에서 사용 가능하며, 데이터베이스와 연결하기 쉽고, 시스템을 효율적으로 사용할 수 있음
- PHP : 라스무스 러돌프에 의해 개발된 언어로, 초기에는 아주 간단한 유틸리티들로만 구성되어 개인용 홈페이지 제작 도구로 사용되었으나, PHP 4.0 버전 이후 각광받는 웹 스크립트 언어로 자리하고 있음
- ASP : 서버측에서 동적으로 수행되는 페이지를 만들기 위한 언어로, 마이크로소프트 사에서 제작하였으며, Windows 계열에서만 수행 가능함

21 • 차트를 만들 데이터를 선택한 후 Alt + F1 을 누르면 데이터가 있는 워크시트에 기본 차트(묶은 세로 막대형)가 작성됩니다.
- 별도의 차트 시트를 생성하려면 차트를 만들 데이터를 선택한 후 F11 을 눌러야 합니다.

22 학점별 학생수를 구하는 수식으로 옳은 것은 ③번입니다. COUNTIF(범위, 조건)는 지정된 '범위'에서 '조건'에 맞는 셀의 개수를 반환하는 함수로, [E3] 셀에 수식을 입력한 후 채우기 핸들을 이용하여 [E7] 셀까지 수식을 입력하려면 '범위'는 절대 참조($B$3:$B$10)로 지정해야 하고, '조건'은 상대 참조(D3)로 지정해야 합니다.

23 • 매크로 바로 가기 키로 옳지 않은 것은 ①번입니다.
- 매크로 바로 가기 키는 기본적으로 Ctrl 과 조합하여 지정할 수 있고, 대문자로 지정할 경우에는 Shift 가 자동으로 추가됩니다.

24 각 계열은 가운데에서 뻗어 나오는 값 축을 갖고, 같은 계열에 있는 모든 값들이 선으로 연결된 차트는 방사형 차트입니다.

25 고급 필터의 조건을 같은 행에 입력하면 AND 조건, 다른 행에 입력하면 OR 조건으로 연결되므로 '직책'이 '대리'이고 '경력'이 4 이상이거나, 'TOEIC'이 500 이상이면서 700 미만인 3행과 5행만 표시됩니다.

26 사용자 지정 서식이 올바르게 적용된 것은 ③번입니다.

입력 자료	표시 형식	결 과
① 6000000	#,###,"백만원"	6,000백만원
② kim	@"daehan.go.kr"	kimdaehan.go.kr
③ 2021/03/29	dddd, mmm dd yyyy	Monday, Mar 29 2021
④ 16:08:15	h:m:s AM/PM	4:8:15 PM

27 [인쇄 미리 보기 및 인쇄] 화면의 오른쪽 아래에 있는 '여백 표시
(▣)'를 클릭하면 미리 보기 화면에 여백을 표시하는 경계선이 표시
되지만 '페이지 설정' 대화상자가 표시되지는 않습니다.

28 텍스트 나누기를 실행하면 '텍스트 마법사' 대화상자가 표시되는데,
'텍스트 마법사 2단계' 대화상자에서 두 가지 이상의 구분 기호를
선택하여 텍스트 나누기를 수행할 수 있습니다.

29 ①번 수식의 결과는 12.3입니다.
① =ROUND(12.34, 1) : 소수점 이하 둘째 자리에서 반올림한 값인
12.3을 반환합니다.
② =LEFT("KOREA", 2) : "KOREA"에서 왼쪽부터 2글자를 추출한
"KO"를 반환합니다.
③ =MID("대한상공회의소", 3, 2) : "대한상공회의소"에서 3번째부터
2글자를 추출한 "상공"을 반환합니다.
④ =TRUNC(-8.6) : 소수점 이하를 버리고 정수인 -8을 반환합니다.

30 '행/열 전환'을 수행하면 다음과 같이 가로(항목) 축의 데이터 계열
과 범례 항목(계열)이 서로 변경됩니다.

• 다음을 통해 나머지 보기의 내용이 어느 부분에 어떻게 적용되어
있는지 확인하세요.

31 남부의 금액을 구하는 방법으로 옳은 것은 ①번입니다.
• [D5] 셀의 수식 'D$3*D4'중 [D3] 셀의 행 번호에만 절대 참조($)
가 지정되어 있으므로, 이를 복사하여 [D7:F7] 영역을 블록으로
지정한 후 붙여넣기하면 [D3] 셀의 열 문자와 [D4] 셀의 열 문자,
행 번호가 다음과 같이 변경되어 입력됩니다.
• [D7] : =D$3*D6, [E7] : =E$3*E6, [F7] : =F$3*F6

32 • [A3:A5] 영역을 선택하면 워크시트의 이름 상자에 'A3'이라고 표
시됩니다.
• [B3:D5] 영역을 선택해야 이름 상자에 '코드번호'라고 표시됩니다.
• '선택 영역에서 이름 만들기' 대화상자에서 '첫 행'과 '왼쪽 열'을
선택하고 실행했을 때 정의된 이름은 다음과 같습니다.

A	B	C	D
1	1/4분기 소모품 구매 신청서		
2	코드번호	품 명	규 격	단 가
3	A-002	복사용지	A4	16,000
4	A-005	프린터잉크	HP-1120C	35,000
5	B-010	견출지	일반	2,000

번호	이름	셀 범위
❶	코드번호	B3:D5
❷	품_명	B3:B5
❸	규_격	C3:C5
❹	단_가	D3:D5
❺	A_002	B3:D3
❻	A_005	B4:D4
❼	B_010	B5:D5

33 현재 셀의 위치를 기준으로 매크로가 실행되도록 하려면 '상대 참조
로 기록'을 설정한 후 매크로를 기록해야 합니다.

34 사용자 지정 목록은 정렬 기준이 '값'일 때만 적용할 수 있습니다.

35 ③번의 결과는 123.66이고, 나머지의 결과는 123.65입니다.
① =LEFT(123.654, 6) : LEFT(텍스트, 개수)는 '텍스트'의 왼쪽부터
지정한 '개수'만큼 반환하는 함수이므로 123.654에서 왼쪽부터
6글자를 추출한 **123.65**를 반환합니다.
② =ROUND(123.654, 2) : ROUND(인수, 반올림 자릿수)는 '인수'
에 대하여 지정한 '반올림 자릿수'로 반올림하는 함수이므로
123.654를 소수점 이하 셋째 자리에서 반올림한 값인 **123.65**를
반환합니다.
③ =ROUNDUP(123.654, 2) : ROUNDUP(인수, 올림 자릿수)는
'인수'에 대하여 지정한 '올림 자릿수'로 올림하는 함수이므로
123.654를 소수점 이하 셋째 자리에서 올림한 값인 **123.66**을 반
환합니다.
④ =ROUNDDOWN(123.654, 2) : ROUNDDOWN(인수, 내림 자릿
수)는 '인수'에 대하여 지정한 '내림 자릿수'로 내림하는 함수이므
로 123.654를 소수점 이하 셋째 자리에서 내림한 값인 **123.65**를
반환합니다.

36 통합할 참조 영역의 개수는 기본적으로 제한이 없습니다. 다만 시
스템의 사용 가능한 메모리에 따라 제한될 수는 있습니다.

37 • '페이지 설정' 대화상자에서 사용할 프린터를 선택할 수는 없습
니다.
• 사용할 프린터는 [파일] → [인쇄]를 선택한 후 프린터 항목에서
지정할 수 있습니다.

38 '찾기 및 바꾸기' 대화상자에서 '서식'을 지정하면 특정 서식이 지정
된 텍스트나 숫자를 찾을 수 있습니다.

39 새 워크시트를 삽입하는 바로 가기 키는 Shift + F11 이고, 새 워크시
트는 현재 워크시트 앞에 삽입됩니다.

40 날짜 및 시간 데이터는 기본적으로 오른쪽 맞춤으로 표시됩니다.

01 • 메일을 보낼 때(송신) 사용하는 프로토콜은 SMTP이고, 메일을 받을 때(수신) 사용되는 프로토콜은 POP3입니다.
  • MIME는 웹 브라우저가 지원하지 않는 각종 멀티미디어 파일의 내용을 확인하고 실행시켜 주는 프로토콜입니다.

02 아날로그 신호를 디지털화시키는 작업은 샘플링입니다.

03 Windows 10의 업데이트 현황의 확인 및 설정은 [⚙️(설정)] → [업데이트 및 보안]에서 수행할 수 있습니다.

04 문제에 제시된 내용은 SSD(Solid State Drive)에 대한 설명입니다.

05 도메인 네임은 전 세계를 통틀어 중복되지 않는 고유한 주소로, 사용자가 임의로 설정할 수 없습니다.

06 주 모니터는 [⚙️(설정)] → [시스템] → [디스플레이]에서 자유롭게 변경할 수 있으므로 모니터의 배치를 변경할 필요는 없습니다.

07 문제에 제시된 내용은 객체지향 프로그래밍에 대한 설명입니다.
  • **구조적 프로그래밍** : 입력과 출력이 각각 하나씩 이루어진 구조로 GOTO문을 사용하지 않으며, 순서, 선택, 반복의 세 가지 논리 구조를 사용하는 기법
  • **비주얼 프로그래밍** : 기존 문자 방식의 명령어 전달 방식을 기호화된 아이콘의 형태로 바꿔 사용자가 대화형으로 좀 더 쉽게 프로그래밍 할 수 있는 기법

08 문제에 제시된 내용은 HTML5에 대한 설명입니다.
  • **XML** : 확장성 생성 언어라는 뜻으로 기존 HTML의 단점을 보완하여 웹에서 구조화된 폭넓고 다양한 문서들을 상호 교환할 수 있도록 설계된 언어
  • **VRML** : 가상현실 모델링 언어라는 뜻으로, 웹에서 3차원 가상공간을 표현하고 조작할 수 있게 하는 언어
  • **JSP** : 자바로 만들어진 서버 스크립트로, LINUX, UNIX, Windows 등 다양한 운영체제에서 사용이 가능함

09 • ③번은 모뎀(MODEM)에 대한 설명입니다.
  • 브리지(Bridge)는 서로 독립적으로 동작하면서 같은 프로토콜을 사용하는 두 LAN을 연결하는 네트워크 장치입니다.

10 바탕 화면에 있는 파일을 [휴지통]으로 드래그 앤 드롭하여 삭제한 파일은 복원할 수 있습니다.

11 컴퓨터 바이러스는 보통 소프트웨어 형태로 감염되며, 메일이나 첨부 파일의 경우 감염 확률이 매우 높습니다. 그러므로 발신자가 불분명한 메일이나 첨부 파일은 바이러스 검사를 수행한 후 열어보는 것이 좋습니다.

12 • '포맷' 대화상자에서 '파티션 제거'는 설정할 수 없습니다.
  • '포맷' 대화상자에서 설정할 수 있는 항목에는 용량, 파일 시스템, 할당 단위 크기, 볼륨 레이블, 빠른 포맷 등이 있습니다.

13 주로 ROM에 반영구적으로 저장되어 하드웨어를 제어(관리)하는 역할을 수행하는 것을 펌웨어(Firmware)라고 합니다.

14 유틸리티 프로그램은 컴퓨터 동작에 필수적이지는 않지만, 컴퓨터를 이용하는 주 목적에 대한 특정 작업을 수행하는 소프트웨어들을 가리킵니다.

15 문제에 제시된 내용은 사물 인터넷(IoT)에 대한 설명입니다.
  • **클라우드 컴퓨팅(Cloud Computing)** : 하드웨어·소프트웨어 등의 컴퓨팅 자원을 자신이 필요한 만큼 빌려 쓰고 사용 요금을 지불하는 방식의 컴퓨팅 서비스
  • **RSS(Rich Site Summary)** : 뉴스나 블로그 등과 같이 콘텐츠가 자주 업데이트 되는 사이트들의 정보를 자동적으로 사용자들에게 알려주기 위해 사용하는 웹 서비스 기술
  • **빅 데이터(Big Data)** : 기존의 관리 방법이나 분석 체계로는 처리하기 어려운 막대한 양의 데이터 집합으로, 스마트 단말의 빠른 확산, 소셜 네트워크 서비스의 활성화, 사물 네트워크의 확대로 데이터 폭발이 더욱 가속화되고 있음

16 • [⚙️(설정)] → [시스템] → [소리]에서는 내레이터를 설정할 수 없습니다.
  • 내레이터는 [⚙️(설정)] → [접근성] → [내레이터]에서 설정합니다.

17 근거리 통신망(LAN)은 전이중 방식의 통신을 합니다.

18 스팸(SPAM)이란 수신인이 원하지 않는 메시지나 정보를 일방적으로 보내는 행위입니다.

19 해밍 코드(Hamming Code)는 데이터 전송 시 에러 검출 및 교정을 위해 사용하는 코드로, 문자 데이터를 표현하기 위해 사용하는 코드가 아닙니다.

20 문제의 지문으로 제시된 내용은 렌더링(Rendering)의 특징입니다.
  • **안티앨리어싱(Antialiasing)** : 2차원 그래픽에서 개체의 경계면 픽셀을 개체의 색상과 배경의 색상을 혼합해서 표현함으로써 경계면을 부드럽게 보이도록 하는 기법
  • **인터레이싱(Interlacing)** : 그림 파일을 표시하는데 있어서 이미지의 대략적인 모습을 먼저 보여준 다음 점차 자세한 모습을 보여주는 기법
  • **메조틴트(Mezzotint)** : 무수히 많은 점과 선으로 이미지를 만드는 것

21 셀에 데이터를 입력하던 중 Alt + Enter를 누르면 같은 셀 내에서 줄 바꿈이 수행됩니다.

22 통합할 참조 영역의 개수는 기본적으로 제한이 없습니다. 다만 시스템의 사용 가능한 메모리에 따라 제한될 수는 있습니다.

23 항상 한 개의 데이터 계열만 사용하는 차트는 원형 차트입니다.

24 연속 데이터 대화상자의 결과로 옳은 것은 ①번입니다.
  • 방향이 '행'이므로 오른쪽으로 값이 입력됩니다.
  • 유형이 '급수'이므로 단계 값만큼 값이 곱해지며 입력됩니다.
  • 단계 값이 2이므로 2씩 곱해지며 입력됩니다. 즉 [A1] 셀부터 오른쪽으로 차례대로 1, 2, 4, 8, 16, …이 입력되게 됩니다.
  • 종료 값이 100이므로 채워지는 값은 100을 넘을 수 없습니다.

⊿	A	B	C	D	E	F	G
1	1	2	4	8	16	32	64

25 차트 아래쪽에는 범례 표지가 포함되어 있는 데이터 테이블이 표시되어 있습니다.

26 창 나누기 구분선을 제거하려면 [보기] → [창] → [나누기]를 다시 클릭하거나 창 나누기 기준선을 마우스로 더블클릭하면 됩니다.

27 조건부 서식이 적용된 후 셀 값이 바뀌어 규칙과 일치하지 않으면 적용된 서식이 해제됩니다.

28 하나의 통합 문서에는 동일한 이름의 매크로를 작성할 수 없습니다.

29 수식의 수행 결과가 옳은 것은 ③번입니다.
① =MOD(-7,4) : MOD(인수1, 인수2)는 '인수1'을 '인수2'로 나눈 나머지를 반환하는 함수이므로 -7을 4로 나눈 후 나머지인 1을 반환합니다.
※ 피제수(-7)가 음수이면 제수(4)로부터 채워야할 몫이 있다고 생각하세요. 7을 채우기 위해 4명에게 2개씩 받으면 1이 남으므로 나머지는 1이됩니다.
② =POWER(2,3) : POWER(인수, 제곱값)는 '인수'를 '제곱값'만큼 거듭 곱한 값을 반환하는 함수이므로 2를 3번 곱한 값인 8(2×2 ×2)을 반환합니다.
③ =INT(-7.4) : INT(인수)는 '인수'보다 크지 않은 정수값을 반환하는 함수이므로 -7.4보다 크지 않은 정수인 -8을 반환합니다.
④ =TRUNC(-8.6) : TRUNC(인수, 자릿수)는 '인수'에 대해 '자릿수' 미만의 수치를 버린 값을 반환하는 함수로, '자릿수'를 생략하면 정수만 표시하므로 -8.6에서 소수점 이하를 모두 버린 값인 -8을 반환합니다.

30 피벗 테이블과 피벗 차트를 함께 만든 후에 피벗 테이블을 삭제하면 피벗 차트는 일반 차트로 변경됩니다.

31 • 고급 필터에서 OR 조건은 각 조건을 서로 다른 행에 입력하고, AND 조건은 서로 같은 행에 입력합니다.
• 문제의 고급 필터 조건은 '제품명이 냉장고이고 금액이 650000 미만인 제품과 수량이 5보다 큰(6 이상) 제품'입니다.

32 행 높이와 열 너비를 변경하면 자동 페이지 나누기는 영향을 받아 자동으로 변경되고, 수동 페이지 나누기는 영향을 받지 않고 원래대로 유지됩니다.

33 [C10] 셀에 입력된 수식으로 올바른 것은 ①번입니다.
=COUNTIF(C2:C8, ")="&AVERAGE($C$2:$C$8))
❶
❷
❶ AVERAGE($C$2:$C$8) : [C2:C8] 영역의 평균인 85.28을 반환합니다.
❷ =COUNTIF(C2:C8, ")="&❶) → =COUNTIF(C2:C8, ")="&85.28) : [C2:C8] 영역에서 85.28보다 크거나 같은 값(125, 94, 108, 98)의 개수인 4를 반환합니다.
※ &는 두 문자열을 연결하여 하나의 문자열로 만드는 연산자입니다.

34 엑셀에서 기본적으로 지정되어 있는 바로 가기 키도 매크로의 바로 가기 키로 지정할 수 있습니다.

35 정렬에 대한 설명으로 옳은 것은 ②번입니다.
① 정렬 기준은 최대 64개의 열을 지정할 수 있습니다.
③ 정렬 대상 범위에 병합된 셀이 포함되어 있을 경우에는 정렬할 수 없습니다.
④ 원칙적으로 숨겨진 행이나 열에 있는 데이터는 정렬에 포함되지 않습니다.

36 입력 자료에 대한 표시 형식의 적용 결과가 옳은 것은 ①번입니다.
① 'mmm'은 월을 Jan~Dec로 표시하므로 2021-8-1을 입력한 후 표시 형식으로 yyyy.mmm을 지정하면 2021.Aug로 표시됩니다.
② 5를 입력한 후 #.#0 형식을 적용하면 5.0이 표시됩니다.
③ 1234567을 입력한 후 0.0E+00 형식을 적용하면 1.2E+06이 표시됩니다.
④ 쉼표(,)가 서식의 맨 뒤에 입력되어 있을 때는 천 단위가 생략되므로, 2234543을 입력한 후 표시 형식으로 #,###,"천원"을 지정하면 반올림되어 2,235천원으로 표시됩니다.

37 • '페이지 설정' 대화상자에서 사용할 프린터를 선택할 수는 없습니다.
• 사용할 프린터는 [파일] → [인쇄]를 선택한 후 프린터 항목에서 지정할 수 있습니다.

38 남부의 금액을 구하는 방법으로 옳은 것은 ①번입니다.
• [D5] 셀의 수식 'D$3 * D4'중 [D3] 셀의 행 번호에만 절대 참조($)가 지정되어 있으므로, 이를 복사하여 [D7:F7] 영역을 블록으로 지정한 후 붙여넣기하면 [D3] 셀의 열 문자와 [D4] 셀의 열 문자, 행 번호가 다음과 같이 변경되어 입력됩니다.
• [D7] : =D$3 * D6, [E7] : =E$3 * E6, [F7] : =F$3 * F6

39 이미 작성된 부분합을 유지하면서 부분합 계산 항목을 추가하려면 '새로운 값으로 대치'를 반드시 해제해야 합니다.

40 수식에 잘못된 인수나 피연산자를 사용할 때 표시되는 오류 메시지는 #VALUE!입니다.
• #DIV/0! : 나누는 수가 빈 셀이나 0이 있는 셀을 참조할 때(피연산자가 빈 셀이면 0으로 간주됨)
• #NUM! : 표현할 수 있는 숫자의 범위를 벗어났을 때
• #NAME? : 인식할 수 없는 텍스트를 수식에 사용했을 때

나는 시험에 나오는 것만 공부한다!
이제 시나공으로 한 번에 정복하세요!

기본서 (필기/실기)

기초 이론부터 완벽하게 공부해서 안전하게 합격하고 싶어요!

━ 특 징 ━

자세하고 친절한 이론으로 기초를 쌓은 후 바로 문제풀이를 통해 정리한다.

━ 구 성 ━

본권
기출문제
토막강의

실기
채점 프로그램
• 워드프로세서
• 컴퓨터활용능력
• ITQ

━ 출 간 종 목 ━

컴퓨터활용능력1급 필기/실기
컴퓨터활용능력2급 필기/실기
워드프로세서 필기/실기
정보처리기사 필기/실기
정보처리산업기사 필기/실기
정보처리기능사 필기/실기
사무자동화산업기사 실기
ITQ 엑셀/한글/파워포인트
GTQ 1급/2급

Quick & Easy 퀵이지(필기/실기)

필요한 내용만 간추려 빠르고 쉽게 공부하고 싶어요!

━ 특 징 ━

큰 판형, 쉬운 설명으로 시험에 꼭 나오는 알짜만 골라 학습한다.

━ 구 성 ━

본권
기출문제
토막강의

실기
채점 프로그램
• 컴퓨터활용능력

━ 출 간 종 목 ━

컴퓨터활용능력1급 필기
컴퓨터활용능력2급 필기
정보처리기사 필기/실기
컴퓨터활용능력1급 필기+실기
컴퓨터활용능력2급 필기+실기

총정리 (필기/실기)

이론은 공부했지만 어떻게 적용되는지 문제풀이를 통해 감각을 익히고 싶어요!

━ 특 징 ━

간단하게 이론을 정리한 후 충분한 문제풀이를 통해 실전 감각을 향상시킨다.

━ 구 성 ━

핵심요약
기출문제
모의고사
토막강의

실기
• 채점 프로그램
• 기출문제
• 모의고사

━ 출 간 종 목 ━

컴퓨터활용능력1급 필기/실기
컴퓨터활용능력2급 필기/실기
사무자동화산업기사 필기

기출문제집 (필기/실기)

이론은 완벽해요! 기출문제로 마무리하고 싶어요!

━ 특 징 ━

최신 기출문제를 반복 학습하며 최종 마무리한다.

━ 구 성 ━

핵심요약(PDF)
기출문제(20회)
토막강의

실기
기출문제(10회)

━ 출 간 종 목 ━

컴퓨터활용능력1급 필기/실기
컴퓨터활용능력2급 필기/실기
정보처리기사 필기/실기

컴퓨터활용능력
2급 필기+실기
단기완성

2024
시나공

길벗알앤디 지음

길벗

단 한 번에 합격할 수 있는 비법!
기능별 합격 전략

토막강의

모르는 부분만 신속히 학습할 수 있도록 기능 단위로 짧게 구성한 동영상 강의입니다. 공부하다가 어려운 부분이 나오면 고민하지 말고 QR 코드를 스캔하세요. 언제든지 저자 직강의 속 시원한 설명을 들을 수 있습니다.

전문가의 합격 전략

실기 시험을 어떻게 준비해야 합격 점수인 70점 이상을 만들 수 있는지 출제 방향을 분석합니다. 출제 비율이 높고 배점이 큰 문제는 먼저, 그리고 확실히 공부해야겠죠?

출제 기능

시험에 출제되는 단위 기능입니다. 답안 작성 전후의 이미지를 통해 수행해야 할 작업을 확실하게 파악할 수 있습니다.

문제1 기본작업(20점)

전문가의 합격 전략

기본작업은 입력, 셀 서식, 조건부 서식, 고급 필터, 텍스트 나누기 중 3가지 기능이 문제로 출제되며, 배점은 20점입니다. 입력과 셀 서식은 매회 고정적으로 출제되고, 조건부 서식, 고급 필터, 텍스트 나누기 중 1문제가 선택적으로 출제되고 있습니다. 특별히 어렵게 출제되는 문제는 없지만 만약 시간이 부족할 경우 조건부 서식, 고급 필터 등이 포함된 3번 문제를 포기하세요. 최악의 경우에도 15점을 취득할 수 있습니다.

1 입력 출제 비율 100% / 배점 5점

입력 작업은 문제에 주어진 자료를 그대로 입력한다.

	A	B	C	D	E	F
1	지점별 매출 현황					
2						
3						

→

	A	B	C	D	E	F
1	지점별 매출 현황					
2						
3	지점	지점코드	판매량	달성률	판매총액	평가
4	Gangseo	A0001	740개	119%	888,000	목표달성
5	Nowon	A0002	716개	115%	859,000	목표달성
6	Seocho	A0003	698개	113%	838,000	목표달성
7	Mapo	A0004	652개	105%	782,000	목표달성
8	Songpa	A0005	603개	97%	724,000	목표미달
9	Gwanak	A0006	592개	95%	710,000	목표미달
10						

대표기출문제

'C:\길벗컴활2급통합\기능\01입력.xlsm' 파일을 열어서 작업하세요.

기출1 23.상시, 22.상시, 21.상시, 20.상시, 마상시, 마상시, 마2, 17.상시, …

[A3:F9] 영역의 자료를 주어진 대로 입력하시오.

	A	B	C	D	E	F
1	동교초등학교 체험 일정					
2						
3	체험코드	장소	지역	책임자	인솔자수	학생수
4	ks-4392	서울상상나라	광진구	김민정	13	212
5	zo-9841	자연사박물관	마포구	유재수	15	206
6	nc-6762	어린이과학관	종로구	강남진	12	210
7	su-4903	서울시립과학관	노원구	허영미	10	220
8	ah-6742	서대문역사관	서대문구	권지영	13	207
9	tr-3901	국립고궁박물관	영등포구	고언자	14	215
10						

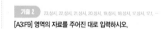

기출2 23.상시, 22.상시, 21.상시, 20.상시, 19.상시, 18.상시, 17.상시, 17.1, …

[A3:F9] 영역의 자료를 주어진 대로 입력하시오.

	A	B	C	D	E	F
1	상공렌트카 대여 현황					
2						
3	대여코드	회원구분	대여일자	차종	1일대여료	대여일
4	jsb-101	비회원	6월 3일	모닝	50,000	2
5	bsb-202	일반	7월 6일	소나타	70,000	5
6	bsb-303	비회원	6월 11일	그랜저	130,000	4
7	jsb-104	더블골드	8월 6일	아반떼	70,000	4
8	ksb-505	일반	9월 25일	카니발	60,000	3
9	ssb-206	일반	7월 8일	젠트라	80,000	1
10						

상시시험 출제 유형

☞ 직접 실습하려면 'C:\길벗컴활2급통합\기능\02셀서식.xlsm' 파일을 열어서 작업하세요.

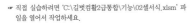

01 사용자 지정 표시 형식

23.상시, 22.상시, 21.상시, 20.상시, 19.상시, 18.상시, 17.상시 16.상시, 16.3, 16.2, 15.상시...

유형1 [A2:A6] 영역은 사용자 지정 표시 형식을 이용하여 숫자 뒤에 "개" 표시

▶ 표시 예 : 12 → 12개, 0 → 0개

'형식'에 문자를 입력할 때는 큰따옴표로 묶어서 입력합니다.

23.상시, 22.상시, 21.상시, 19.상시, 18.상시, 15.상시

유형5 [E2:E6] 영역은 사용자 지정 표시 형식을 이용하여 백만 단위까지만 표시하고, 숫자 뒤에 "백만원" 표시

▶ 표시 예 : 123456789 → 123백만원, 0 → 0백만원

[0,,"백만원"]

23.상시, 22.상시, 21.상시, 20.상시, 19.상시, 18.상시, 17.상시, 17.1, 16.상시, 15.상시, 14.상시, 14.1, 13.상시

유형6 [F2:F6] 영역은 사용자 지정 표시 형식을 이용하여 문자 뒤에 "점" 표시

상시시험 출제 유형

실제 시험에 출제되는 다양한 유형의 문제들입니다. 합격에 꼭 필요한 부분으로, 정말 집중해서 공부해야 할 부분입니다. 어렵다고 느낄 땐 QR 코드를 스캔하세요.

대표기출문제

'C:\길벗컴활2급통합\기능\04고급필터.xlsm' 파일을 열어서 작업하세요.

기출1 23.상시, 22.상시, 21.상시, 20.상시, 19.상시, 18.상시, 18.2, 18.1...

'기출1' 시트에 대하여 다음의 지시사항을 처리하시오.

'상공문고 도서 판매 현황' 표에서 '분야'가 "실용"이면서 '판매량'이 1000 이상인 데이터를 고급 필터를 사용하여 검색하시오.

▶ 고급 필터 조건은 [A17:C19] 영역 내에 알맞게 입력하시오.
▶ 고급 필터 결과 복사 위치는 동일 시트의 [A21] 셀에서 시작하시오.

정답 및 해설

기출1

〈정답〉

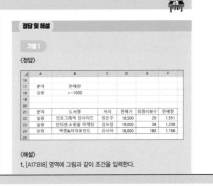

〈해설〉

1. [A17:B18] 영역에 그림과 같이 조건을 입력한다.

대표기출문제

앞에서 공부한 기능의 대표적인 기출문제입니다. 제대로 공부했다면 이 문제들을 손쉽게 술술~ 풀어낼 수 있습니다. 학습한 기능이 어떻게 문제로 출제되는지 확인하고 모자란 부분을 보충하세요.

01회 EXAMINATION

2023년 상시01 컴퓨터활용능력 2급 실기

• 준 비 하 세 요 : 'C:\길벗컴활2급통합\기출' 폴더에서 '01 23년2급상시01.xlsm' 파일을 열어서 작업하시오.

문제 1 기본작업(20점) 주어진 시트에서 다음 과정을 수행하고 저장하시오.

1. '기본작업-1' 시트에 다음의 자료를 주어진 대로 입력하시오. (5점)

최신기출문제 10회

실제 시험을 보는 기분으로 혼자 풀어 보고 정답을 확인하세요. 역시 틀린 문제나 어려운 문제가 있다면 동영상 강의를 통해 꼭! 확인하고 넘어가세요.

실습용 데이터 파일을 사용하려면?

1. 시나공 홈페이지(sinagong.co.kr)에 접속하여 오른쪽 상단의 〈로그인〉을 클릭한 후 아이디와 패스워드를 넣고 로그인하세요.

2. 위쪽의 메뉴에서 [자료실]을 클릭하세요.

3. '자료실'에서 [컴퓨터활용능력]을 클릭한 후 '컴퓨터활용능력' 하위 항목에서 '컴퓨터활용능력 2급 실기'만 남기고 모두 클릭하여 체크를 해제하세요.

4. '실습예제'에서 '2024 시나공 퀵이지 컴퓨터활용능력 2급 필기+실기 통합본'을 클릭하세요.

5. 이어서 [전체펼치기] → ⬇ → ⌃ → [열기]를 차례대로 클릭하세요.

6. 압축 프로그램 창에서 〈압축풀기〉를 클릭하세요.

7. '압축풀기' 대화상자에서 압축파일을 풀어놓을 폴더를 지정하고 〈확인〉을 클릭하세요.

8. 압축 파일을 풀어놓은 폴더에서 '실습파일.exe' 파일을 더블클릭하여 실행하세요. '로컬 디스크 C:\길벗컴활2급통합' 폴더에 문제 및 정답 파일이 자동으로 설치됩니다.

9. 정상적인 복사가 수행되었는지 '로컬 디스크 C:\길벗컴활2급통합' 폴더를 확인하세요. 이 폴더에 저장된 파일은 책에 수록된 문제를 풀 때 사용됩니다.

'C:\길벗컴활2급통합\기능' 폴더

기능별 합격 전략에서 사용할 문제 및 정답 파일이 수록되어 있습니다.

'C:\길벗컴활2급통합\기출' 폴더

최신기출문제에서 사용할 문제 및 정답 파일이 수록되어 있습니다.

'C:\길벗컴활2급통합\부록' 폴더

여기에 있는 파일은 부록 컴활 함수 사전과 계산작업 문제 모음을 공부할 때 사용합니다.

채점 프로그램을 사용하려면?

① 채점하기

1. 시나공 홈페이지(sinagong.co.kr)에 접속하여 오른쪽 상단의 〈로그인〉을 클릭한 후 아이디와 패스워드를 넣고 로그인하세요.

> ※ '이메일 주소(아이디)'가 없는 경우에는 〈회원가입〉을 클릭하여 회원으로 가입한 후 구입한 도서를 등록하세요. '회원가입'에 대한 내용은 필기 6쪽을 참고하세요.

2. 위쪽의 메인 메뉴에서 [온라인 채점] → [채점하기]를 클릭하세요.

3. '채점하기'에서 채점할 도서로 '2024 시나공 퀵이지 컴퓨터활용능력 2급 필기+실기 통합본'을 클릭하세요.

> ※ 간혹 '2024 시나공 컴퓨터활용능력 2급 실기'를 선택하는 경우가 있습니다. 교재명을 잘 확인한 후 꼭 '2024 시나공 퀵이지 컴퓨터활용능력 2급 필기+실기 통합본'을 선택하세요.

4. '시험 유형 선택'에서 채점할 파일의 '시험 유형', '시험 회차'를 차례로 선택하세요. 아래쪽에 '채점할 파일 등록' 창이 나타납니다.

5. 채점할 파일을 '채점할 파일 등록' 창으로 드래그하거나 〈파일 업로드〉를 클릭한 후 '열기' 대화상자에서 채점할 파일을 선택하고 〈열기〉를 클릭하세요.

6. 파일이 업로드 된 후 〈채점하기〉를 클릭하면 채점이 수행됩니다.

7. 채점이 완료되면 '채점결과'가 표시됩니다.

② 틀린 부분 확인하기

'채점결과'는 시험 유형, 점수, 합격 여부 그리고 감점 내역이 표시되며, 왼쪽의 문제 번호를 클릭하면 해당 문제의 감점 내역을 확인할 수 있습니다. 올바르게 작성했는데도 틀리다고 표시된 경우에는 시나공 홈페이지 위쪽의 메인 메뉴에서 [묻고 답하기]를 클릭하여 해당 문제에 대해 궁금한 점을 문의할 수 있습니다.

컴퓨터활용능력 실기 시험 입실부터 퇴실까지

1 **입실(시험 시작 10분전)**

컴퓨터활용능력 2급 실기 시험은 40분 동안 치뤄지는데 보통 시험장에 도착하여 대기하다 10분 전에 입실합니다. 수험표에 지정된 시간까지 도착하지 않으면 입실을 거부당해 시험에 응시하실 수 없습니다. 또한 시험장 입실 시 수험표와 자신을 증명할 수 있는 신분증을 반드시 지참해야 합니다. 시험장에 입실하여 자신의 인적사항과 자리 번호가 표시된 컴퓨터에 앉아서 기다리면 시험 감독위원이 여러분의 인적사항을 확인합니다.

2 **신분증 및 수험표 확인**

본인 확인을 위해 수험생이 소지한 신분증과 수험표를 확인하는 과정을 거칩니다. 신분증은 주민등록증, 운전면허증을 포함하여 '대한상공회의소'가 공지한 신분증 인정 범위에 속한 증명서만이 신분증으로 인정됩니다.

3 **유의사항 및 컴퓨터 확인**

컴퓨터 화면 상단에는 시험 관련 유의사항이, 하단에는 〈연습하기〉 버튼이 표시됩니다. 유의사항을 꼼꼼하게 읽어본 후 〈연습하기〉 버튼을 눌러 엑셀이 정상적으로 작동하는지 확인합니다. 문제가 있는 경우 손을 들고 감독관을 불러 조치를 받아야 합니다.

4 **문제 확인**

지시사항 1쪽, 문제 3쪽 분량의 문제가 모니터 화면에 표시됩니다. 평소 연습하던 내용과 다른 부분이 있는지 지시사항을 자세히 읽어보세요.

실제 시험장에서 엑셀 문제를 풀 때는 몇 가지 요령이 필요합니다.

첫째, 아는 문제는 바로 풀지만 모르거나 바로 생각나지 않는 문제는 일단 표시해 두고 다음 문제를 풉니다.

둘째, [문제 2] 계산작업은 다른 모든 문제를 푼 다음 가장 나중에 풉니다.

셋째, [문제 2] 계산작업을 풀 때, 머릿속에 대략의 수식이 바로 세워지는 문제는 바로 풀어야 하지만, 수식이 바로 세워지지 않는 문제는 일단 표시해 두고 다음 문제를 풀어야 합니다.

이런 순서로 문제를 푸는 이유는 풀릴 듯 말 듯한 문제를 고민하다 시간을 다 허비하는 실수를 방지하기 위해서입니다. 공부할 때는 [문제2] 계산작업을 가장 먼저 공부해야 하지만, 실제 시험장에서는 가장 나중에 푸는 것이 좋습니다.

---

5   **시험 시작**

시험이 시작되면 엑셀 파일이 자동으로 실행됩니다. 문제와 지시사항들을 꼼꼼히 확인하며 답안을 작성하세요. 컴퓨터에 문제가 발생했을 때 저장하지 않은 답안 파일을 감독관이 책임져주지는 않습니다. 반드시 중간중간 [Ctrl]+[S]를 눌러 저장해주세요.

---

6   **시험 종료**

감독관이 시험 종료를 알리면 작업한 내용을 마지막으로 한 번 더 저장합니다.

---

7   **퇴실**

놓고 가는 소지품은 없는지 확인한 후 퇴실하면 됩니다. 시험 결과는 시험일을 포함한 주를 제외하고 2주 뒤 금요일, https://license.korcham.net/에서 확인할 수 있습니다.

Q '입력작업' 시 내용을 입력할 때 쉼표 스타일이나 날짜 형식 등의 서식을 이용해 지정해도 되나요?

A 안됩니다. '입력작업'은 말 그대로 단순히 데이터를 입력하는 작업이므로 서식이나 기타 도구를 이용해 표시 형식을 지정하면 안됩니다.

Q 사용자 지정 표시 형식을 사용하여 1000 단위 구분 기호를 지정할 때 정답은 '#,##0'입니다. '#,###'으로 적으면 틀리나요?

A 문제의 지시사항에 따라 다릅니다. 지시사항이 '표시 예 : 1234 → 1,234원, 0 → 0원'으로 제시되면 '#,##0'을, '표시 예 : 1234 → 1,234원'로 제시되면 '#,##0'과 '#,###' 중 어떤 것을 사용해도 관계 없습니다.

Q 조건부 서식에서 결과가 정답과 일치하는데 개수가 다르다고 감점됩니다. 왜 그렇죠?

A 조건부 서식에 여러 개의 규칙이 지정되어 있기 때문입니다. [홈] → [스타일] → 조건부 서식 → 규칙 관리를 선택한 후 '조건부 서식 규칙 관리자' 대화상자에서 한 개의 규칙만 남기고 나머지 규칙은 모두 삭제하세요.

Q 조건부 서식에서는 셀 주소의 열 문자 앞에 $를 붙이는데, 고급 필터에서 조건을 작성할 때는 $를 안붙입니다. 이유가 있나요?

A 조건부 서식은 셀 단위로 서식이 적용되기 때문에 행 전체에 서식을 적용하려면 셀 주소의 열 문자 앞에 $를 붙여 열을 고정해야 하지만, 고급 필터는 행 단위로 작업이 이뤄지므로 $를 붙이지 않아도 됩니다.

Q 고급 필터에서 조건을 올바로 입력했는데 결과가 이상해요.

A 필드명을 확인해 보세요. 고급 필터에서 조건을 입력할 때 사용하는 필드명은 데이터 영역의 필드명과 동일해야 합니다. 예를 들어, '판매총액'을 중간에 공백을 두어 '판매 총액'이라고 입력하면 정확한 결과가 표시되지 않습니다. 가장 좋은 방법은 필드명을 복사하여 붙여넣는 것입니다.

Q 계산작업 문제는 책에 있는 수식과 똑같을 때만 정답으로 인정되나요?

A 아닙니다. 수식은 작성하는 사람에 따라 다를 수 있으므로, 문제에 제시된 함수를 사용하였고, 수식의 결과가 일치하면 정답으로 인정됩니다.

Q 문제에서 제시한 함수 말고 다른 함수를 사용해도 되나요?

A 안됩니다. 반드시 문제에 제시된 함수를 사용하여 수식을 작성해야 합니다. 제시되지 않은 함수를 추가로 사용하거나, 제시된 함수를 모두 넣어서 수식을 작성하지 않으면 틀린 것으로 처리됩니다.

Q 수식을 작성할 때 $를 붙여 절대 참조로 지정하는 것이 헷갈립니다. 어떤 경우에 절대 참조를 지정하나요?

A 절대 참조를 지정하는 이유는 참조하는 셀의 위치가 변경되어도 수식에 사용된 주소가 변하지 않게 하려는 것입니다. 즉 채우기 핸들을 드래그하여 수식을 복사할 때, 변경되면 안 되는 수식의 주소들은 절대 참조로 지정해야 합니다.

예를 들어, [D3] 셀에 [C3] 셀의 순위를 계산하고 나머지 사람들의 순위는 [D3] 셀의 채우기 핸들을 드래그하여 계산하려면 각각의 평균인 [C4], [C5], [C6], [C7] 셀은 수식이 입력된 위치에 따라 변해야 하지만 전체 평균의 범위인 [C3:C7]은 절대 변하면 안 되므로 절대 주소로 지정해야 합니다.

⊿	A	B	C	D	E
1	성적표				
2	이름	반	평균	순위	순위
3	김예소	1	84	4	=RANK.EQ(C3,$C$3:$C$7)
4	이동준	1	92	2	=RANK.EQ(C4,$C$3:$C$7)
5	임영우	2	96	1	=RANK.EQ(C5,$C$3:$C$7)
6	서현진	2	76	5	=RANK.EQ(C6,$C$3:$C$7)
7	최진성	2	88	3	=RANK.EQ(C7,$C$3:$C$7)

[절대 참조 지정]

⊿	A	B	C	D	E
1	성적표				
2	이름	반	평균	순위	순위
3	김예소	1	84	4	=RANK.EQ(C3,C3:C7)
4	이동준	1	92	2	=RANK.EQ(C4,C4:C8)
5	임영우	2	96	1	=RANK.EQ(C5,C5:C9)
6	서현진	2	76	2	=RANK.EQ(C6,C6:C10)
7	최진성	2	88	1	=RANK.EQ(C7,C7:C11)

[상대 참조 지정(오류)]

Q 드래그하여 셀을 선택할 수 없습니다.
예를 들어, [D3] 셀에 =RANK.EQ(C3, $C$3:$C$7)을 입력할 때 =IF(RANK.EQ(다음에 [C3] 셀과 [C3:C7] 영역을 마우스로 선택하려는데 안 됩니다. 어떻게 해야 하나요?

SUMIFS			× ✓ fx	=RANK.EQ(	
	A	B	C	D	E	F
1	[표1] 성적표					
2	성명	성별	성적	순위		
3	강성권			=RANK.EQ(		
4	이길순	남	94	RANK.EQ(number, ref, [order])		
5	하길주	여	97	1등		
6	이선호	여	90			
7	강성수	남	95			
8						

A 선택하려는 셀이 수식에 가려 선택하기 힘들 때는 셀 주소를 직접 입력하거나 선택할 셀 주위의 아무 셀을 클릭한 후 방향키를 이용하여 해당 셀로 이동하면 됩니다. 여러 개의 셀을 범위를 지정할 때는 선택할 수 있는 셀부터 드래그하면 됩니다. 즉 [C7] 셀을 클릭한 후 [C3] 셀까지 위쪽으로 드래그하면 됩니다.

Q COUNTIFS 함수를 사용하여 조건식을 입력할 때 &를 꼭 입력해야 하나요?
예를 들어, =COUNTIFS(A3:A10, "망원", B3:B10, ")="&AVERAGE(B3:B10))을
=COUNTIFS(A3:A10, "망원", B3:B10, ")=AVERAGE(B3:B10)")으로 입력하면 안 되나요?

A 안됩니다. 함수를 큰따옴표 안에 입력하면 함수가 아닌 텍스트로 인식되기 때문에 올바른 결과가 나오지 않습니다. 함수를 이용하여 조건을 지정할 때는 다음의 규칙을 지켜야 합니다.
1. 관계연산자( )=, 〉, 〈 =)와 함수를 분리합니다. →)= AVERAGE(B3:B10)
2. 관계연산자는 큰따옴표(" ")로 묶습니다. → ")=" AVERAGE(B3:B10)
3. 둘을 &로 연결합니다. → ")=" & AVERAGE(B3:B10)

Q [D3] 셀의 수식 =CHOOSE(RANK.EQ(C3, $C$3:$C$7), "1등", " ", " ", " ", " ")에서 " "을 4번 입력하는 이유가 뭐죠?

D3			× ✓ fx	=CHOOSE(RANK.EQ(C3,$C$3:$C$7),"1등"," "," "," "," ")				
	A	B	C	D	E	F	G	H	I
1	[표1] 성적표								
2	성명	성별	성적	순위					
3	강성권	남	89						
4	이길순	남	94						
5	하길주	여	97	1등					
6	이선호	여	90						
7	강성수	남	95						
8									

A 순위가 2~5위인 자료에 공백을 표시하기 위해서입니다. CHOOSE(값, 인수1, 인수2, … 인수n) 함수는 '값'만큼 '인수'를 입력해야 하는데, '값'으로 사용된 RANK.EQ 함수가 1~5를 반환하므로 5개의 '인수'를 입력해야 합니다. 즉 '값'이 1일 때는 '인수1'에 해당하는 "1등"을 찾아서 표시하고, 나머지 2~5일 때는 각각 " "을 찾아서 표시합니다. '값'에 해당하는 숫자보다 '인수'의 개수가 적을 경우 에러가 발생합니다.

Q MID 함수를 사용할 때, MID(I3, 4, 1)="1"처럼 숫자 1을 큰따옴표로 묶어준 이유는 무엇인가요?

A 숫자를 문자로 변환하기 위해서입니다. 텍스트 함수(LEFT, RIGHT, MID)의 반환값은 문자 데이터이므로 이와 비교하는 대상도 문자여야 합니다. 즉 숫자 데이터를 문자 데이터로 변환하기 위해서 큰따옴표로 묶은 것입니다.

Q 매크로를 잘못 만들었어요. 어떻게 해야 하나요?

A 매크로를 잘못 만들었을 때는 다음과 같이 작성한 매크로를 삭제한 후 다시 작성하면 됩니다.
1. [개발 도구] → 코드 → 매크로를 클릭한다.
2. '매크로' 대화상자에서 삭제할 매크로를 선택한 후 〈삭제〉를 클릭한다.
3. 매크로를 새로 작성한다.

memo

스프레드시트 실무

문제 1 · 기본작업

문제 2 · 계산작업

문제 3 · 분석작업

문제 4 · 기타작업

문제 1 기본작업(20점)

 전문가의 합격 전략

기본작업은 입력, 셀 서식, 조건부 서식, 고급 필터, 텍스트 나누기 중 3가지 기능이 문제로 출제되며, 배점은 20점입니다. 입력과 셀 서식은 매회 고정적으로 출제되고, 조건부 서식, 고급 필터, 텍스트 나누기 중 1문제가 선택적으로 출제되고 있습니다. 특별히 어렵게 출제되는 문제는 없지만 만약 시간이 부족할 경우 조건부 서식, 고급 필터 등이 포함된 3번 문제를 포기하세요. 최악의 경우에도 15점을 취득할 수 있습니다.

2340101

1 입력

출제 비율 100% / 배점 5점

입력 작업은 문제에 주어진 자료를 그대로 입력한다.

	A	B	C	D	E	F
1	지점별 매출 현황					
2						
3						
4						
5						
6						
7						
8						
9						
10						

➡

	A	B	C	D	E	F
1	지점별 매출 현황					
2						
3	지점	지점코드	판매량	달성률	판매총액	평가
4	Gangseo	A0001	740개	119%	888,000	목표달성
5	Nowon	A0002	716개	115%	859,000	목표달성
6	Seocho	A0003	698개	113%	838,000	목표달성
7	Mapo	A0004	652개	105%	782,000	목표달성
8	Songpa	A0005	603개	97%	724,000	목표미달
9	Gwanak	A0006	592개	95%	710,000	목표미달
10						

대표기출문제

'C:\길벗컴활2급통합\기능\01입력.xlsm' 파일을 열어서 작업하세요.

 기출 1 23.상시, 22.상시, 21.상시, 20.상시, 19.상시, 18.상시, 17.상시, …

2340181

[A3:F9] 영역의 자료를 주어진 대로 입력하시오.

	A	B	C	D	E	F
1	동교초등학교 체험 일정					
2						
3	체험코드	장소	지역	책임자	인솔자수	학생수
4	ks-4392	서울상상나라	광진구	김민정	13	212
5	zo-9841	자연사박물관	마포구	유재수	15	206
6	nc-6762	어린이과학관	종로구	강남진	12	210
7	su-4903	서울시립과학관	노원구	허영미	10	220
8	ah-6742	서대문역사관	서대문구	권지영	13	207
9	tr-3901	국립고궁박물관	영등포구	고인자	14	215
10						

 기출 2 23.상시, 22.상시, 21.상시, 20.상시, 19.상시, 18.상시, 17.상시, 17.1, …

2340182

[A3:F9] 영역의 자료를 주어진 대로 입력하시오.

	A	B	C	D	E	F
1	상공렌트카 대여 현황					
2						
3	대여코드	회원구분	대여일자	차종	1일대여료	대여일
4	jsb-101	비회원	6월 3일	모닝	50,000	2
5	bsb-202	일반	7월 6일	소나타	70,000	5
6	bsb-303	비회원	6월 11일	그랜저	130,000	2
7	jsb-104	더블골드	8월 6일	아반떼	70,000	4
8	ksb-505	일반	9월 25일	카니발	60,000	3
9	ssb-206	일반	7월 8일	젠트라	80,000	1
10						

[A3:E8] 영역의 자료를 주어진 대로 입력하시오.

	A	B	C	D	E
1	대출현황표				
2					
3	대출코드	성명	주소	대출금액	기간
4	j-s-012	김상욱	경기도 성남시 분당구	27,000,000	48
5	d-k-894	최미경	서울시 종로구 무교동	15,000,000	30
6	s-a-135	임선호	부산시 부산진구 동평동	15,000,000	60
7	p-m-387	이다해	대전시 대덕구 법동	15,000,000	60
8	s-r-083	고인숙	경기도 수원시 권선구	15,000,000	60
9					

[A3:F9] 영역의 자료를 주어진 대로 입력하시오.

	A	B	C	D	E	F
1	상공학원 등록현황					
2						
3	성명	등록ID	구분	과목	담당강사	수강료
4	조광희	ma-1022	고등학생	영어	강은주	120,000
5	정은경	ja-3298	대학생	영어	강은주	120,000
6	윤정희	ma-1746	대학생	국사	유명인	110,000
7	이민성	ju-9635	고등학생	국사	유인준	110,000
8	박영선	ja-3254	일반인	영어	이대로	125,000
9	한효진	sw-6413	대학생	국사	허영심	95,000
10						

[A3:F9] 영역의 자료를 주어진 대로 입력하시오.

	A	B	C	D	E	F
1	상공다원 판매정보					
2						
3	구분	상품명	용량(g)	제조년도	가격	판매량
4	가루차	Rize Tea	30	2021년	40,000	15
5	가루차	Keem Tea	30	2022년	25,000	39
6	발효차	Puerh Tea	30	2022년	45,000	20
7	발효차	Masa Tea	50	2021년	33,000	32
8	잎차	Cold Tea	80	2021년	21,000	21
9	잎차	Ceylon Tea	30	2021년	40,000	15
10						

2 셀 서식

셀 서식 중 사용자 지정 표시 형식의 경우 다음과 같은 과정으로 작업을 진행합니다.

1. 사용자 지정 표시 형식을 지정할 영역을 블록으로 지정한다.

2. 바로 가기 메뉴에서 [셀 서식]을 선택한다(바로 가기 키 : Ctrl + 1).

3. '셀 서식' 대화상자의 '표시 형식' 탭에서 범주의 '사용자 지정'을 선택한 후 '형식'에 표시 형식을 입력한다.

- 다음은 지금까지 출제된 20가지 서식을 모두 적용하여 꾸민 문서입니다.

	A	B	C	D	E	F	G	H	I
1		영업소별 라도스 재고현황							
2									
3		영업소코드	판매량	재고량	판매총액	재고율		판매가 :	₩16,000
4		SE-001	1450	50	2610000	0.1		작성일 :	2022-03-25
5		BU-002	1320	30	2376000	0.085714			
6		DA-003	1280	20	2304000	0.066667			
7		GW-004	1270	30	2286000	0			
8		TA-005	1230	20	2214000	0.08			
9		합계	6550	150	11790000				
10									

⬇

	A	B	C	D	E	F	G	H	I
1	③	①② ■*영업소별 라도스 재고현황*■						재고량 대비 ⑳	
2		⑤			⑦				
3		⑥ 영업소코드	판 매 량	在 庫 量	판 매 총 액	재 고 율		판매가 :	₩16,000 ⑰
4		SE-001	⑩ 1,450	50개	₩ 2,610,000	10.0%		작성일 :	2022-03-25 ⑱
5		BU-002	1,320	30개	₩ 2,376,000	8.6%			
6	⑧	DA-003	1,280	20개	₩ 2,304,000	6.7%	⑬ ~ ⑯		
7		GW-004	1,270	30개	₩ 2,286,000	0.0%			
8		TA-005	1,230	20개	₩ 2,214,000	8.0%			
9		합계	6,550	150개	₩ 11,790,000	✕			
10		⑨		⑪	⑫	⑲			

❶ **글꼴 속성** : [B1] 셀에 글꼴 '궁서', 크기 18, 글꼴 스타일 '굵은 기울임꼴', 밑줄 '실선', 글꼴 색 '표준 색 – 빨강'을 지정함

❷ **병합하고 가운데 맞춤** : [B1:F1] 영역에 '병합하고 가운데 맞춤'을 지정함

❸ **행 높이** : 1행의 높이를 28로 지정함

❹ **특수문자** : [B1] 셀의 앞뒤에 "■"을 삽입함

❺ **셀 스타일** : [B3:F3] 영역에 '파랑, 강조색1'을 지정함

❻ **균등 분할** : [B3:F3] 영역에 '가로 균등 분할'을 지정함

❼ **한자** : [D3] 셀의 "재고량"을 "在庫量"으로 변환함

❽ **채우기 색** : [B4:B8] 영역에 '표준 색 – 노랑'을 지정함

❾ **텍스트 맞춤** : [B4:B9] 영역에 '가로 가운데 맞춤'을 지정함

❿ **쉼표 스타일** : [C4:C9] 영역에 '쉼표 스타일(,)'을 지정함

⓫ **사용자 지정 표시 형식** : [D4:D9] 영역의 숫자 뒤에 "개"를 표시함

⓬ **회계 표시 형식** : [E4:E9] 영역에 '회계 표시 형식(₩)'을 지정함

⓭ **백분율 스타일** : [F4:F8] 영역에 '백분율 스타일(%)'을 지정함

⓮ **소수 자릿수 줄임/늘림** : [F4:F8] 영역의 숫자가 소수 첫째 자리까지 표시되게 지정함

⓯ **들여쓰기** : [F4:F8] 영역에 '오른쪽 들여쓰기 1'을 지정함

⓰ **이름 정의** : [F4:F8] 영역에 "재고율"로 이름을 정의함

⓱ **통화** : [I3] 셀에 '통화(₩)'를 지정함

⓲ **간단한 날짜** : [I4] 셀에 '간단한 날짜'를 지정함

⓳ **테두리** : [B3:F9] 영역에 '모든 테두리'와 '굵은 바깥쪽 테두리'를, [B3:F3] 영역에 '아래쪽 이중 테두리(⊞)'를, [F9] 셀에 대각선(X)을 지정함

⓴ **메모** : [F3] 셀에 메모를 삽입한 후 항상 표시하고, '자동 크기'를 지정함

상시시험 출제 유형

☞ 직접 실습하려면 'C:\길벗컴활2급통합\기능\02셀서식.xlsm' 파일을 열어서 작업하세요.

2340211

01 사용자 지정 표시 형식

23.상시, 22.상시, 21.상시, 20.상시, 19.상시, 19.2, 18.상시, 18.2, 18.1, 17.상시, …

23.상시, 22.상시, 21.상시, 20.상시, 19.상시, 18.상시, 17.상시, 16.상시, 16.3, 16.2, 15.상시, …

유형 1 [A2:A6] 영역은 사용자 지정 표시 형식을 이용하여 숫자 뒤에 "개" 표시

▶ 표시 예 : 12 → 12개, 0 → 0개

[0"개"]

'형식'에 문자를 입력할 때는 큰따옴표로 묶어서 입력합니다.

23.상시, 22.상시, 21.상시

유형 2 [B2:B6] 영역은 사용자 지정 표시 형식을 이용하여 숫자 앞에 "*", 숫자 뒤에 "건" 표시

▶ 표시 예 : 123 → *123건, 0 → *0건

["*"0"건"]

23.상시, 22.상시, 21.상시, 20.상시, 19.상시, 18.상시, 17.상시, 16.상시, 16.3, 16.2, 15.상시, 15.3, 15.1, 14.상시, …

유형 3 [C2:C6] 영역은 사용자 지정 표시 형식을 이용하여 1000 단위 구분 기호와 숫자 뒤에 "원" 표시

▶ 표시 예 : 123456 → 123,456원, 0 → 0원

[#,##0"원"]

23.상시, 22.상시, 21.상시, 20.상시, 19.상시, 16.상시, 13.상시, 11.2

유형 4 [D2:D6] 영역은 사용자 지정 표시 형식을 이용하여 천 단위까지만 표시하고, 1000 단위 구분 기호와 숫자 뒤에 "천원" 표시

▶ 표시 예 : 12345678 → 12,346천원, 0 → 0천원

[#,##0,"천원"]

서식 코드 뒤에 콤마를 하나씩 입력할 때마다 천 단위씩 생략됩니다.

원본 데이터	서식	결과
10000000	#,##0	10,000,000
10000000	#,##0,	10,000
10000000	#,##0,,	10

23.상시, 22.상시, 21.상시, 19.상시, 18.상시, 15.상시

유형 5 [E2:E6] 영역은 사용자 지정 표시 형식을 이용하여 백만 단위까지만 표시하고, 숫자 뒤에 "백만원" 표시

▶ 표시 예 : 123456789 → 123백만원, 0 → 0백만원

[0,,"백만원"]

23.상시, 22.상시, 21.상시, 20.상시, 19.상시, 18.상시, 17.상시, 17.1, 16.상시, 15.상시, 14.상시, 14.1, 13.상시

유형 6 [F2:F6] 영역은 사용자 지정 표시 형식을 이용하여 문자 뒤에 "점" 표시

▶ 표시 예 : 서울 → 서울점

[@"점"]

23.상시, 22.상시, 21.상시, 20.상시, 19.상시, 18.상시, 17.상시, 16.상시, 15.상시, 15.2, 14.상시, 13.상시, 13.2, 09.4

유형 7 [C8] 셀은 사용자 지정 표시 형식을 이용하여 날짜 형식을 [표시 예]와 같이 표시

▶ 표시 예 : 2022-01-01 → 22년01월01일

[yy"년"mm"월"dd"일"]

22.상시, 21.상시, 19.상시, 18.2, 17.상시, 15.상시, 13.상시

유형 8 [C9] 셀은 사용자 지정 표시 형식을 이용하여 날짜 형식을 [표시 예]와 같이 표시

▶ 표시 예 : 2022-01-01 → 2022年01月01日

[yyyy"年"mm"月"dd"日"]

한자는 **년, 월, 일**을 입력한 후 [한자]를 누르면 나타나는 한자 목록에서 선택합니다.

23.상시, 22.상시, 21.상시, 20.상시

유형 9 [C10] 셀은 사용자 지정 표시 형식을 이용하여 날짜 형식을 [표시 예]와 같이 표시

▶ 표시 예 : 2022-01-01 → 01일(토요일)

[dd"일"(aaaa)]

기본적으로 제공하는 표시 형식으로 표현할 수 없을 때는 서식 코드를 이용하여 사용자가 직접 표시 형식을 만들어 사용합니다.

서식 코드	의미	예		
		셀 값	형식	결과
#	유효 자릿수만 표시하고, 유효하지 않은 자릿수의 0은 표시하지 않음	1000	#"원"	1000원
		0	#"원"	원
0	유효하지 않은 자릿수의 0을 표시함	1000	0"원"	1000원
		0	0"원"	0원
,	천 단위 구분 기호로 ,(콤마)를 사용함	1000000	#,##0	1,000,000
	서식 코드 뒤에 ,(콤마)를 하나씩 입력할 때마다 천 단위씩 생략됨	1000000	#,##0,	1,000
		1000000	#,##0,,	1
,	천 단위 구분 기호로 ,(콤마)를 사용함	1000000	#,##0	1,000,000
	서식 코드 뒤에 ,(콤마)를 하나씩 입력할 때마다 천 단위씩 생략됨	1000000	#,##0,	1,000
		1000000	#,##0,,	1
@	문자열 뒤에 문자를 붙여 표시할 때 연결자로 사용함	영업	@"부"	영업부
y	yy : 연도를 두 자리로 표시함	2024-01-01	yy-mm-dd	24-01-01
	yyyy : 연도를 네 자리로 표시함	2024-01-01	yyyy-mm-dd	2024-01-01
m	m : 월을 1~12로 표시함	2024-01-01	yy-m-dd	24-1-01
	mm : 월을 01~12로 표시함	2024-01-01	yy-mm-dd	24-01-01
	mmm : 월을 Jan~Dec로 표시함	2024-01-01	yy-mmm-dd	24-Jan-01
	mmmm : 월을 January~December로 표시함	2024-01-01	yy-mmmm-dd	24-January-01
d	d : 일을 1~31로 표시함	2024-01-01	yy-mm-d	24-01-1
	dd : 일을 01~31로 표시함	2024-01-01	yy-mm-dd	24-01-01
	ddd : 요일을 Sun~Sat로 표시함	2024-01-01	yy-mm-ddd	24-01-Mon
	dddd : 요일을 Sunday~Saturday로 표시함	2024-01-01	yy-mm-dddd	24-01-Monday
a	aaa : 요일을 일~월로 표시함	2024-01-01	yy-mm-ddaaa	24-01-01월
	aaaa : 요일을 일요일~월요일로 표시함	2024-01-01	yy-mm-ddaaaa	24-01-01월요일

자주 출제되는 사용자 지정 표시 형식

셀 값	형식	결과
1000	0"개"	1000개
1000	#,##0"원"	1,000원
1000000	#,##0,"천원"	1,000천원
0~100	@"%"	0~100%
2024년	@"까지"	2024년까지
2024-01-01	mm"월"dd"일"	01월01일
2024-01-01	yy"年"mm"月"dd"日"	24年01月01日
2024-01-01	dd"일"(aaaa)	01일(월요일)

'C:\길벗컴활2급통합\기능\02셀서식.xlsm' 파일을 열어서 작업하세요.

2340281

기출 1
23.상시, 22.상시, 21.상시, 20.상시, 19.상시, 18.상시, 17.상시, 16.상시, …

'기출1' 시트에 대하여 다음의 지시사항을 처리하시오.

① [A1:F1] 영역은 '병합하고 가운데 맞춤', 글꼴 '맑은 고딕', 크기 16, 글꼴 스타일 '굵게'로 지정하시오.

② [A3:F3] 영역은 글꼴 색 '표준 색 – 빨강', 채우기 색 '표준 색 – 노랑'으로 지정하시오.

③ [F4:F15] 영역은 사용자 지정 표시 형식을 이용하여 1000 단위 구분 기호와 숫자 뒤에 "원"을 [표시 예]와 같이 표시하시오.
[표시 예 : 1000 → 1,000원, 0 → 0원]

④ [A1] 셀에 "10월 부과 내역"이라는 메모를 삽입한 후 항상 표시되도록 지정하고, 메모 서식에서 맞춤 '자동 크기'를 지정하시오.

⑤ [A3:F15] 영역은 '모든 테두리(⊞)'를 적용한 후 '굵은 바깥쪽 테두리(⊡)'를 적용하여 표시하시오.

2340282

기출 2
23.상시, 22.상시, 21.상시, 20.상시, 19.상시, 18.상시, 17.상시, 17.1, …

'기출2' 시트에 대하여 다음의 지시사항을 처리하시오.

① [A1:F1] 영역은 '병합하고 가운데 맞춤', 셀 스타일 '제목 1', 행의 높이를 30으로 지정하시오.

② [D3] 셀의 "출고량"을 한자 "出庫量"으로 변환하고, [C4:C11] 영역의 이름을 "담당자"로 정의하시오.

③ [B4:B11] 영역은 표시 형식을 '간단한 날짜'로, [E4:F11] 영역은 표시 형식을 '통화'로 지정하시오.

④ [A4:A11] 영역은 사용자 지정 표시 형식을 이용하여 문자 뒤에 "점"을 [표시 예]와 같이 표시하시오. [표시 예 : 서울 → 서울점]

⑤ [A3:F11] 영역은 '가로 가운데 맞춤'을 지정하고, '모든 테두리(⊞)'를 적용하여 표시하시오.

2340283

기출 3
23.상시, 22.상시, 21.상시, 20.상시, 19.상시, 18.상시, 17.상시, 16.상시, …

'기출3' 시트에 대하여 다음의 지시사항을 처리하시오.

① [A1:G1] 영역은 '선택 영역의 가운데로', 글꼴 '궁서', 크기 18, 글꼴 스타일 '굵은 기울임꼴', 밑줄 '이중 실선'으로 지정하시오.

② [C5:D16] 영역은 '쉼표 스타일(,)'을, [E5:F16] 영역은 '회계 표시 형식(₩)'을 지정하시오.

③ [G5:G16] 영역은 '백분율 스타일(%)'을 지정하시오.

④ [G3] 셀은 사용자 지정 표시 형식을 이용하여 날짜 형식을 [표시 예]와 같이 표시하시오. [표시 예 : 2022-01-01 → 22년01월01일]

⑤ [A4:G16] 영역은 '모든 테두리(⊞)'를 적용하고, [A4:G4] 영역은 '아래쪽 이중 테두리(⊟)'를 적용하여 표시하시오.

2340284

기출 4
23.상시, 22.상시, 21.상시, 20.상시, 19.상시, 18.상시, 17.상시, 16.상시, …

'기출4' 시트에 대하여 다음의 지시사항을 처리하시오.

① 제목 문자열의 앞뒤에 특수문자 "♣"을 삽입하시오.

② [A4:A7], [A8:A10], [A11:A14], [D4:D7], [D8:D10], [D11:D14] 영역은 '병합하고 가운데 맞춤'을 지정하시오.

③ [A3:E3] 영역은 텍스트 맞춤을 '가로 균등 분할'로 지정하고, 셀 스타일을 '연한 파랑, 60% – 강조색5'로 지정하시오.

④ [E4:E15] 영역은 사용자 지정 표시 형식을 이용하여 숫자 뒤에 "명"을 [표시 예]와 같이 표시하시오. [표시 예 : 10 → 10명, 0 → 0명]

⑤ [A3:E15] 영역은 '모든 테두리(⊞)'를, [B15:D15] 영역은 '대각선(X)'을 적용하시오.

정답 및 해설

기출 1

〈정답〉

	A	B	C	D	E	F	G	H
1			상공학원 등록비 부과 내역				10월 부과 내역	
2								
3	접수코드	성명	학년	과목	강사명	수강료		
4	ENG-821	한연지	1	영어	유지빈	150,000원		
5	MAT-684	오민진	3	수학	양선후	165,000원		
6	KOR-115	임성연	3	국사	문동해	120,000원		
7	ENG-498	김세안	2	영어	송주환	150,000원		
8	KOR-357	이주안	3	국사	양동운	120,000원		
9	MAT-935	황준우	3	수학	고우준	165,000원		
10	MAT-624	김한나	1	수학	권상연	165,000원		
11	ENG-761	고지혁	3	영어	김성완	150,000원		
12	MAT-563	윤서은	2	수학	윤명세	165,000원		
13	KOR-935	박지안	3	국사	조하진	120,000원		
14	ENG-387	노찬성	2	영어	차영아	150,000원		
15	MAT-452	최헌기	1	수학	신지훈	165,000원		
16								

〈해설〉

① [A1:F1] 영역 서식

② [A3:F3] 영역 서식

③ 사용자 지정 표시 형식([F4:F15])

④ 메모([A1])

※ 엑셀 2021의 버전에 따라 메뉴 명칭이 다를 수 있습니다. [F3] 셀을 선택하고 마우스 오른쪽 단추를 클릭한 후 바로 가기 메뉴에서 [메모 삽입] 또는 [새 노트]를 선택하면 됩니다.

※ '자동 크기'는 메모의 테두리를 마우스 오른쪽 단추로 클릭한 다음 바로 가기 메뉴에서 [메모 서식]을 선택하여 지정합니다.

⑤ 테두리([A3:F15])

기출 2

〈정답〉

	A	B	C	D	E	F
1			지점별 제품 출고 현황			
2						
3	지점명	출고일자	담당자	出庫量	출고가	출고총액
4	서울점	2023-05-02	김정준	1,000	₩32,000	₩32,000,000
5	경기점	2023-05-02	강승연	850	₩28,500	₩24,225,000
6	부산점	2023-05-04	박승준	1,200	₩26,700	₩32,040,000
7	광주점	2023-05-04	손선미	950	₩30,000	₩28,500,000
8	강원점	2023-05-04	김원중	1,100	₩29,100	₩32,010,000
9	전라점	2023-05-08	강일용	900	₩31,300	₩28,170,000
10	충청점	2023-05-09	천태상	900	₩25,600	₩23,040,000
11	경상점	2023-05-09	이혜영	1,000	₩27,200	₩27,200,000
12						

〈해설〉

① 셀 스타일 및 행 높이([A1:F1])

• 셀 스타일 : [A1:F1] 영역을 블록으로 지정한 후 [홈] → 스타일의 ▽ → 제목 1 선택

• 행 높이 : 1행 머리글의 바로 가기 메뉴에서 [행 높이]를 선택한 후 '행 높이' 대화상자에서 30 입력

② 한자 변환([D3]) / 이름 정의([C4:C11])

• 한자 변환

• 이름 정의 : [C4:C11] 영역을 블록으로 지정하고 수식 입력줄 왼쪽 끝의 '이름 상자'에 **담당자**를 입력한 후 Enter를 누름

③ 간단한 날짜([B4:B11]) / 통화([E4:F11])

• 간단한 날짜

• **통화** : [E4:F11] 영역을 블록으로 지정한 후 [홈] → 표시 형식 → 일반 ▽(표시 형식)의 ☑ → **통화** 선택

④ 사용자 지정 표시 형식([A4:A11])

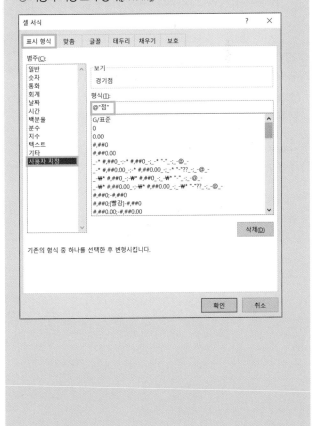

〈정답〉

	A	B	C	D	E	F	G
1				삼공주식회사 지출 내역			
2							
3						작성일자 :	22년02월25일
4	소속	사원명	목표량	실적량	직접경비	간접경비	최종PS지급율
5	서울1팀	한선희	10,000	11,000	₩ 2,685,000	₩ 540,000	30%
6	서울1팀	문시후	15,000	14,000	₩ 2,800,000	₩ 920,000	45%
7	서울2팀	정서애	14,000	13,000	₩ 3,020,000	₩ 1,200,000	0%
8	서울2팀	이미현	18,000	34,000	₩ 4,000,000	₩ 2,300,000	100%
9	인천1팀	윤성혁	13,000	13,000	₩ 3,200,000	₩ 1,000,000	0%
10	인천1팀	서소은	14,000	19,000	₩ 3,125,000	₩ 2,000,000	50%
11	인천2팀	조주영	14,000	15,000	₩ 3,897,000	₩ 1,300,000	70%
12	인천2팀	김민관	15,000	13,000	₩ 3,628,000	₩ 1,100,000	0%
13	과천1팀	백승훈	10,000	15,000	₩ 3,210,000	₩ 1,800,000	105%
14	과천1팀	조윤성	13,000	13,000	₩ 4,113,000	₩ 2,300,000	80%
15	과천2팀	임송현	9,000	11,000	₩ 3,816,000	₩ 2,500,000	35%
16	과천2팀	송영길	11,000	12,000	₩ 3,791,000	₩ 2,000,000	0%
17							

〈해설〉

① 선택 영역의 가운데로([A1:G1])

② 쉼표 스타일([C5:D16]) / 회계 표시 형식([E5:F16])
- **쉼표 스타일** : [C5:D16] 영역을 블록으로 지정한 후 [홈] → 표시 형식 → **쉼표 스타일**(**9**) 클릭
- **회계 표시 형식** : [E5:F16] 영역을 블록으로 지정한 후 [홈] → 표시 형식 → **회계 표시 형식**(🖥) 클릭

③ 백분율 스타일([G5:G16])
[G5:G16] 영역을 블록으로 지정한 후 [홈] → 표시 형식 → **백분율 스타일**(%) 클릭

④ 사용자 지정 표시 형식([G3])

⑤ 테두리([A4:G4])
[A4:G4] 영역을 블록으로 지정한 후 [홈] → 글꼴 → 테두리(▦)의 ▽ → 아래쪽 이중 테두리 선택

〈정답〉

	A	B	C	D	E
1		♣인터넷 강좌 수강현황♣			
2					
3	강 좌 명	강사코드	학생이름	총 시 간	총수강인원
4	인터넷비지니스	a-001	홍하연	9	78명
5		a-005	문인아		12명
6		a-007	조범준		24명
7		b-005	배성진		36명
8	경영학개론	b-007	안민환	12	19명
9		b-008	우상희		12명
10		b-009	송승헌		19명
11	토목지질공학	c-004	전미경	10	23명
12		d-003	문진주		16명
13		d-007	손지산		12명
14		d-009	서인숙		28명
15	합계				279명
16					

〈해설〉

① 특수문자([B1])

↓

③ 가로 균등 분할([A3:E3])

④ 사용자 지정 표시 형식([E4:E15])

⑤ 대각선([B15:D15])

3 조건부 서식

출제 비율 40% / 배점 5점

조건부 서식은 다음과 같은 과정으로 작업을 진행합니다.

1. 조건부 서식이 적용될 범위를 블록으로 지정한다.

2. [홈] → 스타일 → 조건부 서식 → 새 규칙을 선택한다.

3. '새 서식 규칙' 대화상자에서 '수식을 사용하여 서식을 지정할 셀 결정'을 선택하고 조건을 입력한다.

4. 〈서식〉 단추를 클릭한 후 '셀 서식' 대화상자에서 서식을 지정한다.

	A	B	C	D	E	F
1	\multicolumn{6}{정보처리학과 성적표}					
2						
3	성명	성별	중간고사	기말고사	평균	학점
4	홍보성	남	84	89	86.5	B
5	남수진	여	76	81	78.5	C
6	우재민	남	65	57	61	D
7	이유형	남	91	95	93	A
8	서정민	남	92	89	90.5	A
9	허지영	여	88	90	89	B
10	주재연	여	76	71	73.5	C
11	홍윤하	여	84	81	82.5	B
12	김선우	남	69	62	65.5	D
13	신영애	여	51	55	53	F
14	김승민	남	86	91	88.5	B
15	최재희	여	92	94	93	A
16						

→

	A	B	C	D	E	F
1	\multicolumn{6}{정보처리학과 성적표}					
2						
3	성명	성별	중간고사	기말고사	평균	학점
4	홍보성	남	84	89	86.5	B
5	남수진	여	76	81	78.5	C
6	우재민	남	65	57	61	D
7	이유형	남	91	95	93	A
8	서정민	남	92	89	90.5	A
9	허지영	여	88	90	89	B
10	주재연	여	76	71	73.5	C
11	홍윤하	여	84	81	82.5	B
12	김선우	남	69	62	65.5	D
13	신영애	여	51	55	53	F
14	김승민	남	86	91	88.5	B
15	최재희	여	92	94	93	A
16						

※ 성별이 "여"이면서 평균이 80 이상인 자료에만 서식을 지정한 화면입니다.

상시시험 출제 유형

☞ 직접 실습하려면 'C:\길벗컴활2급통합\기능\03조건부서식.xlsm' 파일을 열어서 작업하세요.

 전문가의 조언

• '수식을 사용하여 서식을 지정할 셀 결정'을 선택하여 조건식을 작성하는 문제만 조금 어렵기 때문에 이 문제들만 모두 모았습니다.

• 셀 주소의 열 문자 앞에 $를 표시할 때는 셀 주소가 선택된 상태에서 F4를 두 번 누르면 됩니다.

• 문제의 조건이 어떻게 수식으로 표현되었는지 살펴보고, 잘 이해되지 않는 부분은 일단 암기해 두세요.

 5542302

01 수식을 사용하여 서식을 지정할 셀 결정

23.상시, 22.상시, 21.상시, 20.상시, 19.상시, 18.상시, 17.상시, 16.상시, 15.상시, …

유형 1 '목표량'이 200 이상인 행 전체

23.상시, 22.상시, 18.상시, 14.3, 11.1, 07.2

[=$D2>=200]

조건부 서식을 직접 실행하려면 [A2:F8] 영역을 블록으로 지정한 후 [홈] → 스타일 → 조건부 서식 → 새 규칙을 선택하세요.

※ 아래 그림을 참고하여 조건부 서식의 조건을 이해하고 암기하세요.

	A	B	C	D	E	F
1	사원코드	입사일자	직위	목표량	판매량	판매총액
2	AD-646	2018-04-30	대리	200	241	8,579,600
3	CB-974	2020-05-21	사원	150	134	4,770,400
4	CB-828	2018-09-17	대리	250	219	7,796,400
5	AD-512	2020-08-14	사원	100	126	4,485,600
6	AD-934	2018-03-07	대리	250	272	9,683,200
7	CB-296	2018-05-25	대리	200	197	7,013,200
8	AD-357	2020-06-04	사원	150	168	5,980,800
9						

23.상시, 22.상시, 21.상시, 20.상시, 19.상시, 18.상시, 17.상시, 16.상시, 15.상시, 15.1, 14.상시, …

유형 2 '직위'가 "대리"이면서 '판매량'이 200 이상인 행 전체

▶ AND 함수 사용

[=AND($C2="대리", $E2>=200)]

AND(인수1, 인수2, …) : 주어진 '인수'가 모두 참이면 참값을 반환함

유형 3 '직위'가 "사원"이거나 '판매량'이 200 미만인 행 전체

▶ OR 함수 사용

[=OR($C2="사원", $E2<200)]

OR(인수1, 인수2, …) : '인수' 중 하나라도 참이면 참값을 반환함

유형 4 '사원코드'가 "AD"로 시작하는 행 전체

▶ LEFT 함수 사용

[=LEFT($A2, 2)="AD"]

LEFT(텍스트, 개수) : '텍스트'의 왼쪽부터 지정한 '개수'만큼 추출하여 반환함

유형 5 '판매량'이 '판매량'의 평균보다 큰 행 전체

▶ AVERAGE 함수 사용

[=$E2>AVERAGE($E$2:$E$8)]

AVERAGE(인수1, 인수2, …) : '인수'로 주어진 숫자들의 평균을 반환함

대표기출문제

'C:\길벗컴활2급통합\기능\03조건부서식.xlsm' 파일을 열어서 작업하세요.

기출 1 2340381
23.상시, 22.상시, 18.상시, 14.3, 11.1, 07.2

'기출1' 시트에 대하여 다음의 지시사항을 처리하시오.

[A4:G15] 영역에서 '재고량'이 20 미만인 행 전체에 대하여 글꼴 색을 '표준 색 – 빨강'으로 지정하는 조건부 서식을 작성하시오.

▶ 단, 규칙 유형은 '수식을 사용하여 서식을 지정할 셀 결정'을 사용하고, 한 개의 규칙으로만 작성하시오.

기출 2 2340382
23.상시, 22.상시, 21.상시, 20.상시, 19.상시, 18.상시, 17.상시, 16.상시, …

'기출2' 시트에 대하여 다음의 지시사항을 처리하시오.

[A4:F15] 영역에서 '부서명'이 "영업부"이면서 '수령액'이 3,000,000 미만인 행 전체에 대하여 글꼴 스타일을 '굵은 기울임꼴', 글꼴 색을 '표준 색 – 파랑'으로 지정하는 조건부 서식을 작성하시오.

▶ AND 함수 사용

▶ 단, 규칙 유형은 '수식을 사용하여 서식을 지정할 셀 결정'을 사용하고, 한 개의 규칙으로만 작성하시오.

기출 3 2340383
23.상시, 22.상시, 21.상시, 20.상시, 19.상시

'기출3' 시트에 대하여 다음의 지시사항을 처리하시오.

[A4:G15] 영역에서 '학번'이 2020으로 시작하는 행 전체에 대하여 채우기 색을 '표준 색 – 노랑'으로 지정하는 조건부 서식을 작성하시오.

▶ LEFT 함수 사용

▶ 단, 규칙 유형은 '수식을 사용하여 서식을 지정할 셀 결정'을 사용하고, 한 개의 규칙으로만 작성하시오.

정답 및 해설

기출 1

〈정답〉

	A	B	C	D	E	F	G
1				지점별 가전제품 판매 현황			
2							
3	지점	제품명	판매가	입고량	판매량	재고량	판매총액
4	마포점	냉장고	1,850,000	200	168	32	310,800,000
5	마포점	세탁기	850,000	150	132	18	112,200,000
6	마포점	TV	1,600,000	250	204	46	326,400,000
7	용산점	냉장고	1,850,000	250	241	9	445,850,000
8	용산점	세탁기	850,000	200	165	35	140,250,000
9	용산점	TV	1,600,000	300	257	43	411,200,000
10	관악점	냉장고	1,850,000	180	130	50	240,500,000
11	관악점	세탁기	850,000	120	108	12	91,800,000
12	관악점	TV	1,600,000	160	127	33	203,200,000
13	서초점	냉장고	1,850,000	240	224	16	414,400,000
14	서초점	세탁기	850,000	200	165	35	140,250,000
15	서초점	TV	1,600,000	280	218	62	348,800,000
16							

〈해설〉

1. [A4:G15] 영역을 블록으로 지정한 후 [홈] → 스타일 → 조건부 서식 → **새 규칙**을 선택한다.

   ※ 조건부 서식을 지정할 때는 서식이 적용될 부분만 범위로 지정합니다. 즉 필드명(A3:G3)은 제외합니다.

2. '새 서식 규칙' 대화상자에서 그림과 같이 지정한 후 〈서식〉을 클릭한다.

새 서식 규칙   ?   ✕

규칙 유형 선택(S):
► 셀 값을 기준으로 모든 셀의 서식 지정
► 다음을 포함하는 셀만 서식 지정
► 상위 또는 하위 값만 서식 지정
► 평균보다 크거나 작은 값만 서식 지정
► 고유 또는 중복 값만 서식 지정
► 수식을 사용하여 서식을 지정할 셀 결정

규칙 설명 편집(E):

다음 수식이 참인 값의 서식 지정(O):

=$F4<20   ⬆

미리 보기: 설정된 서식 없음   서식(F)...

확인   취소

3. '셀 서식' 대화상자의 '글꼴' 탭에서 글꼴 색을 '표준 색 – 빨강'으로 지정한 후 〈확인〉을 클릭한다.
4. '새 서식 규칙' 대화상자에서도 〈확인〉을 클릭한다.

기출 2

〈정답〉

	A	B	C	D	E	F
1			사원별 임금수령액			
2						
3	사원명	성별	부서명	직위	호봉	수령액
4	강은주	여	영업부	부장	4	4,250,000
5	김서하	여	영업부	과장	2	3,450,000
6	김성욱	남	기획부	대리	3	3,050,000
7	김준용	남	영업부	대리	1	2,900,000
8	윤서민	남	영업부	대리	1	2,900,000
9	이명성	남	기획부	부장	8	5,000,000
10	이준호	남	기획부	과장	4	3,600,000
11	주한석	남	홍보부	사원	2	2,800,000
12	최세영	여	기획부	과장	2	2,800,000
13	최소현	여	홍보부	과장	5	3,650,000
14	한지민	여	홍보부	대리	5	3,200,000
15	홍국진	남	영업부	사원	1	2,650,000
16						

〈해설〉
• '새 서식 규칙' 대화상자

새 서식 규칙   ?   ✕

규칙 유형 선택(S):
► 셀 값을 기준으로 모든 셀의 서식 지정
► 다음을 포함하는 셀만 서식 지정
► 상위 또는 하위 값만 서식 지정
► 평균보다 크거나 작은 값만 서식 지정
► 고유 또는 중복 값만 서식 지정
► 수식을 사용하여 서식을 지정할 셀 결정

규칙 설명 편집(E):

다음 수식이 참인 값의 서식 지정(O):

=AND($C4="영업부",$F4<3000000)   ⬆

미리 보기: *가나다AaBbCc*   서식(F)...

확인   취소

기출 3

〈정답〉

	A	B	C	D	E	F	G
1			컴퓨터공학과 성적표				
2							
3	학번	성명	중간고사	기말고사	출석	과제	합계
4	20201075	강미경	37	38	10	8	93
5	20186812	조현종	32	31	6	9	78
6	20195655	정은주	27	25	8	10	70
7	20183641	차명식	32	38	9	10	89
8	20203945	전소민	36	35	10	6	87
9	20202964	박문석	33	37	10	10	90
10	20180347	이선길	38	36	9	9	92
11	20191634	김유정	24	28	10	8	70
12	20193546	한지희	36	34	8	9	87
13	20206032	신은정	38	38	7	10	93
14	20185464	김상호	29	30	10	10	79
15	20193847	강민기	32	30	9	8	79
16							

〈해설〉
• '새 서식 규칙' 대화상자

새 서식 규칙   ?   ✕

규칙 유형 선택(S):
► 셀 값을 기준으로 모든 셀의 서식 지정
► 다음을 포함하는 셀만 서식 지정
► 상위 또는 하위 값만 서식 지정
► 평균보다 크거나 작은 값만 서식 지정
► 고유 또는 중복 값만 서식 지정
► 수식을 사용하여 서식을 지정할 셀 결정

규칙 설명 편집(E):

다음 수식이 참인 값의 서식 지정(O):

=LEFT($A4,4)="2020"   ⬆

미리 보기: 가나다AaBbCc   서식(F)...

확인   취소

※ LEFT 함수는 문자를 추출하여 반환하는데, 추출한 문자가 숫자처럼 보여도 문자 데이터이므로 이 값과 비교하는 값(2020)도 문자로 취급하도록 큰따옴표("2020")로 묶어야 합니다.

4 고급 필터

고급 필터는 다음과 같은 과정으로 작업을 진행합니다.

1. 조건을 입력한다.

2. 데이터 영역에 커서를 놓고 [데이터] → 정렬 및 필터 → **고급**을 클릭한다.

3. '고급 필터' 대화상자에서 '결과 표시 위치', '목록 범위', '조건 범위', '복사 위치'를 지정한다.

	A	B	C	D	E	F	G
1				사원별 인사고과			
2							
3	사원명	성별	수행능력	이해력	책임감	협동심	평균
4	양효원	여	91	78	85	82	84.0
5	신성훈	남	77	68	77	79	75.3
6	문송희	여	76	68	65	69	69.5
7	송민석	남	57	76	84	91	77.0
8	우선희	여	79	82	82	89	83.0
9	김지은	여	92	82	90	78	85.5
10	백한준	남	56	70	79	56	65.3
11	한윤선	여	72	83	84	68	76.8
12	조민주	여	82	82	89	91	86.0
13	배현아	여	78	69	70	92	77.3
14	고성능	남	78	82	77	70	76.8
15	박해수	남	86	79	92	84	85.3
16							
17							
18							
19							
20							
21							
22							
23							
24							
25							
26							

→

	A	B	C	D	E	F	G
1				사원별 인사고과			
2							
3	사원명	성별	수행능력	이해력	책임감	협동심	평균
4	양효원	여	91	78	85	82	84.0
5	신성훈	남	77	68	77	79	75.3
6	문송희	여	76	68	65	69	69.5
7	송민석	남	57	76	84	91	77.0
8	우선희	여	79	82	82	89	83.0
9	김지은	여	92	82	90	78	85.5
10	백한준	남	56	70	79	56	65.3
11	한윤선	여	72	83	84	68	76.8
12	조민주	여	82	82	89	91	86.0
13	배현아	여	78	69	70	92	77.3
14	고성능	남	78	82	77	70	76.8
15	박해수	남	86	79	92	84	85.3
16							
17	성별	평균	조건				
18	여	>=80					
19			결과				
20							
21	사원명	성별	수행능력	이해력	책임감	협동심	평균
22	양효원	여	91	78	85	82	84.0
23	우선희	여	79	82	82	89	83.0
24	김지은	여	92	82	90	78	85.5
25	조민주	여	82	82	89	91	86.0
26							

※ 성별이 "여"이면서 평균이 80 이상인 자료만 [A21] 셀부터 표시되도록 고급 필터를 실행한 화면입니다.

상시시험 출제 유형

2340411

고급 필터의 조건 지정 방법

조건에는 AND와 OR 조건이 있으며, 조건이 입력된 행의 위치에 따라 구분됩니다.

- **AND 조건** : 조건이 '~이고'나 '~이면서'로 이어지는 조건으로, 같은 행에 조건을 입력합니다.

  예1 '성별'이 "남"이고 '나이'가 20 이상인 데이터

성별	나이
남	>=20

  예2 '나이'가 20 이상 30 미만이면서 '성별'이 "여"인 데이터

나이	나이	성별
>=20	<30	여

- **OR 조건** : 조건이 '~ 또는'이나 '~이거나'로 이어지는 조건으로, 다른 행에 조건을 입력합니다.

예1 '성별'이 "남"이거나 '나이'가 20 이상인 데이터

성별	나이
남	
	>=20

예2 '성별'이 "남" 또는 "여"인 데이터

성별
남
여

- **AND와 OR 결합 조건** : 조건표에 AND와 OR 조건이 함께 지정된 경우 AND 조건이 먼저 계산됩니다.

예1 '성별'이 "남"이면서 '나이'가 40 이상이거나 '성별'이 "여"이면서 '나이'가 20 이하인 데이터

성별	나이
남	>=40
여	<=20

기본작업 **27**

예2 '나이'가 30 이상 40 미만이거나 '성별'이 "남"인 데이터

나이	나이	성별
〉=30	〈40	
		남

☞ 직접 실습하려면 'C:\길벗컴활2급통합\기능\04고급필터.xlsm' 파일을 열어서 작업하세요.

※ 아래 그림을 참고하여 고급 필터의 조건을 이해하고 암기하세요.

	A	B	C	D	E	F
1	입사일자	사원코드	부서	직위	목표	실적
2	2018-03-09	A-492	생산부	대리	60,000	69,622
3	2021-01-05	B-946	생산부	사원	40,000	43,514
4	2017-06-27	C-644	영업부	대리	50,000	52,208
5	2020-12-02	A-137	영업부	과장	70,000	60,900
6	2018-06-04	C-486	생산부	대리	40,000	46,453
7	2017-09-11	B-250	영업부	대리	60,000	66,767
8	2020-07-26	C-685	영업부	사원	50,000	58,081
9						

01 AND 조건

23.상시, 22.상시, 21.상시, 20.상시, 19.상시, 18.상시, 18.2, 18.1, 17.상시, 17.1, …

유형1 '직위'가 "대리"이면서 '실적'이 60,000 이상인 데이터

직위	실적
대리	〉=60000

02 OR 조건

23.상시, 22.상시, 21.상시, 20.상시, 19.상시, 18.상시, 17.상시, 16.상시, 16.3, …

유형1 '부서'가 "생산부"이거나 '실적'이 60,000 미만인 데이터

부서	실적
생산부	
	〈60000

유형2 '직위'가 "과장" 또는 "사원"인 데이터

직위
과장
사원

03 AND와 OR 결합 조건

23.상시, 22.상시, 21.상시, 20.상시, 17.상시, 15.상시, 13.상시

유형1 '부서'가 "생산부"이면서 '실적'이 50,000 이상이거나, '부서'가 "영업부"이면서 '실적'이 60,000 미만인 데이터

부서	실적
생산부	〉=50000
영업부	〈60000

23.상시, 22.상시, 21.상시, 20.상시, 19.상시, 15.상시, 14.상시

유형2 '실적'이 50,000 이상 60,000 미만이거나 '목표'가 60,000 이상인 데이터

실적	실적	목표
〉=50000	〈60000	
		〉=60000

04 조건표에 수식 입력

23.상시, 18.상시, 16.상시, 13.상시, 09.3, 04.3

유형1 '입사일자'의 월이 6월인 데이터

▶ MONTH 함수 사용

조건
=MONTH(A2)=6

조건을 수식으로 입력할 경우 데이터 영역의 필드명이 아닌 다른 필드명을 입력해야 합니다.

조건에 수식을 입력하면 'TRUE'나 'FALSE'로 표시됩니다.

23.상시, 22.상시, 21.상시, 20.상시

유형2 '부서'가 "영업부"이면서 '실적'이 '실적' 평균 이상인 데이터

▶ AVERAGE 함수 사용

부서	조건
영업부	=F2)=AVERAGE($F$2:$F$8)

'C:\길벗컴활2급통합\기능\04고급필터.xlsm' 파일을 열어서 작업하세요.

기출 1

2340481

기출 1

23.상시, 22.상시, 21.상시, 20.상시, 19.상시, 18.상시, 18.2, 18.1, …

'기출1' 시트에 대하여 다음의 지시사항을 처리하시오.

'상공문고 도서 판매 현황' 표에서 '분야'가 "실용"이면서 '판매량'이 1000 이상인 데이터를 고급 필터를 사용하여 검색하시오.

▶ 고급 필터 조건은 [A17:C19] 영역 내에 알맞게 입력하시오.
▶ 고급 필터 결과 복사 위치는 동일 시트의 [A21] 셀에서 시작하시오.

〈정답〉

	A	B	C	D	E	F
16						
17	분야	판매량				
18	실용	>=1000				
19						
20						
21	분야	도서명	저자	판매가	회원리뷰수	판매량
22	실용	인포그래픽 인사이트	정은주	18,500	29	1,551
23	실용	인터넷 쇼핑몰 마케팅	김보람	19,000	38	1,238
24	실용	엑셀&파워포인트	김서하	16,000	183	1,156
25						

〈해설〉

1. [A17:B18] 영역에 그림과 같이 조건을 입력한다.

	A	B
16		
17	분야	판매량
18	실용	>=1000
19		

기출 2

2340482

기출 2

23.상시, 22.상시, 21.상시, 20.상시

'기출2' 시트에 대하여 다음의 지시사항을 처리하시오.

'3월 제품 판매 현황' 표에서 '입고량'이 400 이상이거나 '재고량'이 재고량 평균 미만인 데이터를 고급 필터를 사용하여 검색하시오.

▶ AVERAGE 함수 사용
▶ 고급 필터 조건은 [A17:C19] 영역 내에 알맞게 입력하시오.
▶ 고급 필터 결과 복사 위치는 동일 시트의 [A21] 셀에서 시작하시오.

2. 데이터 영역의 임의의 셀을 선택한 후 [데이터] → 정렬 및 필터 → 고급을 클릭한다.

3. '고급 필터' 대화상자에서 그림과 같이 지정한 후 〈확인〉을 클릭한다.

기출 3

2340483

기출 3

23.상시, 22.상시, 21.상시, 20.상시, 19.상시, 15.상시, 14.상시

'기출3' 시트에 대하여 다음의 지시사항을 처리하시오.

'1학년 성적표' 표에서 '영어'가 80 이상 90 미만이거나 '수학'이 90 이상인 데이터를 고급 필터를 사용하여 검색하시오.

▶ 고급 필터 조건은 [A18:C20] 영역 내에 알맞게 입력하시오.
▶ 고급 필터 결과 복사 위치는 동일 시트의 [A23] 셀에서 시작하시오.

기출 4

2340484

기출 4

23.상시, 22.상시, 21.상시, 20.상시, 17.상시, 15.상시, 13.상시

'기출4' 시트에 대하여 다음의 지시사항을 처리하시오.

'미주지역 항공편' 표에서 '항공사'가 "튼튼항공"이면서 '마일리지'가 10,000 이상이거나, '항공사'가 "한국항공"이면서 '마일리지'가 10,000 미만인 데이터를 고급 필터를 사용하여 검색하시오.

▶ 고급 필터 조건은 [A17:C19] 영역 내에 알맞게 입력하시오.
▶ 고급 필터 결과는 '노선명, 항공사, 항공요금, 마일리지'만 순서대로 표시하시오.
▶ 고급 필터 결과 복사 위치는 동일 시트의 [A21] 셀에서 시작하시오.

〈정답〉

	A	B	C	D	E	F
16						
17	입고량	조건			조건을 수식으로 입력할 경우 데이터 영역의 필드명이 아닌 다른 필드명을 입력해야 합니다.	
18	>=400					
19		FALSE			조건을 수식으로 입력하면 'TRUE'나 'FALSE'로 표시됩니다.	
20						
21	제품코드	판매가	입고량	판매량	재고량	판매총액
22	SGM-02	18,500	250	231	19	4,273,500
23	SGM-03	16,000	450	372	78	5,952,000
24	SGM-05	22,000	200	165	35	3,630,000
25	SGM-06	18,000	300	284	16	5,112,000
26	SGM-08	19,000	400	317	83	6,023,000
27	SGM-11	25,000	350	319	31	7,975,000
28						

〈해설〉

・'고급 필터' 대화상자

・[B19] : =E4⟨AVERAGE($E$4:$E$15)

기출 3

〈정답〉

	A	B	C	D	E	F
17						
18	영어	영어	수학			
19	>=80	<90				
20			>=90			
21						
22						
23	성명	국어	영어	수학	총점	평균
24	김민성	94	96	96	286	95.3
25	김예소	81	86	85	252	84.0
26	박소은	86	88	91	265	88.3
27	신수호	94	94	95	283	94.3
28	윤주철	92	96	93	281	93.7
29	조현철	86	85	81	252	84.0
30						

〈해설〉

・'고급 필터' 대화상자

기출 4

〈정답〉

	A	B	C	D
16				
17	항공사	마일리지		
18	튼튼항공	>=10000		
19	한국항공	<10000		
20				
21	노선명	항공사	항공요금	마일리지
22	하와이	튼튼항공	812,700	13,816
23	사이판	한국항공	369,000	6,642
24	괌	한국항공	358,700	6,457
25				

> 조건을 입력할 때 [A21:D21] 영역에 결과를 표시할 필드명도 직접 입력한 후 '고급 필터' 대화상자를 호출하면 됩니다.

〈해설〉

・'고급 필터' 대화상자

> 입력한 필드명이 있는 [A21:D21] 영역을 범위로 지정해야 합니다.

5 텍스트 나누기

텍스트 나누기는 다음과 같은 과정으로 작업을 진행합니다.

1. [데이터] → 데이터 도구 → **텍스트 나누기**를 클릭한다.

2. '텍스트 마법사 – 3단계 중 1단계' 대화상자에서 '원본 데이터 형식'을 선택한다.

3. '텍스트 마법사 – 3단계 중 2단계' 대화상자에서 '구분 기호'를 선택한다.

4. '텍스트 마법사 – 3단계 중 3단계' 대화상자에서 '열 데이터 서식'을 지정한다.

	A	B	C	D	E	F
1						
2		길벗주식회사 사원관리현황				
3						
4		직위;이름;부서;TOEIC;JPT				
5		주임;윤석남;총무부;890;790				
6		주임;김미현;인사부;880;780				
7		대리;조승모;인사부;740;970				
8		대리;강혜진;총무부;600;720				
9		대리;이정훈;영업부;620;780				
10		대리;김지원;영업부;840;690				
11		사원;윤태호;총무부;580;710				
12		사원;최은주;인사부;560;620				
13		사원;박성훈;영업부;540;600				
14		사원;이경화;총무부;520;580				
15						

→

	A	B	C	D	E	F
1						
2		길벗주식회사 사원관리현황				
3						
4		직위	이름	부서	TOEIC	JPT
5		주임	윤석남	총무부	890	790
6		주임	김미현	인사부	880	780
7		대리	조승모	인사부	740	970
8		대리	강혜진	총무부	600	720
9		대리	이정훈	영업부	620	780
10		대리	김지원	영업부	840	690
11		사원	윤태호	총무부	580	710
12		사원	최은주	인사부	560	620
13		사원	박성훈	영업부	540	600
14		사원	이경화	총무부	520	580
15						

※ '텍스트 마법사' 대화상자를 이용하여 [B4:B14] 영역의 데이터를 분리하여 [B4:F14] 영역에 표시한 화면입니다.

상시시험 출제 유형

2340511

01 23.상시, 22.상시, 21.상시, 15.상시
구분 기호

23.상시
유형1 데이터는 '탭'으로 구분되어 있음

23.상시, 22.상시, 21.상시, 15.상시
유형2 데이터는 '세미콜론'으로 구분되어 있음

23.상시, 22.상시, 21.상시, 15.상시
유형3 데이터는 '쉼표'로 구분되어 있음

대표기출문제

'C:\길벗컴활2급통합\기능\05텍스트나누기.xlsm' 파일을 열어서 작업하세요.

2340581

기출 1 22.상시, 21.상시, 20.상시, 18.상시, 13.상시, 12.3, 06.2

'기출1' 시트에 대하여 다음의 지시사항을 처리하시오.

[B4:B12] 영역의 데이터를 텍스트 나누기를 실행하여 나타내시오.

▶ 데이터는 쉼표(,)로 구분되어 있음

▶ '지역' 열은 제외할 것

정답 및 해설

기출 1

〈정답〉

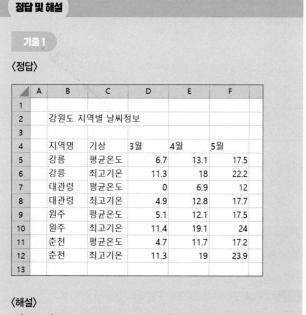

	A	B	C	D	E	F
1						
2		강원도 지역별 날씨정보				
3						
4		지역명	기상	3월	4월	5월
5		강릉	평균온도	6.7	13.1	17.5
6		강릉	최고기온	11.3	18	22.2
7		대관령	평균온도	0	6.9	12
8		대관령	최고기온	4.9	12.8	17.7
9		원주	평균온도	5.1	12.1	17.5
10		원주	최고기온	11.4	19.1	24
11		춘천	평균온도	4.7	11.7	17.2
12		춘천	최고기온	11.3	19	23.9
13						

〈해설〉

1. [B4:B12] 영역을 블록으로 지정한 후 [데이터] → 데이터 도구 → 텍스트 나누기를 클릭한다.

2. '텍스트 마법사 - 3단계 중 1단계' 대화상자에서 '구분 기호로 분리됨'을 선택한 후 〈다음〉을 클릭한다.

3. '텍스트 마법사 - 3단계 중 2단계' 대화상자에서 '탭'을 해제하고, '쉼표'를 선택한 후 〈다음〉을 클릭한다.

4. '텍스트 마법사 - 3단계 중 3단계' 대화상자에서 '지역'을 클릭하고, '열 가져오지 않음(건너뜀)'을 선택한 후 〈마침〉을 클릭한다.

전문가의 합격 전략

계산작업은 5문제가 출제되며 문제당 배점은 8점입니다. 함수를 학습할 때는 함수에서 사용되는 인수를 모두 외우려 하지 말고 일단 어떤 경우에 어떤 함수를 이용하는지만 정확히 알아두세요. 함수 마법사를 이용하면 각 인수에 대한 설명이 나오므로 어떤 인수를 지정해야할지는 몇 번만 실습해 보면 쉽게 알 수 있습니다. 그리고 잊지 말아야 할 것이, 계산작업은 다른 작업을 모두 마친 다음에 해야 한다는 것입니다. 풀릴 듯 말 듯한 계산문제를 잡고 고민하다 보면 시험 종료 시간이 돌아옵니다.

2340601

| 1 | 논리 함수 | 출제 비율 80% / 배점 8점 |

논리 함수 문제에서 지금까지 출제된 함수들은 다음과 같습니다.

출제 함수	설명
IF(조건, 인수1, 인수2)	'조건'이 참이면 '인수1', 거짓이면 '인수2' 반환 예 =IF(A1)90, "우수", "미달") : [A1] 셀의 값이 90을 넘으면 "우수"를, 그렇지 않으면 "미달"을 반환함
AND(인수1, 인수2, …)	주어진 '인수'가 모두 참이면 참값 반환 예 =AND(A1, A2) : [A1]과 [A2] 셀의 값이 모두 참인 경우에만 참값을 반환함
OR(인수1, 인수2, …)	'인수' 중 하나라도 참이면 참값 반환 예 =OR(A1, A2) : [A1]과 [A2] 셀의 값 중 하나라도 참이면 참값을 반환함
IFERROR(인수, 오류 시 표시할 값)	'인수'가 오류이면 '오류 시 표시할 값'을 반환하고, 그렇지 않으면 '인수' 반환 예 =IFERROR((A1+B1)/C1, "오류") : (A1+B1)/C1의 결과가 오류이면 "오류"를 반환하고, 그렇지 않으면 (A1+B1)/C1의 결과를 반환함
LARGE(범위, n번째)	'범위' 중 'n번째'로 큰 값 반환 예 =LARGE(A1:A10, 2) : [A1:A10] 영역에서 두 번째로 큰 값을 반환함
COUNTIF(범위, 조건)	지정된 '범위'에서 '조건'에 맞는 셀의 개수 반환 예 =COUNTIF(A1:A10, "컴퓨터") : [A1:A10] 영역에서 "컴퓨터"가 입력된 셀들의 개수를 반환함

WEEKDAY(날짜, 옵션)	• '날짜'에 해당하는 요일번호를 '옵션'에 맞게 반환
	• 옵션
	  – 1 또는 생략 : 1(일요일) ~ 7(토요일)
	  – 2 : 1(월요일) ~ 7(일요일)
	  – 3 : 0(월요일) ~ 6(일요일)
	예 =WEEKDAY("2024-1-1") : '2024년 1월 1일'의 요일번호 2를 반환함

RANK.EQ(인수, 범위, 옵션)	• 지정된 '범위' 안에서 '인수'의 순위를 '옵션'에 맞게 반환 • 옵션 : 오름차순(0 이외의 값), 내림차순(0 또는 생략) 예 =RANK.EQ(A1, A1:A5, 1) : [A1:A5] 영역에서 [A1] 셀의 오름차순 순위를 반환함
AVERAGE(인수1, 인수2, …)	'인수'로 주어진 숫자들의 평균값 반환 예 =AVERAGE(A1:A10) : [A1:A10] 영역의 평균값을 반환함
MID(텍스트, 시작 위치, 개수)	'텍스트'의 '시작 위치'부터 지정한 '개수'만큼 반환 예 =MID("KOREA", 3, 2) : "KOREA"의 3번째부터 두 문자인 "RE"를 반환함
CHOOSE(인수, 1번째, 2번째, …)	'인수'가 1이면 '1번째', '인수'가 2이면 '2번째', …, '인수'가 n이면 'n번째' 값 반환 예 =CHOOSE(2, "A", "B", "C") : 2번째 값인 "B"를 반환함

HLOOKUP(찾을값, 범위, 행 번호, 옵션)	'범위'의 첫 번째 행에서 '옵션'에 맞게 '찾을값'과 같은 데이터를 찾은 후 '찾을값'이 있는 열에서 지정된 '행 번호' 위치에 있는 값 반환
	• 옵션
	  – TRUE 또는 생략 : '찾을값'과 정확하게 일치하는 값이나 근사값을 찾음('범위'의 첫 번째 행 오름차순 정렬)
	  – FALSE : '찾을값'과 정확하게 일치하는 값을 찾음
	예 =HLOOKUP(A1, B2:C3, 2, FALSE) : [B2:C3] 영역의 첫 번째 행에서 [A1] 셀의 값과 정확히 일치하는 값을 찾고, 찾은 값이 있는 열에서 행 번호로 지정된 두 번째 행의 값을 반환함

LEFT(텍스트, 개수)	'텍스트'의 왼쪽에서 지정한 '개수'만큼 반환 예 =LEFT("KOREA", 2) : "KOREA"의 왼쪽에서 두 문자인 "KO"를 반환함

☞ 직접 실습하려면 'C:\길벗컴활2급통합\기능\06논리함수.xlsm' 파일을 열어서 작업하세요.

전문가의 조언

- IF 함수 문제는 IF 함수의 논리 규칙에 맞게 우리말로 수식을 세워보면 좀 더 쉽게 이해할 수 있습니다.
- 어렵게 느껴지면 [수식의 이해]를 반복해서 읽어보세요.

01 IF 함수

23.상시, 22.상시, 21.상시, 20.상시, 19.상시, 18.상시, 18.2, 18.1, 17.상시, 17.1, 16.상시, 16.2, …

※ 아래 그림을 참고하여 수식을 이해하고 작성해 보세요[유형 1~3].

	A	B	C	D	E	F	G
1	[표1]						
2	추가근무일	지각	결근	시험	결과	비고	요일
3	2022-03-11	0	1	87			평일
4	2022-03-12	3	3	62		주의	주말
5	2022-03-13	0	0	94	1위		주말
6	2022-03-14	4	3	81		주의	평일
7	2022-03-15	1	0	92			평일
8							

2340611

유형 1 IF, LARGE 함수 사용

23.상시, 22.상시, 21.상시, 20.상시, 19.상시, 18.상시, 18.2, 17.상시, 15.상시, …

시험[D3:D7] 점수가 가장 높은 사원은 "1위", 그 외에는 공백을 결과[E3:E7]에 표시하시오.

[=IF(LARGE($D$3:$D$7, 1)=D3, "1위", " ")]

수식의 이해

시험 점수가 가장 높은 사원은 "1위" 입력, 그렇지 않으면 공백 입력
① ② ③

=IF(LARGE(D3:D7, 1)=D3, "1위", " ")
①　　　　　 ②　③

- ❶ LARGE(D3:D7, 1)=D3 : [D3:D7] 영역에서 1번째로 큰 값인 94를 반환합니다. 94는 [D3] 셀의 값인 87과 같지 않으므로 거짓을 반환합니다.
- =IF(거짓, "1위", " ") : '조건'이 거짓이므로 [E3] 셀에 " "(공백)을 입력합니다.
- ※ 복잡한 수식을 입력할 때 좌우의 괄호가 맞지 않아 수식에 오류가 발생하는 경우가 있습니다. 이런 경우 같은 레벨의 괄호 또는 인수 단위로 충분한 거리를 두고 수식을 입력하면 구분하기가 훨씬 쉽습니다.
  =IF(　LARGE($D$3:$D$7, 1)=D3, "1위", " ")
  위처럼 수식 중간에 공백을 주고 입력해도 결과는 올바르게 표시됩니다.

23.상시, 22.상시, 21.상시, 20.상시

유형 2 IF, COUNTIF 함수 사용

지각[B3:B7]이 3번 이상이고, 결근[C3:C7]이 3번 이상이면 "주의", 그 외에는 공백을 비고[F3:F7]에 표시하시오.

[=IF(COUNTIF(B3:C3, ">=3")=2, "주의", " ")]

수식의 이해

지각이 3번 이상이고, 결근이 3번 이상이면 "주의" 입력,
① ②
그렇지 않으면 공백 입력
③

=IF(COUNTIF(B3:C3, ">=3")=2, "주의", " ")
①　　　　　　　　　　 ② ③

- ❶ COUNTIF(B3:C3, ">=3")=2 : [B3:C3] 영역에서 값이 3 이상인 셀의 개수 0을 반환합니다. 0은 2와 같지 않으므로 거짓을 반환합니다.
- =IF(거짓, "주의", " ") : '조건'이 거짓이므로 [F3] 셀에 " "(공백)을 입력합니다.

2340613

23.상시, 22.상시, 21.상시, 19.상시, 18.상시, 15.상시, 13.상시, 11.2, 10.1

유형 3 IF, WEEKDAY 함수 사용

추가근무일[A3:A7]의 요일이 월~금요일이면 "평일", 토, 일요일이면 "주말"을 요일[G3:G7]에 표시하시오.

▶ 월요일이 1로 시작하는 방식 사용

[=IF(WEEKDAY(A3, 2)<=5, "평일", "주말")]

수식의 이해

추가근무일의 요일이 월~금요일이면 "평일" 입력,
①
그렇지 않으면 "주말" 입력
③

=IF(WEEKDAY(A3, 2)<=5, "평일", "주말")
①　　　　　　　 ② ③

- ❶ WEEKDAY(A3, 2)<=5 : [A3] 셀에 입력된 '2022-03-11'의 요일번호 5(금요일)를 반환합니다. 5는 5와 같으므로 참을 반환합니다.
- =IF(참, "평일", "주말") : '조건'이 참이므로 [G3] 셀에 "평일"을 입력합니다.
- ※ WEEKDAY 함수의 '옵션'을 2로 지정했기 때문에 월요일은 1, 화요일은 2, …, 일요일은 7로 반환합니다. 즉 5 이하는 월~금요일에 해당됩니다.

▲	A	B	C	D	E	F	G
9	[표2]						
10	주민등록번호	필기	실기	총점	순위	판정	성별
11	930621-123****	81	85	166	2위	합격	남
12	960302-265****	57	41	98		불합격	여
13	971108-162****	92	95	187	1위	합격	남
14	951201-247****	80	57	137		불합격	여
15	941030-195****	76	88	164		합격	남
16							

2340614

23.상시, 22.상시, 21.상시, 20.상시, 19.상시, 18.1, 17.1, 16.상시, 16.1, …

유형 4 IF, RANK.EQ 함수 사용

총점[D11:D15]의 순위를 구하여 1위는 "1위", 2위는 "2위", 그 외에는 공백을 순위[E11:E15]에 표시하시오.

▶ 순위는 총점이 가장 높은 것이 1위

[=IF(RANK.EQ(D11, $D$11:$D$15)=1, "1위", IF(RANK.EQ(D11, $D$11:$D$15)=2, "2위", ""))]

수식의 이해

총점의 순위가 1위이면 "1위" 입력, 그렇지 않고 총점의 순위가 2위이면
    ①   ④

"2위" 입력, 그렇지 않으면 공백 입력
   ④   ⑤

=IF(RANK.EQ(D11, D11:D15)=1, "1위", IF(RANK.EQ(D11, D11:D15)=2,
       ①   ②   ③

"2위", ""))
  ④

- ① RANK.EQ(D11, D11:D15)=1 : [D11:D15] 영역에서 [D11] 셀의 값 166의 순위 2를 반환합니다. 2는 1과 같지 않으므로 거짓을 반환합니다.
- =IF(거짓, "1위", IF(RANK.EQ(D11, D11:D15)=2, "2위", ""))
    ①   ②   ③   ④ ⑤
  : '조건(①)'이 거짓이므로 ③~⑤를 실행합니다.
- IF(RANK.EQ(D11, D11:D15)=2, "2위", "")
      ③   ④ ⑤
- ③ RANK.EQ(D11, D11:D15)=2 : [D11:D15] 영역에서 [D11] 셀의 값 166의 순위 2를 반환합니다. 2는 2와 같으므로 참을 반환합니다.
- =IF(참, "2위", "") : '조건'이 참이므로 [E11] 셀에 **2위**를 입력합니다.

2340615

23.상시, 22.상시, 21.상시, 19.상시, 17.상시, 16.상시, 16.2, 16.1, 14.상시, 14.3, …

유형 5 IF, AND, AVERAGE 함수 사용

필기[B11:B15]와 실기[C11:C15]가 50 이상이면서 두 점수의 평균이 70 이상이면 "합격", 그 외에는 "불합격"을 판정[F11:F15]에 표시하시오.

[=IF(AND(B11>=50, C11>=50, AVERAGE(B11:C11)>=70), "합격", "불합격")]

수식의 이해

필기와 실기가 50 이상이면서 두 점수의 평균이 70 이상이면 "합격"
   ①, ②   ③   ⑤

입력, 그렇지 않으면 "불합격" 입력
           ⑥

=IF(AND(B11>=50, C11>=50, AVERAGE(B11:C11)>=70), "합격", "불합격")
               ④

- ④ AND(B11>=50, C11>=50, AVERAGE(B11:C11)>=70)
                                    ④
  - ① B11>=50 : [B11] 셀에 입력된 값 81은 50보다 크므로 참입니다.
  - ② C11>=50 : [C11] 셀에 입력된 값 85는 50보다 크므로 참입니다.
  - ③ AVERAGE(B11:C11)>=70 : [B11:C11] 영역(81, 85)의 평균 83은 70보다 크므로 참입니다.
  - ①~③이 모두 참이므로 참을 반환합니다.
- =IF(참, "합격", "불합격") : '조건'이 참이므로 [F11] 셀에 **합격**을 입력합니다.

2340616

23.상시, 22.상시, 21.상시, 20.상시, 19.상시, 18.상시, 16.1, 15.상시, 12.3, 12.2

유형 6 IF, OR, MID 함수 사용

주민등록번호[A11:A15]의 8번째 문자가 1 또는 3이면 "남", 2 또는 4면 "여"를 성별[G11:G15]에 표시하시오.

[=IF(OR(MID(A11, 8, 1)="1", MID(A11, 8, 1)="3"), "남", "여")]

수식의 이해

주민등록번호의 8번째 문자가 1 또는 3이면 "남" 입력,
                 ①, ②   ④
                      ③

그렇지 않으면 "여" 입력
          ⑤

=IF(OR(MID(A11, 8, 1)="1", MID(A11, 8, 1)="3"), "남", "여")
         ①   ②   ④ ⑤
             ③

- ③ OR(MID(A11, 8, 1)="1", MID(A11, 8, 1)="3")
          ①   ②
  - ① MID(A11, 8, 1)="1" : [A11] 셀에 입력된 "930621-123****"의 8번째부터 1글자를 추출하여 "1"을 반환합니다. "1"은 "1"과 같으므로 참입니다.
  - ② MID(A11, 8, 1)="3" : [A11] 셀에 입력된 "930621-123****"의 8번째부터 1글자를 추출하여 "1"을 반환합니다. "1"은 "3"과 같지 않으므로 거짓입니다.
  - ①은 참이고, ②는 거짓이므로 참을 반환합니다.
- =IF(참, "남", "여") : '조건'이 참이므로 [G11] 셀에 **남**을 입력합니다.

※ MID 함수의 결과값은 문자 데이터이므로 비교 대상이 되는 숫자 데이터(1, 3)는 큰따옴표로 묶어서 문자 데이터("1", "3")로 바꿔줘야 합니다.

IFERROR 함수 문제는 **IFERROR가 가장 바깥쪽**에 사용된다는 것을 염두에 두고 문제를 풀어보세요.

02 IFERROR 함수

23.상시, 22.상시, 21.상시, 19.상시, 18.1, 17.상시, 16.2, 16.1, 14.상시, 14.3, 13.상시, 13.1, 12.3, …

※ 아래 그림을 참고하여 수식을 이해하고 작성해 보세요.

	A	B	C	D	E
1	[표1]				
2	학생명	학년	학과코드	점수	결과
3	최경민	3	P	76	
4	지승대	1	G	95	최우수
5	박경선	2	B	88	우수
6	이가영	1	C	63	
7					
8	<학과분류표>				
9	코드	C	P	B	
10	학과	화학	물리	생물	
11					

2340617

유형1 IFERROR, CHOOSE, RANK.EQ 함수 사용

23.상시, 22.상시, 21.상시, 19.상시, 18.1, 16.2, 14.3, 13.상시, 13.1

점수[D3:D6]의 순위를 구하여 1위는 "최우수", 2위는 "우수", 그 외에는 공백을 결과[E3:E6]에 표시하시오.

▶ 순위는 점수가 가장 높은 것이 1위

[=IFERROR(CHOOSE(RANK.EQ(D3, $D$3:$D$6), "최우수", "우수"), "")]

수식의 이해

=IFERROR(CHOOSE(RANK.EQ(D3, D3:D6), "최우수", "우수"), "")
　　　　　　　　　　　①
　　　　　　　　　　②

- ① RANK.EQ(D3, D3:D6) : [D3:D6] 영역에서 [D3] 셀의 값 76의 순위 3을 반환합니다.
- ② CHOOSE(3, "최우수", "우수") : 3번째가 없으므로 오류값을 반환합니다.
- =IFERROR(오류값, "") : '인수'가 오류값이므로 [E3] 셀에 ""(공백)을 입력합니다.

대표기출문제

'C:\길벗컴활2급통합\기능\06논리함수.xlsm' 파일을 열어서 작업하세요.

※ 아래 그림을 참고하여 수식을 작성하시오.

	A	B	C	D	E	F	G	H	I	J
1	[표1]	과학경진대회				[표2]	200m달리기 결과			
2	응시번호	1차	2차	결과		참가번호	선수명	기록	순위	
3	3240001	A	C	장려		28101	장동민	21.53		
4	3240002	B	C			28102	조종연	20.46	3위	
5	3240003	A	A	우수		28103	김영광	21.06		
6	3240004	B	A	장려		28104	장원삼	20.33	2위	
7	3240005	C	B			28105	김준용	20.19	1위	
8	3240006	B	B			28106	이영웅	20.58		
9	3240007	A	A	우수		28107	유지광	21.15		
10										
11	[표3]	시험결과				[표4]	고객정보현황			
12	응시번호	1차	2차	통과여부		고객코드	나이	2021년	2022년	구분
13	12001	67	72			sg-3034	24	81	109	홍보예정
14	12002	91	93	통과		sg-4821	49	34	59	
15	12003	86	84			sg-2465	21	32	41	
16	12004	95	91	통과		sg-4983	38	67	42	홍보예정
17	12005	76	79			sg-8974	51	101	93	
18	12006	71	67			sg-1435	32	27	45	
19	12007	89	92	통과		sg-8239	26	24	78	홍보예정
20										
21	[표5]	사원별 성과표				[표6]	신입생정보			
22	사원코드	사원명	실적	소속		학생코드	학생명	성별	학과	
23	C1034	김동완	3165	지점		K-84371	홍철민	남	국문과	
24	G3761	박보영	2487	본사		B-35762	김소은	여	생물학과	
25	K4982	김신영	4520	지점		E-03897	강현준	남	전자과	
26	S5443	이홍기	3944	본사		A-74815	고유영	여	검색오류	
27	R9610	조현우	2857	지점		K-45976	한서율	여	국문과	
28	K2903	신영숙	4861	지점		E-38247	장성규	남	전자과	
29										
30	[표7]	제품생산현황				<학과목록표>				
31	제품코드	생산량	생산단가	분류		코드	E	K	B	
32	com-1-g	500	9,200	마우스		학과	전자과	국문과	생물학과	
33	com-3-h	300	11,200	스피커						
34	com-5-c	450	9,900	공유기						
35	com-1-s	550	8,500	마우스						
36	com-4-a	350	7,900	공유기						
37	com-2-p	400	9,600	키보드						
38										

2340681

기출1 23.상시, 22.상시, 21.상시

[표1]에서 1차[B3:B9]와 2차[C3:C9]가 모두 "A"이면 "우수", 1차, 2차 중 하나만 "A"이면 "장려", 나머지는 공백을 결과[D3:D9]에 표시하시오.

▶ IF, AND, OR 함수 사용

2340682

기출2 23.상시, 22.상시, 21.상시, 20.상시

[표2]에서 기록[H3:H9]을 기준으로 순위를 구하여 1위는 "1위", 2위는 "2위", 3위는 "3위", 나머지는 공백으로 순위[I3:I9]에 표시하시오.

▶ 순위는 기록이 가장 짧은 것이 1위

▶ IF, CHOOSE, RANK.EQ 함수 사용

2340683

기출3 23.상시, 22.상시, 21.상시, 19.상시, 18.상시

[표3]에서 1차[B13:B19]의 순위가 1~3위이거나 2차[C13:C19]의 순위가 1~3위면 "통과"를, 그렇지 않으면 공백을 통과여부[D13:D19]에 표시하시오.

▶ 순위는 값이 가장 큰 것이 1위

▶ IF, OR, RANK.EQ 함수 사용

기출 4 23.상시, 22.상시, 21.상시, 19.상시, 16.상시, 10.2

[표4]에서 나이[G13:G19]가 40 미만이고, 2021년[H13:H19] 또는 2022년[I13:I19]의 구매횟수가 50 이상이면 "홍보예정"을, 그 외에는 공백을 구분[J13:J19]에 표시하시오.

▶ IF, AND, COUNTIF 함수 사용

기출 6 23.상시, 22.상시, 21.상시, 17.상시, 16.1, 14.상시, 12.3, 12.2

[표6]에서 학생코드[F23:F28]의 첫 번째 문자와 학과목록표[G31:I32]를 이용하여 학과[I23:I28]를 표시하시오. 단, 학과목록표에 없는 코드인 경우 "검색오류"라고 표시하시오.

▶ HLOOKUP, IFERROR, LEFT 함수 사용

기출 5 23.상시, 20.상시, 18.상시, 15.상시

[표5]에서 사원코드[A23:A28]의 첫 번째 문자가 "S" 또는 "G"면 "본사", 그 외에는 "지점"을 소속[D23:D28]에 표시하시오.

▶ IF, OR, LEFT 함수 사용

기출 7 23.상시, 22.상시, 21.상시, 18.상시, 16.상시, 16.2, 14.3

[표7]에서 제품코드[A32:A37]의 다섯 번째 문자가 "1"이면 "마우스", "2"면 "키보드", "3"이면 "스피커", 그 외에는 "공유기"를 분류[D32:D37]에 표시하시오.

▶ IFERROR, CHOOSE, MID 함수 사용

정답

기출 1

[D3] : =IF(AND(B3="A", C3="A"), "우수", IF(OR(B3="A", C3="A"), "장려", " "))
　　　　　　　　조건　　　　　인수1　　　　　　조건　　　　　인수1 인수2
　　　　　　조건　　　　인수1　　　　　　인수2

기출 2

[I3] : =IF(RANK.EQ(H3, $H$3:$H$9, 1)<=3, CHOOSE(RANK.EQ(H3, $H$3:$H$9, 1), "1위", "2위", "3위"), " ")
　　　　　　　　조건　　　　　　　　　　　　　　　　인수1　　　　　　　　　　　　　인수2

기출 3

[D13] : =IF(OR(RANK.EQ(B13, $B$13:$B$19)<=3, RANK.EQ(C13, $C$13:$C$19)<=3), "통과", " ")
　　　　　　　　　　　　조건　　　　　　　　　　　　　　　　　　인수1 인수2

기출 4

[J13] : =IF(AND(G13<40, COUNTIF(H13:I13, ">=50"))>=1), "홍보예정", " ")
　　　　　　　　　조건　　　　　　　　　　　인수1　　인수2

기출 5

[D23] : =IF(OR(LEFT(A23, 1)="S", LEFT(A23, 1)="G"), "본사", "지점")
　　　　　　　　　조건　　　　　　　　　　　　인수1　인수2

기출 6

[I23] : =IFERROR(HLOOKUP(LEFT(F23, 1), $G$31:$I$32, 2, FALSE), "검색오류")
　　　　　　　　인수　　　　　　　　　　　오류 시 표시할 값

기출 7

[D32] : =IFERROR(CHOOSE(MID(A32, 5, 1), "마우스", "키보드", "스피커"), "공유기")
　　　　　　　　인수　　　　　　　　　　오류 시 표시할 값

2340701

찾기/참조 함수 문제에서 지금까지 출제된 함수들은 다음과 같습니다. 앞에서 공부한 함수는 제외하였습니다.

출제 함수	설명

VLOOKUP(찾을값, 범위, 열 번호, 옵션)	'범위'의 첫 번째 열에서 '옵션'에 맞게 '찾을값'과 같은 데이터를 찾은 후 '찾을값'이 있는 행에서 지정된 '열 번호' 위치에 있는 값 반환
	• 옵션
	  - TRUE 또는 생략 : '찾을값'과 정확하게 일치하는 값이나 근사값을 찾음('범위'의 첫 번째 열 오름차순 정렬)
	  - FALSE : '찾을값'과 정확하게 일치하는 값을 찾음
	예 =VLOOKUP(A1, B2:C3, 2, FALSE) : [B2:C3] 영역의 첫 번째 열에서 [A1] 셀의 값과 정확히 일치하는 값을 찾고, 찾은 값이 있는 행에서 열 번호로 지정된 두 번째 열의 값을 반환함

INDEX(범위, 행 번호, 열 번호)	지정된 '범위'에서 '행 번호'와 '열 번호'의 위치에 있는 데이터 반환 예 =INDEX(A1:C10, 2, 3) : [A1:C10] 영역에서 2행 3열에 있는 데이터를 반환함

MATCH(찾을값, 범위, 옵션)	'범위'에서 '찾을값'과 같은 데이터를 찾아 '옵션'을 적용하여 그 위치를 일련번호로 반환
	• 옵션
	  - -1 : 찾을값보다 크거나 같은 값 중 가장 작은 값(내림차순 정렬)
	  - 0 : 찾을값과 첫 번째로 정확하게 일치하는 값
	  - 1 또는 생략 : 찾을값보다 작거나 같은 값 중에서 가장 큰 값(오름차순 정렬)
	예 =MATCH(B1, A1:A10, 1) : [A1:A10] 영역에서 [B1] 셀의 값보다 작거나 같은 값 중에서 가장 큰 값을 찾아 그 위치를 일련번호로 반환함

YEAR(날짜)	'날짜'에서 연도만 추출하여 반환 예 =YEAR("2024-01-01") : "2024-01-01"의 년도 2024를 반환함
TODAY( )	'현재 날짜' 반환 예 =TODAY( ) : 오늘 날짜(예 2024-05-15)를 반환함
INT(인수)	'인수'보다 크지 않은 정수값 반환 예 =INT(5.5) : 5.5보다 크지 않은 정수값 5를 반환함
TRUNC(인수, 자릿수)	'인수'에 대하여 지정한 자릿수 미만 버림 예 =TRUNC(12.345, 2) : 12.345에서 소수점 이하 둘째 자리 미만을 버린 12.34를 반환함

상시시험 출제 유형

☞ 직접 실습하려면 'C:\길벗컴활2급통합\기능\07찾기참조함수.xlsm' 파일을 열어서 작업하세요.

 전문가의 조언

• HLOOKUP 함수는 **행을 기준**으로 원하는 값을 찾고, 대부분 **수식의 가장 바깥쪽에 놓인다**는 걸 염두에 두고 문제들을 살펴보세요.
• 헷갈리는 수식은 일단 암기해 두는 것도 좋은 방법입니다.

※ 아래 그림을 참고하여 수식을 이해하고 작성해 보세요[유형 1~3].

	A	B	C	D	E	F	G
1	[표1]						
2	사원코드	입사일자	근태	실적	직위	평가	휴가일수
3	G4A-603	2020-06-21	87	84	대리	준수	18일
4	B1S-589	2022-12-05	95	92	사원	우수	15일
5	T5E-465	2017-04-16	71	72	과장	노력	21일
6							
7	<직위분류표>						
8	코드	E	A	S			
9	직위	과장	대리	사원			
10							
11	<인사평가표>						
12	평균	60	80	90			
13	평가	노력	준수	우수			
14							
15	<휴가관리표>						
16	근무년수	1	3	5			
17	휴가일수	15일	18일	21일			
18							

유형 1 HLOOKUP, MID 함수 사용

23.상시, 22.상시, 21.상시, 20.상시, 18.상시, 14.상시, 14.2, 13.상시, 09.4, 05.4

사원코드[A3:A5]의 3번째 문자와 직위분류표[B8:D9]를 이용하여 직위 [E3:E5]를 표시하시오.

[=HLOOKUP(MID(A3, 3, 1), $B$8:$D$9, 2, FALSE)]

> 수식의 이해

=HLOOKUP(MID(A3, 3, 1), B8:D9, 2, FALSE)
          ❶

- ❶ MID(A3, 3, 1) : [A3] 셀에 입력된 "G4A-603"의 3번째부터 1글자를 추출하여 "A"를 반환합니다.
- =HLOOKUP("A", B8:D9, 2, FALSE)
  ㉠ 옵션이 'FALSE'이므로 [B8:D9] 영역의 첫 번째 행에서 "A"와 정확히 일치하는 값을 찾습니다. C열에 있는 "A"입니다.
  ㉡ "A"가 있는 C열에서 2행에 있는 **대리**를 찾아서 [E3] 셀에 입력합니다.

▲	A	B	C	D
7	<직위분류표> ㉠			
8	코드	E	A	S
9	직위	과장	대리	사원
10				

유형 2 HLOOKUP, AVERAGE 함수 사용

23.상시, 22.상시, 21.상시, 20.상시, 17.상시, 16.상시, 16.3, 15.상시, 04.4

근태[C3:C5]와 실적[D3:D5]의 평균과 인사평가표[B12:D13]를 이용하여 평가[F3:F5]를 표시하시오.

[=HLOOKUP(AVERAGE(C3:D3), $B$12:$D$13, 2)]

> 수식의 이해

=HLOOKUP(AVERAGE(C3:D3), B12:D13, 2)
          ❶

- ❶ AVERAGE(C3:D3) : [C3:D3] 영역의 평균 85.5를 반환합니다.
- =HLOOKUP(85.5, B12:D13, 2)
  ㉠ 옵션이 생략되었으므로 [B12:D13] 영역의 첫 번째 행에서 85.5를 넘지 않는 가장 근접한 값을 찾습니다. C열에 있는 80입니다.
  ㉡ 80이 있는 C열에서 2행에 있는 **준수**를 찾아서 [F3] 셀에 입력합니다.

▲	A	B	C	D
11	<인사평가표> ㉠			
12	평균	60	80	90
13	평가	노력	준수	우수
14				

유형 3 HLOOKUP, YEAR, TODAY 함수 사용

19.상시, 17.상시, 13.상시, 06.1

입사일자[B3:B5]와 휴가관리표[B16:D17]를 이용하여 휴가일수[G3:G5]를 계산하시오.

▶ 근무년수 = 현재 년도 - 입사 년도

[=HLOOKUP(YEAR(TODAY( )) - YEAR(B3), $B$16:$D$17, 2)]

> 수식의 이해

=HLOOKUP(YEAR(TODAY( )) - YEAR(B3), B16:D17, 2)
          ❶
          ❷   ❸

- ❶ TODAY( ) : 현재 날짜를 반환합니다(예 2024-03-25).
  ※ 결과값은 작성하는 날짜(년도)에 따라 다르게 표시됩니다.
- ❷ YEAR(2024-03-25) : '2024-03-25'에서 년도만 추출하여 2024를 반환합니다.
- ❸ YEAR(B3) : [B3] 셀에 입력된 '2020-06-21'에서 년도만 추출하여 2020을 반환합니다.
- =HLOOKUP(2042-2020, B16:D17, 2)
  ㉠ 옵션이 생략되었으므로 [B16:D17] 영역의 첫 번째 행에서 4(2024-2020)를 넘지 않는 가장 근접한 값을 찾습니다. C열에 있는 3입니다.
  ㉡ 3이 있는 C열에서 2행에 있는 **18일**을 찾아 [G3] 셀에 입력합니다.

▲	A	B	C	D
15	<휴가관리표> ㉠			
16	근무년수	1	3	5
17	휴가일수	15일	18일	21일
18				

👤 **전문가의 조언**

- VLOOKUP 함수는 HLOOKUP 함수와는 달리 **열을 기준으로 원하는 값을 찾는다**는 점을 염두에 두고 문제들을 살펴보세요.
- 마찬가지로 헷갈리는 수식은 일단 암기해 두는 것도 좋은 방법입니다.

02 VLOOKUP 함수

23.상시, 22.상시, 21.상시, 20.상시, 19.상시, 18.상시, 17.상시, 16.상시, 16.2, 15.1, 14.상시, …

※ 아래 그림을 참고하여 수식을 이해하고 작성해 보세요[유형 1~3].

▲	A	B	C	D	E	F
1	[표1]					
2	제품코드	판매량	재고량	판매점	제품명	실적
3	W-A-52	324	32	마포점	세탁기	2위
4	S-M-24	261	18	서교점	TV	3위
5	R-E-87	357	34	망원점	냉장고	1위
6	판매량이 가장 많은 판매점				망원점	
7						
8	<제품분류표>			<판매실적표>		
9	코드	제품명		순위	실적	
10	R	냉장고		1	1위	
11	W	세탁기		2	2위	
12	S	TV		3	3위	
13						

유형1 VLOOKUP, LEFT 함수 사용

제품코드[A3:A5]의 첫 번째 문자와 제품분류표[A10:B12]를 이용하여 제품명[E3:E5]을 표시하시오.

[=VLOOKUP(LEFT(A3, 1), $A$10:$B$12, 2, FALSE)]

수식의 이해

=VLOOKUP(<u>LEFT(A3, 1)</u>, A10:B12, 2, FALSE)
❶

- ❶ LEFT(A3, 1) : [A3] 셀에 입력된 "W–A–52"의 왼쪽에서 1글자를 추출하여 "W"를 반환합니다.
- =VLOOKUP("W", A10:B12, 2, FALSE)
  ㉠ 옵션이 'FALSE'이므로 [A10:B12] 영역의 첫 번째 열에서 "W"와 정확히 일치하는 값을 찾습니다. 11행에 있는 "W"입니다.
  ㉡ "W"가 있는 11행에서 2열에 있는 **"세탁기"**를 찾아서 [E3] 셀에 입력합니다.

	A	B
8	<제품분류표>	
9	코드	제품명
10	R	냉장고
11	W	세탁기
12	S	TV
13		

유형2 VLOOKUP, RANK.EQ 함수 사용

판매량[B3:B5]의 순위와 판매실적표[D10:E12]를 이용하여 실적[F3:F5]을 표시하시오.

▶ 순위는 판매량이 가장 많은 것이 1위

[=VLOOKUP(RANK.EQ(B3, $B$3:$B$5), $D$10:$E$12, 2)]

수식의 이해

=VLOOKUP(<u>RANK.EQ(B3, B3:B5)</u>, D10:E12, 2)
❶

- ❶ RANK.EQ(B3, B3:B5) : [B3:B5] 영역에서 [B3] 셀의 값 324의 순위 2를 반환합니다.
- =VLOOKUP(2, D10:E12, 2)
  ㉠ 옵션이 생략되었으므로 [D10:E12] 영역의 첫 번째 열에서 2를 넘지 않는 가장 근접한 값을 찾습니다. 11행에 있는 2입니다.
  ㉡ 2가 있는 11행에서 2열에 있는 **"2위"**를 찾아서 [F3] 셀에 입력합니다.

	D	E
8	<판매실적표>	
9	순위	실적
10	1	1위
11	2	2위
12	3	3위
13		

유형3 VLOOKUP, LARGE 함수 사용

판매량[B3:B5]이 가장 많은 판매점[D3:D5]을 찾아 [E6] 셀에 표시하시오.

[=VLOOKUP(LARGE(B3:B5, 1), B3:D5, 3, FALSE)]

수식의 이해

=VLOOKUP(<u>LARGE(B3:B5, 1)</u>, B3:D5, 3, FALSE)
❶

- ❶ LARGE(B3:B5, 1) : [B3:B5] 영역에서 1번째로 큰 값 357을 반환합니다.
- =VLOOKUP(357, B3:D5, 3, FALSE)
  ㉠ 옵션이 'FALSE'이므로 [B3:D5] 영역의 첫 번째 열에서 357과 정확히 일치하는 값을 찾습니다. 5행에 있는 357입니다.
  ㉡ 357이 있는 5행에서 3열에 있는 **"망원점"**을 찾아서 [E6] 셀에 입력합니다.

	B	C	D
1			
2	판매량	재고량	판매점
3	324	32	마포점
4	261	18	서교점
5	357	34	망원점

03 CHOOSE 함수

※ 아래 그림을 참고하여 수식을 이해하고 작성해 보세요[유형 1~4].

	A	B	C	D	E	F	G
1	[표1]						
2	주민등록번호	시험일자	시험	성별	시험요일	결과	등급
3	950302-285****	2022-03-23	66	여	수		양
4	971117-132****	2022-03-25	96	남	금	최우수	수
5	010524-419****	2022-03-27	54	여	일		가
6	020120-467****	2022-03-28	79	여	월		미
7	011219-358****	2022-03-29	85	남	화	우수	우
8							

유형1 CHOOSE, MID 함수 사용

주민등록번호[A3:A7]의 8번째 문자가 1 또는 3이면 "남", 2 또는 4면 "여"를 성별[D3:D7]에 표시하시오.

[=CHOOSE(MID(A3, 8, 1), "남", "여", "남", "여")]

수식의 이해

=CHOOSE(<u>MID(A3, 8, 1)</u>, "남", "여", "남", "여")
❶

- ❶ MID(A3, 8, 1) : [A3] 셀에 입력된 "950302-285****"의 8번째부터 1글자를 추출하여 2를 반환합니다.
- =CHOOSE(2, "남", "여", "남", "여") : 2번째에 있는 **"여"**를 [D3] 셀에 입력합니다.

유형 2 CHOOSE, WEEKDAY 함수 사용

시험일자[B3:B7]에 해당하는 요일을 시험요일[E3:E7]에 표시하시오.

▶ 일요일이 1로 시작하는 방식 사용 [표시 예 : 월]

[=CHOOSE(WEEKDAY(B3), "일", "월", "화", "수", "목", "금", "토")]

> **수식의 이해**

=CHOOSE(WEEKDAY(B3), "일", "월", "화", "수", "목", "금", "토")
                      ①

- ① WEEKDAY(B3) : [B3] 셀에 입력된 '2022-03-23'의 요일번호 4(수요일)를 반환합니다.

- =CHOOSE(4, "일", "월", "화", "수", "목", "금", "토") : 4번째에 있는 **"수"**를 [E3] 셀에 입력합니다.

유형 3 CHOOSE, RANK.EQ 함수 사용

시험[C3:C7] 점수를 기준으로 순위를 구하여 1위는 "최우수", 2위는 "우수", 나머지는 공백을 결과[F3:F7]에 표시하시오.

▶ 순위는 시험 점수가 가장 높은 것이 1위

[=CHOOSE(RANK.EQ(C3, $C$3:$C$7), "최우수", "우수", "", "", "")]

> **수식의 이해**

=CHOOSE(RANK.EQ(C3, C3:C7), "최우수", "우수", "", "", "")
                     ①

- ① RANK.EQ(C3, C3:C7) : [C3:C7] 영역에서 [C3] 셀의 값 66의 순위 4를 반환합니다.

- =CHOOSE(4, "최우수", "우수", "", "", "") : 4번째에 있는 "**"(공백)**을 [F3] 셀에 입력합니다.

※ CHOOSE 함수의 '인수'인 시험 점수의 순위가 1~5위까지이므로, CHOOSE 함수의 3~5번째에는 각각 ""(공백)을 입력해야 합니다.

유형 4 CHOOSE, INT 함수 사용

시험[C3:C7] 점수가 90 이상이면 "수", 80 이상이면 "우", 70 이상이면 "미", 60 이상이면 "양", 60 미만이면 "가"를 등급[G3:G7]에 표시하시오.

[=CHOOSE(INT(C3/10)+1, "가", "가", "가", "가", "가", "가", "양", "미", "우", "수", "수")]

> **수식의 이해**

=CHOOSE(INT(C3/10)+1, "가", "가", "가", "가", "가", "가", "양", "미",
                ①
"우", "수", "수")

- ① INT(C3/10) : [C3] 셀의 값 66을 10으로 나눈 값 6.6에서 소수점 이하를 제거한 6을 반환합니다.

- =CHOOSE(6+1, "가", "가", "가", "가", "가", "가", "양", "미", "우", "수", "수") : 7(6+1)번째에 있는 **"양"**을 [G3] 셀에 입력합니다.

※ CHOOSE(인수, 첫 번째, 두 번째, … n번째) 함수는 '인수'로 0을 사용할 수 없는데, 시험 점수가 9점 이하인 경우, 'INT(시험점수/10)'는 0이 됩니다. 이런 경우를 방지하기 위해 'INT(시험점수/10)'에 1을 더해 1~11을 인수로 사용하게 한 것입니다.

> **전문가의 조언**

INDEX 함수는 행 위치 또는 열 위치를 지정하기 위해 MATCH, HLOOKUP 등과 중첩하여 사용하는 문제가 주로 출제됩니다.

04 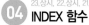 **INDEX 함수**

23.상시, 22.상시, 21.상시, 19.상시, 17.상시, 13.3

※ 아래 그림을 참고하여 수식을 이해하고 작성해 보세요[유형 1~3].

	A	B	C	D	E	F	G	H	I
1	[표1]					[표2]			
2	제품코드	수량	수출총액	환전총액		지역	서울	천안	대구
3	CA-393	1,200	43,500,000	50,173		서울	3,600	6,500	27,400
4	CA-781	1,550	72,500,000	83,621		천안	6,500	2,800	17,900
5	CA-638	1,400	52,000,000	59,976		대구	27,400	17,900	3,200
6									
7		<환율>				<지역코드표>			
8	국가	환율				지역	서울	천안	대구
9	미국	1,122				번호	1	2	3
10	일본	1,032							
11	호주	867				출발지	도착지	요금	
12	영국	1,591				대구	천안	17,900	
13									
14	[표3]								
15	이름	중간고사	기말고사	평균					
16	조광희	86	89	87.5					
17	장미유	95	93	94					
18	김영택	93	97	95					
19	이희도	79	78	78.5					
20	평균이 가장 높은 학생			김영택					
21									

유형 1 INDEX, MATCH, TRUNC 함수 사용

23.상시, 22.상시, 21.상시

수출총액[C3:C5]과 환율[A9:B12]을 이용하여 환전총액[D3:D5]을 계산하시오.

▶ 환전총액 = 수출총액 / 호주 환율

▶ 결과값은 반올림 없이 정수로 표시

[=TRUNC(C3 / INDEX($A$9:$B$12, MATCH("호주", $A$9:$A$12, 0), 2))]

 수식의 이해

=TRUNC(C3 / INDEX(A9:B12, MATCH("호주", A9:A12, 0), 2))
                                              ❶
                          ❷

- ❶ MATCH("호주", A9:A12, 0) : 옵션이 0이므로 [A9:A12] 영역에서 "호주"와 정확히 일치하는 문자열을 찾습니다. "호주"를 찾은 후 [A9:A12] 영역에서 "호주"의 상대적 위치 3을 반환합니다.
- ❷ INDEX(A9:B12, 3, 2) : [A9:B12] 영역의 3행 2열에 있는 값 867을 반환합니다.
- =TRUNC(C3 / 867) : [C3] 셀에 입력된 값 43,500,000을 867로 나눈 값 50,173.01에서 소수점 미만을 버린 **50,173**이 [D3] 셀에 입력됩니다.
- ※ TRUNC(인수, 자릿수) 함수의 '자릿수'가 0(정수)인 경우 생략이 가능합니다.

유형 3 INDEX, MATCH, MAX 함수 사용

23.상시, 22.상시, 21.상시

평균[D16:D19]이 가장 높은 학생의 이름[A16:A19]을 [D20] 셀에 표시하시오.

[=INDEX(A16:D19, MATCH(MAX(D16:D19), D16:D19, 0), 1)]

 수식의 이해

=INDEX(A16:D19, MATCH(MAX(D16:D19), D16:D19, 0), 1)
                                        ❶
                          ❷

- ❶ MAX(D16:D19) : [D16:D19] 영역에서 가장 큰 값 95를 반환합니다.
- ❷ MATCH(95, D16:D19, 0) : 옵션이 0이므로 [D16:D19] 영역에서 95와 정확히 일치하는 값을 찾습니다. 95를 찾은 후 [D16:D19] 영역에서 95의 상대적 위치 3을 반환합니다.
- =INDEX(A16:D19, 3, 1) : [A16:D19] 영역의 3행 1열에 있는 값 **김영택**이 [D20] 셀에 입력됩니다.

19.상시, 17.상시, 13.3

 유형 2 INDEX, HLOOKUP 함수 사용

표2[G3:I5], 출발지[G12], 도착지[H12]와 지역코드표[G8:I9]를 이용하여 요금[I12]을 계산하시오.

[=INDEX(G3:I5, HLOOKUP(G12, G8:I9, 2, FALSE), HLOOKUP(H12, G8:I9, 2, FALSE))]

수식의 이해

=INDEX(G3:I5, HLOOKUP(G12, G8:I9, 2, FALSE),
                          ❶

HLOOKUP(H12, G8:I9, 2, FALSE))
                          ❷

- ❶ HLOOKUP(G12, G8:I9, 2, FALSE) : [G8:I9] 영역의 첫 번째 행에서 [G12] 셀에 입력된 "대구"와 정확하게 일치(FALSE)하는 값을 찾습니다. I열에 있는 "대구"를 찾은 후 I열의 2행에 있는 값인 3을 반환합니다.
- ❷ HLOOKUP(H12, G8:I9, 2, FALSE) : [G8:I9] 영역의 첫 번째 행에서 [H12] 셀에 입력된 "천안"과 정확하게 일치(FALSE)하는 값을 찾습니다. H열에 있는 "천안"을 찾은 후 H열의 2행에 있는 값인 2를 반환합니다.
- =INDEX(G3:I5, 3, 2) : [G3:I5] 영역의 3행 2열에 있는 값 **17,900**이 [I12] 셀에 입력됩니다.

'C:\길벗컴활2급통합\기능\07찾기참조함수.xlsm' 파일을 열어서 작업하세요.

※ 아래 그림을 참고하여 수식을 작성하시오.

	A	B	C	D	E	F	G	H	I
1	[표1]	상공학원 등록현황				[표2]	학생관리현황		
2	수강코드	수강자명	기본료	수강료		학생명	성별	생년월일	태어난요일
3	A-9635	박하연	240000	204,000		김예은	여	2011-08-20	토요일
4	S-5141	조영진	360000	288,000		이중희	남	2010-07-11	일요일
5	A-4094	차은미	240000	204,000		고인자	여	2010-02-08	월요일
6	T-3732	장석영	180000	162,000		유명희	여	2011-11-15	화요일
7	T-0687	김부성	180000	162,000		최경훈	남	2011-09-23	금요일
8	A-5514	전성기	240000	204,000					
9	S-1209	신의주	360000	288,000		<요일구분표>			
10						구분	요일		
11	<할인율표>					1	월요일		
12	코드	T	A	S		2	화요일		
13	할인율	10%	15%	20%		3	수요일		
14						4	목요일		
15	[표3]	문구류생산현황				5	금요일		
16	문구코드	생산단가	생산량	문구명		6	토요일		
17	2-BI-C9	250	50,000	볼펜		7	일요일		
18	3-SK-L4	200	45,000	색연필					
19	1-PS-N3	110	48,000	연필		[표4]	강좌수강현황		
20	2-BC-A3	260	52,000	볼펜		성명	성별	시험	순위
21	1-PA-H5	120	50,000	연필		김은하	여	78	
22	3-SF-E7	190	47,000	색연필		전현석	남	92	2위
23	2-BD-S8	240	45,000	볼펜		이강남	남	67	
24	3-SL-P1	220	48,000	색연필		최미진	여	89	
25						고승면	여	95	1위
26	[표5]					김정현	남	91	3위
27	제품명	입고량	판매량	판매총액		이혜원	여	84	
28	키보드	50	43	451,500		신정환	남	77	
29	마우스	65	56	532,000					
30	헤드폰	40	32	352,000		[표6]	국가별 환율		
31						통화	환율		
32	<판매가표>					USD	1263.15		
33	제품명	마우스	키보드	헤드폰		GBP	1584.36		
34	판매가	9,500	10,500	11,000		CAD	985.53		
35						HKD	160.98		환율
36						JPY	995.49	GBP	1584
37									

2340781

기출 1
23.상시, 22.상시, 21.상시, 20.상시, 17.상시, 16.2, 15.1, 14.상시, 14.1, …

[표1]에서 수강코드[A3:A9]의 첫 번째 문자와 기본료[C3:C9], 할인율표[B12:D13]를 이용하여 수강료[D3:D9]를 계산하시오.

▶ 수강료 = 기본료 × (1 − 할인율)

▶ VLOOKUP, HLOOKUP, LEFT, RIGHT 함수 중 알맞은 함수들을 선택하여 사용

2340782

기출 2
23.상시, 22.상시, 21.상시

[표2]에서 생년월일[H3:H7]과 요일구분표[F11:G17]를 이용하여 태어난요일[I3:I7]을 표시하시오.

▶ 월요일이 1로 시작하는 방식 사용

▶ VLOOKUP, WEEKDAY 함수 사용

2340783

기출 3
20.상시, 19.상시, 13.상시, 06.2

[표3]에서 문구코드[A17:A24]의 첫 번째 문자가 "1"이면 "연필", "2"면 "볼펜", "3"이면 "색연필"을 문구명[D17:D24]에 표시하시오.

▶ CHOOSE, LEFT 함수 사용

2340784

기출 4
21.상시, 18.상시, 18.1, 17.1, 16.상시, 16.1, 15.상시, 13.1, 11.3, 11.1, …

[표4]에서 시험[H21:H28] 점수를 기준으로 순위를 구하여 1~3위는 "1위", "2위", "3위"를 표시하고, 나머지는 공백을 순위[I21:I28]에 표시하시오.

▶ 순위는 시험 점수가 가장 높은 것이 1위

▶ CHOOSE, RANK.EQ 함수 사용

2340785

기출 5
20.상시, 18.1

[표5]에서 제품명[A28:A30], 판매량[C28:C30]과 판매가표[B33:D34]를 이용하여 판매총액[D28:D30]을 계산하시오.

▶ 판매총액 = 판매량 × 판매가

▶ INDEX, MATCH 함수 사용

2340786

기출 6
23.상시, 22.상시, 21.상시

[표6]에서 통화명[F32:F36]이 "GBP"[H36]인 통화의 환율[G32:G36]을 찾아 [I36] 셀에 표시하시오.

▶ 결과값은 반올림 없이 정수로 표시

▶ TRUNC, INDEX, MATCH 함수 사용

기출 1

[D3] : =C3 ＊ (1 − HLOOKUP(LEFT(A3, 1), $B$12:$D$13, 2, FALSE))
　　　　　　　　　　　　　　찾을값　　　범위　　행 번호 옵션

기출 2

[I3] : =VLOOKUP(WEEKDAY(H3, 2), $F$11:$G$17, 2, FALSE)
　　　　　　　　찾을값　　　　　범위　열 번호 옵션

기출 3

[D17] : =CHOOSE(LEFT(A17, 1), "연필", "볼펜", "색연필")
　　　　　　　　인수　　1번째　2번째　3번째

기출 4

[I21] : =CHOOSE(RANK.EQ(H21, $H$21:$H$28), "1위", "2위", "3위", " ", " ", " ", " ", " ")
　　　　　　　　인수　　　　　　1번째 2번째 3번째　5번째　　7번째
　　　　　　　　　　　　　　　　　　　　4번째　6번째　8번째

※ CHOOSE 함수의 '인수'인 시험 점수의 순위가 1~8위까지이므로, CHOOSE 함수의 4~8번째에는 각각 " "(공백)을 입력해야 합니다.

기출 5

[D28] : =C28 ＊ INDEX($B$33:$D$34, 2, MATCH(A28, $B$33:$D$33, 0))
　　　　　　　　　　　　　　　찾을값　범위　옵션
　　　　　　　──────────────　　　　　　열 번호
　　　　　　　　　범위　　　
　　　　　　　　　　　행 번호

기출 6

[I36] : =TRUNC(INDEX(F32:G36, MATCH(H36, F32:F36, 0), 2))
　　　　　　　　　　　　　　찾을값　범위　옵션
　　　　　　　─────　　──────────　────
　　　　　　　　범위　　　　　행 번호　　　　열 번호

3 통계 함수

통계 함수에서 지금까지 출제된 함수들은 다음과 같습니다. 앞에서 공부한 함수는 제외하였습니다.

출제 함수	설명
COUNTIFS(조건1이 적용될 범위, 조건1, 조건2가 적용될 범위, 조건2, …)	여러 개의 조건이 적용될 범위에서 여러 개의 조건에 맞는 셀을 찾아 개수 반환 예 =COUNTIFS(A1:A10, "컴퓨터", B1:B10, "1급") : [A1:A10] 영역에서 "컴퓨터"가 입력된 셀들을 찾은 후 [B1:B10] 영역의 같은 행에서 "1급"이 입력된 셀들의 개수를 반환함
AVERAGEIF(조건이 적용될 범위, 조건, 평균을 구할 범위)	'조건이 적용될 범위'에서 '조건'에 맞는 셀을 찾아 '평균을 구할 범위' 중 같은 행에 있는 값들의 평균값 반환 예 =AVERAGEIF(A1:A10, "컴퓨터", B1:B10) : [A1:A10] 영역에서 "컴퓨터"가 입력된 셀들을 찾은 후 [B1:B10] 영역의 같은 행에 있는 값들의 평균값을 반환함
AVERAGEIFS(평균을 구할 범위, 조건1이 적용될 범위, 조건1, 조건2가 적용될 범위, 조건2, …)	여러 개의 조건이 적용될 범위에서 여러 개의 조건에 맞는 셀을 찾아 '평균을 구할 범위' 중 같은 행에 있는 값들의 평균값 반환 예 =AVERAGEIFS(C1:C10, A1:A10, "컴퓨터", B1:B10, "1급") : [A1:A10] 영역에서 "컴퓨터"가 입력된 셀들을 찾고, [B1:B10] 영역에서 같은 행들에 있는 "1급"이 입력된 셀들을 찾은 후 [C1:C10] 영역의 같은 행에 있는 값들의 평균값을 반환함
COUNTA(인수1, 인수2, …)	'인수'로 주어진 값 중 자료가 입력되어 있는 셀의 개수 반환 예 =COUNTA(A1:A10) : [A1:A10] 영역에서 자료가 입력된 셀의 개수를 반환함
STDEV.S(인수1, 인수2, …)	'인수'로 주어진 숫자들의 표준편차 반환 예 =STDEV.S(A1:A10) : [A1:A10] 영역의 값들에 대한 표준편차를 반환함
MAX(인수1, 인수2, …)	'인수' 중 가장 큰 값 반환 예 =MAX(A1:A10) : [A1:A10] 영역에서 가장 큰 값을 반환함
MIN(인수1, 인수2, …)	'인수' 중 가장 작은 값 반환 예 =MIN(A1:A10) : [A1:A10] 영역에서 가장 작은 값을 반환함
SMALL(범위, n번째)	'범위' 중 'n번째'로 작은 값 반환 예 =SMALL(A1:A10, 2) : [A1:A10] 영역에서 두 번째로 작은 값을 반환함
COUNT(인수1, 인수2, …)	'인수' 중 숫자가 있는 셀의 개수 반환 예 =COUNT(A1:A10) : [A1:A10] 영역에서 숫자가 있는 셀의 개수를 반환함
MEDIAN(인수1, 인수2, …)	'인수'들의 중간값 반환 예 =MEDIAN(A1:A10) : [A1:A10] 영역의 값들의 중간값을 반환함
SUM(인수1, 인수2, …)	'인수'로 주어진 숫자들의 합계값 반환 예 =SUM(A1:A10) : [A1:A10] 영역의 합계값을 반환함
SUMIF(조건이 적용될 범위, 조건, 합계를 구할 범위)	'조건이 적용될 범위'에서 '조건'에 맞는 셀을 찾아 '합계를 구할 범위' 중 같은 행에 있는 값들의 합계값 반환 예 =SUMIF(A1:A10, "컴퓨터", B1:B10) : [A1:A10] 영역에서 "컴퓨터"가 입력된 셀들을 찾은 후 [B1:B10] 영역의 같은 행에 있는 값들의 합계값을 반환함

☞ 직접 실습하려면 'C:\길벗컴활2급통합\기능\08통계함수.xlsm' 파일을 열어서 작업하세요.

2340813

23.상시, 22.상시, 21.상시, 20.상시, 19.상시, 17.1, 15.상시, 15.3, 15.1, 13.3, …

유형1 COUNTIFS 함수 사용

성별[B3:B8]이 "남"이고 판매량[D3:D8]이 150 이상인 사원 수를 [D9] 셀에 계산하시오.

[=COUNTIFS(B3:B8, "남", D3:D8, ")=150")]

01 COUNTIF 함수

23.상시, 22.상시, 21.상시, 19.상시, 17.상시, 13.상시, 12.1, 11.2, 10.3

※ 아래 그림을 참고하여 수식을 이해하고 작성해 보세요.

	A	B	C	D
1	[표1]			
2	지점	생산량	불량률	공정개수
3	마포	500	15	2
4	성북	450	24	1
5	금천	500	17	0
6	종로	600	9	2
7	생산량이 500 이상인 수			3
8				

수식의 이해

=COUNTIFS(B3:B8, "남", D3:D8, ")=150")
[B3:B8] 영역에서 성별이 "남"인 셀 [B3], [B4], [B7]을 찾습니다. [D3:D8] 영역의 3, 4, 7 행에 입력된 값 135, 174, 161 중 150 이상이 입력된 셀의 개수 **2**가 [D9] 셀에 입력됩니다.

2340811

23.상시, 22.상시, 21.상시

유형1 COUNTIF 함수 사용

생산량[B3:B6]이 500 이상인 지점 수를 [D7] 셀에 계산하시오.

[=COUNTIF(B3:B6, ")=500")]

수식의 이해

=COUNTIF(B3:B6, ")=500")
[B3:B6] 영역에서 생산량이 500 이상인 셀([B3], [B5], [B6])의 개수 **3**이 [D7] 셀에 입력됩니다.

2340814

23.상시, 22.상시, 21.상시, 20.상시, 18.2, 16.상시

유형2 COUNTIFS, AVERAGE 함수와 & 연산자 사용

부서명[C3:C8]이 "영업2부"이고 판매량[D3:D8]이 판매량 평균 이상인 사원 수를 [D10] 셀에 계산하시오.

[=COUNTIFS(C3:C8, "영업2부", D3:D8, ")="&AVERAGE(D3:D8))]

전문가의 조언

COUNTIFS 함수는 사용된 조건 중 하나라도 거짓(FALSE)이면 개수에 포함하지 않는다는 것에 주의하세요.

수식의 이해

=COUNTIFS(C3:C8, "영업2부", D3:D8, ")="&AVERAGE(D3:D8))
                                              ①

• ❶ AVERAGE(D3:D8) : [D3:D8] 영역의 평균 146.5를 반환합니다.

• =COUNTIFS(C3:C8, "영업2부", D3:D8, ")="&146.5) : [C3:C8] 영역에서 부서명이 "영업2부"인 셀 [C4], [C6], [C7]을 찾습니다. [D3:D8] 영역의 4, 6, 7 행에 입력된 값 174, 109, 161 중 146.5 이상이 입력된 셀의 개수 **2**가 [D10] 셀에 입력됩니다.

※ 함수를 이용하여 조건을 지정할 때는 규칙이 있습니다.

02 COUNTIFS 함수

23.상시, 22.상시, 21.상시, 20.상시, 19.상시, 18.2, 17.1, 16.상시, 15.상시, 15.3, 15.1, 13.3, 12.3, …

※ 아래 그림을 참고하여 수식을 이해하고 작성해 보세요[유형 1~2].

	A	B	C	D
1	[표1]			
2	사원코드	성별	부서명	판매량
3	SG001	남	영업1부	135
4	SG002	남	영업2부	174
5	SG003	여	영업1부	158
6	SG004	여	영업2부	109
7	SG005	남	영업2부	161
8	SG006	여	영업1부	142
9	우수 남사원 수			2
10	영업2부 우수사원 수			2
11				

❶ 관계연산자()=,), <=)와 함수를 분리합니다. →)= AVERAGE(D3:D8)

❷ 관계연산자는 큰따옴표(" ")로 묶습니다. → ")=" AVERAGE(D3:D8)

❸ 둘을 &로 연결합니다. → ")=" & AVERAGE(D3:D8)

03 AVERAGEIF 함수

※ 아래 그림을 참고하여 수식을 이해하고 작성해 보세요.

▲	A	B	C	D	E
1	[표1]				
2	사원명	성별	부서명	직위	판매량
3	노영찬	남	영업1팀	대리	144
4	한혜연	여	영업2팀	과장	113
5	김장우	남	영업2팀	대리	159
6	최시현	여	영업1팀	사원	136
7	이주원	여	영업2팀	사원	108
8	영업2팀 평균 판매량				126.6
9					

2340815

19.상시, 17.상시, 15.3, 14.1

유형1 AVERAGEIF, TRUNC 함수 사용

부서명[C3:C7]이 "영업2팀"인 직원들의 판매량[E3:E7] 평균을 소수점 이하 첫째 자리까지 [E8] 셀에 계산하시오.

[=TRUNC(AVERAGEIF(C3:C7, "영업2팀", E3:E7), 1)]

수식의 이해

=TRUNC(AVERAGEIF(C3:C7, "영업2팀", E3:E7), 1)
 ①

• ① AVERAGEIF(C3:C7, "영업2팀", E3:E7) : [C3:C7] 영역에서 "영업2팀"이 입력된 셀 [C4], [C5], [C7]을 찾습니다. [E3:E7] 영역의 4, 5, 7 행에 입력된 값 113, 159, 108의 평균 126.666…을 반환합니다.
• =TRUNC(126.666…, 1) : 126.666…에서 소수점 이하 첫째 자리 미만을 버린 126.6이 [E8] 셀에 입력됩니다.

전문가의 조언

AVERAGEIFS 함수도 한 개의 조건이라도 거짓(FALSE)이면 평균에 포함하지 않습니다.

04 AVERAGEIFS 함수
20.상시, 19.상시, 16.1

※ 아래 그림을 참고하여 수식을 이해하고 작성해 보세요.

▲	A	B	C	D
1	[표1]			
2	사원명	전반기	후반기	총판매량
3	김태균	88	216	304
4	정미화	179	294	473
5	최은주	123	198	321
6	이동건	162	257	419
7	우수사원 총판매량 평균			446
8				

20.상시, 19.상시, 16.1

유형1 AVERAGEIFS 함수 사용

전반기[B3:B6]가 100 이상이고, 후반기[C3:C6]가 200 이상인 사원들의 총판매량[D3:D6] 평균을 [D7] 셀에 계산하시오.

[=AVERAGEIFS(D3:D6, B3:B6, "〉=100", C3:C6, "〉=200")]

수식의 이해

=AVERAGEIFS(D3:D6, B3:B6, "〉=100", C3:C6, "〉=200")
[B3:B6] 영역에서 100 이상이 입력된 셀 [B4], [B5], [B6]을 찾습니다. [C3:C6] 영역의 4, 5, 6 행 중 200 이상이 입력된 셀 [C4], [C6]을 찾습니다. [D3:D6] 영역의 4, 6 행에 입력된 값 473, 419의 평균 4460이 [D7] 셀에 입력됩니다.

05 COUNTA 함수
23.상시, 22.상시, 21.상시, 20.상시, 18.상시, 15.상시, 06.1

※ 아래 그림을 참고하여 수식을 이해하고 작성해 보세요.

▲	A	B	C	D	E
1	[표1]				
2	학생명	1학기	2학기	출석1	출석2
3	문세윤	O	O	개근	개근
4	이소원	O			결석
5	정찬우	O	O	개근	개근
6	정미애		O		결석
7	강해진	O	O	개근	개근
8					

2340818

23.상시, 22.상시, 21.상시, 20.상시, 15.상시

유형1 COUNTA, CHOOSE 함수 사용

1학기[B3:B7], 2학기[C3:C7]에 모두 "O"가 있으면 "개근"을, 그렇지 않으면 "결석"을 출석2[E3:E7]에 표시하시오.

[=CHOOSE(COUNTA(B3:C3), "결석", "개근")]

수식의 이해

=CHOOSE(COUNTA(B3:C3), "결석", "개근")
 ①

• ① COUNTA(B3:C3) : [B3:C3] 영역에서 "O"가 입력된 셀의 개수 2를 반환합니다.
• =CHOOSE(2, "결석", "개근") : 2번째에 있는 "개근"을 [E3] 셀에 입력합니다.

STDEV.S 함수는 표준편차를 계산하는 함수로, 표준편차는 데이터들이 평균에서 퍼져있는 정도를 알려주는 수치입니다.

06 STDEV.S 함수
23.상시, 22.상시, 21.상시, 14.2, 13.상시

※ 아래 그림을 참고하여 수식을 이해하고 작성해 보세요.

▲	A	B	C	D	E
1	[표1]				
2	성명	국어	영어	수학	평균
3	김영상	82	86	81	83
4	손지현	79	82	85	82
5	유혜란	94	90	95	93
6	이석준	76	72	71	73
7	평균 표준편차				8.1
8					

2340819

유형1 STDEV.S, TRUNC 함수 사용
23.상시, 22.상시, 21.상시, 14.2, 13.상시

평균[E3:E6]의 표준편차를 구하여 소수점 이하 첫째 자리까지 [E7] 셀에 표시하시오.

[=TRUNC(STDEV.S(E3:E6), 1)]

수식의 이해

=TRUNC(STDEV.S(E3:E6), 1)
 　　　　　　❶

- ❶ STDEV.S(E3:E6) : [E3:E6] 영역의 표준편차를 계산하여 8.180…을 반환합니다.
- =TRUNC(8.180…, 1) : 8.180…에서 소수점 이하 첫째 자리 미만을 버린 **8.1**을 [E7] 셀에 입력합니다.

MAX, MIN 함수는 두 함수가 같이 사용되는 문제가 주로 출제됩니다.

07 MAX, MIN 함수
23.상시, 220.상시, 18.상시, 10.3, 06.1, 04.4 2.상시, 21.상시, 14.2, 13.상시

※ 아래 그림을 참고하여 수식을 이해하고 작성해 보세요.

▲	A	B	C	D
1	[표1]			
2	사원명	직위	판매량	결과
3	김상현	대리	2,635	최소
4	박수지	대리	3,685	
5	조현주	과장	4,972	최고
6	강원정	과장	4,551	
7	김한순	과장	4,833	
8				

2340820

유형1 MAX, MIN, IF 함수 사용
20.상시, 18.상시, 10.3, 06.1, 04.4

판매량[C3:C7]이 가장 많으면 "최고"를, 가장 적으면 "최소"를, 나머지는 공백을 결과[D3:D7]에 표시하시오.

[=IF(MAX($C$3:$C$7)=C3, "최고", IF(MIN($C$3:$C$7)=C3, "최소", ""))]

수식의 이해

판매량이 가장 많으면 "최고" 입력, 그렇지 않고 판매량이 가장 적으면
　　❶　　　　　　　　❷　　　　　　　　　❸

"최소" 입력, 그렇지 않으면 공백 입력
　❹　　　　　　❺

=IF(MAX(C3:C7)=C3, "최고", IF(MIN(C3:C7)=C3, "최소", ""))
　　　　❶　　　　　❷　　　　　❸　　　　❹　❺

- ❶ MAX(C3:C7)=C3 : [C3:C7] 영역에서 가장 큰 값 4,972를 반환합니다. 4,972는 [C3] 셀에 입력된 값 2,635와 같지 않으므로 거짓을 반환합니다.
- =IF(거짓, "최고", IF(MIN(C3:C7)=C3, "최소", ""))
　　　❶　　❷　　　　❸　　　　❹　❺

  : '조건(❶)'이 거짓이므로 ❸~❺를 실행합니다.
- IF(MIN(C3:C7)=C3, "최소", "")
　　　　❸　　　　❹　❺
- ❸ MIN(C3:C7)=C3 : [C3:C7] 영역에서 가장 작은 값 2,635를 반환합니다. 2,635는 [C3] 셀에 입력된 값 2,635와 같으므로 참을 반환합니다.
- =IF(참, "최소", "") : '조건'이 참이므로 [D3] 셀에 **최소**를 입력합니다.

08 SMALL 함수

20.상시, 19.상시, 17.상시, 15.3, 05.2, 04.4

※ 아래 그림을 참고하여 수식을 이해하고 작성해 보세요[유형 1~2].

	A	B	C	D	E
1	[표1]				
2	100m(초)	이름	성별	결과	2등
3	14.8	강하늘	남		임석민
4	15.7	유미주	여		
5	14.3	최성완	남	1등	
6	15.2	이서현	여		
7	14.5	임석민	남		
8					

2340821

유형 1 SMALL, IF 함수 사용

19.상시, 15.3

100m(초)[A3:A7]가 가장 짧으면 "1등"을, 나머지는 공백을 결과[D3:D7]에 표시하시오.

[=IF(SMALL($A$3:$A$7, 1)=A3, "1등", " ")]

수식의 이해

100m(초)가 가장 짧으면 "1등" 입력, 그렇지 않으면 공백 입력
　　　　　①　　　　　　②　　　　　　③

=IF(SMALL(A3:A7, 1)=A3, "1등", " ")
　　　　　　①　　　　　②　　③

- ① SMALL(A3:A7, 1)=A3 : [A3:A7] 영역에서 가장 짧은 기록인 14.3을 반환합니다. 14.3은 [A3] 셀에 입력된 값 14.8과 같지 않으므로 거짓을 반환합니다.
- =IF(거짓, "1등", " ") : '조건'이 거짓이므로 [D3] 셀에 " "(공백)을 입력합니다.

2340822

유형 2 SMALL, VLOOKUP 함수 사용

20.상시, 17.상시, 05.2, 04.4시

100m(초)[A3:A7]가 두 번째로 짧은 사람의 이름[B3:B7]을 [E3] 셀에 표시하시오.

[=VLOOKUP(SMALL(A3:A7, 2), A3:B7, 2, FALSE)]

수식의 이해

=VLOOKUP(SMALL(A3:A7, 2), A3:B7, 2, FALSE)
　　　　　　①

- ① SMALL(A3:A7, 2) : [A3:A7] 영역에서 두 번째로 짧은 기록인 14.5를 반환합니다.
- =VLOOKUP(14.5, A3:B7, 2, FALSE) : [A3:B7] 영역의 첫 번째 열에서 14.5와 정확하게 일치(FALSE)하는 값을 찾습니다. 7행에 있는 14.5를 찾은 후 7행의 2열에 있는 **"임석민"**을 [E3] 셀에 입력합니다.

09 MEDIAN 함수

19.상시, 16.3, 07.3

※ 아래 그림을 참고하여 수식을 이해하고 작성해 보세요.

	A	B	C	D
1	[표1]			
2	용품코드	판매량	판매총액	비고
3	EYS-1-1	313	1,095,500	
4	EYS-1-2	284	1,238,240	우수
5	EYS-1-3	308	1,124,200	우수
6	EYS-1-4	234	865,800	
7	EYS-1-5	348	1,444,200	우수
8				

2340824

유형 1 MEDIAN, IF 함수 사용

19.상시, 16.3, 07.3

판매총액[C3:C7]이 전체 판매총액의 중앙값 이상이면 "우수"를, 나머지는 공백을 비고[D3:D7]에 표시하시오.

[=IF(C3>=MEDIAN($C$3:$C$7), "우수", " ")]

수식의 이해

판매총액이 전체 판매총액의 중앙값 이상이면 "우수" 입력,
　　　　　　①　　　　　　　　　　　②

그렇지 않으면 공백 입력
　　　　　③

=IF(C3>=MEDIAN(C3:C7), "우수", " ")
　　　①　　　　　　②　　③

- ① C3>=MEDIAN(C3:C7) : [C3:C7] 영역의 중앙값 1,124,200를 반환합니다. [C3] 셀에 입력된 값 1,095,500은 1,124,200 보다 크거나 같지 않으므로 거짓을 반환합니다.
- =IF(거짓, "우수", " ") : '조건'이 거짓이므로 [D3] 셀에 " "(공백)을 입력합니다.

'C:\길벗컴활2급통합\기능\08통계함수.xlsm' 파일을 열어서 작업하세요.

※ 아래 그림을 참고하여 수식을 작성하시오.

	A	B	C	D	E	F	G	H	I	J
1	[표1]	영업사원 실적표				[표2]	1학년 성적표			
2	사원명	부서명	직위	총판매량		학생명	반	성별	총점	
3	조우재	영업1부	과장	7,654		차연재	1	여	243	
4	박하선	영업1부	대리	8,427		정성원	1	남	273	
5	강수현	영업1부	사원	5,910		조현우	2	남	237	
6	장수영	영업2부	과장	6,335		한찬혁	2	남	195	
7	강규진	영업2부	대리	7,521		문설영	3	여	285	
8	최윤성	영업3부	과장	6,698		김민현	3	남	264	
9	유진석	영업3부	대리	8,062		손주현	4	여	279	
10	김선용	영업3부	사원	4,625		이나영	4	여	273	
11	영업1부 총판매량 평균			7,330		성적우수자 수				3명
12										
13	[표3]	자동차 수입현황				[표4]	피자 판매현황			
14	수입일자	구분	수입국	수입량		구분	피자명	판매가	판매량	판매총액
15	5월4일	세단	독일	200		일반	페페로니	17,500	17	297,500
16	5월4일	SUV	프랑스	180		프리미엄	판타지	23,500	16	376,000
17	5월29일	트럭	미국	156		사이드	핫윙	8,500	23	195,500
18	5월29일	밴	이탈리아	124		일반	치즈	18,500	14	259,000
19	5월29일	컨버터블	이탈리아	112		프리미엄	토핑킹	22,000	22	484,000
20	6월18일	세단	미국	242		일반	불고기	18,000	19	342,000
21	6월18일	SUV	독일	168		프리미엄	더블치즈	22,500	26	585,000
22	6월18일	세단	프랑스	185		프리미엄	고기폭탄	24,000	12	288,000
23	세단 수입량 평균			209대		조건을 만족하는 평균				534,500
24										
25	[표5]	제품재고량				[표6]	사무용품 판매현황			
26	지점명	입고량	판매량	재고량		용품명	판매가	판매량	총판매액	주문
27	관악점	35,000	32,415	2,585		가위	1,200	14	16,800	예정
28	강남점	30,000	26,584	3,416		볼펜	1,000	22	22,000	예정
29	송파점	40,000	35,472	4,528		자	650	12	7,800	
30	강동점	36,000	33,564	2,436		테이프	1,350	11	14,850	예정
31	중랑점	38,000	35,179	2,821		포스트잇	1,600	7	11,200	
32	양천점	34,000	30,592	3,408		커터칼	850	11	9,350	
33	마포점	32,000	31,273	727		형광펜	1,100	15	16,500	예정
34	서초	35,000	32,967	2,033		보드마카	1,300	9	11,700	
35	재고량 차이			1,375		A4용지	3,200	8	25,600	
36										

기출 1
18.상시, 15.상시, 12.1, 09.3, 04.4

[표1]에서 부서명[B3:B10]이 "영업1부"인 직원들의 총판매량[D3:D10] 평균을 [D11] 셀에 계산하시오.

▶ SUMIF, COUNTIF 함수 사용

기출 2
23.상시, 22.상시, 21.상시, 20.상시, 18.2, 16.상시

[표2]에서 성별[H3:H10]이 "여"이고 총점[I3:I10]이 총점 평균 이상인 학생수를 [I11] 셀에 계산하시오.

▶ 계산된 학생수 뒤에는 "명"을 포함하여 표시 [표시 예 : 3명]

▶ COUNTIFS, AVERAGE 함수와 & 연산자 사용

기출 3
17.상시, 15.3

[표3]에서 구분[B15:B22]이 "세단"인 자동차들의 수입량[D15:D22] 평균을 [D23] 셀에 계산하시오.

▶ 계산된 평균 뒤에는 "대"를 포함하여 표시 [표시 예 : 3대]

▶ CHOOSE, COUNTIF, AVERAGEIF 함수 중 알맞은 함수와 & 연산자 사용

기출 4
20.상시, 19.상시, 16.1

[표4]에서 구분[F15:F22]이 "프리미엄"이면서 판매량[I15: I22]이 20 이상인 피자의 판매총액[J15:J22] 평균을 [J23] 셀에 계산하시오.

▶ COUNTIFS, SUMIFS, AVERAGEIFS 함수 중 알맞은 함수 사용

기출 5
23.상시, 22.상시, 21.상시, 19.상시

[표5]에서 재고량[D27:D34]이 세 번째로 많은 값과 두 번째로 적은 값의 차이를 [D35] 셀에 계산하시오.

▶ LARGE, SMALL 함수 사용

기출 6
19.상시, 16.3, 07.3

[표6]에서 판매량[H27:H35]이 10 이상이고, 총판매액[I27:I35]이 전체 총판매액의 중앙값 이상이면 "예정"을, 그렇지 않으면 공백을 주문[J27:J35]에 표시하시오.

▶ IF, AND, MEDIAN 함수 사용

정답

기출 1

[D11] : =SUMIF(B3:B10, "영업1부", D3:D10) / COUNTIF(B3:B10, "영업1부")
　　　　　　　　　　　　　　범위　　조건

기출 2

[I11] : =COUNTIFS(H3:H10, "여", I3:I10, ">="&AVERAGE(I3:I10)) & "명"
　　　　　조건1 적용 범위 조건1　　　　　조건2
　　　　　　　　　　　조건2 적용 범위

기출 3

[D23] : =AVERAGEIF(B15:B22, "세단", D15:D22) & "대"
　　　　　조건 적용 범위　조건　평균 구할 범위

기출 4

[J23] : =AVERAGEIFS(J15:J22, F15:F22, "프리미엄", I15:I22, ">=20")
　　　　평균 구할 범위|　　　조건1　|　　조건2
　　　　　　조건1 적용 범위　조건2 적용 범위

기출 5

[D35] : =LARGE(D27:D34, 3) − SMALL(D27:D34, 2)
　　　　　범위　n번째　　　범위　n번째

기출 6

[J27] : =IF(AND(H27>=10, I27>=MEDIAN($I$27:$I$35)), "예정", " ")
　　　　　　　　　　　　인수

4 텍스트 함수

텍스트 함수 문제에서 지금까지 출제된 함수들은 다음과 같습니다. 앞에서 공부한 함수는 제외하였습니다.

출제 함수	설명
RIGHT(텍스트, 개수)	'텍스트'의 오른쪽부터 지정한 '개수'만큼 반환 예 =RIGHT("KOREA", 2) : "KOREA"의 오른쪽부터 두 문자인 "EA"를 반환함
UPPER(텍스트)	'텍스트'를 모두 대문자로 변환 예 =UPPER("korea") : "korea"를 모두 대문자인 "KOREA"로 변환함
LOWER(텍스트)	'텍스트'를 모두 소문자로 변환 예 =LOWER("KOREA") : "KOREA"를 모두 소문자인 "korea"로 변환함
PROPER(텍스트)	'텍스트'의 첫 문자만 대문자로 변환 예 =PROPER("korea") : "korea"의 첫 번째 문자만 대문자인 "Korea"로 변환함
TRIM(텍스트)	'텍스트'의 양쪽 공백 제거 예 =TRIM(" KOREA ") : " KOREA "의 양쪽 공백을 제거한 "Korea"를 반환함
SEARCH(찾을 텍스트, 문자열, 시작 위치)	'문자열'의 '시작 위치'에서부터 '찾을 텍스트'를 찾아 그 위치 반환 예 =SEARCH("e", "korea", 1) : "korea"의 1번째 문자에서부터 "e"를 찾아 그 위치인 4를 반환함
MONTH(날짜)	'날짜'에서 월만 추출하여 반환 예 =MONTH("2024-05-15") : "2024-05-15"에서 월만 추출한 5를 반환함
DAY(날짜)	'날짜'에서 일만 추출하여 반환 예 =DAY("2024-05-15") : "2024-05-15"에서 일만 추출한 15를 반환함

상시시험 출제 유형

☞ 직접 실습하려면 'C:\길벗컴활2급통합\기능\09텍스트함수.xlsm' 파일을 열어서 작업하세요.

01 RIGHT 함수

23.상시, 22.상시, 21.상시, 20.상시, 19.상시, 18.상시, 16.상시, 15.상시, 15.3, 13.상시, 13.3, …

※ 아래 그림을 참고하여 수식을 이해하고 작성해 보세요[유형 1~3].

	A	B	C	D	E	F
1	[표1]					
2	부서코드	직위코드	구분코드	부서명	직위	지점
3	04-B-2	영업-2	104-IC	영업부	대리	인천지사
4	85-P-1	생산-1	235-CJ	생산부	과장	청주지사
5	39-B-2	영업-3	716-IC	영업부	사원	인천지사
6	04-B-2	영업-2	358-SE	영업부	대리	본사
7	85-P-1	생산-1	961-SE	생산부	과장	본사
8						
9	<구분분류표>					
10	코드	구분				
11	SE	본사				
12	IC	인천지사				
13	CJ	청주지사				
14						

2340911

19.상시, 16.상시, 09.3, 06.4

유형 1 RIGHT, IF 함수 사용

부서코드[A3:A7]의 마지막 한 문자가 "1"이면 "생산부"를, "2"면 "영업부"를 부서명[D3:D7]에 표시하시오.

[=IF(RIGHT(A3, 1)="1", "생산부", "영업부")]

수식의 이해

> 부서코드의 마지막 한 문자가 "1"이면 "생산부" 입력,
> ❶   ❷
>
> 그렇지 않으면 "영업부" 입력
> ❸

=IF(RIGHT(A3, 1)="1", "생산부", "영업부")
　　　❶　　　　　　❷　　　❸

- ❶ RIGHT(A3, 1)="1" : [A3] 셀에 입력된 "04-B-2"의 오른쪽에서 1글자를 추출하여 "2"를 반환합니다. "2"는 "1"과 같지 않으므로 거짓을 반환합니다.
- =IF(거짓, "생산부", "영업부") : '조건'이 거짓이므로 [D3] 셀에 **영업부**를 입력합니다.
- ※ RIGHT 함수의 결과값은 문자 데이터이므로 비교 대상이 되는 숫자 데이터(1)는 큰따옴표로 묶어 문자 데이터("1")로 변환합니다.

유형 2 RIGHT, CHOOSE 함수 사용

20.상시, 18.상시, 13.상시, 13.3, 06.3

직위코드[B3:B7]의 마지막 한 문자가 "1"이면 "과장"을, "2"면 "대리"를, "3"이면 "사원"을 직위[E3:E7]에 표시하시오.

[=CHOOSE(RIGHT(B3, 1), "과장", "대리", "사원")]

수식의 이해

=CHOOSE(RIGHT(B3, 1), "과장", "대리", "사원")
　　　　　　①

- ① RIGHT(B3, 1) : [B3] 셀에 입력된 "영업-2"의 오른쪽에서 1글자를 추출하여 "2"를 반환합니다.
- =CHOOSE(2, "과장", "대리", "사원") : 2번째에 있는 **"대리"**를 [E3] 셀에 입력합니다.

유형 3 RIGHT, VLOOKUP 함수 사용

23.상시, 22.상시, 21.상시, 19.상시, 15.상시, 15.3, 11.2, 10.1, 04.4

구분코드[C3:C7]의 마지막 두 문자와 구분분류표[A11:B13]를 이용하여 지점[F3:F7]을 표시하시오.

[=VLOOKUP(RIGHT(C3, 2), $A$11:$B$13, 2, FALSE)]

수식의 이해

=VLOOKUP(RIGHT(C3, 2), A11:B13, 2, FALSE)
　　　　　　①

- ① RIGHT(C3, 2) : [C3] 셀에 입력된 "104-IC"의 오른쪽에서 2글자를 추출하여 "IC"를 반환합니다.
- =VLOOKUP("IC", A11:B13, 2, FALSE) : [A11:B13] 영역의 첫 번째 열에서 "IC"와 정확하게 일치(FALSE)하는 값을 찾습니다. 12행에 있는 "IC"를 찾은 후 12행의 2열에 있는 **"인천지사"**를 [F3] 셀에 입력합니다.

 전문가의 조언

UPPER 함수는 대부분 & 연산자를 이용하여 반환된 문자열을 연결하는 문제로 출제됩니다.

02 UPPER 함수

23.상시, 22.상시, 21.상시, 20.상시, 17.상시, 16.상시, 13.상시, 08.3, 07.4, 05.2, 04.4

※ 아래 그림을 참고하여 수식을 이해하고 작성해 보세요[유형 1~2].

	A	B	C	D	E	F
1	[표1]					
2	ID	등급	지역	동	고객코드	주소코드
3	hitman	gold	mapo	DOHWA	HITMAN(Gold)	MAPO(dohwa)
4	moon	silver	seocho	BANPO	MOON(Silver)	SEOCHO(banpo)
5	dark	silver	dobong	CHANG	DARK(Silver)	DOBONG(chang)
6	david	gold	nowon	HAGYE	DAVID(Gold)	NOWON(hagye)
7	bullet	silver	guro	ORYU	BULLET(Silver)	GURO(oryu)
8						

유형 1 UPPER, PROPER 함수와 & 연산자 사용

20.상시, 17.상시, 16.상시, 13.상시, 05.2, 04.4

ID[A3:A7]는 모두 대문자로 변환하고, 등급[B3:B7]은 첫 문자만 대문자로 변환하여 고객코드[E3:E7]에 표시하시오.

▶ 표기 예 : ID가 "man", 등급이 "gold"인 경우 "MAN(Gold)"로 표시

[=UPPER(A3) & "(" & PROPER(B3) & ")"]

수식의 이해

=UPPER(A3) & "(" & PROPER(B3) & ")"
　　①　　　　　　　②

- ① UPPER(A3) : [A3] 셀에 입력된 "hitman"을 대문자로 변환하여 "HITMAN"을 반환합니다.
- ② PROPER(B3) : [B3] 셀에 입력된 "gold"의 첫 번째 문자를 대문자로 변환하여 "Gold"를 반환합니다.
- ="HITMAN" & "(" & "Gold" & ")" : & 연산자에 의해 모든 문자열이 합쳐진 **"HITMAN(Gold)"**를 [E3] 셀에 입력합니다.

유형 2 UPPER, LOWER 함수와 & 연산자 사용

23.상시, 22.상시, 21.상시

지역[C3:C7]은 모두 대문자로, 동[D3:D7]은 모두 소문자로 변환하여 주소코드[F3:F7]에 표시하시오.

▶ 표기 예 : 지역이 "gangnam", 동이 "DAECHI"인 경우 "GANGNAM(daechi)"로 표시

[=UPPER(C3) & "(" & LOWER(D3) & ")"]

수식의 이해

=UPPER(C3) & "(" & LOWER(D3) & ")"
　　①　　　　　　　②

- ① UPPER(C3) : [C3] 셀에 입력된 "mapo"를 대문자로 변환하여 "MAPO"를 반환합니다.
- ② PROPER(D3) : [D3] 셀에 입력된 "DOHWA"를 소문자로 변환하여 "dohwa"를 반환합니다.
- ="MAPO" & "(" & "dohwa" & ")" : & 연산자에 의해 모든 문자열이 합쳐진 **"MAPO(dohwa)"**를 [F3] 셀에 입력합니다.

※ 아래 그림을 참고하여 수식을 이해하고 작성해 보세요[유형 3~4].

▲	A	B	C	D	E	F
9	[표2]					
10	입사일자	부서코드	직위코드	임시코드	사원코드	근무코드
11	2013-05-24	sd	dgm	mon23	SD-5-DGM	MON23
12	2020-06-18	ed	sta	tue95	ED-6-STA	TUE95
13	2016-11-01	pd	sup	fri74	PD-11-SUP	FRI74
14	2012-08-23	ad	gm	sat16	AD-8-GM	SAT16
15	2019-03-26	fd	am	sun68	FD-3-AM	SUN68
16						

2340916

유형 3 UPPER, MONTH 함수와 & 연산자 사용

23.상시, 22.상시, 21.상시, 16.상시, 08.3

부서코드[B11:B15], 직위코드[C11:C15]와 입사일자[A11:A15]의 '월'을 이용하여 사원코드[E11:E15]를 표시하시오.

▶ 표시 예 : 부서코드가 "md", 직위코드가 "ce", 입사일자가 '2022-01-11'인 경우 "MD-1-CE"로 표시

[=UPPER(B11) & "-" & MONTH(A11) & "-" & UPPER(C11)]

수식의 이해

=UPPER(B11) & "-" & MONTH(A11) & "-" & UPPER(C11)
    ❶   ❷   ❸

- ❶ UPPER(B11) : [B11] 셀에 입력된 "sd"를 대문자로 변환하여 "SD"를 반환합니다.
- ❷ MONTH(A11) : [A11] 셀에 입력된 '2013-05-24'에서 월만 추출하여 5를 반환합니다.
- ❸ UPPER(C11) : [C11] 셀에 입력된 "dgm"을 대문자로 변환하여 "DGM"을 반환합니다.
- ="SD" & "-" & 5 & "-" & "DGM" : & 연산자에 의해 모든 문자열이 합쳐진 **"SD-5-DGM"**을 [E11] 셀에 입력합니다.

2340917

유형 4 UPPER, TRIM 함수 사용

18.상시, 07.4

임시코드[D11:D15]의 앞뒤 공백을 제거한 후 전체 문자를 대문자로 변환하여 근무코드[F11:F15]에 표시하시오.

[=UPPER(TRIM(D11))]

수식의 이해

=UPPER(TRIM(D11))
           ❶

- ❶ TRIM(D11) : [D11] 셀에 입력된 " mon23 "에서 양쪽의 공백을 제거하여 "mon23"을 반환합니다.
- =UPPER("mon23") : "mon23"을 대문자로 변환하여 **"MON23"**을 [F11] 셀에 입력합니다.
- ※ 대문자로 변환하는 작업이나 공백을 제거하는 작업은 계산 순서를 바꿔도 결과가 같으므로 **=TRIM(UPPER(D11))**로 입력해도 됩니다.

전문가의 조언

PROPER 함수도 마찬가지로 & 연산자를 이용하여 반환된 문자열을 연결하는 문제가 주로 출제됩니다.

03 PROPER 함수

23.상시, 22.상시, 21.상시, 20.상시, 19.상시, 18.2

※ 아래 그림을 참고하여 수식을 이해하고 작성해 보세요[유형 1~2].

▲	A	B	C	D	E
1	[표1]				
2	종류	입양일자	접종여부	분류코드1	분류코드2
3	rabbit	2019-04-09	완료	Rab2019	Rabbit-9
4	cat	2021-01-13	2차	Cat2021	Cat-13
5	dog	2020-10-22	완료	Dog2020	Dog-22
6	parrot	2018-02-17	완료	Par2018	Parrot-17
7	hamster	2020-07-28	완료	Ham2020	Hamster-28
8					

2340918

유형 1 PROPER, LEFT, YEAR 함수와 & 연산자 사용

20.상시, 19.상시

종류[A3:A7]의 앞 세 문자와 입양일자[B3:B7]의 연도를 이용하여 분류코드1[D3:D7]을 표시하시오.

▶ 종류의 첫 글자만 대문자로 표시

▶ 표시 예 : 종류가 'horse', 입양일자가 '2022-01-01' → Hor2022

[=PROPER(LEFT(A3, 3)) & YEAR(B3)]

수식의 이해

=PROPER(LEFT(A3, 3)) & YEAR(B3)
          ❶
    ❷   ❸

- ❶ LEFT(A3, 3) : [A3] 셀에 입력된 "rabbit"의 왼쪽에서 3글자를 추출하여 "rab"를 반환합니다.
- ❷ PROPER("rab") : "rab"의 첫 번째 문자를 대문자로 변환하여 "Rab"를 반환합니다.
- ❸ YEAR(B3) : [B3] 셀에 입력된 '2019-04-09'에서 년도만 추출하여 2019를 반환합니다.
- ="Rab" & 2019 : & 연산자에 의해 모든 문자열이 합쳐진 **"Rab2019"**를 [D3] 셀에 입력합니다.

04 SEARCH 함수

※ 아래 그림을 참고하여 수식을 이해하고 작성해 보세요.

	A	B	C
1	[표1]		
2	사원명	메일주소	사원코드
3	오진석	jsoh79@naver.com	jsoh79
4	김영란	young1004@gmail.com	young1004
5	박주영	parkjy44@nate.com	parkjy44
6	신주하	shin82@hanmail.net	shin82
7	이미현	lmh486@nate.com	lmh486
8			

유형 1 SEARCH, MID 함수 사용

메일주소[B3:B7]에서 "@" 앞의 문자열만 추출하여 사원코드[C3:C7]에 표시하시오.

[=MID(B3, 1, SEARCH("@", B3, 1)−1)]

수식의 이해

=MID(B3, 1, <u>SEARCH("@", B3, 1)</u>−1)
         ❶

- ❶ SEARCH("@", B3, 1) : [B3] 셀에 입력된 "jsoh79@naver.com"의 첫 번째 문자부터 "@"을 찾아 그 위치 7을 반환합니다.
- MID(B3, 1, 7−1) : [B3] 셀의 1번째 위치부터 6 문자를 추출하여 **"jsoh79"**를 [C3] 셀에 입력합니다.
- ※ 사원코드는 메일주소에서 "@"의 앞 문자들(jsoh79)이고, SEARCH 함수의 결과는 "@"의 위치이므로 결과에서 1을 빼야 합니다.

유형 2 PROPER, DAY 함수와 & 연산자 사용

종류[A3:A7]의 첫 글자는 대문자로 변환하고, 입양일자[B3:B7]에서 '일'만 추출하여 분류코드2[E3:E7]에 표시하시오.

▶ 표시 예 : 종류가 "pig", 입양일자가 '2022−01−01' → Pig−1

[=PROPER(A3) & "−" & DAY(B3)]

수식의 이해

=PROPER(A3) & "−" & DAY(B3)
  ❶   ❷

- ❶ PROPER(A3) : [A3] 셀에 입력된 "rabbit"의 첫 번째 문자를 대문자로 변환하여 "Rabbit"을 반환합니다.
- ❷ DAY(B3) : [B3] 셀에 입력된 '2019−04−09'에서 일만 추출하여 9를 반환합니다.
- ="Rabbit" & "−" & 9 : & 연산자에 의해 모든 문자열이 합쳐진 **"Rabbit−9"**를 [E3] 셀에 입력합니다.

'C:\길벗컴활2급통합\기능\09텍스트함수.xlsm' 파일을 열어서 작업하세요.

※ 아래 그림을 참고하여 수식을 작성하시오.

	A	B	C	D	E	F	G	H	I
1	[표1]	수영강습현황				[표2]	문화센터수강신청		
2	회원코드	성명	성별	프로그램		수강자명	수강코드	강사명	강좌명
3	SW-34-2	안연희	여	중급		전상일	C-49DE	이영아	댄스
4	SW-90-1	김정민	남	초급		김선길	A-67RB	김세화	독서
5	SW-02-3	조승연	여	상급		고인숙	A-16FD	정경미	요리
6	SW-34-2	김종숙	여	중급		강재석	C-43FD	정경미	요리
7	SW-77-1	백정준	남	초급		이시연	A-20DE	이영아	댄스
8	SW-34-2	이장우	남	중급		하시윤	S-94FD	정경미	요리
9	SW-55-3	강대규	남	상급		윤채아	S-58RB	김세화	독서
10									
11	[표3]	제품생산현황				<강좌코드표>			
12	구분	제품	생산일자	제품코드		코드	FD	DE	RB
13	c	com	2022-03-04	C-3-COM		강좌	요리	댄스	독서
14	j	mou	2022-03-04	J-3-MOU					
15	b	pri	2022-03-08	B-3-PRI		[표4]	회원관리현황		
16	a	com	2022-03-08	A-3-COM		회원명	가입일자	아이디	회원코드
17	u	pri	2022-03-12	U-3-PRI		김연희	2018-02-08	earth99	Ear2018
18	e	pri	2022-03-12	E-3-PRI		강백호	2020-04-21	whiteho	Whi2020
19	b	com	2022-03-12	B-3-COM		이소혜	2019-11-12	masion0	Mas2019
20						이경석	2021-03-02	black111	Bla2021
21	[표5]	온라인게임랭킹				박미란	2019-12-20	mine17	Min2019
22	순위	점수	회원코드	닉네임		서현진	2020-04-17	eunoia	Eun2020
23	1	6542	stand#198	stand		김강성	2021-01-03	glint123	Gli2021
24	2	6193	castle#622	castle					
25	3	6073	miche#874	miche					
26	4	5968	cathe#478	cathe					
27	5	5861	doro#940	doro					
28	6	5813	violet#384	violet					
29	7	5796	angel#173	angel					
30									

기출 1 19.상시, 16.상시, 09.3, 06.4 · 2340981

[표1]에서 회원코드[A3:A9]의 마지막 문자가 "1"이면 "초급", "2"면 "중급", "3"이면 "상급"으로 프로그램[D3:D9]에 표시하시오.

▶ IF, RIGHT 함수 사용

기출 2 23.상시, 22.상시, 21.상시, 19.상시, 15.상시, 15.3, 11.2, 10.1, 04.4 · 2340982

[표2]에서 수강코드[G3:G9]의 마지막 문자와 강좌코드표[G12:I13]를 이용하여 강좌명[I3:I9]을 표시하시오.

▶ VLOOKUP, HLOOKUP, LEFT, RIGHT 함수 중 알맞은 함수들을 선택하여 사용

기출 3 23.상시, 22.상시, 21.상시, 16.상시, 08.3 · 2340983

[표3]에서 구분[A13:A19], 제품[B13:B19]과 생산일자[C13:C19]의 '월'을 이용하여 제품코드[D13:D19]를 표시하시오.

▶ 표시 예 : 구분이 "a", 제품이 "com", 생산일자가 '2022-01-02' → A-1-COM

▶ UPPER, MONTH 함수와 & 연산자 사용

기출 4 20.상시, 19.상시 · 2340984

[표4]에서 아이디[H17:H23]의 앞 세 문자와 가입일자[G17:G23]의 연도를 이용하여 회원코드[I17:I23]를 표시하시오.

▶ 아이디의 첫 글자만 대문자로 표시

▶ 표시 예 : 아이디가 "angel", 가입일자가 '2022-01-01' → Ang2022

▶ PROPER, LEFT, YEAR 함수와 & 연산자 사용

기출 5 18.상시, 14.1 · 2340985

[표5]의 회원코드[C23:C29]에서 닉네임만 추출하여 닉네임[D23:D29]에 표시하시오.

▶ 닉네임은 회원코드에서 "#" 앞의 문자열임

▶ MID, SEARCH 함수 사용

정답

기출 1

[D3] : =IF(RIGHT(A3, 1)="1", "초급", IF(RIGHT(A3, 1)="2", "중급", "상급"))
         텍스트 개수   텍스트 개수

기출 2

[I3] : =HLOOKUP(RIGHT(G3, 2), $G$12:$I$13, 2, FALSE)
                 텍스트 개수

기출 3

[D13] : =UPPER(A13) & "-" & MONTH(C13) & "-" & UPPER(B13)
         텍스트   텍스트

기출 4

[I17] : =PROPER(LEFT(H17, 3)) & YEAR(G17)
                  텍스트 개수
                  텍스트

기출 5

[D23] : =MID(C23, 1, SEARCH("#", C23, 1)-1)
                         찾을 텍스트 문자열 시작 위치
         텍스트   개수
         시작 위치

계산작업 55

수학/삼각 함수와 수식 작성 시 사용된 함수의 사용법은 다음과 같습니다. 앞에서 공부한 함수는 제외하였습니다.

출제 함수	설명
ROUND(인수, 반올림 자릿수)	'인수'에 대하여 지정한 '반올림 자릿수'로 반올림 예 =ROUND(123.45, 1) : 123.45를 소수점 이하 첫째 자리로 반올림한 123.5를 반환함
ROUNDUP(인수, 올림 자릿수)	'인수'에 대하여 지정한 '올림 자릿수'로 올림 예 =ROUNDUP(123.43, 1) : 123.43을 소수점 이하 첫째 자리로 올림한 123.5를 반환함
ROUNDDOWN(인수, 내림 자릿수)	'인수'에 대하여 지정한 '내림 자릿수'로 내림 예 =ROUNDDOWN(123.45, 1) : 123.45를 소수점 이하 첫째 자리로 내림한 123.4를 반환함
MOD(인수1, 인수2)	'인수1'을 '인수2'로 나눈 나머지값 반환 예 =MOD(10, 3) : 10을 3으로 나누기 한 후 나머지값 1을 반환함
SUMIFS(합계를 구할 범위, 조건1이 적용될 범위, 조건1, 조건2가 적용될 범위, 조건2, …)	여러 개의 조건이 적용될 범위에서 여러 개의 조건에 맞는 셀을 찾아 '합계를 구할 범위' 중 같은 행에 있는 값들의 합계값 반환 예 =SUMIFS(C1:C10, A1:A10, "컴퓨터", B1:B10, "1급") : [A1:A10] 영역에서 "컴퓨터"가 입력된 셀들을 찾고, [B1:B10] 영역에서 같은 행들에 있는 "1급"이 입력된 셀들을 찾은 후 [C1:C10] 영역의 같은 행에 있는 값들의 합계값을 반환함
ABS(인수)	'인수'의 절대값 반환 예 =ABS(−12) : −12의 절대값인 12를 반환함
POWER(인수, 제곱값)	'인수'를 '제곱값'만큼 거듭 곱한 값 반환 예 =POWER(3, 2) : 3을 2번 곱한 값 9를 반환함
DAVERAGE(데이터 범위, 필드 번호, 조건)	해당 '데이터 범위'에서 '조건'에 맞는 자료를 대상으로 지정된 '필드 번호'에서 평균값 반환 예 =DAVERAGE(A1:C10, 3, B2:B3) : [A1:C10] 영역에서 [B2:B3] 영역의 조건에 맞는 값들을 3열에서 찾은 후 그 값들의 평균값을 반환함
DSUM(데이터 범위, 필드 번호, 조건)	해당 '데이터 범위'에서 '조건'에 맞는 자료를 대상으로 지정된 '필드 번호'에서 합계값 반환 예 =DSUM(A1:C10, 3, B2:B3) : [A1:C10] 영역에서 [B2:B3] 영역의 조건에 맞는 값들을 3열에서 찾은 후 그 값들의 합계값을 반환함

 상시시험 출제 유형

☞ 직접 실습하려면 'C:\길벗컴활2급통합\기능\10수학삼각함수.xlsm' 파일을 열어서 작업하세요.

 2341011

23.상시, 22.상시, 21.상시, 20.상시, 19.상시, 18.상시, 18.2, 17.1, 16.상시, …

유형1 ROUND, DAVERAGE 함수 사용

성별[B3:B8]이 "남"인 학생들의 총점[E3:E8] 평균을 반올림하여 소수점 이하 첫째 자리까지 [E9] 셀에 계산하시오.

[=ROUND(DAVERAGE(A2:E8, 5, B2:B3), 1)]

전문가의 조언

ROUND/ROUNDUP/ROUNDDOWN 함수는 함수식의 가장 바깥쪽에 놓입니다.

수식의 이해

=ROUND(DAVERAGE(A2:E8, 5, B2:B3), 1)
　　　　　　　　　❶

- ❶ DAVERAGE(A2:E8, 5, B2:B3) : [A2:E8] 영역에서 [B2:B3] 영역의 조건, 즉 성별이 "남"인 학생들([B3], [B5], [B6])의 총점을 5열(E)에서 찾은 후 찾은 총점들(83, 94, 86)의 평균 87.666…을 반환합니다.
- =ROUND(87.666…, 1) : 87.666…을 소수점 이하 둘째 자리에서 반올림한 **87.7**이 [E9] 셀에 입력됩니다.

01 ROUND / ROUNDUP / ROUNDDOWN 함수

23.상시, 22.상시, 21.상시, 20.상시, 19.상시, 18.상시, 18.2, 17.상시, 17.1, 16.상시, 16.1, 16.3, …

※ 아래 그림을 참고하여 수식을 이해하고 작성해 보세요[유형 1~6].

	A	B	C	D	E	F	G	H	I	J
1	[표1]						[표2]			
2	이름	성별	시험	과제	총점		지역	출고량	출고총액	할인액
3	이재한	남	59	24	83		수원	25	288,250	20,170
4	한경애	여	64	28	92		안산	20	230,600	16,140
5	노지훈	남	68	26	94		수원	15	172,950	5,180
6	김현서	남	61	25	86		안산	20	230,600	16,140
7	신고은	여	55	27	82		안산	30	345,900	34,590
8	박유진	여	69	29	98		수원	35	403,550	40,350
9	남학생 총점 평균				87.7		안산	15	172,950	5,180
10	여학생 총점 평균				90		수원 출고총액 합계			864,800
11	총점 표준편차				6.47		안산 출고총액 합계			981,000
12										
13							<조건>	지역		
14								안산		
15										

잠깐만요 ROUND/ROUNDUP/ROUNDDOWN 함수의 반올림/올림/내림 자릿수

'반올림, 올림, 내림 자릿수'에는 지정한 자릿수가 0보다 크면 소수 이하 자릿수로, 0이면 가장 가까운 정수로, 0보다 작으면 소수점 왼쪽에서 반올림, 올림, 내림됩니다.

1	2	3	4	.	5	6	7	8
-3자리	-2자리	-1자리	0자리		1자리	2자리	3자리	4자리

유형 4 ROUNDDOWN, IF 함수 사용

출고량[H3:H9]과 출고총액[I3:I9]을 이용하여 할인액[J3:J9]을 계산하시오.

▶ 할인액 = 출고총액 × 할인율(출고량이 30 이상이면 10%, 20 이상 30 미만이면 7%, 20 미만이면 3%)

▶ 할인액은 일의 자리에서 내림하여 십의 자리까지 표시

[=ROUNDDOWN(I3 * IF(H3>=30, 10%, IF(H3>=20, 7%, 3%)), -1)]

유형 2 ROUNDDOWN, AVERAGEIF 함수 사용

성별[B3:B8]이 "여"인 학생들의 총점[E3:E8] 평균을 내림하여 정수로 [E10] 셀에 표시하시오.

[=ROUNDDOWN(AVERAGEIF(B3:B8, "여", E3:E8), 0)]

수식의 이해

=ROUNDDOWN(AVERAGEIF(B3:B8, "여", E3:E8), 0)
           ❶

- ❶ AVERAGEIF(B3:B8, "여", E3:E8) : [B3:B8] 영역에서 "여"가 입력된 셀 [B4], [B7], [B8]을 찾습니다. [E3:E8] 영역의 4, 7, 8 행에 입력된 값 92, 82, 98의 평균 90.666…을 반환합니다.
- =ROUNDDOWN(90.666…, 0) : 90.666…을 소수점 이하 첫째 자리에서 내림한 90이 [E10] 셀에 입력됩니다.

수식의 이해

출고량이 30 이상이면 10%, 그렇지 않고 출고량이 20 이상 30 미만이면
   ❶   ❷   ❸

7%, 그렇지 않으면 3%
❹   ❺

=ROUNDDOWN(I3 * IF(H3>=30, 10%, IF(H3>=20, 7%, 3%)), -1)
             ❶   ❷   ❸ ❹ ❺

- ❶ H3>=30 : [H3] 셀에 입력된 값 25는 30 이상이 아니므로 거짓을 반환합니다.
- =IF(거짓, 10%, IF(H3>=20, 7%, 3%))
    ❶   ❷   ❸ ❹ ❺
: '조건(❶)'이 거짓이므로 ❸~❺를 실행합니다.
- IF(H3>=20, 7%, 3%)
     ❸   ❹ ❺
- ❸ H3>=20 : [H3] 셀에 입력된 값 25는 20 보다 크므로 참을 반환합니다.
- IF(참, 7%, 3%) : '조건'이 참이므로 7%를 반환합니다.
- =ROUNDDOWN(I3 * 7%, -1) : [I3] 셀에 입력된 값 288,250에 7%를 곱한 값 20,177.5를 내림하여 십의 자리까지 계산한 20,170이 [J3] 셀에 입력됩니다.

유형 3 ROUNDUP, STDEV.S 함수 사용

총점[E3:E8]의 표준편차를 구한 후 올림하여 소수점 이하 둘째 자리까지 [E11] 셀에 표시하시오.

[=ROUNDUP(STDEV.S(E3:E8), 2)]

수식의 이해

=ROUNDUP(STDEV.S(E3:E8), 2)
          ❶

- ❶ STDEV.S(E3:E8) : [E3:E8] 영역의 표준편차를 계산하여 6.462…를 반환합니다.
- =ROUNDUP(6.462…, 2) : 6.462…를 소수점 이하 셋째 자리에서 올림한 6.47이 [E11] 셀에 입력됩니다.

유형 5 ROUND, SUMIF 함수 사용

지역[G3:G9]이 "수원"인 지점의 출고총액[I3:I9] 합계를 반올림하여 백의 자리까지 [J10] 셀에 표시하시오.

[=ROUND(SUMIF(G3:G9, "수원", I3:I9), -2)]

수식의 이해

=ROUND(SUMIF(G3:G9, "수원", I3:I9), -2)
          ❶

- ❶ =SUMIF(G3:G9, "수원", I3:I9) : [G3:G9] 영역에서 "수원"이 입력된 셀 [G3], [G5], [G8]을 찾습니다. [I3:I9] 영역의 3, 5, 8행에 있는 값 288,250, 172,950, 403,550의 합계인 864,750을 반환합니다.
- =ROUND(864,750, -2) : 864,750을 반올림하여 백의 자리까지 계산한 864,800이 [J10] 셀에 입력됩니다.

유형 6 ROUNDUP, DSUM 함수 사용

지역[G3:G9]이 "안산"인 지점의 출고총액[I3:I9] 합계를 올림하여 천의 자리까지 [J11] 셀에 표시하시오.

▶ 조건은 [H13:H14] 영역 사용

[=ROUNDUP(DSUM(G2:I9, 3, H13:H14), −3)]

수식의 이해

· =ROUNDUP(DSUM(G2:I9, 3, H13:H14), −3)
             ❶

- ❶ DSUM(G2:I9, 3, H13:H14) : [G2:I9] 영역에서 [H13:H14] 영역의 조건, 즉 지역이 "안산"인 지역들([G4], [G6], [G7], [G9])의 출고총액을 3열(I)에서 찾은 후 찾은 출고총액들(230,600, 230,600, 345,900, 172,950)의 합계인 980,050을 반환합니다.
- =ROUNDUP(980,050, −3) : 980,050을 올림하여 천의 자리까지 계산한 **981,000**이 [J11] 셀에 입력됩니다.

유형 1 MOD, IF, MID 함수 사용

주민등록번호[A3:A7]의 8번째 숫자가 홀수면 "남", 짝수면 "여"로 성별 [D3:D7]에 표시하시오.

[=IF(MOD(MID(A3, 8, 1), 2)=1, "남", "여")]

수식의 이해

주민등록번호의 8번째 숫자가 홀수면 "남" 입력, 그렇지 않으면 "여" 입력
          ❶   ❸   ❹
                ❷

=IF(MOD(MID(A3, 8, 1), 2)=1, "남", "여")
         ❶   ❸ ❹
            ❷

- ❷ MOD(MID(A3, 8, 1), 2)=1
         ❶
  - ❶ MID(A3, 8, 1) : [A3] 셀에 입력된 "961024-1******"의 8번째부터 1글자를 추출하여 "1"을 반환합니다.
  - MOD("1", 2)=1 : "1"을 2로 나눠 나머지 1을 반환합니다. 1은 1과 같으므로 참입니다.
- =IF(참, "남", "여") : '조건'이 참이므로 [D3] 셀에 **남**을 입력합니다.
※ "1"은 문자이므로 실제 수식은 "1"/2가 되어 계산이 불가능해 보이지만, 문자가 숫자 형태의 문자일 경우 숫자로 인식되어 정상적인 계산이 수행됩니다.

---

02 MOD 함수

※ 아래 그림을 참고하여 수식을 이해하고 작성해 보세요[유형 1~3].

	A	B	C	D	E	F
1	[표1]					
2	주민등록번호	입고량	일판매량	성별	일수(나머지)	판매
3	961024-1******	5,000	84	남	59일(44남음)	▲▲
4	001009-4******	6,000	110	여	54일(60남음)	▲
5	921201-1******	4,500	88	남	51일(12남음)	▲▲▲
6	890621-2******	5,500	96	여	57일(28남음)	▲▲▲
7	010409-3******	6,500	110	남	59일(10남음)	▲
8						
9			<판매구분표>			
10		이상	미만	판매		
11		0	3	▲		
12		3	6	▲▲		
13		6	10	▲▲▲		
14						

유형 2 MOD, INT 함수와 & 연산자 사용

입고량[B3:B7]을 일판매량[C3:C7]씩 판매할 경우 판매일수와 나머지를 일수(나머지)[E3:E7]에 표시하시오.

▶ 표시 예 : 판매일수가 10일이고 나머지가 5인 경우 → 10일(5남음)

[=INT(B3/C3) & "일(" & MOD(B3, C3) & "남음)"]

수식의 이해

=INT(B3/C3) & "일(" & MOD(B3, C3) & "남음)"
      ❶   ❷

- ❶ INT(B3/C3) : [B3] 셀의 값 5,000을 [C3] 셀의 값 84로 나눈 값 59.5238…에서 정수부분 59를 반환합니다.
- ❷ MOD(B3, C3) : [B3] 셀의 값 5,000을 [C3] 셀의 값 84로 나눠 나머지 44를 반환합니다.
- =59 & "일(" & 44 & "남음)" : & 연산자에 의해 모든 문자열이 합쳐진 **"59일(44남음)"**을 [E3] 셀에 입력합니다.

2341019

19.상시, 18.2, 15.상시, 09.2

유형 3 MOD, VLOOKUP 함수 사용

일판매량[C3:C7]을 10으로 나눈 나머지와 판매구분표[B11:D13]를 이용하여 판매[F3:F7]를 표시하시오. .

[=VLOOKUP(MOD(C3, 10), $B$11:$D$13, 3)]

수식의 이해

=VLOOKUP(MOD(C3, 10), B11:D13, 3)
　　　　　　　①

- ① MOD(C3, 10) : [C3] 셀의 값 84를 10으로 나눠 나머지 4를 반환합니다.
- =VLOOKUP(4, B11:D13, 3) : [B11:D13] 영역의 첫 번째 열에서 4를 넘지 않는 가장 근접한 값을 찾습니다. 12행에 있는 3을 찾은 후 12행의 3열에 있는 "▲▲"을 [F3] 셀에 입력합니다.

 전문가의 조언

SUMIFS 함수는 사용된 조건 중 하나라도 거짓(FALSE)이면 합계에 포함하지 않는다는 것에 주의하세요.

23.상시, 22.상시, 21.상시, 20.상시, 16.2

03 SUMIFS 함수

※ 아래 그림을 참고하여 수식을 이해하고 작성해 보세요.

	A	B	C	D
1	[표1]			
2	작업일자	부서명	제품명	생산량
3	3월16일	생산1부	냉장고	1,560
4	3월16일	생산2부	냉장고	2,030
5	3월17일	생산1부	세탁기	1,720
6	3월17일	생산2부	세탁기	2,100
7	3월18일	생산1부	냉장고	1,800
8	3월18일	생산2부	냉장고	2,100
9	생산1부 생산량 합계			3,360
10				

2341020

23.상시, 22.상시, 21.상시, 20.상시, 16.2

유형 1 SUMIFS 함수 사용

부서명[B3:B8]이 "생산1부"이고 제품명[C3:C8]이 "냉장고"인 제품들의 생산량[D3:D8] 합계를 [D9] 셀에 계산하시오.

[=SUMIFS(D3:D8, B3:B8, "생산1부", C3:C8, "냉장고")]

수식의 이해

=SUMIFS(D3:D8, B3:B8, "생산1부", C3:C8, "냉장고")

[B3:B8] 영역에서 "생산1부"가 입력된 셀 [B3], [B5], [B7]을 찾습니다. [C3:C8] 영역에서 3, 5, 7 행 중 "냉장고"가 입력된 셀 [C3], [C7]을 찾습니다. [D3:D8] 영역의 3, 7 행에 입력된 값 1,560, 1,800의 합계인 **3,360**이 [D9] 셀에 입력됩니다.

 전문가의 조언

ABS 함수는 두 수 사이의 차이를 계산하는 문제에 주로 출제됩니다.

22.상시, 21.상시, 20.상시, 17.상시, 09.1, 05.2

04 ABS 함수

※ 아래 그림을 참고하여 수식을 이해하고 작성해 보세요.

	A	B	C	D
1	[표1]			
2	지점	제품명	목표량	판매량
3	안산점	신라면	3,200	3,360
4	안산점	진짬뽕	5,000	4,750
5	시흥점	신라면	3,000	2,840
6	시흥점	진짬뽕	5,500	5,810
7	신라면-진짬뽕 판매량 차이			4,360
8				

2341021

22.상시, 21.상시, 20.상시, 17.상시, 09.1, 05.2

유형 1 ABS, SUMIF 함수 사용

제품명[B3:B6]이 "신라면"과 "진짬뽕"인 제품의 판매량[D3:D6] 합계 차이를 절대값으로 [D7] 셀에 계산하시오.

[=ABS(SUMIF(B3:B6, "신라면", D3:D6) – SUMIF(B3:B6, "진짬뽕", D3:D6))]

수식의 이해

=ABS(SUMIF(B3:B6, "신라면", D3:D6) – SUMIF(B3:B6, "진짬뽕", D3:D6))
　　　　　　①　　　　　　　　　　　②

- ① =SUMIF(B3:B6, "신라면", D3:D6) : [B3:B6] 영역에서 "신라면"이 입력된 셀 [B3], [B5]를 찾습니다. [D3:D6] 영역의 3, 5 행에 입력된 값 3,360, 2,840의 합계 6,200을 반환합니다.
- ② =SUMIF(B3:B6, "진짬뽕", D3:D6) : [B3:B6] 영역에서 "진짬뽕"이 입력된 셀 [B4], [B6]를 찾습니다. [D3:D6] 영역의 4, 6 행에 입력된 값 4,750, 5,810의 합계 10,560을 반환합니다.
- =ABS(6,200 – 10,560) : –4,360의 절대값 **4,360**이 [D7] 셀에 입력됩니다.

계산작업 **59**

05 23.상시, 22.상시, 21.상시
POWER 함수

※ 아래 그림을 참고하여 수식을 이해하고 작성해 보세요.

▲	A	B	C	D
1	[표1]			
2	성명	체중(kg)	신장(m)	체질량지수
3	김예소	61	1.63	정상
4	강민성	86	1.72	비만
5	이다해	53	1.68	저체중
6	고회식	72	1.85	정상
7	황유진	51	1.59	정상
8				

2341022

23.상시, 22.상시, 21.상시
유형1 POWER, IF 함수 사용

체질량지수가 20 미만이면 "저체중", 20 이상 25 미만이면 "정상", 25 이상이면 "비만"으로 체질량지수[D3:D7]에 표시하시오.

▶ 체질량지수 = 체중 ÷ (신장)^2

[=IF(B3/POWER(C3, 2)<20, "저체중", IF(B3/POWER(C3, 2)<25, "정상", "비만"))]

수식의 이해

체질량지수가 20 미만이면 "저체중" 입력, 그렇지 않고 20 이상 25 미만이면
　　　❶　　　　　　　　　　❸　　　　　　　　　　❹
　　　　❷

"정상" 입력, 그렇지 않으면 "비만" 입력
　❺　　　　　　　　　❻

=IF(B3/POWER(C3, 2)<20, "저체중", IF(B3/POWER(C3, 2)<25, "정상", "비만"))
　　　　❶　　　　　　❸　　　　　　❹　　　　　❺　　❻
　　　　　❷

• ❷ B3/POWER(C3, 2)<20
　　　❶

　– ❶ POWER(C3, 2) : [C3] 셀에 입력된 값 1.63을 2번 곱해 2.66을 반환합니다.

　– B3/2.66<20 : [B3] 셀에 입력된 값 61을 2.66으로 나눠 22.95를 반환합니다. 22.95는 20보다 크므로 거짓을 반환합니다.

• =IF(거짓, "저체중", IF(B3/POWER(C3, 2)<25, "정상", "비만"))
　　　　❷　　　❸　　　　　　❹　　　　　　❺　　❻

　: '조건(❷)'이 거짓이므로 ❹~❻을 실행합니다.

• IF(B3/POWER(C3, 2)<25, "정상", "비만")
　　　❹　　　　　　❺　　❻

• ❹ B3/POWER(C3, 2)<25 : 61을 2.66으로 나눈 값 22.95는 25보다 작으므로 참을 반환합니다.

• =IF(참, "정상", "비만") : '조건'이 참이므로 [D3] 셀에 **정상**을 입력합니다.

'C:\길벗컴활2급통합\기능\10수학삼각함수.xlsm' 파일을 열어서 작업하세요.

※ 아래 그림을 참고하여 수식을 작성하시오.

	A	B	C	D	E	F	G	H	I
1	[표1]	차량판매현황				[표2]	화물운송비용		
2	지점	사원명	직위	판매대수		거래처	무게(t)	지역	운송비용
3	동부	하지원	과장	8		금성산업	2.5	수도권	189,500
4	서부	김진희	과장	7		군자산업	2	지방	250,600
5	서부	유현진	대리	7		목성산업	3.2	지방	400,960
6	동부	김영조	대리	6		부영산업	3.9	수도권	295,620
7	동부	전대권	대리	9		국민산업	1.3	수도권	98,540
8	서부	홍승아	대리	4		자주산업	2.2	지방	275,660
9	동부	조경원	대리	4		대청산업	2.8	수도권	212,240
10	동부지점 대리 판매대수 평균			6.4		수도권 운송비용 합계			796,000
11									
12	[표3]	1학기성적표				[표4]	의류판매현황		
13	학번	학생명	학과	학점		구분	판매가	판매량	판매총액
14	2256016	신대인	화학	2.231		티셔츠	42,600	48	2,044,800
15	2289524	한성우	물리	2.948		바지	41,500	31	1,286,500
16	2291658	양정숙	영문	3.26		바지	35,000	30	1,050,000
17	2262579	박솔비	화학	3.665		티셔츠	37,500	49	1,837,500
18	2233841	오상진	영문	2.61		티셔츠	35,000	42	1,470,000
19	2296742	서수한	화학	3.402		바지	40,000	48	1,920,000
20	2226476	문성수	물리	4.23		바지	39,900	35	1,396,500
21	화학과 학점 평균			3.09점		바지-티셔츠 판매총액 차이			300,700
22									
23	[표5]	7월 일정표				[표6]	의류수출현황		(단위 : 만원)
24	날짜	강사명	구분			제품코드	구분	수출국	수출량	총액
25	2022-07-04	김은소	오후			SK-4G	여성	베트남	3,600	450,000
26	2022-07-05	이서아	오전			RE-8P	여성	중국	4,500	562,500
27	2022-07-06	한운서	오후			CS-6D	남성	베트남	3,200	400,000
28	2022-07-13	강하늘	오후			AS-1K	여성	베트남	4,000	500,000
29	2022-07-14	박진만	오전			MB-4T	여성	필리핀	5,000	625,000
30	2022-07-15	황진주	오전			NV-5Y	남성	중국	4,500	562,500
31	2022-07-18	이상희	오후			OS-9R	남성	필리핀	3,800	475,000
32	2022-07-19	김치국	오후			KW-3D	여성	베트남	4,200	525,000
33	2022-07-20	조현우	오전							
34	2022-07-25	임영우	오전				여성	베트남	수출량합계	총액합계
35	2022-07-26	최시연	오후						11,800	1,475,000
36										

기출 3   23.상시, 22.상시, 21.상시, 20.상시, 19.상시, 18.상시, 18.2, 17.1, …

[표3]에서 학과[C14:C20]가 "화학"인 학생들의 학점[D14:D20] 평균을 [D21] 셀에 계산하시오.

▶ 학점 평균은 소수점 이하 셋째 자리에서 내림하여 둘째 자리까지 표시 [표시 예 : 34.567 → 34.56]

▶ 계산된 학점 평균 뒤에는 "점"을 포함하여 표시 [표시 예 : 2.75점]

▶ ROUNDDOWN, DAVERAGE 함수와 & 연산자 사용

기출 4   23.상시, 22.상시, 21.상시, 20.상시, 17.상시, 09.1, 05.2

[표4]에서 구분[F14:F20]이 "티셔츠"인 의류의 판매총액[I14:I20] 합계와 구분이 "바지"인 의류의 판매총액 합계 차이를 절대값으로 [I21] 셀에 계산하시오.

▶ ABS, SUMIF 함수 사용

기출 5   23.상시

[표5]에서 날짜[A25:A35]의 일(日)이 5의 배수이면 "오전", 그 외에는 "오후"로 구분[C25:C35]에 표시하시오.

▶ IF, MOD, DAY 함수 사용

기출 6   23.상시, 22.상시, 21.상시

[표6]에서 [F34] 셀에 입력된 "여성"과 [G34] 셀에 입력된 "베트남"에 해당하는 수출량[H25:H32]의 합계와 총액[I25:I32]의 합계를 [H35:I35] 영역에 계산하시오.

▶ COUNTIFS, SUMIFS, AVERAGEIFS 함수 중 알맞은 함수 사용

기출 1   23.상시, 22.상시, 21.상시

[표1]에서 지점[A3:A9]이 "동부"이면서 직위[C3:C9]가 "대리"인 직원들의 판매대수[D3:D9] 평균을 [D10] 셀에 계산하시오.

▶ 판매대수 평균은 소수점 이하 둘째 자리에서 올림하여 첫째 자리까지 표시 [표시 예 : 12.34 → 12.4]

▶ ROUNDUP, AVERAGEIFS 함수 사용

기출 2   23.상시, 22.상시, 21.상시, 20.상시, 19.상시, 15.상시, 13.상시, 09.1, …

[표2]에서 지역[H3:H9]이 "수도권"인 거래처의 운송비용[I3:I9] 합계를 [I10] 셀에 계산하시오.

▶ 운송비용 합계는 백의 자리에서 올림하여 천의 자리까지 표시 [표시 예 : 123,456 → 124,000]

▶ DSUM, ROUND, ROUNDUP, ROUNDDWON 함수 중 알맞은 함수들을 선택하여 사용

기출 1

[D10] : =ROUNDUP(AVERAGEIFS(D3:D9, A3:A9, "동부", C3:C9, "대리"), 1)

인수   올림 자릿수

기출 2

[I10] : =ROUNDUP(DSUM(F2:I9, 4, H2:H3), −3)

인수   올림 자릿수

기출 3

[D21] : =ROUNDDOWN(DAVERAGE(A13:D20, 4, C13:C14), 2) & "점"

인수   내림 자릿수

기출 4

[I21] : =ABS(SUMIF(F14:F20, "티셔츠", I14:I20) − SUMIF(F14:F20, "바지", I14:I20))

인수

기출 5

[C25] : =IF(MOD(DAY(A25), 5)=0, "오전", "오후")

인수1   인수2

기출 6

[H35] : =SUMIFS(H25:H32, $F$25:$F$32, $F$34, $G$25:$G$32, $G$34)

합계를 구할 범위 | 조건1 | 조건2

조건1이 적용될 범위   조건2가 적용될 범위

| 6 | 데이터베이스 함수 | 출제 비율 40% / 배점 8점 |

데이터베이스 함수의 인수가 '데이터 범위, 필드 번호, 조건'으로 모두 동일합니다. 앞에서 공부한 함수는 제외하였습니다.

출제 함수	설명
DCOUNTA(데이터 범위, 필드 번호, 조건)	해당 '데이터 범위'에서 '조건'에 맞는 자료를 대상으로 지정된 '필드 번호'에서 자료가 있는 셀의 개수 반환 예 =DCOUNTA(A1:C10, 3, B2:B3) : [A1:C10] 영역에서 [B2:B3] 영역의 조건에 맞는 값들을 3열에서 찾은 후 그 개수를 반환함
DCOUNT(데이터 범위, 필드 번호, 조건)	해당 '데이터 범위'에서 '조건'에 맞는 자료를 대상으로 지정된 '필드 번호'에서 숫자가 있는 셀의 개수 반환 예 =DCOUNT(A1:C10, 3, B2:B3) : [A1:C10] 영역에서 [B2:B3] 영역의 조건에 맞는 값들을 3열에서 찾은 후 그 중 숫자의 개수를 반환함
DMAX(데이터 범위, 필드 번호, 조건)	해당 '데이터 범위'에서 '조건'에 맞는 자료를 대상으로 지정된 '필드 번호'에서 가장 큰 값 반환 예 =DMAX(A1:C10, 3, B2:B3) : [A1:C10] 영역에서 [B2:B3] 영역의 조건에 맞는 값들을 3열에서 찾은 후 그 값들 중 가장 큰 값을 반환함
DMIN(데이터 범위, 필드 번호, 조건)	해당 '데이터 범위'에서 '조건'에 맞는 자료를 대상으로 지정된 '필드 번호'에서 가장 작은 값 반환 예 =DMIN(A1:C10, 3, B2:B3) : [A1:C10] 영역에서 [B2:B3] 영역의 조건에 맞는 값들을 3열에서 찾은 후 그 값들 중 가장 작은 값을 반환함

상시시험 출제 유형

☞ 직접 실습하려면 'C:\길벗컴활2급통합\기능\11데이터베이스함수.xlsm' 파일을 열어서 작업하세요.

※ 아래 그림을 참고하여 수식을 이해하고 작성해 보세요[01~05].

	A	B	C	D	E	F	G	H
1	[표1]							
2	직위	부서명	기본급	인사점수	성명		<조건>	
3	과장	생산부	3,516,500	86	안정환		직위	
4	대리	생산부	3,168,800	92	김강인		대리	
5	사원	생산부	2,535,100	91	김은주			
6	과장	영업부	3,732,900	95	유애리		<조건2>	
7	대리	영업부	3,125,200	89	이주영		부서명	인사점수
8	대리	영업부	3,056,100	81	정민기		영업부	>=90
9	사원	영업부	2,450,700	90	한영웅			
10	생산부 기본급 합계				9,220,000		<조건3>	
11	대리 인사점수 평균				87.4		부서명	
12	영업부 성적우수 직원수				2		영업부	
13	과장 직원수				2			
14	영업부 인사점수 최고-최저 차이				14			
15	인사점수가 가장 높은 영업부 직원				김강인			
16								

01 DSUM 함수

20.상시, 19.상시, 15.상시, 13.상시, 09.1, 08.3, 05.2, 04.4

2341111

20.상시, 19.상시, 15.상시, 13.상시, 09.1, 08.3, 05.2, 04.4

유형1 DSUM, ROUND 함수 사용

부서명[B3:B9]이 "생산부"인 직원들의 기본급[C3:C9] 합계를 [E10] 셀에 계산하시오.

▶ 기본급 합계는 백의 자리에서 반올림하여 천의 자리까지 표시

[=ROUND(DSUM(A2:E9, 3, B2:B3), −3)]

수식의 이해

=ROUND(DSUM(A2:E9, 3, B2:B3), −3)
                ❶

• ❶ DSUM(A2:E9, 3, B2:B3) : [A2:E9] 영역에서 [B2:B3] 영역의 조건, 즉 부서명이 "생산부"인 직원들([B3:B5])의 기본급을 3열(C)에서 찾아 그 기본급들(3,516,500, 3,168,800, 2,535,100)의 합계 9,220,400을 반환합니다.

• =ROUND(9,220,400, −3) : 9,220,400을 반올림하여 천의 자리까지 표시한 9,220,000이 [E10] 셀에 입력됩니다.

02 DAVERAGE 함수

23.상시, 22.상시, 21.상시, 20.상시, 19.상시, 18.상시, 18.2, 17.1, 16.상시, 16.1, 14.상시, 09.4, …

2341112

유형 1 DAVERAGE, ROUNDUP 함수 사용

23.상시, 22.상시, 21.상시, 20.상시, 19.상시, 18.상시, 18.2, 17.1, 16.상시, …

직위[A3:A9]가 "대리"인 직원들의 인사점수[D3:D9] 평균을 [E11] 셀에 표시하시오.

▶ 인사점수 평균은 소수점 이하 둘째 자리에서 올림하여 첫째 자리까지 표시

▶ [G3:G4] 영역에 조건 직접 입력

〈조건〉

	G
2	<조건>
3	직위
4	대리
5	

〈수식〉

[=ROUNDUP(DAVERAGE(A2:E9, 4, G3:G4), 1)]

수식의 이해

=ROUNDUP(DAVERAGE(A2:E9, 4, G3:G4), 1)
　　　　　　　　❶

- ❶ DAVERAGE(A2:E9, 4, G3:G4) : [A2:E9] 영역에서 [G3:G4] 영역의 조건, 즉 직위가 "대리"인 직원들([A4], [A7], [A8])의 인수점수를 4열(D)에서 찾아 그 인사점수들(92, 89, 81)의 평균 87.333…을 반환합니다.
- =ROUNDUP(87.333…, 1) : 87.333…을 소수점 이하 둘째 자리에서 올림한 87.4가 [E11] 셀에 입력됩니다.

03 DCOUNTA 함수

23.상시, 22.상시, 21.상시, 17.상시, 16.1, 13.3, 09.1, 06.4, 05.2

2341113

유형 1 DCOUNTA 함수 사용

23.상시, 22.상시, 21.상시, 17.상시, 16.1, 13.3, 09.1, 06.4, 05.2

부서명[B3:B9]이 "영업부"이면서 인사점수[D3:D9]가 90 이상인 직원 수를 [E12] 셀에 계산하시오.

▶ [G7:H8] 영역에 조건 직접 입력

〈조건〉

	G	H
6	<조건2>	
7	부서명	인사점수
8	영업부	>=90
9		

〈수식〉

[=DCOUNTA(A2:E9, 1, G7:H8)]

수식의 이해

=DCOUNTA(A2:E9, 1, G7:H8)

[A2:E9] 영역에서 [G7:H8] 영역의 조건, 즉 부서명이 "영업부"이면서 인사점수가 90 이상인 직원들([D6], [D9])의 수를 1열(A)에서 찾아 그 개수 2가 [E12] 셀에 입력됩니다.

※ DCOUNTA 함수는 비어 있지 않는 셀의 개수를 구하는 함수이므로 1~5 필드 중 아무 필드를 '필드 번호'로 지정하면 됩니다.

04 DCOUNT 함수

18.상시, 15.상시, 10.3, 10.1, 04.4

2341114

유형 1 DCOUNT 함수 사용

18.상시, 15.상시, 10.3, 10.1, 04.4

직위[A3:A9]가 "과장"인 직원 수를 [E13] 셀에 계산하시오.

[=DCOUNT(A2:E9, 3, A2:A3)]

수식의 이해

=DCOUNT(A2:E9, 3, A2:A3)

[A2:E9] 영역에서 [A2:A3] 영역의 조건, 즉 직위가 "과장"인 직원들([A3], [A6])의 수를 3열(C)에서 찾아 그 개수 2가 [E13] 셀에 입력됩니다.

※ DCOUNT 함수는 숫자가 있는 셀의 개수를 구하는 함수이므로 3, 4 필드 중 하나를 '필드 번호'로 지정하면 됩니다.

05 DMAX, DMIN 함수

23.상시, 22.상시, 21.상시, 19.상시, 16.3, 09.2, 06.2, 06.1, 05.4, 05.1, 04.4

2341115

유형 1 DMAX, DMIN 함수 사용

23.상시, 22.상시, 21.상시, 19.상시, 16.3, 09.2, 06.2, 06.1, 05.4, 05.1, 04.4

부서명[B3:B9]이 "영업부"인 직원들의 최고 인사점수[D3:D9]와 최저 인사점수의 차이값을 [E14] 셀에 계산하시오.

▶ [G11:G12] 영역에 조건 직접 입력

〈조건〉

	G
10	<조건3>
11	부서명
12	영업부
13	

〈수식〉

[=DMAX(A2:E9, 4, G11:G12) − DMIN(A2:E9, 4, G11:G12)]

수식의 이해

=DMAX(A2:E9, 4, G11:G12) − DMIN(A2:E9, 4, G11:G12)
　　　　❶　　　　　　　　　　　❷

- ❶ DMAX(A2:E9, 4, G11:G12) : [A2:E9] 영역에서 [G11:G12] 영역의 조건, 즉 부서명이 "영업부"인 직원들([B6:B9])의 인수점수를 4열(D)에서 찾아 그 인사점수들(95, 89, 81, 90) 중 가장 큰 값인 95를 반환합니다.
- ❷ DMIN(A2:E9, 4, G11:G12) : [A2:E9] 영역에서 [G11:G12] 영역의 조건, 즉 부서명이 "영업부"인 직원들([B6:B9])의 인수점수를 4열(D)에서 찾아 그 인사점수들(95, 89, 81, 90) 중 가장 작은 값인 81을 반환합니다.
- =95 − 81 : 14가 [E14] 셀에 입력됩니다.

23.상시, 22.상시, 21.상시

유형 2 DMAX, VLOOKUP 함수 사용

부서명[B3:B9]이 "생산부"인 직원들 중 인사점수[D3:D9]가 가장 높은 직원의 성명[E3:E9]을 [E15] 셀에 표시하시오.

[=VLOOKUP(DMAX(A2:E9, 4, B2:B3), D3:E9, 2, FALSE)]

수식의 이해

=VLOOKUP(DMAX(A2:E9, 4, B2:B3), D3:E9, 2, FALSE)
　　　　　　　　　❶

- ❶ DMAX(A2:E9, 4, B2:B3) : [A2:E9] 영역에서 [B2:B3] 영역의 조건, 즉 부서명이 "생산부"인 직원들([B3:B5])의 인수점수를 4열(D)에서 찾아 그 인사점수들(86, 92, 91) 중 가장 큰 값인 92를 반환합니다.
- VLOOKUP(92, D3:E9, 2, FALSE) : [D3:E9] 영역의 첫 번째 열에서 92와 정확하게 일치(FALSE)하는 값을 찾습니다. 2행에 있는 92를 찾은 후 2행의 2열에 있는 **김강인**을 [E15] 셀에 입력합니다.

대표기출문제

'C:\실벗컴활2급통합\기능\11데이터베이스함수.xlsm' 파일을 열어서 작업하세요.

※ 아래 그림을 참고하여 수식을 작성하시오.

	A	B	C	D	E	F	G	H	I	J
1	[표1]	PC주변기기판매				[표2]	직원별판매현황			
2	지점	제품명	입고량	판매량		성명	부서명	직위	판매량	
3	서교점	마우스	650	548		신하은	판매1부	대리	1,202	
4	합정점	키보드	500	421		한수인	판매1부	사원	1,653	
5	망원점	스피커	450	393		김원준	판매2부	과장	1,147	
6	성산점	키보드	600	554		조동후	판매2부	대리	1,652	
7	공덕점	키보드	550	531		홍은성	판매2부	사원	1,384	
8	상암점	스피커	500	439		김영민	판매3부	대리	1,694	<조건>
9	연남점	마우스	450	417		남지영	판매3부	사원	1,366	부서명
10	마우스 총판매량			965개		판매2부 평균 판매량			1,390	판매2부
11										
12	[표3]	과수원별수확현황				[표4]	음료별칼로리			
13	과수원	과일	나무수	수확량		번호	종류	칼로리		
14	1호	사과	100	3,652		1	커피	57		
15	2호	복숭아	150	5,724		2	요구르트	45		
16	3호	사과	120	4,253		3	우유	122		
17	4호	사과	90	3,143		4	당근쥬스	32		
18	5호	배	130	4,192		5	사이다	105		
19	6호	복숭아	100	3,048		6	실론티	30	<조건>	
20	7호	배	150	3,879		7	수정과	242	칼로리	
21	사과 평균 수확량			3,683		음료개수		3개	>=100	
22										
23	[표5]	수학경시대회결과				[표6]	중간고사결과			
24	응시번호	학교명	총점			성명	성별	총점		
25	12301	군자중	93			이태원	남	86		
26	12302	장곡중	89			박성혜	여	75		
27	12303	군자중	94			이광수	남	91		
28	12304	군자중	87			김지민	여	96		
29	12305	장곡중	95			진태현	남	67		
30	12306	장곡중	91	<조건>		조현우	남	95	<조건>	
31	12307	군자중	88	학교명		강신영	여	81	성별	성별
32	장곡중 최대·최소값		95(최소89)	장곡중		남녀 최고 총점 평균		95.5	남	여
33										

기출 2 23.상시, 22.상시, 21.상시, 20.상시, 19.상시, 18 상시, 18.2, 18.1, 17.1, …

[표2]에서 부서명[G3:G9]이 "판매2부"인 부서의 판매량[I3:I9] 평균을 [I10] 셀에 계산하시오.

- ▶ 판매량 평균은 일의 자리에서 내림하여 십의 자리까지 표시 [표시 예 : 3,456 → 3,450]
- ▶ 조건은 [J9:J10] 영역에 입력하시오.
- ▶ DAVERAGE, ROUNDDOWN 함수 사용

기출 3 23.상시, 22.상시, 21.상시, 17.상시, 16.1, 13.3, 09.1, 06.4, 05.2

[표3]에서 과일[B14:B20]이 "사과"인 과수원들의 수확량[D14:D20] 평균을 [D21] 셀에 계산하시오.

- ▶ 수확량 평균 = 사과의 수확량 합계 / 과일이 사과인 과수원 수
- ▶ DSUM, DCOUNTA 함수 사용

기출 1 23.상시, 22.상시, 21.상시, 20.상시, 19.상시, 15.상시, 13.상시, 10.3, …

[표1]에서 제품명[B3:B9]이 "마우스"인 제품의 판매량[D3:D9] 합계를 [D10] 셀에 계산하시오.

- ▶ 계산된 판매량 합계 뒤에는 "개"를 포함하여 표시 [표시 예 : 2개]
- ▶ DSUM, DAVERAGE, DCOUNT 함수 중 알맞은 함수와 & 연산자 사용

기출 4 18.상시, 15.상시, 10.3, 10.1, 04.4

[표4]에서 칼로리[H14:H20]가 100 이상인 음료의 개수를 [H21] 셀에 계산하시오.

- ▶ 계산된 음료 수 뒤에는 "개"를 포함하여 표시 [표시 예 : 2개]
- ▶ 조건은 [I20:I21] 영역에 입력하시오.
- ▶ DSUM, DAVERAGE, DCOUNT 함수 중 알맞은 함수와 & 연산자 사용

[표5]에서 학교명[B25:B31]이 "장곡중"인 응시자들의 총점[C25:C31] 중 최대값과 최소값을 [C32] 셀에 [표시 예]와 같이 표시하시오.

▶ 표시 예 : 100(최소88)

▶ 조건은 [D31:D32] 영역에 입력하시오.

▶ DMAX, DMIN 함수와 & 연산자 사용

[표6]에서 성별[G25:G31]이 "남"인 학생의 최고 총점과 "여"인 학생의 최고 총점의 평균을 [H32] 셀에 계산하시오.

▶ 총점 평균은 소수점 이하 둘째 자리에서 반올림하여 첫째 자리까지 표시 [표시 예 : 98.76 → 98.8]

▶ 조건은 [I31:J32] 영역에 입력하시오.

▶ DMAX, ROUND, AVERAGE 함수 사용

정답

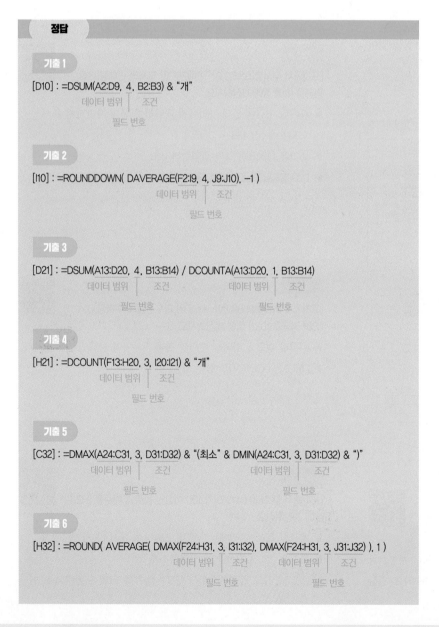

기출 1

[D10] : =DSUM(A2:D9, 4, B2:B3) & "개"
     데이터 범위   조건
         필드 번호

기출 2

[I10] : =ROUNDDOWN(DAVERAGE(F2:I9, 4, J9:J10), −1)
            데이터 범위   조건
                 필드 번호

기출 3

[D21] : =DSUM(A13:D20, 4, B13:B14) / DCOUNTA(A13:D20, 1, B13:B14)
     데이터 범위   조건   데이터 범위   조건
         필드 번호   필드 번호

기출 4

[H21] : =DCOUNT(F13:H20, 3, I20:I21) & "개"
     데이터 범위   조건
         필드 번호

기출 5

[C32] : =DMAX(A24:C31, 3, D31:D32) & "(최소" & DMIN(A24:C31, 3, D31:D32) & ")"
       데이터 범위   조건   데이터 범위   조건
           필드 번호   필드 번호

기출 6

[H32] : =ROUND(AVERAGE(DMAX(F24:H31, 3, I31:I32), DMAX(F24:H31, 3, J31:J32)), 1)
            데이터 범위   조건   데이터 범위   조건
                 필드 번호   필드 번호

7 날짜/시간 함수

출제 비율 30% / 배점 8점

날짜/시간 함수 문제에서 지금까지 출제된 함수들은 다음과 같습니다. 앞에서 공부한 함수는 제외하였습니다.

출제 함수	설명
DATE(년, 월, 일)	'년', '월', '일'에 대한 날짜의 일련번호 반환 例 =DATE(2024, 05, 15) : '2024-05-15'의 일련번호인 45427을 반환함 ※ 결과가 날짜 서식(2024-05-15)으로 표시되므로 일반 숫자로 표시하려면 '셀 서식' 대화상자에서 '범주'를 '일반'으로 지정해야 합니다.
WORKDAY(시작 날짜, 일수, 휴일 날짜)	'시작 날짜'에 주말(토, 일)과 '휴일 날짜'를 제외하고 '일수'만큼 지난 날짜 반환 例 =WORKDAY("2024-5-20", 5, "2024-5-24") : "2024-5-20"에서 주말과 "2024-5-24"를 제외하고 5일이 지난 "2024-5-28"을 반환함
DAYS(끝 날짜, 시작 날짜)	'끝 날짜'에서 '시작 날짜'를 뺀 일 수 계산 例 =DAYS("2024-5-25", "2024-5-20") : "2024-5-25"에서 "2024-5-20"을 뺀 일 수 5를 반환함
TIME(시, 분, 초)	'시', '분', '초'에 대한 시간의 일련번호 반환 例 =TIME(5, 15, 25) : '5:15:25'의 일련번호인 0.219039352를 반환함 ※ 결과가 시간 서식(5:15 AM)으로 표시되므로 일반 숫자로 표시하려면 '셀 서식' 대화상자에서 '범주'를 '일반'으로 지정해야 합니다.
HOUR(시간)	'시간'에서 시만 추출하여 반환 例 =HOUR("5:15:25") : "5:15:25"에서 시만 추출한 5를 반환함
MINUTE(시간)	'시간'에서 분만 추출하여 반환 例 =MINUTE("5:15:25") : "5:15:25"에서 분만 추출한 15를 반환함
SECOND(시간)	'시간'에서 초만 추출하여 반환 例 =SECOND("5:15:25") : "5:15:25"에서 초만 추출한 25를 반환함

상시시험 출제 유형

☞ 직접 실습하려면 'C:\길벗컴활2급통합\기능\12날짜시간함수.xlsm' 파일을 열어서 작업하세요.

 전문가의 조언

DAY 함수는 주로 IF 함수의 '조건'으로 사용됩니다.

01 DAY 함수
18.2, 15.상시, 08.4, 06.2

※ 아래 그림을 참고하여 수식을 이해하고 작성해 보세요.

▲	A	B	C	D	E
1	[표1]				
2	제품코드	배송지역	수령인	주문일자	발송여부
3	F-D-47	서울	김선길	2022-03-09	
4	G-W-55	대구	이용민	2022-03-13	발송
5	P-A-31	여수	박누리	2022-03-15	발송
6	C-S-93	강릉	신기루	2022-03-21	
7	H-U-82	순창	한예슬	2022-03-24	
8					

2341211

15.상시, 06.2

유형1 DAY, IF, AND 함수 사용

주문일자[D3:D7]가 10일에서 20일까지면 "발송"을, 그 외에는 공백을 발송여부[E3:E7]에 표시하시오.

[=IF(AND(DAY(D3)>=10, DAY(D3)<=20), "발송", " ")]

 수식의 이해

주문일자가 10일에서 20일까지면 "발송" 입력, 그렇지 않으면 공백 입력
  ①, ②   ④   ⑤
        ③

=IF(AND(DAY(D3)>=10, DAY(D3)<=20), "발송", " ")
     ①   ②   ④ ⑤
           ③

- ③ AND(DAY(D3)>=10, DAY(D3)<=20)
       ①   ②

  - ① DAY(D3)>=10 : [D3] 셀에 입력된 '2022-03-09'에서 일만 추출한 9는 10보다 작으므로 거짓입니다.
  - ② DAY(D3)<=20 : [D3] 셀에 입력된 '2022-03-09'에서 일만 추출한 9는 20보다 작으므로 참입니다.
  - ①은 거짓, ②는 참이므로 거짓을 반환합니다.

- =IF(거짓, "발송", " ") : '조건'이 거짓이므로 [E3] 셀에 " "(공백)을 입력합니다.

DATE 함수는 주로 LEFT, MID 함수와 함께 출제되는데, DATE 함수의 '년', '월', '일' 자리에 LEFT, MID 함수가 사용되도록 출제됩니다.

WORKDAY 함수는 단독으로 출제되기도 하고, 다른 날짜 함수와 함께 사용되는 문제가 출제되기도 합니다.

02 DATE 함수
19.상시, 12.3, 05.4

※ 아래 그림을 참고하여 수식을 이해하고 작성해 보세요.

	A	B	C	D
1	[표1]			
2	회원명	성별	주민등록번호	생년월일
3	이우진	남	890916-1******	1989-09-16
4	이윤서	여	911028-2******	1991-10-28
5	최지우	여	940623-2******	1994-06-23
6	김민재	남	880130-1******	1988-01-30
7	유하은	여	950919-2******	1995-09-19
8				

2341212

유형1 DATE, LEFT, MID 함수 사용
19.상시, 12.3, 05.4

주민등록번호[C3:C7]를 이용하여 생년월일[D3:D7]을 표시하시오.

▶ 생년월일의 '년'은 주민등록번호의 1, 2번째, '월'은 3, 4번째, '일'은 5, 6번째 자리임

[=DATE(LEFT(C3, 2), MID(C3, 3, 2), MID(C3, 5, 2))]

수식의 이해

=DATE(LEFT(C3, 2), MID(C3, 3, 2), MID(C3, 5, 2))
      ❶   ❷   ❸

- ❶ LEFT(C3, 2) : [C3] 셀에 입력된 '890916-1******'의 왼쪽에서 2글자를 추출한 "89"를 반환합니다.
- ❷ MID(C3, 3, 2) : [C3] 셀에 입력된 '890916-1******'의 3번째부터 2글자를 추출한 "09"를 반환합니다.
- ❸ MID(C3, 5, 2) : [C3] 셀에 입력된 '890916-1******'의 5번째부터 2글자를 추출한 "16"을 반환합니다.
- =DATE("89", "09", "16") : "89"를 '년'으로, "09"를 '월'로, "16"을 '일'로 적용한 날짜 **1989-09-16**을 [D3] 셀에 입력합니다.

03 WORKDAY 함수
23.상시, 16.상시, 14.1

※ 아래 그림을 참고하여 수식을 이해하고 작성해 보세요.

	A	B	C	D
1	[표1]			
2	사원코드	출발일자	출장일수	회사출근일
3	KOR-101	2022-03-16	6	3/24
4	KOR-102	2022-03-18	5	3/25
5	KOR-103	2022-03-23	7	4/1
6	KOR-104	2022-03-26	6	4/4
7	KOR-105	2022-03-30	5	4/6
8				

2341213

유형1 WORKDAY, MONTH, DAY 함수와 & 연산자 사용
23.상시, 16.상시, 14.1

출발일자[B3:B7]와 출장일수[C3:C7]를 이용하여 회사출근일[D3:D7]을 표시하시오.

▶ 회사출근일 = 출발일자 + 출장일수, 단 주말(토, 일요일)은 제외
▶ 표시 예 : 출발일자가 2022-01-10, 출장일수가 5인 경우 1/17로 표시

[=MONTH(WORKDAY(B3, C3)) & "/" & DAY(WORKDAY(B3, C3))]

수식의 이해

=MONTH(WORKDAY(B3, C3)) & "/" & DAY(WORKDAY(B3, C3))
      ❶   ❶
      ❷   ❸

- ❶ WORKDAY(B3, C3) : [B3] 셀에 입력된 '2022-03-16'에서 토, 일요일을 제외하고 6일째가 되는 '2022-03-24'를 반환합니다.
- ❷ MONTH(2022-03-24) : '2022-03-24'에서 월만 추출한 3을 반환합니다.
- ❸ DAY(2022-03-24) : '2022-03-24'에서 일만 추출한 24를 반환합니다.
- 3 & "/" & 24 : & 연산자에 의해 모든 문자열이 합쳐진 **3/24**를 [D3] 셀에 입력합니다.

TIME 함수는 IF나 HOUR, MINUTE 등의 함수와 함께 사용되는 문제가 주로 출제됩니다.

04 TIME 함수
23.상시, 22.상시, 21.상시, 20.상시, 17.상시, 11.1

※ 아래 그림을 참고하여 수식을 이해하고 작성해 보세요[유형 1~2].

	A	B	C	D	E	F
1	[표1]					
2	구분	출발시간	정차역수	종료시간	도착시간	운행시간
3	A천안	9:01	4	15:26	9:09	6:27
4	B오이도	9:18	6	14:14	9:30	4:56
5	A병점	9:21	8	16:23	9:37	7:02
6	B천안	9:26	5	14:55	9:36	5:31
7	A오이도	9:32	4	15:41	9:40	6:09
8						

2341215

유형 1 TIME, HOUR, MINUTE 함수 사용
20.상시, 17.상시, 11.1

출발시간[B3:B7]과 정차역수[C3:C7]를 이용하여 도착시간[E3:E7]을 계산하시오.

▶ 도착시간 = 출발시간 + 정차역수 × 정차역 당 소요 시간(2분)

▶ 표시 예 : 정차역수가 4개이고 출발시간이 10:00면 도착시간은 10:08임

[=TIME(HOUR(B3), MINUTE(B3)+C3*2 , 0)]

수식의 이해

=TIME(HOUR(B3), MINUTE(B3)+C3*2 , 0)
　　　　　①　　　　②　　　　③

- ① HOUR(B3) : [B3] 셀에 입력된 '9:01'에서 '시'만 추출한 값인 9를 반환합니다.
- ② MINUTE(B3) : [B3] 셀에 입력된 '9:01'에서 '분'만 추출한 값인 1을 반환합니다.
- C3*2 : [C3] 셀에 입력된 4에 2를 곱한 값 8을 반환합니다.
- TIME(9, 1+8, 0) : 9(시), 9(분), 0(초)에 대한 일련번호 **0.38125**가 [E3] 셀에 입력됩니다.
- ※ 셀 서식이 '시간'으로 지정되어 있어 '9:09'로 표시됩니다.

2341216

유형 2 TIME, IF, RIGHT 함수 사용
23.상시, 22.상시, 21.상시

출발시간[B3:B7]과 종료시간[D3:D7]을 이용하여 운행시간[F3:F7]을 계산하시오.

▶ 운행시간 = 종료시간 - 출발시간

▶ 구분의 마지막 두 글자가 "천안"이면 운행시간에 2분을 더하여 표시함

[=IF(RIGHT(A3, 2)="천안", (D3-B3)+TIME(,2,), D3-B3)]

수식의 이해

구분의 마지막 두 글자가 "천안"이면 '종료시간-출발시간+2분'을 입력,
　　　　　①　　　　　　　　　　　　②

그렇지 않으면 '종료시간-출발시간'을 입력
　　　　　　　　　③

=IF(RIGHT(A3, 2)="천안", (D3-B3)+TIME(,2,), D3-B3)
　　　　①　　　　　　　　②　　　　　　③

- ① RIGHT(A3, 2)="천안" : [A3] 셀에 입력된 "A천안"의 오른쪽에서 2글자를 추출하여 "천안"을 반환합니다. "천안"은 "천안"과 같으므로 참을 반환합니다.
- =IF(참, (D3-B3)+TIME(,2,), D3-B3)
　　　　　　　②　　　　　③

  : '조건'이 참이므로 ②의 결과가 [F3] 셀에 입력됩니다.
- ② (D3-B3)+TIME(,2,) : [D3] 셀에 입력된 '15:26'에서 [B3] 셀에 입력된 '9:01'을 뺀 시간 '6:25'를 반환합니다. '6:25'에 TIME 함수의 결과 값 2(분)을 더한 **'6:27'**이 [F3] 셀에 입력됩니다.
- ※ TIME(시, 분, 초) 함수는 '시', '분', '초'를 모두 입력해야 하므로 콤마(,)를 입력하여 구분해야 합니다.

HOUR, MINUTE, SECOND 함수는 세 함수가 함께 사용되거나 HOUR와 MINUTE 함수만 사용되는 문제 위주로 출제됩니다.

05 HOUR / MINUTE / SECOND 함수
23.상시, 20.상시, 16.상시, 11.1, 04.4

※ 아래 그림을 참고하여 수식을 이해하고 작성해 보세요.

	A	B	C	D	E
1	[표1]				
2	출발시간	운행시간	도착시간	요금	가장 짧은 운행시간
3	13:51:22	1:25:06	15:16:28	25,500	1시간12분25초
4	15:13:08	1:44:31	16:57:39	31,200	
5	13:00:19	1:12:25	14:12:44	21,600	
6	14:37:54	1:30:07	16:08:01	27,000	
7	13:22:32	1:26:53	14:49:25	25,800	
8					

2341218

유형 1 HOUR, MINUTE, SECOND, SMALL 함수와 & 연산자 사용 `23.상시`

운행시간[B3:B7]이 가장 짧은 차량의 운행시간을 [E3] 셀에 계산하시오.

▶ 표시 예 : 1:23:45 → 1시간23분45초

[=HOUR(SMALL(B3:B7, 1)) & "시간" & MINUTE(SMALL (B3:B7, 1)) & "분" & SECOND(SMALL(B3:B7, 1)) & "초"]

수식의 이해

=HOUR(SMALL(B3:B7, 1)) & "시간" & MINUTE(SMALL(B3:B7, 1)) & "분"
　　　❶　　　　　　　　　　　　　　　　❶
　　　　　　❷　　　　　　　　　　　　❸

& SECOND(SMALL(B3:B7, 1)) & "초"
　　　　　　❶
　　　　　　　❹

- ❶ SMALL(B3:B7, 1) : [B3:B7] 영역에서 가장 짧은 운행시간인 '1:12:25'를 반환합니다.
- ❷ HOUR(1:12:25) : '1:12:25'에서 시만 추출한 1을 반환합니다.
- ❸ MINUTE(1:12:25) : '1:12:25'에서 분만 추출한 12를 반환합니다.
- ❹ SECOND(1:12:25) : '1:12:25'에서 초만 추출한 25를 반환합니다.
- 1 & "시간" & 12 & "분" & 25 & "초" : & 연산자에 의해 모든 문자열이 합쳐진 **1시간12분25초**가 [E3] 셀에 입력됩니다.

대표기출문제

'C:\길벗컴활2급통합\기능\12날짜시간함수.xlsm' 파일을 열어서 작업하세요.

※ 아래 그림을 참고하여 수식을 작성하시오.

	A	B	C	D	E	F	G	H	I
1	[표1]	택배 배송시간표				[표2]	입원환자정보		
2	목적지	출발시간	배송지수	도착시간		환자명	성별	주민등록번호	생년월일
3	망원동	13:14	6	13:50		이연우	남성	010503-3******	2001-05-03
4	서교동	13:38	5	14:08		최명길	여성	031108-4******	2003-11-08
5	합정동	14:25	3	14:43		김은희	여성	050320-4******	2005-03-20
6	상수동	14:58	7	15:40		홍형정	여성	031011-4******	2003-10-11
7	공덕동	15:27	5	15:57		조정석	남성	060619-3******	2006-06-19
8	성산동	15:55	8	16:43		황윤성	남성	081031-3******	2008-10-31
9	상암동	16:41	2	16:53		김세정	여성	020826-4******	2002-08-26
10									
11	[표3]	PC방요금정산				[표4]	택배배송현황		
12	회원코드	시작시간	종료시간	결제금액		배송번호	배송일수	배송출발일	수령예정일
13	PC-S-1	13:20	15:30	3,900		A1224	2	2022-06-05	2022-06-07
14	PC-S-2	13:25	16:00	4,650		G2439	3	2022-06-05	2022-06-08
15	PC-S-3	13:40	19:45	10,950		K2987	2	2022-06-11	2022-06-14
16	PC-S-4	14:00	15:45	3,150		H4310	2	2022-06-11	2022-06-13
17	PC-S-5	14:15	16:30	4,050		B8725	3	2022-06-11	2022-06-15
18	PC-S-6	14:20	18:50	8,100		M9221	4	2022-06-22	2022-06-28
19	PC-S-7	14:35	16:25	3,300		A0948	2	2022-06-22	2022-06-24
20	PC-S-8	14:45	17:00	4,050		R4398	3	2022-06-25	2022-06-29
21									
22	[표5]	운행정보							
23	구분	출발시간	도착시간	운행시간					
24	공항버스	9:20	13:15	3:57					
25	개인택시	9:35	11:55	2:20					
26	고속버스	10:15	15:50	5:35					
27	공항택시	11:05	14:25	3:22					
28	택배차량	12:00	16:35	4:35					
29	일반버스	12:25	15:00	2:35					
30	개인택시	12:42	16:42	4:00					
31									

기출 1 `20.상시, 17.상시, 11.1` 2341281

[표1]에서 출발시간[B3:B9]과 배송지수[C3:C9]를 이용하여 도착시간[D3:D9]을 계산하시오.

▶ 도착시간 = 출발시간 + 배송지수 × 배송지수 당 소요 시간(6분)

▶ 표시 예 : 배송지수가 3개이고 출발시간이 '12:00'면 도착시간은 '12:18'임

▶ TIME, HOUR, MINUTE 함수 사용

기출 2 `19.상시, 12.3, 05.4` 2341282

[표2]에서 주민등록번호[H3:H9]를 이용하여 생년월일[I3:I9]을 표시하시오.

▶ 생년월일의 '년'은 2000+주민등록번호의 1, 2번째, '월'은 3, 4번째, '일'은 5, 6번째 자리임

▶ DATE, MID, LEFT 함수 사용

기출 3 16.상시, 04.4

[표3]에서 시작시간[B13:B20]과 종료시간[C13:C20]의 차이를
이용하여 결제금액[D13:D20]을 계산하시오.

▶ 요금은 10분당 300원임

▶ HOUR, MINUTE 함수 사용

기출 5 23.상시, 22.상시, 21.상시

[표5]에서 출발시간[B24:B30]과 도착시간[C24:C30]을 이용하여
운행시간[D24:D30]을 계산하시오.

▶ 운행시간 = 도착시간 - 출발시간

▶ 구분의 앞 두 글자가 "공항"이면 운행시간에 2분을 더하여 표시함

▶ IF, TIME, LEFT 함수 사용

기출 4 16.상시, 14.1

[표4]에서 배송출발일[H13:H20]과 배송일수[G13:G20]를 이용하여
수령예정일[I13:I20]을 표시하시오.

▶ 주말(토, 일요일)은 제외

▶ EDATE, WORKDAY, WEEKDAY 함수 중 알맞은 함수 사용

문제 3 · 분석작업(20점)

분석작업은 부분합, 피벗 테이블, 통합, 시나리오, 목표값 찾기, 정렬, 데이터 표 중 2개의 기능이 조합되어 출제되며, 배점은 20점입니다. 부분합, 피벗 테이블, 시나리오가 자주 출제되고 있으니 시간이 부족할 때는 이들을 우선적으로 학습하는 것이 좋습니다. 분석작업에 출제되는 기능들은 개념만 정확히 파악하면 1~2회 반복 연습으로 누구나 쉽게 풀 수 있으므로 20점 만점을 목표로 충분히 연습해야 합니다.

1 부분합
출제 비율 60% / 배점 10점

부분합은 다음과 같은 과정으로 작업을 진행합니다.

1. 데이터 영역에 셀 포인터를 놓고 [데이터] → 정렬 및 필터 → **정렬**을 클릭한다.
2. '정렬' 대화상자에서 정렬 기준을 지정하고 정렬을 수행한다.
3. [데이터] → 개요 → **부분합**을 클릭한다.
4. 첫 번째 '부분합' 대화상자에서 '그룹화할 항목', '사용할 함수', '부분합 계산 항목'을 지정한다.
5. [데이터] → 개요 → **부분합**을 클릭한다.
6. 두 번째 '부분합' 대화상자에서 '그룹화할 항목', '사용할 함수', '부분합 계산 항목'을 지정하고 '새로운 값으로 대치'를 해제한다.
7. 소수 자릿수나 서식 등의 마무리 작업을 수행한다.

	A	B	C	D	E	F	G
1			정보통신공학부 성적 일람표				
2							
3	이름	학과	중간	기말	과제	출석	합계
4	강선교	시스템	36	37	9	10	92
5	박인숙	네트워크	39	38	8	10	95
6	윤진희	정보처리	30	32	10	10	82
7	이종택	네트워크	32	34	10	8	84
8	권진현	정보처리	21	20	8	7	56
9	최석두	시스템	35	32	9	9	85
10	황진이	시스템	24	26	7	10	67
11	허나리	정보처리	38	31	6	9	84
12	김선희	네트워크	38	38	9	10	95
13							

↓

	A	B	C	D	E	F	G
1			정보통신공학부 성적 일람표				
2							
3	이름	학과	중간	기말	과제	출석	합계
4	박인숙	네트워크	39	38	8	10	95
5	이종택	네트워크	32	34	10	8	84
6	김선희	네트워크	38	38	9	10	95
7		네트워크 최대	39	38	10	10	
8		네트워크 평균					91.3
9	강선교	시스템	36	37	9	10	92
10	최석두	시스템	35	32	9	9	85
11	황진이	시스템	24	26	7	10	67
12		시스템 최대	36	37	9	10	
13		시스템 평균					81.3
14	윤진희	정보처리	30	32	10	10	82
15	권진현	정보처리	21	20	8	7	56
16	허나리	정보처리	38	31	6	9	84
17		정보처리 최대	38	32	10	10	
18		정보처리 평균					74.0
19		전체 최대값	39	38	10	10	
20		전체 평균					82.2
21							

※ '학과'별로 '중간', '기말', '과제', '출석'의 최대와 '합계'의 평균을 계산하고 서식을 지정하여 표시한 화면입니다.

☞ 직접 실습하려면 'C:\길벗컴활2급통합\기능\13부분합.xlsm' 파일을 열어서 작업하세요.

2341311

01 정렬 지정

23.상시, 22.상시, 21.상시, 20.상시, 19.상시, 18.상시, 18.2, 18.1, 17.상시, 17.1, …

'학과'를 기준으로 오름차순으로 처리하시오.

	A	B	C	D	E	F	G
1			정보통신공학부 성적 일람표				
2							
3	이름	학과	중간	기말	과제	출석	합계
4	강선교	시스템	36	37	9	10	92
5	박인숙	네트워크	39	38	8	10	95
6	윤진희	정보처리	30	32	10	10	82
7	이종택	네트워크	32	34	10	8	84
8	권진현	정보처리	21	20	8	7	56
9	최석두	시스템	35	32	9	9	85
10	황진이	시스템	24	26	7	10	67
11	허나리	정보처리	38	31	6	9	84
12	김선희	네트워크	38	38	9	10	95
13							

[데이터] → 정렬 및 필터 → **정렬**을 클릭한 후 '정렬' 대화상자에서 정렬을 지정합니다.

	A	B	C	D	E	F	G
1			정보통신공학부 성적 일람표				
2							
3	이름	학과	중간	기말	과제	출석	합계
4	박인숙	네트워크	39	38	8	10	95
5	이종택	네트워크	32	34	10	8	84
6	김선희	네트워크	38	38	9	10	95
7	강선교	시스템	36	37	9	10	92
8	최석두	시스템	35	32	9	9	85
9	황진이	시스템	24	26	7	10	67
10	윤진희	정보처리	30	32	10	10	82
11	권진현	정보처리	21	20	8	7	56
12	허나리	정보처리	38	31	6	9	84
13							

02 부분합 작성

23.상시, 22.상시, 21.상시, 20.상시, 19.상시, 18.상시, 18.2, 18.1, 17.상시, 17.1, …

2341312

[부분합] 기능을 이용하여 학과별 '합계'의 평균을 계산한 후 '중간', '기말', '과제', '출석'의 최대를 계산하시오.

▶ 평균과 최대는 위에 명시된 순서대로 처리하시오.

	A	B	C	D	E	F	G
1			정보통신공학부 성적 일람표				
2							
3	이름	학과	중간	기말	과제	출석	합계
4	박인숙	네트워크	39	38	8	10	95
5	이종택	네트워크	32	34	10	8	84
6	김선희	네트워크	38	38	9	10	95
7	강선교	시스템	36	37	9	10	92
8	최석두	시스템	35	32	9	9	85
9	황진이	시스템	24	26	7	10	67
10	윤진희	정보처리	30	32	10	10	82
11	권진현	정보처리	21	20	8	7	56
12	허나리	정보처리	38	31	6	9	84
13							

- [데이터] → 개요 → **부분합**을 클릭한 후 '부분합' 대화상자에서 부분합 계산 항목을 지정합니다.
- 두 번째 '부분합' 대화상자에서는 반드시 '새로운 값으로 대치'를 해제해야 합니다.

1 2 3 4		A	B	C	D	E	F	G
	1			정보통신공학부 성적 일람표				
	2							
	3	이름	학과	중간	기말	과제	출석	합계
	4	박인숙	네트워크	39	38	8	10	95
	5	이종택	네트워크	32	34	10	8	84
	6	김선희	네트워크	38	38	9	10	95
	7		네트워크 최대	39	38	10	10	
	8		네트워크 평균					91.33333
	9	강선교	시스템	36	37	9	10	92
	10	최석두	시스템	35	32	9	9	85
	11	황진이	시스템	24	26	7	10	67
	12		시스템 최대	36	37	9	10	
	13		시스템 평균					81.33333
	14	윤진희	정보처리	30	32	10	10	82
	15	권진현	정보처리	21	20	8	7	56
	16	허나리	정보처리	38	31	6	9	84
	17		정보처리 최대	38	32	10	10	
	18		정보처리 평균					74
	19		전체 최대값	39	38	10	10	
	20		전체 평균					82.22222
	21							

대표기출문제

'C:\길벗컴활2급통합\기능\13부분합.xlsm' 파일을 열어서 작업하세요.

기출 1 2341381

23.상시, 22.상시, 21.상시, 20.상시, 19.상시, 18.상시, 18.2, 18.1, …

'기출1' 시트에 대하여 다음의 지시사항을 처리하시오.

[부분합] 기능을 이용하여 '대리점별 제품 주문 현황' 표에 〈그림〉과 같이 대리점별 '주문수량'의 최대를 계산한 후 '주문금액', '할인금액', '수령예정액'의 평균을 계산하시오.

▶ 정렬은 '대리점'을 기준으로 내림차순으로 처리하시오.

▶ 최대와 평균은 위에 명시된 순서대로 처리하시오.

	A	B	C	D	E	F	G
1			대리점별 제품 주문 현황				
2							
3	대리점	제품명	주문수량	할인수량	주문금액	할인금액	수령예정액
4	서대문점	마우스	750	90	7,875,000	945,000	6,930,000
5	서대문점	스피커	550	44	6,875,000	550,000	6,325,000
6	서대문점	USB	450	27	382,500	22,950	359,550
7	서대문점	키보드	500	40	6,000,000	480,000	5,520,000
8	서대문점 평균				5,283,125	499,488	4,783,638
9	서대문점 최대		750				
10	동작점	USB	600	60	510,000	51,000	459,000
11	동작점	스피커	650	76	8,125,000	950,000	7,175,000
12	동작점	마우스	400	24	4,200,000	252,000	3,948,000
13	동작점	키보드	500	40	6,000,000	480,000	5,520,000
14	동작점 평균				4,708,750	433,250	4,275,500
15	동작점 최대		650				
16	광진점	스피커	450	27	5,625,000	337,500	5,287,500
17	광진점	마우스	550	44	5,775,000	462,000	5,313,000
18	광진점	USB	550	44	467,500	37,400	430,100
19	광진점	키보드	700	84	8,400,000	1,008,000	7,392,000
20	광진점 평균				5,066,875	461,225	4,605,650
21	광진점 최대		700				
22	전체 평균				5,019,583	464,654	4,554,929
23	전체 최대값		750				
24							

기출 2 2341382

23.상시, 22.상시, 21.상시, 20.상시, 19.상시, 18.상시, 17.상시, 17.1, …

'기출2' 시트에 대하여 다음의 지시사항을 처리하시오.

[부분합] 기능을 이용하여 '1학년 성적표' 표에 〈그림〉과 같이 반별 '국어', '영어', '수학'의 합계와 평균을 계산하시오.

▶ 정렬은 '반'을 기준으로 오름차순으로 처리하시오.

▶ 평균의 소수 자릿수는 1로 하시오.

▶ 합계와 평균은 위에 명시된 순서대로 처리하시오.

	A	B	C	D	E	F	G
1			1학년 성적표				
2							
3	학생명	반	국어	영어	수학	총점	평균
4	강지훈	1	97	95	93	285	95
5	남윤선	1	91	87	92	270	90
6	배영현	1	86	90	93	269	90
7	안하정	1	58	61	55	174	58
8		1 평균	83.0	83.3	83.3		
9		1 요약	332	333	333		
10	김은소	2	86	89	91	266	89
11	신다은	2	76	73	91	240	80
12	안수민	2	64	66	57	187	62
13	황주혁	2	94	95	97	286	95
14		2 평균	80.0	80.8	84.0		
15		2 요약	320	323	336		
16	유종연	3	67	63	72	202	67
17	이채현	3	86	85	90	261	87
18	조소은	3	79	81	83	243	81
19	한윤오	3	82	81	76	239	80
20		3 평균	78.5	77.5	80.3		
21		3 요약	314	310	321		
22		전체 평균	80.5	80.5	82.5		
23		총합계	966	966	990		
24							

기출 3 2341383

23.상시, 22.상시, 21.상시, 20.상시, 19.상시, 18.상시, 17.상시, 16.상시, …

'기출3' 시트에 대하여 다음의 지시사항을 처리하시오.

[부분합] 기능을 이용하여 '3월 급여 지급 현황' 표에 〈그림〉과 같이 부서별 '실지급액'의 최대를 계산한 후 직위별 '수당'의 최소를 계산하시오.

▶ 정렬은 첫째 기준 '부서'를 기준으로 내림차순, 둘째 기준 '직위'를 기준으로 오름차순으로 처리하시오.

▶ 부분합에 '연한 파랑, 표 스타일 밝게 2' 서식을 적용하시오.

▶ 최대와 최소는 위에 명시된 순서대로 처리하시오.

	A	B	C	D	E	F	G
1			3월 급여 지급 현황				
2							
3	사원명	부서	직위	기본급	수당	세금	실지급액
4	배지민	영업부	대리	2,550,000	768,000	530,880	2,787,120
5	최현기	영업부	대리	2,600,000	1,212,000	609,920	3,202,080
6			대리 최소		768,000		
7	백진성	영업부	사원	2,150,000	975,000	500,000	2,625,000
8	윤시민	영업부	사원	2,100,000	886,000	477,760	2,508,240
9			사원 최소		886,000		
10		영업부 최대					3,202,080
11	백명기	생산부	대리	2,550,000	924,000	555,840	2,918,160
12	유수빈	생산부	대리	2,600,000	1,245,000	615,200	3,229,800
13			대리 최소		924,000		
14	노재훈	생산부	사원	2,100,000	1,035,000	501,600	2,633,400
15	양효진	생산부	사원	2,050,000	894,000	471,040	2,472,960
16			사원 최소		894,000		
17		생산부 최대					3,229,800
18	고수현	경리부	대리	2,600,000	1,168,000	602,880	3,165,120
19	최명우	경리부	대리	2,650,000	795,000	551,200	2,893,800
20			대리 최소		795,000		
21	김민정	경리부	사원	2,050,000	863,000	466,080	2,446,920
22	신정수	경리부	사원	2,150,000	1,005,000	504,800	2,650,200
23			사원 최소		863,000		
24		경리부 최대					3,165,120
25			전체 최소값		768,000		
26		전체 최대값					3,229,800
27							

기출 1

1. 데이터 영역(A3:G15)에서 임의의 셀을 클릭한 후 [데이터] → 정렬 및 필터 → **정렬**을 클릭한다.
2. '정렬' 대화상자에서 그림과 같이 지정한 후 〈확인〉을 클릭한다.

3. 데이터 영역에 셀 포인터가 놓여 있는 상태에서 [데이터] → 개요 → **부분합**을 클릭한다.
4. '부분합' 대화상자에서 그림과 같이 지정한 후 〈확인〉을 클릭한다.

5. 데이터 영역에 셀 포인터가 놓여 있는 상태에서 [데이터] → 개요 → **부분합**을 클릭한다.
6. '부분합' 대화상자에서 그림과 같이 지정하고, '새로운 값으로 대치'를 해제한 후 〈확인〉을 클릭한다.

기출 2

• '정렬' 대화상자

• 1차 '부분합' 대화상자

• 2차 '부분합' 대화상자

• **소수 자릿수** : [C8:E8], [C14:E14], [C20:E20], [C22:E22] 영역을 블록으로 지정한 후 [홈] → 표시 형식 → **자릿수 늘림**(↑)과 **자릿수 줄임**(↓)을 차례로 클릭

• '정렬' 대화상자

• 1차 '부분합' 대화상자

• 2차 '부분합' 대화상자

• 표 스타일 : [홈] → 스타일 → 표 서식에서 '연한 파랑, 표 스타일 밝게 2'를 선택한 후 '표 만들기' 대화상자에서 [A3:G26] 영역 지정

피벗 테이블은 다음과 같은 과정으로 작업을 진행합니다.

1. 데이터 영역에 커서를 놓고 [삽입] → 표 → **피벗 테이블**을 클릭한다.

2. '피벗 테이블 만들기' 대화상자에서 피벗 테이블 넣을 위치를 지정한다.

3. '피벗 테이블 필드' 창에서 '필터', '행', '열', '값'을 지정한다.

4. '값' 영역에 사용할 함수를 지정한다.

5. 보고서 레이아웃, 그룹, 표시 형식 등의 조건을 지정한다.

• 다음은 지금까지 출제된 10가지 기능을 모두 적용하여 꾸민 피벗 테이블입니다.

	A	B	C	D	E	F	G
1			부서별 비품관리				
2							
3	부서	비품	지급일	보유량	요청량	합계	금액
4	기획팀	A	2022-08-08	25	5	30	5,000
5	관리팀	B	2022-07-21	30	4	34	8,000
6	기획팀	B	2022-09-01	55	9	64	18,000
7	관리팀	A	2022-09-01	40	2	42	2,000
8	감사팀	B	2022-09-02	60	0	60	-
9	경영지원팀	A	2022-03-02	25	10	35	10,000
10	감사팀	C	2022-02-10	35	10	45	30,000
11							

※ 월별, 팀별로 금액의 평균을 계산해 표시한 피벗 테이블입니다.

❶ **시작 위치** : 피벗 테이블 보고서의 시작 위치를 [A16] 셀로 지정함

❷ **피벗 테이블 필드** : 비품은 '필터', 지급일은 '행', 부서는 '열', 금액은 '값'에 지정함

❸ **함수** : 금액에 사용할 함수를 평균으로 지정함

❹ **보고서 레이아웃** : '개요 형식으로 표시'를 지정함

❺ **총합계** : '열의 총합계만 설정'을 지정함

❻ **그룹** : '월'을 기준으로 그룹을 지정함

❼ **빈 셀** : '피벗 테이블 옵션' 대화상자에서 '빈 셀 표시'를 '＊'으로 지정함

❽ **필드 제외** : 부서에서 '기획팀'을 제외함

❾ **표시 형식** : '값' 영역의 표시 형식을 '숫자' 범주의 '1000 단위 구분 기호'로 지정함

❿ **피벗 스타일** : '연한 파랑, 피벗 스타일 보통 9' 서식을 지정함

상시시험 출제 유형

☞ 직접 실습하려면 'C:\길벗컴활2급통합\기능\14피벗테이블.xlsm' 파일을 열어서 작업하세요.

- 어디서 어떻게 필요한 메뉴를 호출하는지 잘 기억해 두세요.
- 나머지는 직관적이라 쉽게 설정할 수 있습니다.

01 함수 변경

23.상시, 22.상시, 21.상시, 20.상시, 19.상시, 18.상시, 17.상시, 16.상시, 16.2, …

'값'에 금액의 평균을 계산하시오.

값 영역에서 임의의 셀을 클릭한 후 바로 가기 메뉴의 [값 요약 기준]에서 사용할 함수를 선택합니다.

02 보고서 레이아웃 지정

23.상시, 22.상시, 21.상시, 19.상시, 17.상시, 16.상시

보고서 레이아웃은 '개요 형식'으로 지정하시오.

피벗 테이블에서 임의의 셀을 클릭한 후 [디자인] → 레이아웃 → **보고서 레이아웃**에서 사용할 보고서 레이아웃을 선택합니다.

03 총합계 지정

23.상시, 22.상시, 21.상시, 20.상시, 19.상시, 18.상시, 14.상시, 13.상시, 12.1, …

피벗 테이블 보고서는 열의 총합계만 설정하시오.

피벗 테이블에서 임의의 셀을 클릭한 후 [디자인] → 레이아웃 → **총합계**에서 사용할 총합계를 선택합니다.

04 그룹 지정

23.상시, 22.상시, 21.상시, 20.상시, 19.상시, 18.상시, 17.상시, 16.상시, 16.2, …

'지급일'은 '월' 단위로 그룹을 지정하시오.

'지급일' 필드의 바로 가기 메뉴에서 [그룹]을 선택한 후 '그룹화' 대화상자에서 그룹을 지정합니다.

⬇

	A	B	C	D	E
13					
14	비품	(모두)			
15					
16	평균 : 금액	부서			
17	지급일	감사팀	경영지원팀	관리팀	기획팀
18	2월	30000			
19	3월		10000		
20	7월			8000	
21	8월				5000
22	9월	0		2000	18000
23	총합계	15000	10000	5000	11500
24					

05 빈 셀 표시

23.상시, 22.상시, 21.상시, 20.상시, 18.상시, 16.상시, 15.3

피벗 테이블 보고서의 빈 셀은 '*' 기호로 표시하시오.

1. 피벗 테이블의 바로 가기 메뉴에서 [피벗 테이블 옵션]을 선택합니다.
2. '피벗 테이블 옵션' 대화상자의 '레이아웃 및 서식' 탭에서 '빈 셀 표시'에 표시할 기호를 입력합니다.

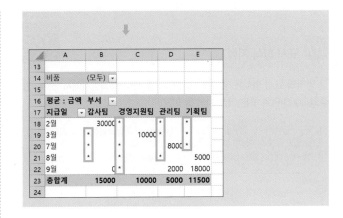

	A	B	C	D	E
13					
14	비품	(모두)			
15					
16	평균 : 금액	부서			
17	지급일	감사팀	경영지원팀	관리팀	기획팀
18	2월	30000			
19	3월		10000		
20	7월			8000	
21	8월				5000
22	9월	0		2000	18000
23	총합계	15000	10000	5000	11500
24					

06 필드 제외

23.상시, 22.상시, 21.상시, 20.상시, 19.상시, 18.상시, 17.상시, 16.상시

현재 시트에 '감사팀', '경영지원팀', '관리팀'만 표시되도록 하시오.

'부서(B16)'의 목록 선택 단추(▼)를 클릭한 후 제외할 필드의 선택을 해제합니다.

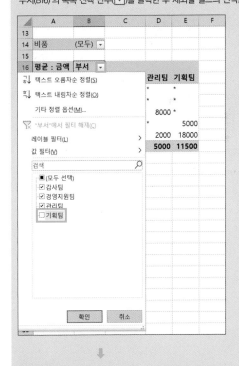

⬇

	A	B	C	D
13				
14	비품	(모두)		
15				
16	평균 : 금액	부서		
17	지급일	감사팀	경영지원팀	관리팀
18	2월	30000	*	*
19	3월	*	10000	*
20	7월	*	*	8000
21	9월	0	*	2000
22	총합계	15000	10000	5000
23				

07 표시 형식 지정

값 영역의 표시 형식은 '값 필드 설정'의 '셀 서식' 대화상자에서 '숫자' 범주와 '1000 단위 구분 기호 사용'을 이용하여 지정하시오.

1. '평균 : 금액(A16)'이 입력된 셀의 바로 가기 메뉴에서 [값 필드 설정]을 선택합니다.
2. '값 필드 설정' 대화상자에서 〈표시 형식〉을 클릭합니다.
3. '셀 서식' 대화상자에서 지시사항에 제시된 형식을 지정합니다.

08 피벗 스타일 지정

피벗 테이블에 '연한 파랑, 피벗 스타일 보통 9' 서식을 적용하시오.

피벗 테이블에서 임의의 셀을 클릭한 후 [디자인] → 피벗 테이블 스타일에서 사용할 스타일을 선택합니다.

대표기출문제

'C:\길벗컴활2급통합\기능\14피벗테이블.xlsm' 파일을 열어서 작업하세요.

기출 1 23.상시, 22.상시, 21.상시, 20.상시, 19.상시, 18.상시, 17.상시, 16.상시, …

2341481

'기출1' 시트에 대하여 다음의 지시사항을 처리하시오.

[피벗 테이블] 기능을 이용하여 '음악차트 순위' 표의 가수는 '필터', 곡명은 '행', 장르는 '열'로 처리하고, '값'에 음반과 음원의 평균을 순서대로 계산하시오.

▶ 피벗 테이블 보고서는 동일 시트의 [A18] 셀에서 시작하시오.

▶ 피벗 테이블 보고서는 열의 총합계만 설정하시오.

▶ 값 영역의 표시 형식은 '셀 서식' 대화상자에서 '숫자' 범주의 '1000 단위 구분 기호 사용'을 이용하여 지정하시오.

기출 2 23.상시, 22.상시, 21.상시, 20.상시, 19.상시, 18.상시, 17.상시, 16.상시, …

2341482

'기출2' 시트에 대하여 다음의 지시사항을 처리하시오.

[피벗 테이블] 기능을 이용하여 '라면 출고 현황' 표의 지점은 '필터', 출고일자는 '행', 제품명은 '열'로 처리하고, '값'에 출고총액의 합계를 계산하시오.

▶ 피벗 테이블 보고서는 동일 시트의 [A21] 셀에서 시작하시오.

▶ 출고일자는 '월' 단위로 그룹을 지정하시오.

▶ 현재 시트에 "용산점"은 제외하고 표시하시오.

기출 3 23.상시, 22.상시, 21.상시, 20.상시, 18.상시, 17.상시, 16.상시, 15.상시, …

2341483

'기출3' 시트에 대하여 다음의 지시사항을 처리하시오.

[피벗 테이블] 기능을 이용하여 'PC 주변기기 생산 현황' 표의 생산일자는 '필터', 부서명은 '행', 제품명은 '열'로 처리하고, '값'에 목표량과 생산량의 평균을 순서대로 계산하시오.

▶ 피벗 테이블 보고서는 동일 시트의 [A20] 셀에서 시작하시오.

▶ 'Σ' 기호를 행으로 이동하시오.

▶ 보고서 레이아웃은 '개요 형식'으로 지정하시오.

▶ 빈 셀은 '*' 기호로 표시하시오.

▶ 피벗 테이블에 '연한 파랑, 피벗 스타일 보통 9' 서식을 지정하시오.

정답 및 해설

기출 1

〈정답〉

	A	B	C	D	E	F	G
15							
16	가수	(모두) ▼					
17							
18		열 레이블 ▼					
19		댄스		발라드		트로트	
20	행 레이블 ▼	평균 : 음반	평균 : 음원	평균 : 음반	평균 : 음원	평균 : 음반	평균 : 음원
21	고임소					2,226	42,294
22	그때그아인			2,945	55,955		
23	막걸리한잔					1,995	37,905
24	문득			2,947	55,993		
25	보라빛엽서					2,011	38,209
26	시작	3,584	68,096				
27	아무노래	6,822	129,618				
28	안녕			4,325	82,175		
29	워너비	5,134	97,546				
30	총합계	5,180	98,420	3,406	64,708	2,077	39,469
31							

〈해설〉

1. 데이터 영역(A3:E12)의 임의의 셀을 클릭한 후 [삽입] → 표 → **피벗 테이블**(📊)을 클릭한다.

2. '피벗 테이블 만들기' 대화상자에서 피벗 테이블을 넣을 위치를 '기존 워크시트', 'A18'로 지정한 후 〈확인〉을 클릭한다.

3. '피벗 테이블 필드' 창에서 그림과 같이 필드들을 배치한다.

4. '합계 : 음반(B20)'의 바로 가기 메뉴에서 [값 요약 기준] → **평균**을 선택한다.

5. 동일한 방법으로 '합계 : 음원(C20)'도 평균을 지정한다.

6. 피벗 테이블에서 임의의 셀을 클릭한 후 [디자인] → 레이아웃 → 총합계 → **열의 총합계만 설정**을 선택한다.

7. '평균 : 음반(B20)'의 바로 가기 메뉴에서 [값 필드 설정]을 선택한다.

8. '값 필드 설정' 대화상자에서 〈표시 형식〉을 클릭한다.

9. '셀 서식' 대화상자의 '표시 형식' 탭에서 범주의 '숫자'와 '1000 단위 구분 기호(,) 사용'을 차례로 선택한 후 〈확인〉을 클릭한다.

10. '값 필드 설정' 대화상자에서도 〈확인〉을 클릭한다.

11. 동일한 방법으로 음원의 평균에도 '1000 단위 구분 기호'를 지정한다.

분석작업 **81**

〈정답〉

	A	B	C	D	E	F
18						
19	지점	(다중 항목) ▼				
20						
21	합계 : 출고총액	열 레이블 ▼				
22	행 레이블 ▼	삼양라면	신라면	진짬뽕	짜짜로니	총합계
23	3월	1134000	918000		1340000	3392000
24	4월		1020000	1892000	1239500	4151500
25	5월	1053000	1198500	1548000		3799500
26	총합계	2187000	3136500	3440000	2579500	11343000
27						

〈해설〉

· '피벗 테이블 필드' 창

· '그룹화' 대화상자

※ 문제의 지시사항에 '출고일자'는 '월' 단위로 그룹을 지정하라고 제시되어 있는데, '출고일자'는 이미 '일'과 '월' 단위로 그룹이 지정되어 있습니다.

※ '그룹화' 대화상자에서 '일'을 해제하여 '월'만 지정되게 해야 합니다.

· '피벗 테이블 필드' 창

〈정답〉

	A	B	C	D	E	F
17						
18	생산일자	(모두) ▼				
19						
20			제품명 ▼			
21	부서명 ▼	값	마우스	키보드	헤드폰	총합계
22	생산1부					
23		평균 : 목표량	1250 *		1325	1300
24		평균 : 생산량	1200 *		1260	1240
25	생산2부					
26		평균 : 목표량	1350	1525 *		1437.5
27		평균 : 생산량	1500	1675 *		1587.5
28	생산3부					
29		평균 : 목표량	*	1500	1300	1366.666667
30		평균 : 생산량	*	1430	1385	1400
31	생산4부					
32		평균 : 목표량	1200	1600 *		1400
33		평균 : 생산량	1380	1500 *		1440
34	전체 평균 : 목표량		1287.5	1537.5	1312.5	1379.166667
35	전체 평균 : 생산량		1395	1570	1322.5	1429.166667
36						

〈해설〉

· '피벗 테이블 필드' 창

- **개요 형식** : [디자인] → 레이아웃 → 보고서 레이아웃 → **개요 형식으로 표시** 선택
- '피벗 테이블 옵션' 대화상자

피벗 테이블 옵션	? ✕

피벗 테이블 이름(N): 피벗 테이블1

레이아웃 및 서식	요약 및 필터	표시	인쇄	데이터	대체 텍스트

레이아웃

☐ 레이블이 있는 셀 병합 및 가운데 맞춤(M)

압축 형식의 행 레이블 들여쓰기(C): 1 ⬍ 자

보고서 필터 영역에 필드 표시(D): 행 우선 ⌄

각 열의 보고서 필터 필드 수(F): 0 ⬍

서식

☐ 오류 값 표시(E): [   ]

☑ 빈 셀 표시(S): [*]

☑ 업데이트 시 열 자동 맞춤(A)

☑ 업데이트 시 셀 서식 유지(P)

[확인]   [취소]

- **피벗 스타일** : [디자인] → 피벗 테이블 스타일의 ⬇ → **연한 파랑, 피벗 스타일 보통 9** 선택

3	통합	출제 비율 40% / 배점 10점

통합은 다음과 같은 과정으로 작업을 진행합니다.

1. 통합된 내용이 표시될 영역을 블록으로 지정한 후 [데이터] → 데이터 도구 → **통합**을 클릭한다.

2. '통합' 대화상자에서 '함수', '참조 범위', '사용할 레이블'을 지정한 후 〈확인〉을 클릭한다.

	A	B	C	D	E	F	G	H	I
1	[표1]		국어 성적표			[표2]		수학 성적표	
2	이름	중간	기말	총점		이름	중간	기말	총점
3	유병문	89	92	181		유병문	81	83	164
4	임소희	94	91	185		임소희	90	92	182
5	김은주	72	75	147		김은주	71	68	139
6	이중희	86	85	171		이중희	82	83	165
7									
8	[표3]		영어 성적표			[표4]		1학년 성적표	
9	이름	중간	기말	총점		이름	중간	기말	총점
10	유병문	88	85	173		유병문			
11	임소희	92	93	185		임소희			
12	김은주	70	73	143		김은주			
13	이중희	85	87	172		이중희			
14									

↓

	A	B	C	D	E	F	G	H	I
1	[표1]		국어 성적표			[표2]		수학 성적표	
2	이름	중간	기말	총점		이름	중간	기말	총점
3	유병문	89	92	181		유병문	81	83	164
4	임소희	94	91	185		임소희	90	92	182
5	김은주	72	75	147		김은주	71	68	139
6	이중희	86	85	171		이중희	82	83	165
7									
8	[표3]		영어 성적표			[표4]		1학년 성적표	
9	이름	중간	기말	총점		이름	중간	기말	총점
10	유병문	88	85	173		유병문	86	86.66667	172.6667
11	임소희	92	93	185		임소희	92	92	184
12	김은주	70	73	143		김은주	71	72	143
13	이중희	85	87	172		이중희	84.33333	85	169.3333
14									

※ [표1], [표2], [표3]의 '이름'별 '중간', '기말', '총점'의 평균을 [표4]에 계산한 화면입니다.

상시시험 출제 유형

☞ 직접 실습해 보려면 'C:\길벗컴활2급통합\기능\15통합.xlsm' 파일을 열어서 작업하세요.

2341511

01 통합 지정

23.상시, 22.상시, 21.상시, 20.상시, 19.상시, 18.상시, 17.상시, 16.상시, 16.2, …

데이터 도구 [통합] 기능을 이용하여 [표1], [표2], [표3]에 대한 이름별 '중간', '기말', '총점'의 평균을 [표4]의 [G10:I13] 영역에 계산하시오.

	A	B	C	D	E	F	G	H	I
1	[표1]		국어 성적표			[표2]		수학 성적표	
2	이름	중간	기말	총점		이름	중간	기말	총점
3	유병문	89	92	181		유병문	81	83	164
4	임소희	94	91	185		임소희	90	92	182
5	김은주	72	75	147		김은주	71	68	139
6	이중희	86	85	171		이중희	82	83	165
7									
8	[표3]		영어 성적표			[표4]		1학년 성적표	
9	이름	중간	기말	총점		이름	중간	기말	총점
10	유병문	88	85	173		유병문			
11	임소희	92	93	185		임소희			
12	김은주	70	73	143		김은주			
13	이중희	85	87	172		이중희			
14									

결과가 표시될 부분인 [F9:I13] 영역을 블록으로 지정하고 [데이터] → 데이터 도구 → 통합을 클릭한 후 '통합' 대화상자에서 지정합니다.

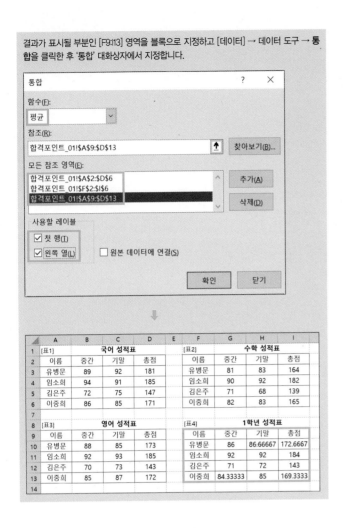

'C:\길벗컴활2급통합\기능\15통합.xlsm' 파일을 열어서 작업하세요.

정답 및 해설

기출 1

기출 1 23.상시, 22.상시, 21.상시, 20.상시, 19.상시, 18.상시, 17.상시, 16.상시, …

'기출1' 시트에 대하여 다음의 지시사항을 처리하시오.

데이터 도구 [통합] 기능을 이용하여 [표1], [표2], [표3]에서 과일명별 '판매량'과 '총액'의 합계를 [표4]의 [H14:I21] 영역에 계산하시오.

〈정답〉

	G	H	I
12	**[표4] 성수기 과일 판매 현황**		
13	과일명	판매량	총액
14	수박	538	9,684,000
15	사과	344	3,096,000
16	복숭아	470	5,875,000
17	참외	688	5,504,000
18	멜론	322	4,830,000
19	포도	494	4,940,000
20	블루베리	351	2,281,500
21	자두	400	3,000,000
22			

〈해설〉
1. [G13:I21] 영역을 블록으로 지정한 후 [데이터] → 데이터 도구 → 통합을 클릭한다.
2. '통합' 대화상자에서 사용할 함수로 '합계'를 선택한다.
3. '참조'를 클릭하고 [A2:D10] 영역을 마우스로 드래그한 후 〈추가〉를 클릭한다.

기출 2 22.상시, 21.상시, 19.상시

'기출2' 시트에 대하여 다음의 지시사항을 처리하시오.

데이터 도구 [통합] 기능을 이용하여 [표1], [표2]에서 반별 '국어', '영어', '수학'의 평균을 [표3]의 [H3:J4] 영역에 계산하시오.

▶ 평균을 구할 반은 '1반', '2반'임

4. 동일한 방법으로 [F2:I10], [A13:D21] 영역을 '모든 참조 영역'에 추가하고 '사용할 레이블'에서 '첫 행'과 '왼쪽 열'을 선택한 후 〈확인〉을 클릭한다.

기출 2

〈정답〉

	G	H	I	J
1		**[표3] 1학년 성적표**		
2	반	국어	영어	수학
3	1반	79	67.5	71.5
4	2반	85.5	86.66667	84
5				

〈해설〉

• [G3] 셀에 **1반**, [G4] 셀에 **2반** 입력
• '통합' 대화상자

시나리오는 다음과 같은 과정으로 작업을 진행합니다.

1. 변경 셀과 결과 셀의 이름을 정의한다.

2. [데이터] → 예측 → 가상 분석 → **시나리오 관리자**를 선택한다.

3. '시나리오 관리자' 대화상자에서 〈추가〉를 클릭한다.

4. '시나리오 추가' 대화상자에서 첫번째 시나리오의 이름과 변경 셀을 지정한다.

5. '시나리오 값' 대화상자에서 변경 값을 지정한다.

6. '시나리오 추가' 대화상자에서 두 번째 시나리오의 이름과 변경 셀을 지정한다.

7. '시나리오 값' 대화상자에서 변경 값을 지정한다.

8. '시나리오 관리자' 대화상자에서 〈요약〉을 클릭한다.

9. '시나리오 요약' 대화상자에서 '보고서 종류'와 '결과 셀'을 지정한다.

	A	B
1	이익율 계산	
2		
3	항목	금액
4	버스요금	1,000
5	이용고객	3,000
6	매출총액	3,000,000
7	운영비	2,000,000
8	영업이익	1,000,000
9	영업이익률	33.3%
10		

⇨

시나리오 요약

		현재 값:	100원인하	100원인상
변경 셀:				
버스요금	1,000	900	1,100
결과 셀:				
영업이익	1,000,000	700,000	1,300,000

참고: 현재 값 열은 시나리오 요약 보고서가 작성될 때의 변경 셀 값을 나타냅니다. 각 시나리오의 변경 셀들은 회색으로 표시됩니다.

※ 버스요금이 1,000원에서 100원 인하되었을 때와 100원 인상되었을 때의 영업이익을 '시나리오 요약 보고서'로 표시한 화면입니다.

상시시험 출제 유형

☞ 직접 실습해 보려면 'C:\길벗컴활2급통합\기능\16시나리오 .xlsm' 파일을 열어서 작업하세요.

2341611

01 이름 정의

23.상시, 22.상시, 21.상시, 20.상시, 18.상시, 17.상시, 16.상시, 16.3, 15.상시, …

[B4] 셀의 이름은 '버스요금'으로 정의하시오.

[B4] 셀을 클릭하고 이름 상자에 **버스요금**을 입력한 후 [Enter]를 누릅니다.

버스요금 ─ 입력 → [Enter] ✓ fx 1000

	A	B	C	D
1	이익율 계산			
2				
3	항목	금액		
4	버스요금	1,000		
5	이용고객	3,000		
6	매출총액	3,000,000		
7	운영비	2,000,000		
8	영업이익	1,000,000		
9	영업이익률	33.3%		
10				

02 시나리오 작성

버스요금[B4]이 다음과 같이 변동하는 경우 영업이익[B8]의 변동 시나리오를 작성하시오.

▶ 시나리오 이름은 "100원인하", 버스요금은 900으로 설정함

[데이터] → 예측 → 가상 분석 → **시나리오 관리자**를 선택한 후 '시나리오 관리자' 대화 상자에서 지정합니다.

'C:\길벗컴활2급통합\기능\16시나리오.xlsm' 파일을 열어서 작업하세요.

기출 1   23.상시, 22.상시, 21.상시, 20.상시, 19.상시, 18.상시, 17.상시, 16.상시, …

2341681

'기출1' 시트에 대하여 다음의 지시사항을 처리하시오.

[시나리오 관리자] 기능을 이용하여 '컴퓨터 판매 현황' 표에서 판매가[E13]가 다음과 같이 변동하는 경우 판매총액 합계[E11]의 변동 시나리오를 작성하시오.

▶ [E13] 셀의 이름은 "판매가", [E11] 셀의 이름은 "판매총액합계"로 정의하시오.

▶ 시나리오1 : 시나리오 이름은 '판매가인상', 판매가를 600,000으로 설정하시오.

▶ 시나리오2 : 시나리오 이름은 '판매가인하', 판매가를 400,000으로 설정하시오.

▶ 시나리오 요약 시트는 '기출1' 시트의 바로 왼쪽에 위치해야 함

※ 시나리오 요약 보고서 작성 시 정답과 일치하여야 하며, 오자로 인한 부분 점수는 인정하지 않음

기출 2   23.상시, 22.상시, 21.상시, 20.상시, 19.상시, 18.상시, 17.상시, 16.상시, …

2341682

'기출2' 시트에 대하여 다음의 지시사항을 처리하시오.

[시나리오 관리자] 기능을 이용하여 '급여 지급 현황' 표에서 상여급과 세금의 비율[C18:C19]이 다음과 같이 변동하는 경우 강호정의 실지급액[G4]과 조광희의 실지급액[G5]의 변동 시나리오를 작성하시오.

▶ [C18] 셀은 "상여급비율", [C19] 셀은 "세금비율", [G4] 셀은 "강호정부장", [G5] 셀은 "조광희부장"으로 이름을 정의하시오.

▶ 시나리오1 : 시나리오 이름은 '비율인상', 상여급비율은 60%, 세금비율은 20%로 설정하시오.

▶ 시나리오2 : 시나리오 이름은 '비율인하', 상여급비율은 40%, 세금비율은 10%로 설정하시오.

▶ 시나리오 요약 시트는 '기출2' 시트의 바로 오른쪽에 위치해야 함

※ 시나리오 요약 보고서 작성 시 정답과 일치하여야 하며, 오자로 인한 부분 점수는 인정하지 않음

기출 1

〈정답〉

	현재 값:	판매가인상	판매가인하
시나리오 요약			
변경 셀:			
판매가	500,000	600,000	400,000
결과 셀:			
판매총액합계	353,500,000	424,200,000	282,800,000

참고: 현재 값 열은 시나리오 요약 보고서가 작성될 때의 변경 셀 값을 나타냅니다. 각 시나리오의 변경 셀들은 회색으로 표시됩니다.

〈해설〉

1. [E13] 셀을 선택하고 이름 상자에 **판매가**를 입력한 후 Enter를 누른다.

판매가				*fx*	500000	
	A	B	C	D	E	F
10	제주점	80	61	19	30,500,000	
11		합계			353,500,000	
12						
13				판매가	500,000	
14						

2. 동일한 방법으로 [E11] 셀의 이름을 **판매총액합계**로 정의한다.

3. [데이터] → 예측 → 가상 분석 → **시나리오 관리자**를 선택한다.

4. '시나리오 관리자' 대화상자에서 〈추가〉를 클릭한다.

5. '시나리오 추가' 대화상자에서 그림과 같이 지정한 후 〈확인〉을 클릭한다.

시나리오 추가

시나리오 이름(N):
판매가인상

변경 셀(C):
$E$13

인접하지 않은 여러 셀을 선택하려면 It;Ctrlgt; 키를 누른 채 셀을 클릭하세요.

설명(O):

보호
☑ 변경 금지(P)
☐ 숨기기(D)

확인   취소

6. '시나리오 값' 대화상자에서 판매가에 **600000**을 입력한 후 〈추가〉를 클릭한다.

시나리오 값

변경 셀에 해당하는 값을 입력하십시오.

1:   판매가 600000

추가(A)   확인   취소

7. '시나리오 추가' 대화상자에서 그림과 같이 지정한 후 〈확인〉을 클릭한다.

8. '시나리오 값' 대화상자에서 판매가에 **400000**을 입력한 후 〈확인〉을 클릭한다.

9. '시나리오 관리자' 대화상자에서 〈요약〉을 클릭한다.

10. '시나리오 요약' 대화상자에서 그림과 같이 지정한 후 〈확인〉을 클릭한다.

기출 2

〈정답〉

	A	B	C	D	E	F
1						
2		시나리오 요약				
3				현재 값:	비율인상	비율인하
5		변경 셀:				
6			상여급비율	50%	60%	40%
7			세금비율	15%	20%	10%
8		결과 셀:				
9			강호정부장	6,056,250	6,080,000	5,985,000
10			조광희부장	5,673,750	5,696,000	5,607,000

참고: 현재 값 열은 시나리오 요약 보고서가 작성될 때의 변경 셀 값을 나타냅니다. 각 시나리오의 변경 셀들은 회색으로 표시됩니다.

〈해설〉

• 첫 번째 '시나리오 편집' 대화상자

• '시나리오 값' 대화상자

변경 셀에 해당하는 값을 입력하십시오.
1: 상여급비율 60%
2: 세금비율 20%

• 두 번째 '시나리오 편집' 대화상자

• '시나리오 값' 대화상자

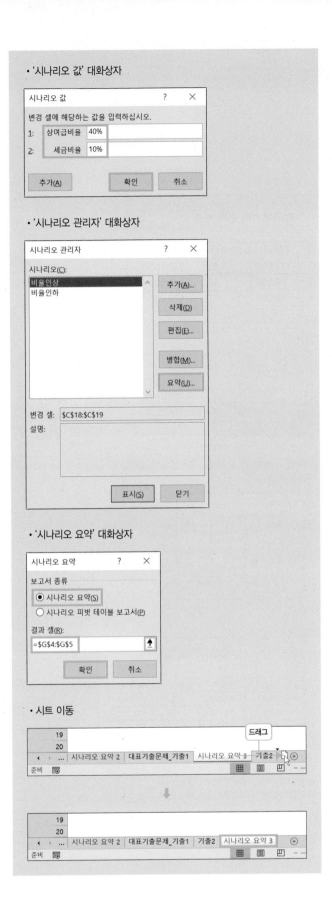

• '시나리오 관리자' 대화상자

• '시나리오 요약' 대화상자

• 시트 이동

5 목표값 찾기

목표값 찾기는 다음과 같은 과정으로 작업을 진행합니다.

1. [데이터] → 예측 → 가상 분석 → **목표값 찾기**를 선택한다.
2. '목표값 찾기' 대화상자에서 '수식 셀', '찾는 값', '값을 바꿀 셀'을 지정한다.

	A	B	C	D
1	PC주변기기 판매 현황			
2				
3	제품명	판매가	판매량	판매총액
4	키보드	12,000	81	972,000
5	마우스	10,500	93	976,500
6	헤드폰	13,000	75	975,000
7				

→

	A	B	C	D
1	PC주변기기 판매 현황			
2				
3	제품명	판매가	판매량	판매총액
4	키보드	12,000	81	972,000
5	마우스	10,500	95	1,000,000
6	헤드폰	13,000	75	975,000
7				

※ 마우스의 판매총액이 1,000,000이 되기 위해 판매량이 93에서 95로 바뀐 것을 표시한 화면입니다.

상시시험 출제 유형

☞ 직접 실습하려면 'C:\길벗컴활2급통합\기능\17목표값찾기.xlsm' 파일을 열어서 작업하세요.

2341711

01 목표값 찾기 지정

23.상시, 22.상시, 21.상시, 20.상시, 19.상시, 18.상시, 17.상시, 16.상시, 16.3, …

[목표값 찾기] 기능을 이용하여 '마우스'의 판매총액[D5]이 1,000,0000이 되려면 판매량[C5]이 얼마가 되어야 하는지 계산하시오.

	A	B	C	D
1	PC주변기기 판매 현황			
2				
3	제품명	판매가	판매량	판매총액
4	키보드	12,000	81	972,000
5	마우스	10,500	93	976,500
6	헤드폰	13,000	75	975,000
7				

[데이터] → 예측 → 가상 분석 → **목표값 찾기**를 선택한 후 '목표값 찾기' 대화상자에서 지정합니다.

목표값 찾기 ? ✕
① 수식 셀(E): $D$5 ↑
② 찾는 값(V): 1000000
③ 값을 바꿀 셀(C): $C$5 ↑
확인 취소

↓

	A	B	C	D
1	PC주변기기 판매 현황			
2				
3	제품명	판매가	판매량	판매총액
4	키보드	12,000	81	972,000
5	마우스	10,500	95	1,000,000
6	헤드폰	13,000	75	975,000
7				

① **수식 셀** : 결과값이 표시되는 셀 주소 지정 → 판매총액(D5)
② **찾는 값** : 목표로 하는 값 입력 → 1000000
③ **값을 바꿀 셀** : 목표값을 만들기 위해 사용되는 셀 주소 지정 → 판매량(C5)

대표기출문제

'C:\길벗컴활2급통합\기능\17목표값찾기.xlsm' 파일을 열어서 작업하세요.

 기출1 23.상시, 22.상시, 21.상시, 20.상시, 19.상시, 18.상시, 17.상시, 16.상시, …

'기출1' 시트에 대하여 다음의 지시사항을 처리하시오.

[목표값 찾기] 기능을 이용하여 '제품 판매 현황' 표에서 '서초점'의 판매총액[E8]이 20,000,000이 되려면 판매량[C8]이 얼마가 되어야 하는지 계산하시오.

정답 및 해설

기출1

분석작업

〈정답〉

	A	B	C	D	E
1	제품 판매 현황				
2					
3	지점	목표량	판매량	달성률	판매총액
4	마포점	200	186	93%	13,950,000
5	양천점	250	294	118%	22,050,000
6	영등포점	200	262	131%	19,650,000
7	금천점	150	132	88%	9,900,000
8	서초점	250	267	107%	20,000,000
9	성동점	300	329	110%	24,675,000
10	동대문점	200	167	84%	12,525,000
11					

〈해설〉

1. [데이터] → 예측 → 가상 분석 → **목표값 찾기**를 선택한다.

2. '목표값 찾기' 대화상자에서 그림과 같이 지정한 후 〈확인〉을 클릭한다.

3. '목표값 찾기 상태' 대화상자에서도 〈확인〉을 클릭한다.

6 정렬

출제 비율 10% / 배점 10점

정렬은 다음과 같은 과정으로 작업을 진행합니다.

1. 데이터 영역에 셀 포인터를 놓고 [데이터] → 정렬 및 필터 → **정렬**을 클릭한다.

2. '정렬' 대화상자에서 정렬할 열과 정렬 기준을 지정한 후 '사용자 지정 목록'을 선택한다.

3. '사용자 지정 목록' 대화상자에서 정렬할 항목을 입력한 후 〈추가〉를 클릭한다.

4. '정렬' 대화상자에서 〈기준 추가〉를 클릭한 후 2차로 정렬할 열과 정렬 기준을 지정한다.

	A	B	C	D
1		사원정보		
2				
3	사원명	지점	직위	기본급
4	박소현	마포	사원	2,200,000
5	강현준	종로	대리	2,600,000
6	고소영	서초	과장	3,400,000
7	김동건	서초	대리	2,600,000
8	최영철	종로	부장	4,000,000
9	조광희	마포	대리	2,500,000
10				

⇒

	A	B	C	D
1		사원정보		
2				
3	사원명	지점	직위	기본급
4	고소영	서초	과장	3,400,000
5	김동건	서초	대리	2,600,000
6	강현준	종로	대리	2,600,000
7	최영철	종로	부장	4,000,000
8	박소현	마포	사원	2,200,000
9	조광희	마포	대리	2,500,000
10				

※ '지점'을 '서초', '종로', '마포' 순으로 정렬하고, '지점'이 동일할 경우 '직위'를 기준으로 파랑색이 위쪽에 표시되도록 정렬한 화면입니다.

상시시험 출제 유형

☞ 직접 실습하려면 'C:\길벗컴활2급통합\기능\18정렬.xlsm' 파일을 열어서 작업하세요.

01 23.상시, 22.상시, 21.상시, 20.상시, 19.상시, 18.상시
사용자 지정 목록 지정

'지점'을 '서초 – 종로 – 마포' 순으로 정렬하시오.

	A	B	C	D
1		사원정보		
2				
3	사원명	지점	직위	기본급
4	박소현	마포	사원	2,200,000
5	강현준	종로	대리	2,600,000
6	고소영	서초	과장	3,400,000
7	김동건	서초	대리	2,600,000
8	최영철	종로	부장	4,000,000
9	조광희	마포	대리	2,500,000
10				

[데이터] → 정렬 및 필터 → **정렬**을 클릭한 후 '정렬' 대화상자에서 지정합니다.

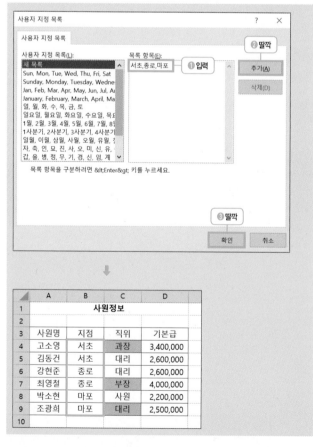

↓

	A	B	C	D
1		사원정보		
2				
3	사원명	지점	직위	기본급
4	고소영	서초	과장	3,400,000
5	김동건	서초	대리	2,600,000
6	강현준	종로	대리	2,600,000
7	최영철	종로	부장	4,000,000
8	박소현	마포	사원	2,200,000
9	조광희	마포	대리	2,500,000
10				

'C:\길벗컴활2급통합\기능\18정렬.xlsm' 파일을 열어서 작업하세요.

기출 1   23.상시, 22.상시, 21.상시, 20.상시, 19.상시, 18.상시

2341881

'기출1' 시트에 대하여 다음의 지시사항을 처리하시오.

[정렬] 기능을 이용하여 '조기축구회 회원 관리 현황' 표에서 '포지션'을 '공격수 – 미드필더 – 수비수 – 골기퍼' 순으로 정렬하고, 동일한 '포지션'인 경우 '가입년도'의 셀 색이 'RGB(189, 215, 238)'인 값이 위에 표시되도록 정렬하시오.

3. '사용자 지정 목록' 대화상자에서 **공격수,미드필더,수비수,골기퍼**를 입력한 후 〈추가〉와 〈확인〉을 차례대로 클릭한다.

4. '정렬' 대화상자에서 '기준 추가'를 클릭하고 '다음 기준'에서 '가입년도', '셀 색', 'RGB(189, 215, 238)'를 차례로 선택한 후 〈확인〉을 클릭한다.

기출 1

〈정답〉

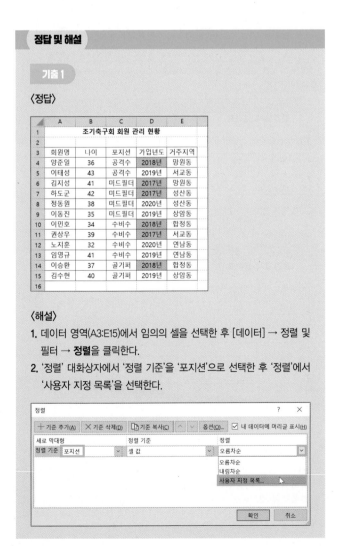

	A	B	C	D	E
1		조기축구회 회원 관리 현황			
2					
3	회원명	나이	포지션	가입년도	거주지역
4	양준일	36	공격수	2018년	망원동
5	이태성	43	공격수	2019년	서교동
6	김지성	41	미드필더	2017년	망원동
7	하도군	42	미드필더	2017년	성산동
8	정동원	38	미드필더	2020년	성산동
9	이동진	35	미드필더	2019년	상암동
10	이민호	34	수비수	2018년	합정동
11	권상우	39	수비수	2017년	서교동
12	노지훈	32	수비수	2020년	연남동
13	임영규	41	수비수	2019년	연남동
14	이승환	37	골기퍼	2018년	합정동
15	김수현	40	골기퍼	2019년	상암동
16					

〈해설〉

1. 데이터 영역(A3:E15)에서 임의의 셀을 선택한 후 [데이터] → 정렬 및 필터 → **정렬**을 클릭한다.
2. '정렬' 대화상자에서 '정렬 기준'을 '포지션'으로 선택한 후 '정렬'에서 '사용자 지정 목록'을 선택한다.

7 데이터 표

데이터 표는 다음과 같은 과정으로 작업을 진행합니다.

1. 결과를 계산하는 수식을 결과를 표시할 표의 왼쪽 상단에 복사 – 붙여넣기 한다.
2. 데이터 표를 적용할 영역을 블록으로 지정한다.
3. [데이터] → 예측 → 가상 분석 → **데이터 표**를 선택한다.
4. '데이터 테이블' 대화상자에서 '행 입력 셀'과 '열 입력 셀'을 지정한다.

	A	B	C	D	E	F
1	중간고사 성적표					
2						
3	국어	90				
4	영어	80				
5	수학	80				
6	평균	83.3				
7						
8				수학		
9			83.3	80	90	100
10			80			
11		영어	90			
12			100			
13						

	A	B	C	D	E	F
1	중간고사 성적표					
2						
3	국어	90				
4	영어	80				
5	수학	80				
6	평균	83.3				
7						
8				수학		
9			83.3	80	90	100
10			80	83.3	86.7	90.0
11		영어	90	86.7	90.0	93.3
12			100	90.0	93.3	96.7
13						

※ '수학'과 '영어' 점수의 변동에 따른 평균의 변화를 계산한 화면입니다.

상시시험 출제 유형

☞ 직접 실습하려면 'C:\길벗컴활2급통합\기능\19데이터표.xlsm' 파일을 열어서 작업하세요.

2341911

01 데이터 표 지정

[데이터 표] 기능을 이용하여 '수학'과 '영어' 점수의 변동에 따른 평균의 변화를 [D10:F12] 영역에 계산하시오.

	A	B	C	D	E	F
1	중간고사 성적표					
2						
3	국어	90				
4	영어	80				
5	수학	80				
6	평균	83.3				
7						
8				수학		
9			83.3	80	90	100
10			80			
11		영어	90			
12			100			
13						

[데이터] → 예측 → 가상 분석 → **데이터 표**를 선택한 후 '데이터 테이블' 대화상자에서 지정합니다.

	A	B	C	D	E	F
1	중간고사 성적표					
2						
3	국어	90				
4	영어	80				
5	수학	80				
6	평균	83.3				
7						

데이터 테이블 ? ×
❶ 행 입력 셀(R): $B$5
❷ 열 입력 셀(C): $B$4
확인 취소

↓

	A	B	C	D	E	F
1	중간고사 성적표					
2						
3	국어	90				
4	영어	80				
5	수학	80				
6	평균	83.3				
7						
8				수학		
9			83.3	80	90	100
10			80	83.3	86.7	90.0
11		영어	90	86.7	90.0	93.3
12			100	90.0	93.3	96.7
13						

❶ **행 입력 셀** : 변화되는 값이 행에 표시되어 있을 때, 수식에 사용된 셀의 주소를 지정하면 됩니다. 변화되는 '수학'이 9행에 표시되어 있으므로 평균(B6) 계산에 사용된 '수학'의 셀 주소 [B5] 셀을 지정합니다.

❷ **열 입력 셀** : 변화되는 값이 열로 표시되어 있을 때, 수식에 사용된 셀의 주소를 지정하면 됩니다. 변화되는 '영어'가 C열에 표시되어 있으므로 평균(B6) 계산에 사용된 '영어'의 셀 주소 [B4] 셀을 지정합니다.

'C:\길벗컴활2급통합\기능\19데이터표.xlsm' 파일을 열어서 작업하세요.

기출 1 23.상시, 22.상시, 21.상시, 20.상시, 19.상시, 18.상시, 18.2, 17.상시, …

2341981

'기출1' 시트에 대하여 다음의 지시사항을 처리하시오.

'자동차 할부금 납입 금액' 표는 할부금[B5], 연이율[B6], 납입기간(년)[B7]을 이용하여 납입금액(월)[B8]을 계산한 것이다. [데이터 표] 기능을 이용하여 연이율과 납입기간(년)의 변동에 따른 납입금액(월)의 변화를 [C12:F15] 영역에 계산하시오.

기출 2 23.상시, 22.상시, 21.상시, 18.상시, 16.상시, 15.상시, 15.1

2341982

'기출2' 시트에 대하여 다음의 지시사항을 처리하시오.

'제품 판매 현황' 표는 목표량[B4]과 판매량[B5]을 이용하여 달성률[B6]을 계산한 것이다. [데이터 표] 기능을 이용하여 판매량의 변동에 따른 달성율을 [E5:E9] 영역에 계산하시오.

정답 및 해설

기출 1

〈정답〉

	A	B	C	D	E	F
10					연이율	
11		₩743,673	4.0%	4.5%	5.0%	5.5%
12		2	1,085,623	1,091,195	1,096,785	1,102,391
13	납입기간(년)	3	738,100	743,673	749,272	754,898
14		4	564,476	570,087	575,732	581,412
15		5	460,413	466,075	471,781	477,529
16						

〈해설〉

1. [B8] 셀을 클릭하고 수식 입력줄의 수식을 복사(Ctrl + C)한 후 Esc를 누른다.
※ [B8] 셀을 복사해 [B11] 셀에 붙여넣으면 '=PMT(B9/12, B10*12, −B8)'로 수식이 변경되어 복사됩니다. 셀에 들어 있는 계산식을 변화없이 그대로 복사하기 위해서는 수식 입력줄에 있는 데이터를 복사해야 합니다.
2. [B11] 셀을 클릭한 후 복사한 수식을 붙여넣기(Ctrl + V) 한다.
3. [B11:F15] 영역을 블록으로 지정한 후 [데이터] → 예측 → 가상 분석 → 데이터 표를 선택한다.

---

4. '데이터 테이블' 대화상자에서 그림과 같이 지정한 후 〈확인〉을 클릭한다.

	A	B	C	D	E
1	자동차 할부금 납입 금액				
2					
3	총액	₩ 40,000,000			
4	계약금	₩ 15,000,000			
5	할부금	₩ 25,000,000			
6	연이율	4.50%			
7	납입기간(년)	3			
8	납입금액(월)	₩ 743,673			
9					

데이터 테이블
행 입력 셀(R): $B$6
열 입력 셀(C): $B$7
확인 취소

기출 2

〈정답〉

	A	B	C	D	E
1	제품 판매 현황				
2					
3	년도	2022년		판매량	달성률
4	목표량	5,000			110%
5	판매량	5,500		4,500	90%
6	달성률	110%		5,000	100%
7	판매총액	247,500,000		5,500	110%
8				6,000	120%
9				6,500	130%
10					

〈해설〉

• '데이터 테이블' 대화상자

	A	B	C	D	E
1	제품 판매 현황				
2					
3	년도	2022년		판매량	달성률
4	목표량	5,000			110%
5	판매량	5,500		4,500	
6	달성률	110%		5,000	
7	판매총액	247,500,000		5,500	
8				6,000	
9				6,500	
10					
11					
12					
13					
14					
15					

데이터 테이블
행 입력 셀(R):
열 입력 셀(C): $B$5
확인 취소

문제4 기타작업(20점)

기타작업은 매크로와 차트가 고정적으로 출제되며, 배점은 20점입니다. 매크로는 2문제가 출제되는데 기록하기 전에 반드시 예행연습을 하여 순서를 정해 놓은 다음 '매크로 기록'을 수행해야 실수 하지 않고 한 번에 끝낼 수 있습니다. 매크로 작업 중 오류가 발생하면 잘못된 매크로를 고치려고 애쓰지 말고, '매크로 기록'을 중지하고 다시 처음부터 작성하세요. 차트는 차트에 사용할 범위만 정확히 지정하고, 나머지는 문제지에 주어진 지시사항 대로만 따라하면 어렵지 않게 점수를 얻을 수 있습니다.

1 매크로

출제 비율 100% / 배점 10점

매크로는 다음과 같은 과정으로 작업을 진행합니다.

1. [개발 도구] → 컨트롤 → 삽입 → 양식 컨트롤 → **단추(□)**를 삽입한다.
2. '매크로 지정' 대화상자에서 매크로 이름을 입력하고 〈기록〉을 클릭한다.
3. '매크로 기록' 대화상자에서 〈확인〉을 클릭한다.
4. 순서대로 첫 번째 매크로 기록 작업을 수행한다.
5. [개발 도구] → 코드 → **기록 중지**를 클릭한다.
6. 단추의 바로 가기 메뉴에서 [**텍스트 편집**]을 선택한 후 텍스트를 수정한다.
7. 같은 방법으로 두 번째 매크로 생성 작업을 수행한다.

	A	B	C	D	E
1			상공대리점 매출 현황		
2					
3	제품코드	입고량	판매가	판매량	판매총액
4	SG-101	1,100	23,500	1,094	
5	SG-102	900	18,900	937	
6	SG-103	900	24,600	886	
7	SG-104	1,200	15,500	1,271	
8	SG-105	1,000	20,000	976	
9	SG-106	1,100	19,400	1,138	
10	SG-107	800	17,800	854	
11					

→

	A	B	C	D	E	F	G	H
1			상공대리점 매출 현황					
2								
3	제품코드	입고량	판매가	판매량	판매총액		판매총액	
4	SG-101	1,100	23,500	1,094	25,709,000			
5	SG-102	900	18,900	937	17,709,300			
6	SG-103	900	24,600	886	21,795,600			
7	SG-104	1,200	15,500	1,271	19,700,500		서식	
8	SG-105	1,000	20,000	976	19,520,000			
9	SG-106	1,100	19,400	1,138	22,077,200			
10	SG-107	800	17,800	854	15,201,200			
11								

❶ '판매총액' 단추를 클릭하여 [E4:E10] 영역에 판매총액을 계산합니다.

❷ '서식' 도형을 클릭하여 [A3:E3] 영역에 서식을 지정합니다.

상시시험 출제 유형

☞ 직접 실습해 보려면 'C:\길벗컴활2급통합\기능\20매크로.xlsm' 파일을 열어서 작업하세요.

2342011

01 매크로 기록

23.상시, 22.상시, 21.상시, 20.상시, 19.상시, 18.상시, 18.2, 18.1, 17.상시, 17.1, …

[E4:E10] 영역에 제품코드별 판매총액을 계산하는 매크로를 생성하여 실행하시오.

▶ 매크로 이름 : 판매총액

▶ 판매총액 = 판매가 × 판매량

▶ [개발 도구] → [컨트롤] → [삽입] → [양식 컨트롤]의 '단추(□)'를 동일 시트의 [G3:H4] 영역에 생성

	A	B	C	D	E
1	상공대리점 매출 현황				
2					
3	제품코드	입고량	판매가	판매량	판매총액
4	SG-101	1,100	23,500	1,094	
5	SG-102	900	18,900	937	
6	SG-103	900	24,600	886	
7	SG-104	1,200	15,500	1,271	
8	SG-105	1,000	20,000	976	
9	SG-106	1,100	19,400	1,138	
10	SG-107	800	17,800	854	
11					

[개발 도구] → 컨트롤 → 삽입 → 양식 컨트롤 → 단추(□)를 삽입한 후 지정합니다.

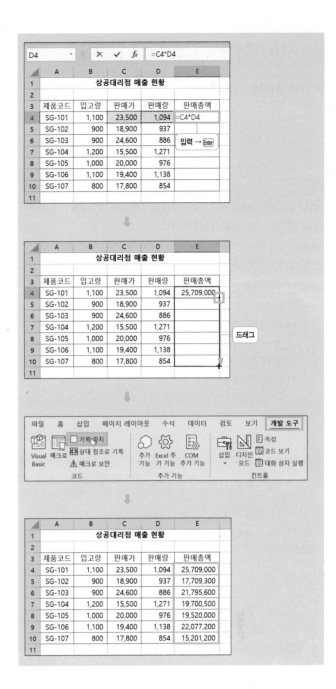

잠깐만요 **매크로 삭제 방법**

1. [개발 도구] → 코드 → 매크로를 클릭합니다.

2. '매크로' 대화상자에서 삭제할 매크로를 선택한 후 〈삭제〉를 클릭합니다.

'C:\길벗컴활2급통합\기능\20매크로.xlsm' 파일을 열어서 작업하세요.

기출 1 23.상시, 22.상시, 21.상시, 20.상시, 19.상시, 18.상시, 17.상시, 16.상시, …

'기출1' 시트의 [표]에서 다음과 같은 기능을 수행하는 매크로를 현재 통합 문서에 작성하고 실행하시오.

① [E4:E10] 영역에 사원명별 지급액을 계산하는 매크로를 생성하여 실행하시오.

▶ 매크로 이름 : 지급액

▶ 지급액 = 기본급 + 수당

▶ [개발 도구] → [컨트롤] → [삽입] → [양식 컨트롤]의 '단추(□)'를 동일 시트의 [D12:D13] 영역에 생성하고, 텍스트를 "지급액"으로 입력한 후 단추를 클릭할 때 '지급액' 매크로가 실행되도록 설정하시오.

② [A3:E3] 영역에 글꼴 색을 '표준 색 – 빨강'으로 적용하는 매크로를 생성하여 실행하시오.

▶ 매크로 이름 : 서식

▶ [삽입] → [일러스트레이션] → [도형] → [사각형]의 '직사각형(□)'을 동일 시트의 [E12:E13] 영역에 생성하고, 텍스트를 "서식"으로 입력한 후 도형을 클릭할 때 '서식' 매크로가 실행되도록 설정하시오.

※ 셀 포인터의 위치에 상관없이 현재 통합 문서에서 매크로가 실행되어야 정답으로 인정됨

기출 3 23.상시, 22.상시, 21.상시, 20.상시, 19.상시, 18.상시, 17.상시, 16.상시

'기출3' 시트의 [표]에서 다음과 같은 기능을 수행하는 매크로를 현재 통합 문서에 작성하고 실행하시오.

① [E4:E10] 영역에 이름별 성적의 평균을 계산하는 매크로를 생성하여 실행하시오.

▶ 매크로 이름 : 평균

▶ 합계 : AVERAGE 함수 사용

▶ [개발 도구] → [컨트롤] → [삽입] → [양식 컨트롤]의 '단추(□)'를 동일 시트의 [G3:H4] 영역에 생성하고, 텍스트를 "평균"으로 입력한 후 단추를 클릭할 때 '평균' 매크로가 실행되도록 설정하시오.

② [A3:E3] 영역에 셀 스타일을 '파랑, 강조색1'로 적용하는 매크로를 생성하여 실행하시오.

▶ 매크로 이름 : 셀스타일

▶ [삽입] → [일러스트레이션] → [도형] → [사각형]의 '사각형: 둥근 모서리(□)'를 동일 시트의 [G6:H7] 영역에 생성하고, 텍스트를 "셀스타일"로 입력한 후 도형을 클릭할 때 '셀스타일' 매크로가 실행되도록 설정하시오.

※ 셀 포인터의 위치에 상관없이 현재 통합 문서에서 매크로가 실행되어야 정답으로 인정됨

기출 2 23.상시, 22.상시, 21.상시, 20.상시, 19.상시, 18.상시, 18.2, 18.1, …

'기출2' 시트의 [표]에서 다음과 같은 기능을 수행하는 매크로를 현재 통합 문서에 작성하고 실행하시오.

① [E4:E10] 영역에 판매량의 합계를 계산하는 매크로를 생성하여 실행하시오.

▶ 매크로 이름 : 합계

▶ 합계 : SUM 함수 사용

▶ [개발 도구] → [컨트롤] → [삽입] → [양식 컨트롤]의 '단추(□)'를 동일 시트의 [G3:H5] 영역에 생성하고, 텍스트를 "합계"로 입력한 후 단추를 클릭할 때 '합계' 매크로가 실행되도록 설정하시오.

② [A3:E3] 영역에 채우기 색을 '표준 색 – 노랑'으로 적용하는 매크로를 생성하여 실행하시오.

▶ 매크로 이름 : 채우기

▶ [삽입] → [일러스트레이션] → [도형] → [기본 도형]의 '사각형: 빗면(□)'을 동일 시트의 [G7:H9] 영역에 생성하고, 텍스트를 "채우기"로 입력한 후 도형을 클릭할 때 '채우기' 매크로가 실행되도록 설정하시오.

※ 셀 포인터의 위치에 상관없이 현재 통합 문서에서 매크로가 실행되어야 정답으로 인정됨

기출 4 23.상시, 22.상시, 21.상시, 20.상시, 19.상시, 18.상시, 17.상시, 17.1, 16.상시,

'기출4' 시트의 [표]에서 다음과 같은 기능을 수행하는 매크로를 현재 통합 문서에 작성하고 실행하시오.

① [E4:E10] 영역에 제품명별 총판매액을 계산하는 매크로를 생성하여 실행하시오.

▶ 매크로 이름 : 총판매액

▶ 총판매액 = 판매가 × 판매량

▶ [개발 도구] → [컨트롤] → [삽입] → [양식 컨트롤]의 '단추(□)'를 동일 시트의 [A12:A13] 영역에 생성하고, 텍스트를 "총판매액"으로 입력한 후 단추를 클릭할 때 '총판매액' 매크로가 실행되도록 설정하시오.

② [B4:B10], [E4:E10] 영역에 표시 형식을 '회계 표시 형식'으로 적용하는 매크로를 생성하여 실행하시오.

▶ 매크로 이름 : 회계

▶ [삽입] → [일러스트레이션] → [도형] → [기본 도형]의 '육각형(⬡)'을 동일 시트의 [B12:B13] 영역에 생성하고, 텍스트를 "회계"로 입력한 후 도형을 클릭할 때 '회계' 매크로가 실행되도록 설정하시오.

※ 셀 포인터의 위치에 상관없이 현재 통합 문서에서 매크로가 실행되어야 정답으로 인정됨

기출 5 23.상시, 22.상시, 21.상시

'기출5' 시트의 [표]에서 다음과 같은 기능을 수행하는 매크로를 현재 통합 문서에 작성하고 실행하시오.

① [E4:E9] 영역에 월별 순이익을 계산하는 매크로를 생성하여 실행하시오.

▶ 매크로 이름 : 순이익

▶ 순이익 = 판매액 − (재료비 + 인건비)

▶ [개발 도구] → [컨트롤] → [삽입] → [양식 컨트롤]의 '단추(□)'를 동일 시트의 [C11:C12] 영역에 생성하고, 텍스트를 "순이익"으로 입력한 후 단추를 클릭할 때 '순이익' 매크로가 실행되도록 설정하시오.

② [B4:E9] 영역에 표시 형식을 '통화'로 적용하는 매크로를 생성하여 실행하시오.

▶ 매크로 이름 : 통화

▶ [삽입] → [일러스트레이션] → [도형] → [기본 도형]의 '사각형: 빗면(□)'을 동일 시트의 [D11:D12] 영역에 생성하고, 텍스트를 "통화"로 입력한 후 도형을 클릭할 때 '통화' 매크로가 실행되도록 설정하시오.

※ 셀 포인터의 위치에 상관없이 현재 통합 문서에서 매크로가 실행되어야 정답으로 인정됨

정답 및 해설

기출 1

〈정답〉

	A	B	C	D	E
1			급여 지급 현황		
2					
3	사원명	직위	기본급	수당	지급액
4	이회천	과장	320,000	1,350,000	1,670,000
5	변효정	과장	315,000	1,300,000	1,615,000
6	황태종	대리	280,000	1,200,000	1,480,000
7	김홍민	대리	275,000	1,200,000	1,475,000
8	김선애	대리	270,000	1,100,000	1,370,000
9	최주영	사원	240,000	950,000	1,190,000
10	유병문	사원	235,000	900,000	1,135,000
11					
12				지급액	서식
13					
14					

〈해설〉

1. [개발 도구] → 컨트롤 → 삽입 → 양식 컨트롤 → 단추(□)를 선택한 후 [D12:D13] 영역에 드래그한다.

2. '매크로 지정' 대화상자의 '매크로 이름'에 **지급액**을 입력한 후 〈기록〉을 클릭한다.

3. '매크로 기록' 대화상자에서 〈확인〉을 클릭한다.

4. [E4] 셀을 클릭하고 =C4+D4를 입력한 후 Enter 를 누른다.

D4		×	✓	fx	=C4+D4
	A	B	C	D	E
1			급여 지급 현황		
2					
3	사원명	직위	기본급	수당	지급액
4	이회천	과장	320,000	1,350,000	=C4+D4
5	변효정	과장	315,000	1,300,000	
6	황태종	대리	280,000	1,200,000	
7	김홍민	대리	275,000	1,200,000	

5. [E4] 셀의 채우기 핸들을 [E10] 셀까지 드래그하여 수식을 복사한다.

	A	B	C	D	E
1			급여 지급 현황		
2					
3	사원명	직위	기본급	수당	지급액
4	이회천	과장	320,000	1,350,000	=C4+D4
5	변효정	과장	315,000	1,300,000	
6	황태종	대리	280,000	1,200,000	
7	김홍민	대리	275,000	1,200,000	
8	김선애	대리	270,000	1,100,000	
9	최주영	사원	240,000	950,000	
10	유병문	사원	235,000	900,000	
11					

6. 임의의 셀을 클릭한 후 [개발 도구] → 코드 → **기록 중지**를 클릭한다.

7. 단추의 바로 가기 메뉴에서 [텍스트 편집]을 선택한 후 입력된 내용을 **지급액**으로 수정한다.

8. [삽입] → 일러스트레이션 → 도형 → 사각형 → **직사각형(□)**을 선택한 후 [E12:E13] 영역에 드래그한다.

9. 도형의 바로 가기 메뉴에서 [매크로 지정]을 선택한다.

10. '매크로 지정' 대화상자의 '매크로 이름'에 **서식**을 입력한 후 〈기록〉을 클릭한다.

11. '매크로 기록' 대화상자에서 〈확인〉을 클릭한다.

12. [A3:E3] 영역을 블록으로 지정한 후 [홈] → 글꼴 → 글꼴 색(가 ▼)의 ▼ → **빨강**을 선택한다.

13. 임의의 셀을 클릭한 후 [개발 도구] → 코드 → **기록 중지**를 클릭한다.

14. 도형의 바로 가기 메뉴에서 [텍스트 편집]을 선택한 후 **서식**을 입력한다.

기출 2

〈정답〉

	A	B	C	D	E	F	G	H
1			1/4분기 판매량					
2								
3	대리점	1월	2월	3월	합계			
4	마포점	3,426	3,540	3,115	10,081			
5	서초점	3,268	3,658	3,419	10,345		합계	
6	성복점	3,049	3,206	2,921	9,176			
7	금천점	3,165	3,740	3,391	10,296			
8	강동점	3,357	3,761	3,410	10,528		채우기	
9	노원점	3,279	3,871	3,556	10,706			
10	관악점	3,118	3,786	3,382	10,286			
11								

〈해설〉

• '합계' 매크로

E4		×	✓	fx	=SUM(B4:D4)
	A	B	C	D	E
1			1/4분기 판매량		
2					
3	대리점	1월	2월	3월	합계
4	마포점	3,426	3,540	3,115	10,081
5	서초점	3,268	3,658	3,419	10,345
6	성복점	3,049	3,206	2,921	9,176
7	금천점	3,165	3,740	3,391	10,296
8	강동점	3,357	3,761	3,410	10,528
9	노원점	3,279	3,871	3,556	10,706
10	관악점	3,118	3,786	3,382	10,286
11					

〈정답〉

	A	B	C	D	E	F	G	H
1			중간고사 성적표					
2								
3	이름	국어	영어	수학	평균			
4	송가연	85	86	88	86.3		평균	
5	이태선	76	71	73	73.3			
6	신원호	91	93	90	91.3		셀스타일	
7	유소원	95	95	96	95.3			
8	정해인	87	88	85	86.7			
9	김보현	69	64	70	67.7			
10	정경호	81	79	83	81.0			
11								

〈해설〉

• '평균' 매크로

E4 = =AVERAGE(B4:D4)

	A	B	C	D	E	F
1			중간고사 성적표			
2						
3	이름	국어	영어	수학	평균	
4	송가연	85	86	88	86.3	
5	이태선	76	71	73	73.3	
6	신원호	91	93	90	91.3	
7	유소원	95	95	96	95.3	
8	정해인	87	88	85	86.7	
9	김보현	69	64	70	67.7	
10	정경호	81	79	83	81.0	
11						

• '셀스타일' 매크로

[A3:E3] 영역을 블록으로 지정한 후 [홈] → 스타일의 ▾ → 파랑, 강조 색1 선택

〈정답〉

	A	B	C	D	E
1			상공전자랜드 매출 현황		
2					
3	제품명	판매가	판매량	재고량	총판매액
4	TV	₩ 1,500,000	37	19	₩ 55,500,000
5	냉장고	₩ 1,250,000	61	13	₩ 76,250,000
6	김치냉장고	₩ 950,000	58	8	₩ 55,100,000
7	세탁기	₩ 800,000	46	11	₩ 36,800,000
8	의류건조기	₩ 1,200,000	29	10	₩ 34,800,000
9	청소기	₩ 780,000	33	9	₩ 25,740,000
10	전자레인지	₩ 250,000	45	13	₩ 11,250,000
11					
12	총판매액	회계			
13					
14					

〈해설〉

• '총판매액' 매크로

E4 = =B4*C4

	A	B	C	D	E
1			상공전자랜드 매출 현황		
2					
3	제품명	판매가	판매량	재고량	총판매액
4	TV	1500000	37	19	55500000
5	냉장고	1250000	61	13	76250000
6	김치냉장고	950000	58	8	55100000
7	세탁기	800000	46	11	36800000
8	의류건조기	1200000	29	10	34800000
9	청소기	780000	33	9	25740000
10	전자레인지	250000	45	13	11250000
11					

• '회계' 매크로

[B4:B10], [E4:E10] 영역을 블록으로 지정한 후 [홈] → 표시 형식 → 회계 표시 형식(🔢) 클릭

〈정답〉

	A	B	C	D	E
1			상공식당 월별 운영 현황		
2					
3	월	판매액	재료비	인건비	순이익
4	1	₩12,500,000	₩3,440,000	₩4,500,000	₩4,560,000
5	2	₩15,680,000	₩4,280,000	₩6,000,000	₩5,400,000
6	3	₩13,840,000	₩3,875,000	₩6,000,000	₩3,965,000
7	4	₩16,770,000	₩4,462,000	₩7,500,000	₩4,808,000
8	5	₩18,000,000	₩4,840,000	₩7,500,000	₩5,660,000
9	6	₩17,250,000	₩4,730,000	₩7,500,000	₩5,020,000
10					
11					
12			순이익	통화	
13					

〈해설〉

• '순이익' 매크로

E4 = =B4-(C4+D4)

	A	B	C	D	E
1			상공식당 월별 운영 현황		
2					
3	월	판매액	재료비	인건비	순이익
4	1	12500000	3440000	4500000	4560000
5	2	15680000	4280000	6000000	5400000
6	3	13840000	3875000	6000000	3965000
7	4	16770000	4462000	7500000	4808000
8	5	18000000	4840000	7500000	5660000
9	6	17250000	4730000	7500000	5020000
10					

• '통화' 매크로

[B4:E9] 영역을 블록으로 지정한 후 [홈] → 표시 형식 → 표시 형식의 ▾ → 통화 선택

2 차트

다음은 지금까지 출제된 19가지 지시사항을 모두 적용하여 완성한 차트입니다.

❶ **데이터 범위** : 'TV' 계열을 삭제함

❷ **차트 종류** : '합계' 계열의 차트 종류를 '표식이 있는 꺾은선형'으로 변경함

❸ **보조 축** : '합계' 계열을 보조 축으로 지정함

❹ **차트 스타일** : 차트 영역에 '차트 스타일 8'을 지정함

❺ **색 변경** : 차트 스타일의 색을 '다양한 색상표 3'으로 지정함

❻ **차트 제목** : 차트 제목을 '차트 위'로 추가하여 입력한 후 글꼴 '궁서', 크기 18, 글꼴 스타일 '굵게'를 지정함

❼ **축 제목** : 세로(값) 축 제목을 '기본 세로', 가로(항목) 축을 '기본 가로'로 삽입하여 입력한 후 세로(값) 축 제목의 '텍스트 방향'을 '세로'로 지정함

❽ **축 서식** : 세로(값) 축은 기본 단위 600, 보조 세로(값) 축은 최소값 11,000, 최대값 12,000, 기본 단위 200을 지정함

❾ **계열 서식** : '합계' 계열은 선 너비 '2pt', 선 색 '표준 색 – 녹색', 표식을 형식 '다이아몬드(◆)', 크기 10, 선 스타일 '완만한 선'으로 지정함

❿ **범례** : 범례를 '위쪽'으로 배치하고, 도형 스타일을 '미세 효과 – 파랑, 강조 1'로 지정함

⓫ **데이터 레이블** : '세탁기' 계열에 '안쪽 끝에'로 데이터 레이블 '값'을 지정함

⓬ **차트 영역 서식** : 차트 영역에 테두리 스타일은 '둥근 모서리'로, 그림자는 '안쪽: 가운데'로 지정함

⓭ **차트 레이아웃** : '레이아웃 3'을 지정함

⓮ **그림 영역 서식** : 채우기 색을 '표준 색 – 노랑'으로 지정함

⓯ **눈금선** : '기본 주 세로' 눈금선을 지정함

⓰ **계열 겹치기, 간격 너비** : 전체 계열의 계열 겹치기를 0%, 간격 너비를 50%로 지정함

⓱ **추세선** : '7월' 계열에 '지수' 추세선을 지정함

⓲ **데이터 테이블** : '범례 표지 없음'으로 데이터 테이블을 지정함

⓳ **패턴** : 차트 영역에 패턴 채우기를 전경색의 '테마 색 – 주황, 강조 2'로 지정함

☞ 직접 실습하려면 'C:\길벗컴활2급통합\기능\21차트.xlsm' 파일
을 열어서 작업하세요.

2342111

01 데이터 범위 수정
23.상시, 22.상시, 21.상시, 20.상시, 19.상시, 18.상시, 18.2, 18.1, 17.상시, …

23.상시, 22.상시, 21.상시, 20.상시, 19.상시, 18.상시, 18.1, 17.상시, 16.상시, 15.상시, 16.2, …
유형 1 '평균' 계열과 '근면성' 요소가 제거되도록 데이터 범위를 수정하
시오.

차트의 바로 가기 메뉴에서 **[데이터 선택]**을 선택한 후 '데이터 원본 선택' 대화상자에서
지정합니다.

23.상시, 22.상시, 21.상시, 20.상시, 19.상시, 18.상시, 17.상시, 16.상시, 16.3, 16.1, 15.상시, …
유형 2 '평균' 계열이 제거되도록 데이터 범위를 수정하시오.

삭제할 계열을 선택한 후 Delete 를 눌러 삭제합니다.

유형3 '3월'이 차트에 표시되도록 데이터 범위를 추가하시오.

데이터 표에서 추가할 영역을 복사(Ctrl+C)한 후 차트를 선택하고 붙여넣기(Ctrl+V)
합니다.

'C:\길벗컴활2급통합\기능\21차트.xlsm' 파일을 열어서 작업하세요.

기출 1 23.상시, 22.상시, 21.상시, 20.상시, 19.상시, 18.상시, 17.상시, 16.상시, …

'기출1' 시트의 차트를 지시사항에 따라 아래 〈그림〉과 같이 수정하시오.

※ 차트는 반드시 문제에서 제공한 차트를 사용하여야 하며, 신규로 작성 시 0점 처리됨

① '합계' 계열이 제거되도록 데이터 범위를 수정하시오.

② 차트 종류를 '누적 세로 막대형'으로 변경하시오.

③ 차트 제목은 '차트 위'로 추가하여 〈그림〉과 같이 입력하고, 글꼴 '굴림체', 크기 18, 밑줄 '실선'으로 지정하시오.

④ 'TV' 계열에만 데이터 레이블 '값'을 표시하고, 레이블의 위치를 '가운데'로 설정하시오.

⑤ 차트 영역의 테두리 스타일은 '둥근 모서리', 그림자는 '안쪽: 가운데'로 지정하시오.

기출 2 23.상시, 22.상시, 21.상시, 20.상시, 19.상시, 18.상시, 18.1, 17.상시, …

'기출2' 시트의 차트를 지시사항에 따라 아래 〈그림〉과 같이 수정하시오.

※ 차트는 반드시 문제에서 제공한 차트를 사용하여야 하며, 신규로 작성 시 0점 처리됨

① '대전' 계열과 '2018년' 요소가 제거되도록 데이터 범위를 수정하시오.

② 차트 제목은 '차트 위'로 지정한 후 [A1] 셀과 연동되도록 설정하시오.

③ 세로(값) 축의 최소값은 20,000, 최대값은 80,000, 기본 단위는 20,000으로 지정하시오.

④ 범례는 오른쪽에 배치하고, 도형 스타일을 '미세 효과 – 파랑, 강조 1'로 지정하시오.

⑤ 차트 영역의 테두리 스타일은 '너비' 3pt와 '둥근 모서리'로 지정하시오.

기출 3 23.상시, 22.상시, 21.상시, 20.상시, 19.상시, 18.상시, 18.2, 17.상시, …

'기출3' 시트의 차트를 지시사항에 따라 아래 〈그림〉과 같이 수정하시오.

※ 차트는 반드시 문제에서 제공한 차트를 사용하여야 하며, 신규로 작성 시 0점 처리됨

① '총판매액'이 차트에 표시되도록 데이터 범위를 추가하시오.

② '총판매액' 계열의 차트 종류를 '표식이 있는 꺾은선형'으로 변경한 후 '보조 축'으로 지정하시오.

③ '총판매액' 계열의 선 너비 4pt, 선 색 '표준 색 – 빨강', 표식 '다이아몬드(◆)', 크기 10, 선 스타일 '완만한 선'으로 지정하시오.

④ 세로(값) 축의 기본 단위와 가로 축 교차를 40으로 지정하시오.

⑤ 차트 영역에 '데이터 테이블'을 '범례 표지 없음'으로 지정하시오.

23.상시, 22.상시, 21.상시, 19.상시, 18.상시, 18.2, 17.상시, 14.상시, ⋯

2342184

'기출4' 시트의 차트를 지시사항에 따라 아래 〈그림〉과 같이 수정하시오.

※ 차트는 반드시 문제에서 제공한 차트를 사용하여야 하며, 신규로 작성 시 0점 처리됨

① 차트 종류를 '3차원 원형'으로 변경하시오.

② 데이터 계열의 '첫째 조각의 각'을 20도로 지정하시오.

③ 3차원 회전에서 'Y 회전'을 30도로 지정하시오.

④ 데이터 계열에 데이터 레이블 '값'과 '항목 이름'을 표시하고, 레이블의 위치를 '안쪽 끝에'로 지정하시오.

⑤ 차트 영역의 테두리 스타일은 '둥근 모서리'로 설정하시오.

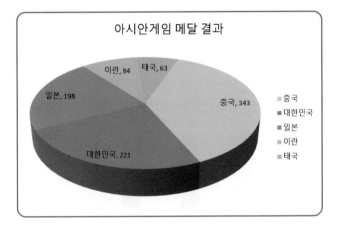

아시안게임 메달 결과

기출 5 23.상시, 22.상시, 21.상시, 20.상시, 19.상시, 18.상시, 16.3, 15.상시, ⋯

2342185

'기출5' 시트의 차트를 지시사항에 따라 아래 〈그림〉과 같이 수정하시오.

※ 차트는 반드시 문제에서 제공한 차트를 사용하여야 하며, 신규로 작성 시 0점 처리됨

① 차트 영역은 차트 스타일을 '스타일 6'으로, 차트 스타일의 '색 변경'을 '다양한 색상표 1'로 지정하시오.

② 세로(값) 축 제목은 '기본 세로', 가로(항목) 축 제목은 '기본 가로'로 추가하여 〈그림〉과 같이 입력하고, 세로(값) 축 제목의 '텍스트 방향'을 '세로'로 지정하시오.

③ 세로(값) 축의 최대값은 5,000, 기본 단위는 1,000으로 지정하시오.

④ 세로(값) 축의 눈금 표시 단위를 '천'으로 지정한 후 텍스트 방향을 '가로'로 변경하시오.

⑤ 전체 계열의 계열 겹치기는 0%, 간격 너비는 50%로 설정하시오.

년도별 졸업자수 현황

기출 6 23.상시, 22.상시, 21.상시, 20.상시, 18.1, 17.상시, 16.상시

2342186

'기출6' 시트의 차트를 지시사항에 따라 아래 〈그림〉과 같이 수정하시오.

※ 차트는 반드시 문제에서 제공한 차트를 사용하여야 하며, 신규로 작성 시 0점 처리됨

① 부서명이 '마케팅'인 사원들의 데이터만 표시되도록 데이터 범위를 수정하시오.

② 차트 영역에 '레이아웃 3'을 지정하고, 차트 제목을 〈그림〉과 같이 입력하시오.

③ '근면성' 계열의 '이정훈' 요소만 데이터 레이블 '값'을 표시하고, 레이블의 위치를 '바깥쪽 끝에'로 지정하시오.

④ 그림 영역은 채우기 색을 '표준 색 – 노랑'으로 지정하고, 차트 영역은 패턴 채우기를 전경색의 '테마 색 – 주황, 강조 2'로 지정하시오.

⑤ '협동심' 계열에 '지수' 추세선을 지정하고, '기본 주 세로' 눈금선을 표시하시오.

마케팅 사원평가표

해설

기출 1

① 계열 삭제

② 차트 종류 변경

③ 차트 제목 삽입 및 서식 지정

④ 데이터 레이블 추가

⑤ 테두리 스타일 및 그림자 지정

① 데이터 범위 수정

② 차트 제목 연동

③ 세로(값) 축 서식 지정

세로(값) 축의 바로 가기 메뉴에서 [축 서식]을 선택한 후 다음과 같이 지정한다.

④ 범례 위치 및 도형 스타일 지정

• **위치** : 범례를 선택한 후 [차트 디자인] → 차트 레이아웃 → 차트 요소 추가 → 범례 → **오른쪽** 선택

• **도형 스타일** : 범례를 선택한 후 [서식] → 도형 스타일의 ▽ → **미세 효과 – 파랑, 강조 1** 선택

① 데이터 범위 추가

② 차트 종류 변경 및 보조 축 지정

③ '총판매액' 계열 서식 지정

④ 세로(값) 축 서식 지정

⑤ 데이터 테이블 표시

차트를 선택한 후 [차트 디자인] → 차트 레이아웃 → 차트 요소 추가 → 데이터 테이블 → **범례 표지 없음** 선택

② 첫째 조각의 각 지정

③ 3차원 회전 지정

④ 데이터 레이블 추가

임의의 계열을 선택한 후 [차트 디자인] → 차트 레이아웃 → 차트 요소
추가 → 데이터 레이블 → **기타 데이터 레이블 옵션**을 선택한 후 다음
과 같이 지정한다.

기출 5

① 차트 스타일 및 색 변경 지정
• **차트 스타일** : 차트를 선택한 후 [차트 디자인] → 차트 스타일 → 스타
일 6 선택
• **색 변경** : 차트를 선택한 후 [차트 디자인] → 차트 스타일 → 색 변경
→ **다양한 색상표 1** 선택

② 세로(값) 제목 축 서식 지정

③/④ 세로(값) 축 서식 지정

⑤ 데이터 계열 서식 지정

기출 6

① 데이터 범위 수정

② 차트 레이아웃 지정
차트를 선택한 후 [차트 디자인] → 차트 레이아웃 → 빠른 레이아웃 →
레이아웃 3 선택

③ 데이터 레이블 추가

↓

※ 세로 또는 가로 막대형 차트는 계열의 바로 가기 메뉴에서 [**데이터 레이블 추가**]를 선택하면 기본적으로 '바깥쪽 끝에'로 지정되고, 꺾은선형 차트는 '오른쪽'으로 지정됩니다.

④ 그림 영역 및 차트 영역 서식 지정

• **그림 영역** : 그림 영역을 선택한 후 [서식] → 도형 스타일 → 도형 채우기 → **노랑** 선택
• **차트 영역** : 차트 영역의 바로 가기 메뉴에서 [**차트 영역 서식**]을 선택한 후 다음과 같이 지정한다.

⑤ 추세선 및 기본 주 세로 눈금선 지정

• **추세선** : '협동심' 계열을 선택한 후 [차트 디자인] → 차트 레이아웃 → 차트 요소 추가 → 추세선 → **지수** 선택
• **기본 주 세로 눈금선** : 차트를 선택한 후 [차트 디자인] → 차트 레이아웃 → 차트 요소 추가 → 눈금선 → **기본 주 세로** 선택

최신기출문제

최신기출문제

시험지는 문제의 표지 및 전체 지시사항 1면, 문제 3면 이렇게 총 4면으로 구성되어 있습니다. 문제 1면에는 작업할 파일의 암호, 외부 데이터 위치, 시험 전반에 관한 지시사항이 들어 있습니다. 각각의 기출문제에서는 시험 전반에 관한 지시사항을 생략하였습니다. 아래는 실제 시험지와 동일한 문제 1면입니다. 시험 전반에 관한 지시사항을 한 번 읽어보세요.

국 가 기 술 자 격 검 정

2024년 상시 컴퓨터활용능력 실기 기출문제

프로그램명	제한시간	수험번호 :
EXCEL 2021	40분	성명 :

2급 | 상시

〈 유 의 사 항 〉

- 인적 사항 누락 및 잘못 작성으로 인한 불이익은 수험자 책임으로 합니다.
- 화면에 암호 입력창이 나타나면 아래의 암호를 입력하여야 합니다.
  ○ 암호 : 157%39
- 작성된 답안은 주어진 경로 및 파일명을 변경하지 마시고 그대로 저장해야 합니다.
  이를 준수하지 않으면 실격 처리됩니다.
  ○ 답안 파일명의 예 : C:\OA\수험번호8자리.xlsm
- 외부 데이터 위치 : C:\OA\파일명
- 별도의 지시사항이 없는 경우, 다음과 같이 처리 시 실격 처리됩니다.
  ○ 제시된 시트 및 개체의 순서나 이름을 임의로 변경한 경우
  ○ 제시된 시트 및 개체를 임의로 추가 또는 삭제한 경우
  ○ 외부 데이터를 시험 시작 전에 열어본 경우
- 답안은 반드시 문제에서 지시 또는 요구한 셀에 입력하여야 하며, 다음과 같이 처리 시 채점 대상에서 제외됩니다.
  ○ 제시된 함수가 있을 경우 제시된 함수만을 사용하여야 하며 그 외 함수 사용 시 채점 대상에서 제외
  ○ 수험자가 임의로 지시하지 않은 셀의 이동, 수정, 삭제, 변경 등으로 인해 셀의 위치 및 내용이 변경된 경우 해당 작업에 영향을 미치는 관련문제 모두 채점 대상에서 제외
  ○ 도형 및 차트의 개체가 중첩되어 있거나 동일한 계산결과 시트가 복수로 존재할 경우 해당 개체나 시트는 채점 대상에서 제외
- 수식 작성 시 제시된 문제 파일의 데이터는 변경 가능한(가변적) 데이터임을 감안하여 문제 풀이를 하시오.
- 별도의 지시사항이 없는 경우, 주어진 각 시트 및 개체의 설정값 또는 기본 설정값(Default)으로 처리하시오.
- 저장 시간은 별도로 주어지지 않으므로 제한된 시간 내에 저장을 완료해야 하며, 제한 시간 내에 저장이 되지 않은 경우에는 실격 처리됩니다.
- 출제된 문제의 용어는 Microsoft Office 2021(LTSC 2108 버전) 기준으로 작성되어 있습니다.

대 한 상 공 회 의 소

2023년 상시01 컴퓨터활용능력 2급 실기

문제 1 | 기본작업(20점) 주어진 시트에서 다음 과정을 수행하고 저장하시오.

1. '기본작업-1' 시트에 다음의 자료를 주어진 대로 입력하시오. (5점)

	A	B	C	D	E	F
1	상공아트홀 공연 예매 현황					
2						
3	공연코드	공연명	공연장	좌석수	관람료	예매량
4	KH0541	상상마술쇼	CK씨어터	150	12,500	142
5	RV74563	바람과함께여행	하나아트센터	200	15,000	168
6	SN9627	행복한연예	드림플러스	180	10,000	171
7	BG4018	친구들	원소극장	120	13,500	113
8	AT8225	시크릿뮤지션	뮤직스쿨	240	14,500	209
9						

2. '기본작업-2' 시트에 대하여 다음의 지시사항을 처리하시오. (각 2점)

① [A1:G1] 영역은 '병합하고 가운데 맞춤', 셀 스타일 '제목 1', 행의 높이를 27로 지정하시오.

② [A4:A6], [A7:A9], [A10:A12] 영역은 '병합하고 가운데 맞춤'을, [A3:G3] 영역은 채우기 색을 '표준 색 – 노랑'으로 지정하시오.

③ [F6] 셀에 "우천시 체육관"이라는 메모를 삽입한 후 항상 표시되도록 지정하고, 메모 서식에서 맞춤 '자동 크기'를 지정하시오.

④ [G4:G12] 영역은 사용자 지정 표시 형식을 이용하여 숫자 뒤에 "명"을 [표시 예]와 같이 표시하시오. [표시 예 : 5 → 5명, 0 → 0명]

⑤ [A3:G12] 영역은 '모든 테두리(田)'를 적용한 후 '굵은 바깥쪽 테두리(回)'를 적용하여 표시하시오.

3. '기본작업-3' 시트에서 다음의 지시사항을 처리하시오. (5점)

[A4:G17] 영역에서 성이 '김'씨인 행 전체에 대하여 글꼴 색을 '표준 색 – 파랑', 글꼴 스타일을 '굵게'로 지정하는 조건부 서식을 작성하시오.

▶ LEFT 함수 사용

▶ 단, 규칙 유형은 '수식을 사용하여 서식을 지정할 셀 결정'을 사용하시오.

문제 2 | 계산작업(40점) '계산작업' 시트에서 다음 과정을 수행하고 저장하시오.

1. [표1]에서 사원번호[A3:A11]의 첫 번째 문자가 "A"이면 "본사", "B"이면 "지사"를 소속[D3:D11]에 표시하시오. (8점)

▶ IF, LEFT 함수 사용

2. [표2]에서 반[G3:G11]이 "1반"인 학생의 최저 점수[H3:H11]와 "3반"인 학생의 최저 점수의 평균을 [J3] 셀에 계산하시오. (8점)

▶ 조건은 [J10:K11] 영역에 입력하시오.

▶ DMIN, AVERAGE 함수 사용

3. [표3]에서 판매량[D15:D23]이 10 이상 20 미만인 제품들의 판매 건수 비율을 [E24] 셀에 계산하시오. (8점)

▶ 판매 건수 비율 = 10 이상 20 미만 판매 건수 / 전체 판매 건수

▶ COUNT, COUNTIFS 함수 사용

4. [표4]에서 기록[J15:J23]이 가장 빠른 선수의 기록을 찾아 [I24] 셀에 표시하시오. (8점)

▶ 표시 예 : 1:23:34 → 1시간23분34초

▶ HOUR, MINUTE, SECOND, SMALL 함수와 & 연산자 사용

5. [표5]에서 회원코드[A28:A37]의 세 번째 문자와 지역코드표[G36:I37]를 이용하여 지역[D28:D37]을 표시하시오. (8점)

▶ HLOOKUP, MID 함수 사용

| 문제 3 | 분석작업(20점) 주어진 시트에서 다음 작업을 수행하고 저장하시오. |

1. '분석작업-1' 시트에 대하여 다음의 지시사항을 처리하시오. (10점)

[부분합] 기능을 이용하여 '상공산업 급여지급명세서' 표에 〈그림〉과 같이 부서명별로 '총급여'의 최대를 계산한 후 '기본급', '상여금', '세금'의 평균을 계산하시오.

▶ 정렬은 '부서명'을 기준으로 오름차순으로 처리하시오.

▶ 최대와 평균은 위에 명시된 순서대로 처리하시오.

		A	B	C	D	E	F	G
	1			상공산업 급여지급명세서				
	2							
	3	부서명	사원명	직위	기본급	상여금	세금	총급여
	4	생산부	이미현	부장	4,823,000	1,929,000	1,080,000	5,672,000
	5	생산부	이종민	과장	4,186,000	1,674,000	938,000	4,922,000
	6	생산부	박해수	대리	3,770,000	1,508,000	844,000	4,434,000
	7	생산부	조광희	사원	3,549,000	1,420,000	795,000	4,174,000
	8	생산부 평균			4,082,000	1,632,750	914,250	
	9	생산부 최대						5,672,000
	10	영업부	이선미	부장	4,979,000	1,992,000	1,115,000	5,856,000
	11	영업부	김태균	과장	4,095,000	1,638,000	917,000	4,816,000
	12	영업부	권지향	대리	3,718,000	1,487,000	833,000	4,372,000
	13	영업부	권수연	사원	3,588,000	1,435,000	804,000	4,219,000
	14	영업부 평균			4,095,000	1,638,000	917,250	
	15	영업부 최대						5,856,000
	16	홍보부	박영선	부장	4,771,000	1,908,000	1,069,000	5,610,000
	17	홍보부	고회식	과장	4,342,000	1,737,000	973,000	5,106,000
	18	홍보부	심영훈	대리	3,822,000	1,529,000	856,000	4,495,000
	19	홍보부	윤정아	사원	3,484,000	1,394,000	780,000	4,098,000
	20	홍보부 평균			4,104,750	1,642,000	919,500	
	21	홍보부 최대						5,610,000
	22	전체 평균			4,093,917	1,637,583	917,000	
	23	전체 최대값						5,856,000
	24							

2. '분석작업-2' 시트에 대하여 다음의 지시사항을 처리하시오. (10점)

데이터 도구 [통합] 기능을 이용하여 [표1], [표2], [표3]에서 제품별 1~4분기의 합계를 [표4]의 [H10:K13] 영역에 계산하시오.

문제 4 · 기타작업(20점) 주어진 시트에서 다음 작업을 수행하고 저장하시오.

1. '매크로작업' 시트의 [표]에서 다음과 같은 기능을 수행하는 매크로를 현재 통합 문서에 작성하고 실행하시오. (각 5점)

① [H4:H8] 영역에 진료과별 1~6월의 평균을 계산하는 매크로를 생성하여 실행하시오.

- ▶ 매크로 이름 : 평균
- ▶ AVERAGE 함수 사용
- ▶ [삽입] → [일러스트레이션] → [도형] → [기본 도형]의 '사각형: 빗면(□)'을 동일 시트의 [B10:C11] 영역에 생성하고, 텍스트를 "평균"으로 입력한 후 도형을 클릭할 때 '평균' 매크로가 실행되도록 설정하시오.

② [A3:H3] 영역에 글꼴 색 '표준 색 – 빨강', 채우기 색 '표준 색 – 노랑'을 적용하는 매크로를 생성하여 실행하시오.

- ▶ 매크로 이름 : 서식
- ▶ [개발 도구] → [컨트롤] → [삽입] → [양식 컨트롤]의 '단추(□)'를 동일 시트의 [E10:F11] 영역에 생성하고, 텍스트를 "서식"으로 입력한 후 단추를 클릭할 때 '서식' 매크로가 실행되도록 설정하시오.

※ 셀 포인터의 위치에 상관없이 현재 통합 문서에서 매크로가 실행되어야 정답으로 인정됨

2. '차트작업' 시트의 차트에서 다음 지시사항에 따라 아래 〈그림〉과 같이 수정하시오. (각 2점)

※ 차트는 반드시 문제에서 제공한 차트를 사용하여야 하며, 신규로 작성 시 0점 처리됨

① '2019년' 계열과 '합계' 요소가 제거되도록 데이터 범위를 수정하시오.

② 세로(값) 축의 최대값은 5,000, 기본 단위는 1,000으로 지정하시오.

③ '2022년' 계열에만 데이터 레이블 '값'을 표시하고, 레이블의 위치를 '바깥쪽 끝에'로 지정하시오.

④ 범례는 '위쪽'에 배치한 후 도형 스타일을 '미세 효과 – 황금색, 강조 4'로 지정하시오.

⑤ 차트 영역에 그림자는 '안쪽: 가운데', 테두리는 '둥근 모서리'로 지정하시오.

채점 프로그램을 이용하여 여러분이 완성한 답안 파일을 채점해 보세요. 채점 프로그램 사용법에 대한 내용은 7쪽을 참고하세요.

문제 1   기본작업   정답

02. 셀 서식_참고 : 셀 서식 16쪽

정답

④ '셀 서식' 대화상자([G4:G12])

03. 조건부 서식_참고 : 조건부 서식 24쪽

정답

• '새 서식 규칙' 대화상자

문제 2 　계산작업　

01. 소속_참고 : 논리 함수 33쪽

정답

	A	B	C	D
1	[표1]	사원관리		
2	사원번호	사원명	부서명	소속
3	A-1529	김준용	기획부	본사
4	B-6011	이경실	기획부	지사
5	A-2768	허안주	기획부	본사
6	A-0644	이동준	영업부	본사
7	B-9537	고강민	영업부	지사
8	B-2436	김민경	영업부	지사
9	A-8167	한상현	관리부	본사
10	A-3551	김단희	관리부	본사
11	B-0472	이동엽	관리부	지사
12				

[D3] : =IF(LEFT(A3, 1)="A", "본사", "지사")

02. 1, 3반 최저 점수 평균_참고 : 데이터베이스 함수 64쪽

정답

	F	G	H	I	J	K
1	[표2]	시험 결과				
2	이름	반	점수		1, 3반 최저 점수 평균	
3	정다운	2반	92		64.5	
4	이대로	3반	89			
5	김민정	1반	59			
6	최고집	1반	95			
7	안혜경	3반	79			
8	조신수	2반	65			
9	정성민	3반	70		<조건>	
10	주지훈	2반	88		반	반
11	박성은	1반	91		1반	3반
12						

[J3] : =AVERAGE(DMIN(F2:H11, 3, J10:J11), DMIN(F2:H11, 3, K10:K11))

03. 판매량 10 이상 20 미만인 판매 건수 비율_참고 : 통계 함수 46쪽

정답

	A	B	C	D	E
13	[표3]	제품판매현황			
14	구분	제품명	판매가	판매량	총판매액
15	냉장	생쫄면	2,980	24	71,520
16	냉장	가락우동	3,690	16	59,040
17	냉동	군만두	4,500	32	144,000
18	냉장	수제비	2,850	24	68,400
19	냉동	핫도그	3,300	22	72,600
20	냉동	피자	4,920	18	88,560
21	냉동	치킨너겟	3,840	19	72,960
22	냉장	떡볶이	3,600	23	82,800
23	냉장	쌀국수	4,180	15	62,700
24	판매량 10 이상 20 미만인 판매 건수 비율				44%
25					

[E24] : =COUNTIFS(D15:D23, ">=10", D15:D23, "<20") / COUNT(D15:D23)

04. 가장 빠른 기록_참고 : 날짜/시간 함수 70쪽

정답

	G	H	I	J
13	[표4]	하프마라톤 결과		
14	선수번호	소속	나이	기록
15	168001	춘천	35	1:49:27
16	168002	영월	42	1:45:51
17	168003	강릉	29	2:03:26
18	168004	평창	38	1:51:15
19	168005	영월	44	1:32:08
20	168006	고성	51	1:41:53
21	168007	춘천	32	2:01:17
22	168008	강릉	40	1:39:22
23	168009	평창	23	1:56:25
24	가장 빠른 기록		1시간32분8초	
25				

[I24] : =HOUR(SMALL(J15:J23, 1)) & "시간" & MINUTE(SMALL(J15:J23, 1)) & "분" & SECOND(SMALL(J15:J23, 1)) & "초"

05. 지역_참고 : 찾기/참조 함수 39쪽

정답

	A	B	C	D	E	F	G	H	I
26	[표5]	회원관리현황							
27	회원코드	성별	등급	지역					
28	1-K-320	여	정회원	경기					
29	3-S-966	남	준회원	서울					
30	8-B-415	남	준회원	부산					
31	6-B-527	남	준회원	부산					
32	2-S-605	남	정회원	서울					
33	3-B-012	여	준회원	부산					
34	9-K-048	여	정회원	경기					
35	4-K-213	여	정회원	경기			<지역코드표>		
36	5-S-217	남	정회원	서울		코드	S	K	B
37	5-B-309	남	준회원	부산		지역	서울	경기	부산
38									

[D28] : =HLOOKUP(MID(A28, 3, 1), $G$36:$I$37, 2, FALSE)

01. 부분합_참고 : 부분합 72쪽

• '정렬' 대화상자

• 1차 '부분합' 대화상자

• 2차 '부분합' 대화상자

02. 통합_참고 : 통합 84쪽

정답

	G	H	I	J	K
8	[표4]		수도권 판매량 합계		
9	제품	1분기	2분기	3분기	4분기
10	침대	3,287	2,985	3,657	3,545
11	소파	2,472	2,863	2,771	2,835
12	식탁	2,823	2,953	3,026	3,220
13	책상	3,795	4,315	3,737	3,913
14					

• '통합' 대화상자

문제 4 기타작업

01. 매크로 _참고 : 매크로 98쪽

정답

	A	B	C	D	E	F	G	H
1			튼튼병원 전반기 진료 현황					
2								
3	진료과	1월	2월	3월	4월	5월	6월	평균
4	내과	6,552	6,916	6,734	7,098	6,516	7,247	6,844
5	외과	5,278	4,914	5,278	5,096	5,430	5,241	5,206
6	신경과	4,004	4,732	5,249	4,887	5,124	4,935	4,822
7	흉부외과	5,642	5,096	5,824	5,460	5,611	5,517	5,525
8	산부인과	4,914	4,004	3,801	4,344	4,209	3,924	4,199
9								
10		평균			서식			
11								
12								

02. 차트 _참고 : 차트 103쪽

① 데이터 범위 수정

1. 차트의 바로 가기 메뉴에서 **[데이터 선택]**을 선택한다.
2. '데이터 원본 선택' 대화상자에서 '차트 데이터 범위'의 범위 지정 단추(↑)를 클릭하고 데이터 범위를 [A3:A7], [C3:E7] 영역으로 변경한 후 범위 지정 단추(↓)를 클릭한다. 이어서 '데이터 원본 선택' 대화상자에서 〈확인〉을 클릭한다.

② 세로(값) 축 서식 지정

1. 세로(값) 축의 바로 가기 메뉴에서 **[축 서식]**을 선택한다.
2. '축 서식' 창의 [축 옵션] → ▥(축 옵션) → **축 옵션**에서 경계의 '최대값'을 5,000, 단위의 '기본'을 1,000으로 지정한 후 '닫기 (☒)'를 클릭한다.

③ 데이터 레이블 지정

'2022년' 계열을 선택한 후 바로 가기 메뉴에서 **[데이터 레이블 추가]**를 선택한다.

> ※ 세로 또는 가로 막대형 차트는 계열의 바로 가기 메뉴에서 [데이터 레이블 추가]를 선택하면 기본적으로 '바깥쪽 끝에'로 지정되고, 꺾은선형 차트는 '오른쪽'으로 지정됩니다.

④ 범례 스타일 지정

범례를 선택한 후 [서식] → 도형 스타일의 ▽ → **미세 효과 – 황금색, 강조 4**를 선택한다.

2023년 상시02 컴퓨터활용능력 2급 실기

• 준 비 하 세 요 : 'C:\길벗컴활2급통합\기출' 폴더에서 '02 23년2급상시02.xlsm' 파일을 열어서 작업하시오.

문제 1 기본작업(20점) 주어진 시트에서 다음 과정을 수행하고 저장하시오.

1. '기본작업-1' 시트에 다음의 자료를 주어진 대로 입력하시오. (5점)

	A	B	C	D	E	F	G
1	상공영화관 상영 현황						
2							
3	영화명	장르	개봉일	등급	평점	러닝타임	누적관객
4	Missing	스릴러	2023-02-22	12세이상	7.5	110분	409,825
5	Count	드라마	2023-02-22	12세이상	8.6	109분	590,712
6	대외비	드라마	2023-03-01	15세이상	7.4	115분	842,030
7	Soulmate	드라마	2023-03-15	12세이상	8.9	124분	435,249
8	Shazam	액션	2023-03-15	12세이상	6.9	130분	235,217
9							

2. '기본작업-2' 시트에 대하여 다음의 지시사항을 처리하시오. (각 2점)

① [A1:G1] 영역은 '선택 영역의 가운데로', 크기 14, 글꼴 스타일 '굵은 기울임꼴', 밑줄 '이중 실선(회계용)', 행의 높이를 30으로 지정하시오.

② [A4:A5], [A6:A7], [A8:A9], [A10:A11] 영역은 '병합하고 가운데 맞춤'을, [A3:G3] 영역은 셀 스타일을 '회색, 강조색 3'으로 지정하시오.

③ [F4:F11] 영역은 사용자 지정 표시 형식을 이용하여 숫자 뒤에 "%"을 [표시 예]와 같이 표시하시오. [표시 예 : 3 → 3%, 0 → 0%]

④ [E4:E11] 영역의 이름을 "결제액", [G4:G11] 영역의 이름을 "누적포인트"로 정의하시오.

⑤ [A3:G11] 영역은 '모든 테두리(⊞)'를 적용한 후 '굵은 바깥쪽 테두리(�)'를 적용하여 표시하시오.

3. '기본작업-3' 시트에서 다음의 지시사항을 처리하시오. (5점)

'지역별 도서관 운영현황' 표에서 전문도서관이 100 이상이거나 학교도서관이 300 이하인 데이터를 고급 필터를 사용하여 검색하시오.

▶ 고급 필터 조건은 [A20:C22] 영역 내에 알맞게 입력하시오.

▶ 고급 필터 결과는 '지역', '전문도서관', '학교도서관'만 순서대로 표시하시오.

▶ 고급 필터 결과 복사 위치는 동일 시트의 [A25] 셀에서 시작하시오.

문제 2 계산작업(40점) '계산작업' 시트에서 다음 과정을 수행하고 저장하시오.

1. [표1]에서 입실시간[B3:B11]과 퇴실시간[C3:C11]을 이용하여 총이용시간[D3:D11]을 계산하시오. (8점)

▶ 총이용시간은 '퇴실시간 − 입실시간'으로 계산하되, '퇴실시간 − 입실시간'의 '분'이 30분을 초과한 경우 '퇴실시간 − 입실시간'의 '시'에 1을 더하시오.

[표시 예 : 총이용시간이 6:00 → 6시간, 6:40 → 7시간]

▶ IF, HOUR, MINUTE 함수와 & 연산자 사용

2. [표2]에서 구분[F3:F10]이 "소아과"인 자료의 실투자금액[J3:J10] 평균을 [J11] 셀에 계산하시오. (8점)

▶ 실투자금액의 평균은 백의 자리에서 내림하여 천의 자리까지 표시 [표시 예 : 123,456 → 123,000]

▶ 조건은 [L2:L3] 영역에 입력하시오.

▶ DAVERAGE와 ROUND, ROUNDUP, ROUNDDOWN 함수 중 알맞은 함수를 선택하여 사용

3. [표3]에서 컴퓨터일반[B15:B22]과 엑셀[C15:C22]이 모두 60점 이상인 수험생의 합격률을 [C23] 셀에 계산하시오. (8점)

▶ 합격률 = '컴퓨터일반'과 '엑셀'이 모두 60점 이상인 수험생 수 / 총 수험생 수

▶ COUNTIFS, COUNTA 함수 사용

4. [표4]에서 주문수량[G15:G23]이 본사보유량[H15:H23]보다 200 이상 많은 경우 주문수량과 매장요청량[I15:I23] 중 큰 값을 표시하고, 그 외에는 주문수량을 구매예정수량[J15:J23]에 표시하시오. (8점)

▶ IF, MAX 함수 사용

5. [표5]에서 학번[A27:A34]과 학과정보표[F28:H31]를 이용하여 학과[D27:D34]를 표시하시오. (8점)

▶ 학번의 처음 두 글자가 학과코드임

▶ VLOOKUP, LEFT 함수 사용

문제 3 분석작업(20점) 주어진 시트에서 다음 작업을 수행하고 저장하시오.

1. '분석작업-1' 시트에 대하여 다음의 지시사항을 처리하시오. (10점)

데이터 도구 [통합] 기능을 이용하여 [표1], [표2], [표3]에서 제품명별 1~3월의 평균을 [표4]의 [H12:J15] 영역에 계산하시오.

2. '분석작업-2' 시트에 대하여 다음의 지시사항을 처리하시오. (10점)

[부분합] 기능을 이용하여 '사원별 건강검진 결과' 표에 〈그림〉과 같이 부서명별로 '수축기혈압'의 최대를 계산한 후 '이완기혈압'의 최소를 계산하시오.

▶ 정렬은 '부서명'을 기준으로 오름차순으로 처리하시오.

▶ 최대와 최소는 위에 명시된 순서대로 처리하시오.

		A	B	C	D	E	F	G
1					사원별 건강검진 결과			
2								
3		사원명	부서명	키	체중	시력(좌/우)	수축기혈압	이완기혈압
4		강호정	개발부	168	52	1.2/1.2	119	78
5		고인숙	개발부	161	54	0.1/0.2	112	71
6		어수선	개발부	163	46	0.7/0.7	117	69
7		조광희	개발부	177	70	1.2/1.2	120	80
8			개발부 최소					69
9			개발부 최대				120	
10		김영택	관리부	173	72	0.8/0.7	120	77
11		이부성	관리부	168	72	1.0/1.0	126	83
12		김경아	관리부	160	56	1.2.1.2	121	76
13		이수연	관리부	157	55	0.4/0.4	118	77
14			관리부 최소					76
15			관리부 최대				126	
16		최성완	자재부	183	70	1.0/1.0	123	82
17		김민재	자재부	181	96	1.5/1.5	142	97
18		박현종	자재부	173	71	0.8/0.9	124	82
19		김서하	자재부	179	69	0.3/0.2	124	81
20			자재부 최소					81
21			자재부 최대				142	
22			전체 최소값					69
23			전체 최대값				142	
24								

문제 4 　기타작업(20점) 주어진 시트에서 다음 작업을 수행하고 저장하시오.

1. '매크로작업' 시트의 [표]에서 다음과 같은 기능을 수행하는 매크로를 현재 통합 문서에 작성하고 실행하시오. (각 5점)

① [D4:D9] 영역에 구분별 공급면적을 계산하는 매크로를 생성하여 실행하시오.

▶ 매크로 이름 : 공급면적

▶ 공급면적 = 전용면적 + 공용면적

▶ [삽입] → [일러스트레이션] → [도형] → [기본 도형]의 '사각형: 빗면(□)'을 동일 시트의 [F3:F4] 영역에 생성하고, 텍스트를 "공급면적"으로 입력한 후 도형을 클릭할 때 '공급면적' 매크로가 실행되도록 설정하시오.

② [A3:D3] 영역에 채우기 색을 '표준 색 – 노랑'으로 적용하는 매크로를 생성하여 실행하시오.

▶ 매크로 이름 : 서식

▶ [개발 도구] → [컨트롤] → [삽입] → [양식 컨트롤]의 '단추(□)'를 동일 시트의 [F5:F6] 영역에 생성하고, 텍스트를 "서식"으로 입력한 후 단추를 클릭할 때 '서식' 매크로가 실행되도록 설정하시오.

※ 셀 포인터의 위치에 상관없이 현재 통합 문서에서 매크로가 실행되어야 정답으로 인정됨

2. '차트작업' 시트의 차트에서 다음 지시사항에 따라 아래 〈그림〉과 같이 수정하시오. (각 2점)

※ 차트는 반드시 문제에서 제공한 차트를 사용하여야 하며, 신규로 작성 시 0점 처리됨

① '재고량' 계열과 '합계' 요소가 제거되도록 데이터 범위를 수정하시오.

② '단가' 계열의 차트 종류를 '표식이 있는 꺾은선형'으로 변경하고, '보조 축'으로 지정하시오.

③ 차트 제목은 '차트 위'로 지정한 후 [A1] 셀과 연동되도록 설정하시오.

④ '매입량'과 '사용량' 계열의 계열 겹치기를 –30%, 간격 너비를 100%로 설정하시오.

⑤ 그림 영역은 도형 스타일을 '미세 효과 – 주황, 강조 2'로, 차트 영역은 패턴 채우기를 전경색의 '테마 색 – 주황, 강조2'로 지정하시오.

02회 2023년 상시02 기출문제 해설

 문제 1 기본작업 **정답**

02. 셀 서식_참고 : 셀 서식 16쪽

정답

	A	B	C	D	E	F	G
1			상공쇼핑몰 회원관리 현황				
2							
3	등급	고객번호	구입액	할인액	결제액	적립률	누적포인트
4	VIP	C-48923	6,857,000	823,000	6,034,000	10%	892,000
5		H-25567	5,246,000	630,000	4,616,000	10%	531,000
6	GOLD	K-18409	4,362,000	349,000	4,013,000	7%	304,000
7		G-23987	4,100,000	328,000	3,772,000	7%	322,000
8	SILVER	A-50545	2,880,000	144,000	2,736,000	5%	159,000
9		E-69771	2,524,000	126,000	2,398,000	5%	146,000
10	BASIC	N-38904	893,000	18,000	875,000	2%	22,000
11		D-90568	571,000	11,000	560,000	2%	35,000
12							

❸ '셀 서식' 대화상자([F4:F11])

03. 고급 필터_참고 : 고급 필터 27쪽

정답

	A	B	C
18			
19			
20	전문도서관	학교도서관	
21	>=100		
22		<=300	
23			
24			
25	지역	전문도서관	학교도서관
26	경기	135	867
27	서울	204	1,064
28	강원	16	295
29	부산	107	684
30	울산	19	267
31	제주	22	199
32			

• '고급 필터' 대화상자

01. 총이용시간 _참고 : 논리 함수 34쪽

정답

	A	B	C	D
1	[표1]	독서실 이용현황		
2	고객명	입실시간	퇴실시간	총이용시간
3	김은소	9:10	11:20	2시간
4	조경원	9:34	10:41	1시간
5	이천수	10:03	11:57	1시간
6	박정연	10:29	11:36	1시간
7	김종현	10:31	12:09	2시간
8	권민서	10:45	12:33	2시간
9	한상민	11:02	12:11	1시간
10	최연재	11:14	12:58	2시간
11	유현진	11:25	12:46	1시간
12				

[D3] : =IF(MINUTE(C3−B3)>30, HOUR(C3−B3)+1, HOUR (C3−B3)) & "시간"

02. 소아과의 실투자금액 평균 _참고 : 수학/삼각 함수 57쪽

정답

	F	G	H	I	J	K	L
1	[표2]	부동산 투자현황					
2	구분	면적	보증금	월임대료	실투자금액		구분
3	내과	69	150,000,000	2,100,000	230,000,000		소아과
4	소아과	79	170,000,000	2,500,000	260,000,000		
5	안과	66	150,000,000	2,100,000	210,000,000		
6	정형외과	148	330,000,000	4,700,000	480,000,000		
7	내과	72	160,000,000	2,200,000	230,000,000		
8	소아과	105	230,000,000	3,300,000	340,000,000		
9	정형외과	135	300,000,000	4,200,000	440,000,000		
10	소아과	99	220,000,000	3,100,000	320,000,000		
11		소아과의 실투자금액 평균			306,666,000		
12							

[J11] : =ROUNDDOWN(DAVERAGE(F2:J10, 5, L2:L3), −3)

03. 합격률 _참고 : 통계 함수 46쪽

정답

	A	B	C
13	[표3]	컴활2급 시험 결과	
14	수험번호	컴퓨터일반	엑셀
15	1270121	92	76
16	1270122	38	55
17	1270123	86	92
18	1270124	62	48
19	1270125	91	93
20	1270126	49	56
21	1270127	89	93
22	1270128	67	68
23		합격률	63%
24			

[C23] : =COUNTIFS(B15:B22, ">=60", C15:C22, ">=60") / COUNTA(A15:A22)

04. 구매예정수량 _참고 : 논리 함수 34쪽

정답

	F	G	H	I	J	K
13	[표4]	제품구매현황				
14	제품코드	주문수량	본사보유량	매장요청량	구매예정수량	
15	S-120-D	1,200	1,072	1,400	1,200	
16	G-430-F	1,500	1,138	1,300	1,500	
17	A-218-Y	1,000	943	900	1,000	
18	W-462-N	800	507	900	900	
19	C-573-B	1,200	1,138	1,000	1,200	
20	H-946-P	900	835	1,000	900	
21	F-438-E	1,000	719	1,200	1,200	
22	K-149-V	1,300	1,068	1,200	1,300	
23	M-527-L	1,500	1,329	1,300	1,500	
24						

[J15] : =IF(G15−H15>=200, MAX(G15, I15), G15)

05. 학과 _참고 : 찾기/참조 함수 40쪽

정답

	A	B	C	D	E	F	G	H
25	[표5]	재학생정보						
26	학번	입학년도	성명	학과			<학과정보표>	
27	AE1542	2020	김영철	디자인		학과코드	학과교수	학과명
28	DE2546	2020	신서인	미디어		AE	강종원	디자인
29	FH1095	2021	양지현	실용음악		DE	한혜진	미디어
30	AE2428	2021	유새론	디자인		FH	김성민	실용음악
31	BS2937	2022	이슬아	문예창작		BS	최정용	문예창작
32	DE3810	2022	송준성	미디어				
33	FH2767	2023	박영훈	실용음악				
34	BS1571	2023	배다해	문예창작				
35								

[D27] : =VLOOKUP(LEFT(A27, 2), $F$28:$H$31, 3, FALSE)

문제 3 분석작업

정답

01. 통합_참고 : 통합 84쪽

정답

	G	H	I	J
10	[표4]	1/4분기 입출고현황		
11	제품명	입고량	출고량	재고량
12	전동드릴	273.3333	246	27.33333
13	고속절단기	240	207.6667	32.33333
14	에어타카	186.6667	164	22.66667
15	고압세척기	256.6667	240.3333	16.33333
16				

• '통합' 대화상자

02. 부분합_참고 : 부분합 72쪽

• '정렬' 대화상자

• 1차 '부분합' 대화상자

• 2차 '부분합' 대화상자

01. 매크로_참고 : 매크로 98쪽

정답

	A	B	C	D	E	F
1	상공아파트 단지 정보					
2						
3	구분	전용면적	공용면적	공급면적		
4	59A	59.99	19.03	79.02		공급면적
5	59B	59.99	20.03	80.02		
6	84A	84.96	25.61	110.57		서식
7	84B	84.99	25.63	110.62		
8	109A	109.71	40.12	149.83		
9	109B	109.78	40.18	149.96		
10						

02. 차트_참고 : 차트 103쪽

① 데이터 범위 수정

1. 차트의 바로 가기 메뉴에서 **[데이터 선택]**을 선택한다.

2. '데이터 원본 선택' 대화상자에서 '차트 데이터 범위'의 범위 지정 단추(⬆)를 클릭하고 데이터 범위를 [A3:D9] 영역으로 변경한 후 범위 지정 단추(▦)를 클릭한다. 이어서 '데이터 원본 선택' 대화상자에서 〈확인〉을 클릭한다.

④ 계열 겹치기 및 간격 너비 지정

1. '매입량'이나 '사용량' 계열의 바로 가기 메뉴에서 **[데이터 계열 서식]**을 선택한다.

2. '데이터 계열 서식' 창의 [계열 옵션] → ▥(계열 옵션) → **계열 옵션**에서 '계열 겹치기'를 −30%, '간격 너비'를 100%로 지정한 후 '닫기(✕)'를 클릭한다.

⑤ 차트 영역 서식 지정

1. 차트 영역의 바로 가기 메뉴에서 **[차트 영역 서식]**을 선택한다.

2. '차트 영역 서식' 창의 [차트 옵션] → ◈(채우기 및 선) → 채우기 → **패턴 채우기**를 선택하고 전경색에서 '테마 색 − 주황, 강조 2'를 선택한 후 '닫기(✕)'를 클릭한다.

•준 비 하 세 요 : 'C:\길벗컴활2급통합\기출' 폴더에서 '03 23년2급상시03.xlsm' 파일을 열어서 작업하시오.

문제 1 **기본작업(20점)** 주어진 시트에서 다음 과정을 수행하고 저장하시오.

1. '기본작업-1' 시트에 다음의 자료를 주어진 대로 입력하시오. (5점)

	A	B	C	D	E	F	
1	상공여행사 여행 상품						
2							
3	상품코드	여행지	출발일	기간	출발인원	비용	
4	pg-153	사이판	2023-03-10	4박5일	36	780,000	
5	ba-964	발리	2023-03-14	4박5일	42	960,000	
6	ds-277	다낭	2023-03-15	3박4일	30	550,000	
7	ck-695	푸켓	2023-03-17	3박4일	32	830,000	
8	tr-184	나트랑	2023-03-21	3박4일	40	670,000	
9							

2. '기본작업-2' 시트에 대하여 다음의 지시사항을 처리하시오. (각 2점)

① [A1:G1] 영역은 '병합하고 가운데 맞춤', 글꼴 'HY견고딕', 크기 18, 밑줄 '이중 실선'으로 지정하시오.

② [A3:G3] 영역은 셀 스타일을 '주황, 강조색 2'로, [G4:G13] 영역은 표시 형식을 '통화'로 지정하시오.

③ [E4:E13] 영역은 사용자 지정 표시 형식을 이용하여 날짜를 [표시 예]와 같이 표시하시오.
   [표시 예 : 2023-04-05 → 4/5(수)]

④ [G5] 셀에 "확인 : 재입고 요청"이라는 메모를 삽입한 후 항상 표시되도록 지정하고, 메모 서식에서 맞춤 '자동 크기'를 지정하시오.

⑤ [A3:G13] 영역은 '모든 테두리(⊞)'를 적용하고, [A3:G3] 영역은 '아래쪽 이중 테두리(⊟)'를 적용하여 표시하시오.

3. '기본작업-3' 시트에서 다음의 지시사항을 처리하시오. (5점)

[B4:B16] 영역의 데이터를 텍스트 나누기를 실행하여 나타내시오.

▶ 데이터는 세미콜론(;)으로 구분되어 있음

▶ '12월'과 '5월' 열은 제외할 것

문제 2 　계산작업(40점) '계산작업' 시트에서 다음 과정을 수행하고 저장하시오.

1. [표1]에서 대출일자[B3:B11]와 대출기간[C3:C11]을 이용하여 반납일자[D3:D11]를 계산하시오. (8점)
   ▶ 반납일자 = 대출일자 + 대출기간, 단 주말(토, 일요일)은 제외
   [표시 예 : 대출일자가 '2023-04-06', 대출기간이 4인 경우 '4/12'로 표시]
   ▶ MONTH, DAY, WORKDAY 함수와 & 연산자 사용

2. [표2]에서 학교[F3:F10]가 "상공고"인 학생들의 국어[H3:H10] 점수의 평균에서 전체 국어 점수의 평균을 뺀 값을 [J11] 셀에 계산하시오. (8점)
   ▶ DAVERAGE, AVERAGE 함수 사용

3. [표3]에서 "바나나"를 제외한 과일의 손익[E15:E22] 중 손익의 평균 이상인 손익의 합계를 [E23] 셀에 계산하시오. (8점)
   ▶ SUMIFS, AVERAGE 함수와 & 연산자 사용

4. [표4]에서 총구입금액[I15:I23]이 상위 3위 이내이면 "◆", 하위 3위 이내이면 "◇", 그 외에는 공백을 등급[J15:J23]에 표시하시오. (8점)
   ▶ IF, LARGE, SMALL 함수 사용

5. [표5]에서 메뉴[B27:B35], 수량[C27:C35], 메뉴 가격표[G27:J28]를 이용하여 금액[D27:D35]을 계산하시오. (8점)
   ▶ 금액 = 수량 × 가격
   ▶ 단, 오류 발생 시 "주문오류"로 표시
   ▶ HLOOKUP, IFERROR 함수 사용

문제 3 　분석작업(20점) 주어진 시트에서 다음 작업을 수행하고 저장하시오.

1. '분석작업-1' 시트에 대하여 다음의 지시사항을 처리하시오. (10점)
   [피벗 테이블] 기능을 이용하여 '지점별 매출 실적 현황' 표의 제품명은 '행', 지점은 '열'로 처리하고, '값'에는 판매량과 총판매액의 평균을 계산하시오.
   ▶ 피벗 테이블 보고서는 동일 시트의 [A18] 셀에서 시작하시오.
   ▶ 피벗 테이블 보고서는 열의 총합계만 표시하시오.
   ▶ 값 영역의 총판매액 평균은 표시 형식을 '값 필드 설정'의 '셀 서식' 대화상자에서 '숫자' 범주의 '1000 단위 구분 기호 사용'으로 지정하시오.
   ▶ 피벗 테이블에 '연한 파랑, 피벗 스타일 보통 9' 서식을 지정하시오.

2. '분석작업-2' 시트에 대하여 다음의 지시사항을 처리하시오. (10점)
   [시나리오 관리자] 기능을 이용하여 '대출 현황' 표에서 금리(년)[C6]가 다음과 같이 변동되는 경우 불입금액(월)[C8]의 변동 시나리오를 작성하시오.
   ▶ [C6] 셀의 이름은 '금리', [C8] 셀의 이름은 '불입금액'으로 정의하시오.
   ▶ 시나리오1 : 시나리오 이름은 '금리인상', 금리는 6%로 설정하시오.
   ▶ 시나리오2 : 시나리오 이름은 '금리인하', 금리는 4%로 설정하시오.
   ▶ 시나리오 요약 시트는 '분석작업-2' 시트 바로 왼쪽에 위치해야 함

   ※ 시나리오 요약 보고서 작성 시 정답과 일치하여야 하며, 오자로 인한 부분 점수는 인정하지 않음

문제 4 **기타작업(20점)** 주어진 시트에서 다음 작업을 수행하고 저장하시오.

1. '매크로작업' 시트의 [표]에서 다음과 같은 기능을 수행하는 매크로를 현재 통합 문서에 작성하고 실행하시오. (각 5점)

① [F4:F10] 영역에 이름별 총점을 계산하는 매크로를 생성하여 실행하시오.

▶ 매크로 이름 : 총점

▶ SUM 함수 사용

▶ [삽입] → [일러스트레이션] → [도형] → [사각형]의 '사각형: 둥근 모서리(□)'를 동일 시트의 [C12:C13] 영역에 생성하고, 텍스트를 "총점"으로 입력한 후 도형을 클릭할 때 '총점' 매크로가 실행되도록 설정하시오.

② [A3:F10] 영역에 '모든 테두리(田)'를 적용하는 매크로를 생성하여 실행하시오.

▶ 매크로 이름 : 테두리

▶ [개발 도구] → [컨트롤] → [삽입] → [양식 컨트롤]의 '단추(□)'를 동일 시트의 [D12:D13] 영역에 생성하고, 텍스트를 "테두리"로 입력한 후 단추를 클릭할 때 '테두리' 매크로가 실행되도록 설정하시오.

※ 셀 포인터의 위치에 상관없이 현재 통합 문서에서 매크로가 실행되어야 정답으로 인정됨

2. '차트작업' 시트의 차트에서 다음 지시사항에 따라 아래 〈그림〉과 같이 수정하시오. (각 2점)

※ 차트는 반드시 문제에서 제공한 차트를 사용하여야 하며, 신규로 작성 시 0점 처리됨

① 상품별 '전월판매량'과 '당월판매량'만 표시되도록 데이터 영역을 수정하시오.

② 세로(값) 축 제목은 '기본 세로'로 추가하여 〈그림〉과 같이 입력하시오.

③ 각 계열의 '오징어' 요소에만 데이터 레이블 '값'을 표시하고, 레이블의 위치를 '바깥쪽 끝에'로 지정하시오.

④ 차트 스타일의 '색 변경'을 '다양한 색상표 3'으로 지정하시오.

⑤ '당월판매량' 계열에 '지수' 추세선을 설정하시오.

문제 1 기본작업

02. 셀 서식_참고 : 셀 서식 16쪽

정답

	A	B	C	D	E	F	G	H	I
1	상공문고 도서 입고 현황								
2									
3	도서명	저자	쪽수	출판연도	입고일	입고량	총지급액		
4	소비자의 생각	김정준	320	2020년	4/6(목)	1,000	₩16,200,000	확인 : 재입고 요청	
5	불편한 도서관	최민정	250	2016년	4/6(목)	500	₩7,936,000		
6	개구리 식당	배성진	300	2019년	4/7(금)	900	₩13,446,000		
7	마지막 수업	장애라	360	2021년	4/7(금)	1,200	₩21,384,000		
8	부자의 심리학	신석영	295	2020년	4/7(금)	1,000	₩13,120,000		
9	돈 차갑게 다루어라	유영조	440	2018년	4/12(수)	1,000	₩22,500,000		
10	필가의 그릇	구주와	350	2022년	4/12(수)	900	₩13,050,000		
11	식사의 중요성	윤석남	400	2021년	4/14(금)	800	₩21,120,000		
12	맨발로 걷는 길	김태호	330	2017년	4/18(화)	1,200	₩17,280,000		
13	착한 차별주의자	이서희	420	2021년	4/18(화)	600	₩15,900,000		
14									

③ '셀 서식' 대화상자([E4:E13])

03. 텍스트 나누기_참고 : 텍스트 나누기 31쪽

정답

	A	B	C	D	E	F	G
1							
2				지역별 날씨			
3							
4		기상	지역	1월	2월	3월	4월
5		강수량	경기	17.9	26.9	42.9	70.1
6		강수량	경상	18.2	23.5	44.2	69.3
7		강수량	전라	31.2	38.4	64.2	69.4
8		최고기온	경기	2.1	5.2	10.6	17.8
9		최고기온	경상	8.6	9.4	12.4	16.5
10		최고기온	전라	5.7	8.3	13.3	19.8
11		평균온도	경기	-2.1	0.2	5.4	11.9
12		평균온도	경상	-1.9	0.6	5.7	12.3
13		평균온도	전라	0.1	1.9	6.6	12.9
14		습도	경기	58	56	56	55
15		습도	경상	62	59	58	56
16		습도	전라	68	65	62	59
17							

• '텍스트 마법사 – 3단계 중 2단계' 대화상자

• '텍스트 마법사 – 3단계 중 3단계' 대화상자

문제 2 계산작업 정답

01. 반납일자_참고 : 날짜/시간 함수 68쪽

정답

	A	B	C	D
1	[표1]	도서 대여 현황		
2	도서코드	대출일자	대출기간	반납일자
3	G10351	2023-04-06	4	4/12
4	P82509	2023-04-07	6	4/17
5	E52043	2023-04-07	4	4/13
6	G35614	2023-04-12	7	4/21
7	G74952	2023-04-12	5	4/19
8	P25078	2023-04-17	5	4/24
9	E29677	2023-04-18	4	4/24
10	P46611	2023-04-18	7	4/27
11	P30967	2023-04-19	3	4/24
12				

[D3] : =MONTH(WORKDAY(B3, C3)) & "/" & DAY(WORKDAY(B3, C3))

02. 상공고 국어 평균 − 전체 국어 평균_참고 : 데이터베이스 함수 64쪽

정답

	F	G	H	I	J
1	[표2]	상공학원 시험 결과			
2	학교	성명	국어	영어	수학
3	상공고	변효정	86	84	90
4	군자고	김영수	88	85	88
5	상공고	홍보현	93	91	94
6	경성고	강형준	92	91	90
7	군자고	강민성	91	93	90
8	상공고	유하은	70	76	79
9	경성고	박정훈	86	76	75
10	군자고	김시준	90	95	92
11	상공고 국어 평균 - 전체 국어 평균				-4
12					

[J11] : =DAVERAGE(F2:J10, 3, F2:F3) − AVERAGE(H3:H10)

03. 바나나를 제외한 평균 손익 이상인 손익의 합계_참고 : 수학/삼각 함수 59쪽

정답

	A	B	C	D	E
13	[표3]	과일 판매 현황			
14	품명	매입액	판매액	재고량	손익
15	딸기	900,000	1,150,000	19	250,000
16	사과	1,500,000	1,370,000	61	-130,000
17	배	800,000	860,000	32	60,000
18	바나나	1,200,000	1,520,000	9	320,000
19	파인애플	500,000	402,000	56	-98,000
20	포도	1,300,000	1,560,000	11	260,000
21	오렌지	1,600,000	1,930,000	7	330,000
22	체리	700,000	930,000	13	230,000
23	바나나를 제외한 평균 손익 이상인 손익의 합계				1,070,000
24					

[E24] : =SUMIFS(E15:E22, A15:A22, "〈〉바나나", E15:E22, "〉="&AVERAGE(E15:E22))

> ※ 함수를 이용하여 조건을 지정하려면 "〉="&AVERAGE(E15:E22)와 같이 관계연산자(〉=, 〉, 〈=)와 함수를 분리하여 입력하고, 관계연산자는 큰따옴표(" ")로 묶어줘야 합니다. 그리고 두 개의 문자열을 &로 연결합니다.

❶ "바나나"의 손익[E18]을 제외한 과일의 손익은 [E15:E17], [E19:E22] 영역입니다.
❷ 손익[E15:E22]의 평균은 152,750입니다.
❸ [E15:E17], [E19:E22] 영역에서 152,750 이상은 [E15], [E20:E22] 영역입니다.
∴ 250,000 + 260,000 + 330,000 + 230,000 = 1,070,000

	A	B	C	D	E
13	[표3]	과일 판매 현황			
14	품명	매입액	판매액	재고량	손익
15	딸기	900,000	1,150,000	19	250,000
16	사과	1,500,000	1,370,000	61	-130,000
17	배	800,000	860,000	32	60,000
18	바나나	1,200,000	1,520,000	9	320,000
19	파인애플	500,000	402,000	56	-98,000
20	포도	1,300,000	1,560,000	11	260,000
21	오렌지	1,600,000	1,930,000	7	330,000
22	체리	700,000	930,000	13	230,000
23	바나나를 제외한 평균 손익 이상인 손익의 합계				1,070,000
24					

04. 등급_참고 : 논리 함수 34쪽

정답

	G	H	I	J
13	[표4]	고객 관리 현황		
14	고객명	성별	총구입금액	등급
15	오종환	남	3,524,000	◆
16	전선길	남	883,000	◇
17	신채아	여	1,380,000	
18	한재훈	남	4,921,000	◆
19	최인영	여	1,665,000	
20	허이한	남	967,000	◇
21	유지선	여	2,498,000	
22	권민한	남	5,240,000	◆
23	문수빈	여	2,012,000	
24				

[J15] : =IF(I15〉=LARGE($I$15:$I$23, 3), "◆", IF(I15〈=SMALL($I$15:$I$23, 3), "◇", ""))

05. 금액_참고 : 논리 함수 36쪽

정답

	A	B	C	D	E	F	G	H	I	J
25	[표5]	분식 주문 현황								
26	번호	메뉴	수량	금액		〈메뉴 가격표〉				
27	1	라면	3	15,000		메뉴	김밥	라면	떡볶이	돈까스
28	2	돈까스	2	14,000		가격	3,500	5,000	5,500	7,000
29	3	김밥	5	17,500						
30	4	떡볶이	3	16,500						
31	5	떡볶이	2	11,000						
32	6	튀김	4	주문오류						
33	7	돈까스	3	21,000						
34	8	라면	5	25,000						
35	9	김밥	6	21,000						
36										

[D27] : =IFERROR(C27 * HLOOKUP(B27, $G$27:$J$28, 2, FALSE), "주문오류")

01. 피벗 테이블_참고 : 피벗 테이블 77쪽

정답

• '피벗 테이블 필드' 창

02. 시나리오_참고 : 시나리오 87쪽

정답

• 첫 번째 '시나리오' 대화상자

• '시나리오 값' 대화상자

• 두 번째 '시나리오' 대화상자

• '시나리오 값' 대화상자

• '시나리오 관리자' 대화상자

• '시나리오 요약' 대화상자

 문제 4 기타작업 정답

01. 매크로_참고 : 매크로 98쪽

정답

	A	B	C	D	E	F
1	신입사원 채용 결과					
2						
3	이름	성별	서류	면접	자격증	총점
4	장지하	여	86	82	79	247
5	허대성	남	78	81	82	241
6	박서준	남	92	93	98	283
7	강여운	여	79	74	67	220
8	박동준	남	94	92	95	281
9	최시아	여	69	67	63	199
10	김단비	여	82	88	80	250
11						
12			총점	테두리		
13						
14						

02. 차트_참고 : 차트 103쪽

❶ 데이터 계열 삭제

그림 영역에서 '단가' 계열을 선택한 후 Delete를 눌러 삭제한다.

❸ 데이터 레이블 지정

1. '전월판매량' 계열의 '오징어' 요소를 클릭한 후 다시 '오징어' 요소를 클릭한다.
2. '오징어' 요소만 선택된 상태에서 바로 가기 메뉴를 호출한 후 **[데이터 레이블 추가]**를 선택한다.
3. 동일한 방법으로 '당월판매량' 계열의 '오징어' 요소에도 데이터 레이블을 지정한다.

❹ 색 변경 지정

차트를 선택한 후 [차트 디자인] → 차트 스타일 → 색 변경 → **다양한 색상표 3**을 선택한다.

❺ 추세선 표시

그림 영역에서 '당월판매량' 계열을 선택한 후 [차트 디자인] → 차트 레이아웃 → 차트 요소 추가 → 추세선 → **지수**를 선택한다.

• 준 비 하 세 요 : 'C:\길벗컴활2급통합\기출' 폴더에서 '04 23년2급상시04.xlsm' 파일을 열어서 작업하시오.

문제 1 | 기본작업(20점) 주어진 시트에서 다음 과정을 수행하고 저장하시오.

1. '기본작업-1' 시트에 다음의 자료를 주어진 대로 입력하시오. (5점)

	A	B	C	D	E
1	가전제품 입고 현황				
2					
3	제품명	모델명	담당자	입고단가	입고량
4	공기청정살균기	S5MBC	이석훈	460,000	30
5	드럼세탁기	TR42WL	김청아	580,000	80
6	스마트TV(163)	A324S	이찬승	973,000	120
7	미니무선청소기	WF69T	오선지	300,000	50
8	4도어냉장고	KE65R	박성웅	1,085,000	100
9	스타일러	B67AF	김현숙	1,260,000	60
10					

2. '기본작업-2' 시트에 대하여 다음의 지시사항을 처리하시오. (각 2점)

① [A1:E1] 영역은 '선택 영역의 가운데로', 크기 16, 글꼴 스타일 '굵게'로 지정하시오.

② [A4:A7], [A8:A11], [A12:A15] 영역은 '병합하고 가운데 맞춤'을, [C4:D15] 영역은 표시 형식을 '간단한 날짜'로 지정하시오.

③ [B4:B15] 영역의 이름을 "지역"으로 정의하시오.

④ [E4:E15] 영역은 사용자 지정 표시 형식을 이용하여 숫자 앞에 "*"을, 숫자 뒤에 "일"을 [표시 예]와 같이 표시하시오.
   [표시 예 : 3 → *3일, 0 → *0일]

⑤ [A3:E15] 영역은 '모든 테두리(田)'를 적용한 후 '굵은 바깥쪽 테두리(■)'를 적용하여 표시하시오.

3. '기본작업-3' 시트에서 다음의 지시사항을 처리하시오. (5점)

'항공기 운영 현황' 표에서 운행여부가 "일시폐쇄"가 아니면서 방문자수가 100,000 이상인 데이터를 고급 필터를 사용하여 검색하시오.

▶ 고급 필터 조건은 [A18:C20] 영역 내에 알맞게 입력하시오.

▶ 고급 필터 결과 복사 위치는 동일 시트의 [A22] 셀에서 시작하시오.

문제 2 | 계산작업(40점) '계산작업' 시트에서 다음 과정을 수행하고 저장하시오.

1. [표1]에서 외국어[B3:B10]와 이론[C3:C10]이 모두 45 이상이고 총점[D3:D10]이 총점 평균 이상인 사원의 비율을 [D11] 셀에 계산하시오. (8점)

▶ 비율 = 조건에 해당하는 사원 수 / 전체 사원 수

▶ COUNTIFS, COUNTA, AVERAGE 함수와 & 연산자 사용

2. [표2]에서 시험일자[G3:G11]의 "일"이 5의 배수이면 "정기시험", 그 외에는 "상시시험"으로 구분[H3:H11]에 표시하시오. (8점)

▶ IF, MOD, DAY 함수 사용

3. [표3]에서 입사년도[B15:B22], 임시코드[C15:C22]의 앞 3글자와 마지막 1글자를 이용하여 사원코드[E15:E22]를 표시하시오. (8점)

▶ 표시 예 : 입사년도가 2023, 임시코드가 "kor1234b"인 경우 "KOR-2023-B"로 표시

▶ UPPER, LEFT, RIGHT 함수와 & 연산자 사용

4. [표4]에서 판매량[H15:H22]의 순위를 구하여 1, 2위는 "우수", 7, 8위는 "노력", 그 외에는 공백을 평가[I15:I22]에 표시하시오. (8점)

▶ 순위는 판매량이 가장 많은 것이 1위

▶ CHOOSE, RANK.EQ 함수 사용

3. [표5]에서 참가번호[A26:A34]별로 1~5차[B26:F34]에서 중간 값보다 큰 값만의 평균을 평균[G26:G34]에 계산하시오. (8점)

▶ AVERAGEIF, MEDIAN 함수와 & 연산자 사용

문제 3 분석작업(20점) 주어진 시트에서 다음 작업을 수행하고 저장하시오.

1. '분석작업-1' 시트에 대하여 다음의 지시사항을 처리하시오. (10점)

[부분합] 기능을 이용하여 '와인 판매 현황' 표에 〈그림〉과 같이 구분별로 '판매량'의 합계를 계산한 후 '판매총액'과 '이익'의 평균을 계산하시오.

▶ 정렬은 '구분'을 기준으로 내림차순으로 처리하시오.

▶ 합계와 평균은 위에 명시된 순서대로 처리하시오.

	A	B	C	D	E	F	G	H
1				와인 판매 현황				
2								
3	구분	품명	생산지	수입총액	판매가	판매량	판매총액	이익
4	화이트	고스트파인	미국	2,640,000	19,000	211	4,009,000	1,369,000
5	화이트	하비스알파	칠레	2,000,000	16,000	185	2,960,000	960,000
6	화이트	다스티스	이탈리아	2,400,000	19,000	175	3,325,000	925,000
7	화이트	소비뇽블랑	칠레	1,900,000	16,000	135	2,160,000	260,000
8	화이트 평균						3,113,500	878,500
9	화이트 요약					706		
10	로제	피오네수르	칠레	3,105,000	21,000	198	4,158,000	1,053,000
11	로제	멜롯산타	칠레	2,070,000	18,000	168	3,024,000	954,000
12	로제	로파니토	이탈리아	2,730,000	20,000	183	3,660,000	930,000
13	로제 평균						3,614,000	979,000
14	로제 요약					549		
15	레드	토마이시	이탈리아	2,880,000	19,000	222	4,218,000	1,338,000
16	레드	원퍼스모건	미국	2,660,000	22,000	165	3,630,000	970,000
17	레드	카멜로누아	미국	1,890,000	16,000	166	2,656,000	766,000
18	레드	사이시아	이탈리아	1,890,000	16,000	145	2,320,000	430,000
19	레드 평균						3,206,000	876,000
20	레드 요약					698		
21	전체 평균						3,283,636	905,000
22	총합계					1,953		
23								

2. '분석작업-2' 시트에 대하여 다음의 지시사항을 처리하시오. (10점)

[목표값 찾기] 기능을 이용하여 '승진 시험 결과' 표에서 '이민정'의 평균[G8]이 90이 되려면 업무수행[C8]이 얼마가 되어야 하는지 계산하시오.

문제 4 **기타작업(20점)** 주어진 시트에서 다음 작업을 수행하고 저장하시오.

1. '매크로작업' 시트의 [표]에서 다음과 같은 기능을 수행하는 매크로를 현재 통합 문서에 작성하고 실행하시오. (각 5점)

  ① [E4:E11] 영역에 상품명별 판매총액을 계산하는 매크로를 생성하여 실행하시오.
    ▶ 매크로 이름 : 판매총액
    ▶ 판매총액 = 판매가격 × 판매수량
    ▶ [삽입] → [일러스트레이션] → [도형] → [기본 도형]의 '사각형: 빗면(□)'을 동일 시트의 [G3:G4] 영역에 생성하고, 텍스트를 "판매총액"으로 입력한 후 도형을 클릭할 때 '판매총액' 매크로가 실행되도록 설정하시오.
  ② [C4:C11], [E4:E11] 영역에 표시 형식을 '통화(W)'로 지정하는 매크로를 생성하여 실행하시오.
    ▶ 매크로 이름 : 통화
    ▶ [개발 도구] → [컨트롤] → [삽입] → [양식 컨트롤]의 '단추(□)'를 동일 시트의 [G5:G6] 영역에 생성하고, 텍스트를 "통화"로 입력한 후 단추를 클릭할 때 '통화' 매크로가 실행되도록 설정하시오.

  ※ 셀 포인터의 위치에 상관없이 현재 통합 문서에서 매크로가 실행되어야 정답으로 인정됨

2. '차트작업' 시트의 차트에서 다음 지시사항에 따라 아래 〈그림〉과 같이 수정하시오. (각 2점)

  ※ 차트는 반드시 문제에서 제공한 차트를 사용하여야 하며, 신규로 작성 시 0점 처리됨
  ① '평균' 계열과 '볼링' 요소가 제거되도록 데이터 범위를 수정하시오.
  ② 차트 종류를 '묶은 세로 막대형'으로 변경하고, 차트 제목은 '차트 위'로 추가하여 〈그림〉과 같이 입력하시오.
  ③ 세로(값) 축의 최대값은 100, 기본 단위는 20으로 지정하시오.
  ④ 차트에 '기본 주 세로' 눈금선을 표시하시오.
  ⑤ 차트 영역에 그림자는 '안쪽: 가운데', 테두리는 '둥근 모서리'로 지정하시오.

문제 1 기본작업 정답

02. 셀 서식_참고 : 셀 서식 16쪽

정답

	A	B	C	D	E
1		**지역별 봄꽃 개화시기**			
2					
3	꽃	지역	2022년	2023년	평년차
4		강릉	2023-03-21	2023-03-25	*4일
5	개나리	서울	2023-03-25	2023-03-28	*3일
6		여수	2023-03-20	2023-03-23	*3일
7		부산	2023-03-16	2023-03-17	*1일
8		강릉	2023-03-23	2023-03-28	*5일
9	진달래	서울	2023-03-23	2023-03-29	*6일
10		여수	2023-03-16	2023-03-20	*4일
11		부산	2023-03-18	2023-03-19	*1일
12		강릉	2023-03-31	2023-04-04	*4일
13	벚꽃	서울	2023-04-03	2023-04-08	*5일
14		여수	2023-03-29	2023-03-31	*2일
15		부산	2023-03-22	2023-03-24	*2일
16					

④ '셀 서식' 대화상자([E4:E15])

03. 고급 필터_참고 : 고급 필터 27쪽

정답

	A	B	C	D	E	F
17						
18	운행여부	방문자수				
19	<>일시폐쇄	>=100000				
20						
21						
22	국가	방문자수	운영비	수익	세금	운행여부
23	미국	135,211	18,240,000	77,070,000	12,330,000	
24	일본	154,789	16,400,000	88,230,000	14,120,000	
25	필리핀	126,755	16,840,000	72,250,000	11,560,000	
26	호주	139,574	16,520,000	79,560,000	12,730,000	
27						

• '고급 필터' 대화상자

문제 2   계산작업   정답

01. 비율_참고 : 통계 함수 46쪽

정답

	A	B	C	D
1	[표1]	승진 시험 결과		
2	사원명	외국어	이론	총점
3	권영일	86	81	167
4	이규창	38	42	80
5	김정아	93	92	185
6	이진희	82	79	161
7	한세영	74	81	155
8	장석영	92	95	187
9	윤소정	69	68	137
10	신선부	59	43	102
11		비율		63%
12				

[D11] : =COUNTIFS(B3:B10, ">=45", C3:C10, ">=45", D3:D10, ">="&AVERAGE(D3:D10)) / COUNTA(A3:A10)

※ 함수를 이용하여 조건을 지정하려면 ">="&AVERAGE(D3:D10)과 같이 관계연산자 (>=, >, <=)와 함수를 분리하여 입력하고, 관계연산자는 큰따옴표(" ")로 묶어줘야 합니다. 그리고 두 개의 문자열을 &로 연결합니다.

02. 구분_참고 : 논리 함수 34쪽

정답

	F	G	H
1	[표2]	종목별 시험 일정표	
2	종목	시험일자	구분
3	정보처리	2023-03-03	상시시험
4	사무자동화	2023-03-04	상시시험
5	에너지관리	2023-03-05	정기시험
6	전기	2023-03-10	정기시험
7	자동차정비	2023-03-11	상시시험
8	건설기계	2023-03-12	상시시험
9	토목	2023-03-18	상시시험
10	정보관리	2023-03-19	상시시험
11	한식조리	2023-03-20	정기시험
12			

[H3] : =IF(MOD(DAY(G3), 5)=0, "정기시험", "상시시험")

03. 사원코드_참고 : 텍스트 함수 52쪽

정답

	A	B	C	D	E
13	[표3]	사원 관리 현황			
14	사원명	입사년도	임시코드	지점	사원코드
15	홍명찬	2020	pro535k	서울	PRO-2020-K
16	서혜진	2019	pla321d	부산	PLA-2019-D
17	양세완	2018	bck220a	서울	BCK-2018-A
18	유도원	2022	iuf035e	제주	IUF-2022-E
19	최윤희	2021	fvh693p	서울	FVH-2021-P
20	허현주	2019	ncr722u	부산	NCR-2019-U
21	한세호	2021	blc269y	제주	BLC-2021-Y
22	노재연	2019	nto484l	부산	NTO-2019-L
23					

[E15] : =UPPER(LEFT(C15, 3) & "-" & B15 & "-" & RIGHT(C15, 1))

04. 평가_참고 : 찾기/참조 함수 40쪽

정답

	G	H	I
13	[표4]	사원별 실적 현황	
14	사원코드	판매량	평가
15	SG-1245	1,253	노력
16	SG-6782	1,657	
17	SG-2401	2,666	우수
18	SG-3844	1,809	
19	SG-1059	2,468	
20	SG-2574	2,578	우수
21	SG-3322	1,027	노력
22	SG-6091	1,968	
23			

[I15] : =CHOOSE(RANK.EQ(H15, $H$15:$H$22), "우수", "우수", " ", " ", " ", " ", "노력", "노력")

05. 평균_참고 : 통계 함수 47쪽

정답

	A	B	C	D	E	F	G
24	[표5]	심사 결과표					
25	참가번호	1차	2차	3차	4차	5차	평균
26	A12301	86	88	92	86	90	91
27	A12302	92	93	94	93	94	94
28	A12303	94	84	88	92	90	93
29	A12304	79	84	87	83	85	86
30	A12305	82	72	75	80	76	81
31	A12306	69	68	69	65	60	69
32	A12307	77	82	71	80	75	81
33	A12308	82	84	86	90	84	88
34	A12309	93	91	95	93	95	95
35							

[G26] : =AVERAGEIF(B26:F26, ">"&MEDIAN(B26:F26), B26:F26)

※ 함수를 이용하여 조건을 지정하려면 ">"&MEDIAN(B26:F26)과 같이 관계연산자 (>=, >, <=)와 함수를 분리하여 입력하고, 관계연산자는 큰따옴표(" ")로 묶어줘야 합니다. 그리고 두 개의 문자열을 &로 연결합니다.

문제 3 　분석작업

정답

01. 부분합_참고 : 부분합 72쪽

• '정렬' 대화상자

• 1차 '부분합' 대화상자

• 2차 '부분합' 대화상자

02. 목표값 찾기_참고 : 목표값 찾기 92쪽

	A	B	C	D	E	F	G
1			승진 시험 결과				
2							
3	이름	부서명	업무수행	영어	전산이론	전산실기	평균
4	최정욱	기술부	79	77	84	73	78.3
5	전선희	자재부	83	91	90	89	88.3
6	신성현	판매부	94	95	96	97	95.5
7	김민호	자재부	92	90	93	91	91.5
8	이민정	판매부	95	93	83	89	90.0
9	박진주	기술부	91	94	88	90	90.8
10	이현민	기술부	83	76	80	92	82.8
11	황진주	판매부	91	83	90	87	87.8
12	김민서	자재부	72	69	76	65	70.5
13							

• '통합' 대화상자

목표값 찾기　?　×

수식 셀(E): 　$G$8

찾는 값(V): 　90

값을 바꿀 셀(C): 　$C$8

확인　　취소

01. 매크로_참고 : 매크로 98쪽

정답

	A	B	C	D	E	F	G
1			상공김치 판매 현황				
2							
3	상품명	단위	판매가격	판매수량	판매총액		판매총액
4	포기김치	5kg	₩46,800	563	₩26,348,400		
5	깍두기	3kg	₩31,500	425	₩13,387,500		
6	갓김치	3kg	₩43,800	152	₩6,657,600		통화
7	나박김치	3.6kg	₩31,700	95	₩3,011,500		
8	총각김치	5kg	₩39,900	357	₩14,244,300		
9	열무김치	2.5kg	₩27,400	392	₩10,740,800		
10	백김치	3kg	₩30,600	246	₩7,527,600		
11	물김치	3.6kg	₩26,400	135	₩3,564,000		
12							

02. 차트_참고 : 차트 103쪽

① 데이터 범위 수정

1. 차트의 바로 가기 메뉴에서 [**데이터 선택**]을 선택한다.
2. '데이터 원본 선택' 대화상자에서 '차트 데이터 범위'의 범위 지정 단추(🔼)를 클릭하고 데이터 범위를 [A3:D6], [A8:D9] 영역으로 변경한 후 범위 지정 단추(🔲)를 클릭한다. 이어서 '데이터 원본 선택' 대화상자에서 〈확인〉을 클릭한다.

③ 세로(값) 축 서식 지정

1. 세로(값) 축의 바로 가기 메뉴에서 [**축 서식**]을 선택한다.
2. '축 서식' 창의 [축 옵션] → ▮▮(축 옵션) → **축 옵션**에서 경계의 '최대값'을 200, 단위의 '기본'을 20으로 지정한 후 '닫기(✖)'를 클릭한다.

④ 눈금선 표시

차트를 선택한 후 [차트 디자인] → 차트 요소 추가 → 눈금선 → **기본 주 세로**를 선택한다.

05회 2022년 상시01 컴퓨터활용능력 2급 실기

• 준 비 하 세 요 : 'C:\길벗컴활2급통합\기출' 폴더에서 '05 22년2급상시01.xlsm' 파일을 열어서 작업하시오.

4322011

문제 1 **기본작업(20점)** 주어진 시트에서 다음 과정을 수행하고 저장하시오.

1. '기본작업-1' 시트에 다음의 자료를 주어진 대로 입력하시오. (5점)

	A	B	C	D	E	F
1	10월 축제 현황					
2						
3	축제명	지역	위원장	시작일	기간	참여업체
4	남강유등축제	jinju	최미경	10월 01일	13	48
5	민속문화축제	suncheon	김상욱	10월 18일	3	60
6	지구촌축제	seoul	박한순	10월 25일	3	30
7	항구축제	mokpo	이상미	10월 03일	4	120
8	화성문화제	suwon	임선호	10월 01일	6	80
9	칠십리축제	jeju	강준용	10월 25일	3	45
10						

2. '기본작업-2' 시트에 대하여 다음의 지시사항을 처리하시오. (각 2점)

① [A1:F1] 영역은 '병합하고 가운데 맞춤', 글꼴 '굴림', 크기 18, 글꼴 스타일 '굵게', 행의 높이를 25로 지정하시오.

② [C4:C8], [C9:C13] 영역은 '병합하고 가운데 맞춤'을 지정하고, [A3:F3] 영역은 글꼴 스타일 '굵게', 채우기 색 '표준 색 – 연한 파랑'으로 지정하시오.

③ [C3] 셀의 "구분"을 한자 "區分"으로 변환하시오.

④ [F4:F13] 영역은 사용자 지정 표시 형식을 이용하여 문자 뒤에 "요일"을 [표시 예]와 같이 표시하시오.
   [표시 예 : 월 → 월요일]

⑤ [A3:F13] 영역은 '모든 테두리(⊞)'를 적용한 후 '굵은 바깥쪽 테두리(▥)'를 적용하여 표시하시오.

3. '기본작업-3' 시트에서 다음의 지시사항을 처리하시오. (5점)

'상공피트니스 지점별 관리 현황' 표에서 규모가 300 이상이면서 등록회원수가 200 이상인 데이터를 고급 필터를 사용하여 검색하시오.

▶ 고급 필터 조건은 [A18:C20] 범위 내에 알맞게 입력하시오.

▶ 고급 필터 결과 복사 위치는 동일 시트의 [A22] 셀에서 시작하시오.

문제 2 계산작업(40점) '계산작업' 시트에서 다음 과정을 수행하고 저장하시오.

1. [표1]에서 부서명[A3:A11]이 "영업1부"인 사원들 중 판매실적[C3:C11]이 가장 높은 사원명[D3:D11]을 [D12] 셀에 표시하시오. (8점)

▶ VLOOKUP, DMAX 함수 사용

2. [표2]의 구입횟수[G3:G12]가 150 이상이거나 구입총액[H3:H12]이 구입총액의 평균보다 크면 "VIP", 그렇지 않으면 "일반"으로 등급[I3:I12]에 표시하시오. (8점)

▶ AVERAGE, IF, OR 함수 사용

3. [표3]에서 학과[B16:B23]가 "컴퓨터"인 학생들의 점수[D16:D23] 합계와 학과가 "정보처리"인 학생들의 점수 합계 차이를 절대값으로 [D24] 셀에 계산하시오. (8점)

▶ SUMIF, ABS 함수 사용

4. [표4]에서 점수[G16:G24]를 기준으로 순위를 구하여 1위는 "금메달", 2위는 "은메달", 3위는 "동메달", 그 외에는 공백을 결과[H16:H24]에 표시하시오. (8점)

▶ 순위는 점수가 높은 것이 1위임
▶ IF, RANK.EQ, CHOOSE 함수 사용

5. [표5]에서 카테고리[A28:A34]가 "과일"인 상품의 총판매액[E28:E34] 합계를 [E35] 셀에 계산하시오. (8점)

▶ 총판매액 합계는 백의 자리에서 올림하여 천의 자리까지 표시
  [표시 예 : 12,345 → 13,000]
▶ 조건은 [F34:F35] 영역에 입력하시오.
▶ ROUNDUP, DSUM 함수 사용

문제 3 분석작업(20점) 주어진 시트에서 다음 작업을 수행하고 저장하시오.

1. '분석작업-1' 시트에 대하여 다음의 지시사항을 처리하시오. (10점)

[시나리오 관리자] 기능을 이용하여 '아이스크림 판매실적' 표에서 순이익률[B17]이 다음과 같이 변동되는 경우 순이익 합계[G15]의 변동 시나리오를 작성하시오.

▶ [B17] 셀의 이름은 '순이익률', [G15] 셀의 이름은 '순이익합계'로 정의하시오.
▶ 시나리오1 : 시나리오 이름은 '순이익률인상', 순이익률은 35%로 설정하시오.
▶ 시나리오2 : 시나리오 이름은 '순이익률인하', 순이익률은 25%로 설정하시오.
▶ 시나리오 요약 시트는 '분석작업-1' 시트 바로 왼쪽에 위치해야함

※ 시나리오 요약 보고서 작성 시 정답과 일치하여야 하며, 오자로 인한 부분 점수는 인정하지 않음

2. '분석작업-2' 시트에 대하여 다음의 지시사항을 처리하시오. (10점)

[목표값 찾기] 기능을 이용하여 '런닝화 판매 현황' 표에서 '울프그레이'의 총판매액[F5]이 10,000,000이 되려면 판매량[E5]이 얼마가 되어야 하는지 계산하시오.

문제 4 | **기타작업(20점)** 주어진 시트에서 다음 작업을 수행하고 저장하시오.

1. '매크로작업' 시트의 [표]에서 다음과 같은 기능을 수행하는 매크로를 현재 통합 문서에 작성하고 실행하시오. (각 5점)

① [H4:H8] 영역에 구분별 합계를 계산하는 매크로를 생성하여 실행하시오.

▶ 매크로 이름 : 합계

▶ SUM 함수 사용

▶ [개발 도구] → [컨트롤] → [삽입] → [양식 컨트롤]의 '단추(□)'를 동일 시트의 [B10:C11] 영역에 생성하고, 텍스트를 "합계"로 입력한 후 단추를 클릭할 때 '합계' 매크로가 실행되도록 설정하시오.

② [A3:H3] 영역에 채우기 색을 '표준 색 – 노랑'으로 지정하는 매크로를 생성하여 실행하시오.

▶ 매크로 이름 : 서식

▶ [삽입] → [일러스트레이션] → [도형] → [사각형]의 '사각형: 둥근 모서리(□)'를 동일 시트의 [E10:F11] 영역에 생성하고, 텍스트를 "서식"으로 입력한 후 도형을 클릭할 때 '서식' 매크로가 실행되도록 설정하시오.

※ 셀 포인터의 위치에 상관없이 현재 통합 문서에서 매크로가 실행되어야 정답으로 인정됨

2. '차트작업' 시트의 차트에서 다음 지시사항에 따라 아래 〈그림〉과 같이 수정하시오. (각 2점)

※ 차트는 반드시 문제에서 제공한 차트를 사용하여야 하며, 신규로 작성 시 0점 처리됨

① '총점' 계열과 '김서하' 요소가 제거되도록 데이터 범위를 수정하시오.

② 차트 제목은 '차트 위'로 지정한 후 [A1] 셀과 연동되도록 설정하시오.

③ 각 계열의 '강현준' 요소에만 데이터 레이블 '값'을 표시하고, 레이블의 위치를 '안쪽 끝에'로 지정하시오.

④ 전체 계열의 계열 겹치기를 0%, 간격 너비를 50%로 설정하시오.

⑤ 차트 영역의 테두리 스타일은 '둥근 모서리'로 설정하시오.

문제 1 기본작업 정답

02. 셀 서식_참고 : 셀 서식 16쪽

정답

	A	B	C	D	E	F
1	\multicolumn{6}{c}{상공대학교 수강 현황}
2						
3	수강코드	과목명	區分	수강인원	담당교수	수강요일
4	EL-5424	생명과환경		60	김상욱	월요일
5	IT-3290	E-비즈니스개론		53	신의수	월요일
6	SW-6553	국제경영	전공	47	이진숙	수요일
7	NC-0387	경제학개론		60	이윤열	목요일
8	KH-6712	영상디자인		50	한우석	목요일
9	CA-9865	노사관계론		54	고양희	화요일
10	NB-6213	부동산마케팅		50	김수연	화요일
11	TE-2398	프로그래밍언어	교양	55	윤정석	목요일
12	OF-3416	패션과현대사		53	최윤주	금요일
13	AN-4189	소프트웨어설계		56	김선일	금요일
14						

4 '셀 서식' 대화상자([F4:F13])

03. 고급 필터_참고 : 고급 필터 27쪽

정답

	A	B	C	D	E	F
17						
18	규모(제곱미터)	등록회원수				
19	>=300	>=200				
20						
21						
22	등록코드	등록일자	지점명	규모(제곱미터)	대표자명	등록회원수
23	SG16-001	2016-03-25	강북점	330	김종모	219
24	SG17-001	2017-02-09	영등포점	400	강철수	263
25	SG18-005	2018-11-11	서대문점	310	허경민	245
26						

• '고급 필터' 대화상자

문제 2 계산작업 정답

01. 판매실적이 가장 높은 사원_참고 : 찾기/참조 함수 40쪽

정답

	A	B	C	D
1	[표1]	사원별 판매실적현황		
2	부서명	직급	판매실적	사원명
3	영업1부	과장	645	김상욱
4	영업2부	과장	574	황진주
5	영업3부	과장	429	김민서
6	영업1부	대리	721	이상희
7	영업2부	대리	827	심영훈
8	영업3부	대리	704	최대건
9	영업1부	사원	628	윤정희
10	영업2부	사원	699	김민성
11	영업3부	사원	763	노유영
12	판매실적이 가장 높은 사원			이상희
13				

[D12] : =VLOOKUP(DMAX(A2:D11, 3, A2:A3), C2:D11, 2, FALSE)

02. 등급_참고 : 논리 함수 35쪽

정답

	F	G	H	I
1	[표2]	회원관리현황		
2	회원코드	구입횟수	구입총액	등급
3	HP-A-01	94	1,382,000	일반
4	HP-A-02	156	1,794,000	VIP
5	HP-A-03	83	1,652,000	일반
6	HP-A-04	248	4,950,000	VIP
7	HP-A-05	77	1,223,000	일반
8	HP-A-06	64	978,000	일반
9	HP-A-07	85	2,460,000	VIP
10	HP-A-08	173	2,961,000	VIP
11	HP-A-09	59	889,000	일반
12	HP-A-10	67	1,067,000	일반
13				

[I3] : =IF(OR(G3>=150, H3>AVERAGE($H$3:$H$12)), "VIP", "일반")

03. 컴퓨터-정보처리 점수 차이_참고 : 수학/삼각 함수 59쪽

정답

	A	B	C	D
14	[표3]	교양 성적표		
15	학번	학과	학생명	점수
16	211016	정보처리	박현숙	86
17	215007	컴퓨터	송진우	94
18	215015	컴퓨터	이선빈	75
19	211025	정보처리	전지석	81
20	211031	정보처리	한유빈	96
21	215064	컴퓨터	강영웅	88
22	211046	정보처리	김한수	79
23	215089	컴퓨터	최미경	67
24	컴퓨터-정보처리 점수 차이			18
25				

[D24] : =ABS(SUMIF(B16:B23, "컴퓨터", D16:D23) − SUMIF(B16:B23, "정보처리", D16:D23))

04. 결과_참고 : 논리 함수 35쪽

정답

	F	G	H
14	[표4]	영어발표대회	
15	회원명	점수	결과
16	김연경	91	
17	박종훈	95	은메달
18	조유리	86	
19	강혜원	86	
20	권은비	98	금메달
21	심우석	90	
22	김한성	86	
23	이효진	94	동메달
24	최미영	88	
25			

[H16] : =IF(RANK.EQ(G16, $G$16:$G$24)<=3, CHOOSE(RANK.EQ(G16, $G$16:$G$24), "금메달", "은메달", "동메달"), " ")

05. 과일 총판매액 합계_참고 : 수학/삼각 함수 58쪽

정답

	A	B	C	D	E	F
26	[표5]	상공몰 판매현황				
27	카테고리	상품명	판매가	판매량	총판매액	
28	채소	양배추	3,900	116	452,400	
29	과일	바나나	4,600	128	588,800	
30	과일	포도	9,800	88	862,400	
31	정육	닭고기	6,700	123	824,100	
32	과일	사과	8,800	94	827,200	
33	정육	돼지고기	9,500	157	1,491,500	<조건>
34	채소	감자	4,500	167	751,500	카테고리
35	과일 총판매액 합계				2,279,000	과일
36						

[E35] : =ROUNDUP(DSUM(A27:E34, 5, F34:F35), −3)

01. 시나리오_참고 : 시나리오 87쪽

정답

• 첫 번째 '시나리오' 대화상자

• '시나리오 값' 대화상자

• 두 번째 '시나리오' 대화상자

• '시나리오 값' 대화상자

• '시나리오 관리자' 대화상자

• '시나리오 요약' 대화상자

02. 목표값 찾기_참고 : 목표값 찾기 92쪽

정답

• '목표값 찾기' 대화상자

문제 **4** | **기타작업** 정답

01. 매크로 _참고 : 매크로 98쪽

정답

	A	B	C	D	E	F	G	H
1				스포츠센터 회원등록 현황				
2								
3	구분	1월	2월	3월	4월	5월	6월	합계
4	헬스	51	37	33	35	38	46	240
5	필라테스	48	38	40	35	36	34	231
6	요가	53	50	46	37	42	41	269
7	골프	32	26	25	22	19	22	146
8	수영	63	56	60	45	51	55	330
9								
10			합계		서식			
11								
12								

02. 차트 _참고 : 차트 103쪽

① 데이터 범위 수정

1. 차트의 바로 가기 메뉴에서 [**데이터 선택**]을 선택한다.
2. '데이터 원본 선택' 대화상자에서 '차트 데이터 범위'의 범위 지정 단추(⬆)를 클릭하고 데이터 범위를 [A3:D5], [A7:D9] 영역으로 변경한 후 범위 지정 단추(▣)를 클릭한다. 이어서 '데이터 원본 선택' 대화상자에서 〈확인〉을 클릭한다.

③ 데이터 레이블 지정

1. '국어' 계열의 '국어' 요소를 클릭한 후 다시 '강현준' 요소를 클릭한다.
2. '강현준' 요소만 선택된 상태에서 [차트 디자인] → 차트 레이아웃 → 차트 요소 추가 → 데이터 레이블 → **안쪽 끝에**를 선택한다.
3. 동일한 방법으로 '영어'와 '수학' 계열의 '강현준' 요소에도 데이터 레이블을 지정한다.

④ 계열 겹치기 및 간격 너비 지정

1. 임의의 계열의 바로 가기 메뉴에서 [**데이터 계열 서식**]을 선택한다.
2. '데이터 계열 서식' 창의 [계열 옵션] → ▬(계열 옵션) → **계열 옵션**에서 '계열 겹치기'를 0%, '간격 너비'를 50%로 지정한 후 '닫기'(✖)를 클릭한다.

06회 2022년 상시02 컴퓨터활용능력 2급 실기

• 준 비 하 세 요 : 'C:\길벗컴활2급통합\기출' 폴더에서 '06 22년2급상시02.xlsm' 파일을 열어서 작업하시오.

문제 1 기본작업(20점) 주어진 시트에서 다음 과정을 수행하고 저장하시오.

1. '기본작업-1' 시트에 다음의 자료를 주어진 대로 입력하시오. (5점)

	A	B	C	D	E
1	한국프로농구(KBL) 순위				
2					
3	구단명	감독	승	패	승률
4	서울SK	전희철	37	11	0.771
5	전주KCC	전창진	32	16	0.667
6	안양 KGC	김승기	29	19	0.604
7	원주DB	이상범	28	20	0.583
8	창원LG	조성원	22	26	0.458
9	수원KT	서동철	21	27	0.438
10	서울삼성	이규섭	18	30	0.375
11					

2. '기본작업-2' 시트에 대하여 다음의 지시사항을 처리하시오. (각 2점)

① [A1:H1] 영역은 '병합하고 가운데 맞춤', 크기 15, 글꼴 색 '표준 색 – 빨강', 밑줄 '이중 실선', 행의 높이를 30으로 지정하시오.

② [A3:B3], [A4:B4], [A5:A7], [A8:A10], [A11:A13] 영역은 '병합하고 가운데 맞춤'으로 지정하고, [C4:H4] 영역은 채우기 색을 '표준 색 – 주황'으로 지정하시오.

③ [C4:H13] 영역은 사용자 지정 표시 형식을 이용하여 숫자 앞에 "*"을 표시하고, 숫자 뒤에 "건"을 [표시 예]와 같이 표시하시오.
[표시 예 : 0 → *0건, 123 → *123건]

④ [C4:H4] 영역의 이름을 "합계"로 정의하시오.

⑤ [A3:H13] 영역은 영역은 '모든 테두리(⊞)'를 적용한 후 '굵은 바깥쪽 테두리(▣)'를 적용하여 표시하시오.

3. '기본작업-3' 시트에서 다음의 지시사항을 처리하시오. (5점)

[A4:E13] 영역에서 2017년의 판매실적이 2020년의 판매실적보다 큰 경우 행 전체에 대하여 글꼴 색을 '표준 색 – 빨강', 글꼴 스타일을 '굵게'로 지정하는 조건부 서식을 작성하시오.

▶ 단, 규칙 유형은 '수식을 사용하여 서식을 지정할 셀 결정'을 사용하시오.

문제 2 계산작업(40점) '계산작업' 시트에서 다음 과정을 수행하고 저장하시오.

1. [표1]에서 출신지역[C3:C9]이 "서울"인 학생들의 수를 [D10] 셀에 계산하시오. (8점)

▶ 계산된 학생수 뒤에는 "명"을 포함하여 표시 [표시 예 : 3명]

▶ COUNTIF, SUMIF, AVERAGEIF 함수 중 알맞은 함수와 & 연산자 사용

2. [표2]에서 도서[G3:G10]가 "소설"인 도서의 합계[J3:J10] 최대값과 최소값의 차이를 [H13] 셀에 계산하시오. (8점)

▶ 조건은 [G12:G13] 영역에 입력하시오.

▶ DMAX, DMIN 함수 사용

3. [표3]에서 대출상품[A14:A18]과 대출금액[C14:C18], 이자율표[A22:B26]를 이용하여 이자[D14:D18]를 계산하시오. (8점)

   ▶ 이자 = 대출금액 × 이자율
   ▶ 이자는 소수점 이하 첫째 자리에서 올림하여 정수로 표시 [표시 예 : 123.4 → 124]
   ▶ ROUNDUP, VLOOKUP 함수 사용

4. [표4]에서 기록[H19:H26]이 1위면 "1등", 2위면 "2등", 3위면 "3등", 나머지는 공백을 수상[I19:I26]에 표시하시오. (8점)

   ▶ 기록이 가장 높은 것이 1위
   ▶ IF, RANK.EQ 함수 사용

5. [표5]에서 통화명[A30:A34]이 "AUD"[C34]인 통화의 환율[B30:B34]을 찾아 [D34] 셀에 표시하시오. (8점)

   ▶ 결과값은 반올림 없이 정수로 표시
   ▶ TRUNC, INDEX, MATCH 함수 사용

4322023

문제 3   분석작업(20점) 주어진 시트에서 다음 작업을 수행하고 저장하시오.

1. '분석작업-1' 시트에 대하여 다음의 지시사항을 처리하시오. (10점)

   [부분합] 기능을 이용하여 '과일 납품 현황' 표에 〈그림〉과 같이 품목별로 '수량', '단가'의 평균을 계산한 후 '총액'의 최대를 계산하시오.

   ▶ 정렬은 '품목'을 기준으로 오름차순으로 처리하시오.
   ▶ 평균과 최대는 위에 명시된 순서대로 처리하시오.

	A	B	C	D	E	F
1			과일 납품 현황			
2						
3	거래일자	품목	거래처명	수량	단가	총액
4	4월 5일	딸기	늘푸른과일	100	9,250	925,000
5	4월 7일	딸기	남도청과	85	9,450	803,250
6		딸기 최대				925,000
7		딸기 평균		93	9,350	
8	4월 4일	바나나	남도청과	150	4,500	675,000
9	4월 6일	바나나	새콤달콤	130	4,800	624,000
10	4월 8일	바나나	늘푸른과일	100	4,900	490,000
11		바나나 최대				675,000
12		바나나 평균		127	4,733	
13	4월 4일	사과	그린청과	120	8,650	1,038,000
14	4월 5일	사과	새콤달콤	150	8,800	1,320,000
15	4월 7일	사과	진영과일	110	8,700	957,000
16		사과 최대				1,320,000
17		사과 평균		127	8,717	
18	4월 6일	오렌지	남도청과	95	7,600	722,000
19	4월 8일	오렌지	진영과일	120	7,850	942,000
20		오렌지 최대				942,000
21		오렌지 평균		108	7,725	
22	4월 5일	파인애플	진영과일	85	5,450	463,250
23	4월 6일	파인애플	그린청과	75	5,600	420,000
24		파인애플 최대				463,250
25		파인애플 평균		80	5,525	
26		전체 최대값				1,320,000
27		전체 평균		110	7,129	
28						

2. '분석작업-2' 시트에 대하여 다음의 지시사항을 처리하시오. (10점)

   [피벗 테이블] 기능을 이용하여 '은행별 대출현황' 표의 연도는 '행', 은행은 '열'로 처리하고, '값'에 기업의 평균과 가계의 합계를 계산하시오.

   ▶ 피벗 테이블 보고서는 동일 시트의 [A32] 셀에서 시작하시오.
   ▶ 'Σ' 기호를 '행' 영역으로 이동하시오.
   ▶ 피벗 테이블 보고서는 행 및 열의 총합계를 해제하시오.

문제 4   **기타작업(20점)** 주어진 시트에서 다음 작업을 수행하고 저장하시오.

1. '매크로작업' 시트의 [표]에서 다음과 같은 기능을 수행하는 매크로를 현재 통합 문서에 작성하고 실행하시오. (각 5점)

    ① [E4:E11] 영역에 사용자별 총요금을 계산하는 매크로를 생성하여 실행하시오.

      ▶ 매크로 이름 : 총요금

      ▶ 총요금 = 사용요금 + 세금

      ▶ [삽입] → [일러스트레이션] → [도형] → [사각형]의 '사각형: 둥근 모서리(▢)'를 동일 시트의 [G3:H4] 영역에 생성하고, 텍스트를 "총요금"으로 입력한 후 도형을 클릭할 때 '총요금' 매크로가 실행되도록 설정하시오.

    ② [C4:E11] 영역에 표시 형식을 '통화(₩)'로 지정하는 매크로를 생성하여 실행하시오.

      ▶ 매크로 이름 : 통화

      ▶ [개발 도구] → [컨트롤] → [삽입] → [양식 컨트롤]의 '단추(▢)'를 동일 시트의 [G6:H7] 영역에 생성하고, 텍스트를 "통화"로 입력한 후 단추를 클릭할 때 '통화' 매크로가 실행되도록 설정하시오.

    ※ 셀 포인터의 위치에 상관없이 현재 통합 문서에서 매크로가 실행되어야 정답으로 인정됨

2. '차트작업' 시트의 차트에서 다음 지시사항에 따라 아래 〈그림〉과 같이 수정하시오. (각 2점)

    ※ 차트는 반드시 문제에서 제공한 차트를 사용하여야 하며, 신규로 작성 시 0점 처리됨

    ① 은행별 '보통예금'과 '주택예금'만 표시되도록 데이터 영역을 수정하시오.

    ② 세로(값) 축의 기본 단위를 1,000,000으로 변경하시오.

    ③ 범례의 위치를 위쪽으로 배치하시오.

    ④ 차트 영역에 범례 표지가 없는 '데이터 테이블'을 지정하시오.

    ⑤ '보통예금' 계열에 '지수' 추세선을 설정하시오.

문제 1 기본작업 정답

02. 셀 서식_참고 : 셀 서식 16쪽

정답

	A	B	C	D	E	F	G	H
1			수도권 전반기 화재 발생 건수					
2								
3		지역	1월	2월	3월	4월	5월	6월
4		합계	*211건	*183건	*218건	*205건	*169건	*165건
5	서울	마포구	*21건	*18건	*28건	*24건	*16건	*13건
6		관악구	*16건	*11건	*15건	*13건	*15건	*14건
7		성북구	*13건	*12건	*13건	*14건	*12건	*14건
8	경기	수원시	*37건	*33건	*38건	*35건	*29건	*30건
9		이천시	*31건	*30건	*35건	*36건	*20건	*31건
10		안산시	*34건	*31건	*37건	*32건	*21건	*25건
11	인천	연수구	*18건	*13건	*17건	*16건	*20건	*15건
12		부평구	*20건	*16건	*15건	*18건	*17건	*11건
13		계양구	*21건	*19건	*20건	*17건	*19건	*12건
14								

③ '셀 서식' 대화상자([C4:H13])

03. 조건부 서식_참고 : 조건부 서식 24쪽

정답

	A	B	C	D	E
1		상공우유 판매 실적표			
2					
3	제품명	2017년	2018년	2019년	2020년
4	난100%	6,990	7,640	7,017	8,341
5	저지장우유	4,215	4,607	4,935	5,314
6	고단백우유	4,865	5,317	5,117	4,422
7	멸균우유	6,753	7,381	7,589	7,238
8	전사목장	4,235	4,629	5,074	5,275
9	맛있는우유	7,924	8,661	9,246	8,921
10	바나나우유	16,241	17,751	1,695	15,604
11	바른우유	5,762	6,298	6,042	5,361
12	초코우유	12,657	13,834	12,687	13,578
13	딸기우유	10,685	11,679	12,554	13,529
14					

• '새 서식 규칙' 대화상자

01. 출신지역이 서울인 학생수_참고 : 통계 함수 46쪽

정답

	A	B	C	D
1	[표1]	수학경시대회 결과		
2	참가번호	이름	출신지역	평가점수
3	P00001	강준호	서울	86
4	P00002	안혜진	인천	91
5	P00003	한지민	부산	75
6	P00004	유서연	서울	69
7	P00005	정병우	광주	95
8	P00006	한지은	부산	82
9	P00007	최방원	인천	79
10	출신지역이 서울인 학생수			2명
11				

[D12] : =COUNTIF(C3:C9, "서울") & "명"

02. 소설 최대값-최소값 차이_참고 : 데이터베이스 함수 64쪽

정답

	F	G	H	I	J
1	[표2]	도서판매현황			
2	서점	도서	상반기	하반기	합계
3	하나문고	SF	63,545	70,535	134,080
4	북스토리	소설	41,981	40,396	82,377
5	낮의서점	로맨스	38,517	36,206	74,723
6	망원서점	SF	57,134	53,706	110,840
7	노란책방	소설	67,012	74,383	141,395
8	책크인	로맨스	50,679	47,638	98,317
9	우리문고	SF	49,660	53,170	102,830
10	국민서점	소설	62,248	69,095	131,343
11					
12		도서	소설 최대값-최소값 차이		
13		소설	59,018		
14					

[H13] : =DMAX(F2:J10, 5, G12:G13) − DMIN(F2:J10, 5, G12: G13)

03. 이자_참고 : 찾기/참조 함수 40쪽

정답

	A	B	C	D
12	[표3]	상공은행 대출현황		(단위:만원)
13	대출상품	고객명	대출금액	이자
14	결혼자금	박혜경	3,500	88
15	주택마련	조세웅	18,150	545
16	출산	김연중	475	8
17	예금	이민호	6,834	154
18	학자금	황미경	1,622	21
19				
20		<이자율표>		
21	대출상품	이자율		
22	출산	1.50%		
23	결혼자금	2.50%		
24	주택마련	3%		
25	학자금	1.25%		
26	예금	2.25%		
27				

[D14] : =ROUNDUP(C14 * VLOOKUP(A14, $A$22:$B$26, 2, FALSE), 0)

04. 수상_참고 : 논리 함수 35쪽

정답

	F	G	H	I
17	[표4]	높이뛰기 기록(cm)		
18	참가번호	선수명	기록	수상
19	324001	유광현	215	
20	324002	김현진	220	3등
21	324003	이의조	214	
22	324004	이경민	225	1등
23	324005	고회식	210	
24	324006	김준용	218	
25	324007	이상식	224	2등
26	324008	손지혁	217	
27				

[I19] : =IF(RANK.EQ(H19, $H$19:$H$26)=1, "1등", IF(RANK.EQ(H19, $H$19:$H$26)=2, "2등", IF(RANK.EQ(H19, $H$19:$H$26)=3, "3등", " ")))

05. AUD-환율_참고 : 찾기/참조 함수 42쪽

정답

	A	B	C	D
28	[표5]	국가별 환율		
29	통화명	환율		
30	USD	1,213.91		
31	AUD	915.52		
32	GBP	1,591.79		
33	JPY	990.44		환율
34	CNY	190.58	AUD	915
35				

[D34] : =TRUNC(INDEX(A30:B34, MATCH(C34, A30:A34, 0), 2))

문제 3 분석작업

01. 부분합_참고 : 부분합 72쪽

• '정렬' 대화상자

• 1차 '부분합' 대화상자

• 2차 '부분합' 대화상자

02. 피벗 테이블_참고 : 피벗 테이블 77쪽

정답

	A	B	C	D	E	F
31						
32		열 레이블				
33	행 레이블	대한은행	상공은행	유성은행	튼튼은행	한신은행
34	**2017**					
35	평균 : 기업	5168600	2889000	3490900	6335700	5002100
36	합계 : 가계	3254000	2965100	3133700	3820000	3504500
37	**2018**					
38	평균 : 기업	4398200	3800700	3259800	6384000	5670500
39	합계 : 가계	3019500	2762000	2788900	4168200	3761000
40	**2019**					
41	평균 : 기업	4186200	3288900	3823100	6580300	4661000
42	합계 : 가계	3376000	2469200	2672000	4592300	4030000
43	**2020**					
44	평균 : 기업	4035000	3469200	3011200	5806400	6032900
45	합계 : 가계	3546900	2811000	2468200	4403500	4263500
46	**2021**					
47	평균 : 기업	3744200	3231500	3402500	6193400	5359900
48	합계 : 가계	4168200	3248500	2861400	4200000	4536000
49						

• '피벗 테이블 필드' 창

01. 매크로_참고 : 매크로 98쪽

정답

	A	B	C	D	E	F	G	H
1		전기요금 사용량						
2								
3	사용자명	사용량	사용요금	세금	총요금			
4	이상희	251	₩35,980	₩3,598	₩39,578		총요금	
5	지승대	487	₩103,980	₩10,398	₩114,378			
6	김민서	335	₩54,610	₩5,461	₩60,071			
7	박동준	192	₩18,410	₩1,841	₩20,251		통화	
8	조경원	576	₩133,110	₩13,311	₩146,421			
9	박해수	209	₩26,660	₩2,666	₩29,326			
10	유은정	388	₩66,370	₩6,637	₩73,007			
11	황진주	415	₩80,420	₩8,042	₩88,462			
12								

02. 차트_참고 : 차트 103쪽

① 데이터 계열 삭제

1. 그림 영역에서 '정기예금' 계열을 선택한 후 Delete를 눌러 삭제한다.
2. 동일한 방법으로 '기타수신' 계열도 삭제한다.

④ 데이터 테이블 표시

차트를 선택한 후 [차트 디자인] → 차트 레이아웃 → 차트 요소 추가 → 데이터 테이블 → **범례 표지 없음**을 선택한다.

⑤ 추세선 표시

그림 영역에서 '보통예금' 계열을 선택한 후 [차트 디자인] → 차트 레이아웃 → 차트 요소 추가 → 추세선 → **지수**를 선택한다.

• 준 비 하 세 요 : 'C:\길벗컴활2급통합\기출' 폴더에서 '07 22년2급상시03.xlsm' 파일을 열어서 작업하시오.

4322031

문제 1 **기본작업(20점)** 주어진 시트에서 다음 과정을 수행하고 저장하시오.

1. '기본작업-1' 시트에 다음의 자료를 주어진 대로 입력하시오. (5점)

	A	B	C	D	E	F
1	어린이 체험단 신청 현황					
2						
3	관리번호	체험명	담당자	체험일	체험비	신청인원
4	STB-021	어린이천문학	김동준	5월 3일	20,000	26
5	GLS-498	선사유적체험	이향기	5월 3일	18,500	31
6	LKD-133	신나는말타기	박서하	5월 3일	22,000	24
7	OES-820	나는요리사	김강민	5월 4일	15,000	17
8	BLP-357	갯벌생태계	한채윤	5월 4일	16,500	35
9	AKC-694	지질탐구	최시아	5월 4일	18,000	27
10						

2. '기본작업-2' 시트에 대하여 다음의 지시사항을 처리하시오. (각 2점)

① [A1:G1] 영역은 '선택 영역의 가운데로'로 지정하고, 글꼴 'HY견고딕', 크기 17로 지정하시오.

② [A4:A6], [A7:A9], [A10:A12], [A13:A15] 영역은 '병합하고 가운데 맞춤'을, [A3:G3] 영역은 셀 스타일을 '파랑, 강조색5'로 지정하시오.

③ [G4:G15] 영역은 사용자 지정 표시 형식을 이용하여 천 단위 구분 기호와 숫자 뒤에 "만원"을 [표시 예]와 같이 표시하시오.
   [표시 예 : 1234 → 1,234만원, 0 → 0원]

④ [B4:B15] 영역의 이름을 "상품코드"로 정의하시오.

⑤ [A3:G15] 영역은 '모든 테두리(⊞)'를 적용하고, [A3:G3] 영역은 '아래쪽 이중 테두리(⊞)' 적용하여 표시하시오.

3. '기본작업-3' 시트에서 다음의 지시사항을 처리하시오. (5점)

[B5:H13] 영역에서 2019년과 2020년 점유율이 3% 이상인 행 전체에 대하여 글꼴 색을 '표준 색 – 빨강', 글꼴 스타일을 '굵은 기울임꼴'로 지정하는 조건부 서식을 작성하시오.

▶ AND 함수 사용

▶ 단, 규칙 유형은 '수식을 사용하여 서식을 지정할 셀 결정'을 사용하시오.

1. [표1]에서 기록[C3:C9]에 대한 순위를 구하여 순위[D3:D9]에 표시하시오. (8점)
   ▶ 순위는 기록이 가장 빠른 것이 1위
   ▶ 기록이 비어있는 경우 "실격"으로 표시
   ▶ IFERROR, RANK.EQ 함수 사용

2. [표2]에서 [H2] 셀을 기준으로 가입기간이 10년 이상이면 "★", 10년 미만 5년 이상이면 "☆", 5년 미만이면 공백을 등급[H4:H9]에 표시하시오. (8점)
   ▶ IF, YEAR 함수 사용

3. [표3]에서 지점[B13:B20]이 "남부"인 사원들의 판매금액[D13:D20]에 대한 평균을 평균판매금액[D23]에 계산하시오. (8점)
   ▶ 조건은 [C22:C23] 영역에 입력하시오.
   ▶ 평균은 소수점 이하 둘째 자리에서 반올림하여 첫째 자리까지 표시 [표시 예 : 123.45 → 123.5]
   ▶ ROUND, DAVERAGE 함수 사용

4. [표4]에서 업무능력[G13:G20], 대인관계[H13:H20], 회화능력[I13:I20]의 평균과 평가기준표[G23:J25]를 이용하여 평균이 70 미만이면 "미흡", 70 이상 80 미만이면 "보통", 80 이상 90 미만이면 "양호", 90 이상이면 "우수"를 평가[J13:J20]에 표시하시오. (8점)
   ▶ HLOOKUP, AVERAGE 함수 사용

5. [표5]의 [A38] 셀에서 선택한 제조국[B28:B36]과 [B38] 셀에서 선택한 분류[C28:C36]에 해당하는 판매량[D28:D36]의 합계와 매출액[E28:E36]의 합계를 [D39:E39] 영역에 계산하시오. (8점)
   ▶ SUMIFS, AVERAGEIFS, COUNTIFS 함수 중 알맞은 함수 사용

1. '분석작업-1' 시트에 대하여 다음의 지시사항을 처리하시오. (10점)
   [피벗 테이블] 기능을 이용하여 '거래소별 종목 거래 현황' 표의 구분은 '행', 주체는 '열'로 처리하고, '값'에는 거래량의 합계와 거래액의 최대값을 계산하시오.
   ▶ 피벗 테이블 보고서는 동일 시트의 [B20] 셀에서 시작하시오.
   ▶ 'Σ' 기호를 '행' 영역으로 이동하시오.
   ▶ 피벗 테이블 보고서는 행 및 열의 총합계를 해제하시오.

2. '분석작업-2' 시트에 대하여 다음의 지시사항을 처리하시오. (10점)
   [시나리오 관리자] 기능을 이용하여 '부서별 해외직구 현황' 표에서 환율[G2]이 다음과 같이 변동되는 경우 총구매금액[G13]의 변동 시나리오를 작성하시오.
   ▶ [G2] 셀의 이름은 '환율', [G13] 셀의 이름은 '총구매금액'으로 정의하시오.
   ▶ 시나리오1 : 시나리오 이름은 '환율증가', 환율은 1,250으로 설정하시오.
   ▶ 시나리오2 : 시나리오 이름은 '환율감소', 환율은 1,150으로 설정하시오.
   ▶ 시나리오 요약 시트는 '분석작업-2' 시트 바로 왼쪽에 위치해야함
   ※ 시나리오 요약 보고서 작성 시 정답과 일치하여야 하며, 오자로 인한 부분 점수는 인정하지 않음

문제 4 **기타작업(20점)** 주어진 시트에서 다음 작업을 수행하고 저장하시오.

1. '매크로작업' 시트의 [표]에서 다음과 같은 기능을 수행하는 매크로를 현재 통합 문서에 작성하고 실행하시오. (각 5점)

① [F4:F11] 영역에 마트별 금액을 계산하는 매크로를 생성하여 실행하시오.

▶ 매크로 이름 : 금액

▶ 금액 = 단가 × 수량

▶ [삽입] → [일러스트레이션] → [도형] → [기본 도형]의 '사각형: 빗면(◻)'을 동일 시트의 [C13:C14] 영역에 생성하고, 텍스트를 "금액"으로 입력한 후 도형을 클릭할 때 '금액' 매크로가 실행되도록 설정하시오.

② [B3:F11] 영역에 '모든 테두리(⊞)'를 적용하는 매크로를 생성하여 실행하시오.

▶ 매크로 이름 : 테두리

▶ [개발 도구] → [컨트롤] → [삽입] → [양식 컨트롤]의 '단추(◻)'를 동일 시트의 [E13:E14] 영역에 생성하고, 텍스트를 "테두리"로 입력한 후 단추를 클릭할 때 '테두리' 매크로가 실행되도록 설정하시오.

※ 셀 포인터의 위치에 상관없이 현재 통합 문서에서 매크로가 실행되어야 정답으로 인정됨

2. '차트작업' 시트의 차트에서 다음 지시사항에 따라 아래 〈그림〉과 같이 수정하시오. (각 2점)

※ 차트는 반드시 문제에서 제공한 차트를 사용하여야 하며, 신규로 작성 시 0점 처리됨

① '분당지역' 계열이 차트에 표시되지 않도록 데이터 범위를 변경하시오.

② 차트 제목은 '차트 위'로 추가하여 〈그림〉과 같이 입력하시오.

③ 세로(값) 축 제목은 '기본 세로'로 추가하여 〈그림〉과 같이 입력하시오.

④ '일산지역' 계열의 '초등학생' 요소에만 데이터 레이블 '값'과 '항목 이름'을 표시하고, 레이블의 위치를 '왼쪽'으로 지정하시오.

⑤ 그림 영역의 스타일을 '미세 효과 – 황금색, 강조 4'로 지정하시오.

문제 1 기본작업

정답

02. 셀 서식_참고 : 셀 서식 16쪽

정답

	A	B	C	D	E	F	G
1				상공마트 상품 입고 현황			
2							
3	분류	상품코드	업체명	상품명	단가	수량	총액
4	생활	LF-2914	한성산업	순수물티슈	1,100	5,000	550만원
5		LF-9066	유명물산	촉촉바디로션	3,800	3,500	1,330만원
6		LF-5837	포레스트	볼륨업샴푸	2,700	4,000	1,080만원
7	뷰티	BT-4610	뷰티그린	리얼아이크림	9,500	600	570만원
8		BT-9020	해브앤유	마녀품클렌징	4,500	1,200	540만원
9		BT-5842	티오화학	레드에센스	7,600	1,000	760만원
10	식품	FD-7257	다온미트	통통삼겹살	2,200	6,000	1,320만원
11		FD-4884	우리목장	신선우유	1,880	8,000	1,504만원
12		FD-6174	넛츠피아	건강한견과	2,400	3,500	840만원
13	건강	HS-9033	한울약품	생생루테인	12,000	200	240만원
14		HS-1925	튼튼건강	장안에유산균	13,500	1,200	1,620만원
15		HS-2178	피바이오	슈퍼오메가	11,700	500	585만원
16							

❸ '셀 서식' 대화상자[[G4:G15]]

03. 조건부 서식_참고 : 조건부 서식 24쪽

정답

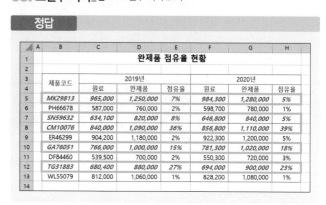

	A	B	C	D	E	F	G	H
1				완제품 점유율 현황				
2								
3		제품코드	2019년			2020년		
4			원료	완제품	점유율	원료	완제품	점유율
5		MK29813	965,000	1,250,000	7%	984,300	1,280,000	5%
6		PH66678	587,000	760,000	2%	598,700	780,000	1%
7		SN59632	634,100	820,000	8%	646,800	840,000	5%
8		CM10076	840,000	1,090,000	36%	856,800	1,110,000	39%
9		ER46299	904,200	1,180,000	2%	922,300	1,200,000	5%
10		GA76051	766,000	1,000,000	15%	781,300	1,020,000	18%
11		DF84460	539,500	700,000	2%	550,300	720,000	3%
12		TG31883	680,400	880,000	27%	694,000	900,000	23%
13		WL55079	812,000	1,060,000	1%	828,200	1,080,000	1%
14								

• '새 서식 규칙' 대화상자

문제 2 | 계산작업 | 정답

01. 순위_참고 : 논리 함수 36쪽

정답

	A	B	C	D
1	[표1]	사내 하프 마라톤		
2	참가번호	선수명	기록	순위
3	10001	이종혁	1:25:14	2
4	10002	박준형	1:38:07	5
5	10003	김희재	1:41:52	6
6	10004	김한순	1:22:27	1
7	10005	고회식	1:26:33	3
8	10006	지승대		실격
9	10007	박해수	1:37:19	4
10				

[D3] : =IFERROR(RANK.EQ(C3, $C$3:$C$9, 1), "실격")

02. 등급_참고 : 논리 함수 34쪽

정답

	F	G	H
1	[표2]	상공클럽 가입 현황	
2			2022-04-05
3	회원명	가입일	등급
4	이연희	2018-03-08	
5	박장훈	2015-04-09	☆
6	강동엽	2020-02-01	
7	유승희	2013-11-15	☆
8	황진주	2009-10-09	★
9	어수한	2010-08-09	★
10			

[H4] : =IF(YEAR($H$2)−YEAR(G4)>=10, "★", IF(YEAR($H$2)−YEAR(G4)>=5, "☆", ""))

03. 평균판매금액_참고 : 수학/삼각 함수 56쪽

정답

	A	B	C	D
11	[표3]	사원 판매 현황		
12	사원명	지점	수량	판매금액
13	이세훈	북부	3,388	4,346,804
14	한범준	남부	2,461	3,157,463
15	신솔지	북부	2,959	3,796,397
16	권지애	남부	3,796	4,870,268
17	오세민	북부	3,502	4,493,066
18	조현우	북부	2,681	3,439,723
19	이명복	남부	4,034	5,175,622
20	권지향	남부	3,498	4,487,934
21				
22			지점	평균판매금액
23			남부	4422821.8
24				

[D23] : =ROUND(DAVERAGE(A12:D20, 4, C22:C23), 1)

04. 평가_참고 : 찾기/참조 함수 39쪽

정답

	F	G	H	I	J
11	[표4]	사원 평가 현황			
12	사원명	업무능력	대인관계	회화능력	평가
13	강수진	85	75	66	보통
14	최성욱	91	84	90	양호
15	고혜란	75	81	80	보통
16	김은주	86	83	87	양호
17	이경원	96	97	96	우수
18	임선호	92	89	93	우수
19	김상욱	61	68	57	미흡
20	이상희	79	73	81	보통
21					
22	<평가기준표>				
23	점수	0	70	80	90
24		70	80	90	100
25	평가	미흡	보통	양호	우수
26					

[J13] : =HLOOKUP(AVERAGE(G13:I13), $G$23:$J$25, 3)

05. 판매량합계_참고 : 수학/삼각 함수 59쪽

정답

	A	B	C	D	E
26	[표5]	화장품 판매 현황			
27	제품ID	제조국	분류	판매량	매출액
28	A293	프랑스	남성	691	8,637,500
29	S351	미국	여성	567	7,087,500
30	D687	캐나다	남성	816	10,200,000
31	K902	미국	여성	733	9,162,500
32	B325	프랑스	남성	594	7,425,000
33	C674	캐나다	남성	834	10,425,000
34	M110	미국	여성	765	9,562,500
35	P728	프랑스	남성	702	8,775,000
36	H594	캐나다	남성	627	7,837,500
37					
38	프랑스	남성		판매량합계	매출액합계
39				1,987	24,837,500
40					

[D39] : =SUMIFS(D28:D36, $B$28:$B$36, $A$38, $C$28:$C$36, $B$38)

01. 피벗 테이블_참고 : 피벗 테이블 77쪽

정답

• '피벗 테이블 필드' 창

02. 시나리오_참고 : 시나리오 87쪽

정답

• 첫 번째 '시나리오' 대화상자

• '시나리오 값' 대화상자

• 두 번째 '시나리오' 대화상자

• '시나리오 값' 대화상자

• '시나리오 관리자' 대화상자

• '시나리오 요약' 대화상자

문제 4   기타작업   정답

01. 매크로_참고 : 매크로 98쪽

정답

02. 차트_참고 : 차트 103쪽

① 데이터 계열 삭제

그림 영역에서 '분당지역' 계열을 선택한 후 Delete를 눌러 삭제한다.

④ 데이터 레이블 지정

1. '일산지역' 계열의 '초등학생' 요소를 클릭한 후 다시 '초등학생' 요소를 클릭한다.

2. '초등학생' 요소만 선택된 상태에서 [차트 디자인] → 차트 레이아웃 → 차트 요소 추가 → 데이터 레이블 → **기타 데이터 레이블 옵션**을 선택한다.

3. '데이터 레이블 서식' 창의 [레이블 옵션] → **📊**(레이블 옵션) → **레이블 옵션**에서 그림과 같이 지정한 후 '닫기(✕)'를 클릭한다.

⑤ 그림 영역 스타일 지정

그림 영역을 선택한 후 [서식] → 도형 스타일의 ▼ → **미세 효과 – 황금색, 강조 4**를 선택한다.

• 준 비 하 세 요 : 'C:\길벗컴활2급통합\기출' 폴더에서 '08 22년2급상시04.xlsm' 파일을 열어서 작업하시오.

4322041

문제 1 | **기본작업(20점)** 주어진 시트에서 다음 과정을 수행하고 저장하시오.

1. '기본작업-1' 시트에 다음의 자료를 주어진 대로 입력하시오. (5점)

	A	B	C	D	E	F
1	상공산업 인사발령					
2						
3	사원코드	사원명	직위	발령부서	근속기간	기본급
4	Pro-154	김용성	부장	생산관리부	16	4,850,000
5	Mar-489	임은정	사원	마케팅부	2	2,780,000
6	Sal-276	최동석	대리	영업기획부	5	3,200,000
7	Pro-395	유선희	대리	생산관리부	4	3,040,000
8	Sal-211	조광희	과장	영업기획부	10	4,000,000
9	Mar-203	고인자	과장	마케팅부	9	3,850,000
10						

2. '기본작업-2' 시트에 대하여 다음의 지시사항을 처리하시오. (각 2점)

① [A1:G1] 영역은 '선택 영역의 가운데로', 크기 14, 글꼴 스타일 '굵은 기울임꼴', 밑줄 '이중 실선(회계형)', 행의 높이를 30으로 지정하시오.

② [A4:A5], [A6:A7], [A8:A9], [A10:A11] 영역은 '병합하고 가운데 맞춤'을, [A3:G3] 영역은 셀 스타일을 '연한 파랑, 60% – 강조색 5'로 지정하시오.

③ [D4:F11] 영역은 사용자 지정 표시 형식을 이용하여 천 단위 구분 기호를 [표시 예]와 같이 표시하시오.
[표시 예 : 123456 → 123,456, 0 → 0]

④ [G6] 셀에 "판매1위"라는 메모를 삽입한 후 항상 표시되도록 지정하고, 메모 서식에서 맞춤 '자동 크기'를 지정하시오

⑤ [A3:G11] 영역은 '모든 테두리(⊞)'를 적용한 후 '굵은 바깥쪽 테두리(▣)'를 적용하여 표시하시오.

3. '기본작업-3' 시트에서 다음의 지시사항을 처리하시오. (5점)

'지역별 복지시설 운영현황' 표에서 아동복지시설이 200 이상이거나 노인복지시설이 300 이상인 데이터를 고급 필터를 사용하여 검색하시오.

▶ 고급 필터 조건은 [A15:C17] 영역 내에 알맞게 입력하시오.
▶ 고급 필터 결과는 '지역', '노인복지시설', '아동복지시설'만 순서대로 표시하시오.
▶ 고급 필터 결과 복사 위치는 동일 시트의 [A20] 셀에서 시작하시오.

문제 2 · 계산작업(40점) '계산작업' 시트에서 다음 과정을 수행하고 저장하시오.

1. [표1]에서 성별[C3:C9]이 "남"인 학생의 최대 점수[D3:D9]와 성별이 "여"인 학생의 최대 점수의 평균을 [D12] 셀에 계산하시오. (8점)
   ▶ 조건은 [B11:C12] 영역에 입력하시오.
   ▶ 점수 평균은 소수점 이하 둘째 자리에서 올림하여 첫째 자리까지 표시 [표시 예 : 87.65 → 87.7]
   ▶ ROUNDUP, AVERAGE, DMAX 함수 사용

2. [표2]에서 회원ID[H3:H9]에 동일한 ID가 2개 이상이면 "우수", 그렇지 않으면 "일반"을 회원구분[H12:K12]에 표시하시오. (8점)
   ▶ IF, COUNTIF 함수 사용

3. [표3]에서 회원코드[A16:A22]의 마지막 끝 글자가 "1"이면 "가구", "2"이면 "도서", "3"이면 "요리", 그 외에는 "손글씨"로 관심분야 [E16:E22]에 표시하시오. (8점)
   ▶ CHOOSE, RIGHT 함수 사용

4. [표4]에서 소속[G16:G22], 출발시간[I16:I22], 도착시간[J16:J22]을 이용하여 주행기록[K16:K22]을 계산하시오. (8점)
   ▶ 주행기록 = 도착시간 − 출발시간
   ▶ 소속의 오른쪽 세 글자가 "자동차"이면 주행기록에 2분을 추가할 것
   ▶ IF, TIME, RIGHT 함수 사용

5. [표5]에서 어시스트[C26:C32]와 리바운드[D26:D32]가 모두 3위 이내인 선수의 수를 [E32] 셀에 계산하시오. (8점)
   ▶ COUNTIFS, LARGE 함수와 & 연산자 사용

문제 3 · 분석작업(20점) 주어진 시트에서 다음 작업을 수행하고 저장하시오.

1. '분석작업-1' 시트에 대하여 다음의 지시사항을 처리하시오. (10점)

[피벗 테이블] 기능을 이용하여 '사원별 판매 실적' 표의 사원명은 '필터', 부서명은 '행'으로 처리하고, '값'에는 반품의 합계와 전반기, 하반기의 평균을 계산하시오.
   ▶ 피벗 테이블 보고서는 동일 시트의 [A20] 셀에서 시작하시오.
   ▶ 값 영역의 전반기와 하반기의 평균은 '셀 서식' 대화상자에서 '숫자' 범주의 소수 자릿수를 이용하여 소수점 이하 2자리까지 지정하시오.
   ▶ 피벗 테이블에 '연한 파랑, 피벗 스타일 보통 20' 서식을 지정하시오.

2. '분석작업-2' 시트에 대하여 다음의 지시사항을 처리하시오. (10점)

[시나리오 관리자] 기능을 이용하여 '사무용품 판매 현황' 표에서 수익률[H17]이 다음과 같이 변동되는 경우 순이익합계[H15]의 변동 시나리오를 작성하시오.
   ▶ [H15] 셀의 이름은 '순이익합계', [H17] 셀의 이름은 '수익률'로 정의하시오.
   ▶ 시나리오1 : 시나리오 이름은 '수익률증가', 수익률은 23%로 설정하시오.
   ▶ 시나리오2 : 시나리오 이름은 '수익률감소', 수익률은 18%로 설정하시오.
   ▶ 시나리오 요약 시트는 '분석작업-2' 시트 바로 왼쪽에 위치해야함

※ 시나리오 요약 보고서 작성 시 정답과 일치하여야 하며, 오자로 인한 부분 점수는 인정하지 않음

문제 4   기타작업(20점) 주어진 시트에서 다음 작업을 수행하고 저장하시오.

1. '매크로작업' 시트의 [표]에서 다음과 같은 기능을 수행하는 매크로를 현재 통합 문서에 작성하고 실행하시오. (각 5점)

  ① [E4:E10] 영역에 피자별 달성률을 계산하는 매크로를 생성하여 실행하시오.

    ▶ 매크로 이름 : 달성률

    ▶ 달성률 = 판매수량 / 계획수량

    ▶ [삽입] → [일러스트레이션] → [도형] → [기본 도형]의 '사각형: 빗면(□)'을 동일 시트의 [G3:G4]영역에 생성하고, 텍스트를 "달성률"로 입력한 후 도형을 클릭할 때 '달성률' 매크로가 실행되도록 설정하시오.

  ② [A3:E3] 영역에 채우기 색을 '표준 색 – 노랑'으로 지정하는 매크로를 생성하여 실행하시오.

    ▶ 매크로 이름 : 서식

    ▶ [개발 도구] → [컨트롤] → [삽입] → [양식 컨트롤]의 '단추(□)'를 동일 시트의 [G6:G7] 영역에 생성하고, 텍스트를 "서식"으로 입력한 후 단추를 클릭할 때 '서식' 매크로가 실행되도록 설정하시오.

  ※ 셀 포인터의 위치에 상관없이 현재 통합 문서에서 매크로가 실행되어야 정답으로 인정됨

2. '차트작업' 시트의 차트에서 다음 지시사항에 따라 아래 〈그림〉과 같이 수정하시오. (각 2점)

  ※ 차트는 반드시 문제에서 제공한 차트를 사용하여야 하며, 신규로 작성 시 0점 처리됨

  ① '계절평균' 계열과 '평균' 요소가 제거되도록 데이터 범위를 수정하시오.

  ② 차트 종류를 '100% 기준 누적 세로 막대형'으로 변경하시오.

  ③ 차트 제목은 '차트 위'로 지정한 후 [A1] 셀과 연동되도록 설정하시오.

  ④ 차트에 '기본 주 세로' 눈금선을 표시하시오.

  ⑤ 차트 스타일의 '색 변경'을 '다양한 색상표 1'로 지정하시오.

문제 **1** **기본작업** 정답

02. 셀 서식_참고 : 셀 서식 16쪽

정답

1 '셀 서식' 대화상자([A1:G1])

3 '셀 서식' 대화상자([D4:F11])

03. 고급 필터_참고 : 고급 필터 27쪽

정답

	A	B	C
14			
15	아동복지시설	노인복지시설	
16	>=200		
17		>=300	
18			
19			
20	지역	노인복지시설	아동복지시설
21	서울	430	300
22	부산	250	220
23	광주	300	170
24			

• '고급 필터' 대화상자

01. 남여최대평균점수_참고 : 데이터베이스 함수 64쪽

정답

	A	B	C	D	E
1	[표1]	**1학기 성적표**		점수	
2	번호	성명	성별	점수	비고
3	1	변효정	여	78.8	
4	2	정영진	남	86.7	특기생
5	3	김성현	남	91.5	
6	4	서동희	여	82.1	특기생
7	5	박지연	여	92.2	
8	6	최정욱	남	79.4	
9	7	이수연	여	88.6	
10					
11	<조건>	성별	성별	남여최대평균점수	
12		남	여	91.9	
13					

[D12] : =ROUNDUP(AVERAGE(DMAX(A2:E9, 4, B11:B12), DMAX(A2:E9, 4, C11:C12)), 1)

02. 회원구분_참고 : 논리 함수 34쪽

정답

	G	H	I	J	K
1	[표2]	**도서 대여 현황**			
2	대여일자	회원ID	성명	분류	도서코드
3	6월2일	K-001	김원중	경영	E-4521
4	6월2일	P-001	박현수	취미	S-1690
5	6월7일	K-002	배은서	여행	K-5413
6	6월7일	P-002	이예소	소설	G-8378
7	6월7일	K-001	김원중	정치	H-5105
8	6월10일	P-002	이예소	외국어	F-6962
9	6월10일	K-001	김원중	사회	D-2074
10					
11	회원ID	K-001	K-002	P-001	P-002
12	회원구분	우수	일반	일반	우수
13					

[H12] : =IF(COUNTIF($H$3:$H$9, H11)>=2, "우수", "일반")

03. 관심분야_참고 : 찾기/참조 함수 40쪽

정답

	A	B	C	D	E
14	[표3]	**회원 관리 현황**			
15	회원코드	성명	지역	성별	관심분야
16	DA-482	윤성철	강서구	남	도서
17	DA-161	서기운	송파구	남	가구
18	DA-293	김유진	서초구	여	요리
19	DA-974	이영애	관악구	여	손글씨
20	DA-811	장석영	마포구	남	가구
21	DA-693	김나운	종로구	여	요리
22	DA-575	노미경	은평구	여	손글씨
23					

[E16] : =CHOOSE(RIGHT(A16, 1), "가구", "도서", "요리", "손글씨", "손글씨")

04. 주행기록_참고 : 날짜/시간 함수 69쪽

정답

	G	H	I	J	K
14	[표4]	**자동차 주행 기록**			
15	소속	선수명	출발시간	도착시간	주행기록
16	카마스터	유한열	13:24:32	13:58:24	0:33:52
17	튼튼자동차	강현준	13:55:24	14:33:55	0:40:31
18	붕붕모터스	이규창	13:35:33	14:29:37	0:54:04
19	오토마스터	김민수	13:18:16	13:49:02	0:30:46
20	유명자동차	신선부	13:32:41	14:11:46	0:41:05
21	성공자동차	조영수	13:42:09	14:38:18	0:58:09
22	턴스피드	한용욱	13:28:22	14:06:29	0:38:07
23					

[K16] : =IF(RIGHT(G16, 3)="자동차", (J16−I16)+TIME(,2,), J16−I16)

05. 우수선수 수_참고 : 통계 함수 46쪽

정답

	A	B	C	D	E	F
24	[표5]	**선수 기록**				
25	농구팀	선수명	어시스트	리바운드		
26	서울NK	장하원	18	25		
27	수원KG	조성민	25	22		
28	안양GK	현주식	32	15		
29	울산MB	강해진	24	19		
30	고양OR	김태용	28	27		
31	대구KO	장희철	16	18	우수선수 수	
32	창원SC	이장훈	21	20	2	
33						

[E32] : =COUNTIFS(C26:C32, ">="&LARGE(C26:C32, 3), D26:D32, ">="&LARGE(D26:D32, 3))

※ 함수를 이용하여 조건을 지정하려면 ">="&LARGE(D26:D32, 3)과 같이 관계연산자(>=, >, <=)와 함수를 분리하여 입력하고, 관계연산자는 큰따옴표(" ")로 묶어줘야 합니다. 그리고 두 개의 문자열을 &로 연결합니다.

문제 3 분석작업

정답

01. 피벗 테이블_참고 : 피벗 테이블 77쪽

정답

- '피벗 테이블 필드' 창

- '셀 서식' 대화상자

02. 시나리오_참고 : 시나리오 87쪽

정답

- 첫 번째 '시나리오' 대화상자

- '시나리오 값' 대화상자

- 두 번째 '시나리오' 대화상자

- '시나리오 값' 대화상자

- '시나리오 관리자' 대화상자

- '시나리오 요약' 대화상자

 문제 4   기타작업   정답

01. 매크로_참고 : 매크로 98쪽

정답

	A	B	C	D	E	F	G
1			**피자 판매 현황**				
2							
3	피자	계획수량	판매수량	총판매액	달성률		달성률
4	쉬림프피자	300	367	6,606,000	122%		
5	스테이크피자	200	242	5,929,000	121%		
6	불고기피자	250	219	4,380,000	88%		서식
7	포테이토피자	200	258	4,257,000	129%		
8	페페로니피자	250	221	3,425,500	88%		
9	고구마피자	150	126	2,205,000	84%		
10	콰트로피자	300	335	7,370,000	112%		
11							

02. 차트_참고 : 차트 103쪽

1 데이터 범위 수정

1. 차트의 바로 가기 메뉴에서 [데이터 선택]을 선택한다.
2. '데이터 원본 선택' 대화상자에서 '차트 데이터 범위'의 범위 지정 단추(⬆)를 클릭하고 데이터 범위를 [A3:F7] 영역으로 변경한 후 범위 지정 단추(📖)를 클릭한다. 이어서 '데이터 원본 선택' 대화 상자에서 〈확인〉을 클릭한다.

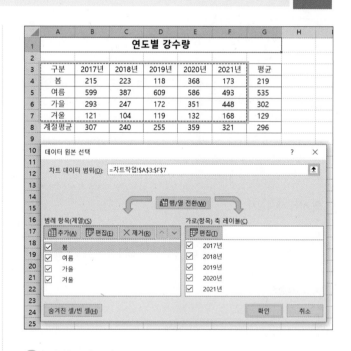

4 눈금선 표시

차트를 선택한 후 [차트 디자인] → 차트 요소 추가 → 눈금선 → **기본 주 세로**를 선택한다.

5 색 변경 지정

차트를 선택한 후 [차트 디자인] → 차트 스타일 → 색 변경 → **다양한 색상표 1**을 선택한다.

• 준 비 하 세 요 : 'C:\길벗컴활2급통합\기출' 폴더에서 '09 21년2급상시01.xlsm' 파일을 열어서 작업하시오.

문제 1 기본작업(20점) 주어진 시트에서 다음 과정을 수행하고 저장하시오.

1. '기본작업-1' 시트에 다음의 자료를 주어진 대로 입력하시오. (5점)

	A	B	C	D	E	F
1	상공홈쇼핑 3월 판매현황					
2						
3	구분	상품코드	상품명	방송요일	판매가	판매량
4	건강식품	we-120	클리어아이	월요일	55,000	1,500
5	건강식품	we-494	튼튼홍삼	수요일	75,000	1,000
6	렌탈	rt-082	코코정수기	수요일	25,000	980
7	렌탈	rt-967	에어청정기	금요일	19,000	880
8	화장품	bu-756	진수분크림	토요일	25,000	1,380
9	화장품	bu-342	블랙쿠션	토요일	30,000	1,460
10						

2. '기본작업-2' 시트에 대하여 다음의 지시사항을 처리하시오. (각 2점)

① [A1:H1] 영역은 '병합하고 가운데 맞춤', 글꼴 '궁서체', 크기 18, 글꼴 스타일 '굵게', 밑줄 '실선'으로 지정하시오.

② [A3:A4], [B3:B4], [C3:F3], [G3:G4], [H3:H4] 영역은 '병합하고 가운데 맞춤'을 지정하고, [A3:H4] 영역은 셀 스타일 '황금색, 강조색4'를 지정하시오.

③ [A1] 셀의 제목 앞뒤에 특수문자 "♣"을 삽입하시오.

④ [H5:H14] 영역은 사용자 지정 표시 형식을 이용하여 천 단위 구분 기호와 숫자 뒤에 "원"을 [표시 예]와 같이 표시하시오.
[표시 예 : 12300 → 12,300원, 0 → 0원]

⑤ [A3:H14] 영역은 '모든 테두리(⊞)'를 적용한 후 '굵은 바깥쪽 테두리(▣)'를 적용하여 표시하시오.

3. '기본작업-3' 시트에서 다음의 지시사항을 처리하시오. (5점)

'사원별 인사 관리 현황' 표에서 직위가 '부장'이거나 급여가 2,500,000 미만인 데이터를 고급 필터를 사용하여 검색하시오.

▶ 고급 필터 조건은 [A21:C23] 범위 내에 알맞게 입력하시오.

▶ 고급 필터 결과 복사 위치는 동일 시트의 [A26] 셀에서 시작하시오.

문제 2 계산작업(40점) '계산작업' 시트에서 다음 과정을 수행하고 저장하시오.

1. [표1]에서 필기[D3:D11]가 80점 이상이고 면접[E3:E11]이 70 이상인 합격자수[E12]를 계산하시오. (8점)

▶ 계산된 합격자수 뒤에는 "명"을 포함하여 표시 [표시 예 : 3명]

▶ AVERAGEIFS, SUMIFS, COUNTIFS 함수 중 알맞은 함수와 & 연산자 사용

2. [표2]에서 주민등록번호[I3:I12]의 8번째 숫자가 홀수면 "남", 짝수면 "여"로 성별[J3:J12]에 표시하시오. (8점)

▶ IF, MID, MOD 함수 사용

3. [표3]의 출석[B16:E24] 영역에서 수강자별로 "O"의 개수가 1개면 "25%", 2개면 "50%", 3개면 "75%", 4개면 "100%"로 출석률[F16:F24]에 표시하시오. (8점)

▶ CHOOSE, COUNTA 함수 사용

4. [표4]에서 분류[H16:H24]와 생산일자[I16:I24]를 이용하여 제품코드[J16:J24]를 표시하시오. (8점)

▶ 분류는 모두 대문자로 변환하고, 생산일자는 월만 추출하여 표시

▶ 표시 예 : 분류가 "abc"이고, 생산일자가 2020-01-05인 경우 "ABC-1"로 표시

▶ UPPER, MONTH 함수와 & 연산자 사용

5. [표5]에서 구입총액[C28:C36]과 등급표[B39:E40]를 이용하여 등급[E28:E36]을 표시하시오. (8점)

▶ 순위는 구입총액이 가장 많은 것이 1위

▶ VLOOKUP, HLOOKUP, RANK.EQ, LARGE 함수 중 알맞은 함수들을 선택하여 사용

문제 3 분석작업(20점) 주어진 시트에서 다음 작업을 수행하고 저장하시오.

1. '분석작업-1' 시트에 대하여 다음의 지시사항을 처리하시오. (10점)

[피벗 테이블] 기능을 이용하여 '사원 급여명세서' 표의 직위는 '행', 부서명은 '열'로 처리하고, '값'에 실수령액의 평균을 계산하시오.

▶ 피벗 테이블 보고서는 동일 시트의 [A20] 셀에서 시작하시오.

▶ 피벗 테이블 보고서는 행의 총합계만 설정하시오.

▶ 값 영역의 표시 형식은 '값 필드 설정'의 '셀 서식' 대화상자에서 '숫자' 범주의 '1000 단위 구분 기호 사용'을 이용하여 지정하시오.

▶ '생산부'와 '영업부'만 표시되도록 하시오.

2. '분석작업-2' 시트에 대하여 다음의 지시사항을 처리하시오. (10점)

'정기적금' 표의 월납입액[B3]은 이자[B4]와 기간[B5]을 이용하여 계산한 것이다. [데이터 표] 기능을 이용하여 이자의 변동에 따른 월납입액의 변화를 [E4:E10] 영역에 계산하시오.

문제 4 **기타작업(20점)** 주어진 시트에서 다음 작업을 수행하고 저장하시오.

1. '매크로작업' 시트의 [표]에서 다음과 같은 기능을 수행하는 매크로를 현재 통합 문서에 작성하고 실행하시오. (각 5점)

① [F4:F10] 영역에 프로그램명별 시청률의 평균을 계산하는 매크로를 생성하여 실행하시오.

▶ 매크로 이름 : 평균

▶ AVERAGE 함수 사용

▶ [개발 도구] → [컨트롤] → [삽입] → [양식 컨트롤]의 '단추(□)'를 동일 시트의 [B12:C13] 영역에 생성하고, 텍스트를 "평균"으로 입력한 후 단추를 클릭할 때 '평균' 매크로가 실행되도록 설정하시오.

② [A3:F3] 영역에 글꼴 색 '표준 색 – 노랑', 채우기 색 '표준 색 – 빨강'을 적용하는 매크로를 생성하여 실행하시오.

▶ 매크로 이름 : 서식

▶ [삽입] → [일러스트레이션] → [도형] → [기본 도형]의 '사각형: 빗면(□)'을 동일 시트의 [E12:F13] 영역에 생성하고, 텍스트를 "서식"으로 입력한 후 도형을 클릭할 때 '서식' 매크로가 실행되도록 설정하시오.

※ 셀 포인터의 위치에 상관없이 현재 통합 문서에서 매크로가 실행되어야 정답으로 인정됨

2. '차트작업' 시트의 차트에서 다음 지시사항에 따라 아래 〈그림〉과 같이 수정하시오. (각 2점)

※ 차트는 반드시 문제에서 제공한 차트를 사용하여야 하며, 신규로 작성 시 0점 처리됨

① '생산단가' 계열이 제거되도록 데이터 범위를 수정하시오.

② 차트 종류를 '묶은 세로 막대형'으로 변경하시오.

③ 세로(값) 축의 최소값은 500, 최대값은 1,500, 기본 단위는 200으로 지정하시오.

④ 각 계열의 '세탁기' 요소에만 데이터 레이블 '값'을 표시하고, 레이블의 위치를 '바깥쪽 끝에'로 지정하시오.

⑤ 차트 영역에 그림자는 '안쪽: 가운데', 테두리 스타일은 '둥근 모서리'로 지정하시오.

문제 1 기본작업

정답

02. 셀 서식_참고 : 셀 서식 16쪽

정답

	A	B	C	D	E	F	G	H
1			♣사원별 제품 판매 현황♣					
2								
3	사원명	직위	분기				합계	판매총액
4			1분기	2분기	3분기	4분기		
5	남유진	과장	193	154	269	227	843	33,720,000원
6	손규창	과장	143	191	205	201	740	29,600,000원
7	이보성	대리	231	277	204	249	961	38,440,000원
8	전희수	대리	198	218	191	151	758	30,320,000원
9	박민철	대리	181	187	211	207	786	31,440,000원
10	권준헌	대리	136	118	145	115	514	20,560,000원
11	유찬영	사원	237	257	265	214	973	38,920,000원
12	노세진	사원	145	164	172	189	670	26,800,000원
13	안상욱	사원	194	191	215	189	789	31,560,000원
14	우명주	사원	118	136	125	131	510	20,400,000원
15								

③ '셀 서식' 대화상자([H5:H14])

03. 고급 필터_참고 : 고급 필터 27쪽

정답

	A	B	C	D	E	F	G
20							
21	직위	급여					
22	부장						
23		<2500000					
24							
25							
26	사원코드	사원명	성별	부서명	직위	호봉	급여
27	SG-1001	남종민	남	생산부	부장	5	4,800,000
28	SG-1004	박찬호	남	생산부	사원	2	2,450,000
29	SG-1005	이채영	여	생산부	사원	1	2,350,000
30	SG-1006	조제성	남	영업부	부장	4	4,700,000
31	SG-1015	이보현	여	총무부	사원	2	2,450,000
32							

• '고급 필터' 대화상자

문제 2 계산작업

01. 합격자수_참고 : 통계 함수 46쪽

정답

	A	B	C	D	E
1	[표1]	신입사원 채용결과			
2	응시번호	이름	성별	필기	면접
3	21A101	배이준	남	83	67
4	21A102	이지수	여	91	75
5	21A103	박선호	남	88	83
6	21A104	서희상	남	73	72
7	21A105	허재희	여	65	70
8	21A106	정윤형	남	94	98
9	21A107	신다은	여	55	51
10	21A108	강철수	남	89	79
11	21A109	남상미	여	90	84
12		합격자수			5명
13					

[E12] : =COUNTIFS(D3:D11, ">=80", E3:E11, ">=70") & "명"

02. 성별_참고 : 논리 함수 34쪽

정답

	G	H	I	J
1	[표2]	스포츠센터 회원 현황		
2	회원명	가입년도	주민등록번호	성별
3	윤다현	2018년	800621-1******	남
4	오지윤	2016년	920101-2******	여
5	송주명	2019년	000317-4******	여
6	양명준	2018년	960725-1******	남
7	안성수	2017년	950226-1******	남
8	윤정민	2016년	881109-2******	여
9	유혜진	2018년	850430-2******	여
10	진경원	2019년	010823-3******	남
11	송주혜	2017년	931214-2******	여
12	황소민	2018년	970922-2******	여
13				

[J3] : =IF(MOD(MID(I3, 8, 1), 2)=1, "남", "여")

03. 출석률_참고 : 찾기/참조 함수 40쪽

정답

	A	B	C	D	E	F
14	[표3]	문화센터 출석현황				
15	수강자명	1주차	2주차	3주차	4주차	출석률
16	남종완	O	O	O	O	100%
17	홍소율		O	O	O	75%
18	박이준	O	O	O	O	100%
19	문하준	O			O	75%
20	노윤혁	O	O		O	75%
21	우영희	O	O	O		100%
22	박윤도	O	O	O	O	100%
23	권채안			O	O	50%
24	김선호	O	O	O	O	100%
25						

[F16] : =CHOOSE(COUNTA(B16:E16), "25%", "50%", "75%", "100%")

04. 제품코드_참고 : 텍스트 함수 53쪽

정답

	H	I	J
14	[표4]	제품 생산 현황	
15	분류	생산일자	제품코드
16	com	2020-11-06	COM-11
17	mou	2020-11-06	MOU-11
18	key	2020-11-06	KEY-11
19	com	2020-12-05	COM-12
20	mou	2020-12-05	MOU-12
21	key	2020-12-05	KEY-12
22	com	2021-01-03	COM-1
23	mou	2021-01-03	MOU-1
24	key	2021-01-03	KEY-1
25			

[J16] : =UPPER(H16) & "–" & MONTH(I16)

05. 등급_참고 : 찾기/참조 함수 39쪽

정답

	A	B	C	D	E
26	[표5]	쇼핑몰 회원관리현황			
27	회원코드	성별	구입총액	마일리지	등급
28	김유진	여	667,000	20,010	브론즈
29	임선호	남	575,800	17,274	일반
30	강혜진	여	768,100	23,043	브론즈
31	박미현	여	913,600	27,408	골드
32	홍정화	여	866,000	25,980	실버
33	유태원	남	468,200	14,046	일반
34	김정석	남	511,000	15,330	일반
35	최미경	여	978,400	29,352	골드
36	신성철	남	810,000	24,300	실버
37					
38	<등급표>				
39	순위	1	3	5	7
40	등급	골드	실버	브론즈	일반
41					

[E28] : =HLOOKUP(RANK.EQ(C28, $C$28:$C$36), $B$39:$E$40, 2)

01. **피벗 테이블**_참고 : 피벗 테이블 77쪽

정답

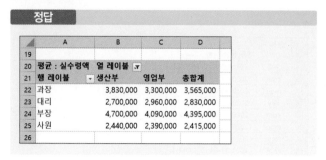

	A	B	C	D
19				
20	평균 : 실수령액	열 레이블		
21	행 레이블	생산부	영업부	총합계
22	과장	3,830,000	3,300,000	3,565,000
23	대리	2,700,000	2,960,000	2,830,000
24	부장	4,700,000	4,090,000	4,395,000
25	사원	2,440,000	2,390,000	2,415,000
26				

• '피벗 테이블 필드' 창

• 특정 필드(생산부, 영업부) 지정

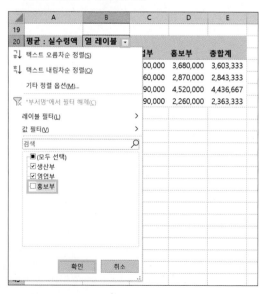

02. **데이터 표**_참고 : 데이터 표 96쪽

정답

	D	E
1		
2		월납입액
3	이자(년)	₩469,921
4	2.00%	₩475,833
5	2.50%	₩469,921
6	3.00%	₩464,061
7	3.50%	₩458,252
8	4.00%	₩452,496
9	4.50%	₩446,791
10	5.00%	₩441,137
11		

• '데이터 테이블' 대화상자

문제 4　기타작업　

01. 매크로 _참고 : 매크로 98쪽

정답

▲	A	B	C	D	E	F
1			1월 상공채널 드라마 시청률			
2						(단위 : %)
3	프로그램명	1주	2주	3주	4주	평균
4	스카이하우스	21.8	22.9	23.2	23.8	22.9
5	찬란한빛	12.4	11.9	12.8	13.2	12.6
6	경이로운인생	8.9	9.7	10.3	10.1	9.8
7	라이브	6.8	6.1	5.9	6.4	6.3
8	겨울아부탁해	13.5	14.2	13.8	13.2	13.7
9	날아라볼새	20.1	20.8	22.1	21.3	21.1
10	복수의소문	16.5	16.1	15.7	16.3	16.2
11						
12			평균		서식	
13						
14						

02. 차트 _참고 : 차트 103쪽

① 데이터 계열 삭제

'생산단가' 계열을 선택한 후 Delete를 눌러 삭제한다.

③ 세로(값) 축 서식 지정

1. 세로(값) 축의 바로 가기 메뉴에서 [**축 서식**]을 선택한다.
2. '축 서식' 창의 [**축 옵션**] → ■■(축 옵션) → **축 옵션**에서 경계의 '최소값'을 500, '최대값'을 1,500, 단위의 '기본'을 200으로 지정한 후 '닫기(✕)'를 클릭한다.

④ 데이터 레이블 지정

1. '목표량' 계열의 '세탁기' 요소를 클릭한 후 다시 '세탁기' 요소를 클릭한다.
2. '세탁기' 요소만 선택된 상태에서 바로 가기 메뉴에서 [**데이터 레이블 추가**]를 선택한다.
3. 동일한 방법으로 '생산량' 계열의 '세탁기' 요소에도 데이터 레이블을 지정한다.

• 준 비 하 세 요 : 'C:\길벗컴활2급통합\기출' 폴더에서 '10 21년2급상시02.xlsm' 파일을 열어서 작업하시오.

문제 1 기본작업(20점) 주어진 시트에서 다음 과정을 수행하고 저장하시오.

1. '기본작업-1' 시트에 다음의 자료를 주어진 대로 입력하시오. (5점)

	A	B	C	D	E	F
1	한국운동센터 회원 관리 현황					
2						
3	회원명	회원코드	등급	구분	주소	회비
4	한유람	swi-132	정회원	수영	마포구 서교동	240,000
5	정영민	pin-657	준회원	탁구	마포구 합정동	180,000
6	윤여화	bad-546	정회원	배드민턴	마포구 망원1동	240,000
7	김한순	bad-672	정회원	배드민턴	마포구 상암동	240,000
8	손준호	pin-094	준회원	탁구	마포구 성산2동	180,000
9	이기현	swi-498	정회원	수영	마포구 공덕동	240,000
10						

2. '기본작업-2' 시트에 대하여 다음의 지시사항을 처리하시오. (각 2점)

① [A1:H1] 영역은 '병합하고 가운데 맞춤', 셀 스타일 '제목 1'을 지정하시오.

② [B4:B15] 영역은 표시 형식을 '쉼표 스타일(,)'로 지정하시오.

③ [C4:G15] 영역은 사용자 지정 표시 형식을 이용하여 천 단위 구분 기호와 숫자 뒤에 "원"을 [표시 예]와 같이 표시하시오.
   [표시 예 : 12000 → 12,000원, 0 → 0원]

④ [G8] 셀에 "최고 수익"이라는 메모를 삽입한 후 항상 표시되도록 지정하고, 메모 서식에서 맞춤 '자동 크기'를 설정하시오.

⑤ [A3:H15] 영역은 '모든 테두리(⊞)'를 적용하시오.

3. '기본작업-3' 시트에서 다음의 지시사항을 처리하시오. (5점)

[A4:H18] 영역에서 구분이 '농산물'이면서 총판매량이 1,500 이상인 행 전체에 대하여 글꼴 색을 '표준 색 – 빨강', 글꼴 스타일을 '굵게'로 지정하는 조건부 서식을 작성하시오.

▶ AND 함수 사용

▶ 단, 규칙 유형은 '수식을 사용하여 서식을 지정할 셀 결정'을 사용하고, 한 개의 규칙으로만 작성하시오.

문제 2 계산작업(40점) '계산작업' 시트에서 다음 과정을 수행하고 저장하시오.

1. [표1]에서 학점[C3:C11]의 표준편차를 반올림하여 소수점 이하 둘째 자리까지 [D3] 셀에 표시하시오. (8점)

▶ ROUND, STDEV 함수 사용

2. [표2]의 순이익[I3:I10] 중 두 번째로 큰 값과 세 번째로 작은 값의 차이를 [I11] 셀에 계산하시오. (8점)

▶ LARGE, SMALL 함수 사용

3. [표3]에서 1과목[B15:B24], 2과목[C15:C24]이 각각 40 이상이면서 평균이 60 이상이면 "합격"을, 그 외에는 "불합격"을 합격여부 [E15:E24]에 표시하시오. (8점)

▶ IF, AVERAGE, AND 함수 사용

4. [표4]에서 기준일[K15]부터 휴가출발일[H15:H24]까지 남은일수[I15:I24]를 계산하시오. (8점)

▶ 계산된 남은일수 뒤에 "일"을 포함하여 표시 [표시 예 : 5일]

▶ DATE, DAYS, WEEKDAY 함수 중 알맞은 함수와 & 연산자 사용

5. [표5]에서 공연일[C28:C37]에 해당하는 공연요일[D28:D37]을 표시하시오. (8점)

▶ 요일의 계산방식은 '일요일'부터 시작하는 방식 사용

▶ 요일은 "월요일"과 같이 문자열 전체 표시

▶ CHOOSE, WEEKDAY 함수 사용

문제 3 분석작업(20점) 주어진 시트에서 다음 작업을 수행하고 저장하시오.

1. '분석작업-1' 시트에 대하여 다음의 지시사항을 처리하시오. (10점)

[부분합] 기능을 이용하여 '한국대학교 성적 현황' 표에 〈그림〉과 같이 학과별로 '중간', '기말', '과제', '출석'의 평균을 계산한 후 '총점'의 최대를 계산하시오.

▶ 정렬은 '학과'를 기준으로 오름차순으로 처리하시오.

▶ 부분합에 표 서식을 '연한 파랑, 표 스타일 밝게 16'으로 적용하시오.

▶ 평균과 최대는 위에 명시된 순서대로 처리하시오.

	A	B	C	D	E	F	G	H
1			한국대학교 성적 현황					
2								
3	학번	학과	성명	중간	기말	과제	출석	총점
4	1965741	물리학과	박정수	28	27	18	10	83
5	2035716	물리학과	장시현	32	34	20	10	96
6	2065452	물리학과	백재우	34	33	19	9	95
7		물리학과 최대						96
8		물리학과 평균		31.33333	31.33333	19	9.666667	
9	1963546	생명과학과	안상윤	35	34	20	8	97
10	2013472	생명과학과	김한율	24	26	15	8	73
11	2098453	생명과학과	허주한	27	29	12	10	78
12	2016654	생명과학과	서하은	22	20	17	10	69
13		생명과학과 최대						97
14		생명과학과 평균		27	27.25	16	9	
15	2014201	정보처리과	안은경	28	26	14	10	78
16	1930253	정보처리과	김은소	34	31	20	10	95
17	2019652	정보처리과	손민한	29	27	18	9	83
18	2017455	정보처리과	한현일	31	33	16	10	90
19		정보처리과 최대						95
20		정보처리과 평균		30.5	29.25	17	9.75	
21		전체 최대값						97
22		전체 평균		29.45455	29.09091	17.18182	9.454545	
23								

2. '분석작업-2' 시트에 대하여 다음의 지시사항을 처리하시오. (10점)

데이터 도구 [통합] 기능을 이용하여 [표1], [표2], [표3]에서 제품별 판매실적의 평균을 [표4]의 [H10:K13] 영역에 계산하시오.

문제 4 기타작업(20점) 주어진 시트에서 다음 작업을 수행하고 저장하시오.

1. '매크로작업' 시트의 [표]에서 다음과 같은 기능을 수행하는 매크로를 현재 통합 문서에 작성하고 실행하시오. (각 5점)

① [D4:D15] 영역에 합격률을 계산하는 매크로를 생성하여 실행하시오.

　▶ 매크로 이름 : 합격률

　▶ 합격률 = 합격인원/응시인원

　▶ [개발 도구] → [컨트롤] → [삽입] → [양식 컨트롤]의 '단추(□)'를 동일 시트의 [F3:G4] 영역에 생성하고, 텍스트를 "합격률"로 입력한 후 단추를 클릭할 때 '합격률' 매크로가 실행되도록 설정하시오.

② [A3:D15] 영역에 '모든 테두리(⊞)'를 지정하는 매크로를 생성하여 실행하시오.

　▶ 매크로 이름 : 테두리

　▶ [삽입] → [일러스트레이션] → [도형] → [기본 도형]의 '사각형: 빗면(▱)'을 동일 시트의 [F6:G7] 영역에 생성하고, 텍스트를 "테두리"로 입력한 후 도형을 클릭할 때 '테두리' 매크로가 실행되도록 설정하시오.

※ 셀 포인터의 위치에 상관없이 현재 통합 문서에서 매크로가 실행되어야 정답으로 인정됨

2. '차트작업' 시트의 차트에서 다음 지시사항에 따라 아래 〈그림〉과 같이 수정하시오. (각 2점)

※ 차트는 반드시 문제에서 제공한 차트를 사용하여야 하며, 신규로 작성 시 0점 처리됨

① '평균' 계열이 차트에 표시되도록 데이터 범위를 추가하고, '행/열 전환'을 지정하시오.

② '평균' 계열의 차트 종류를 '표식이 있는 꺾은선형'으로 변경하고, 선은 너비 '4pt', 선 스타일 '완만한 선'으로 지정하시오.

③ 세로(값) 축의 기본 단위는 20, 표시 형식은 '숫자', 소수 자릿수는 1로 지정하시오.

④ '평균' 계열만 데이터 레이블 '값'을 표시하고, 레이블의 위치를 '위쪽'으로 지정하시오.

⑤ 범례는 '오른쪽'에 배치한 후 도형 스타일을 '미세 효과 - 파랑, 강조 1'로 지정하시오.

10회 2021년 상시02 기출문제 해설

문제 1 | 기본작업

정답

02. 셀 서식_참고 : 셀 서식 16쪽

정답

	A	B	C	D	E	F	G	H	I
1				주식 주문 현황					
2									
3	종목명	주식량	매수가	매도가	매수총액	매도총액	수익	비고	
4	금강전기	2,154	40,000원	45,000원	86,160,000원	96,930,000원	10,770,000원	이익	
5	바이오화학	1,357	51,000원	50,000원	69,207,000원	67,850,000원	-1,357,000원	손해	
6	세계무역	999	50,000원	52,000원	49,950,000원	51,948,000원	1,998,000원	이익	
7	스카이항공	2,468	52,000원	50,000원	128,336,000원	123,400,000원	-4,936,000원	손해	최고 수익
8	우리중공업	3,211	29,000원	35,000원	93,119,000원	112,385,000원	19,266,000원	이익	
9	유진통운	1,322	41,000원	45,000원	54,202,000원	59,490,000원	5,288,000원	이익	
10	튼튼건설	1,284	36,000원	41,000원	46,224,000원	52,644,000원	6,420,000원	이익	
11	한강기획	1,456	33,000원	36,000원	48,048,000원	52,416,000원	4,368,000원	이익	
12	한국제철	2,888	42,000원	45,000원	121,296,000원	129,960,000원	8,664,000원	이익	
13	한성약품	2,654	38,000원	40,000원	100,852,000원	106,160,000원	5,308,000원	이익	
14	한진홀딩스	3,452	44,000원	40,000원	151,888,000원	138,080,000원	-13,808,000원	손해	
15	영원타이어	2,469	29,000원	35,000원	71,601,000원	86,415,000원	14,814,000원	이익	
16									

❸ '셀 서식' 대화상자([C4:G15])

03. 조건부 서식_참고 : 조건부 서식 24쪽

정답

	A	B	C	D	E	F	G	H
1				1/4분기 지역특산물 판매현황				
2								
3	특산물명	지역	구분	단위	1월판매량	2월판매량	3월판매량	총판매량
4	풀먹인토종닭	전남 강진	축산물	800g	654	530	631	1,815
5	튼튼한쌀	경기 이천	농산물	10kg	248	239	266	753
6	깨끗한매생이	전남 완도	수산물	350g	357	289	344	990
7	싱싱오징어	강원 동해	수산물	3마리	512	415	494	1,421
8	꿀맛참외	경북 성주	농산물	2kg	686	662	556	1,904
9	명품한돈구이	경기 안성	축산물	1.5kg	533	514	432	1,479
10	싱싱블루베리	전남 고흥	농산물	1kg	384	311	370	1,065
11	생물홍게	경북 포항	수산물	4마리	527	508	427	1,462
12	반건조박대	전북 군산	수산물	5마리	435	419	352	1,206
13	한우의품격	전남 장흥	축산물	500g	246	199	237	682
14	향기좋은더덕	강원 횡성	농산물	1kg	644	522	681	1,847
15	칼집낸왕밤	충남 공주	농산물	1kg	385	312	400	1,097
16	한방통오리	전남 나주	축산물	1마리	601	557	628	1,786
17	유기농쌈채소	충북 충주	농산물	600g	783	834	769	2,386
18	왕밤고구마	전남 해남	농산물	5kg	346	469	422	1,237
19								

• '새 서식 규칙' 대화상자

01. 표준편차_참고 : 통계 함수 48쪽

정답

	A	B	C	D
1	[표1]	1학기 성적표		
2	학번	학과	학점	표준편차
3	200015	경제학과	2.93	0.54
4	200057	경제학과	4.05	
5	200099	경제학과	3.19	
6	200274	회계학과	3.94	
7	200396	회계학과	4.16	
8	200514	회계학과	3.32	
9	200541	무역학과	4.21	
10	200632	무역학과	2.78	
11	200967	무역학과	3.55	
12				

[D3] : =ROUND(STDEV.S(C3:C11), 2)

02. 순이익 차이_참고 : 통계 함수 49쪽

정답

	F	G	H	I	J
1	[표2]	제품판매현황			
2	제품코드	판매량	판매총액	순이익	
3	CMK-01	5,465	8,197,500	2,869,125	
4	CMK-02	3,744	7,488,000	2,620,800	
5	CMK-03	9,642	13,016,700	4,555,845	
6	CMK-04	2,541	6,352,500	2,223,375	
7	CMK-05	8,756	20,138,800	7,048,580	
8	CMK-06	5,416	10,019,600	3,506,860	
9	CMK-07	8,553	12,145,260	4,250,841	
10	CMK-08	4,789	5,267,900	1,843,765	
11	순이익 차이			1,935,045	
12					

[I11] : =LARGE(I3:I10, 2) – SMALL(I3:I10, 3)

03. 합격여부_참고 : 논리 함수 35쪽

정답

	A	B	C	D	E
13	[표3]	컴활2급필기 시험결과			
14	수험번호	1과목	2과목	총점	합격여부
15	M2301	64	70	134	합격
16	M2302	95	91	186	합격
17	M2303	37	61	98	불합격
18	M2304	88	93	181	합격
19	M2305	90	94	184	합격
20	M2306	57	59	116	불합격
21	M2307	77	69	146	합격
22	M2308	55	39	94	불합격
23	M2309	49	44	93	불합격
24	M2310	84	76	160	합격
25					

[E15] : =IF(AND(B15>=40, C15>=40, AVERAGE(B15:C15)>=60), "합격", "불합격")

04. 남은일수_참고 : 날짜/시간 함수 67쪽

정답

	G	H	I	J	K
13	[표4]	사원별 휴가현황			
14	사원명	휴가출발일	남은일수		기준일
15	이근우	2021-01-18	14일		2021-01-04
16	윤홍석	2021-01-18	14일		
17	정의영	2021-01-20	16일		
18	김선영	2021-01-20	16일		
19	노영주	2021-01-20	16일		
20	김용민	2021-01-25	21일		
21	이상희	2021-01-25	21일		
22	강한나	2021-01-25	21일		
23	한승희	2021-01-28	24일		
24	김예소	2021-01-28	24일		
25					

[I15] : =DAYS(H15, $K$15) & "일"

05. 공연요일_참고 : 찾기/참조 함수 41쪽

정답

	A	B	C	D
26	[표5]	공연예매현황		
27	공연명	예매량	공연일	공연요일
28	2호선	245	2021-01-19	화요일
29	국민연극	331	2021-01-10	일요일
30	세사람	186	2021-01-10	일요일
31	프라이드	324	2021-01-15	금요일
32	서툰사랑	268	2021-01-16	토요일
33	널사랑해	222	2021-01-16	토요일
34	파트너	128	2021-01-17	일요일
35	까치	268	2021-01-22	금요일
36	총알택시	310	2021-01-23	토요일
37	달동네	139	2021-01-23	토요일
38				

[D28] : =CHOOSE(WEEKDAY(C28), "일요일", "월요일", "화요일", "수요일", "목요일", "금요일", "토요일")

문제 3 분석작업

01. 부분합_참고 : 부분합 72쪽

• '정렬' 대화상자

• 1차 '부분합' 대화상자

• 2차 '부분합' 대화상자

• '표 만들기' 대화상자

02. 통합_참고 : 통합 84쪽

	G	H	I	J	K
8	**[표4] 2020년 판매실적 평균**				
9	제품	1분기	2분기	3분기	4분기
10	키보드	22,680	24,884	24,798	25,344
11	마우스	29,826	28,129	31,334	27,405
12	프린터	17,088	19,723	22,898	20,402
13	스캐너	14,399	13,944	15,767	16,338
14					

• '통합' 대화상자

문제 4 기타작업

정답

01. 매크로_참고 : 매크로 98쪽

정답

	A	B	C	D	E	F	G
1		**2020년 응시인원 분석표**					
2							
3	구분	응시인원	합격인원	합격률			
4	1월	15,325	8,235	53.7%		합격률	
5	2월	17,565	10,364	59.0%			
6	3월	17,241	9,432	54.7%		테두리	
7	4월	16,999	8,895	52.3%			
8	5월	15,883	9,324	58.7%			
9	6월	17,692	9,917	56.1%			
10	7월	18,324	10,435	56.9%			
11	8월	16,248	9,035	55.6%			
12	9월	19,324	11,234	58.1%			
13	10월	19,522	10,979	56.2%			
14	11월	18,432	9,768	53.0%			
15	12월	17,634	9,996	56.7%			
16							

02. 차트_참고 : 차트 103쪽

① 데이터 범위 추가 및 '행/열 전환' 지정

1. [D3:D10] 영역을 블록으로 지정한 후 복사(Ctrl+C)한다.
2. 차트를 선택한 후 붙여넣기(Ctrl+V) 한다.
3. 차트를 선택한 후 [차트 디자인] → 데이터 → **행/열 전환**을 클릭한다.

③ 세로(값) 축 서식 지정

1. 세로(값) 축의 바로 가기 메뉴에서 [**축 서식**]을 선택한다.
2. '축 서식' 창의 [축 옵션] → ▮▮(축 옵션) → **축 옵션**에서 기본 단위를 20으로 지정하고, **표시 형식**에서 범주의 '숫자'를 선택한 후 소수 자릿수를 1로 지정하고 '닫기(✕)'를 클릭한다.

④ 데이터 레이블 지정

'평균' 계열을 선택한 후 [차트 디자인] → 차트 레이아웃 → 차트 요소 추가 → 데이터 레이블 → **위쪽**을 선택한다.

⑤ 범례 스타일 지정

범례를 선택한 후 [서식] → 도형 스타일의 ▾ → **미세 효과 – 파랑, 강조 1**을 선택한다.

184 최신기출문제